CURSO DE DIREITO CONSTITUCIONAL DA UNIÃO EUROPEIA

ANA MARIA GUERRA MARTINS

Professora da Faculdade de Direito de Lisboa

CURSO DE DIREITO CONSTITUCIONAL DA UNIÃO EUROPEIA

ALMEDINA

TÍTULO:	CURSO DE DIREITO CONSTITUCIONAL DA UNIÃO EUROPEIA
AUTOR:	ANA MARIA GUERRA MARTINS
EDITOR:	LIVRARIA ALMEDINA – COIMBRA www.almedina.net
LIVRARIAS:	LIVRARIA ALMEDINA ARCO DE ALMEDINA, 15 TELEF. 239 851900 FAX 239 851901 3004-509 COIMBRA – PORTUGAL livraria@almedina.net
	LIVRARIA ALMEDINA ARRÁBIDA SHOPPING, LOJA 158 PRACETA HENRIQUE MOREIRA AFURADA 4400-475 V. N. GAIA – PORTUGAL arrabida@almedina.net
	LIVRARIA ALMEDINA – PORTO RUA DE CEUTA, 79 TELEF. 22 2059773 FAX 22 2039497 4050-191 PORTO – PORTUGAL porto@almedina.net
	LIVRARIA ALMEDINA ATRIUM SALDANHA LOJAS 71 A 74 PRAÇA DUQUE DE SALDANHA, 1 TELEF. 21 3570428 FAX 21 3151945 atrium@almedina.net
	LIVRARIA ALMEDINA – BRAGA CAMPUS DE GUALTAR UNIVERSIDADE DO MINHO 4700-320 BRAGA TELEF. 253 678 822 braga@almedina.net
EXECUÇÃO GRÁFICA:	G.C. – GRÁFICA DE COIMBRA, LDA. PALHEIRA – ASSAFARGE 3001-453 COIMBRA Email: producao@graficadecoimbra.pt OUTUBRO, 2004
DEPÓSITO LEGAL:	217585/04

Toda a reprodução desta obra, seja por fotocópia ou outro qualquer processo, sem prévia autorização escrita do Editor, é ilícita e passível de procedimento judicial contra o infractor

Aos meus alunos

ÍNDICE

Índice	7
Nota prévia	25
Abreviaturas utilizadas	29
Plano	35
Bibliografia geral	37

PARTE I

A HISTÓRIA CONSTITUCIONAL DA UNIÃO EUROPEIA

Cap. I

Das origens até ao Acto Único Europeu

1. Os projectos de integração europeia	45
1.1. Os projectos anteriores à II Guerra Mundial	45
1.2. Os projectos posteriores à II Guerra Mundial	46
1.2.1. A via da cooperação intergovernamental	48
1.2.2. A via da integração económica	49
2. A criação das Comunidades Europeias	50
2.1. O Tratado CECA	50
2.2. Os Tratados CEE e Euratom	52
2.2.1. O Tratado CEE	53
2.2.2. O Tratado CEEA	56
3. A evolução posterior	56

8   *Curso de Direito Constitucional da União Europeia*

4. O Acto Único Europeu 58

   4.1. As principais razões da revisão.. 58
   4.2. As principais modificações introduzidas pelo AUE 59

5. Os sucessivos alargamentos 62

Cap. II

O Tratado da União Europeia e as suas sucessivas revisões

6. O Tratado de Maastricht 65

   6.1. A génese do Tratado da União Europeia............................... 68
      6.1.1. As causas da revisão.. 68
      6.1.2. As conferências intergovernamentais...................... 71
   6.2. O conteúdo 72
      6.2.1. A União Europeia... 73
      6.2.2. A cidadania da União e a protecção dos direitos
         fundamentais 74
      6.2.3. As novas atribuições das Comunidades Euro-
         peias, em especial a união económica e mone-
         tária (UEM) 75
      6.2.4. O princípio da subsidiariedade............................... 76
      6.2.5. As modificações no quadro institucional 77
      6.2.6. A flexibilidade e a diferenciação........................... 80

7. O Tratado de Amesterdão 82

   7.1. A génese e os objectivos da revisão do tratado de
      Amesterdão.. 87
      7.1.1. A preparação da CIG 96 87
      7.1.2. A convocação da CIG 96 88
      7.1.3. Os objectivos da revisão 88
   7.2. As principais inovações do tratado de Amesterdão 89
      7.2.1. A consolidação da União Europeia 89
      7.2.2. O reforço do papel do cidadão – a «humanização»
         da União 89
         7.2.2.1. A protecção dos direitos fundamentais .. 89
         7.2.2.2. Os novos direitos do cidadão da União 90
         7.2.2.3. O reforço dos poderes do PE 92
         7.2.2.4. O reforço do papel dos parlamentos
            nacionais na UE 93

7.2.2.5. O Comité das Regiões 93
7.2.2.6. O reforço dos poderes do Tribunal de
Justiça 94
7.2.3 Uma nova repartição de atribuições entre a União
e os Estados membros 95
7.2.3.1. A criação de um espaço de liberdade,
segurança e justiça 95
7.2.3.2. A comunitarização do acervo de
Schengen 96
7.2.3.3. A integração do acordo social no
Tratado 98
7.2.3.4. As políticas e acções comunitárias 99
7.2.3.5. A extensão das competências externas
da Comunidade 100
7.2.4. O protocolo relativo aos princípios da subsidiariedade e da proporcionalidade 101
7.2.5. A possibilidade de suspensão de direitos de um
Estado membro 101
7.2.6. O fracasso da reforma institucional 101
7.2.7. A consagração da flexibilidade como princípio da
União Europeia 103
7.2.8. Os pilares intergovernamentais 103
7.2.9. A tentativa de simplificação do Tratado 103

8. O Tratado de Nice 104

8.1. Os antecedentes do tratado de Nice 107
8.1.1. Os impulsos de revisão 107
8.1.2. A Conferência Intergovernamental de 2000 107
8.1.2.1. A Presidência portuguesa 107
8.1.2.2. A Presidência francesa 108
8.2. As reformas introduzidas pelo Tratado de Nice 109
8.2.1. A reforma institucional 110
8.2.2. Balanço sobre a reforma institucional 113
8.2.3. A revisão do artigo 7.º TUE 114
8.2.4. A modificação de algumas normas referentes às
políticas comunitárias 115
8.2.5. As alterações nos pilares intergovernamentais 115
8.2.6. A reforma das cooperações reforçadas 116
8.3. As dificuldades de entrada em vigor do Tratado 117
8.4. As implicações do Tratado de Nice sobre o futuro da integração europeia 118

PARTE II

O CONSTITUCIONALISMO À ESCALA TRANSNACIONAL

Cap. I

O Tratado da União Europeia como constituição transnacional

9. Noção de que se parte: a constituição transnacional 123

9.1. O Tratado da União Europeia como constituição em sentido material 125
    9.1.1. A organização do Poder político dentro da União . 125
    9.1.2. A protecção dos direitos fundamentais 127
    9.1.3. A organização económica 128
9.2. O Tratado da União Europeia como constituição em sentido formal 128
    9.2.1. A superioridade hierárquica do TUE na ordem jurídica da União 130
    9.2.2. A superioridade hierárquica do TUE na relação com o direito dos Estados membros 130
    9.2.3. A fiscalização judicial da legalidade comunitária – o TJ como tribunal constitucional 131
    9.2.4. O processo de revisão do Tratado 133
9.3. A ideia de Direito subjacente ao Tratado da União Europeia 133

10. As particularidades do Tratado da União Europeia como constituição 134

10.1. Uma constituição contratual 134
10.2. Uma constituição em formação 135
10.3. Uma constituição em mudança 135
10.4. Uma constituição complementar 136
10.5. Uma constituição finalística 137

Cap. II

**O projecto de constituição europeia:
uma constituição à escala transnacional**

11. Antecedentes 142

Índice

11.1. As propostas de constituição europeia em sentido formal 142
11.2. A insuficiência do modelo internacional 143
11.3. A Carta dos Direitos Fundamentais da União Europeia 145
11.4. A declaração n.º 23 do tratado de Nice 148
11.5. O Conselho Europeu de Laeken 149

12. O método da Convenção 150

12.1. A Convenção da Carta dos Direitos Fundamentais da União
Europeia 151
12.2. A Convenção sobre o futuro da Europa 153

13. O projecto de constituição europeia 157

13.1. Breve apresentação formal do projecto 157
13.2. A natureza jurídica do projecto de constituição europeia 159

14. Perspectivas de evolução 163

PARTE III

A UNIÃO EUROPEIA:
UMA NOVA FORMA DE AGREGAÇÃO DO PODER POLÍTICO

Cap. I

A União Europeia

15. A composição da União Europeia 170

16. Os objectivos da União Europeia 171

17. Os pilares intergovernamentais 172

17.1. A Política Externa e de Segurança Comum (PESC) 172
17.2. A Cooperação Judiciária e em matéria de Assuntos Internos
(CJAI) 177

18. A personalidade jurídica da União Europeia 186

19. A cidadania da União 188

12 Curso de Direito Constitucional da União Europeia

20. A natureza jurídica da União Europeia 189

20.1. A tese da organização internacional, *maxime* supranacional. 190
20.2. A tese confederal (*Staatenbund*) 191
20.3. A tese federal (*Bundesstaat*) 192
20.4. A tese da entidade *sui generis* 193
20.5. Posição adoptada: a união de Estados e de povos 194

21. A União Europeia no projecto de constituição europeia 197

21.1. Estabelecimento da União 197
    21.1.1. A PESC 198
    21.1.2. O espaço de liberdade, segurança e justiça 200
21.2. Os objectivos da União 201
21.3. A personalidade da União 202
21.4. A cidadania da União 202
21.5. A natureza jurídica da União 203

Cap. II

Os valores e os princípios constitucionais da União Europeia

22. Os valores da União Europeia 210

22.1. A liberdade 211
22.2. A democracia 212
    22.2.1. Os antecedentes e o fundamento 212
    22.2.2. O conteúdo 213
    22.2.3. A legitimidade democrática da União 214
        22.2.3.1. Os argumentos a favor e contra o res-
        peito do valor da democracia no seio da
        Comunidade e da União 214
        22.2.3.2. A necessidade de uma base de legiti-
        midade democrática imediata na União. 216
22.3. A Comunidade de Direito e a União de Direito 220
    22.3.1. Os antecedentes: o Estado de Direito 220
    22.3.2. O fundamento da Comunidade de Direito 221
    22.3.3. As manifestações da Comunidade de Direito na
    jurisprudência do Tribunal de Justiça 222
    22.3.4. O TUE, a Comunidade de Direito e a União de
    Direito 224
22.4. A protecção dos direitos fundamentais 225

Índice 13

22.4.1. A génese da protecção dos direitos fundamentais no seio da União Europeia 226

22.4.1.1. A ausência de um catálogo de direitos fundamentais no TCE 226

22.4.1.2. A tentativa de colmatar a lacuna através da jurisprudência do Tribunal de Justiça . 226

22.4.2. A consagração da protecção dos direitos fundamentais no TUE 231

22.5. A solidariedade e a justiça social 235

22.6. O pluralismo cultural 238

22.7. O desrespeito dos valores comuns por parte de um Estado membro 239

22.7.1. As medidas sancionatórias 239

22.7.2. As medidas preventivas 241

22.8. Os valores da União no projecto de constituição europeia ... 242

22.8.1. A dignidade da pessoa humana e o respeito dos direitos humanos 243

22.8.2. A igualdade e a democracia 245

23. Os princípios constitucionais da União Europeia 248

23.1. Os princípios fundamentantes – remissão 250

23.2. Os princípios relativos ao relacionamento entre os Estados e a União 250

23.2.1. O princípio da solidariedade 250

23.2.2. O princípio do acervo comunitário 251

23.2.3. O princípio do respeito das identidades nacionais .. 253

23.3. Os princípios relacionados com a repartição de atribuições entre a União e os Estados membros e o seu exercício 255

23.3.1. O princípio da especialidade 255

23.3.2. O princípio da subsidiariedade 256

23.3.3. O princípio da proporcionalidade 259

23.4. O princípio da flexibilidade e da diferenciação 260

23.5. Os princípios relativos aos órgãos 263

23.5.1. O princípio do quadro institucional único 263

23.5.2. O princípio da coerência 264

23.5.3. O princípio do equilíbrio institucional 264

23.5.4. O princípio das competências de atribuição 266

23.6. Os princípios de índole económica 267

23.6.1. O princípio da coesão económica e social 267

23.6.2. O princípio da não discriminação 268

23.6.3. O princípio da livre circulação 268

14   *Curso de Direito Constitucional da União Europeia*

23.6.4. O princípio da "preferência comunitária" 269
23.6.5. O princípio da convergência das economias 269
23.7. Os princípios constitucionais consagrados no projecto de constituição europeia 270
    23.7.1. Os princípios relativos ao relacionamento entre os Estados e a União 270
    23.7.2. Os princípios relativos à repartição de atribuições entre a União e os Estados membros e ao seu exercício 271
    23.7.3. O princípio da flexibilidade e da diferenciação 273
    23.7.4. Os princípios relativos aos órgãos 274
    23.7.5. Os princípios de índole económica 275

PARTE IV

A CONSTITUIÇÃO POLÍTICA DA UNIÃO EUROPEIA

Cap. I

A repartição de atribuições entre a União e os Estados membros e a estrutura orgânica da União Europeia

24. A repartição atribuições entre a União Europeia e os Estados membros 283

    24.1. As atribuições da União e das Comunidades no TUE 283
        24.1.1. As atribuições internas 283
        24.1.2. As atribuições externas 286
    24.2. A repartição de atribuições entre a União e os Estados membros no projecto de constituição europeia 290
        24.2.1. A enumeração das categorias de atribuições 290
        24.2.2. A concretização das competências 291

25. A estrutura orgânica da União Europeia 292

    25.1. Os órgãos comuns às Comunidades e aos pilares intergovernamentais 292
        25.1.1. O órgão de direcção política: o Conselho Europeu 292

25.1.1.1. A génese do Conselho Europeu 292
25.1.1.2. A composição e a competência após o Tratado da União Europeia 293
25.1.2. Os órgãos principais 294
  25.1.2.1. O Parlamento Europeu 294
  25.1.2.2. Conselho 301
  25.1.2.3. Comissão 308
  25.1.2.4. O Tribunal de Justiça 314
    25.1.2.4.1. O Tribunal de Justiça 314
    25.1.2.4.2. O Tribunal de Primeira Instância 320
  25.1.2.5. O Tribunal de Contas 324
25.2. Os órgãos secundários e próprios das Comunidades Europeias 325
  25.2.1. O Comité Económico e Social 326
  25.2.2. O Comité das Regiões 326
  25.2.3. O Provedor de Justiça 327
25.3. As agências independentes 328
25.4. A estrutura orgânica da União no projecto de constituição europeia 329
  25.4.1. As razões da reforma institucional 329
  25.4.2. As premissas da reforma institucional no projecto de constituição 331
  25.4.3. O novo quadro institucional 331
  25.4.4. A apreciação crítica do novo quadro institucional .. 327

26. O alargamento de competências dos órgãos: restrito à Comunidade Europeia 342

26.1. O art. 308.º do Tratado CE 342
26.2. A cláusula de flexibilidade no projecto de constituição europeia 344
26.3. A teoria das competências implícitas 345

27. O quadro institucional da união económica e monetária 347

27.1. O direito vigente 347
27.2. O projecto de constituição europeia 348

16 *Curso de Direito Constitucional da União Europeia*

Cap. II

Os poderes, as funções e os procedimentos de decisão na União Europeia

28. Considerações preliminares 350
29. A função legislativa e os respectivos procedimentos 352

29.1. As razões da complexidade da questão 352
29.2. Os procedimentos de decisão no âmbito da função legislativa 353
    29.2.1. O procedimento de consulta 353
    29.2.2. O procedimento de cooperação 354
    29.2.3. O procedimento de parecer favorável 355
    29.2.4. O procedimento de co-decisão 356

30. A função administrativa ou de execução 359

30.1. A Comissão 359
    30.1.1. Os poderes de execução normativa da Comissão.... 360
    30.1.2. Os poderes de execução singular atribuídos à
Comissão 361
    30.1.3. Os poderes de controlo ou supervisão atribuídos à
Comissão 361
30.2. O Conselho 362
    30.2.1. Os poderes de execução normativa a favor do
Conselho 362
    30.2.2. Os poderes de execução singular atribuídos ao
Conselho 363
    30.2.3. Os poderes de controlo e de supervisão atribuídos
ao Conselho 364
30.3. A "comitologia" 364
    30.3.1. A "comitologia" em sentido restrito 364
    30.3.2. A comitologia em sentido amplo 366
    30.3.3. Os grupos de apoio aos comités 367

31. Outros procedimentos de decisão da União Europeia 367

31.1. Os procedimentos internacionais 367
31.2. Os procedimentos de decisão no domínio dos pilares
intergovernamentais 368
    31.2.1. No âmbito da PESC 368
    31.2.2. No âmbito da Cooperação Policial e Judiciária
Penal 369

Índice

32. Os poderes, as funções e os procedimentos de decisão no projecto de constituição 369

Cap. III

O sistema de normas e de actos jurídicos na União Europeia

33. Algumas considerações prévias 373

34. O direito constitucional ou direito originário 374

    34.1. O conteúdo 374
    34.2. O regime jurídico 375
    34.3. A revisão do TUE 376
        34.3.1. Noção 376
        34.3.2. A distinção de figuras próximas 377
        34.3.3. Os procedimentos de revisão 379
        34.3.4. Os limites do poder de revisão do TUE 386

35. O direito subordinado ou derivado 393

    35.1. O pilar comunitário 393
        35.1.1. A noção e a base jurídica do direito subordinado ou derivado 393
        35.1.2. O regime comum a todas as normas e a todos os actos da Comunidade Europeia 393
        35.1.3. Os actos previstos no art. 249.º TCE 395
            35.1.3.1. O regulamento 395
            35.1.3.2. A directiva 396
            35.1.3.3. A decisão 397
            35.1.3.4. Os pareceres e as recomendações 398
        35.1.4. Os actos não previstos no art. 249.º TCE 398
    35.2. Os pilares intergovernamentais 401
        35.2.1. O direito subordinado na PESC 401
        35.2.2. O direito subordinado na CPJP 402

36. O direito internacional 403

    36.1. O costume geral 403
    36.2. O direito internacional convencional 404
        36.2.1. Os acordos comunitários 404
        36.2.2. Os acordos "mistos" 405

18   *Curso de Direito Constitucional da União Europeia*

36.3. Os acordos pré-comunitários 405

37. A jurisprudência do TJ e do TPI 406

     37.1. A importância da jurisprudência como fonte do direito da União Europeia 406
     37.2. As técnicas de interpretação utilizadas pelo Tribunal 407

38. Outras fontes 409

     38.1. Os princípios gerais de direito 409
     38.2. O costume 410
     38.3. A doutrina 411

39. O sistema de normas e de actos da União previsto no projecto de constituição 411

     39.1. O direito constitucional 412
         39.1.1. A ratificação e a entrada em vigor do Tratado que estabelece a constituição 412
         39.1.2. A revogação dos tratados anteriores e o problema da sucessão 412
         39.1.3. O processo de revisão 414
         39.1.4. Outras normas 416
     39.2. O direito subordinado: uma nova tipologia de instrumentos jurídicos da União 416
         39.2.1. Os actos legislativos 417
         39.2.2. Os actos não legislativos 417
         39.2.3. Os regulamentos delegados 418
         39.2.4. Os actos de execução 418
         39.2.5. A hierarquia dos actos e das normas 419
         39.2.6. As disposições específicas 420

Cap. IV

Os princípios de relacionamento entre o Direito da União Europeia e o Direito interno dos Estados membros

40. O princípio da autonomia do Direito da União Europeia 426

Índice

41. O princípio do primado do Direito da União sobre o Direito estadual 427

41.1. Posicionamento do problema 427
41.2. As especificidades do primado na União Europeia 427
41.3. O fundamento do primado 430
41.4. O âmbito do primado 431
41.5. As consequências do primado 431
41.6. O primado sobre o direito constitucional dos Estados membros 434
41.7. O primado do direito da União sobre o direito português 436

42. O princípio da aplicabilidade directa do Direito da União na ordem interna dos Estados membros 441

42.1. Noção e fundamento 441
42.2. O âmbito 442
42.3. A aplicabilidade directa do Direito da União na ordem jurídica portuguesa 442

43. O princípio do efeito directo do Direito das Comunidades Europeias 442

43.1. A distinção entre efeito directo e aplicabilidade directa 442
43.2. O efeito directo vertical e o efeito directo horizontal 443
43.3. O fundamento do efeito directo 443
43.4. O âmbito do efeito directo restrito ao Direito das Comunidades Europeias 445
43.5. O efeito directo do Direito comunitário na ordem interna portuguesa 450

44. O princípio da tutela judicial efectiva 450

44.1. As origens e os desenvolvimentos até à década de 90 450
44.2. Os desenvolvimentos mais recentes 452
    44.2.1. O princípio da tutela cautelar perante os tribunais nacionais 452
    44.2.2. O princípio da responsabilidade dos Estados por violação do direito comunitário 452

45. Os princípios de relacionamento das ordens jurídicas nacionais e da União no projecto de constituição europeia 453

PARTE V

A GARANTIA E O CONTROLO
DA CONSTITUCIONALIDADE E DA LEGALIDADE
DOS ACTOS E DAS NORMAS DA UNIÃO EUROPEIA

Cap. I

O controlo da constitucionalidade e da legalidade pelos tribunais da UE

46. Nota justificativa 463

47. Os tribunais nacionais como tribunais comuns do Direito da União Europeia 464

48. Os tribunais da União Europeia: o Tribunal de Justiça e o Tribunal de Primeira Instância 465

    48.1. O controlo sucessivo dos actos dos órgãos da União Europeia... 466
        48.1.1. O recurso de anulação 466
            48.1.1.1. O objecto do recurso 466
            48.1.1.2. A legitimidade passiva: entidades donde emanam os actos 467
            48.1.1.3. A legitimidade activa: quem pode recorrer 469
            48.1.1.4. Os fundamentos do recurso 471
            48.1.1.5. O prazo da interposição do recurso 471
            48.1.1.6. Os efeitos da interposição do recurso 472
            48.1.1.7. A competência do Tribunal 472
            48.1.1.8. Os efeitos do acórdão 473
            48.1.1.9. A execução do acórdão 474
            48.1.1.10. O recurso de anulação no terceiro pilar 474
        48.1.2. A acção de omissão 475
            48.1.2.1. O fundamento 475
            48.1.2.2. A natureza.. 475
            48.1.2.3. A noção de omissão 476
            48.1.2.4. A legitimidade passiva......................... 476
            48.1.2.5. A legitimidade activa 477
            48.1.2.6. O processo 477
            48.1.2.7. Os prazos 481
            48.1.2.8. A competência do Tribunal.................... 481

Índice 21

48.1.2.9. O conteúdo do acórdão 481
48.1.2.10. Os efeitos do acórdão 482
48.2. O controlo sucessivo dos actos dos Estados membros: o processo por incumprimento 482
    48.2.1. A noção de incumprimento 482
    48.2.2. O autor do incumprimento 484
    48.2.3. A tramitação processual 485
        48.2.3.1. O processo da Comissão contra o Estado membro 486
        48.2.3.2. O processo de Estado contra Estado 490
    48.2.4. Os meios de defesa invocados pelos Estados 492
    48.2.5. O conteúdo e a execução do acórdão 492
    48.2.6. Os efeitos do acórdão e os poderes do Tribunal 492
    48.2.7. A inexecução do acórdão 493

49. O controlo sucessivo dos actos e normas da União no projecto de constituição europeia 497

    49.1. Questão prévia: a competência dos tribunais da União Europeia 497
    49.2. O contencioso da União, em especial, o recurso de anulação, a acção de omissão e o processo por incumprimento 500

Cap. II

A relação entre o Tribunal de Justiça e os tribunais nacionais

50. O princípio da cooperação entre o TJ e os tribunais nacionais 504

51. O processo das questões prejudiciais 504

    51.1. O processo geral – art. 234.º TCE 505
        51.1.1. Explicação sucinta do processo das questões prejudiciais 505
        51.1.2. As razões da existência do artigo 234.º TCE 506
        51.1.3. O âmbito das questões prejudiciais 507
            51.1.3.1. As questões prejudiciais de interpretação 507
            51.1.3.2. As questões prejudiciais de apreciação de validade 509
            51.1.3.3. Alguns casos excluídos da interpretação e da apreciação de validade 510

22   *Curso de Direito Constitucional da União Europeia*

51.1.4. As questões prejudiciais facultativas e obrigatórias   511
      51.1.4.1. As questões prejudiciais facultativas   511
      51.1.4.2. As questões prejudiciais obrigatórias   512
51.1.5. A competência do TJ ao abrigo do art. 234.°   517
      51.1.5.1. A repartição de poderes entre os tribu-
nais nacionais e o TJ no processo das
questões prejudiciais   517
      51.5.1.2. A reformulação das questões suscitadas
pelos tribunais nacionais   519
      51.5.1.3. Os casos de rejeição do pedido de ques-
tões prejudiciais por parte do TJ   520
51.1.6. Os efeitos do acórdão proferido no âmbito de um
processo do art. 234.°   522
      51.1.6.1. Os efeitos materiais do acórdão preju-
dicial   522
      51.1.6.2. Os efeitos temporais do acórdão pre-
judicial   526
51.2. Os processos especiais   528
    51.2.1. No domínio dos vistos, asilo e imigração – o art.
68.°, n.ᵒˢ 1 e 2, TCE..   528
    51.2.2. No domínio do terceiro pilar – o art. 35.°, n.ᵒˢ 1 a
3, TUE   531
51.3. O processo das questões prejudiciais no projecto de consti-
tuição europeia   533

PARTE VI

A CONSTITUIÇÃO ECONÓMICA DA UNIÃO EUROPEIA

Cap. I

A realização das quatro liberdades

52. Preliminares   538

53. Os modelos teórico-práticos da integração económica   539

54. As quatro liberdades   540

    54.1. A liberdade de circulação de mercadorias   541

Índice

54.1.1. O âmbito de aplicação da liberdade de circulação de mercadorias 541
54.1.2. Os obstáculos à livre circulação de mercadorias 542
54.1.3. As excepções à livre circulação de mercadorias 546
54.2. A liberdade de circulação de pessoas 547
    54.2.1. A liberdade de circulação de trabalhadores 548
    54.2.2. A livre prestação de serviços e o direito de estabelecimento 552
        54.2.2.1. O direito de estabelecimento 553
        54.2.2.2. A liberdade de prestação de serviços 557
    54.2.3. As razões de ordem, de segurança e de saúde públicas 559
54.3. A liberdade de circulação de capitais e de pagamentos 560
54.4. As razões imperiosas de interesse geral 561
54.5. O mercado interno no projecto de constituição europeia 562

Cap. II

O direito da concorrência

55. O princípio da concorrência 567

56. O regime jurídico da concorrência no Tratado CE 567

56.1. Os acordos, as decisões de associação e as práticas concertadas entre empresas 567
    56.1.1. O art. 81.º, n.º 1, TCE 567
    56.1.2. O art. 81.º, n.º 2, TCE: a sanção 571
    56.1.3. O art. 81.º, n.º 3, TCE: as isenções individuais e por categoria 571
56.2. O abuso de posição dominante 572
56.3. O Estado e o direito comunitário da concorrência 575
    56.3.1. O art. 86.º TCE 575
    56.3.2. Os auxílios de Estado 581

NOTA PRÉVIA

O presente livro, intitulado *Curso de Direito Constitucional da União Europeia,* surge na sequência de *Introdução ao Estudo do Direito Comunitário – sumários desenvolvidos* publicado no ano de 1995, no âmbito da regência da disciplina de direito comunitário I, que o Conselho Científico da minha Faculdade – a Faculdade de Direito da Universidade de Lisboa – então me atribuiu.

Considerava na época – opinião que mantenho – que uma das tarefas do professor universitário é, precisamente, fornecer elementos de estudo não só aos seus alunos, como a toda a sociedade civil que se interesse pelas matérias objecto da sua investigação.

Assim, tendo-me sido de novo atribuída a regência da disciplina no ano lectivo 2004/2005, e tendo em conta a desactualização dos referidos *Sumários,* devida, por um lado, às profundas modificações que a União Europeia tem vindo a sofrer, especialmente, na última década, e, por outro lado, à evolução do meu próprio pensamento no que ao direito da União Europeia diz respeito, resolvi abraçar a tarefa de passar a escrito aquilo que considero deverem constituir a forma e o conteúdo do ensino da disciplina de direito comunitário I, ou melhor, de direito da União Europeia.

Com efeito, as mais recentes reformas, de que tem sido alvo este Direito, têm contribuído para o afastar definitivamente da perspectiva clássica internacionalista, alcandorando-o a um direito constitucional transnacional, situação que tenderá a agravar-se se o projecto de tratado que estabelece uma constituição para a Europa[1], que acaba de obter

---

[1] O texto sobre o qual nos baseamos é a versão consolidada provisória CIG 86/04, de 25 de Junho, que está disponível no sítio da União Europeia (http://www.europa.eu.int). No momento em que damos por concluído este livro ainda não existe um texto definitivo do projecto de constituição, o qual só será assinado em Outubro ou Novembro de 2004. De qualquer modo, acreditamos que as eventuais alterações serão, essencialmente, de forma e de pormenor, não se esperando que venham a pôr em causa as grandes linhas de orientação aqui expressas.

26   *Curso de Direito Constitucional da União Europeia*

aprovação na Conferência Intergovernamental, de 18 de Junho de 2004, vier a entrar em vigor.

Esta perspectiva constitucionalista, que no estrangeiro já granjeia inúmeros adeptos, não tem tido, entre nós, o mesmo sucesso. Os nossos manuais de direito comunitário e de direito da União Europeia persistem na visão internacionalista.

Assim, a publicação deste *Curso de Direito Constitucional da União Europeia* visa, antes de mais, preencher uma lacuna no panorama jurídico português, pois, como se compreenderá, a visão constitucionalista impõe não só um programa diferente, como também distintos conteúdos e diversos métodos de ensino da disciplina.

Independentemente do confessado objectivo académico desta obra, os vários desafios que a Europa enfrenta hoje em dia, aliados à discussão constitucional sobre o seu futuro justificariam por si só a sua oportunidade, a sua utilidade e mesmo a sua necessidade.

O espírito que me anima é, portanto, por um lado, o de participar neste fascinante debate constitucional, e, por outro lado, o de fornecer, em língua portuguesa, a todos aqueles que estudam o direito da União Europeia, por gosto ou por dever de ofício, uma perspectiva diferente de o encarar.

O livro será, propositadamente, escrito num estilo simples, por vezes até esquemático, de modo a torná-lo acessível a quem, pela primeira vez, se aventura nas imbricadas questões europeias. Isto não significa, porém, que não se procure tratar os diversos temas com o aprofundamento que cada um deles merece e exige, fornecendo pistas e elementos de reflexão a quem quiser ir mais longe.

Em consequência, para não sobrecarregar o texto com múltiplas notas bibliográficas, apresento no início uma lista de bibliografia básica, lista essa que contém as principais obras em língua portuguesa e em algumas línguas estrangeiras. Em seguida, a propósito de cada tema será fornecida uma lista de bibliografia específica, que não pretende ser exaustiva, mas procura ser representativa das várias tendências em confronto sobre o tema em questão.

Uma última nota para esclarecer que o estudo das várias matérias ao longo do livro, será realizado com base no Direito em vigor, ou seja, o tratado da União Europeia na versão que lhe foi dada em Nice. Todavia, como já foi aprovado pela CIG o projecto de tratado que estabelece uma constituição para a Europa – o qual, se vier a entrar em vigor, alterará, profundamente, o Direito vigente – não se pode deixar de lhe fazer referência ao longo do Curso, sob pena de desactualização a curto prazo. Assim, a propósito dos vários temas tratados neste livro serão incluídos um ou vários pontos, nos quais se procurará esclarecer quais as soluções consagradas no projecto de constituição europeia.

Lisboa, 30 de Junho de 2004

A autora

ABREVIATURAS UTILIZADAS

AAVV	Autores vários
Ac.	Acórdão
Act. Dr.	Actualités de Droit
ADL	Annales de Droit de Liège
AJDA	Actualité Juridique – Droit Administratif
An. Soc.	Análise Social
AöR	Archiv des öffentlichen Rechts
AUE	Acto Único Europeu
Aussenwirt.	Aussenwirtschaft
BayVBl.	Bayerische Verwaltungsblätter
BCE	Banco Central Europeu
BEI	Banco Europeu de Investimentos
BEUR	Boletín europeo de la Universidad de La Rioja
BFDC	Boletim da Faculdade de Direito de Coimbra
Bol. CE	Boletim das Comunidades Europeias
Bul. CE	Bulletin des Communautés Européennes
CDE	Cahiers de Droit Européen
CE	Comunidade Europeia
CECA	Comunidade Europeia do Carvão e do Aço
CED	Comunidade Europeia de Defesa
CEDH	Convenção Europeia dos Direitos do Homem
CEE	Comunidade Económica Europeia
CEEA	Comunidade Europeia da Energia Atómica
CI	La Comunità Internazionale
CIG	Conferência Intergovernamental
CJAI	Cooperação Judiciária e em matéria de Assuntos Internos

CMLR	Common Market Law Review
Col.	Colectânea de Jurisprudência do Tribunal de Justiça e do Tribunal de Primeira Instância
Columb. J. Transnat'l L.	Columbia Journal of Transnational Law
cons.	Considerando
Cornell Int' L. R.	Cornell International Law Review
CPE	Cooperação Política Europeia
CPE	Comunidade Política Europeia
CPJP	Cooperação Policial e Judiciária Penal
CPJP	Cooperação Policial e Judicária em material penal
CVDT	Convenção de Viena sobre Direito dos Tratados de 1969
DCDSI	Diritto Comunitario e degli Scambi Internazionali
DDC	Documentação e Direito Comparado
Dir.	O Direito
Dir. Pub.	Diritto Pubblico
Dir. Pubb. Comp. Eur.	Diritto Pubblico Comparato Europeo
Dir. Un. Eur.	Il Dirittto dell'Unione Europea
DJAP	Dicionário Jurídico da Administração Pública
DöV	Die öffentliche Verwaltung
Dr.	Droits
Dr. Prosp.	Droit Prospectif
DVBl	Deutsches Verwaltungsblatt
EFARev.	European Foreign Affairs Review
EFTA	European Free Trade Association (Associação Europeia de Comércio Livre)
EHRLR	European Human Rights Law Review
EJIL	European Journal of International Law
ELJ	European Law Journal
ELR	European Law Review
EPL	European Public Law
ERPL / REDP	European Review of Public Law / Revue Européenne de Droit Public
EuGRZ	Europäische Grundrechte – Zeitschrift
EuR	Europarecht
EuZW	Europäische Zeitschrift für Wirtschaftsrecht

EWS	Europäisches Wirtschafts & Steuerrecht.
Fordham Int'l L. J.	Fordham International Law Journal
GAAT	Acordo Geral sobre Tarifas e Comércio
GJ	Gaceta juridica de la CE y de la competencia
Gov. & Opp.	Government and Opposition
GYIL	German Yearbook of International Law
Harv. Int'l L.J.	Harvard International Law Journal
HRLJ	Human Rights Law Journal
ICLQ	International and Comparative Law Quartely
Int.	Integration
Int. J. Const. Law	International Journal of Constitutional Law
Int'l Law.	The International Lawyer
Int'l Spect.	The International Spectator
JCMS	Journal of Common Market Studies
JCP – La semaine juridique	Jurisclasseur Periodique – La semaine juridique
JOCE	Jornal oficial das Comunidades Europeias/Journal officiel des Communautés européennes
JOUE	Jornal Oficial da União Europeia
JT – Dr. Eur.	Journal des Tribunaux – Droit européen
JuS	Juristische Schulung
JZ	Juristenzeitung
LIEI	Legal Issues of European Integration
MERCOSUL	Mercado do Cone Sul
MJ	Maastricht Journal of Comparative and International Law
MLR	Modern Law Review
Mon. L. R.	Monash Law Review
NAFTA	North American Free Trade Association
NATO	Organização do Tratado do Atlântico Norte
Neg. Estr.	Negócios Estrangeiros
NJ	Neue Justiz
NJW	Neue Juristische Wochenschrift
Nord. J. Int'l L.	Nordic Journal of International Law
NYIL	Netherlands Yearbook of International Law
OCDE	Organização de Cooperação e Desenvolvimento Económico

OECE	Organização Económica de Cooperação Europeia
PE	Parlamento Europeu
PESC	Política Externa e de Segurança Comum
PL	Public Law
PSDC	Política de Segurança e Defesa Comum
Quad. Cost.	Quaderni Costituzionali
RAE	Revue des Affaires Européennes
RB	Revista da Banca
RCADE	Recueil des Cours de l'Académie du Droit Européen
RCADI	Recueil des Cours de l'Académie de Droit International
RDES	Revista de Direito e Estudos Sociais
RDI	Revue de Droit International
RDP	Revue de Droit Public et de la Science Politique en France et à l'Étranger
RDUE	Revue de Droit de l'Union européenne
Rec.	Recueil de Jurisprudence de la Cour de Justice des Communautés Europénnes
Rec. Dalloz	Recueil Dalloz
REDI	Revista Española de Derecho Internacional
Rev. Der. Com. Eur.	Revista de Derecho Comunitário Europeo
Rev. Inst. Eur.	Revista de Instituciones Europeas
Rev. Int. Eur.	Revue d'intégration européenne
RFDA	Revue Française de Droit Administratif
RFDUL	Revista da Faculdade de Direito da Universidade de Lisboa
RGDIP	Revue Générale de Droit International Public
Riv. Dir. Eur.	Rivista di Diritto Europeo
Riv. Ital. Dir. Pub. Com.	Revista Italiana di Diritto Pubblico Comunitario
Riv. Trim. Dir. Pubb.	Rivista Trimestriale di Diritto Pubblico
RMC	Revue du Marché Commun
RMCUE	Revue du Marché Commun et de l'Union Européenne
RMUE	Revue du Marché Unique Européen
ROA	Revista da Ordem dos Advogados

RP do TJ	Regulamento de Processo do Tribunal de Justiça
RP do TPI	Regulamento de Processo do Tribunal de Primeira Instância
RTDE	Revue Trimestrielle de Droit Européen
RUDH	Revue universelle des droits de l'homme
St. Dipl.	Studia Diplomatica
Staatswiss. u. Staatspr.	Staatswissenschaft und Staatspraxis
TCE	Tratado institutivo da Comunidade Europeia
TCECA	Tratado institutivo da Comunidade Europeia do Carvão e do Aço
TCEE	Tratado institutivo da Comunidade Económica Europeia
TCEEA	Tratado institutivo da Comunidade Europeia da Energia Atómica
TEDH	Tribunal Europeu dos Direitos do Homem
TIJ	Tribunal Internacional de Justiça
Tilburg Foreign L. Rev.	Tilburg Foreign Law Review
TJ	Tribunal de Justiça
TPI	Tribunal de Primeira Instância
TUE	Tratado da União Europeia
UEM	União Económica e Monetária
UEO	União da Europa Ocidental
UQLJ	University of Queensland Law Journal
Vol.	Volume
VVDStRL	Veröffentlichungen der Vereinigung der Deutschen Staatsrechtslehrer
Wash. L. Rev.	Washington Law Review
YEL	Yearbook of European Law
ZaöRV	Zeitschrift für ausländisches öffentliches Recht und Völkerrecht
ZeuS	Zeitschrift für europarechtliche Studien
ZSR/RDS	Zeitschrift für Schweizerisches Recht/Revue du Droit Suisse.

PLANO

O livro divide-se em seis partes:

Parte I – A história constitucional da União Europeia;

Parte II – O constitucionalismo à escala transnacional;

Parte III – A União Europeia: uma nova forma de agregação do Poder político;

Parte IV – A constituição política da União Europeia;

Parte V – A garantia e o controlo da constitucionalidade e da legalidade dos actos e das normas da União Europeia;

Parte VI – A constituição económica da União Europeia.

Na primeira parte procurarei traçar a evolução histórica do processo de integração europeia desde a sua origem até ao Tratado de Nice, o que se afigura fundamental para se poderem compreender as sucessivas transformações a que foi sujeito, em primeiro lugar, o direito comunitário e, posteriormente, o direito da União Europeia, que o conduziram a afastar-se do direito internacional e a aproximar-se cada vez mais de um direito constitucional transnacional.

Na segunda parte tentarei explicitar os conceitos de constitucionalismo e de constituição transnacionais, procurando esclarecer a *vexata quaestio* da sua adequação, ou não, ao Tratado da União Europeia. Em seguida, estudarei o projecto de constituição europeia como concretização da ideia de constituição à escala transnacional.

Na terceira parte abordarei a União Europeia como uma nova forma de agregação do Poder político, o que implica definir a sua composição, os seus objectivos, a sua personalidade e a sua natureza jurídica, bem como os seus valores e princípios constitucionais.

Na quarta parte estudarei a constituição política da União Europeia, começando por analisar a repartição de atribuições entre a União e os seus Estados membros, bem como a sua estrutura orgânica. Em seguida, impõe-se o estudo dos poderes, funções e procedimentos de decisão da União Europeia, bem como o sistema de normas e actos jurídicos que dela emanam. Por último, nesta parte, cumpre analisar a forma como se relacionam os Direitos dos Estados membros com o Direito criado por este novo ente.

Na quinta parte tratarei da garantia e do controlo da constitucionalidade e da legalidade dos actos e das normas da União Europeia, dedicando especial atenção aos tribunais que aplicam o Direito da União Europeia e a alguns recursos e acções que perante eles podem ser interpostos ou propostos.

Por último, na sexta parte, abordarei, de forma bastante mais sucinta, a problemática da constituição económica da União, com especial destaque para os aspectos fundamentais relativos às quatro liberdades e ao direito da concorrência.

BIBLIOGRAFIA GERAL

I – OBRAS BÁSICAS

A) Em língua portuguesa

ANA MARIA GUERRA MARTINS – *Introdução ao Estudo do Direito Comunitário,* Lisboa, Lex, 1995.
_____ *A natureza jurídica da revisão do Tratado da União Europeia,* (diss. doutoramento), Lisboa, Lex, 2000.
_____ *A Carta dos Direitos Fundamentais da União Europeia e os direitos sociais,* in Direito e Justiça, 2001, tomo 2, p. 189 a 230.
_____ *A emergência de um novo direito comunitário da concorrência – as concessões de serviços públicos,* Revista da Faculdade de Direito da Universidade de Lisboa, 2001, p. 77 a 104.
_____ *Alguns tópicos de reflexão sobre a constituição europeia,* in Política Internacional, n.º 25, 2002, p. 249 a 264.
_____ *O Tratado de Nice – a reforma institucional e o futuro da Europa,* AAVV, Estudos em homenagem à Professora Magalhães Collaço, Coimbra, Almedina, 2002, p. 798 a 815.
_____ *Estudos de Direito Público,* vol. I, Coimbra, Almedina, 2003.
_____ *O projecto de Constituição Europeia – contribuição para o debate sobre o futuro da União,* Coimbra, Almedina, 2004.
FAUSTO DE QUADROS / ANA MARIA GUERRA MARTINS – *Contencioso comunitário,* Coimbra, Almedina, 2002.
FAUSTO DE QUADROS – *Direito Comunitário I – programa, conteúdos e métodos de ensino,* Coimbra, Almedina, 2000.
FRANCISCO LUCAS PIRES – *Introdução ao Direito Constitucional Europeu,* Coimbra, Almedina, 1997.
JOÃO MOTA DE CAMPOS / JOÃO LUIZ MOTA DE CAMPOS – *Manual de Direito Comunitário,* 4.ª ed., Lisboa, Fundação Calouste Gulbenkian, 2004.
MARIA LUÍSA DUARTE – *Direito da União Europeia e das Comunidades Europeias,* vol. I, tomo I, Lisboa, Lex, 2002.

MIGUEL GORJÃO HENRIQUES – *Direito Comunitário*, Coimbra, Almedina, 2001.

MIGUEL MOURA E SILVA – *Direito Comunitário I*, tomo I, Lisboa, AAFDL, 2000, tomo II, Lisboa, AAFDL, 2004.

PAULO DE PITTA E CUNHA – *A integração europeia no dobrar do século*, Coimbra, Almedina, 2003.

___ *Integração Europeia – Estudos de economia, política e direito comunitários*, Lisboa, INCM, 1993.

RUI MANUEL MOURA RAMOS – *Direito Comunitário (Programa, conteúdos e métodos de ensino)*, Coimbra, Coimbra Editora, 2003.

___ *Das Comunidades à União Europeia*, Coimbra, Coimbra Editora, 1994.

B) Em língua estrangeira

Em inglês:

ALAIN A. LEVASSEUR / RICHARD F. SCOTT – *The Law of the European Union: A New Constitutional Order – Materials and Cases*, Durham – Carolina do Norte, Carolina Academic Press, 2001.

DAMIAN CHALMERS – *European Union Law*, 2 vols., Aldershot, Dartmouth, 1998.

JAMES D. DINNAGE / JOHN F. MURPHY – *The Constitutional Law of the European Union*, Cincinati – Ohio, Andersen Publishing, 1996.

P. J. C. KAPTEYN / P. VERLOREN VAN THEMAAT – *Introduction to the Law of the European Communities*, 3.ª ed., Londres, Kluwer, 1998.

PATRICK BIRKINSHAW – *European Public Law*, Londres, Butterworhs, 2003.

PAUL CRAIG / GRÁINNE DE BÚRCA – *EU Law. Text, Cases and Materials*, 3.ª ed., Oxford, Oxford University Press, 2003.

STEPHEN WEATHERILL – *Cases and Materials on EU Law*, 6.ª ed., Oxford, Oxford University Press, 2003.

Em francês:

DENYS SIMON – *Le système juridique communautaire*, 3.ª ed., Paris, Puf, 2001.

GUY ISAAC / MARC BLANQUET – *Droit communautaire général*, 8.ª ed., Paris, Armand Colin, 2001.

JEAN-CLAUDE GAUTRON – *Droit européen*, Paris, Dalloz, 2002.

JEAN-PAUL JACQUÉ – *Droit institutionnel de l'Union européenne*, 2.ª ed., Paris, Dalloz, 2003.

JEAN VICTOR LOUIS – *L'ordre juridique communautaire*, 6.ª ed., Bruxelas, 1993.

JOE VERHOEVEN – *Droit de la Communauté européenne*, 2.ª ed., Louvaine, Larcier, 2001.

JOËL RIDEAU – *Droit institutionnel de l'Union et des Communautés européennes*, 4.ª ed., Paris, LGDJ, 2002.

LOUIS CARTOU e. a. – *L'Union européenne*, 3.ª ed., Paris, Dalloz, 2002.

PHILIPPE MANIN – *Les Communautés européennes, l'Union européenne*, 5.ª ed., Paris, Pedone, 1999.

Em alemão:

HANS GEORG FISCHER – *Europarecht – Grundlagen des Europäischen Gemeinschaftsrechts in Verbindung mit deutschen Staats– und Verwaltungsrecht*, 3.ª ed., Munique, Beck, 2001.

MATTHIAS HERDEGEN – *Europarecht*, 5.ª ed., Munique, Beck, 2003.

RUDOLF STREINZ – *Europarecht*, 6.ª ed., Heidelberga, C. F. Müller, 2003.

THOMAS OPPERMANN – *Europarecht – ein Studienbuch*, 2.ª ed., Munique, Beck, 1999.

Em espanhol:

ARACELI MANGAS MARTÍN / DIEGO J. LIÑAN NOGUERAS – *Instituciones de Derecho de la Unión Europea*, 3.ª ed., Madrid, Tecnos, 2002.

Em italiano:

GIUSEPPE TESAURO – *Diritto Comunitario*, 2.ª ed., Milão, CEDAM, 2001.

LUIGI FERRARI BRAVO / ENZO MOAVERO MILANES – *Lezioni di Diritto Comunitario*, 3.ª ed., Nápoles, Editoriale Scientifica, 2000.

PAOLO MENGOZZI – *Istituzioni di Diritto Comunitario e dell'Unione Europea*, Milão, CEDAM, 2003.

VINCENZO GUIZZI – *Manual di Diritto e politica dell'Unione Europea*, 2.ª ed., Nápoles, Editoriale Scientifica, 2000.

II – COMENTÁRIOS AOS TRATADOS

AAVV, *Commentaire J. MEGRET. Le droit de la CE et de l'Union européenne*, Volumes 1, 9,10, Bruxelas, 1992, 2000, 1993.

CRISTIAN CALIESS / MATTHIAS RUFFERT – *Kommentar zu EU-Vertrag und EG-Vertrag*, 2.ª ed., Neuwied Kriftel, Hermann, 2002.

EBERHARD GRABITZ / MEINHARD HILF – *Das Recht der Europäischen Union – Kommentar*, 4 volumes, Munique, Beck, 2003.

HANS VON DER GROEBEN / JOCHEN THIESING / CLAUS-DIETER EHLERMANN – *Kommentar zum EU-/EG-Vertrag*, 5 volumes, 5.ª ed., Baden-Baden, Nomos, 1999.

HANS VON DER GROEBEN / JÜRGEN SCHWARZE – *Kommentar zum Vertrag über die Europäische Union und zur Gründung der Europäischen Gemeinschaft*, vol. I (art. 1.º a 53.º TUE e 1.º a 80.º TCE, vol. II (art. 81.º a 97.º TCE), 6.ª ed., Baden-Baden, Nomos, 2003.

JÜRGEN SCHWARZE – *EU-Kommentar*, 2 volumes, 1.ª ed., Baden-Baden, Nomos, 2000.

RUDOLF STREINZ – *EUV / EGV Vertrag über die Europäische Union und Vertrag zur Gründung der Europäischen Gemeinschaft*, Munique, Beck, 2003.

VLAD CONSTANTINESCO / ROBERT KOVAR / JEAN-PAUL JACQUÉ / DENYS SIMON (dir.) – *Traité instituant la CEE – commentaire article par article*, Paris, 1992.

VLAD CONSTANTINESCO / ROBERT KOVAR / JEAN-PAUL JACQUÉ / DENYS SIMON (dir.) – *Traité instituant l'Union européenne – commentaire article par article*, Paris, 1995.

SÍTIO DA UNIÃO EUROPEIA NA INTERNET:

http://www.europa.eu.int

PARTE I

A HISTÓRIA CONSTITUCIONAL DA UNIÃO EUROPEIA

Capítulo I

Das origens até ao Acto Único Europeu

Bibliografia específica

I) **Sobre a História da integração europeia:** MARIE-THÉRÈSE BITSCH, *Histoire de la construction européenne*, s. l., Ed. Complexe, 1999; PAULO DE PITTA E CUNHA, *Tentativas históricas de União Europeia* (1963), *in* Integração Europeia – Estudos de economia, política e direito comunitários, Lisboa, 1993, p. 9 e ss; *idem, O Movimento Europeu* (1963), *in* Integração Europeia – Estudos de economia, política e direito comunitários, Lisboa, 1993, p. 33 e ss; C. ZORGBIBE, *Histoire de la construction européenne*, Paris, 1993; J. L. QUERMONNE, *Le système politique européen. Des Communautés economiques à l'Union Européenne*, Paris, 1993; FAUSTO DE QUADROS, *Recordando Jean Monnet*, Lisboa, 1989; JEAN MONNET, *Mémoires*, Paris, 1976.

II) **Sobre as organizações internacionais europeias:** MANUEL DIEZ DE VELASCO, *Las organizaciones internacionales*, 12.ª ed., Madrid, 2002, p. 469 e ss; NGUYEN QUOC DINH / PATRICK DAILLIER / ALAIN PELLET, *Droit International Public*, 7.ª ed., Paris, 2002, p. 574 e ss; JOSÉ A. PASTOR RIDRUEJO, *Curso de Derecho Internacional Publico y Organizaciones Internacionales*, 8.ª ed., Madrid, 2001, p. 665 e ss; IGNAZ SEIDL-HOHENVELDERN / GERHARD LOIBL, *Das Recht der Internationalen Organisationen einschliesslich der Supranationalen Gemeinschaft*, 7.ª ed., Colónia, 2000; JOÃO MOTA DE CAMPOS e. a., *Organizações Internacionais*, Lisboa, 1999, p. 577 e ss; RENÉ-JEAN DUPUY (dir.), *Manuel sur les organisations internationales*, 2.ª ed., Dordrecht, 1998; MARGARIDA SALEMA D'OLIVEIRA MARTINS / AFONSO D'OLIVEIRA MARTINS, *Direito das Organizações Internacionais*, vol. II, 2.ª ed., Lisboa, 1996, p. 249 e ss; NIGEL DAVID WHITE, *The Law of International Organisations*, Manchester, 1996; HENRY G. SCHERMERS / NIELS M. BLOKKER, *International Institutional Law*, 2 vols., 3.ª ed., a Haia, 1995; ANDRÉ GONÇALVES PEREIRA / FAUSTO QUADROS, *Manual de Direito Internacional Público*, 3.ª ed., Coimbra, 1993, p. 576 e ss.

III) **Sobre a CECA:** DIRK SPIERENBURG e. a., *Histoire de la Haute Autorité de la Communauté Européenne du Charbon et de l'Acier – une expérience supranationale*, Bruxelas, 1993; ROLANDO QUADRI e. a., *Trattato istitutivo della Comunità Europea del Carbone e dell'Acciaio – Commentario*, Milão, 1970, 2 vols; AAVV, *Natura ed exercizio del potere soprannazionale nell'organizzazione economica della Comunità carbo-siderurgica*, Milão, 1969; GIUSEPPE SPERDUTI, *La C.E.C.A. – Ente sopranazionale*, Pádua, 1966; ROBERT KOVAR, *Le pouvoir réglementaire de la*

44   Curso de Direito Constitucional da União Europeia

Communauté Européenne du Charbon et de l'Acier, Paris, 1964; PIERRE MATHIJSEN, *Le Droit de la Communauté Européenne du Charbon et de l'Acier,* Haia, 1958; HANS-JÜRGEN SCHLOCHAUER, *Die Frage der Rechtsnatur der Europäischen Gemeinschaft für Kohle und Stahl,* Festschrift für Hans WEHBERG, Francforte, 1956, p. 361 e ss; DANIEL VIGNES, *La Communauté Européenne du Charbon et de l'Acier,* Paris, 1956; ALBERT VAN HOUTTE, *La Comunitá Europea del Carbone e dell'Acciaio. Comunitá sopranazionale,* CI, 1956, p. 391 e ss; JEAN MAROGER, *L'évolution de l'idée de supranationalité,* Pol. Etr., 1956, p. 299 e ss; HENRY L. MASON, *The European Coal and Steel Community – Experiment in Supranationalism,* Haia, 1955, p. 121 e ss; RICCARDO MONACO, *Le Comunita sopranazionali nell'ordinamento internazionale,* CI, 1953, p. 441 e ss; PAUL REUTER, *La Communauté Européenne du Charbon et de l'Acier,* Paris, 1953; E. VAN RAALTE, *The Treaty Constituing the European Coal and Steel Community,* ICLQ, 1952, p. 73 e ss.

IV)   **Sobre o relatório Tindemans:** HEINRICH SCHNEIDER / WOLFGANG WESSELS, *Auf dem Weg zur Europäischen Union? Diskussionsbeiträge zum Tindemans-Bericht,* Bona, 1977; JEAN BURNER, *Rapport Tindemans: une tentative mort-née de faire l'Union politique de l'Europe,* RMC, 1976, p. 548 e ss; GABRIEL FERRAN, *El informe Tindemans sobre la Union Europea,* Rev. Inst. Eur., 1976, p. 327 e ss; ANTONIO TRUYOL Y SERRA, *El informe Tindemans,* REDI, 1976, p. 91 e ss; *Idem, Las evidencias institucionales del Informe Tindemans,* Rev. Inst. Eur., 1976, p. 301 e ss.

V)   **Sobre o plano Genscher-Colombo:** JOSEPH H. H. WEILER, *The Genscher- Colombo Draft European Act: The Politics of Indecision,* Rev. Int. Eur., 1983, p. 129 e ss; PAULINE NEVILLE-JONES, *The Genscher-Colombo Proposals of European Union,* CMLR, 1983, p. 657 e ss.

VI)   **Sobre o projecto de tratado Spinelli:** DUSAN DIJANSKI, *Du projet de Traité d'Union du Parlement Européen à l'Acte Unique Européen,* Rev. Int. Eur., 1987, p. 109 e ss; F. CAPOTORTI e. a., *Le Traité d'Union Européenne – Commentaire,* Bruxelas, 1985; JEAN-PAUL JACQUÉ, *The Draft Treaty Establishing the European Union,* CMLR, 1985, p. 19 e ss; F. CAPOTORTI, *La structure institutionnelle de l'Union Européenne, in* L'Union Européenne – Colloque organisé par les Cahiers de Droit Européen à l'occasion de son vingtième anniversaire, CDE, 1985, p. 505 e ss; JEAN-VICTOR LOUIS, *Principes de base et modalités de l'action de l'Union Européenne, In* l'Union Européenne – Colloque organisé par les Cahiers de Droit Européen à l'occasion de son vingtième anniversaire, CDE, 1985, p. 530; JOHN STEENBERGER, *Les politiques de l'Union, in* L'Union Européenne – Colloque organisé par les Cahiers de Droit Européen à l'occasion de son vingtième anniversaire, CDE, 1985, p. 553; JOSEPH WEILER / JAMES MODRALL, *Institutional Reform: Consensus or Majority,* ELR, 1985, p. 316 e ss; MAURO FERRI, *Le projet de Traité de l'Union Européenne,* ADL, 1984, p. 275 e ss; DIETMAR NICKEL, *Le project de Traité instituant l'Union Européenne elaboré par le Parlement Européen,* CDE, 1984, p. 149 e ss; PAUL DE SAINT-MIHIEL, *Le projet de Traité instituant l'Union Européenne,* RMC, 1984, p. 149 e ss; CLAUS-DIETER EHLERMANN, *Réflexions sur les structures institutionnelles de la Communauté,* ADL, 1984, p. 307 e ss.

VII)   **Sobre o Acto Único Europeu:** RUI MANUEL MOURA RAMOS, *O Acto Único Europeu, in* Das Comunidades à União Europeia. Estudos de Direito Comunitário, Coimbra, 1994, p. 143 e ss; PAULO DE PITTA E CUNHA, *Um novo passo na integração comunitária: o Acto Único Europeu, in* Integração Europeia – Estudos de economia,

Parte I – Cap I – Das origens até ao Acto Único Europeu

política e direito comunitários, Lisboa, 1993, p. 389 e ss; JEAN DE RUYT, *L'Acte Unique Européen*, 2.ª ed., Bruxelas, 1989; JOSE MARIA BENEYTO, *Europa 1992. El Acto Unico Europeo: Mercado Interior y Cooperacion Politica Europea*, Madrid, 1989; GEORGE A. BERMANN, *The Single European Act: A New Constitution for the Community?*, Columb. J. Transnat'l L., 1989, p. 529 e ss; R. BIEBER, *Legislative Procedure for the Establishment of the Single Market*, CMLR, 1988, p. 711 e ss; JOHN FITZMAURICE, *An Analysis of the European Community's Cooperation Procedure*, JCMS, 1988, p. 389 e ss; JOSÉ ANTÓNIO PINTO RIBEIRO, *O Acto Único Europeu*, RB, 1987, p. 101 e ss; GIANCITO BOSCO, *Commentaire de l'Acte Unique Européen des 17– 28 février 1987*, CDE, 1987, p. 355 e ss; DAVID EDWARD, *The Impact of the Single European Act on the Institutions*, CMLR, 1987, p. 19 e ss; MARIE-JOSÉ DOMESTICI-MET, *Les procédures législatives communautaires après l'Acte Unique*, RMC, 1987, p. 556 e ss; R. BIEBER / J. PANTALIS / J. SCHOO, *Implications of the Single Act for the European Parliament*, CMLR, 1986, p. 767 e ss; FRANCISCO ALDECOA LUZARRAGA, *El Acta Unica Europea. Primer passo incierto en la profundacion comunitaria hacia la Union Europea*, Rev. Inst. Eur., 1986, p. 543 e ss; JEAN-PAUL JACQUÉ, *L'Acte Unique Européen*, RTDE, 1986, p. 575 e ss; H. J. GLAESNER, *L'Acte Unique Européen*, RMC, 1986, p. 307 e ss.

1. Os projectos de integração europeia

A palavra Europa é muito anterior a qualquer projecto de integração europeia, remontando à mitologia grega (HESÍODO).

A unidade cultural, civilizacional e espiritual da Europa afirma-se desde a Antiguidade Clássica (Grécia e Império Romano), tendo conseguido manter-se durante a Idade Média em torno da figura do Papa. Efectivamente, tanto o Império de Carlos Magno como o Sacro Império Romano-Germânico encontram a sua unidade na pessoa do Papa.

O objectivo da unidade política europeia é muito antigo. Senão vejam-se os exemplos de políticos, como NAPOLEÃO e HITLER, que pretenderam alcançar essa unidade pela força das armas, com os resultados nefastos de todos conhecidos, ou de poetas, escritores, economistas e filósofos, como JEREMY BENTHAM, EMMANUEL KANT, JEAN JACQUES ROUSSEAU, SAINT-SIMON, BENJAMIN CONSTANT, VICTOR HUGO, que, por diversas vias, defenderam uma Europa unida por meios pacíficos.

1.1. Os projectos anteriores à II Guerra Mundial

Logo após a I Guerra Mundial LUIGI EUNAUDI (futuro Presidente da República italiana) propõe a congregação dos povos europeus numa Europa unida. Porém, os conflitos de interesses desencadeados na altura da

46   *Curso de Direito Constitucional da União Europeia*

assinatura do Tratado de Paz de Versalhes contribuíram para exacerbar os nacionalismos e afastaram a aceitação imediata das ideias de EUNAUDI.

Em 1922 o Conde COUDENHOVE-KALERGI dirige a diversos jornais europeus uma mensagem em que expõe a necessidade de instituir uma «união paneuropeia». A união paneuropeia inspirava-se na Constituição dos Estados Unidos da América, apelando aos parlamentos nacionais para consentirem no abandono de soberania e chamando a atenção para a necessidade de despertar a opinião pública favorável à unificação europeia.

Em 1925 HERRIOT (Ministro dos Negócios Estrangeiros francês) lança no Parlamento francês um apelo oficial à unidade da Europa, ideia que foi bem acolhida.

Em 1927 o ministro francês LOUCHER propõe a criação de cartéis europeus do carvão, do aço e dos cereais.

Em 1927 realizou-se o Congresso Paneuropeu, por iniciativa do CONDE COUDENHOVE-KALERGI, donde sai o Manifesto de Viena.

ARISTIDES BRIAND (Ministro dos Negócios Estrangeiros francês) conseguiu a aprovação do seu projecto de União Europeia por parte do Parlamento francês, o qual é submetido, em Setembro de 1929, à Assembleia da SDN. A proposta de BRIAND era relativamente obscura, uma vez que incluía a criação de uma associação federal, sem afectar a soberania de nenhuma das Nações que nela pudessem vir a participar.

Em 1930, com o intuito de explicar melhor o seu projecto inicial, o Governo francês envia aos governos europeus um memorando, que ficou conhecido como o memorando ARISTIDES BRIAND. As propostas de BRIAND, apesar da sua ambiguidade, foram, na generalidade, acolhidas com simpatia nos meios políticos da época, se exceptuarmos o caso do Reino Unido.

Em 1933 HITLER conquista o poder na Alemanha, o que leva ao exacerbamento dos nacionalismos. A época não é, pois, propícia à unidade livre e voluntária da Europa, o que conduz ao abandono da iniciativa de BRIAND.

1.2. Os projectos posteriores à II Guerra Mundial

Em 1945, após a II Grande Guerra, ressurge a ideia de unidade europeia, uma vez que se verificam várias condições que propiciam essa unidade.

São elas:

a) o colapso total das economias e das estruturas europeias;

Parte I – Cap I – Das origens até ao Acto Único Europeu   47

b) a pendência de uma ameaça exterior – a Rússia;
c) a existência de problemas comuns, designadamente, políticos, económicos, sociais e de defesa;
d) a consciência entre os responsáveis políticos da necessidade de uma acção solidária na construção da Europa.

Em 1946 Churchill, no célebre discurso de Zurique, apela à união dos povos europeus, que, em seu entender, passava pela reconciliação entre a França e a Alemanha e implicava a constituição entre os dois países de uma confederação capaz de garantir uma comunhão de destinos. Churchill propõe a criação dos Estados Unidos da Europa, sem a participação do Reino Unido.

Em 1947 foi realizado, na Haia, um Congresso em que se defrontaram duas tendências:

– a tendência federalista, que pugnava pela instituição imediata de uma federação política;
– a tendência pragmática, que agrupava os que defendiam os contactos intergovernamentais.

A moção final do Congresso, aprovada por unanimidade, defendia a convocação urgente de uma Assembleia Europeia eleita pelos parlamentos nacionais, que teria como escopo principal o seguinte:

– formar e exprimir a opinião pública europeia;
– recomendar as medidas necessárias nos planos político e económico adequadas à prossecução do objectivo da unidade europeia;
– examinar os problemas de natureza constitucional que a criação de uma União ou de uma Federação poderia vir a suscitar;
– elaborar os projectos de instrumentos jurídicos necessários;
– propor a criação de um Tribunal encarregado de assegurar o respeito de uma carta europeia dos direitos de humanos.

Os congressistas decidiram ainda a criação de um «Comité para a Europa Unida».

A aparente vitória da tendência federalista não afastaria a tese pragmática, que acabaria, aliás, por inicialmente vingar.

A unificação da Europa vai acabar por se fazer com base em duas vias diferentes:

– a via intergovernamental – respeita a soberania dos Estados e vai-se afirmar nos planos da economia, da defesa e político;
– a via comunitária – implica transferências de soberania dos Estados

48   *Curso de Direito Constitucional da União Europeia*

para uma entidade comum e vai partir do plano económico para o plano político.

1.2.1. A via da cooperação intergovernamental

A) No plano económico

Em 1947 os americanos aperceberam-se dos riscos políticos decorrentes da situação de ruína económica em que a Europa se encontrava no pós-guerra e, por isso, decidiram apoiar o esforço de reconstrução europeia através do que ficou conhecido como o PLANO MARSHALL.

Em 2 de Abril de 1948 foi aprovado o Programa de Recuperação Económica para a Europa, que era dirigido a todos os Estados da Europa, mas a Rússia recusou-se a aceitar qualquer negociação, o que arrastou os seus aliados.

As condições impostas pelo Plano implicavam que os países da Europa tinham de se entender quanto à forma de o fruir e de utilizar, eficazmente, o seu auxílio económico e financeiro.

Em 16 de Julho de 1947 reuniram-se, em Paris, 16 Estados europeus com o objectivo de apreciar a proposta norte-americana. Em 16 de Abril de 1948, na sequência dessa reunião, é assinada, em Paris, a Convenção que criou a OECE (Organização Europeia de Cooperação Económica).

A OECE cumpriu rapidamente os seus objectivos, a saber, o relançamento económico, a eliminação gradual das restrições quantitativas ao comércio intra-europeu e a instituição no seu âmbito de uma União Europeia de Pagamentos, que repondo a convertibilidade das moedas, facilitou o desenvolvimento das trocas comerciais entre os países membros.

Em 1960 a OECE extinguiu-se, dando lugar à OCDE (Organização de Cooperação e Desenvolvimento Económico), que tem objectivos mais amplos e é alargada aos EUA e ao Canadá.

B) No plano da defesa

Em 1947 é assinado o tratado de Dunquerque entre a França e o Reino Unido, que é um pacto de aliança e assistência mútuas tendente a garantir as duas potências contra o ressurgimento da agressão alemã.

Mas foi a ameaça provinda da URSS que levou alguns Estados europeus (Bélgica, Holanda, Luxemburgo, França e Inglaterra) a concretizarem os seus propósitos de defesa comum.

Parte I – Cap I – Das origens até ao Acto Único Europeu

Em 17 de Março de 1948 é assinado o tratado de Bruxelas, que institui uma organização – a União Ocidental – que se tornaria em 1954 a União da Europa Ocidental. Trata-se de um compromisso de assistência automática, em caso de agressão armada na Europa. O tratado prevê entre os Estados participantes um sistema de consultas mútuas no domínio da cooperação económica, social e cultural e organiza um sistema de resolução pacífica dos conflitos entre os Estados membros.

Em 4 de Abril de 1949 é criada a NATO pelo tratado de Washington. A defesa militar europeia necessitava do apoio norte-americano, pelo que, para além de Estados europeus, a NATO vai integrar os EUA e o Canadá.

A Alemanha só vai passar a fazer parte do sistema de defesa europeia com a revisão do tratado de Bruxelas. Essa revisão ocorreu por força dos acordos de Paris, de 23 de Outubro de 1954, os quais criaram a União da Europa Ocidental. Os seus signatários foram a França, o Reino Unido, a Bélgica, a Holanda, o Luxemburgo, a Alemanha, a Itália, a que se juntaram, mais tarde, a Espanha, Portugal e a Grécia.

C) No plano político

Em 1948 os Governos francês e belga decidem propor ao Conselho da UEO as conclusões do Congresso da Haia, bem como a criação de uma Assembleia Parlamentar Europeia.

Os ingleses apresentaram uma contraproposta baseada num sistema de cooperação intergovernamental de tipo clássico, que viria a culminar na criação do Conselho da Europa, pelo tratado de Londres, assinado em 5 de Maio de 1949. O principal objectivo do Conselho da Europa é a protecção dos direitos humanos.

A componente política deixa, a partir de então, de ser tratada num figurino supranacional, tal como tinha sido proposto pelo Congresso da Haia, para ser tratada numa perspectiva intergovernamental.

1.2.2. A via da integração comunitária

A criação das Comunidades Europeias – remissão para o ponto seguinte.

2. A criação das Comunidades Europeias

A Declaração SCHUMAN (Ministro dos Negócios Estrangeiros francês), de 9 de Maio de 1950, deve ser considerada como o grande impulso para a integração europeia. A proposta inclui a colocação do conjunto da produção franco-alemã de carvão e aço sob o controlo de uma alta autoridade comum, numa organização aberta à participação de outros países da Europa.

Os governos alemão, italiano, belga, holandês e luxemburguês acolheram favoravelmente a proposta francesa.

2.1. O Tratado CECA

O Tratado institutivo da Comunidade Europeia do Carvão e do Aço foi assinado em 18/4/51 e entrou em vigor em 25/7/52. Destinando-se a vigorar por 50 anos a partir da data da sua entrada em vigor (art. 97.º TCECA), a sua validade expirou em 23 de Julho de 2002. A partir daí o carvão e o aço passam a estar sujeitos ao regime geral do Tratado da CE.

Pelo Tratado CECA seis Estados europeus (França, Itália, República Federal da Alemanha, Bélgica, Luxemburgo e Países Baixos) decidem pôr sob uma autoridade comum todo um sector produtivo – o do carvão e do aço – fundamental na época. Tal facto representou uma limitação da soberania dos Estados e uma inovação qualitativa por referência ao que até então se conhecia nas relações internacionais.

A) Os objectivos da CECA

A CECA tem, essencialmente, dois tipos de objectivos:

– *Políticos* – a manutenção da paz mundial e da paz na Europa;
– *Económicos e sociais* – segundo o art. 2.º TCECA, esta organização tem por objectivos a contribuição para a expansão económica, o aumento do emprego e o relançamento do nível de vida nos Estados membros, de harmonia com a economia geral dos Estados membros e graças ao estabelecimento de um mercado comum nas condições definidas no art. 4.º TCECA. Para alcançar esse objectivo os Estados acordaram na criação de um mercado comum, objectivos comuns e órgãos comuns.

Parte I – Cap I – Das origens até ao Acto Único Europeu   51

B) Os órgãos e a divisão de poderes entre eles

O Tratado CECA criou os seguintes órgãos:

– *A Alta Autoridade* – órgão que detém o poder de decisão (arts. 8.º e seguintes TCECA). É independente dos Estados, actua no interesse geral da Comunidade, não aceita nem recebe instruções de nenhum governo nem de nenhum outro organismo (art. 9.º, n.º 2, TCECA). Na versão original do Tratado afirmava-se o carácter supranacional das funções dos membros da Alta Autoridade e a obrigação de os Estados respeitarem esse carácter supranacional, afirmação essa que desapareceu com o Tratado de Fusão de 1965, que referiremos adiante.

– *A Assembleia* – composta pelos representantes dos povos dos Estados reunidos na Comunidade (arts. 20.º e seguintes TCECA). Inicialmente a Assembleia era formada por delegados dos Parlamentos nacionais e detinha apenas um poder de controlo.

– *O Conselho* – formado por representantes dos Estados (arts. 26.º e seguintes TCECA), partilha com a Alta Autoridade a tomada das decisões mais importantes, pois é necessário o seu parecer conforme. O Conselho tem por missão harmonizar a acção da Alta Autoridade e dos Governos responsáveis pela política económica geral dos seus países (art. 26.º, par. 1, TCECA).

– *O Tribunal* – assegura o controlo do Direito, dispondo de competência para assegurar o respeito do Direito na interpretação e aplicação do Tratado e dos regulamentos de execução (art. 31.º TCECA) e a sua jurisdição é obrigatória.

C) A relação entre a Comunidade e os seus Estados membros

Através do TCECA, os Estados abdicaram de poderes a favor de uma entidade comum em sectores da sua economia vitais para a época. A experiência comunitária é única e precursora na História da Humanidade[1], pois nunca Estados seculares, independentes e soberanos tinham

---

[1] E é uma experiência bem sucedida, pois, apesar de todas as suas vicissitudes, conseguiu, até ao momento, impedir a guerra entre os Estados da Europa, o que é um feito extraordinário.

52 *Curso de Direito Constitucional da União Europeia*

abdicado tão intensamente da sua soberania a favor de uma entidade comum, em obediência a valores que só em comum podem ser salvaguardados[2].

D) A relação entre a Alta Autoridade e as empresas

O Tratado CECA estabelece uma relação directa entre a Alta Autoridade e as empresas (arts. 65.º, 66.º e 80.º TCECA), sem necessidade de mediação por parte dos Estados.

E) A personalidade e a capacidade jurídicas da CECA

Segundo o art. 6.º, par. 1.º, TCECA, esta Comunidade dispõe de personalidade jurídica e, de acordo com o art. 6.º, par. 2.º, TCECA, detém capacidade jurídica nas relações internacionais.

2.2. Os tratados CEE e Euratom

O tratado CECA, apesar de, como ficou notado, representar um avanço no domínio das relações internacionais, também significou o abandono temporário do ideal federalista global.

Porém, na sequência do Plano PLEVEN, de 1950, que propunha a extensão do método supranacional à defesa, em 27 de Maio de 1952, foi assinado o tratado da Comunidade Europeia de Defesa (CED), por inspiração francesa. Esta Comunidade deveria traduzir-se na criação de um exército comum europeu.

Como esta iniciativa só teria verdadeiramente sentido no quadro de uma Comunidade política, surgiu a necessidade de criação de uma estrutura federal ou confederal para enquadrar a Comunidade já existente e as que viessem a aparecer.

Assim, em 1953, constitui-se uma Assembleia "ad hoc" composta por membros da Assembleia CECA e do Conselho da Europa, com o objectivo de elaborar, no prazo de 6 meses, um projecto de Tratado institutivo da Comunidade Política Europeia (CPE).

Em 30 de Agosto de 1954 a Assembleia Nacional Francesa recusou a aprovação do Tratado CED e, deste modo, liquidou também o projecto

---

[2] A experiência dos Estados Unidos da América não se lhe pode comparar, uma vez que se tratava de Estados muito jovens, que tinham acabado de aceder à independência.

Parte I – Cap I – Das origens até ao Acto Único Europeu 53

da Comunidade Política Europeia, que, entretanto, tinha sido transmitido aos Governos dos seis Estados membros.

Numa tentativa de ultrapassar o pessimismo que então se vivia em relação à integração europeia, o Governo holandês propõe num memorando a criação de um amplo mercado comum europeu.

Em 1954, na sequência do fracasso da CED e da CPE, JEAN MONNET anuncia que não estará disponível para a renovação do mandato de Presidente da Alta Autoridade.

Em 1955, devido à crise desencadeada por JEAN MONNET, o Conselho CECA vai reunir, em Messina, com o objectivo de tratar da sua substituição.

Todavia, a reunião de Messina (1 e 2 de Junho de 1955) acaba por se debruçar sobre o memorando holandês, decidindo encarregar um grupo, presidido por SPAAK, para preparar os projectos destinados a exprimir os resultados do acordo de princípio de prosseguir a integração europeia.

Os resultados dos trabalhos desse grupo ficaram conhecidos como o Relatório SPAAK, que foi apresentado em Veneza, em 21 de Abril de 1956. O Relatório propõe a criação de um mercado comum geral e a instituição de uma entidade dotada de autoridade própria, tendo sido aprovado pelos Ministros dos Negócios Estrangeiros dos seis. Assim, surge a proposta de criação de duas Comunidades: a CEE e a CEEA.

Em 25 de Março de 1957 são assinados, em Roma, três Tratados – o Tratado institutivo da CEE, o Tratado institutivo da CEEA e o Tratado relativo a certas instituições comuns.

2.2.1. O tratado CEE

A) <u>Os objectivos da Comunidade</u>

Os objectivos da Comunidade abrangem domínios que afectam o núcleo duro da soberania dos Estados membros e constam do preâmbulo, bem como do articulado (v., em especial, o art. 2.º TCEE).

Os objectivos consagrados no preâmbulo são:

- a paz e a união cada vez mais estreita entre os povos europeus;
- o estabelecimento de bases comuns do desenvolvimento económico;
- o progresso económico e social;
- a melhoria constante das condições de vida e de emprego dos povos da Europa.

54   *Curso de Direito Constitucional da União Europeia*

Os objectivos constantes do articulado são, em suma, a construção de um mercado comum geral.

B) A estrutura orgânica

O tratado prevê os seguintes órgãos principais:

- O *Conselho* – é o órgão, por excelência, representativo dos Estados (art. 145.º, 2.º trav., TCEE) e detém o poder normativo na aplicação do tratado, o poder de adoptar decisões de natureza constitucional (arts. 138.º e 201.º TCEE), o poder de decisão ao nível do alargamento da competência dos órgãos comunitários (art. 235.º TCEE), o poder de decisão em matéria orçamental, o poder de assegurar a coordenação das políticas económicas dos Estados membros. A regra de votação é a maioria (art. 148.º, n.º 1, TCEE), o que revela o desejo de evitar o domínio do processo de decisão comunitário por parte de cada um dos Estados membros isoladamente.

- A *Comissão* – é o órgão independente dos Estados membros, defende os interesses da Comunidade e não pode receber instruções dos Governos (art. 157.º, n.º 2, TCEE). A Comissão é a guardiã dos Tratados (art. 155.º TCEE) e possui os seguintes poderes:
  - poder de se informar junto dos Estados e das empresas;
  - poder de proceder a verificações no limite do respeito dos direitos de defesa das empresas;
  - poder de aplicar sanções às empresas, no caso de violarem certas regras, designadamente, as da concorrência;
  - poder de desencadear o processo por incumprimento contra os Estados;
  - poder de controlar a aplicação das cláusulas de salvaguarda;
  - poder de negociação dos tratados internacionais de que a Comunidade é parte;
  - poder de gestão dos serviços da Comunidade e dos fundos comunitários.

- O *Parlamento Europeu* – é o órgão representativo dos povos europeus. Os seus poderes, em matéria legislativa, são, essencialmente, consultivos. Está prevista, no Tratado, desde o início, a possibilidade de eleição do Parlamento por sufrágio directo e

Parte I – Cap I – Das origens até ao Acto Único Europeu 55

universal (art. 138.º, n.º 3, TCEE), o que é inovador e único na História das organizações internacionais.

- O *Tribunal de Justiça* – o Tratado prevê um sistema comunitário de garantia do cumprimento das normas, através de um órgão jurisdicional independente dos Estados.

C) O sistema de fontes

As fontes de direito derivado estão previstas no art. 189.º TCEE e, como veremos, são os regulamentos, as directivas, as decisões, os pareceres e as recomendações. Algumas delas, como, por exemplo, os regulamentos apresentam particularidades em relação às normas e actos provenientes de outras organizações internacionais, especialmente, no que concerne à aplicabilidade directa.

D) A relação entre a Comunidade e os seus Estados membros

Baseia-se numa comunhão de interesses e num vínculo de solidariedade, que vai ter consequências, fundamentalmente, ao nível da repartição de atribuições entre a Comunidade e os Estados membros e ao nível da cooperação entre ambos na execução do direito comunitário.

E) O princípio da solidariedade

Os Estados membros comprometem-se a adoptar todas as medidas necessárias ao cumprimento dos objectivos do Tratado e a não adoptar quaisquer medidas que ponham em causa esses objectivos (art. 5.º TCEE).

F) A previsão da autonomia financeira

Inicialmente o orçamento comunitário viveu das contribuições dos Estados (art. 199.º TCEE), tal como sucede, geralmente, nas organizações internacionais, mas a versão originária do Tratado já previa a possibilidade de o orçamento comunitário dispor de receitas próprias (art. 201.º TCEE). A construção das finanças comunitárias como finanças autónomas data do início da década de 70.

G) A vigência ilimitada do TCEE

O tratado CEE tem vigência ilimitada (art. 240.º TCEE).

56 *Curso de Direito Constitucional da União Europeia*

2.2.2. O tratado CEEA

O tratado CEEA visa promover a utilização da energia nuclear para fins pacíficos e o desenvolvimento da potente indústria nuclear. Não será objecto de estudo autónomo neste Curso.

3. *A evolução posterior*

Em 1960, por impulso do Reino Unido, que tinha ficado afastado da construção europeia, alguns Estados europeus decidem criar a EFTA com base na Convenção de Estocolmo. A EFTA visa fins económicos, mas situa-se no plano estritamente intergovernamental.

Em 1961 o Reino Unido pede, pela primeira vez, a adesão às Comunidades Europeias.

No mesmo ano, na sequência da Declaração de Bad-Godesberg, uma Comissão presidida por FOUCHET é encarregue de elaborar um projecto de União Política Europeia. Esta comissão não conseguiu ultrapassar as dificuldades provenientes das divergências entre a França, defensora da Europa dos Estados de tipo confederal e os restantes Estados favoráveis à Europa dos povos. Os Planos FOUCHET, de 2 de Novembro de 1961 e de 18 de Janeiro de 1962, acabaram por ser abandonados.

Em 14 de Janeiro de 1963 a França veta, pela primeira vez, o alargamento ao Reino Unido.

Em 1965 assiste-se a uma das maiores crises das Comunidades Europeias, devido ao financiamento da política agrícola comum. A França recusa a proposta da Comissão, opondo-se à votação por maioria no seio do Conselho. Como não consegue chegar a acordo com os outros Estados membros, a França inicia, em 1 de Julho de 1965, a sua política da cadeira vazia, que só vai ser ultrapassada, em 28 e 29 de Janeiro de 1966, pelo compromisso de Luxemburgo, que instituiu o direito de veto dos Estados no Conselho, sempre que estes entendam estarem em causa os seus interesses vitais. Afasta-se, assim, a regra da maioria, prevista no art. 148.º, n.º 1, TCEE.

Em 1965 os Seis assinaram o Tratado de Fusão do Conselho e da Comissão, pelo qual o quadro institucional das três Comunidades passou a ser único, embora os órgãos continuem a dispor de diferente competência em cada uma das três Comunidades.

Em 1967 o Reino Unido renova o pedido de adesão e a França veta de novo a sua entrada.

Parte I – Cap I – Das origens até ao Acto Único Europeu 57

A crise em que as Comunidades se encontravam só é, efectivamente, ultrapassada, em 1969, na Cimeira de Haia (2 de Dezembro), que reuniu sob o tríptico: aprofundamento (UEM), alargamento (ao Reino Unido) e acabamento (da política agrícola comum).

A demissão do general DE GAULLE e a subida ao Poder de POMPIDOU, em França, contribuíram para uma política de maior abertura por parte deste Estado em relação à Europa, permitindo, assim, chegar a acordos de princípio nesta cimeira.

Em 22 de Abril de 1970 é adoptada a decisão sobre recursos próprios, que surge na sequência do acordo sobre o acabamento, a que se tinha chegado na Cimeira de Haia.

Em 1970 foram, finalmente, abertas as negociações com os Estados candidatos à adesão – Reino Unido, Irlanda, Dinamarca e Noruega.

Em 27 de Outubro de 1970 é aprovado, pelos Ministros dos Negócios Estrangeiros dos seis, o Relatório DAVIGNON, que prevê a instauração da cooperação política externa em termos muito modestos. Este relatório foi depois completado pelo Relatório de Copenhaga, de 23 de Julho de 1973, e pela Cimeira de Paris II de 1974, que cria o seu quadro institucional – o Conselho Europeu.

Em 22 de Março de 1971, para concretizar o aprofundamento, é aprovada uma resolução do Conselho tendente à instauração por etapas de uma União Económica e Monetária, inspirada no Plano WERNER, de Outubro de 1970. Contudo, a UEM não vingou, devido à crise mundial que então se vivia.

Em 1975 é apresentado o Relatório TINDEMANS, que define o conceito de União Europeia em termos bastante prudentes, mas mesmo assim é rejeitado pelos Estados membros.

Em 22 de Julho de 1975 é assinado um novo tratado em matéria orçamental, onde se prevê a criação do Tribunal de Contas.

Em 20 de Setembro de 1976 é aprovado o Acto relativo à eleição do Parlamento Europeu por sufrágio directo e universal, que vem a ser eleito por este método, pela primeira vez, em 1979.

Em 13 de Março de 1979 entra em vigor o Sistema Monetário Europeu, em resultado do que tinha sido acordado nos Conselhos Europeus de Bremen, de 6 e 7 de Julho de 1978, e de Bruxelas, de 4 e 5 de Dezembro de 1978.

Em Novembro de 1981 os Ministros dos Negócios Estrangeiros alemão e italiano elaboram o que ficou conhecido como o Plano GENSCHER-COLOMBO, que vai influenciar a Declaração Solene sobre a União Europeia de Estugarda, de 19 de Junho de 1983.

58   *Curso de Direito Constitucional da União Europeia*

Em 14 de Fevereiro de 1984 o Parlamento Europeu aprova um projecto de Tratado sobre a União Europeia, que ficou conhecido como o Tratado SPINELLI.

Estes três últimos documentos vão influenciar o Acto Único Europeu, que estudaremos em seguida.

4. O Acto Único Europeu

A versão originária dos Tratados não permaneceu inalterada até ao AUE. Pelo contrário, sofreu, como vimos, algumas modificações ao longo dos tempos[3], mas a sua primeira revisão de fundo, com fundamento no art. 236.º TCEE (actual art. 48.º TUE), ocorreu com o AUE, que foi assinado, em Fevereiro de 1986, e entrou em vigor, em 1 de Julho de 1987.

4.1. As principais razões da revisão

As principais causas da revisão são as seguintes:

- A paralisia institucional – devida ao já mencionado compromisso do Luxemburgo de 1966;
- O défice democrático – o Parlamento Europeu reclama uma maior participação no processo legislativo, desde o Acto de Bruxelas, de 20 de Setembro de 1976[4], que prevê a sua eleição por sufrágio directo e universal;
- A política agrícola comum – absorve percentagens muito elevadas do orçamento comunitário, as quais eram, sobretudo, canalizadas para os agricultores franceses e alemães, enquanto o maior contribuinte líquido era o Reino Unido. Esta situação gera acesos debates nos Conselhos Europeus dos finais dos anos 70, nos quais o Reino Unido reclama uma participação no orçamento mais equitativa;

---

[3] As principais alterações foram introduzidas pelo Tratado de Fusão de 8/4/65, pela Decisão do Conselho e pelo Tratado Orçamental de 22/4/70, pelo Tratado sobre matéria financeira de 22/7/75 e pela Decisão e Acordo do Conselho sobre a eleição dos deputados ao Parlamento Europeu por sufrágio universal e directo de 20/9/76.

[4] JOCE n.º L 278, de 8 de Outubro de 1976.

Parte I – Cap I – Das origens até ao Acto Único Europeu   59

- A maior heterogeneidade da Comunidade devida aos alargamentos – os sucessivos alargamentos trazem à Comunidade uma feição mais heterogénea, pois os Estados que a compõem apresentam níveis de desenvolvimento muito diferentes, ao contrário do que acontecia com os seis membros fundadores;
- O progresso na via da UEM – o tratado de Roma não contém os instrumentos jurídicos necessários à passagem à UEM.

4.2. As principais modificações introduzidas pelo AUE

A) O respeito pela democracia, pelo Estado de direito e pelos direitos fundamentais

O AUE afirma no preâmbulo que os Estados membros estão dispostos a promover em conjunto a democracia, que se funda nos direitos fundamentais reconhecidos nas constituições dos Estados membros, na Convenção Europeia dos Direitos do Homem e na Carta Social Europeia, nomeadamente, a liberdade, a igualdade e a justiça social. Apesar de se tratar de uma referência no preâmbulo, que não tem quaisquer desenvolvimentos no articulado, ela representa, pelo menos do ponto de vista político, a vontade de «humanizar» as Comunidades e de ultrapassar o seu carácter primordialmente económico.

B) Alterações institucionais:

- Institucionalização formal do Conselho Europeu, cuja composição aparece, pela primeira vez, definida num texto de direito originário, não se fazendo qualquer referência à sua competência. O art. 2.º AUE estabelece que o Conselho Europeu é composto pelos Chefes de Estado ou de Governo dos Doze e pelo Presidente da Comissão das Comunidades Europeias, assistidos pelos Ministros dos Negócios Estrangeiros e por um membro da Comissão.
- Reforço dos poderes do Parlamento Europeu ao nível do procedimento de decisão, através da introdução de um procedimento de cooperação entre o Parlamento Europeu e o Conselho (art. 149.º, n.ᵒˢ 2 e 3, TCEE), que se baseia, fundamentalmente, na ideia de que, se o Conselho pretender aprovar um acto em sentido contrário ao parecer do PE, necessita

60   *Curso de Direito Constitucional da União Europeia*

de reunir a unanimidade, ao passo que se pretender seguir a opinião do PE lhe basta a maioria qualificada. Tal alteração tem por objectivo a adopção mais frequente das posições do PE.

- O reforço dos poderes do PE estende-se ao domínio dos acordos de adesão (art. 237.º TCEE) e dos acordos de associação (art. 238.º TCEE). Passou a exigir-se o seu parecer conforme.
- Reposição da regra de votação, por maioria, no seio do Conselho, regra essa que, como já mencionámos, tinha sido posta em causa pelo compromisso de Luxemburgo de 1966.
- Reconhecimento da competência de execução da Comissão, dado que o Conselho nos actos que adopta deve atribuir à Comissão competência de execução das normas que estabelece (art. 10.º AUE).
- Possibilidade de criação do Tribunal de Primeira Instância – o AUE introduz o art. 168.ºA TCEE, no qual, com base numa proposta do Tribunal, se permite ao Conselho, após parecer da Comissão e do Parlamento Europeu, adoptar uma decisão de criação de um tribunal de primeira instância. O TPI acabou por ser criado pela Decisão 88/591/CECA, CEE e Euratom, de 24/10/88[5]. O TPI representa um passo importante na democratização do sistema judicial comunitário, pois permite uma maior protecção judicial dos particulares, uma vez que o TJ deixou de ser um tribunal de primeira e última instância. Além disso, contribui para diminuir o défice judiciário.

C) O mercado interno

O AUE erige em objectivo comunitário a construção do mercado interno até 31 de Dezembro de 1992. O mercado interno aparece definido no art. 8.ºA TCEE como «*um espaço sem fronteiras, no qual a livre circulação das mercadorias, das pessoas, dos serviços e dos capitais é assegurada, de acordo com as disposições do presente Tratado*». O mercado interno deve ser visto como um impulso à UEM.

---

[5] Publicada no JOCE L 319, de 25/11/88, p. 1, entretanto, revogada pelo Tratado de Nice.

D) A introdução de «novas» políticas comuns e a coesão económica e social

O AUE introduz, nos arts. 20.º a 25.º, novas bases jurídicas para as políticas que, não constando do direito originário, já tinham sido criadas, com base no art. 235.º TCEE e em decisões dos representantes dos Estados membros reunidos no seio do Conselho.

São elas:

- A cooperação no domínio da política económica e monetária (art. 20.º) – refere-se, expressamente, que o salto qualitativo na via da UEM necessita de uma nova revisão dos Tratados;
- Política social – os arts. 21.º e 22.º do AUE prevêem a inserção no Tratado dos arts. 118.ºA e 118.ºB TCEE. Não se trata de inovações muito relevantes. O objectivo é o da harmonização no progresso das condições existentes nos domínios da melhoria das condições de trabalho, protecção da saúde e segurança dos trabalhadores, bem como o desenvolvimento do diálogo entre parceiros sociais ao nível europeu, que pode conduzir a convenções colectivas.
- Coesão económica e social – o art. 23.º do AUE insere no Tratado um Título V, com o objectivo do desenvolvimento harmonioso do conjunto da Comunidade e da redução das diferenças entre as diversas regiões e do atraso das menos favorecidas. O AUE vem permitir à Comunidade dotar-se dos instrumentos necessários para a alteração das regras de funcionamento dos fundos estruturais (art. 130.ºD TCEE).
- Política de investigação e desenvolvimento tecnológico – o art. 24.º AUE introduz no Tratado normas relativas à política de investigação e desenvolvimento tecnológico, assumindo a Comunidade «*o objectivo de reforçar as bases científicas e tecnológicas da indústria europeia e de favorecer o desenvolvimento da sua competitividade internacional*» (art. 130.ºF, n.º 1, TCEE).
- Política de ambiente – o art. 25.º AUE introduz as normas relativas à política de ambiente (arts. 130.ºR a 130.ºT TCEE), sendo os objectivos da Comunidade, neste domínio, a preservação, a protecção da saúde das pessoas e a utilização prudente e racional dos recursos naturais.

E) O alargamento das atribuições externas da Comunidade

O AUE prevê normas específicas de atribuição de competências externas em matéria de investigação e desenvolvimento tecnológico (arts. 130.°G, al. b), 130.°N e 130.°Q, n.° 2 TCEE) e em matéria de ambiente (art 130.°N, n.° 5, TCEE).

F) A cooperação política europeia

O art. 30.° do AUE consagra, no essencial, as práticas já existentes nesta matéria e lança as bases para a criação do segundo pilar intergovernamental no TUE – a PESC.

5. *Os sucessivos alargamentos*

Para além das modificações substantivas acabadas de analisar, as Comunidades Europeias e, actualmente, a União Europeia, têm visto também o seu território aumentar:

- *O primeiro alargamento ao Reino Unido, à Irlanda e à Dinamarca* – o primeiro tratado de adesão foi assinado, em 22 de Janeiro de 1972, com o Reino Unido, a Irlanda, a Dinamarca e a Noruega, não tendo esta última ratificado o tratado. A partir de 1 de Janeiro de 1973 a Comunidade passou a ser composta por nove Estados.
- *O segundo alargamento a sul: a adesão da Grécia* – este Estado tinha com a Comunidade um tratado de associação desde 1961. Em 1975 pede formalmente a adesão, sendo o processo de negociação congelado durante a «ditadura dos coronéis». O tratado de adesão da Grécia às Comunidades Europeias só vai ser assinado, em 29 de Maio de 1979, tendo entrado em vigor em 1 de Janeiro de 1981.
- *O terceiro alargamento a sul: Portugal e Espanha* – estes dois países pedem a adesão às Comunidades em 1977 (Março e Junho, respectivamente). O tratado de adesão de Portugal e Espanha é assinado, em 12 de Junho de 1985, e entra em vigor, em 1 de Janeiro de 1986, tendo as Comunidades passado a ser constituídas por doze Estados membros.
- *O quarto alargamento a norte: Áustria, Finlândia, Suécia* – o tratado de adesão da Áustria, Finlândia, Suécia e Noruega foi assinado, em 24 de Junho de 1994, e entrou em vigor, em 1 de

Parte I – Cap I – Das origens até ao Acto Único Europeu　63

Janeiro de 1995, tendo a Noruega recusado a adesão, pela segunda vez, devido a um referendo negativo.

– *O quinto alargamento a Leste* – treze Estados – dez da Europa Central e do Leste, Chipre, Malta e a Turquia – pediram a adesão à União Europeia. No dia 16 de Abril de 2003, dez de entre eles[6] procederam à assinatura, em Atenas, do tratado de adesão, tratado esse que entrou em vigor em 1 de Maio de 2004. A partir desta data, a União passou a contar com vinte e cinco Estados membros. A Bulgária e a Roménia viram a sua adesão protelada, por razões, essencialmente, económicas, pelo que se a sua situação económica melhorar, poderão vir a aderir em 2007. Já o caso da Turquia é mais complicado, não tendo ainda sido fixada qualquer data para a abertura das negociações de adesão.

Os alargamentos em razão do território implicam adaptações dos tratados institutivos, tanto ao nível institucional como ao nível do direito material. Esta situação poderia ter conduzido ao desvirtuamento do carácter específico, inovador e autónomo das Comunidades, da União Europeia e do Direito da União Europeia. Todavia, é nítido, desde o início, o esforço realizado pelos Estados fundadores e pelos órgãos da Comunidade, no sentido de impedirem esse desiderato. Tal preocupação consubstancia-se na consagração do princípio do adquirido ou acervo comunitário em todos os tratados de adesão, princípio este que será estudado mais adiante[7].

---

[6] Chipre, Estónia, Hungria, Letónia, Lituânia, Malta, Polónia, República Checa, Eslováquia e Eslovénia.

[7] Ver *infra* n.º 23.2.2.

Capítulo II

O Tratado da União Europeia
e as suas sucessivas revisões

6. *O Tratado de Maastricht*

Bibliografia específica

I) **Sobre o tratado de Maastricht em geral:** AAVV, *Em torno da revisão do Tratado da União Europeia*, Coimbra, 1997; AAVV, *A União Europeia na encruzilhada*, Coimbra, 1996; FAUSTO DE QUADROS / FERNANDO LOUREIRO BASTOS, *União Europeia*, DJAP, vol. VII, Lisboa, 1996, p. 543 e ss; AAVV, *Traité sur l'Union Européenne – Commentaire article par article*, Paris, 1995; AAVV, *A União Europeia*, Coimbra, 1994; TON HEUKELS e. a., *The Configuration of the European Union: Community Dimensions of Institutional Interaction, in* Essays in honour of HENRY G. SCHERMERS, vol. 2, Dordrecht, 1994, p. 195 e ss; DAVID O' KEEFFE / PATRICK M. TWOMEY, *Legal Issues of the Maastricht Treaty*, Londres, 1994; C. ALIBERT, *Union Européenne, in* AMI BARAV / CHRISTIAN PHILIP, Dictionnaire juridique des Communautés Européennes, Paris, 1993, p. 1136 e ss; FERNANDO LOUREIRO BASTOS, *A União Europeia – Fins, objectivos e estrutura orgânica*, Lisboa, 1993; J. CLOOS / D. VIGNES / J. WEYLAND / G. REINESCH, *Le traité de Maastricht – genèse, analyse, commentaires*, Bruxelas, 1993; VLAD CONSTANTINESCO, *La structure du Traité instituant l'Union Européenne – les dispositions communes et finales; les nouvelles compétences*, CDE, 1993, p. 251 e ss; ROBERT LANE, *New Community Competences under the Maastricht Treaty*, CMLR, 1993, p. 939 e ss; DEIRDRE CURTIN, *The Constitutional Structure of the Union: A Europe of Bits and Pieces*, CMLR, 1993, p. 17 e ss; JOERG MONAR / WERNER UNGERER / WOLFGANG WESSELS, *The Maastricht Treaty on European Union*, Bruxelas, 1993; ANA MARIA GUERRA MARTINS, *O Tratado da União Europeia – contributo para a sua compreensão*, Lisboa, 1993; ASTÉRIS D. PLIAKOS, *La nature juridique de l'Union européenne*, RTDE, 1993, p. 187 e ss; ARACELI MANGAS MARTIN, *El Tratado de Unión Europea: análisis de su estructura*, GJ, 1992, p. 13 e ss; CLAIRE-FRANÇOISE DURAND, *Le Traité de l'Union Européenne (Maastricht, 7 février 1992) – quelques réflexions, in* Commentaire MEGRET. Le droit de la CEE, vol. 1, 2.ª ed., Bruxelas, 1992, p. 357 e ss; ULRICH EVERLING, *Reflections on the Structure of the European Union*, CMLR, 1992, p. 1053 e ss; MARIE-FRANÇOISE

LABOUZ, *Les accords de Maastricht et la Constitution de l'Union Européenne*, Paris, 1992; YVES DOUTRIAUX, *Le Traité sur l'Union Européenne*, Paris, 1992.

II) **Sobre a PESC**: BARBARA-CHRISTINE RYBA, *La politique étrangère et de sécurité commune (PESC) – mode d'emploi et bilan d'une année d'application (fin 1993/ /1994)*, RMCUE, 1995, p. 14 e ss; ANDRÉ COLLET, *Le Traité de Maastricht et la Défense*, RTDE, 1993, p. 225 e ss; LUIS IGNACIO SANCHEZ RODRIGUEZ, *La politica exterior y de seguridad comun en el Tratado de la Union Europea*, GJ, 1992, p. 97 e ss; VICTORIA ABELLAN HONRUBIA, *Pressupuestos de una politica comun en materia de relaciones exteriores y de seguridad*, Rev. Inst. Eur., 1992, p. 9 e ss.

III) **Sobre a CJAI**: NICOLETTA PARISI (org.), *Giustizia e affari interni nell'Unione europea*, Turim, 1996; F. JESUS CARRERA HERNANDEZ, *El derecho de asilo de los ciudadanos de la Union en el interior de la UE*, Rev. Inst. Eur., 1995, p. 837 e ss; BRUNO NASCIMBENE, *Da Schengen a Maastricht*, Milão, 1995; ROLAND BIEBER e. a., *Justice and Home Affairs in the European Union. The Development of the Third Pillar*, Bruxelas, 1995; D. M. CURTIN / J.F.M. POWN, *La coopération dans le domaine de la justice et des affaires intérieures au sein de l'Union Européenne: une nostalgie d'avant Maastricht*, RMUE, 1995, p. 13 e ss; MARC LEPOIVRE, *Le domaine de la justice et des affaires intérieures dans la perspective de la conférence inter-gouvernemental*, CDE, 1995, p. 323 e ss; J. MONAR / R. MORGAN, *The Third Pillar of the European Union. Cooperation in the Fields of Justice and Home Affairs*, Bruxelas, 1994; EDUARDO VILARIÑO PINTOS, *La cooperación en los ambitos de justicia e interior en el Tratado de la Union Europea. Los aspectos basicos para su realizacion*, Rev. Inst. Eur., 1994, p. 61 e ss; PETER-CHRISTIAN MÜLLER-GRAFF, *The Legal Basis of the Third Pillar and its Position in the Framework of the Union Treaty*, CMLR, 1994, p. 493 e ss; ROBERTO ADAM, *La cooperazione nel campo della Giustizia e degli affari interni: da Schengen a Maastricht*, Riv. Dir. Int'l, 1994, p. 225 e ss; JUAN MIGUEL ZARAGOZA / ALEJANDRO BLANCO DE CASTRO, *El titulo VI del Tratado de la Union: Cooperación en assuntos de Justicia e interior*, GJ, 1992, p. 173 e ss.

IV) **Sobre a cidadania da União:** JO SHAW, *The Many Pasts and Futures of Citizenship in the European Union*, ELR, 1997, p. 554 e ss; ULRICH K. PREUSS, *Two Challenges to European Citizenship, in* RICHARD BELLAMY / DARIO CASTIGLIONE, Constitutionalism in Transformation, European and Theoretical Perspectives, Oxford, 1996, p. 122 e ss; SIOFRA O'LEARY, *The Evolving Concept of Community Citizenship – From the Free Movement of Persons to Union Citizenship*, Haia, 1996; *Idem, European Union Citizenship – Options for Reform*, Londres, 1996; JEAN-DENIS MOUTON, *La citoyenneté de l'Union: passé, présent et avenir*, Saarbrücken, 1996; STEPHEN HALL, *Loss of Union Citizenship in Breach of Fundamental Rights*, ELR, 1996, p. 129 e ss; SIOFRA O'LEARY, *The Relationship Between Community Citizenship and the Protection of Fundamental Rights in Community Law*, CMLR, 1995, p. 519 e ss; MICHELLE C. EVERSON / ULRICH K. PREUSS, *Concepts, Foundations, and Limits of European Citizenship*, Bremen, 1995; MAXIMO LA TORRE, *Citizenship: a European Challenge, in* ESA PAASIVIRTA / KIRSI RISSANEN, Principles of Justice and the Law of the European Union – Proceedings of the COST – AJ Seminar, Helsínquia, 1995, p. 123 e ss; RUI MANUEL MOURA RAMOS, *Les nouveaux aspects de la libre circulation des personnes. Vers une citoyenneté européenne, in* Das Comunidades à União Europeia, Coimbra, 1994, p. 249 e ss; ROBERT KOVAR / DENYS SIMON, *La* *citoyenneté européenne*, CDE, 1993, p. 285 e ss; CARLOS JIMENEZ PIERNAS, *La protección diplomatica y consular del ciudadano de la Unión Europea*, Rev. Inst. Eur., 1993, p. 9 e ss; ASTÉRIS PLIAKOS, *Les conditions d'exercice du droit de pétition*, CDE, 1993, p. 317 e ss; CARLOS CLOSA, *The Concept of Citizenship in the Treaty on European Union*, CMLR, 1992, p. 1137 e ss; J. LIÑAN NOGUERAS, *De la ciudadania europea a la ciudadania de la Union*, GJ, 1992, p. 63 e ss; PEDRO SOLBES MIRA, *La citoyenneté européenne*, RMCUE, 1991, p. 168 e ss; C. BLUMANN, *L'Europe des citoyens*, RMCUE, 1991, p. 283 e ss; CONSTANTIN STEPHANOU, *Identité et citoyenneté européennes*, RMC, 1991, p. 30 e ss.

V) Sobre a protecção dos direitos fundamentais: WALTER PAULY, *Strukturfragen des unionsrechtlichen Grundrechtsschutzes. Zur konstitutionellen Bedeutung von Art. F Abs. 2 EUV*, EuR, 1998, p. 242 e ss; BENGT BEUTLER, *Art F*, in HANS VON DER GROEBEN e. a., Kommentar zum EU-/EG-Vertrag, vol. I, 5.ª ed., Baden-Baden, 1997, p. 98 e ss; NANETTE A. NEUWAHL, *The Treaty on the European Union: A Step Forward in the Protection of the Human Rights?*, in NANETTE A. NEUWAHL / ALLAN ROSAS, The European Union and the European Rights, Haia, 1995, p. 13 e ss; GIORGIO GAJA, *The Protection of Human Rights under the Maastricht Treaty*, in DEIRDRE CURTIN / TON HEUKELS, Essays in honour of HENRY G. SCHERMERS, vol. 2, Dordrecht, 1994, p. 548 e ss; LARS BONDO KROGSGAARD, *Fundamental Rights in the European Community after Maastricht*, LIEI, 1993, p. 99 e ss.

VI) Sobre o quadro institucional e a legitimidade democrática da UE: THOMAS W. POGGE, *How to Create Supra-National Institutions Democraticaly. Some Reflections on the European Union Democratic Deficit*, in ANDREAS FOLLESDAL / PETER KOSLOWSKI, Democracy and the European Union, Berlim, 1998, p. 161 e ss; JOËL RIDEAU, *National Parliaments and the European Parliament – Cooperation and Conflict*, in EIVIND SMITH (ed.), National Parliaments as Cornerstones of European Integration, Londres, 1996, p. 159 e ss; KLAUS ARMINGEON, *Comment: the Democratic Deficit of the European Union*, Aussenwirt., 1995, p. 67 e ss; RUDOLF HRBEK, *Der Vertrag von Maastricht und das Demokratie-Defizit der Europäischen Union auf dem Weg zu stärkerer demokratischer Legitimation?*, Gedächtnisschrift GRABITZ, Munique, 1995, p. 171 e ss; HANS-HUGO KLEIN, *Die Europäische Union und ihr demokratisches Defizit*, in JÜRGEN GOYDKE e. a. (Dir.), Festschrift für WALTER REMMERS, Colónia, 1995, p. 195 e ss; MICHAEL ZÜRN, *Über den Staat und die Demokratie in der Europächen Union*, in Probleme einer Verfassung für Europa, Bremen, 1995, p. 1 e ss; KARLHEINZ NEUNREITHER, *The Democratic Deficit of the European Union: Towards Closer Cooperation Between the European Parliament and the National Parliaments*, Gov. & Opp., 1994, p. 299 e ss; JEAN-CLAUDE PIRIS, *Après Maastricht, les institutions sont-elles plus efficaces, plus démocratiques et plus transparents?*, RTDE, 1994, p. 1 e ss; PHILIP RAWORTH, *A Timid Step Forwards: Maastricht and the Democratisation of the European Community*, ELR, 1994, p. 16 e ss; MARGARITA A. ROBLES CARRILLO, *La posición del TJCE en el Tratado de la Union Europea: alcance y consecuencias de los articulos C y L*, Rev. Inst. Eur., 1994, p. 809 e ss; ENRIQUE GONZALEZ SANCHEZ, *La evolución institucional de la Union Europea: del sistema quadripartito previsto en los tratados originarios a un sistema institucional tripartito en la perspectiva de realización de la unificacion europea*, Rev. Inst. Eur., 1994, p. 85 e ss; GEORG RESS, *Democratic Decision-Making in the European Union and the Role of the European Parliament*, in Essays in Honour of Henry G. Schermers, p. 153 e ss; Werner Ungerer, *Institutional Consequences of Broadening and Deepening the Community: the Consequences for the Decision-Making Process*, CMLR, 1993, p. 71 e ss; Trevor C. Hartley, *Constitutional and Institutional Aspects of Maastricht Agreement*, ICLQ, 1993, p. 213 e ss; Joël Rideau, *Le Traité de Maastricht du 7 février 1992 sur l'Union européenne. Aspects institutionnels*, RAE, 1992, p. 21 e ss; Jean Boulouis, *À propos des dispositions institutionnels du traité sur l'Union Européenne*, RAE, 1992, p. 5 e ss; Javier Diez-Hochleitner, *La reforma institucional de las Comunidades Europeas acordada en Maastricht*, GJ, 1992, p. 9 e ss; Charles Reich, *Le Traité sur l'Union européenne et le Parlement européen*, RMCUE, 1992, p. 287 e ss; Guy Scoffoni, *Les relations entre le Parlement européen et les parlements nationaux et le renforcement de la légitimité démocratique de la Communauté*, CDE, 1992, p. 22 e ss; Gérard Laprat, *Réforme des traités: le risque du double déficit démocratique. Les Parlements nationaux et l'élaboration de la norme communautaire*, RMCUE, 1991, p. 710 e ss; Charles Reich, *Qu'est-ce que... le déficit démocratique?* RMCUE, 1991, p. 14 e ss; Helmut Steinberger, *Der Verfassungsstaat als Glied einer europäischen Gemeinschaft*, VVDStRL, 1991, p. 39 e ss.

VII) **Sobre a união económica e monetária**: Eduardo M. H. da Paz Ferreira, *Direito Comunitário II (União Económica e Monetária). Relatório*, RFDUL (separata), 2001; Carlos Laranjeiro, *Lições de integração monetária europeia*, Coimbra, 2000; *Idem, União Económica e Monetária e Euro*, Coimbra, 1999; José Luis Cruz Vilaça, *O Euro e o Direito Comunitário*, Lisboa, 1998; Paulo de Pitta e Cunha, *Some Reflections on Monetary Union and Fiscal Federalism*, RFDUL, 1997, p. 365 e ss; Anibal Cavaco Silva, *Portugal e a moeda única*, Lisboa, 1997; Jean-Victor Louis, *L'Union économique et monétaire, in* Commentaire Megret. Le droit de la CEE, vol. 6, 2.ª ed., Bruxelas, 1995, p. 1 e ss; Manuel Conthe, *La Union Economica y Monetaria: la larga genesis de un tratado*, GJ, 1992, p. 101 e ss; Jean-Victor Louis, *L'Union Economique et Monétaire*, CDE, 1992, p. 251 e ss.

6.1. A génese do Tratado da União Europeia

6.1.1. As causas da revisão

Foram várias as razões que levaram à revisão dos tratados constitutivos das Comunidades Europeias:

1.ª) *O AUE* introduz inovações muito tímidas, mas gera uma dinâmica de desenvolvimento na integração europeia, uma vez que o grande mercado interno impõe a criação, por um lado, de novas políticas, e, por outro lado, dos meios financeiros necessários para a sua realização. Além disso, o mercado interno constitui um impulso para se avançar no sentido de etapas de integração económica mais evoluídas, como é o caso da união económica e monetária, que necessita de novos quadros institucionais.

2.ª) *A conjuntura política internacional* contribui para acelerar o processo de integração europeia. A nova ordem geopolítica mundial, que se vai desencadear com a queda do muro de Berlim, a unificação alemã, a desagregação da URSS, a Guerra do Golfo, as tensões demográficas e de pobreza no Terceiro Mundo, a destruição da camada de ozono, levam as Comunidades a reequacionarem a sua posição em face dos grandes desafios mundiais, bem como a tomar consciência da necessidade de dar saltos qualitativos na integração europeia.

3.ª) *O processo de realização da união económica e monetária* impulsionou a revisão. Resolvidos os problemas atinentes aos meios necessários à realização do AUE no Conselho Europeu de Bruxelas, de Fevereiro de 1988[1], com a adopção do chamado Pacote Delors I, em que se previa a reforma da PAC, dos fundos estruturais e do orçamento comunitário, o Conselho Europeu de Hanover, de 27 e 28 de Junho de 1988[2], decidiu constituir um comité, liderado pelo Presidente da Comissão – Jacques Delors –, com o objectivo de estudar e propor passos concretos para a via da UEM. O relatório desse comité foi apresentado em 12 de Abril de 1989[3].

O relatório propunha a criação, em três etapas, de uma verdadeira UEM, dotada de uma política monetária e de moeda comuns, sob a responsabilidade de um Sistema Europeu de Bancos Centrais, autónomo e independente dos órgãos comunitários e nacionais, acompanhada da coordenação das políticas económicas dos Estados membros.

O Conselho Europeu de Madrid, de 26 e 27 de Junho de 1989[4], reafirma a determinação das Comunidades no sentido da realização progressiva da UEM, tal como previsto no AUE, na perspectiva do mercado interno. Além disso, decide que o início da primeira fase da UEM será em 1 de Julho de 1990, encarregando as instâncias competentes (a Comissão, o Conselho, o Comité de Governadores de Bancos Centrais e o Comité Monetário) de organizarem os trabalhos preparatórios para a convocação de uma conferência intergovernamental.

---

[1] Ver as conclusões deste Conselho Europeu no Boletim das Comunidades Europeias N° 2/1988, p. 8 a 24.

[2] As conclusões estão publicadas no Boletim CE n.° 6/1988, p. 8 e ss.

[3] Europa/Documents n.ᵒˢ 1550/1551 de 20/4/89.

[4] Conclusões publicadas no Boletim CE n.° 6/1989, p. 8 e ss.

70 *Curso de Direito Constitucional da União Europeia*

O Conselho Europeu de Estrasburgo, de 8 e 9 de Dezembro de 1989[5], decide, com base no art. 236.º do Tratado de Roma (actual art. 48.º do TUE), a convocação dessa conferência intergovernamental restrita à UEM, para o segundo semestre de 1990, sob a presidência italiana.

Até àquele momento a UEM era considerada como o passo lógico e suficiente subsequente ao AUE. Todavia, o processo de realização da UEM revela-se insuficiente em muitos domínios, por um lado, devido a factores externos às Comunidades, por outro, devido a factores internos, pelo que se começam a fazer ouvir diversas vozes nos meios comunitários no sentido de uma revisão dos tratados com incidência directa no sistema institucional.

4.ª) *A ideia da União Política* só surge mais tarde. Em 17 de Janeiro de 1990, JACQUES DELORS, no seu discurso de apresentação do programa anual da Comissão ao Parlamento Europeu, defende a necessidade de a conferência intergovernamental se debruçar também sobre todos os outros aspectos institucionais.

Em 20 de Março de 1990 o Governo Belga apresenta um memorando, no qual apresenta as primeiras propostas sobre a União Política Europeia subordinadas a três ideias-chave, a saber, a melhoria do funcionamento institucional, o reforço da legitimidade democrática e o desenvolvimento da dimensão externa da Comunidade.

Mas o impulso decisivo para a revisão dos Tratados comunitários verificou-se nas vésperas (12 de Abril) do Conselho Europeu extraordinário de Dublim I, de 28 de Abril de 1990[6], quando o Chanceler KOHL e o Presidente MITTERAND enviam uma carta ao Primeiro-Ministro irlandês, na qual defenderam uma alteração mais profunda dos Tratados, de modo a ter em conta as transformações, entretanto, ocorridas na Europa. Defendiam ainda que os trabalhos da União Política se deviam concentrar no reforço da legitimidade democrática, na maior eficácia dos órgãos comunitários, em assegurar a unidade e a coerência das acções a empreender e na definição e implementação de uma política externa e de segurança comuns.

---

[5] Conclusões no Boletim CE N.º 12/1989, p. 8 e ss.

[6] Conclusões publicadas no Boletim das Comunidades Europeias n.º 4/90, p. 7 e ss.

Parte I – Cap II – O TUE e as suas sucessivas revisões

6.1.2. As conferências intergovernamentais

No segundo Conselho Europeu de Dublim, de 25 e 26 de Junho 1990[7], decide-se convocar uma segunda conferência intergovernamental sobre União Política.

As duas conferências intergovernamentais decorreram simultaneamente, mas do ponto de vista material, desenrolaram-se em separado. O resultado final dos seus trabalhos foi submetido a aprovação dos Estados membros no célebre Conselho Europeu de Maastricht, de Dezembro de 1991.

As conferências intergovernamentais, que abriram, formalmente, em 15 de Dezembro de 1990, em Roma, acordaram concentrar-se nos seguintes aspectos:

– a legitimidade democrática – o reforço da participação do Parlamento no processo de decisão comunitário, a associação do PE à nomeação dos membros da Comissão, bem como o reforço do papel das entidades regionais e locais;
– a PESC – a definição dos interesses comuns dos Estados na matéria e a criação de um quadro institucional específico;
– a cidadania – a participação dos cidadãos de um dos Estados membros nas eleições para o Parlamento Europeu e locais do Estado em que residem, bem como a liberdade de circulação das pessoas e a sua protecção fora das fronteiras comunitárias;
– o alargamento das atribuições comunitárias nas matérias social, de coesão económica e social, de meio ambiente, de saúde, de investigação, de energia, de infra-estruturas e de património cultural e educacional e, eventualmente, dos assuntos internos e de justiça;
– a eficácia – a clarificação do papel do Conselho Europeu, o reforço da regra da maioria qualificada na adopção das decisões por parte do Conselho e das competências de execução da Comissão[8].

---

[7] Conclusões publicadas no Boletim das Comunidades Europeias n.º 6/1990, p. 7 e ss.

[8] As conclusões do Conselho Europeu de Roma II estão publicadas no Boletim das Comunidades Europeias n.º 12/90.

72 Curso de Direito Constitucional da União Europeia

Entretanto tinha ocorrido o Conselho Europeu de Roma, de 27 e 28 de Outubro de 1990[9], em que se tinha reafirmado a vontade de prosseguir os objectivos da união económica e monetária e de manter os calendários previstos.

Os trabalhos das conferências intergovernamentais decorreram durante cerca de um ano.

O texto de alteração dos tratados comunitários foi aprovado, em Maastricht, em 10 de Dezembro de 1991, tendo sido assinado, posteriormente, em 7 de Fevereiro de 1992. Porém, acabou por entrar em vigor apenas, em 1 de Novembro de 1993, devido ao não do primeiro referendo dinamarquês, que ocorreu em 2 de Junho de 1992.

Em 12 de Dezembro de 1992, com o intuito de solucionar o problema, foi aprovada a Decisão de Edimburgo[10], que foi apresentada ao eleitorado dinamarquês como uma revisão do texto inicial, mas que, na verdade, apenas se limita a reafirmar o anteriormente acordado. De qualquer modo, essa declaração permitiu à Dinamarca realizar um segundo referendo, em 18 de Maio de 1993, tendo então o eleitorado votado o tratado favoravelmente.

6.2. O conteúdo

Dado que a maior parte das soluções então consagradas já não se encontram em vigor, cumpre-nos, neste Curso, chamar apenas a atenção, de forma sucinta, para os aspectos mais inovadores do Tratado de Maastricht, a saber:

a) a criação da União Europeia;

b) o reforço do papel do cidadão da União, designadamente, através da criação da cidadania da União, da consagração expressa da protecção dos direitos fundamentais e do reforço do papel do Parlamento Europeu;

c) a consagração de novas atribuições às Comunidades, especialmente, em matéria de união económica e monetária;

d) o princípio da subsidiariedade;

---

[9] Conclusões publicadas no Boletim das Comunidades Europeias n.º 10/1990.

[10] Ver Parte B das Conclusões do Conselho Europeu de Edimburgo, de 11 e 12 de Dezembro de 1992 (Bol. CE's 12/92).

Parte I – Cap II – O TUE e as suas sucessivas revisões 73

e) as modificações no quadro institucional;
f) a consagração da flexibilidade e da diferenciação.

6.2.1. A União Europeia

> *A composição da União Europeia* – a União Europeia funda-se nas três Comunidades e é completada pelos dois pilares intergovernamentais (art. A TUE)[11].

Os dois pilares intergovernamentais da União Europeia são:

a) A Política Externa e de Segurança Comum (PESC) – inclui o conjunto das questões relativas à segurança da União Europeia, incluindo a definição a termo de uma política de defesa, que poderá conduzir, no futuro, a uma defesa comum (arts. B, 2.º trav., e J.4, n.º 1). A PESC é tarefa da União e dos seus Estados membros (art. J.1, n.º 1). Estes não transferiram, definitiva nem temporariamente, as suas atribuições para a União em matéria de defesa e mantêm o controlo das acções em matéria de segurança e de relações externas com ela relacionadas.
A PESC representa um avanço muito tímido em relação à Cooperação Política Europeia que tinha sido formalizada no art. 30.º do AUE.

b) A Cooperação Judiciária e em matéria de Assuntos Internos (CJAI) – a construção de um mercado sem fronteiras internas, no qual as mercadorias, as pessoas, os serviços e os capitais circulam livremente, tornou clara a necessidade de regras comuns em matéria de asilo, de imigração, de controlo de fronteiras externas, de luta contra a criminalidade internacional, de cooperação judicial em matéria penal e civil e de polícia.
O objectivo da CJAI é o desenvolvimento de uma cooperação estreita no domínio da justiça e dos assuntos internos, deslocando para o plano do direito originário a regulamentação destas matérias.

> *Os objectivos da União Europeia* são económicos, sociais e políticos (art. B TUE).

---

[11] Os preceitos citados neste número, sem referência a fonte, correspondem a normas do Tratado da União Europeia na redacção que lhes foi dada em Maastricht.

> *O quadro institucional da União* – a União possui órgãos, que dispõem da necessária competência para a prossecução dos objectivos. Esses órgãos são os seguintes:

– o Conselho Europeu, órgão por excelência da União (art. D TUE);
– o Parlamento Europeu, o Conselho, a Comissão e o Tribunal de Justiça exercem a sua competência, de acordo com as disposições dos Tratados institutivos das Comunidades Europeias e com as outras disposições do Tratado (art. E TUE).

6.2.2. A cidadania da União e a protecção dos direitos fundamentais

O aprofundamento do envolvimento dos cidadãos no processo de integração necessitava de um impulso político. Impulso esse que lhe foi dado pelo TUE, através de, por um lado, a criação da cidadania da União e, por outro lado, a consagração expressa da protecção dos direitos fundamentais.

A) A cidadania da União

O art. A TUE considera como objectivo da União o reforço da protecção dos direitos e interesses dos nacionais dos Estados membros, através da instauração de uma cidadania da União. O desenvolvimento deste objectivo é efectuado no Tratado CE, nos arts. 8.º a 8.ºE, que consagram o estatuto do cidadão da União.

B) A protecção dos direitos fundamentais

De acordo com a tradição política humanista ocidental, o respeito dos direitos humanos, ou seja, do ser humano enquanto tal, constitui um dos elementos essenciais da identidade europeia.

À medida que os objectivos da Comunidade se vão estendendo é cada vez mais nítido o carácter incompleto da solução – ou ausência dela – em matéria de direitos fundamentais.

O TUE vai consagrar, pela primeira vez, expressamente a protecção dos direitos fundamentais no articulado, pois tal foi imposto pelos objectivos políticos da União.

O art. F, n.º 2, estabelece que a União respeita os direitos fundamentais, tal como são garantidos pela Convenção Europeia dos Direitos

Parte I – Cap II – O TUE e as suas sucessivas revisões

do Homem, e tal como resultam das tradições constitucionais comuns aos Estados membros enquanto princípios gerais de direito. O art. J.1, n.º 2, estipula como objectivo da Política Externa e de Segurança Comum o reforço e o desenvolvimento da democracia e do Estado de direito, bem como o respeito dos direitos do homem e das liberdades fundamentais. O art. K.2, n.º 1, refere que as questões de interesse comum serão tratadas no âmbito da Convenção Europeia dos Direitos do Homem e da Convenção relativa ao Estatuto dos Refugiados de 1951 e tendo em conta a protecção concedida pelos Estados Membros às pessoas perseguidas por motivos políticos.

A protecção dos direitos fundamentais dirige-se tanto aos nacionais dos Estados membros da União como aos nacionais de Estados terceiros, o que implica uma concepção mais abrangente do que a preconizada até ao TUE.

A passagem de uma Comunidade meramente económica a uma União política aumenta a necessidade de limitação dos poderes da autoridade pública em relação aos cidadãos como forma de garantir os ideais de democracia e de comunidade de direito.

6.2.3. As novas atribuições das Comunidades, em especial a união económica e monetária

O TUE consagrou novas atribuições à Comunidade, que deixou de se chamar Comunidade Económica Europeia para passar a ser apenas Comunidade Europeia. Além disso, certas atribuições, que já faziam parte do direito subordinado ou derivado, passaram a ter carácter constitucional, como é o caso da coesão económica e social, do ambiente e da promoção da investigação e desenvolvimento tecnológico (als. j), k) e m) do art. 3.º TCE).

O TUE entrou em domínios que fazem parte do cerne da soberania dos Estados, como, por exemplo, a cidadania, a política monetária e a política de vistos. Além disso, preparou o terreno para futuras transferências de soberania em matéria de imigração, asilo e controlo das fronteiras externas, que vieram, efectivamente, a ocorrer em Amesterdão.

Os instrumentos de realização da união económica e monetária estão previstos no art. 3.ºA TCE e a política económica e monetária é retomada nos arts. 102.ºA a 109.ºK TCE.

Para compensar a perda de soberania por parte dos Estados, o TUE impõe o respeito das identidades nacionais (art. F, par. 1.º, TUE) e da

76 Curso de Direito Constitucional da União Europeia

cultura dos Estados (art. 128.°, n.° 1, TCE), buscando, assim, um equilíbrio entre o poder político individual de cada Estado e o poder político comum da União.

6.2.4. O princípio da subsidiariedade

O princípio da subsidiariedade esteve no centro dos debates da conferência intergovernamental sobre a União Política. Defrontaram-se aí duas tendências: de uma banda, os defensores de uma maior integração procuraram aproximá-lo do princípio federal paralelo, de outra banda, os opositores do aprofundamento da integração viram nele uma hipótese de descentralização.

O princípio acabou por ficar consagrado no TUE e no TCE:

A) TUE

- ○ Preâmbulo – *«resolvidos a continuar o processo de criação de uma união cada vez mais estreita entre os povos da Europa em que as decisões são tomadas ao nível mais próximo possível dos cidadãos, de acordo com o princípio da subsidiariedade»*;
- ○ Art. B – *«os objectivos da União serão alcançados de acordo com as disposições do presente Tratado e nas condições e segundo o calendário nele previstos, respeitando o princípio da subsidiariedade»*;
- ○ Art. A – *«as decisões serão tomadas ao nível mais próximo possível dos cidadãos»*;
- ○ Art. F, n.° 1, – *«a União respeitará as identidades nacionais dos Estados membros»*.

B) TCE

- ○ Art. 3.°B, n.° 2 – *«nos domínios que não sejam das suas atribuições exclusivas, a Comunidade intervém apenas, de acordo com o princípio da subsidiariedade, se e na medida em que os objectivos da acção encarada não possam ser suficientemente realizados pelos Estados membros, e possam, pois, devido à dimensão ou aos efeitos da acção prevista, ser melhor alcançados ao nível comunitário»*.

O princípio aplica-se às matérias de atribuições concorrentes entre os Estados membros e as Comunidades. Está, portanto, excluída a sua

Parte I – Cap II – O TUE e as suas sucessivas revisões   77

aplicação às atribuições exclusivas da Comunidade, bem como às atribuições reservadas aos Estados membros.

A aplicação do princípio da subsidiariedade pressupõe, pois, uma prévia definição da repartição de atribuições entre as Comunidades e os Estados membros – um dos temas mais controversos do direito comunitário – que o Tratado de Maastricht não clarificou.

Após o apuramento prévio do carácter exclusivo ou concorrente de determinada competência, os órgãos comunitários competentes antes de actuarem têm a obrigação de averiguar se a acção que pretendem levar a efeito preenche os critérios previstos no art. 3.°B, n.° 2, TCE, isto é, o critério da suficiência dos Estados, pelo qual se averigua se os objectivos da acção encarada não podem ser suficientemente realizados pelos Estados e o critério da maior eficácia da Comunidade, de acordo com o qual se aprecia se os objectivos da acção encarada, devido à sua dimensão ou aos seus efeitos, não podem ser melhor alcançados pela Comunidade.

6.2.5. As modificações no quadro institucional

A) Os órgãos de decisão política

O TUE procura dar resposta às reivindicações de maior legitimidade democrática[12], de maior eficácia[13] e de maior transparência[14] institucional das Comunidades.

Na verdade, a Comunidade nasceu sob o signo do défice democrático, pois a transferência de poderes que antes pertenciam aos Estados e, como tal, estavam sujeitos ao controlo democrático dos povos de cada um deles, por intermédio dos seus parlamentos nacionais, não foi acompanhada paralelamente da atribuição a esses povos de um controlo eficaz e adequado da acção dos órgãos comunitários.

Essa "deficiência" acentuou-se à medida que ocorreram novas transferências de tarefas dos Estados para as Comunidades.

O TUE procurou minimizar esse défice democrático por duas vias:

---

[12] A maior legitimidade democrática procurou-se através do reforço das competências do Parlamento Europeu e da investidura da Comissão.

[13] A maior eficácia tentou alcançar-se através da alteração do processo de decisão comunitária e do aumento dos casos de votação por maioria qualificada no seio do Conselho.

[14] A maior transparência procurou-se na aproximação das decisões comunitárias aos cidadãos e na publicidade dos actos preparatórios das decisões comunitárias.

78   *Curso de Direito Constitucional da União Europeia*

1.ª) *O reforço dos poderes do PE*:

○ <u>ao nível do poder constituinte</u> – de acordo com o art. 138.º, n.º 3, TCE, o PE deve dar um parecer favorável, no que diz respeito ao seu processo eleitoral uniforme, ao contrário do que sucedia até ao TUE em que a sua participação se limitava à apresentação de projectos;

○ <u>no domínio do poder legislativo</u> – a introdução do art. 189.ºB TCE, que regulamenta o processo de co-decisão Conselho-PE, bem como o aumento dos casos em que é necessário o parecer favorável do PE (arts. 8.ºA; 105.º, n.º 6; 106.º, n.º 5; 130.ºD; 138.º, n.º 3 e 228.º, n.º 3, par. 2.º, TCE);

○ <u>no plano do controlo político</u> – o Parlamento alargou as suas competências através do poder que lhe foi conferido para constituir comissões de inquérito[15] e da exigência de apresentação de relatórios por parte dos outros órgãos comunitários[16];

○ <u>em matéria de participação na designação de membros de outros órgãos</u> – na designação do Presidente e dos outros membros da Comissão passou a ser necessário um voto de aprovação por parte do PE e só, posteriormente, se dará a nomeação, de comum acordo, pelos Governos dos Estados-membros.

2.ª) *O aumento do número de casos de votação por maioria qualificada no seio do Conselho* – a introdução do procedimento de co-decisão (art. 189.ºB TCE), no qual o Conselho decide por maioria qualificada e não por unanimidade. Este procedimento aplica-se, inicialmente, em 14 casos.

---

[15] O art. 138.ºC prevê que o Parlamento possa, a pedido de um quarto dos seus membros, constituir uma comissão de inquérito temporária para analisar alegações de infracção ou de má administração, excepto se os factos alegados estiverem em instância numa jurisdição e enquanto o processo jurisdicional não se encontrar concluído.

[16] O Conselho Europeu deve apresentar um relatório ao PE após cada reunião (art. D, § 3.º), bem como um relatório anual sobre os progressos da União (art. D, § 3.º); a Comissão e o Conselho devem apresentar relatórios em matéria de política económica (art. 103.º, n.ᵒˢ 2, 3 e 4, § 2.º); a Comissão deve apresentar um relatório sobre a aplicação das disposições da cidadania da União (art. 8.ºE, § 1.º), bem como sobre a matéria da coesão económica e social (art. 130.ºB, § 2.º) e de investigação e desenvolvimento (art. 130.ºP). O PE tem ainda o direito de ser informado pelo Presidente do Conselho em matéria de política económica (art. 104.ºC, n.º 11) e em matéria de política monetária (art. 109.ºC, n.º 3).

Parte I – Cap II – O TUE e as suas sucessivas revisões   79

As alterações institucionais têm como principal objectivo a aproximação da União aos seus cidadãos, tentando contribuir para que eles passem a deter uma maior participação na vida política comunitária. Os resultados alcançados não foram, porém, totalmente satisfatórios. Muitas normas introduzidas em Maastricht não tiveram as consequências positivas que se esperava. De entre elas devem destacar-se as seguintes:

a) a norma referente à eleição uniforme do PE não teve qualquer sucesso, devido à oposição do Reino Unido que não pretende abdicar do seu sistema eleitoral por círculos uninominais;

b) as regras relativas ao procedimento legislativo, embora possam ter contribuído para o tornar mais democrático, não contribuíram, decerto, para o tornar mais eficaz;

c) as regras de nomeação da Comissão, bem como as relativas ao seu controlo político também não conseguiram atingir os objectivos inicialmente traçados (basta para tanto pensar nas dificuldades que ocorreram na eleição de JACQUES SANTER, bem como nas dificuldades que a Comissão viveu no âmbito do seu mandato e que acabaram por desencadear a sua dissolução);

d) a norma relativa à criação de partidos políticos europeus (art. 138.°A TCE) não conseguiu incentivar a formação de qualquer partido político europeu, sendo que as eleições para o PE continuam a decorrer com um cariz fortemente nacional;

e) a participação dos parlamentos nacionais melhorou, pois, desde então, se têm vindo a verificar reuniões periódicas entre os membros do PE e dos parlamentos nacionais – as denominadas COSAC's.

B) O órgão jurisdicional

O Tratado de Maastricht introduziu ainda alterações, no que diz respeito ao *Tribunal de Justiça* no que toca aos seguintes pontos.

– consagra-se a legitimidade activa e passiva do PE e do BCE para o recurso de anulação e para o recurso de omissão (art. 173.°, par. 3, e 175.°, par. 1, TCE);

– o objecto do recurso de anulação alarga-se aos actos adoptados em conjunto pelo PE e pelo Conselho (art. 173.°, par. 1, TCE);

– a excepção de ilegalidade passa a poder ser invocada em relação aos actos adoptados em conjunto pelo PE e pelo Conselho (art. 184.° TCE).

Curso de Direito Constitucional da União Europeia

– no domínio do contencioso de incumprimento, a nova redacção do art. 171.º TCE, introduz modificações no que diz respeito à obrigação de executar o acórdão que declara o incumprimento e em relação à aplicação de sanções ao Estado que não cumpre um acórdão que anteriormente declarou o incumprimento[17].

Estas alterações reforçam o papel do PE no contencioso comunitário, mas também o papel dos cidadãos, uma vez que o PE é por eles directa e universalmente eleito.

6.2.6. A flexibilidade e a diferenciação

O tratado de Maastricht está marcado, em alguns domínios, pela flexibilidade e pela diferenciação, ou seja, pela possibilidade de alguns Estados avançarem para formas de cooperação mais estreitas, ficando à margem os que não podem, ou não querem, participar.

O Tratado marca o fim da tentativa, até aí sempre conseguida, de obter o consenso de todos para os avanços mais importantes e de exigir a participação de todos.

Os mecanismos de diferenciação previstos no tratado de Maastricht incidem sobre as seguintes matérias:

A) A união económica e monetária

O Reino Unido e a Dinamarca beneficiam de *opting out,* ou seja, da possibilidade de não participar na terceira fase da união económica e monetária, bastando para tal que manifestem a sua vontade nesse sentido. Podem fazer cessar o seu estatuto privilegiado, através de uma notificação da vontade de integrar o regime comum, sendo certo que, nesse caso, terão de preencher os critérios de convergência. Uma vez que façam cessar o estatuto privilegiado, a sua integração na UEM é definitiva.

O não preenchimento dos critérios de convergência, previstos no art. 109.ºJ TCE e no protocolo n.º 6, também configura uma situação de diferenciação, mas, nesse caso, depende de condições exteriores à vontade do Estado. Os Estados que não conseguirem preencher os critérios de convergência poderão mais tarde integrar a UEM, bastando para tanto

---

[17] Ver a comunicação da Comissão sobre o método de cálculo da sanção pecuniária compulsória prevista no art 171.º do Tratado CE, publicada no JOCE 97/C63, p. 2 e ss.

Parte I – Cap II – O TUE e as suas sucessivas revisões   81

uma decisão, por maioria qualificada, do Conselho da União, que integra todos os Estados e não apenas os que fazem parte da UEM.

B) A política social

O tratado de Maastricht prevê num Protocolo um acordo em matéria social entre apenas onze Estados (que, posteriormente, se tornaram catorze, devido ao alargamento a norte), tendo o Reino Unido ficado de fora. Este protocolo autoriza os Estados parte no acordo a recorrer às instituições, aos procedimentos e mecanismos do Tratado para aprovar entre eles e aplicar, na medida em que lhes digam respeito, os actos e as decisões necessários à concretização do referido acordo. O Reino Unido não participará nas deliberações e na adopção pelo Conselho das deliberações das propostas da Comissão efectuadas com base no protocolo e no acordo. A flexibilidade assenta, portanto, num acordo internacional, mas utiliza as instituições, procedimentos e mecanismos do tratado CE. A cessação desta forma de diferenciação não está prevista no protocolo nem no acordo. Na prática, o Reino Unido veio a pôr fim ao acordo e passou a incorporar a política social após o tratado de Amesterdão.

C) Os pilares intergovernamentais

Nos domínios da PESC e da CJAI também se prevê a possibilidade de alguns Estados avançarem para formas de cooperação mais estreitas. No quadro do segundo pilar, o Tratado prevê a possibilidade de diferenciação no art. J.4, n.os 4 e 5, TUE, que se refere à defesa. No âmbito do terceiro pilar, o art. K.7 TUE prevê que as disposições do presente título não constituem obstáculo à instituição e ao desenvolvimento de uma cooperação mais estreita entre dois ou mais Estados, na medida em que esta cooperação não contrarie nem dificulte a cooperação prevista no presente título.

7. O Tratado de Amesterdão

Bibliografia específica

I) **Sobre a reforma do Tratado, as negociações e a CIG 96:** EMILE NOËL, *La Conférence intergouvernementale de 1996 vers un nouvel ordre institutionnel,* RCADE, vol. VI, livro 1, 1998, p. 1 e ss; AAVV, *Em torno da revisão do Tratado da União Europeia,* Coimbra, 1997; ANDREW DUFF, *Reforming the European Union,* Londres, 1997; RUDOLF HRBEK (Dir.), *Die Reform der Europäischen Union. Position und Perspektiven anläßlich der Regierungskonferenz,* Baden-Baden, 1997; GEOFFREY EDWARDS e. a. (ed.), *The Politics of European Reform – The 1996 Intergovernmental Conference and Beyond,* Londres, 1997; JEAN-DENIS MOUTON / TORSTEN STEIN, *Vers une nouvelle Constitution pour l'Union européenne? La conférence intergouvernementale de 1996,* Colónia, 1997; HELMUT KORTENBERG, *La négociation du Traité. Une vue cavalière,* RTDE, 1997, p. 709 e ss; E. BROK, *Intergovernmental Conference 1996: Not a "Maastricht II",* CMLR, 1997, p. 1 e ss; AAVV, *A revisão do Tratado da União Europeia,* Coimbra, 1996; JEAN-VICTOR LOUIS, *L'Union européenne et l'avenir de ses institutions,* Bruxelas, 1996; A. WINTER e. a., *Reforming the Treaty on European Union – The Legal Debate,* Haia, 1996; PHILIPPE MANIN (Dir), *La révision du Traité sur l'Union Européenne. Perspectives et réalités (Rapport du groupe français d'étude pour la Conférence Intergouvernementale 1996),* Paris, 1996; JEAN-VICTOR LOUIS, *La CIG. Vers quelle Europe?,* CDE, 1996, p. 249 e ss; GRÁINNE DE BÚRCA, *The Quest of Legitimacy in the European Union,* MLR, 1996, p. 349 e ss; EDUARDO GARCIA DE ENTERRIA, *Les droits fondamentaux et la révision du Traité de l'Union européenne,* CDE, 1996, p. 609 e ss; *Acompanhamento parlamentar da revisão do Tratado da União Europeia na Conferência Intergovernamental de 1996,* 2 vols., Lisboa, 1995; MARCELINO OREJA, *La Conférence intergouvernementale 1996: quarante ans de coopération européenne à un tournant,* RMUE, 1995, p. 5 e ss; A. MATTERA, *L'Europe: la voie de l'espérance,* RMUE, 1995, p. 169 e ss; MARTIN BANGEMANN, *Le vote majoritaire pour l'Union européenne élargie,* RMUE, 1995, p. 175 e ss; MARIO MONTI, *Marché intérieur et révision des Traités,* RMUE, 1995, p. 181 e ss; C. D. EHLERMANN, *Différenciation accrue ou uniformité renforcée?,* RMUE, 1995, p. 191 e ss; JEAN-VICTOR LOUIS, *La réforme des institutions,* RMUE, 1995, p. 233 e ss; JOSÉ LUÍS CRUZ VILAÇA, *Le système juridictionnel communautaire,* RMUE, 1995, p. 243 e ss; EMMA BONINO, *La réforme de la politique étrangère et de sécurité commune: aspects institutionnels,* RMUE, 1995, p. 261 e ss; GÜNTER BURGHARDT, *Politique étrangère et de sécurité commune: garantir la stabilité à long terme de l'Europe,* RMUE, 1995, p. 267 e ss; J.-P. JACQUÉ, *Affaires intérieures et justice. Quelques refléxions,* RMUE, 1995, p. 279 e ss; ROBERT TOULEMON, *Un recensement des réformes à accomplir,* RAE, 1995, p. 91 e ss; CONSTANTIN STEPHANOU, *L'Union européenne et les analogies fédérale et confédérale. Réflexions dans la perspective de la Conférence intergouvernementale de 1996,* RMUE, 1995, p. 83 e ss; JEAN-VICTOR LOUIS, *Algunas reflexiones sobre la reforma de 1996,* Rev. Inst. Eur., 1995, p. 9 e ss; JUSTUS LIPSIUS, *La conférence intergouvernementale de 1996,* RTDE, 1995, p. 175 e ss; ANDREA PIERUCCI, *La* *conferenza del 1996: riforma dei trattati o riforma dell'Unione?*, Riv. Ital. Dir. Pub. Com., 1995, p. 416 e ss.

II) **Sobre o Tratado de Amesterdão em geral:** HÉLÈNE GAUDIN, *Amsterdam: l'échec de la hiérarchie des normes?*, RTDE, 1999, p. 1 e ss; JEAN FOYER, *Union Européenne et états membres selon le Traité d'Amsterdam*, Mélanges en honneur de NICHOLAS VALTICOS, Paris, 1999, p. 343 e ss; FRANCISCO LUCAS PIRES, *Amsterdão Do Mercado à Sociedade Europeia?*, Cascais, 1998; DANIEL VIGNES, *L'absence de personnalité juridique de l'Union Européenne: Amsterdam persiste et signe*, in Liber Amicorum Professor SEIDL-HOHENVELDERN, Haia, 1998, p. 757 e ss; JAN BERGMANN / CHRISTOFER LENZ (Org.), *Der Amsterdamer Vertrag vom 2. Oktober 1997. Eine Kommentierung der Neuerungen des EU- und EG-Vertrages*, 1998; YVES LEJEUNE, *Le traité d'Amsterdam. Espoirs et déceptions*, Bruxelas, 1998; WALDEMAR HUMMER, (Org.), *Die Europäischen Union nach dem Vertrag von Amsterdam*, Viena, 1998; ARMIN VON BOGDANDY (Org.), *Konsolidierung und Kohärenz des Primärrechts nach Amsterdam*, Baden-Baden, 1998; ARACELI MANGAS MARTIN, *El Tratado de Amsterdam: aspectos generales del pilar comunitario*, GJ, 1998, p. 7 e ss; ANDREA MANZELLA, *After Amsterdam, the Constitutional Identity of the European Union*, Int'l Spect., 1998, p. 42; SEAN VAN RAEPENBUSCH, *Les résultats du Conseil européen (les 16 et 17 juin 1997). Présentation générale du Traité d'Amsterdam*, Act. Dr., 1998, p. 7 e ss; K. LENAERTS / E. DE SMIJTER, *Le traité d'Amsterdam*, JT – Dr. Eur., 1998, p. 25 e ss; AMARYLLIS VERHOEVEN, *How Democratic Need European Union Members Be? Some Thoughts After Amsterdam*, ELR, 1998, p. 217 e ss; CARL FREDRIK BERGSTRÖM, *L'Europa oltre il mercato interno: commento al Trattato de Amsterdam*, Riv. Ital. Dir. Pub. Com., 1998, p. 1 e ss; JOACHIM JENS HESSE / MARTIN SCHAAD, *Leapfrogging, Side-stepping or Paradise lost? Amsterdam and the European Union*, Staatswiss. u. Staatspr., 1998, p. 121 e ss; HELMUT LECHELER, *Die Fortentwicklung des Rechts der Europäischen Union durch Amsterdam-Vertrag*, JuS, 1998, p. 392 e ss; ANTÓNIO GOUCHA SOARES, *O Tratado de Amesterdão e o novo passo da União Europeia*, Legislação, 1998, p. 5 e ss; MARIA JOÃO PALMA, *Desenvolvimentos recentes na União Europeia: o Tratado de Amesterdão*, Lisboa, 1998; SALLY LANGRISH, *The Treaty of Amsterdam: Selected Highlights*, ELR, 1998, p. 3 e ss; WERNER BERG / ROLF KARPENSTEIN, *Änderungen der rechtlichen Grundlagen der EU durch den Vertrag von Amsterdam*, EWS, 1998, p. 77 e ss; JEAN-LUC SAURON, *Le traité d'Amsterdam: une réforme inachevée?*, Rec. Dalloz, 1998, p. 69 e ss; A. TIZZANO, *La personnalité internationale de l'Union européenne*, RMUE, 1998, p. 11 e ss; F. DEHOUSSE, *Le Traité d'Amsterdam, reflet de la nouvelle Europe*, CDE, 1997, p. 265 e ss; JEAN-MARC FAVRET, *Le Traité d'Amsterdam: une révision a minima de la «charte constitutionnelle» de l'Union Européenne*, CDE, 1997, p. 555 e ss; JEAN-VICTOR LOUIS, *Le Traité d'Amsterdam. Une occasion perdue?*, RMUE, 1997, p. 5 e ss; MASSIMO SILVESTRO / JAVIER FERNANDEZ FERNANDEZ, *Le Traité d'Amsterdam: une évaluation critique*, RMCUE, 1997, p. 662 e ss; MICHEL PETITE, *Le traité d'Amsterdam: ambition et réalisme*, RMUE, 1997, p. 17 e ss; JEAN-PAUL JACQUÉ, *La simplification et la consolidation des traités*, RTDE, 1997, p. 903 e ss; ANTONIO TIZZANO, *Brevi considerazioni introduttive sul Trattato di Amsterdam*, CI, 1997, p. 673 e ss; DANIEL VIGNES, *Amsterdam, la enieme révision des traités européens*, St. Dipl., 1997, p. 10 e ss; AAVV, *Le Traité d'Amsterdam et les perspectives d'évolution de l'Union européenne*, Paris, 1997; WILHELM

84   *Curso de Direito Constitucional da União Europeia*

SCHÖNFELDER / /REINHARD SILBERG, *Der Vertrag von Amsterdam: Entstehung und erste Bewertung*, Int. 4/97, p. 203 e ss; ELMAR BROK, *Der Amsterdamer Vertrag: Ettape auf dem Weg zur europäischen Einigung*, Int. 4/97, p. 211 e ss; JEAN-VICTOR LOUIS, *Le Traité d'Amsterdam. Une occasion perdue?*, RMUE, 1997, p. 5 e ss; SANDRO GOZI, *Prime reflessioni sul Trattato di Amsterdam: luci ed ombre sul futuro dell'Unione*, Riv. Ital. Dir. Pub. Com., 1997, p. 917 e ss; HEINRICH SCHNEIDER, *Von Amsterdam in die Zukunft: Mit Trippelschritten vorwärts – oder in die Sachgasse?*, Int. 4/97, p. 197 e ss; WOLFGANG WESSELS, *Der Amsterdamer Vertrag – Durch Stäuckwerksreformen zu einer effizienteren, erweiteren und föderalen Union?*, Int. 3/97, p. 117 e ss.

III) **Sobre a protecção dos direitos fundamentais e os direitos dos cidadãos:** MARK BELL, *The New Article 13 EC Treaty: A Sound Basis for European Anti--Discrimination Law?*, MJ, 1999, p. 5 e ss; MADELEINE COLVIN / PETER NOORLANDER, *Human Rights and Accountability after the Amsterdam Treaty*, EHRLR, 1998, p. 191 e ss; PAOLA MORI, *La parità tra uomo e donna nel Trattato di Amsterdam*, Dir. Un. Eur., 1998, p. 571 e ss; LUCIA SERENA ROSSI, *Con il Trattato di Amsterdam l'Unione è più vicina ai suoi cittadini?*, Dir. Un. Eur., 1998, p. 339 e ss; M.ª DOLORES BLÁZQUEZ PEINADO, *Los derechos de la ciudadania y otros derechos reconocidos a los ciudadanos de la Union: de Maastricht a Amsterdam*, Rev. Der. Com. Eur., 1998, p. 261 e ss; J. JAVIER LASO PÉREZ, *El Tratado de Amsterdam y el respeto de la democracia y los derechos humanos*, BEUR, 1998, n.º 2, p. 31 e ss; FRÉDÉRIC SUDRE, *La Communauté et les droits fondamentaux après le traité d'Amsterdam: Vers un nouveau système de protection des droits de l'homme?*, JCP – La semaine juridique, 1998, n.ᵒˢ 1 e 2, p. 9 e ss; MICHAEL O'NEILL, *The Right of Acess to Community – Held Documentation as a General Principle of EC Law*, EPL, 1998, p. 403 e ss MEINHARD HILF, *Amsterdam – Ein Vertrag für die Bürger?*, EuR, 1997, p. 354 e ss; PATRICK WACHSMANN, *Les droits de l'homme*, RTDE, 1997, p. 883 e ss; STEFANIA NEGRI, *La tutela dei diritti fondamentali nell'ordinamento alla luce del Trattato di Amsterdam*, Dir. Un. Eur., 1997, p. 773 e ss; PETER DYRBERG, *El acesso público a los documentos y las autoridades comunitarias*, Rev. Der. Com. Eur., 1997, p. 377 e ss; THÉRÈSE BLANCHET, *Transparence et qualité de la législation*, RTDE, 1997, p. 915 e ss; MEINHARD HILF, *Die Union und die Bürger: Nicht viel Neues, aber immerhin*, Int. 4/1997, p. 247 e ss. I

IV) **Sobre a reforma institucional:** THOMAS WIEDMANN, *Der Ausschuβ der Regionen nach dem Vertrag von Amsterdam*, EuR, 1999, p. 49 e ss; GIROLAMO STROZZI, *Le modifiche instituzionali e del procedimento decisionale*, Dir. Un. Eur., 1998, p. 409 e ss; RENAUD DEHOUSSE, *European Institutional Architecture after Amsterdam: Parliamentary System or Regulatory Structure?*, EUI Working Paper RSC n.º 98 / /11, p. 8 e ss; NORBERT K. RIEDEL, *Der Vertrag von Amsterdam und die institutionnelle Reform der Europäischen Union – Ergebnisse der Regierungskonferenz zur Entwicklung der europäischen Union im institutionnellen Bereich*, BayVBl., 1998, p. 547 e ss; ROBERTA GARABELLO, *I nouvi poteri del parlamento europeo nel quadro delle riforme istituzionali apportate dal trattato di Amsterdam*, CI, 1998, p. 271 e ss; ARACELI MANGAS MARTIN, *La reforma institucional en el Tratado de Amsterdam*, Rev. Der. Com. Eur., 1998, p. 9 e ss; JÖRG UKROW, *Die Fortentwicklung des Rechts der Europäischen Union durch den Vertrag von Amsterdam*, ZEuS, 1998, p. 162 e ss; PIERRE-ALEXIS FERAL, *Le Comité des Régions de l'Union Européenne: du*

Traité de Maastricht au Traité d'Amsterdam, Dr. Pr., 1998, p. 77 e ss; CLAUDE BLUMANN, *Aspects institutionnels*, RTDE, 1997, p. 736 e ss; CHARLES REICH, *Le Traité d'Amsterdam et le champ d'application de la procédure de codécision*, RMCUE, 1997, p. 665 e ss; ROLAND BIEBER, *Reformen der Institutionnen und Verfahren – Amsterdam kein Meisterstück*, Int. 4/97, p. 236 e ss.

V) **Sobre o protocolo relativo ao alargamento**: SYMÉON KARAGIANNIS, *Le protocole de 1997 sur les institutions dans la perspective de l'élargissement de l'Union européenne*, RDUE, 2000, p. 337 e ss; MARC-ANDRÉ GAUDISSART, *Le protocole sur les institutions dans la perspective de l'élargissement de l'Union européenne: vers un elargissement sans perspectives pour l'Union?, in* YVES LEJEUNE, Le traité d'Amsterdam. Espoirs et déceptions, Bruxelas, 1998, p. 411 e ss; PHILIPPE MANIN, *L'élargissement de l'Union européenne et son adaptation institutionnellle, in* AAVV, Le Traité d'Amsterdam et les perspectives d'évolution de l'Union européenne, Paris, 1997, p. 35 e ss.

VI) **Sobre o Tribunal de Justiça**: MATTHIAS PECHSTEIN, *Die Justitiabilität des Unionsrechts*, EuR, 1999, p. 1 e ss; ALBERTINA ALBORS-LLORENS, *Changes in the Jurisdiction of the European Court of Justice under the Treaty of Amsterdam*, CMLR, 1998, p. 1273 e ss; NIAL FENNELLY, *Preserving the Legal Coherence within the New Treaty. The European Court of Justice after the Treaty of Amsterdam*, MJ, 1998, p. 185 e ss; LUIS NORBERTO GONZÁLEZ ALONSO, *La jurisdicción comunitaria en el nuevo espacio de libertad, seguridad y justicia*, Rev. Der. Com. Eur., 1998, p. 501 e ss; JEAN-PIERRE PUISSOCHET, *La juridiction communautaire: son rôle dans une Union européenne élargie et transformée, in* AAVV, Le Traité d'Amsterdam et les perspectives d'évolution de l'Union européenne, Paris, 1997, p. 21 e ss.

VII) **Sobre o espaço de liberdade, segurança e justiça:** ROLAND BANK, *The Emergent EU Policy on Asilum and Refugees. The New Framework Set by the Treaty of Amsterdam: Landmark or Standstill?*, Nord. J. Int'l L., 1999, p. 17 e ss; CARLO CURTI GIALDINO, *Schengen et le troisième pilier: le contrôle juridictionnel organisé par le traité d'Amsterdam*, RMUE, 1998, p. 106 e ss; HERVÉ BRIBOSIA, *Liberté, sécurité et justice: l'imbroglio d'un nouvel espace*, RMUE, 1998, p. 27 e ss; JÖRG MONAR, *Justice and Home Affairs in the Treaty of Amsterdam: Reform at the Price of Fragmentation*, ELR, 1998, p. 330 e ss; KAY HAILBRONNER, *European Immigration and Asylum Law under the Amsterdam Treaty*, CMLR, 1998, p. 1047 e ss; ALEJANDRO VALLE, *La refundación de la libre circulación de personas, tercer pilar y Schengen: el espacio europeo de libertad, securitad y justicia*, Rev. Der. Com. Eur., 1998, p. 41 e ss; ERCÜMENT TEZCAN, *La coopération dans les domaines de la justice et des affaires intérieures dans le cadre de l'Union européenne et le Traité d'Amsterdam*, CDE, 1998, p. 671 e ss; HENRI LABAYLE, *Un espace de liberté, de sécurité et de justice*, RTDE, 1997, p. 842 e ss; REINHARD RUPPRECHT, *Justiz und Inneres nach Amsterdamer Vertrag*, Int. 4/97, p. 264 e ss; PETER-CHRISTIAN MÜLLER--GRAFF, *Justiz und Inneres nach Amsterdam – Die Neuerungen in erster und dritter Säule*, Int. 4//97, p. 271; MONICA DEN BOER, *Justice and Home Affairs Cooperation in the Treaty on European Union: More Complexity Despite Communitarization*, MJ, 1997, p. 311 e ss.

VIII) **Sobre a reforma das políticas:** LAMMY BETTEN, *The Democratic Deficit of Participatory Democracy in Community Social Policy*, ELR, 1998, p. 20 e ss; SUSANNA CAFARO, *Il rapporto tra gli orientamenti in materia di occupazione,*

86   *Curso de Direito Constitucional da União Europeia*

introdotti con il Trattato di Amsterdam, e gli indirizzi di massima per le politiche economiche degli Stati membri e dellà Comunitá, Dir. Un. Eur., 1998, p. 547 e ss; ADELINA ADINOLFI, *Le innovazione previste dal Trattato di Amsterdam in tema di politica sociale,* Dir. Un. Eur., 1998, p. 563 e ss; ELEFTHERIA NEFRAMI, *Quelques réflexions sur la réforme de la politique commerciale par le Traité d'Amsterdam: le maintien du status quo et l'unité de la représentaion internationale de la Communauté,* CDE, 1998, p. 137 e ss; OLIVIER BLIN, *L'article 113 CE après Amsterdam,* RMCUE, 1998, p. 447 e ss; RICARDO GOSALDO BONO, *Les politiques et actions communautaires,* RTDE, 1997, p. 769 e ss.

IX)   **Sobre as relações externas da Comunidade**: ALAN DASHWOOD, *External Relations Provisions of the Amsterdam Treaty,* CMLR, 1998, p. 1019 e ss; CARLO NIZZO, *La politica commerciale comune nel Trattato di Amsterdam,* Dir. Un. Eur., 1998, p. 541 e ss; ENZO CANNIZZARO, *Sui rapporti fra il sistema della cooperazione rafforzata e il sitema delle relazioni esterne della Comunità,* Dir. Un. Eur., 1998, p. 331 e ss; PIERRE DE NERVIENS, *Les relations externes,* RTDE, 1997, p. 801 e ss.

X)   **Sobre os princípios da subsidiariedade e da proporcionalidade**: PIERRE-ALEXIS FERAL, *Le principe de subsidiarité: progrès ou status quo après le traité d'Amsterdam?,* RMUE, 1998, p. 95 e ss; MARKUS KENNTER, *Das Subsidiaritäts-protokoll des Amsterdamer Vertrags,* NJW, 1998, p. 2871 e ss; CHIARA CATTABRIGA, *Il Protocollo sull'applicazione dei principi di sussidiarità e di proporzionalità,* Dir. Un. Eur., 1998, p. 362 e ss; VLAD CONSTANTINESCO, *«Les clauses de coopération renforcée». Le protocole sur l'application des principes de subsidiarité et de proportionnalité,* RTDE, 1997, p. 765 e ss.

XI)   **Sobre a PESC:** JOSÉ JAVIER FERNANDEZ FERNANDEZ, *El Tratado de Amsterdam y la política exterior y de seguridad común de la Unión: análisis crítico desde de la óptica del Parlamento Europeo,* Rev. Der. Com. Eur., 1998, p. 79 e ss; DANIEL VIGNES, *Et si Amsterdam avait fait encore une autre chose de bien: permettre de réaliser la politique de défense commune?,* RMCUE, 1998, p. 77 e ss; NANETTE A. E. M. NEUWAHL, *A Partner With a Troubled Personality: EU Treaty-Making in Matters of CFSP and JHA after Amsterdam,* EFARev., 1998, p. 177 e ss; RUDOLF STREINZ, *Der Vertrag von Amsterdam. Einführung in die Reform des Unionsvertrages von Maastricht und erste Bewertung der Ergebnisse,* EuZW, 1998, p. 137 e ss; WOLFF HEINTSCHELL, *Rechtliche Aspekte der Neufassung der GASP durch den Vertrag von Amsterdam,* Die Friedens-Warte, 1998, p. 159 e ss; MATTHIAS DEMBINSKI, *Perspektiven der GASP nach dem Vertrag von Amsterdam,* Die Friedens-Warte, 1998, p. 173 e ss; HANSPETER NEUHOLD, *The Provisions of the Amsterdam Treaty on the CFSP: Cosmetic Operation or Genuine Progress?,* in Liber Amicorum Prof. SEIDL-HOHENVELDERN, Haia, 1998, p. 495 e ss; CRISEIDE NOVI, *Le novità del Trattato di Amsterdam in tema di politica esterna e di sicurezza comune,* Dir. Un. Eur., 1998, p. 433 e ss; UWE SCHMALZ, *The Amsterdam Provisions on External Coherence: Bridging the Union's Foreign Policy Dualism?,* EFARev., 1998, p. 421 e ss; ANTONIO REMIRO BROTÓNS, *Que ha significado el Tratado de Amsterdam para la PESC?,* GJ, 1998, p. 71 e ss; ELFRIEDE REGELSBERGER / MATTHIAS JOOP, *Und sie bewegt sich doch! Die Gemeinsamene Außen- und Sicherheitspolitik nach den Bestimmungen des Amsterdamer Vertrages,* Int. 4/97, p. 255 e ss; PHILIPPE BRAILLARD / RENÉ SCHWOK, *Les pays neutres dans la conférence intergouvernementale: «un engagement mesuré»,* RMCUE, 1997, p. 277 e ss.

XII) **Sobre a flexibilidade:** ERIC PHILIPPART / GEOFFREY EDWARDS, *The Provisions on Closer Co-operation in the Treaty of Amsterdam: The Politics of Flexibility in the European Union*, JCMS, 1999, p. 87 e ss; GIORGIO GAJA, *How Flexible is Flexibility under Amsterdam Treaty?*, CMLR, 1998, p. 855 e ss; HELMUT KORTENBERG, *Closer Cooperation in the Treaty of Amsterdam*, CMLR, 1998, p. 833 e ss; FLORENCE CHALTIEL, *Le Traité d'Amsterdam et la coopération renforcée*, RMCUE, 1998, p. 289 e ss; JOSÉ M. DE AREILZA / ALFONSO DASTIS QUECEDO, *Cooperaciones reforzadas en el Tratado de Amsterdam: misión cumplida?*, GJ, 1998, p. 105 e ss; JOSÉ MARTÍN Y PEREZ DE NANCLARES, *La flexibilidad en el Tratado de Amsterdam: especial referencia a la nocion de cooperación reforzada*, Rev. Der. Com. Eur., 1998, p. 205 e ss; JOSEF JANNING, *Dynamik in der Zwangsjacke – Flexibilität in der Europäischen Union nach Amsterdam*, Int. 4/97, p. 285 e ss.

7.1. A génese e os objectivos do Tratado de Amesterdão

O tratado de Maastricht foi encarado como uma fase transitória no processo de integração europeia, pelo que fixou um prazo para a sua revisão – em 1996 deveria ser convocada uma conferência intergovernamental (art. N, n.º 2, TUE).

7.1.1. A preparação da CIG 96

No Conselho Europeu de Corfu, de 24 e 25 de Junho de 1994, os Chefes de Estado e de Governo decidiram criar um grupo de reflexão para preparar os trabalhos da conferência, que ficou conhecido como o Grupo Westendorp, bem como convidar os órgãos, comunitários e os Estados membros a apresentarem relatórios sobre o funcionamento do TUE.

Os órgãos de decisão – o Conselho, a Comissão e o Parlamento Europeu – apresentaram os seus relatórios em 10 de Abril, 10 e 17 de Maio, respectivamente. Outros órgãos como o Tribunal de Justiça, o Tribunal de Primeira Instância, o Tribunal de Contas, o Conselho Económico e Social e o Comité das Regiões, elaboraram relatórios, de acordo com as suas competências.

Os Estados membros também apresentaram relatórios, nos quais fizeram o balanço da aplicação do Tratado ou de alguns dos seus aspectos e, nalguns casos, avançaram com propostas concretas de revisão. O Ministério dos Negócios Estrangeiros Português publicou uma brochura intitulada *Portugal e a Conferência Intergovernamental para a Revisão do Tratado da União Europeia* em 1996, onde expunha a posição portuguesa sobre o assunto.

88   *Curso de Direito Constitucional da União Europeia*

O grupo de reflexão reuniu e trabalhou com base em todos estes relatórios e, em Dezembro de 1995, apresentou o seu próprio relatório ao Conselho Europeu de Madrid, onde se fixavam as directrizes da organização da CIG[18].

7.1.2. A convocação da CIG 96

A revisão do Tratado obedeceu ao processo fixado no então art. N, actual art. 48.º TUE, tendo os órgãos da União apresentado os seus pareceres favoráveis[19].

A conferência foi convocada, oficialmente, pela Presidência, em 29 de Março de 1996, com o objectivo de se concentrar nos seguintes temas:

a) uma União próxima do cidadão;
b) maior democracia e eficácia das instituições da União;
c) o reforço da capacidade de acção externa da União.

Após mais de um ano de negociações, sob as presidências italiana e irlandesa, o tratado de Amesterdão acabou por ser assinado durante a presidência holandesa, no dia 2 de Outubro de 1997, mas só entrou em vigor, em 1 de Maio de 1999, após o depósito do último instrumento de ratificação pela França[20].

7.1.3. Os objectivos da revisão do TUE

Os objectivos da revisão do Tratado efectuada em Amesterdão são os seguintes:

---

[18] SN 520/2/95 REV 2 (REFLEX 21).

[19] A Comissão apresentou o seu parecer, intitulado «*reforçar a união política e preparar o alargamento*», em 28 de Fevereiro de 1996 (publicado no Bol. UE n.º 1/2-1996, p. 167 e ss). O PE adoptou, em 13 de Março, a resolução A4/0068/96 (publicada no JOCE C 96 de 1/4/96, p. 77 e ss) e o Conselho dos Negócios Estrangeiros tomou posição, em 25 de Março.

[20] O tratado de Amesterdão, tal como já tinha acontecido com o tratado de Maastricht, provocou revisões constitucionais em alguns Estados membros (França e Áustria) e foi objecto de referendo noutros (Irlanda e Dinamarca). Em França, a revisão constitucional ocorreu como consequência da decisão n.º 97-394 DC de 1997 do Conselho Constitucional, que declarou algumas normas do Tratado inconstitucionais.

Parte I – Cap II – O TUE e as suas sucessivas revisões 89

- a consolidação e a melhoria da União Europeia, enquanto entidade central;
- a concessão de uma posição privilegiada ao cidadão, enquanto principal destinatário da revisão.

7.2. As principais inovações do Tratado de Amesterdão

Tal como já fizemos em relação ao tratado de Maastricht, e pelas razões então aludidas, não vamos proceder, no âmbito deste Curso, ao estudo pormenorizado do tratado de Amesterdão. Importa apenas referir os aspectos fundamentais para a compreensão da evolução do processo de integração europeia.

7.2.1. A consolidação da União Europeia

O tratado de Amesterdão vai contribuir para a consolidação da União, bem como para a sua maior coerência e unidade, através da aproximação dos pilares intergovernamentais ao pilar comunitário, designadamente, ao nível das fontes, dos órgãos e da fiscalização judicial dos actos e das normas.

7.2.2. O reforço do papel do cidadão – a «humanização» da União

7.2.2.1. A protecção dos direitos fundamentais

As principais inovações introduzidas pelo tratado de Amesterdão, no domínio da protecção dos direitos fundamentais, são as seguintes:

a) a afirmação expressa da jurisdição do Tribunal para apreciar os actos dos órgãos (art. 46.º, al. d), ex-art. L TUE), com fundamento na violação de direitos fundamentais;

b) a declaração n.º 1 da conferência, relativa à abolição da pena de morte invoca o protocolo n.º 6 à CEDH;

c) a multiplicação das referências no Tratado aos direitos fundamentais e aos direitos humanos[21];

---

[21] V., por exemplo, art. 136.º TCE.

90   *Curso de Direito Constitucional da União Europeia*

d) o reforço dos direitos sociais através do aditamento de um considerando ao preâmbulo do Tratado, que refere a Carta Social Europeia, assinada em Turim, em 18 de Outubro de 1961, e a Carta Comunitária dos Direitos Sociais Fundamentais dos Trabalhadores, de 1989, e da introdução de um Título VIII, relativo ao emprego, no qual ficou consagrado o direito ao emprego;

e) o alargamento do âmbito de aplicação do princípio da não discriminação, através, nomeadamente, da inserção, no Tratado CE, do art. 13.º, que dispõe que o Conselho, deliberando por unanimidade, sob proposta da Comissão e após consulta ao PE, pode tomar as medidas necessárias para combater a discriminação em razão do sexo, raça ou origem étnica, religião ou crença, deficiência, idade ou orientação sexual. Esta norma não tem efeito directo nem impõe ao Conselho uma obrigação de legislar;

f) a consagração de alguns direitos oponíveis à administração comunitária, como, por exemplo, o direito de acesso aos documentos do PE, do Conselho e da Comissão (art. 255.º TCE) e o direito à protecção de dados pessoais (art. 286.º TCE);

g) a declaração n.º 11 afirma o respeito do estatuto de que gozam, ao abrigo do direito nacional, as Igrejas e associações ou comunidades religiosas nos Estados membros, bem como as organizações filosóficas ou não confessionais;

h) a declaração n.º 22 consagra a exigência das instituições da Comunidade respeitarem os direitos das pessoas com deficiências, quando adoptam medidas de aplicação, ao abrigo do art 95.º TCE (ex-art 100.ºA).

Ficaram, no entanto, por resolver dois aspectos:

– a adesão da União Europeia à Convenção Europeia dos Direitos do Homem;

– a ausência de um catálogo de direitos fundamentais.

7.2.2.2. Os novos direitos do cidadão da União

O art. 17.º, n.º 1, TCE consagra o carácter complementar da cidadania da União em relação à cidadania nacional.

O art. 21.º, parágrafo 3.º, TCE constitucionaliza o direito do cidadão da União se dirigir aos órgãos comunitários na sua língua e de obter uma resposta nessa mesma língua.

Parte I – Cap II – O TUE e as suas sucessivas revisões   91

O art. 255.º, n.º 1, TCE consagra o direito de acesso aos documentos do PE, do Conselho e da Comissão[22]. Estes órgãos, já anteriormente, tinham adoptado actos no sentido de permitir o acesso do público aos seus documentos[23], mas subsistiam dúvidas sobre se os particulares dispunham de um verdadeiro direito subjectivo nesse domínio. A partir do tratado de Amesterdão passa a ser claro que esse direito subjectivo existe e até adquire uma dignidade constitucional.

O Protocolo relativo ao direito de asilo de nacionais dos Estados membros da União Europeia estabelece que cada Estado membro será considerado pelos restantes como um país de origem seguro para todos os efeitos jurídicos e práticas em matéria de asilo.

A cidadania e a discriminação entre os nacionais dos Estados membros estão excluídas da cláusula de cooperação reforçada (art. 11.º TCE).

Muitas alterações em sede de atribuições e competências da União e das Comunidades, nomeadamente, no âmbito das políticas tiveram em vista «humanizar» a União, como é o caso das normas relativas ao emprego, à política social, ao ambiente, à saúde pública e à protecção dos consumidores.

A Declaração n.º 42 contribui para a simplificação dos Tratados, pois permitiu o expurgo de todas as normas, que já não estavam em vigor e a renumeração sequencial das normas em vigor, retirando-lhe a complexidade atinente à existência de artigos com números, letras, números e letras[24]. A própria sistemática do Tratado foi melhorada, na medida em que as normas atinentes à União Europeia fazem parte dos primeiros artigos (1.º a 51.º TUE), surgindo depois as alterações aos Tratados comu-

---

[22] O Conselho e o Parlamento Europeu aprovaram o regulamento CE n.º 1049/ /2001, de 30/5/2001, relativo ao acesso do público aos documentos do PE, do Conselho e da Comissão, que estabelece os princípios gerais e os limites deste direito (JOCE L 145, de 31/5/2001, p. 43).

[23] Em 6 de Dezembro de 1993 a Comissão e o Conselho acordaram num código de conduta sobre o acesso do público aos documentos do Conselho e da Comissão. Alguns dias depois (20 de Dezembro) o Conselho adoptou a decisão 93/731, que põe em prática o referido código de conduta (JOCE L. 340 de 31/12/93) e a Comissão fez o mesmo alguns meses depois (decisão n.º 94/90 de 8/2, JOCE L. 46 de 18/2/94). O Parlamento só em 1997 vem a adoptar uma decisão semelhante (decisão n.º 97/632/ /CECA, CE e Euratom de 10/7, publicada no JOCE L 263, 25/9/97).

[24] A simplificação do Tratado surge na sequência do Conselho Europeu de Turim, que sugeriu à Presidência da conferência a simplificação e a consolidação dos Tratados.

92   *Curso de Direito Constitucional da União Europeia*

nitários também renumerados. Por fim, aparecem os protocolos e as declarações.

7.2.2.3. O reforço dos poderes do PE

O reforço dos poderes do PE contribui para uma maior participação dos cidadãos na vida da União e para uma maior legitimidade democrática da União e manifesta-se, essencialmente, no que diz respeito à participação destes órgãos no procedimento legislativo.

As principais modificações inseridas no Tratado, que dizem, directamente, respeito ao PE são as seguintes:

- introdução de um novo parágrafo no art. 189.º TCE, que eleva para 700 o número máximo de membros do Parlamento.
- o art. 190.º, n.º 2, TCE impõe que as futuras alterações ao número de representantes do PE eleitos em cada Estado devem assegurar a representação adequada dos povos dos Estados reunidos na Comunidade.

Para além destas, devem ainda mencionar-se as alterações relativas aos procedimentos de decisão da União, que conduzem a uma maior participação do PE:

- a extensão do procedimento de co-decisão, sobretudo, no âmbito do poder legislativo – os 14 casos previstos no tratado de Maastricht passam a 24, abrangendo algumas matérias novas, como, por exemplo, o emprego, a política social, a saúde pública ou a luta contra a fraude comunitária, mas também matérias antigas, como os transportes e a coesão económica e social[25].

---

[25] O procedimento de co-decisão passou a estar previsto no TCE, nos seguintes casos, em substituição do processo de cooperação, de consulta ou de parecer conforme: arts. 12.º (não discriminação); 18.º, n.º 2, (cidadania); 42.º (segurança social dos trabalhadores); 46.º, n.º 2, e 47.º, n.º 2, (estabelecimento e serviços); 71.º, n.º 1, e 80.º (transportes); 137.º, n.º 2, 148.º e 150.º, n.º 4, (política social, FSE e formação profissional); 156.º (redes transeuropeias); 162.º (aplicação de decisões FEDER); 175.º (ambiente); 179.º (cooperação ao desenvolvimento). O processo de co-decisão está ainda previsto em relação a algumas novas matérias: arts. 129.º (emprego); 135.º (cooperação aduaneira); 141.º, n.º 3, (igualdade de oportunidades e tratamento entre homens e mulheres); 255.º, n.º 2, (transparência); 280.º, n.º 4, (luta contra a fraude); 285.º, n.º 1 (estatísticas); 286.º, n.º 2, (órgão independente em matéria de protecção de dados).

Parte I – Cap II – O TUE e as suas sucessivas revisões 93

– esta extensão tem como consequência a quase extinção do processo de cooperação, que se mantém apenas no que se refere à união económica e monetária (v.g. arts. 99.º, n.º 5, 102.º, n.º 2, 103.º, n.º 2, TCE), por ter sido considerado contraproducente tocar nessas normas, numa altura em que o processo conducente à criação da UEM ainda não estava concluído. Da supressão do procedimento de cooperação resultou uma assinalável simplificação do procedimento legislativo comunitário.
– a simplificação do próprio procedimento de co-decisão, pela supressão da terceira leitura, que assegurava uma posição de supremacia do Conselho em relação ao PE. A partir de Amesterdão o PE e o Conselho passam a estar numa posição de igualdade como verdadeiros co-legisladores.
– o procedimento de parecer conforme mantém-se, mas apenas relativamente às questões constitucionais ou internacionais, sendo retirado das matérias legislativas.

7.2.2.4. O reforço do papel dos parlamentos nacionais na UE

Na sequência do que tem vindo a ser reclamado pelos parlamentos nacionais, o tratado de Amesterdão dedica um Protocolo ao papel daqueles na União Europeia. Esse Protocolo confere aos parlamentos nacionais o controlo da acção governamental em matéria europeia, através da transmissão atempada das propostas legislativas da Comissão e institucionaliza a COSAC.

7.2.2.5. O Comité das Regiões

O Comité das Regiões, criado pelo Tratado de Maastricht, vai sofrer alterações a dois níveis:

– autonomia organizacional – o órgão passa a dispor de serviços administrativos próprios, de poder para elaborar o seu próprio regulamento interno e a qualidade de membro do Comité torna-se incompatível com a de membro do PE;
– alargamento de poderes – a consulta a este órgão passa a ser obrigatória em matéria de saúde pública, transportes, ambiente, questões sociais e, sobretudo, questões de cooperação transfronteiriça.

94 · Curso de Direito Constitucional da União Europeia

A consolidação e o reforço dos poderes do Comité das Regiões devem ser valoradas como um contributo importante para a maior aproximação dos cidadãos à União, pois este órgão é constituído por representantes das colectividades regionais e locais, que, deste modo, são ouvidas na tomada de decisão comunitária.

7.2.2.6. O reforço dos poderes do Tribunal de Justiça

O tratado de Amesterdão, apesar de não ter procedido à tão reclamada reforma judicial, trouxe algumas modificações que contribuíram para o reforço dos poderes do Tribunal, ao alargar a sua jurisdição a áreas, que antes estavam totalmente excluídas.

A competência do TJ está prevista no art. 46.º TUE e abrange:

a) os tratados institutivos das três Comunidades Europeias;
b) as disposições relativas ao terceiro pilar, com as restrições constantes do art. 35.º TUE;
c) as disposições relativas à cooperação reforçada (arts. 43.º a 45.º TUE; 40.º TUE e 11.º TCE);
d) a protecção dos direitos fundamentais no âmbito do pilar comunitário;
e) as disposições finais do TUE (arts. 46.º a 53.º TUE).

Daqui decorre que a competência do TJ se alargou aos seguintes domínios:

– à matéria dos vistos, do asilo, da imigração e de outras matérias referentes à livre circulação de pessoas, bem como ao acervo proveniente dos acordos de Schengen[26];
– ao terceiro pilar, embora com restrições;
– à garantia do cumprimento das condições relativas à cooperação reforçada;
– à matéria de protecção dos direitos fundamentais no âmbito do pilar comunitário.

---

[26] O protocolo que integra o acervo de Schengen no âmbito da União Europeia contém um anexo, no qual se enumeram os actos que fazem parte deste acervo.

Parte I – Cap II – O TUE e as suas sucessivas revisões 95

Este alargamento de competência do TJ foi conseguido à custa de alguns desvios aos princípios tradicionalmente aceites no contencioso comunitário, que adiante estudaremos[27].

7.2.3. Uma nova repartição de atribuições entre a União e os Estados membros

Ao contrário do que era possível prever no início da CIG, o tratado de Amesterdão acabou por introduzir as seguintes alterações em matéria de repartição de atribuições entre a União e os Estados membros:

- a criação de um espaço de liberdade, segurança e justiça, com a consequente comunitarização de alguns aspectos do terceiro pilar;
- a comunitarização dos acordos de Schengen;
- a integração do acordo social no Tratado;
- as modificações de algumas normas relativas às políticas e às acções comunitárias;
- a extensão das atribuições e competências externas da Comunidade.

7.2.3.1. A criação de um espaço de liberdade, segurança e justiça

No domínio da justiça e dos assuntos internos, a necessidade de revisão era consensual, dado que as normas introduzidas em Maastricht se revelaram inadequadas para responder a certos desafios, como, por exemplo, a segurança dos cidadãos, o combate eficaz por parte dos governos contra o crime internacional organizado e as questões ligadas à circulação das pessoas e aos controlos de fronteiras, que tendem a agravar--se no futuro.

A exigência da unanimidade no seio do Conselho para adoptar as acções comuns e as convenções internacionais apenas tinha permitido, durante a vigência do tratado de Maastricht, a aprovação de seis convenções[28] e de onze acções comuns.

---

[27] Ver *infra* n.º 51.2.

[28] As convenções incidiram sobre as seguintes matérias: o processo de extradição; a Europol; o sistema de informações aduaneiras; a protecção dos interesses financeiros; a extradição e a corrupção dos funcionários das Comunidades e dos Estados membros.

96 Curso de Direito Constitucional da União Europeia

A ideia-base que presidiu às alterações introduzidas no terceiro pilar foi a da criação de um espaço de liberdade, de segurança e de justiça, onde o cidadão ocupa o lugar central.

O art. 2.º TUE prevê a manutenção e o desenvolvimento da União «*enquanto espaço de liberdade, de segurança e de justiça, em que seja assegurada a livre circulação de pessoas, em conjugação com medidas adequadas em matéria de controlos na fronteira externa, asilo e imigração, bem como de prevenção e combate à criminalidade*».

Este objectivo vai ser desenvolvido no tratado CE, nas disposições relativas aos vistos, asilo, imigração e outras políticas relativas à livre circulação de pessoas (arts. 61.º a 69.º) e, no TUE, nas disposições relativas à cooperação policial e judiciária em matéria penal (arts. 29.º a 42.º).

7.2.3.2. A comunitarização do acervo de Schengen

A) O âmbito do acervo Schengen

Os acordos de Schengen abrangem:

– o Acordo de 1985 entre seis Estados que tinha um carácter predominantemente programático, no qual se indicavam quais os sectores em que era necessário harmonizar as respectivas políticas e encetar formas de cooperação entre os respectivos responsáveis;
– a Convenção de Aplicação do Acordo de 1985 assinada também em Schengen, em 19 de Junho de 1990, que contém 142 artigos, nos quais se definem as medidas de harmonização necessárias para abolir definitivamente os controlos das fronteiras internas.

Em 1990 o espaço Schengen alarga-se à Itália, a Espanha, Portugal e à Grécia.

A cooperação entre os Estados realizada com base em Schengen realizava-se à margem do direito comunitário, mas podia com ele colidir, dada a proximidade das matérias. Por isso, foi sempre objecto de alguma desconfiança por parte dos mais integracionistas. A possibilidade de se verificarem casos de sobreposição entre os acordos de Schengen e o tratado de Maastricht era uma realidade.

B) A necessidade de comunitarizar Schengen

A comunitarização de alguns domínios do terceiro pilar não podia deixar de ter repercussões na manutenção do acervo de Schengen nos moldes em que este existia. Isto porque as mesmas matérias deveriam ser tratadas num quadro comunitário, por força do tratado de Amesterdão, e num quadro intergovernamental e institucional, que lhe é totalmente estranho, por força dos acordos de Schengen.

C) O protocolo sobre o acervo Schengen

De entre as várias soluções possíveis para este problema, optou-se pela consagração dos princípios da progressividade e da flexibilidade.

O tratado de Amesterdão contém um protocolo que integra o acervo de Schengen no âmbito da União Europeia, no qual se prevê que todos os Estados membros, com excepção do Reino Unido e da Irlanda, instaurem uma cooperação reforçada nos domínios abrangidos pelos acordos de Schengen. Essa cooperação realizar-se-á no quadro institucional e jurídico da União Europeia (art. 1.º do protocolo).

O quadro institucional previsto nos acordos de Schengen desaparece, dando lugar ao quadro institucional da União.

Enquanto o Conselho não adoptar a decisão relativa às bases jurídicas, a que se refere o art. 2.º, n.º 1, 2.º par., do protocolo, os actos adoptados, com base nos acordos de Schengen, são considerados actos baseados no Título VI, ou seja, no terceiro pilar (par. 4 do art. 2.º), o que, obviamente, facilitou a aceitação da integração do acervo de Schengen no TUE. Os actos, que foram adoptados com base nos acordos de Schengen, só poderão vir a ter um efeito mais vinculativo, que se assemelhe às decisões comunitárias, mediante uma decisão unânime do Conselho (art. 2.º, n.º 1, par. 2). Assistiu-se, portanto, a um adiamento da decisão definitiva.

Como consequência da inserção do acervo de Schengen no TUE, a partir da entrada em vigor do tratado de Amesterdão, os Estados que pretenderem aderir à União têm de se conformar com o acervo de Schengen (art 8.º do protocolo). Ou seja, os Estados que vierem a aderir à União terão de respeitar normas que alguns dos Estados que dela fazem parte não respeitam.

D) As posições do Reino Unido, da Irlanda e da Dinamarca

De acordo com o protocolo, o Reino Unido e a Irlanda – que não fazem parte dos acordos de Schengen – não se encontram vinculados por ele, mas prevê-se a possibilidade de poderem vir, a todo o tempo, a requerer a aplicação, no todo ou em parte, das disposições deste acervo (art. 4.º do referido protocolo). Podem ainda participar através da

98   *Curso de Direito Constitucional da União Europeia*

notificação, por escrito, ao Presidente do Conselho de que o desejam fazer (art. 5.º).

O caso da Dinamarca é diferente. Ela faz parte dos acordos de Schengen e, nessa medida, não quis ficar de fora, mas dispõe de um estatuto especial, que se consubstancia na não aplicação da decisão do Conselho, a que se refere o n.º 1, 2.º par. do art. 2.º, nas partes do acervo de Schengen que se considere terem uma base jurídica no título III-A (actual IV) do Tratado que institui a Comunidade Europeia, ou seja, o título referente aos vistos, asilo, imigração e outras políticas relativas à livre circulação de pessoas. A Dinamarca justificou esta exigência com base nas dificuldades surgidas aquando da ratificação de Maastricht.

Enquanto o Reino Unido e a Irlanda não têm qualquer interesse na matéria, a Dinamarca pretende participar num quadro intergovernamental, recusando toda e qualquer comunitarização.

7.2.3.3. A integração do acordo social no Tratado

O tratado de Amesterdão revogou o acordo social, que mencionámos aquando do estudo do tratado Maastricht[29]. Isto porque a subida ao Poder dos Trabalhistas, no Reino Unido, criou as condições necessárias à modificação da posição deste Estado.

A política social passou a estar prevista nos arts. 136.º a 148.º do TCE, que, no fundo, resultam da fusão das normas que já constavam do Tratado com as que faziam parte do acordo social.

São de referir, fundamentalmente, duas inovações:

a. a menção no art. 136.º TCE de que a Comunidade e os Estados membros devem ter presentes na sua actuação os direitos sociais fundamentais, tal como constam da Carta Social Europeia de 1961 e da Carta Comunitária dos Direitos Sociais Fundamentais dos Trabalhadores de 1989;

b. a aplicação do procedimento de co-decisão em relação à adopção de algumas decisões – arts. 137.º, n.º 2, 141.º, n.º 3 TCE –, das quais se destacam as relativas ao princípio da igualdade entre o homem e a mulher.

---

[29] Ver *supra* n.º 6.2.6.

Parte I – Cap II – O TUE e as suas sucessivas revisões   99

7.2.3.4. As políticas e as acções comunitárias

O tratado de Amesterdão introduziu também alterações nas políticas e acções comunitárias que mais directamente estão relacionadas com os cidadãos.

A) A política de emprego

A política de emprego aparece estritamente associada à política económica, o que é visível no art. 2.º do TCE, onde a expressão «*elevado nível de emprego e protecção social*» aparece logo após «*o desenvolvimento harmonioso e equilibrado das actividades económicas no interior da Comunidade*». Além disso, o título VIII (arts 125.º a 130.º TCE), relativo ao emprego, aparece logo a seguir ao título relativo à UEM, o que demonstra a ligação que se pretendeu estabelecer entre as questões económicas e as sociais.

O elevado nível de emprego (art. 2.º TUE) e a protecção social elevada (art. 2.º TCE) passam a fazer parte dos objectivos da União e da Comunidade, respectivamente.

As atribuições da Comunidade, neste domínio, são de coordenação da actividade dos Estados membros, incentivo à cooperação entre os Estados membros e apoio da mesma. A acção da Comunidade é, portanto, subsidiária e de coordenação em relação aos Estados, devendo respeitar plenamente as competências destes (art. 127.º, n.º 1, TCE).

O art. 130.º TCE prevê a criação pelo Conselho, após consulta do PE, de um Comité de Emprego, composto por dois membros nomeados por cada Estado e pela Comissão. Este Comité terá um carácter consultivo e terá em vista promover a coordenação das políticas em matéria de emprego e de mercado do trabalho. O Comité terá por funções acompanhar a evolução da situação do emprego e das políticas de emprego na Comunidade e nos Estados membros, formular pareceres e contribuir para a preparação das deliberações do Conselho a que se refere o art. 128.º TCE.

B) A política de ambiente

O Tratado de Amesterdão, em consonância com o direito internacional do ambiente, inseriu no seu texto, o princípio do desenvolvimento sustentável como objectivo da União (art. 2.º, par. 1.º, TUE) e o art. 2.º do Tratado CE inclui, pela primeira vez, nos objectivos da União a missão de promover um elevado nível de protecção e melhoria da qualidade do ambiente.

O art. 6.º TCE prevê o princípio da integração da política de ambiente na definição e execução das políticas e acções da Comunidade, em especial com o objectivo de promover um desenvolvimento sustentável.

O procedimento de cooperação foi substituído pelo procedimento de co-decisão e o Comité das Regiões deve ser obrigatoriamente consultado.

C) A saúde pública

Apesar de a protecção da saúde continuar a pertencer aos Estados, a Comunidade vê as suas competências alargadas, na medida em que a sua acção incidirá não só sobre a prevenção das doenças, mas também sobre a melhoria da saúde pública. Além disso, a Comunidade pode adoptar uma série de medidas, enunciadas nas als a), b) e c) do n.º 4, do art. 152.º TCE, de acordo com o procedimento de co-decisão.

D) A defesa dos consumidores

Os consumidores passaram a ser encarados não apenas de um ponto de vista económico, como compradores e vendedores, mas antes numa visão de conjunto. Segundo o art. 153.º TCE, a Comunidade contribuirá para a protecção da saúde, da segurança e dos interesses económicos dos consumidores, bem como para a promoção do seu direito à informação, à educação e à organização para a defesa dos seus interesses.

E) A matéria cultural

A Comunidade deve ter em conta, quando actua ao abrigo de outras disposições do Tratado, os aspectos culturais, nomeadamente, a diversidade das culturas dos Estados membros (art. 151.º, n.º 4, TCE). Assiste-se, pois, à confirmação da diversidade cultural como princípio de direito comunitário.

7.2.3.5. A extensão das competências externas da Comunidade

O tratado de Amesterdão introduziu algumas alterações no domínio das relações externas da Comunidade, das quais se devem destacar, em primeiro lugar, a possibilidade, mediante decisão, por unanimidade, do Conselho, da aplicação, em matéria de política comercial, das normas

Parte I – Cap II – O TUE e as suas sucessivas revisões 101

relativas às relações externas às negociações e acordos internacionais no sector dos serviços e da propriedade intelectual (n.º 5 do anterior art. 113.º – actual art. 133.º TCE)[30] e, em segundo lugar, a consagração de regras diferentes para a suspensão de aplicação de um acordo de associação (v. actual art. 300.º, n.º 2, TCE).

7.2.4. O protocolo relativo aos princípios da subsidiariedade e da proporcionalidade

O tratado de Amesterdão clarifica neste protocolo alguns aspectos relativos à natureza do princípio da subsidiariedade, bem como ao seu carácter neutro e sindicável perante o Tribunal de Justiça.

Estas questões serão desenvolvidas mais adiante, quando tratarmos os princípios constitucionais da União Europeia[31].

7.2.5. A possibilidade de suspensão dos direitos de um Estado membro

O tratado de Amesterdão cria um meio não jurisdicional ou político para sancionar os Estados que não cumprirem os princípios enunciados no art. 6.º, n.º 1, TUE. Esse meio é a possibilidade de suspensão de direitos de um Estado membro que não respeita os princípios da União, quais sejam os princípios da liberdade, da democracia, do respeito pelos Direitos do Homem e pelas liberdades fundamentais, bem como o princípio do Estado de direito (art. 7.º TUE).

7.2.6. O fracasso da reforma institucional

A necessidade de revisão do sistema institucional era imposta pelos futuros alargamentos.

---

[30] No parecer 1/94 de 15/4/94 (Rec. 1994, p. I-5267) o Tribunal tinha-se recusado a incluir na competência de política comercial comum da Comunidade certos aspectos relativos aos serviços e à harmonização de regras em matéria de protecção da propriedade intelectual, tendo considerado que a matéria em causa deveria ser objecto de um acordo misto.

[31] Ver *infra* n.º 23.3.

102   Curso de Direito Constitucional da União Europeia

O sentimento de insatisfação perante o quadro institucional ao tempo vigente era partilhado pela Comissão, pelo Conselho e pelo Parlamento Europeu, que nos relatórios apresentados ao grupo de reflexão chamavam a atenção para a falta de eficácia e de democracia do sistema.

A eficácia da Comissão é prejudicada pelo modo de nomeação dos seus membros, pelo seu excessivo número e pelo seu funcionamento interno, enquanto a ineficácia do Conselho se deve, essencialmente, às suas regras de votação e ao sistema de ponderação de votos.

Daí que um dos objectivos da CIG tenha sido a diminuição do número de comissários, o aumento dos casos de votação, por maioria, no Conselho e a alteração do sistema de ponderação de votos, de modo a tornar este órgão não só mais eficaz como também mais democrático.

O resultado final da CIG, neste domínio, foi um fracasso. Verificado o impasse, a conferência aprovou o protocolo relativo ao alargamento, no qual se estabeleceram as seguintes regras:

1) antes do próximo alargamento da União, a Comissão deve ser composta por um nacional de cada Estado membro e a ponderação de votos no Conselho deve ser alterada. Essa nova ponderação terá em vista compensar os Estados que venham a perder um comissário, ou seja, os Estados grandes (art. 1.º do Protocolo);

2) a previsão de uma reforma institucional de fundo, através da convocação de uma conferência intergovernamental o mais tardar um ano antes de a União passar a ser constituída por mais de vinte Estados, com o objectivo de proceder a uma revisão global das disposições do Tratado, referentes à composição e ao funcionamento das instituições (art. 2.º do Protocolo).

De acordo com o art. 311.º TCE, os protocolos fazem parte integrante do Tratado e, como tal, têm efeito jurídico vinculativo, podendo, inclusivamente, ser invocados perante o Tribunal de Justiça.

Assim, os Estados obrigaram-se a resolver a questão da ponderação de votos e do número de comissários antes do próximo alargamento.

Previu-se, portanto, a convocação de uma nova CIG, sujeita a um prazo incerto. O seu objecto será a reforma institucional, mas, naturalmente, não se fixou à partida o seu conteúdo. O cumprimento do protocolo ocorreu com a realização da CIG 2000, que deu lugar ao Tratado de Nice.

7.2.7. A consagração da flexibilidade como princípio da União Europeia

O princípio da flexibilidade ou da diferenciação faz parte do direito comunitário, desde a sua origem, mas só com o tratado de Amesterdão vai passar a ter uma aplicação generalizada a todos, ou quase todos – exclui-se a PESC –, os domínios.

As dificuldades surgidas nas negociações de Maastricht, bem como na sua entrada em vigor, demonstraram que o avanço de todos, ao mesmo tempo, era quase impossível e impraticável. Daí que se tenham encarado, seriamente, as soluções de não se avançar nos domínios em que havia oposição de alguns Estados ou de se avançar sem esses Estados. Foi esta última que acabou por prevalecer.

A flexibilidade aparece consagrada como princípio geral, no art. 43.º TUE e nos arts 11.º do TCE e 40.º do TUE, a título de cooperação reforçada e ainda sob a forma de derrogações concedidas a certos Estados – Reino Unido, Irlanda e Dinamarca – em relação a algumas matérias, em que não se conseguiu chegar a consenso, como foi o caso da comunitarização de alguns aspectos do terceiro pilar e do acervo de Schengen.

7.2.8. Os pilares intergovernamentais

Os pilares intergovernamentais sofreram uma revisão global, que estudaremos, em pormenor, no Cap. I da Parte III deste Curso. Revisão essa que foi imposta, fundamentalmente, pela inoperância das disposições, adoptadas em Maastricht, e pela necessidade de uma maior democratização da União.

7.2.9. A tentativa de simplificação do Tratado

A melhoria do Tratado, devido à sua simplificação, ao expurgo das normas, que, entretanto, não estavam em vigor e à renumeração dos artigos do Tratado, não impedem que a sua leitura tenha continuado a ser muito difícil, tanto devido ao sistema de pilares – que vem de Maastricht – como devido ao complicado sistema de protocolos e declarações anexos, que, por vezes, até acabam por contradizer o articulado.

104   *Curso de Direito Constitucional da União Europeia*

8. *O Tratado de Nice*

Bibliografia específica

I) **Sobre o tratado de Nice em geral:** Fernando M. Mariño Menéndez, *Integración e intergubernamentalidad en el orden internacional y en el orden europeo: consideraciones sobre el modelo constitucional de la Unión Europea tras el Tratado de Niza*, in Carlos Moreiro González (coord.), Tratado de Niza – Análisis, comentarios y texto, Madrid, 2002, p. 15 e ss; Peter-Christian Müller-Graff, *Der Post-Nizza Prozess. Auf dem Weg zu einer europäischen Verfassung?*, Int., 2002, p. 208 e ss; Heinrich Schneider, *Der Post-Nizza Prozess: ein direkter Anlauf zur Konstitutionalisierung der Europäischen Union ?*, Int., 2002, p. 198 e ss; Maria Eduarda Azevedo, *A dupla leitura de Nice*, Neg. Estr., n.º 1, 2001, p. 71 e ss; Francisco Seixas da Costa, *Portugal e o Tratado de Nice – Notas sobre a estratégia negocial portuguesa*, Neg. Estr., 2001, n. 1, p. 45 e ss; Kieran St C Bradley, *Institutional Design in the Treaty of Nice*, CMLR, 2001, p. 1095 e ss; Daniel Vignes, *Nice, une vue apaisée – réponse à deux questions*, RMCUE, 2001, p. 81 e ss; Jim Cloos, *Nice: une étape obligé*, RMCUE, 2001, p. 5 e ss; Cesáreo Gutiérrez Espada, *Una reforma «difícil pero productiva»: la revision institucional en el Tratado de Niza*, Rev. Der. Com. Eur., 2001, p. 27 e ss; Xenophon A. Yataganas, *The Treaty of Nice: The Sharing of Power and the Institutional Balance in the European Union – A Continental Perspective*, ELJ, 2001, p. 242 e ss; Pieter Van Nuffel, *Le traité de Nice – un commentaire*, RDUE, 2001, p. 329 e ss; Thomas Wiedmann, *Der Vertrag von Nizza – Genesis einer Reform*, EuR, 2001, p. 185 e ss; Reinhold Gnan, *Der Vertrag von Nizza*, BayVBl., 2001, p. 449 e ss; Jean Touscoz, *Un large débat – l'avenir de l'Europe après la conférence intergouvernementale de Nice (CIG-2000)*, RMCUE, 2001, p. 225 e ss; Elmar Brok, *Die Ergebnisse von Nizza. Eine Sichtweise aus dem Europäischen Parlament*, Int., 2001, p. 86 e ss; Alan Dashwood, *The Constitution of the European Union after Nice: Law-making Procedures*, ELR, 2001, p. 215 e ss; Peter Schäfer, *Der Vertrag von Nizza – seine Folgen für die Zukunft der Europäischen Union*, BayVBl., 2001, p. 460 e ss; Astrid Epiney e. a., *Der Vertrag von Nizza*, DVBl., 2001, p. 941 e ss; Jan Wouters, *Institutional and Constitutional Challenges of the European Union*, ELR, 2001, p. 342 e ss; Pierre Pescatore, *Guest Editorial: Nice – Aftermath*, CMLR, 2001, p. 265 e ss; John Pinder, *Der Vertrag von Nizza – Wegbereiter eines föderalen oder intergouvernmentalen Europa?*, Int., 2001, p. 77 e ss; Franklin Dehousse, *Le Traité de Nice: un tournant fondamental dans l'histoire de l'intégration européenne*, JT, 2001, p. 409 e ss; Gunter Pleuger, *Der Vertrag von Nizza: Gesamtbewertung der Ergebnisse*, Int., 2001, p. 1 e ss; Bruno de Witte, *The Nice Declaration: Time for a Constitutional Treaty of the European Union*, Int. Spect., 2001, p. 21 e ss; Robert Toulemon, *Quelle Constitution pour quelle Europe?*, RMCUE, 2001, p. 293 e ss; Jürgen Schwarze, *Perspektiven für die Reform der europäischen Gemeinshaftverträge nach den Beschlüssen von Nizza*, EuZ, 2001, p. 76 e ss; Carlos J. Moreiro González, *La cooperación económica, financiera y técnica con terceros países*, BEUR, 2001, p. 41 e ss; Carlos J. Moreiro González, *El Tratado* *de Niza: una invitación al «intergubernamentalismo mágico»?, in* Carlos Moreiro González (coord.), Tratado de Niza..., p. 113 e ss; Francisco J. Fonseca Morillo, *De Berlín a Niza: panorama y lecciones,* BEUR, 2001, p. 2 e ss; Francisco Aldecoa Luzarraga, *La apertura del processo constituyente,* BEUR, 2001, p. 7 e ss; Loïc Grard, *La condition internationale de l'Union européenne après Nice,* RAE, 2000, p. 374 e ss; Jean-Victor Louis, *La réforme des institutions de l'Union européenne – schéma pour une réflexion,* RMCUE, 2000, p. 681 e ss; Jean-Louis Quermonne, *Observations sur la réforme des institutions,* RMCUE, 2000, p. 686 e ss.

II) **Sobre a reforma institucional:** Paz Andrés Sáenz de Santa Maria, *La reforma institucional en el Tratado de Niza: la búsqueda del círculo cuadrado, in* Carlos Moreiro González (coord.), Tratado de Niza..., p. 41 e ss; Ana Maria Guerra Martins, *O Tratado de Nice – a reforma institucional e o futuro da Europa,* AAVV, Estudos em homenagem à Professora Doutora Isabel de Magalhães Collaço, Coimbra, Almedina, 2002, p. 779 e ss; Jean-Marc Favret, *Le Traité de Nice du 26 février 2001: vers un affaiblissement irréversible de la capacité d'action de l'Union européenne?,* RTDE, 2001, p. 271 e ss; Michel Petite, *Nice, traité existentiel, non essentiel,* RDUE, 2001, p. 887 e ss; Helen Wallace, *Stimmen und Stimmungen aus Nizza: Entscheidungen der Regierungskonferenz 2000 zum Rat,* Int., 2001, p. 124 e ss; Andreu Olesti Rayo, *Las modificaciones institucionales en el tratado de Niza,* BEUR, 2001, p. 14 e ss; Eckhard Pache / Frank Schorkopf, *Der Vertrag von Nizza – institutionelle Reform zur Vorbereitung der Erweiterung,* NJW, 2001, p. 1377 e ss; Jörg Monar, *Die Kommission nach dem Vertrag von Nizza: ein gestärkter Präsident und ein geschwächtiger Organ?,* Int., 2001, p. 114 e ss; Armin Hatje, *Die institutionnelle Reform der Europäischen Union – der Vertrag von Nizza auf dem Prüfstand,* EuR, 2001, p. 143 e ss; Jean-Claude Gautron, *Le traité de Nice satisfait-il aux exigences de l'élargissement?,* RAE, 2000, p. 343 e ss.

III) **Sobre a reforma jurisdicional:** Rui Manuel Moura Ramos, *O Tratado de Nice e a reforma do sistema jurisdicional comunitário,* Temas de integração, 2001/2002, p. 77 e ss; P. J. G. Kapteyn, *Reflections on the Future of the Judicial System of the European Union after Nice,* YEL, 2001, p. 173 e ss; Manuel López Escudero, *Modificaciones del Tratado de Niza en el sistema jurisdiccional comunitario,* BEUR, 2001, p. 27 e ss; Javier Roldán Barbero, *La reforma del poder judicial en la Comunidad Europea,* Rev. Der. Com. Eur., 2001, p. 77 e ss; Olivia Tambou, *Le système juridictionnel communautaire revu et corrigé par le Traité de Nice,* RMCUE, 2001, p. 164 e 168 e ss; Dámaso Ruiz-Jarabo, *La reforma del Tribunal de Justicia realizada por el Tratado de Niza y su posterior desarrollo, in* Carlos Moreiro González (coord.), Tratado de Niza..., p. 83 e ss; Angus Johnston, *Judicial Reform and the Nice Treaty,* CMLR, 2001, p. 499 e ss; Bernhard W. Wegener, *Die Neuordnung der EU-Gerichtsbarkeit durch den Vertrag von Nizza,* DVBl., 2001, p. 1258 e ss; J. Sack, *Zur künftigen europäischen Gerichtsbarkeit nach Nizza,* EuZW, 2001, p. 77 e ss; Emmanuel Coulon, *L'indispensable réforme du Tribunal de première instance des Communautés européennes,* RAE, 2000, p. 254 e ss; Rosario Silva de la Puerta, *El grupo de reflexión sobre el futuro del sistema jurisdiccional de las Comunidades Europeas, in* Carlos Moreiro González (coord.), Tratado de Niza..., p. 105 e ss; Joël Andriantsimbazovina, *Le modèle juridictionnel*

106   *Curso de Direito Constitucional da União Europeia*

de la Cour européenne des droits de l'homme et la réforme de la Cour de justice des Communautés européennes, RAE, 2000, p. 410 e ss; ARJEN W. H. MEIJ, *Guest Editorial: Architects or Judges? Some Comments in Relation to the Current Debate,* CMLR, 2000, p. 1039 e ss; HJALTE RASMUSSEN, *Remedying the Crumbling EC Judicial System,* CMLR, 2000, p. 1071 e ss; DENIS WAELBROECK, *Vers une nouvelle architecture judiciaire européenne?,* CDE, 2000, p. 3 e ss; OLIVIER DUBOS, *Quel avenir pour le Tribunal de première instance après le traité de Nice?,* RAE, 2000, p. 426 e ss; G. C. RODRIGUEZ IGLESIAS, *L'avenir du système juridictionnel de l'Union européenne,* CDE, 1999, p. 275 e ss; ULRICH EVERLING, *Die Zukunft der europäischen Gerichtsbarkeit in einer erweiterten Europäischen Union,* EuR, 1997, p. 398 e ss.

IV)   **Sobre as cooperações reforçadas:** ARACELI MANGAS MARTIN, *Las cooperaciones reforzadas en el Tratado de Niza, in* CARLOS MOREIRO GONZÁLEZ (coord.), Tratado de Niza..., p. 67 e ss; XAVIER PONS RAFOLS, *Las cooperaciones reforzadas en el Tratado de Niza,* Rev. Der. Com. Eur., 2001, p. 145 e ss; STÉPHANIE RODRIGUES, *Le Traité de Nice et les coopérations renforcées au sein de l'Union européenne,* RMCUE, 2001, p. 11 e ss; CLAUS GIERING / JOSEF JANNING, *Flexibilität als Katalysator der Finalität? Die Gestaltungskraft der "Verstärkten Zusammenarbeit»,* Int., 2001, p. 146 e ss; FRANCETTE FINES, *La réforme des coopérations renforcés,* RAE, 2000, p. 359 e ss.

V)   **Sobre o art. 7.º do TUE**: JAVIER LASO PÉREZ, *La intervención democrática en la Unión europea después del asunto austríaco y la reforma del Tratado de Niza,* BEUR, 2001, p. 45 e ss; HELMUT SCHMITT VON SYDOW, *Liberté, démocratie, droits fondamentaux et État de droit: analyse de l'article 7 du traité UE,* RDUE, 2001, p. 285 e ss.

VI)   **Sobre a PESC:** LUIS N. GONZÁLEZ ALONSO, *La política europea de seguridad y defensa después de Niza,* Rev. Der. Com. Eur., 2001, p. 197 e ss; JAVIER GONZÁLEZ VEGA, *Los «acuerdos de Niza, la PESC y la arquitectura europea de seguridad y defensa,* BEUR, 2001, p. 11 e ss; ELFRIEDE REGELSBERGER, *Die Gemeinsame Aussen- und Sicherheitspolitik nach "Nizza" – begrenzter Reformeifer und aussenvertragliche Dynamik,* Int., 2001, p. 156 e ss; MARTÍN KREMER / UWE SCHMALZ, *Nach Nizza – Perspektiven der Gemeinsamen Europäischen Sicherheits- und Verteidigungspolitik,* Int., 2001, p. 167 e ss; ANNE CAMMILLERI, *Le Traité de Nice et la politique européenne de défense,* RAE, 2000, p. 389 e ss.

VII)   **Sobre o espaço de liberdade, segurança e justiça:** JAVIER QUEL LÓPEZ, *Análisis de las reformas en el espacio de libertad, seguridad y justicia en el Tratado de Niza,* Rev. Der. Com. Eur., 2001, p. 117 e ss; ISABEL LIROLA DELGADO, *El espacio de libertad, seguridad y justicia en el Tratado de Niza: una cuestión meramente incidental?,* BEUR, 2001, p. 29 e ss.

8.1. Os antecedentes do tratado de Nice

8.1.1. Os impulsos de revisão

O tratado de Nice foi aprovado na CIG, de 10 e 11 de Dezembro 2000, tendo sido assinado, em 26 de Fevereiro de 2001. O Tratado entrou em vigor em 1 de Fevereiro de 2003.

A ideia da CIG 2000, realizada em Nice, foi oficialmente lançada no Conselho Europeu de Colónia, de Junho de 1999[32], tendo sido posteriormente confirmada pelo Conselho Europeu de Helsínquia, de Dezembro de 1999. Este Conselho Europeu decidiu que a CIG deveria examinar a dimensão e a composição da Comissão, a ponderação de votos no seio do Conselho, a extensão eventual da votação por maioria qualificada no Conselho e outros aspectos relacionados com as instituições[33].

Segundo o artigo 48.º do TUE, a convocação de uma conferência intergovernamental de revisão do Tratado depende da consulta prévia à Comissão e ao Parlamento Europeu. A Comissão emitiu o seu parecer, em 26 de Janeiro de 2000[34], e o Parlamento Europeu, em 3 de Fevereiro de 2000[35]. A CIG 2000 acabou por ser, oficialmente, convocada, em 14 de Fevereiro de 2000.

O principal objectivo do Tratado foi, sem dúvida, a realização da tão esperada, e várias vezes adiada, reforma institucional da União Europeia, uma vez que a solução dos problemas institucionais deixados em aberto em Amesterdão, os chamados *leftovers,* tinha de ser anterior ao alargamento aos Estados da Europa Central e de Leste.

8.1.2. A Conferência Intergovernamental de 2000

8.1.2.1. A Presidência portuguesa

A Conferência iniciou-se durante a Presidência portuguesa, com um debate sobre o programa de trabalho e o modo de funcionamento. A conclusão dos seus trabalhos estava prevista para Dezembro de 2000, durante a Presidência francesa, o que veio a acontecer.

---

[32] Ver as Conclusões deste Conselho Europeu no Bol. UE n.º 6/1999.
[33] Ver as Conclusões deste Conselho Europeu no Bol. UE n.º 12/1999.
[34] O parecer pode ver-se em http://europa.eu.int/comm/nicetreaty/indexfr.htm.
[35] O parecer pode ver-se em http://europa.eu.int/comm/nicetreaty/indexfr.htm.

Na primeira reunião, os representantes dos Governos inventariaram as questões relativas às instituições, que deveriam ser debatidas, a saber:

– as matérias que podiam passar a ser votadas por unanimidade;
– as instituições que mereciam ser debatidas e com que objectivo;
– a necessidade de abranger nesse debate o Parlamento Europeu e porquê.

No decurso das negociações tornou-se claro que outros temas deveriam ser introduzidos na ordem de trabalhos. Em 4 de Abril de 2000, os representantes dos Governos realizaram um primeiro debate sobre a ponderação de votos e a reforma do sistema jurisdicional. Esta questão veio a ser novamente discutida, em 16 de Maio de 2000, pelo Grupo de Representantes dos Governos.

Entretanto, decorreram outras reuniões, das quais se destaca a reunião dos representantes dos Governos, de 6 de Junho, antes do Conselho Europeu de Santa Maria da Feira, que se debruçou sobre a ponderação de votos, o Tribunal de Justiça e o Tribunal de Primeira Instância, o artigo 7.º do Tratado da União, as relações económicas externas e os actos legislativos.

No Conselho Europeu da Feira, de 19 e 20 de Junho de 2000, fez--se o ponto da situação dos progressos dos trabalhos da CIG e decidiu--se o alargamento dos trabalhos da CIG às cooperações reforçadas.

A partir deste Conselho Europeu tornou-se claro que a CIG 2000 tinha objectivos mais ambiciosos do que a simples reforma institucional. Além disso, paralelamente, estavam a decorrer os trabalhos da Convenção sobre a Carta dos Direitos Fundamentais da União Europeia, que o Conselho considerou que deveriam prosseguir.

8.1.2.2. A Presidência francesa

Em 6 de Julho de 2000, a CIG reúne, pela primeira vez, sobre a Presidência da França. Reunião essa que se caracterizou pela apresentação de propostas e de documentos, claramente, favoráveis aos Estados Grandes, os quais não podiam ser aceites pelos Estados Médios e Pequenos.

As principais divergências situavam-se nos domínios das regras de votação no seio do Conselho, designadamente, na ponderação de votos e na passagem de certas matérias à votação por maioria qualificada, na composição da Comissão e nas cooperações reforçadas.

Parte I – Cap II – O TUE e as suas sucessivas revisões   109

O desacordo entre Grandes, por um lado, e Médios e Pequenos, por outro, teve o seu ponto alto no Conselho Europeu informal de Biarritz, em Outubro de 2000. O debate continuou sobre as questões mais controversas, sem grandes progressos, até ao Conselho Europeu de Nice.

O consenso parecia possível somente em relação a matérias menos polémicas, como a reforma jurisdicional, a revisão do artigo 7.º TUE ou a reorganização dos Tratados.

A Presidência francesa divulgou, em 6 de Dezembro de 2000, o primeiro projecto de Tratado[36] que havia de constituir a base das negociações em Nice, que foram as mais duras da história da integração europeia. Por diversas vezes se pensou que não iria ser possível chegar a um acordo.

A versão final do tratado de Nice contou com contributos de vários intervenientes[37], que foram sendo tornados públicos e difundidos no servidor Europa[38].

8.2. As reformas introduzidas pelo tratado de Nice

O Tratado de Nice introduziu alterações nos seguintes domínios:

– institucional – Conselho, Comissão, Parlamento Europeu, Tribunal de Contas, Comité das Regiões, Comité Económico e Social e Tribunais (Tribunal de Justiça e Tribunal de Primeira Instância);
– cooperações reforçadas;
– artigo 7.º do TUE;
– algumas políticas – política comercial comum, social, de ambiente e cooperação económica, financeira e técnica com países terceiros;
– PESC;
– terceiro pilar.

O Tratado não afecta qualitativamente a estrutura da União, que mantém o seu carácter tripartido, continua a não deter personalidade jurídica internacional e a não abranger a defesa.

---

[36] O relato pormenorizado da evolução dos trabalhos da CIG 2000 pode ver-se no sítio: http://www.europa.eu.int/comm/archives/igc2000.
[37] Tribunal de Contas, Comité Económico e Social, Comité das Regiões e representantes da sociedade civil em geral.
[38] http://europa.eu.int/comm/nicetreaty/indexfr.htm.

Não se verifica qualquer ruptura com o sistema institucional anterior. Pelo contrário, a revisão operada em Nice é o culminar de um processo, que se iniciou em Maastricht, ou mesmo antes com o Acto Único Europeu, e que, muito provavelmente, se esgotou.

8.2.1. A reforma institucional

Para evitar duplicações, neste momento, apenas procederemos à enunciação dos tópicos relativos à reforma institucional, deixando o seu estudo mais pormenorizado, para o capítulo I da Parte IV deste Curso, quando tratarmos da estrutura orgânica da União.

Em primeiro lugar, deve referir-se que o tema central da reforma institucional de Nice foi, sem dúvida, a ponderação de votos no seio do *Conselho*, questão que acabou por condicionar todas as outras. Tal compreende-se se pensarmos que se trata de uma matéria em que se afirma, inequivocamente, o Poder dos Estados no âmbito da União Europeia.

Um outro aspecto que teve implicações muito importantes no Conselho foi o aumento do número de casos de votação, por maioria qualificada, em detrimento da regra da unanimidade.

Por fim, o Conselho viu ainda os seus poderes reforçados nos seguintes domínios:

- constatação da existência de um risco claro de violação grave por parte de um Estado membro dos princípios da UE, previstos no artigo 6, n.º 1, do TUE[39];
- autorização das cooperações reforçadas no âmbito da PESC[40];
- tomada de medidas para fomentar a cooperação entre os Estados membros com base no Eurojust[41];
- criação das câmaras jurisdicionais[42];
- adopção de disposições que recomendem aos Estados membros a atribuição de competências ao TJ em matéria de propriedade intelectual[43];

---

[39] Ver art. 7.º, n.º 1, TUE.
[40] Ver arts. 27.ºA a 27.º E TUE.
[41] Ver art. 31.º, n.º 2, TUE e Declaração n.º 2 relativa ao n.º 2 do art. 31.º TUE.
[42] Ver art. 225.ºA TCE.
[43] Ver art. 229.ºA TCE.

Parte I – Cap II – O TUE e as suas sucessivas revisões 111

– novas competências no que diz respeito à cooperação económica, financeira e técnica prevista no artigo 181.ºA do TCE.

No que diz respeito à *Comissão*, o tratado de Nice modificou as regras pelas quais este órgão se rege nos seguintes domínios:

– a composição[44];
– o aumento de poderes do Presidente[45];
– o modo de designação[46].

Além disso, o tratado de Nice alargou o poder de iniciativa da Comissão nos seguintes casos:

– no âmbito da PESC[47];
– no que toca à criação de câmaras jurisdicionais pelo Conselho[48];
– no domínio da constatação da existência de um risco claro de violação grave por parte de um Estado membro, prevista no artigo 7.º do TUE.

No que toca ao *Parlamento Europeu*, o tratado de Nice introduziu modificações[49], no que diz respeito aos seguintes aspectos:

– número de membros do Parlamento Europeu;
– distribuição dos deputados entre os Estados membros;
– alargamento da competência.

Além disso, deve referir-se o reforço dos poderes do Parlamento Europeu no domínio jurisdicional, pois passa a ser considerado recorrente privilegiado, em sede de recurso de anulação, e a deter legitimidade activa no processo consultivo previsto no artigo 300.º, n.º 6, TCE.

O *Tribunal de Justiça e o Tribunal de Primeira Instância*, contrariamente ao que se poderia prever quando se iniciaram as negociações do tratado de Nice, foram os órgãos que mais "lucraram" com a revisão do TUE.

---

[44] Ver art. 4.º do Protocolo relativo ao alargamento da União.
[45] Ver art. 217.º TCE.
[46] Ver art. 214.º TCE.
[47] O art. 27.ºC do TUE prevê a exigência de parecer prévio da Comissão no caso da cooperação reforçada, quando o Conselho actue com base numa proposta dos Estados membros.
[48] Ver art. 225.ºA do TCE.
[49] Ver art. 2.º do Protocolo relativo ao alargamento da União.

Há muito que a doutrina reclamava uma reforma do sistema jurisdicional da União Europeia.

Todas as revisões do TCE – o Acto Único Europeu, o tratado de Maastricht e o tratado de Amesterdão – introduziram modificações na arquitectura judicial comunitária, mas em nenhum caso se alterou o sistema. Isto porque a modificação de fundo do sistema deverá implicar uma opção política sobre o sentido e o futuro da integração europeia.

As questões jurisdicionais tiveram um tratamento privilegiado na CIG 2000, que foi o seguinte:

– Em Maio de 1999, o TJ e o TPI apresentaram um documento de reflexão, intitulado o *Futuro do Sistema Jurisdicional da União Europeia*[50], no qual se identificam os problemas, se apresentam propostas de alterações imediatas do Regulamento de Processo, se sugerem medidas que implicam alterações dos Tratados ou dos Estatutos, se propõem medidas concretas de reformulação do sistema jurisdicional em matéria de composição e organização do Tribunal de Justiça e do Tribunal de Primeira Instância, de transferência de competência no âmbito dos recursos directos para o TPI e de reformulação do processo das questões prejudiciais.

– Posteriormente, foi nomeado, pela Comissão, um grupo de reflexão sobre o futuro do sistema jurisdicional comunitário, presidido por OLE DUE, denominado os "Amigos da Presidência". Esse grupo apresentou o seu parecer[51] ao Conselho, em 19 de Janeiro de 2000. Este documento foi objecto de divulgação pelo próprio Presidente do Tribunal de Justiça – G. C. RODRIGUEZ IGLESIAS – no editorial de *Cahiers de Droit Européen*[52].

– O Tribunal apresentou propostas concretas de alteração do Tratado, naquilo que denominou como a *Contribuição do Tribunal de Justiça e do Tribunal de Primeira Instância na Conferência Intergovernamental*.

O tratado de Nice incorporou, no domínio jurisdicional, todos esses contributos, através da consagração de novas normas no tratado CE, assim

---

[50] Este documento está disponível no sítio http://curia.eu.int.

[51] Inédito.

[52] G. C. RODRIGUEZ IGLESIAS, *L'avenir du système juridictionnel de l'Union européenne*, CDE, 1999, p. 275 e ss.

como da modificação de normas já existentes. Além disso, altera também o Estatuto do Tribunal de Justiça, que consta de um Protocolo anexo ao Tratado.

As novidades introduzidas no sistema jurisdicional da União Europeia têm como objectivo preparar o alargamento e obviar à sobrecarga de trabalho do Tribunal, que conduz à morosidade dos processos, e são as seguintes:

- a alteração da composição, da organização e do funcionamento do Tribunal de Justiça e do Tribunal de Primeira Instância;
- a modificação da repartição de competência entre os dois Tribunais;
- a possibilidade de criação de câmaras jurisdicionais para contenciosos específicos;
- pequenas alterações em matéria de contencioso comunitário[53].

8.2.2. Balanço sobre a reforma institucional

A maioria da doutrina considerou os resultados da conferência de Nice decepcionantes quer do ponto de vista da preparação do alargamento quer em termos absolutos.

As causas do fracasso prendem-se com:

- o carácter restrito da agenda, que teve como consequência uma diminuta margem de negociação dos Estados;
- a dificuldade de obtenção de consensos nas matérias intimamente relacionadas com o exercício do Poder dentro da União.

As principais críticas dizem respeito à falta de clareza dos compromissos alcançados nos domínios da ponderação de votos no seio do Conselho, da composição da Comissão ou da reforma jurisdicional.

A enorme complexidade do texto aprovado em Nice não contribui, certamente, para aproximar os cidadãos da União Europeia.

Tendo consciência das suas insuficiências, limitações e até incongruências, o Tratado prevê novamente a sua revisão a curto prazo – 2004.

---

[53] O estudo mais desenvolvido da matéria atinente ao Tribunal de Justiça será efectuado nos cap. I da Parte IV e na Parte V.

8.2.3. A revisão do artigo 7.º TUE

O tratado de Nice traz algumas inovações importantes ao nível da consolidação dos valores comuns da União.

A chamada questão austríaca[54], que ocorreu no primeiro semestre de 2000, tornou clara a incapacidade do art. 7.º TUE para responder a situações em que os princípios consagrados no art. 6.º, n.º 1, TUE ainda não foram violados, mas poderão estar em risco de o ser. Daí que se tenha introduzido um mecanismo preventivo de alerta no art. 7.º TUE.

O n.º 1 do preceito passou a dispor o seguinte:

«Sob proposta fundamentada de um terço dos Estados-Membros, do Parlamento Europeu ou da Comissão, o Conselho, deliberando por maioria qualificada de quatro quintos dos seus membros, e após parecer favorável do Parlamento Europeu, pode verificar a existência de um risco manifesto de violação grave de algum dos princípios enumerados no n.º 1 do art. 6.º por parte de um Estado-Membro e dirigir-lhe as recomendações apropriadas. Antes de proceder a essa constatação, o Conselho deve ouvir o Estado-Membro em questão e pode, deliberando segundo o mesmo processo, pedir a personalidades independentes que lhe apresentem num prazo razoável um relatório sobre a situação desse mesmo Estado-Membro. O Conselho verificará regularmente se continuam válidos os motivos que conduziram a essa constatação».

Este parágrafo acarretou a modificação da al. e) do art. 46.º TUE, referente à competência do TJ e ao exercício dessa competência, que passou a incluir as disposições processuais previstas no art. 7.º TUE na competência do TJ, pronunciando-se este Tribunal a pedido do Estado-Membro em questão no prazo de um mês a contar da data da constatação do Conselho a que se refere esse artigo».

---

[54] A questão austríaca traduz-se no seguinte: na sequência das eleições de Outubro de 1999, na Aústria, catorze Estados membros da União Europeia adoptam, em 31 de Janeiro de 2000, uma «reacção comum», em que declaram que restringirão os seus contactos com o governo austríaco, no caso de ele vir a incorporar o partido FPÖ. As medidas dos catorze foram levantadas a 15 de Setembro de 2000, após o relatório dos «três sábios» sobre a situação na Aústria.

Parte I – Cap II – O TUE e as suas sucessivas revisões   115

8.2.4. A modificação de algumas normas referentes às políticas comunitárias

Das conclusões do Conselho Europeu de Nice ressaltam as preocupações da União em relação a certas políticas e acções comuns, designadamente, a fixação de uma agenda social, a harmonização fiscal da poupança, o reforço da segurança alimentar e o reforço da segurança marítima.

As preocupações no domínio social traduziram-se na alteração do art. 144.º TCE, que prevê a possibilidade de criação de um Comité de Protecção Social.

No âmbito da política comercial foi modificado o artigo 133.º, n.º 5, TCE que estende a aplicação das normas constantes dos n.ºs 1 a 4 aos acordos comerciais em matéria de serviços e de propriedade intelectual.

Em sede de política de cooperação económica, financeira e técnica com países terceiros foi introduzido o art. 181.ºA TCE, que estabelece como objectivo desta política o desenvolvimento e a consolidação da democracia e do Estado de direito e do respeito dos direitos do homem e das liberdades fundamentais.

8.2.5. As alterações nos pilares intergovernamentais

A) A PESC

A guerra do Kosovo demonstrou a necessidade de definir uma política externa e de segurança comuns, pelo que o Conselho Europeu de Colónia, de Junho de 1999, decidiu dotar a União dos meios necessários «para decidir e agir em face das crises». Os cinco Estados reunidos no *Eurocorps* (Alemanha, Bélgica, Espanha, França e Luxemburgo) tomaram a decisão de o transformar em «corpo de reacção rápido europeu».

O Conselho Europeu de Helsínquia, de Dezembro de 1999, decidiu a criação até 2003 de uma força de reacção rápida não permanente, composta por 50000 militares capazes de se deslocar num prazo de 2 meses, em caso de crise internacional, se a NATO não intervier.

O Conselho Europeu de Nice aprovou a criação de estruturas operacionais para gestão de crise – o Comité Político e de Segurança, o Comité Militar e o Estado-Maior – os quais, na prática, funcionam desde o ano 2000. De notar que se trata de estruturas criadas à margem do Tratado.

Dentro do quadro da União propriamente dito, a principal inovação do Tratado de Nice foi a autonomização da defesa europeia, tendo a UEO deixado de ser o braço armado da União (art. 17.º TUE).

116   *Curso de Direito Constitucional da União Europeia*

B) A CPJP

O Conselho Europeu de Tampere, de Outubro de 1999, previu a criação, antes do fim de 2001, de uma unidade de juízes europeus – *a Eurojust* – que teria competência para investigar sobre a grande criminalidade, o que acarretou modificações nos arts. 29.º e 31.º do TUE.

8.2.6. A reforma das cooperações reforçadas

Como vimos[55], as regras relativas às cooperações reforçadas introduzidas pelo tratado de Amesterdão (arts. 43.º a 45.º TUE, 11.º TCE e 40.º TUE) impunham condições de tal forma rígidas para a sua aplicação, que impossibilitaram, na prática, a realização de qualquer acção de cooperação reforçada no âmbito daquele Tratado.

Tendo em conta esta situação, que o alargamento a Leste tende a agravar, a Comissão, no seu, já mencionado, parecer, de 26 de Janeiro de 2000, vem defender a modificação das referidas regras nos seguintes termos:

- o número mínimo de Estados para iniciar uma cooperação reforçada deveria ser de um terço e não a maioria, como se prevê no tratado de Amesterdão;
- os processos particulares, que permitem opor a tomada de decisão à maioria qualificada, devem ser suprimidos;
- deve possibilitar-se a cooperação reforçada em matéria de PESC.

Após um primeiro consenso no Conselho Europeu de Biarritz, de 13 e 14 de Outubro de 2000, em que se conseguiu chegar a acordo sobre a dupla necessidade de prever um dispositivo aberto e de respeitar o acervo comunitário, as cooperações reforçadas acabaram por sofrer as seguintes modificações:

a) a extensão do mecanismo das cooperações reforçadas à PESC com a exigência de condições específicas, como sejam o respeito dos princípios, dos objectivos e das orientações gerais e da coerência da PESC. Devem ainda respeitar as competências da Comunidade, bem como a coerência entre o conjunto das políticas da União e a sua acção externa. As cooperações reforçadas estão

---

[55] Ver *supra* n.º 7.2.7.

Parte I – Cap II – O TUE e as suas sucessivas revisões   117

excluídas para as questões que tenham implicações militares ou no domínio da defesa;
b) a supressão das condições específicas relativamente ao pilar comunitário e ao terceiro pilar;
c) a manutenção das condições gerais;
d) a supressão do direito de veto dos Estados (excepto no que toca ao segundo pilar);
e) a fixação do número mínimo de Estados (oito) para iniciar uma cooperação reforçada;
f) no quadro do pilar comunitário exige-se o parecer conforme do PE, quando a matéria em causa exija a aplicação do procedimento de co-decisão.

Estas alterações foram introduzidas em normas de carácter geral – os artigos 43.º a 45.º do TUE – e em disposições específicas para cada um dos pilares, que são fundamentalmente de carácter procedimental – os arts. 27.ºA a 27.ºE TUE, relativamente à PESC, os arts. 40.º, 40.ºA e 40.ºB TUE, em relação ao terceiro pilar e os arts. 11.º e 11.ºA TCE, no que diz respeito ao pilar comunitário.

As condições gerais para se realizar uma cooperação reforçada podem subdividir-se em três grupos:

– condições relativas aos objectivos e finalidades da cooperação reforçada;
– condições relativas à competência da União e da CE;
– condições relativas ao respeito dos direitos e prerrogativas dos Estados.

8.3. As dificuldades de entrada em vigor do tratado de Nice

Segundo o seu artigo 12.º, o Tratado deveria entrar em vigor no primeiro dia do segundo mês seguinte ao do depósito do instrumento de ratificação do Estado signatário que proceder a esta formalidade em último lugar.

O primeiro referendo negativo irlandês implicou retardar a entrada em vigor do tratado de Nice.

A Irlanda procedeu a um segundo referendo, em Novembro de 2002, pois, de acordo com o seu direito constitucional, não poderia ratificar o Tratado, enquanto o povo não se manifestasse favoravelmente. Este segundo referendo foi positivo.

118 *Curso de Direito Constitucional da União Europeia*

O Tratado acabou por entrar em vigor em 1 de Fevereiro de 2003. Mesmo que o Tratado nunca tivesse sido ratificado por todos os Estados membros, ele teria servido, indubitavelmente, para lançar o debate sobre o futuro da integração europeia.

8.4. As implicações do tratado de Nice sobre o futuro da integração europeia

O tratado de Nice não representa qualquer ruptura constitucional, pois não introduz alterações substanciais susceptíveis de transformar a natureza jurídica da União Europeia, mas tem repercussões ao nível do direito constitucional da União, uma vez que ajusta o equilíbrio de Poder no seio da União nas suas três vertentes – o equilíbrio entre os órgãos, o equilíbrio entre os Estados membros e o equilíbrio entre os Estados membros e a União.

Este Tratado contém uma declaração – a declaração n.º 23, respeitante ao futuro da União adoptada pela Conferência –, na qual se prevê a convocação de uma CIG para 2004.

A declaração n.º 23 aponta para questões cuja essencialidade está fora de discussão, assim como centra o debate acerca do futuro da integração europeia nos aspectos constitucionais.

As dificuldades de obtenção de consensos, que se verificaram em Nice, reflectem o esgotamento de um modelo de integração pensado para seis Estados membros e impelem à «descoberta» de um novo modelo.

Foi para responder a este magno desafio que o Conselho Europeu de Laeken, de 15 de Dezembro de 2001, decidiu a transposição do método da convenção usado na elaboração da Carta dos Direitos Fundamentais da União Europeia para a revisão do Tratado.

Esta convenção teve em vista a preparação da CIG 2003/2004 e será estudada no n.º 12.2. deste Curso.

PARTE II

O CONSTITUCIONALISMO À ESCALA TRANSNACIONAL

Capítulo I

O Tratado da União Europeia como constituição transnacional

Bibliografia específica sobre o constitucionalismo europeu:

J. H. H. WEILER / MARLENE WIND (ed.), *European Constitutionalism Beyond the State,* Cambridge, 2003; AAVV, *Verso la costituzione europea – atti dell'incontro di studio (Urbino, 17 giugno 2002)* Milão, 2003; VOLKER RÖBEN, *The Constitutionalism of Inverse Hierarchy: the Case of the European Union,* Jean Monnet Working Paper 8/03; PAUL CRAIG, *Constituciones, constitucionalismo y la Unión Europea,* in EDUARDO GARCÍA DE ENTERRIA / RICARDO ALONSO GARCÍA (org.), La encrucijada constitucional de la Unión Europea, 1.ª ed., Madrid, 2002, p. 229 e ss; LUIS MARÍA DIEZ-PICAZO, *Constitucionalismo de la Unión Europea,* Madrid, 2002; INGOLF PERNICE, *Multilevel Constitutionalism in the European Union,* ELR, 2002, p. 511 e ss; KOEN LENAERTS / MARLIES DESOMER, *New Models of Constitution-making in Europe: The Quest for Legitimacy,* CMLR, 2002, p. 1217 e ss; HUGUES DUMONT / SÉBASTIEN VAN DROOGHENBROECK, *La contribution de la Charte à la constitutionnalisation du Droit de l'Union européenne,* in YVES CARLIER / OLIVIER DE SCHUTTER (dir.), La Charte des droits fondamentaux de l'Union européenne – son apport à la protection des droits de l'Homme en Europe, Bruxelas, 2002,, p. 61 e ss; CELSO CANCELA OUTEDA, *El processo de constitucionalización de la Unión Europea – de Roma a Niza,* Santiago de Compostela, 2001; INGOLF PERNICE / FRANZ C. MAYER, *De la Constitution composée de l'Europe,* RTDE, 2000, p. 623 e ss; CHRISTIAN WALTER, *Die Folgen der Globalisierung für die europäische Verfassungsdiskussion,* DVBl., 2000, p. 1 e ss; ANA MARIA GUERRA MARTINS, *A natureza jurídica da revisão do Tratado da União Europeia,* Lisboa, 2000; JEAN--CLAUDE PIRIS, *L'Union européenne a-t-elle une constitution? Lui en faut-il une?,* RTDE, 1999, p. 599 e ss; INGOLF PERNICE, *Multilevel Constitutionalism and the Treaty of Amsterdam: European Constitution Revisited?,* CMLR, 1999, p. 703 e ss; WOLFRAM HERTEL, *Supranationalität als Verfassungsprinzip: Normativität und Legitimation als Elemente des Europäischen Verfassungsrechts,* Berlim, 1999; CHRISTIAN KOENIG, *Ist die Europäische Union verfassungsfähig?,* DÖV, 1998, p. 268 e ss; MICHAEL DICKSTEIN, *Der Verfassungsbegriff der Europäischen Union. En même temps une contribution à la naissance de l'État européen,* Linz, 1998; JÖRG GERKRATH, *L'émergence d'un droit constitutionnel pour l'Europe,* Bruxelas,

1997; Francisco Lucas Pires, *Introdução ao Direito Constitucional Europeu*, Coimbra, 1997; Markus Heintzen, *Gemeineuropäisches Verfassungsrecht in der Europäischen Union*, EuR, 1997, p. 1 e ss; J. H. H. Weiler *The Reformation of European Constitutionalism*, JCMS, 1997, p. 97 e ss; Manfred Zuleeg, *The European Constitution under Constitutional Constraints: The German Scenario*, ELR, 1997, p. 19 e ss; Marcel Kaufmann, *Permanente Verfassunggebung und verfassungsrechtliche Selbstbindung im Europäischen Staatenverbund*, Der Staat, 1997, p. 521 e ss; Carla Amado Gomes, *A natureza constitucional do Tratado da União Europeia*, Lisboa, 1997, p. 33 e ss; Gil Carlos Rodriguez Iglesias, *Zur «Verfassung» der Europäischen Gemeinschaft*, EuGRZ, 1996, p. 125 e ss; Walter Van Gerven, *Toward a Coherent Constitutional System within the European Union*, EPL, 1996, p. 81 e ss; Dieter H. Scheuing, *Quelle constitution pour l'Europe?*, in Constance Grewe, Question sur le droit européen, Caen, 1996, p. 13 e ss; Theodor Schilling, *Treaty and Constitution. A Comparative Analysis of an Uneasy Relationship*, MJ, 1996, p. 47 e ss; Dieter Grimm, *Braucht Europa eine Verfassung?*, Munique, 1995, p. 47 e ss; Roland Bieber, *Steigerungsformen der Europäischen Union: Eine Europäische Verfassung*, in Jörn Ipsen e. a., Verfassungsrecht im Wandel, Colónia, 1995, p. 291 e ss; *Idem, Verfassunggebung und Verfassungs-änderung in der Europäischen Union*, in Bieber / Widmer, L'espace constitutionnel européen, Zurique, 1995, p. 313 e ss; Thomas Läufer, *Zum Stand der Verfassungs-diskussion in der Europäischen Union*, Gedächtnisschrift Grabitz, Munique, 1995, p. 355 e ss; Jean-Victor Louis, *La constitution de l'Union européenne*, in Mario Telò (dir.), Démocratie et construction européenne, Bruxelas, 1995, p. 331; Matthias Herdegen, *Vertragliche Eingriffe in das «Verfassungssystem» der Europäischen Union*, Festschrift Everling, vol. I, Baden-Baden, 1995, p. 447 e ss; Vlad Constantinesco, *Hacia la emergencia de un derecho constitucional europeo?*, Cuad. Const. de la Cátedra Fabrique Furio Ceriol, 1994, p. 5 e ss; L. Hancher, *Constitutionalism, the Community Court and International Law*, NYIL, 1994, p. 259 e ss; Ian Harden, *The Constitution of the European Union*, PL, 1994, p. 609 e ss; Markus Heintzen, *Hierarchierungsprozesse innerhalb des Primärrechts der Europäischen Gemeinschaft*, EuR, 1994, p. 35 e ss; Armin Von Bogdandy, *Die Verfassung der europäischen Integrationsgemeinschaft als supranationale Union*, in Armin Von Bogdandy, Die Europäische Option, Baden-Baden, 1993, p. 97 e ss; *Idem, Skizzen einer Theorie der Gemeinschaftsverfassung*, in Thomas Danwitz e. a., Auf dem Wege zu einer Europäischen Staatlichkeit, Estugarda, 1993, p. 9 e ss; Luis Maria Diez-Picazo, *Reflexiones sobre la idea de Constitución europea*, Rev. Inst. Eur., 1993, p. 533 e ss; Daniela Obradovic, *Community Law and the Doctrine of Divisible Sovereignty*, LIEI, 1993, p. 1 e ss; Roland Bieber, *Verfassungsentwicklung und Verfassunggebung in der Europäischen Gemeinschaft*, in Rudolf Wildenmann (Org.), Staatswerdung Europas?, Baden-Baden, 1991, p. 393 e ss; John Temple Lang, *The Development of European Community Constitutional Law*, Int'l Law., 1991, p. 455 e ss; Sabino Cassese, *La Costituzione Europea*, Quad. Cost., 1991, p. 487 e ss; Jean-Paul Jacqué, *Cours général de droit communautaire*, RCADE, vol. I-1, Dordrecht, 1990, p. 237 e ss.

9. Noção de que se parte: a constituição transnacional

Afirmámos, na nota prévia, que este Curso parte de uma perspectiva constitucional da União Europeia, afastando-se, consequentemente, da visão clássica internacionalista. Ora, esta afirmação necessita de ser demonstrada, uma vez que o constitucionalismo surge associado ao Estado moderno e foi nele que se desenvolveu.

Assim, a aplicação do conceito de constituição a outras formas de agregação do Poder político, como é o caso da União Europeia, pressupõe a libertação dos quadros tradicionais dominantes do pensamento jurídico-político desde o séc. XVIII, com a consequente aceitação das seguintes premissas:

a) a admissibilidade da existência de uma constituição fora do quadro estadual;

b) as exigências desta constituição poderão não coincidir com as exigências da constituição dentro do quadro estadual, o que não implica a perda do carácter constitucional;

c) a consideração do TUE como uma constituição não tem como consequência o desaparecimento das constituições dos Estados. Pelo contrário: num mesmo espaço geográfico podem coincidir duas constituições com características diferentes, que se influenciam mutuamente, mas não se anulam. A constituição da União deve estar em consonância com as tradições constitucionais comuns aos seus Estados membros, assim como as constituições estaduais devem respeitar a constituição da União;

d) a constituição não tem necessariamente de ser um produto acabado, podendo encontrar-se num processo de formação, que pode ser mais ou menos prolongado. O carácter dinâmico e evolutivo da integração europeia vai repercutir-se na constituição, que deverá ser vista como um processo.

Com efeito, actualmente existem outras formas de agregação do Poder político para além do Estado, que também necessitam de um enquadramento constitucional, pois afectam directamente a esfera jurídica dos cidadãos.

A eventual qualificação constitucional do TUE deve ser compreendida no quadro de um constitucionalismo global, ou, pelo menos, de um constitucionalismo europeu, em que coexistem vários níveis constitucionais, que tanto se podem situar aquém como para lá do Estado.

124 *Curso de Direito Constitucional da União Europeia*

Não se trata, todavia, de realidades constitucionais decalcadas do constitucionalismo estadual. Pelo contrário, possuem características próprias que as individualizam, que são as seguintes:

- Do ponto de vista da aplicação territorial, ultrapassam as fronteiras de cada um dos Estados, tendo em vista a criação de um Direito comum.
- No que diz respeito ao âmbito de aplicação pessoal, aplicam-se tanto aos Estados como aos indivíduos, o que significa que estão para além dos Estados e que estes não podem impedir a sua aplicação aos indivíduos, mas também não necessitam de praticar quaisquer actos para se atingir esse fim.
- Do ponto de vista material, regulam aspectos que só num plano mais amplo do que o estadual podem adquirir uma regulamentação satisfatória.
- Quanto à aplicação temporal, vigoram ilimitadamente e para além da vontade de cada Estado isolado, só podendo ser alteradas num quadro comum.
- Da coexistência destes vários planos constitucionais não decorre, necessariamente, uma tensão – nem permanente nem esporádica – entre o todo e as suas partes componentes, isto porque os vários níveis se completam, não se substituem, e, por isso, podem vigorar pacificamente.

Em nosso entender, o adjectivo que melhor define as realidades constitucionais com as características acabadas de mencionar é a palavra transnacional e não, como alguns defenderam ao longo dos tempos, supranacional ou superestadual. Aliás, hoje em dia, é comum a utilização do adjectivo transnacional para designar a realidade constitucional europeia.

A constituição transnacional é, portanto, uma realidade que está para além dos Estados e que os une e integra numa comunidade política mais vasta.

É certo que a utilização do adjectivo transnacional já tinha sido aplicada ao direito internacional por Philip C. Jessup no seu livro *Transnational Law* de 1956, mas com um conteúdo muito diferente[1], o

---

[1] Com a expressão *transnational law* pretende JESSUP colocar o acento tónico no facto de o direito internacional não se ocupar apenas das relações entre as Nações ou Estados, mas de qualquer acção ou evento que transcende as fronteiras nacionais. Segundo este autor o *transnational law* abrange tanto o direito internacional público como o direito internacional privado.

Parte II – Cap. I – O TUE como constituição transnacional 125

que se compreende, dado que o direito internacional e o direito da União Europeia têm características muito diferentes.

O adjectivo transnacional tinha para este autor um cariz, essencialmente, territorial, ou seja, visava caracterizar um Direito que se aplica para além das fronteiras do Estado, daí que abrangesse também o direito internacional privado. Pelo contrário, nós colocamos o acento tónico no conteúdo, na substância, nas matérias tratadas e na forma como o Direito se relaciona com os indivíduos.

9.1. O Tratado da União Europeia como constituição em sentido material

Partindo destes pressupostos, importa enunciar as características do TUE, que permitem qualificá-lo numa óptica constitucional.

Do ponto de vista material, de acordo com a Declaração dos Direitos do Homem e do Cidadão de 1789, «toda a sociedade, na qual a garantia dos direitos não está assegurada nem a separação de poderes determinada, não tem constituição». Logo, são regras materialmente constitucionais as que regulam a organização e o funcionamento dos órgãos do Poder político, bem como as que consagram direitos fundamentais.

9.1.1. A organização do Poder político dentro da União

A) A repartição de atribuições entre a União e os Estados membros

Como veremos, desenvolvidamente, mais adiante[2], o TUE regula a atribuição de poderes aos órgãos da União para a realização de determinados objectivos, que ele próprio prevê.

Inicialmente, as atribuições das Comunidades foram progressivamente retiradas aos Estados e, no caso das atribuições exclusivas, foram-no definitivamente. Essas atribuições passam a ser exercidas pelas Comunidades e, posteriormente, pela União. Daí que o Poder político deixe de estar situado exclusivamente nos Estados, pois a União vai assumir a parcela do Poder político que os Estados vão perdendo.

---

[2] Ver *infra* n.º 25.

126   *Curso de Direito Constitucional da União Europeia*

O TUE opera, portanto, por um lado, a repartição de atribuições entre os Estados e a União e, por outro lado, procede também à distribuição de poderes dos órgãos da União entre si. Ou seja, o TUE contém os princípios e os critérios de definição da repartição horizontal e vertical de poderes da União.

É certo que a repartição de atribuições entre a União e os Estados não está determinada, desde o início, de forma totalmente precisa e estável, dado que não existe uma lista de atribuições da União nem dos Estados. Todavia, como veremos *infra*[3], o Tratado contém, nos seus primeiros artigos, os princípios e os critérios de repartição de atribuições entre a União e os Estados membros, princípios e critérios esses que permitiram ao TJ construir a sua jurisprudência sobre esta matéria. Além disso, as sucessivas revisões têm contribuído para a clarificação desta questão, pois têm consagrado as bases jurídicas específicas para as diversas políticas.

Naturalmente que os conflitos de atribuições existem, mas isso acontece em todas as entidades compostas, em que o Poder político se encontra repartido entre vários níveis, como, por exemplo, nos Estados federais ou nos Estados unitários regionais.

B) A divisão de poderes entre os órgãos da União Europeia

A divisão de poderes entre os órgãos da União também está definida no TUE. De acordo com o art. 3.º TUE, a União dispõe de um quadro institucional único, que assegura a coerência e a continuidade das acções empreendidas para atingir os objectivos que estão previstos no art. 2.º TUE.

Estas regras têm em vista impedir a concentração de poderes num único órgão, procedendo por essa via à limitação do Poder político, garantindo a todos os seres humanos a liberdade política individual de cada cidadão.

Os órgãos da União procuram representar os interesses dos vários entes que a compõem. Assim, cada um dos seus órgãos representa um determinado tipo de interesses: o Conselho representa, primordialmente, o interesse dos Estados; a Comissão representa o interesse comunitário e o Parlamento Europeu assegura o interesse dos povos da Europa.

Como estudaremos mais à frente[4], a limitação do poder político dentro da União é conseguida, devido ao modo como estão distribuídos

---

[3] Cfr. *infra* n.º 24.
[4] Ver *infra* n.ᵒˢ 25, 29 e 30.

Parte II – Cap. I – O TUE como constituição transnacional

os poderes pelos vários órgãos, visando impedir que um único órgão – representante apenas de uma parte dos interesses em causa – possa afastar todos os outros da decisão e, por essa via, dominar, totalmente, o sistema.

A distribuição de poderes dos órgãos no seio da União está, portanto, concebida de forma a evitar que um órgão possa impedir o outro ou outros de agir, usurpando as suas funções. O Tratado afirma, de modo expresso, o princípio das competências de atribuição, pelo qual cada órgão só pode agir nos limites das suas competências (art. 7.º – ex-4.º do TCE).

Ora, se uma das componentes da constituição em sentido material são as regras, escritas ou não, que prevêem a organização e funcionamento dos órgãos do Poder político, então o TUE ao proceder a essa distribuição de competências mais não faz do que consagrar esse componente da constituição material da União.

9.1.2. A protecção dos direitos fundamentais

No quadro de uma organização democrática do Poder político a constituição material deve ainda conter as regras relativas à protecção dos cidadãos contra os abusos dos governantes, ou seja, deve incluir os direitos fundamentais dos cidadãos.

É certo que não existe no TUE um catálogo de direitos fundamentais, mas daí não resulta a ausência de protecção dos direitos fundamentais no seio da ordem jurídica da União.

Como vamos estudar em sede própria[5], essa protecção foi-se afirmando, de forma progressiva, ao longo dos tempos, através da jurisprudência do TJ, comungando, portanto, do carácter inacabado e de processo que caracteriza toda a integração europeia.

Além disso, a proclamação da Carta dos Direitos Fundamentais da União Europeia em Nice, ainda que, sem carácter vinculativo, deve ser encarada como mais um passo no sentido da afirmação da protecção dos direitos fundamentais no seio da União.

Contudo, não se pode escamotear a realidade, devendo admitir-se que a protecção dos direitos fundamentais na União só alcançará a idade adulta quando a Carta adquirir efeitos jurídicos vinculativos.

---

[5] Ver *infra* n.º 22.4.

128 *Curso de Direito Constitucional da União Europeia*

Por enquanto, subsistem algumas insuficiências, que, todavia, não obstam ao carácter constitucional do TUE nem ao carácter democrático da organização do Poder político dentro da União.

9.1.3. A organização económica

A constituição material da União Europeia não se esgota, contudo, nas duas componentes acabadas de mencionar. A organização económica ocupa uma parte substancial dessa constituição.

Aliás, a constituição material da Comunidade começou por conter regras muito desenvolvidas sobre a organização económica, uma vez que os seus fins imediatos eram, essencialmente, económicos – a construção do mercado comum. Só mais tarde a constituição política se vai juntar à constituição económica.

Assim, as regras relativas à união aduaneira, à livre circulação de mercadorias, de trabalhadores, ao direito de estabelecimento, à livre prestação de serviços, à livre circulação de capitais e à política de concorrência são regras atinentes à organização económica e constituíram, desde sempre, uma parte considerável do Tratado.

O TUE reforça a componente económica da constituição, ao inserir as regras relativas à criação da UEM.

O TUE parece preencher os requisitos mínimos para poder ser configurado como uma constituição em sentido material, embora nem toda a constituição material comunitária esteja nele contida. Fazem também parte integrante da constituição material da União algumas declarações conjuntas dos órgãos comunitários, como, por exemplo, as referentes ao respeito da democracia e dos direitos fundamentais[6], bem como algumas regras não escritas, deduzidas pelo Tribunal de Justiça[7].

9.2. O Tratado da União Europeia como constituição em sentido formal

A noção de constituição em sentido formal aplicável ao Estado não pode ser transposta para outras formas de agregação do Poder político,

---

[6] Declaração de Copenhaga do Parlamento Europeu, do Conselho e da Comissão, publicada no JOCE C 103, de 27/4/77, p. 1.

[7] É o caso do princípio do efeito directo ou do princípio do primado.

Parte II – Cap. I – O TUE como constituição transnacional

desde logo porque a fonte de onde emanam as suas regras não se pode considerar como um verdadeiro poder constituinte originário, próprio e autónomo.

De qualquer modo, deve sublinhar-se que o poder constituinte no seio da União não tem, necessariamente, de comungar das mesmas características do poder constituinte estadual. Não se trata da faculdade de um povo elaborar uma constituição, pois não existe um povo europeu, mas vários povos da Europa.

A União Europeia encontra-se num processo de formação permanente e em transformação constante, pelo que o poder constituinte no seu seio não se pode ancorar nas concepções tradicionais, decorrentes das revoluções americana e francesa, mas há-de comungar desse carácter de processo, de dinâmica e de transformação, que é próprio da integração europeia. O poder constituinte no seio da União é um poder constituinte permanente (*permanente Verfassunggebung*), que se manifesta através das alterações à constituição (*Verfassungsänderungen*), do desenvolvimento constitucional (*Verfassungsentwicklung*) e dos alargamentos.

Ao contrário do poder constituinte originário do Estado, que actua de uma só vez, e se esgota no momento de realização da constituição, embora se encontre latente e sempre pronto a actuar[8], o poder constituinte no seio da União admite vários graus de actuação.

Até ao momento, podemos dizer que existiu um pré-poder constituinte ao nível intergovernamental, através do qual se procedeu à elaboração de um tratado, no qual se transferiram determinados poderes dos Estados para a entidade criada por esse tratado. A emergência desse pré-poder constituinte ocorreu na medida em que o conteúdo do tratado se apresenta em concorrência com o conteúdo das constituições. Mas, nesta primeira fase, o poder constituinte no seio da União tem um carácter ainda muito dependente dos poderes constituintes estaduais.

O quase fracasso do tratado de Nice demonstrou a necessidade de passar a uma nova fase de elaboração constitucional, em que exista uma maior participação dos povos da Europa, através dos seus representantes eleitos. O primeiro passo dessa nova fase já foi dado e consistiu na inserção do método da convenção no processo de revisão do tratado. Como veremos mais adiante[9], não se trata ainda do exercício de um poder

---

[8] Basta para tanto que se reúnam especiais condições que levem ao emergir de novos valores numa determinada sociedade. Daí que muitas constituições surjam na sequência de revoluções ou de golpes de Estado.

[9] Ver *infra* n.ᵒˢ 12. e 13.2.

130 *Curso de Direito Constitucional da União Europeia*

constituinte nos moldes tradicionais, pois a decisão final cabe aos Estados membros no seu conjunto.

Assim sendo, a constituição, em sentido formal, dessas outras formas de agregação do Poder político tem de ser minimalista, ou seja, basta que as suas regras emanem de um poder diferente de um Estado isolado, segundo um processo especial requerido para o efeito e que essas regras possuam uma forma jurídica própria e superior dentro do sistema, inserindo-se num conjunto sistemático com uma unidade e uma coerência próprias.

Ora, o TUE ocupa uma posição hierárquica superior dentro da ordem jurídica da União Europeia e na relação que existe entre ele e o Direito dos Estados membros. Para além disso, dispõe de um processo específico de revisão para as suas normas, que é obrigatório.

9.2.1. A superioridade hierárquica do TUE na ordem jurídica da União

O TUE é o fundamento de validade das normas produzidas pelos órgãos da União. As normas do TUE só podem ser derrogadas por outras normas de igual valor, de acordo com os processos nele expressamente previstos, ou seja, normas provenientes de um processo específico, previsto no Tratado para a sua revisão ou para a adesão de novos Estados membros (arts. 48.º e 49.º TUE) ou ainda provenientes da alteração do Tratado por processos simplificados, de que são exemplo os arts. 22.º e 190.º, n.º 4, TCE.

As normas constantes do TUE não podem ser derrogadas por normas provenientes dos órgãos da União, excepto quando tal esteja expressamente previsto no Tratado, nem por normas constantes de acordos internacionais, de que a Comunidade seja parte.

9.2.2. A superioridade hierárquica do TUE na relação com o direito dos Estados membros

As normas do TUE também não podem ser derrogadas por normas provenientes dos Estados membros isoladamente ou em conjunto. A superioridade hierárquica da constituição da União verifica-se, não só em relação ao Direito produzido pelos seus órgãos, como também em relação a todo o Direito produzido nos Estados membros.

Parte II – Cap. I – O TUE como constituição transnacional

Apesar de não existir, no Tratado, nenhuma cláusula de supremacia do Direito da União, o Tribunal encarregou-se de superar essa lacuna através da teoria do primado de direito da União Europeia sobre os Direitos nacionais, que estudaremos, no cap. IV da Parte IV[10].

O TUE ocupa, pois, uma posição hierárquica de supremacia ao nível do Direito dos Estados membros, podendo configurar-se como a *Grundnorm*. Dito de outro modo: o TUE é o parâmetro de constitucionalidade e de validade não só de todas as normas e actos comunitários como também das normas e dos actos dos Estados membros. Tanto as autoridades públicas nacionais como as da União se encontram vinculadas ao TUE.

Daqui não se deve inferir a ausência de conflitos entre o direito nacional e o direito da União Europeia, nem tão pouco a eventual simplicidade da sua solução. Pelo contrário, já surgiram problemas de compatibilidade entre o direito comunitário e o direito nacional, especialmente o direito constitucional, em quase todos os Estados membros.

9.2.3. A fiscalização judicial da legalidade comunitária – o TJ como tribunal constitucional

A supremacia do direito da União Europeia só faz, verdadeiramente, sentido se existirem os meios contenciosos necessários para a garantir. Segundo o acórdão *Os Verdes*[11], o Tratado estabelece um sistema completo de meios contenciosos destinado a confiar ao Tribunal de Justiça o controlo da legalidade dos actos das instituições.

Apesar de o direito comunitário ser aplicado difusamente pelos tribunais nacionais, pois são eles os tribunais comuns, a supremacia do Tratado só pode ser, verdadeiramente, assegurada pelo TJ, a quem compete assegurar o respeito da interpretação e aplicação do Tratado (art. 220.º TCE), sendo a sua jurisdição obrigatória para os Estados (art. 292.º TCE), pelo menos, nos domínios abrangidos pelo pilar comunitário.

O Tribunal de Justiça fiscaliza a constitucionalidade e a legalidade comunitárias e, para isso, dispõe de competências que se podem aproximar, pelo menos, em parte, das de um tribunal constitucional no sentido funcional.

---

[10] Ver *infra* n.º 41.
[11] Acórdão de 23/4/86, proc. 294/83, Rec. 1986, p. 1339 e ss.

132 *Curso de Direito Constitucional da União Europeia*

- *As competências tipicamente constitucionais do TJ* são as seguintes:

  a) a apreciação de validade dos actos legislativos do Conselho, ou do Conselho e do Parlamento Europeu e ainda da Comissão, nos casos em que ela detém competência legislativa, a requerimento de algum destes órgãos ou dos Estados membros (art. 230.º TCE);

  b) o processo das questões prejudiciais, previsto no art. 234.º TCE, nos casos de interpretação do Tratado e na apreciação da validade dos actos legislativos;

  c) o controlo constitucional *a priori* relativo à apreciação da compatibilidade de um projecto de acordo internacional de que a Comunidade é parte com o Tratado (art. 300.º TCE);

  d) o processo por incumprimento, previsto nos artigos 226.º e 227.º TCE.

- *Do ponto de vista material, o TJ actua como um verdadeiro tribunal constitucional* quando:

  1) exerce o controlo da constitucionalidade do direito subordinado ou derivado;

  2) salvaguarda o princípio do equilíbrio institucional – o TJ conseguiu esse objectivo através do controlo da base jurídica dos actos;

  3) garante a repartição de atribuições entre os Estados membros e a União;

  4) assegura a protecção dos direitos fundamentais;

  5) exerce o controlo preventivo da constitucionalidade de acordos internacionais – art. 300, n.º 6, TCE.

Em todas estas matérias a jurisprudência do Tribunal de Justiça é muito próxima da jurisprudência de um tribunal constitucional, até porque ele utiliza as técnicas de interpretação próprias dos tribunais constitucionais e, tal como eles, detém a última palavra em matéria de interpretação da constituição transnacional, que é o Tratado.

O TJ viu o seu carácter constitucional reforçado com a criação do TPI, na medida em que a maior parte do contencioso cível e administrativo passou para este tribunal, tendo ficado reservado ao TJ o contencioso constitucional. O TJ não é, contudo, um tribunal, exclusivamente, constitucional, pois funciona também como um tribunal de recurso das decisões do TPI.

9.2.4. O processo de revisão do Tratado

Como estudaremos no capítulo referente ao sistema de normas e actos jurídicos da União Europeia[12], o Tratado prevê um procedimento de revisão mais exigente do que o procedimento normal de feitura do direito subordinado ou derivado (v. art. 48.º TUE).

9.3. A ideia de Direito subjacente ao Tratado da União Europeia

A caracterização constitucional do TUE pressupõe que ele tem subjacente uma determinada *ideia de Direito*. Qual seja essa ideia de Direito depende dos valores que vigorarem na União e dos princípios que se retirarem da sua ordem jurídica.

A constituição da União cria uma ordem jurídica que tem uma base axiológica própria. As Comunidades e a União assentam em valores humanistas, ou seja, o ser humano é o centro em torno do qual se constrói a nova realidade e é o fim último da construção europeia.

No início, o carácter, preponderantemente, económico dos objectivos iniciais obnubilou os ideais de paz ou de melhoria das condições de vida e de emprego dos povos, afirmados nos considerandos dos preâmbulos dos tratados originários, ideais esses que foram sendo confirmados pelos posteriores desenvolvimentos do direito constitucional da União. Os objectivos sociais, políticos e culturais vão completar os objectivos económicos, o que leva a um muito maior envolvimento do ser humano na integração europeia.

A constituição da União, tal como as constituições dos Estados membros, assenta em valores humanistas, como sejam a democracia, o princípio do Estado de direito, a protecção dos direitos fundamentais, a justiça social e o pluralismo cultural.

É certo que estes valores não são específicos da União, pois eles fazem parte do património cultural europeu. A União Europeia não se constrói em oposição aos Estados, mas antes com base neles, daí que seja natural uma certa coincidência de valores. Mas tal não implica que esta constituição não disponha de individualidade por referência às constituições estaduais, pois a forma como estes valores vão ser concretizados no seio da União é diferente da sua correspondente estadual.

---

[12] Ver *infra* n.º 34.3.

134   *Curso de Direito Constitucional da União Europeia*

Os Estados, para além dos valores que partilham com a União e com os outros Estados, possuem também valores próprios que fazem parte da identidade nacional de cada um dos Estados, a qual terá de ser respeitada pela constituição europeia.

A par das diversas identidades nacionais, a União dispõe de uma identidade europeia que lhe é conferida pela existência de um conjunto de valores próprios da União.

Os valores e os princípios constitucionais da União serão estudados, no capítulo II, da Parte III.

10. *As particularidades do Tratado da União Europeia como constituição*

Do exposto resulta que o TUE deve ser encarado como uma constituição. No entanto, a doutrina está, de um modo geral, de acordo que a União Europeia não é um Estado, daí que se torne necessário averiguar quais as particularidades que o TUE possui, enquanto constituição, que o vão diferenciar das constituições estaduais.

Essas particularidades são as seguintes:

a) o TUE é uma constituição contratual, pois resulta da vontade comum de todos os Estados membros;

b) o TUE é uma constituição ainda em formação, que se baseia numa ordem de valores e estabelece uma determinada estrutura, mas ainda tem algumas insuficiências, que terá de resolver;

c) o TUE é uma constituição em transformação, pois é a expressão jurídica de uma entidade que possui um carácter dinâmico e evolutivo;

d) o TUE é uma constituição complementar, ou seja, deve respeitar os princípios comuns às constituições dos seus Estados membros, ao mesmo tempo que contribui para a formação de um direito constitucional comum europeu;

e) o TUE é uma constituição finalística, uma vez que tem por objectivo "a união cada vez mais estreita entre os povos europeus".

10.1. Uma constituição contratual

A constituição da União é produto de um pacto inicial entre os Estados membros, que se consubstanciou nos Tratados institutivos das

Parte II – Cap. I – O TUE como constituição transnacional   135

Comunidades Europeias. Esse acordo que, inicialmente, se estabeleceu entre os Estados vai sofrer uma lenta transformação, que decorre não só da sua aplicação, como também das várias modificações a que foi sujeito.

De um pacto inicial meramente estadual vai-se transformando, lentamente, num verdadeiro pacto social, ou seja, num pacto entre os órgãos comunitários, os Estados membros e também os cidadãos.

10.2. Uma constituição em formação

A constituição da União é uma constituição em formação, no sentido que está a ser construída diariamente, através da influência das várias forças em presença – os Estados, os órgãos da União e os povos europeus. Esta constituição não obedece a nenhum modelo pré-existente (no sentido de conhecido no Mundo), nem pré-estabelecido, pois o seu objectivo maior é a criação de uma união cada vez mais estreita entre os povos europeus, cuja concretização não está à partida definida. A configuração ou moldagem dessa constituição faz-se no sentido de uma cada vez maior aproximação a um modelo em que se respeitem os princípios do Estado de direito, da democracia e da protecção de direitos fundamentais.

A constituição da União não comunga do grau de perfeição que se pode encontrar nas constituições estaduais. Pelo contrário, encontra-se ainda numa fase de elaboração, em formação e ainda está à procura do seu fundamento e do equilíbrio entre as várias forças em presença.

Um dos problemas que a constituição da União tem de resolver é o do poder constituinte originário, que supõe a adopção da constituição por parte dos cidadãos. A ideia de que o poder provém do povo é imperativa, não devendo ser abandonada à escala transnacional.

Ora, os tratados foram adoptados pelos Estados e, por isso, só possuem uma legitimidade democrática reflexa ou mediata. A União Europeia não se poderá construir com base em fundamentos menos democráticos do que os dos seus Estados membros.

Pelo contrário, nos últimos tempos, tem-se assistido a uma progressiva aproximação das Comunidades e da União ao modelo democrático, para o que contribuíram a eleição directa do PE e o alargamento progressivo das competências deste órgão em matéria legislativa.

10.3. Uma constituição em mudança

O TUE está em constante transformação, pois ele é o fundamento jurídico de uma entidade que possui um carácter dinâmico e evolutivo. O

136   *Curso de Direito Constitucional da União Europeia*

Tratado pode ser encarado como uma *Wandelverfassung*, ou seja, uma constituição em constante transformação.

O poder constituinte no seio da União afigura-se permanente e expressa-se tanto através das revisões do Tratado e do desenvolvimento constitucional, como do alargamento do número de Estados devido às adesões.

10.4. Uma constituição complementar

A constituição da União é uma constituição complementar, no sentido de que vai completar e até moldar as constituições nacionais, mas também vai contribuir para o surgimento de um direito constitucional comum europeu. Daqui decorre uma certa homogeneidade entre as constituições nacionais e a constituição europeia.

A compreensão do carácter complementar da constituição da União passa pela interacção do fenómeno comunitário com o fenómeno estadual.

Num Mundo em que a palavra de ordem é a globalização e a interdependência, o Estado, por si só, não se revela capaz de responder aos desafios da era actual. Daí que tenham começado a surgir outros fenómenos de expressão do Poder político, de que a União e a Comunidade são o expoente máximo.

A Comunidade vai passar a exercer tarefas que o Estado sozinho não é capaz de assegurar.

A primeira dessas tarefas é a manutenção da paz e da segurança dentro do seu território, por isso, as Comunidades surgem com um primeiro objectivo de manutenção da paz na Europa e no Mundo.

Um outro aspecto em que os Estados conseguem um maior sucesso em conjunto é o do desenvolvimento das respectivas economias, daí que o segundo objectivo das Comunidades seja a construção de um grande mercado comum. Vai ser também por esta razão que se vão introduzir normas no Tratado, relativas à protecção do meio ambiente ou à investigação e desenvolvimento tecnológico. A união económica e monetária justifica-se, entre outras razões, para facilitar as trocas comerciais, a mobilidade dos cidadãos e a criação de uma moeda forte europeia para fazer face a outras moedas fortes e, com isso, contribuir para o desenvolvimento e o crescimento da economia europeia.

A constatação de que os Estados, por si só, não são competentes para fazer face aos desafios com que hoje a Europa se defronta, estende-se, actualmente, a quase todos os domínios. Os Estados sentem-se impo-

Parte II – Cap. I – O TUE como constituição transnacional 137

tentes para resolver questões tão diversas como o desemprego, a luta contra o crime internacional (o tráfico de droga, de armas ou o terrorismo), a imigração de nacionais de Estados terceiros.

A União não tem por objectivo acabar com os Estados para se lhes substituir. Muito pelo contrário. Ela pretende completá-los nas tarefas em que eles se revelam menos eficazes, menos operantes ou até incapazes e, por essa via, reforçá-los, pois eles adquirem através da União a força de que sozinhos não dispõem. A União e os Estados membros são dependentes uns dos outros e completam-se através das tarefas que lhes estão destinadas. A relação entre a União e os Estados membros é de uma estreita interdependência de ambos os lados.

A interacção entre o direito da União Europeia e os direitos dos Estados membros existe a todos os níveis. O direito da UE baseia-se em princípios próprios, que foi criando lenta e progressivamente, mas assenta também nas tradições constitucionais dos seus Estados membros.

O fenómeno da integração europeia deve ser entendido como algo de único e deverá ser teorizado como tal.

10.5. Uma constituição finalística

A constituição da União é uma constituição que tem como objectivo *a união cada vez mais estreita entre os povos europeus.*

Este objectivo que não está à partida definido, mas impõe algumas directrizes quanto ao futuro da integração. Em primeiro lugar, a expressão *união* aponta para uma comunhão de interesses e solidariedade dentro da UE. Em segundo lugar, essa união deve ser cada vez mais estreita, o que implica uma ideia de aprofundamento constante da integração e não do seu retrocesso. Em terceiro lugar, trata-se de uma união entre os povos europeus e não entre os Estados.

Capítulo II

O projecto de constituição europeia:
uma constituição à escala transnacional

Bibliografia específica

I) **Sobre a Carta dos Direitos Fundamentais da União Europeia:** JÜRGEN MEYER (org.), *Kommentar zur Charta der Grundrechte der Europäischen Union,* Baden-Baden, 2003; YVES CARLIER / OLIVIER DE SCHUTTER (dir.), La Charte des droits fondamentaux de l'Union européenne – son apport à la protection des droits de l'Homme en Europe, Bruxelas, 2002; RUI MEDEIROS, *La Charte des droits fondamentaux de l'Union européenne, la Convention européenne des droits de l'Homme et le Portugal,* ERPL/REDP, 2002, p. 629 e ss; ANTÓNIO GOUCHA SOARES, *A Carta dos Direitos Fundamentais da União Europeia,* Coimbra, 2002; MARIA LUÍSA DUARTE, *A Carta dos Direitos Fundamentais da União Europeia – natureza e meios de tutela, in* AAVV, Estudos em Homenagem à Professora Doutora ISABEL MAGALHÃES COLLAÇO, vol. I, Coimbra, 2002, p. 723 e ss; JEAN-PAUL JACQUÉ, *La Charte des droits fondamentaux de l'Union européenne – aspects juridiques généraux,* ERPL/REDP, 2002, p. 119 e ss; P. CRAIG, *The Community Rights and the Charter,* ERPL/REDP, 2002, p. 221 e ss; J. DUTHEIL DE LA ROCHÈRE, *Les droits fondamentaux reconnus par la Charte et leurs applications,* ERPL/REDP, 2002, p. 234 e ss; RUI MANUEL MOURA RAMOS, *A Carta dos Direitos Fundamentais da União Europeia e a protecção dos Direitos Fundamentais,* Cuadernos Europeos de Deusto, 2001, p. 161 e ss; AAVV, *Carta de Direitos Fundamentais da União Europeia,* Coimbra, 2001; FRANCISCO DEL POZO RUIZ, *Diez notas a propósito de la Carta de los derechos fundamentales de la Unión Europea,* BEUR, 2001, p. 60 e ss; HANS CHRISTIAN KRÜGER / JÖRG POLAKIEWICZ, *Vorschläge für ein kohärentes System des Menschenrechtsschutztes in Europa,* EuGRZ, 2001, p. 92 e ss; GRÁINNE DE BÚRCA, *The Drafting of the European Union Charter of Fundamental Rights,* ELR, 2001, p. 126 e ss; WOLFGANG DIX, *Charte des droits fondamentaux et convention – de nouvelles voies pour réformer l'UE?,* RMCUE, 2001, p. 305 e ss; FLORENCE BENOÎT-ROHMER, *La Charte des droits fondamentaux de l'Union européenne,* Rec. Dalloz, 2001, p. 1483 e ss; JUAN ANTONIO CARRILLO SALCEDO, *Notas sobre el significado político y jurídico de la Carta de Derechos fundamentales de la Unión Europea,* Rev. Der. Com. Eur., 2001, p. 7 e ss; LORD GOLDSMITH Q. C., *A Charter of Rights, Freedoms and Principles,* CMLR, 2001, p. 1201 e ss; EMMANUELLE BRIBOSIA / OLIVIER DE SCHUTTER, *La Charte des droits fondamentaux* *de l'Union européenne*, JT, 2001, p. 281 e ss; Eckhard Pache, *Die Europäische Grundrechtscharta – ein Rückschritt für den Grundrechtsschutz in Europa?* EuR, 2001, p. 475 e ss; Peter J. Tettinger, *Die Charta der Grundrechte der Europäischen Union*, NJW, 2001, p. 1001 e ss; Rui Medeiros, *A Carta dos Direitos Fundamentais da União Europeia, a Convenção Europeia dos Direitos do Homem e o Estado português, in* Nos 25 anos da Constituição da República Portuguesa de 1976, Lisboa, 2001, p. 7 e ss; Ana Maria Guerra Martins, *A Carta dos Direitos Fundamentais da União Europeia e os direitos sociais,* Direito e Justiça, 2001, p. 189 e ss; Koen Lenaerts / Eddy de Smitter, *A «Bill of Righs» for the European Union,* CMLR, 2001, p. 273 e ss; Jonas Bering Liisberg, *Does the EU Charter of Fundamental Rights Threaten the Supremacy of Community Law?* CMLR, 2001, p. 1171 e ss; Christoph Grabenwarter, *Die Charta der Grundrechte für die Europäischen Union,* DVBl., 2001, p. 1 e ss; Jean-Paul Jacqué, *La démarche initiée par le Conseil européen de Cologne,* RUDH, 2000, p. 3 e ss; Jacqueline Dutheil de la Rochère, *La Convention sur la Charte des droits fondamentaux et le processus de construction européenne,* RMCUE, 2000, p. 223 e ss; Jacqueline Dutheil de la Rochère, *La Charte des droits fondamentaux de l'Union européenne: quelle valeur ajoutée, quel avenir?,* RMCUE, 2000, p. 674 e ss; Natividad Fernández Sola, *À quelle nécessité juridique répond la négociation d'une Charte des droits fondamentaux de l'Union européenne?,* RMCUE, 2000, p. 595 e ss; Marc Fischbah, *Le Conseil de l'Europe et la Charte des droits fondamentaux de l'Union européenne,* RUDH, 2000, p. 7 e ss; Albrecht Weber, *Die Europäische Grundrechtscharta – auf dem Weg zu einer europäischen Verfassung,* NJW, 2000, p. 537 e ss; Laurence Burgorgue-Larsen, *La Charte des droits fondamentaux de l'Union européenne racontée au citoyen européen,* RAE, 2000, p. 398 e ss; António Vitorino, *La Charte des droits fondamentaux de l'Union européenne,* RDUE, 2000, p. 499 e ss; Françoise Tulkens, *Towards a Greater Normative Coherence in Europe – the Implications of the Draft Charter of Fundamental Rights of the European Union,* HRLJ, 2000, p. 329 e ss; Denys Simon, *Les droits du citoyen de l'Union,* RUDH, 2000, p. 22 e ss; Stephan Grigolli, *The Current Discussion on the EU Charter of Fundamental Rights,* The European Legal Forum, 2000, p. 2 e ss; Tim Eicke, *The European Charter of Fundamental Rights Unique Opportunity or Unwelcome Distraction,* EHRLR, 2000, p. 280 e ss; Ricardo Alonso Garcia, *La carta de los derechos fundamentales de la Unión Europea,* GJ, 2000, p. 3 e ss; Patrick Wachsman, *Droits civils et politiques,* RUDH, 2000, p. 15 e ss; Oliver de Schutter, *La contribution de la Charte des droits fondamentaux de l'Union européenne à la garantie des droits sociaux dans l'ordre juridique communautaire,* RUDH, 2000, p. 33 e ss; Melchior Wathelet, *La Charte des droits fondamentaux: Un bon pas dans une course qui reste longue,* CDE, 2000, p. 585 e ss; Florence Benoît--Rohmer, *L'adhésion de l'Union à la Convention européenne des droits de l'homme,* RUDH, 2000, p. 57 e ss; Manfred Zuleeg, *Zum Verhältnis nationaler und europäischer Grundrechte – Funktionnen einer EU-Charta der Grundrechte,* EuGRZ, 2000, p. 511 e ss; Siegbert Alber / Ulrich Widmaier, *Die EU-Charta der Grundrechte und ihre Auswirkungen auf die Rechtsprechung – zu den Beziehungen zwischen EuGH und EGMR,* EuGRZ, 2000, p. 497 e ss; J. H. H. Weiler, *Does the European Union Truly Need a Charter of Rights?,* ELJ, 2000, p. 95 e ss; Patrick Wachsman, *Droits civils et politiques,* RUDH, 2000, p. 15 e ss.

Parte II – Cap. II – O projecto de constituição europeia:...   141

II) Sobre os aspectos gerais do projecto de constituição europeia: PAULO DE PITTA E CUNHA, *A Constituição Europeia. Um Olhar Crítico sobre o Projecto,* Coimbra, 2004; ANA MARIA GUERRA MARTINS, *O Projecto de Constituição Europeia. Contribuição para o Debate sobre o Futuro da União,* Coimbra, 2004; ALBERTO COSTA, *Na Convenção Europeia – Posições, Argumentos, Debates,* Lisboa, 2004; PATRICK BIRKINSHAW, *A Constitution for the European Union? A Letter from Home,* EPL, 2004, p. 57 e ss; FRANCIS SNYDER, *Editorial: Is the European Constitution Dead?,* ELJ, 2004, p. 255 e ss; RAYMOND J. FRIEL, *Providing a Constitutional Framework for Withdrawal from the EU: Article 59 of the Draft European Constitution,* ICLQ, 2004, p. 407 e ss; GUILHERME D'OLIVEIRA MARTINS, *Que Constituição para a União Europeia – Análise do Projecto da Convenção,* Lisboa, 2003; INGOLF PERNICE / MIGUEL POIARES MADURO, *A Constitution for the European Union – First Comments on the 2003-Draft of the European Convention,* Baden--Baden, 2003; DANIEL VIGNES, *«Il faut faire avec...»,* RMCUE, 2003, p. 425 e ss; PATRICIA HEINDL e. a., *The Future Constitution of Europe – European Convention, IGC 2004, and the Prospects for European Integration,* Verwaltung aktuell, 2003, p. 154 e ss; VALÉRY GISCARD D'ESTAING, *The Convention and the Future of Europe: Issues and Goals,* Int. J. Const. Law, 2003, p. 346 e ss; ROBERT BADINTER, *A European Constitution: Perspectives of a French Delegate to the Convention,* Int. J. Const. Law, 2003, p. 363 e ss; GIULIANO AMATO, *The European Convention: First Achievements and Open Dilemas,* Int. J. Const. Law, 2003, p. 355 e ss; LEOPOLDO ELIA, *Prime osservazioni sulla forma di governo nella costituzione per l'Europa,* Dir. Pub., 2003, p. 757 e ss; MARKUS G. PUDER, *Constitutionalizing the European Union – More than a Sense of Direction from the Convention on the Future of Europe,* Fordham Int'l L. J., 2002/2003, p. 1562 e ss; FLORENCE CHALTIEL, *Une Constitution pour l'Europe, an I de la république européenne,* RMCUE, 2003, p. 493 e ss; ALAN DASHWOOD e. a., *Draft Constitutional Treaty of the European Union and Related Documents,* ELR, 2003, p. 3 e ss; MICHAEL DOUGAN, *The Convention's Draft Constitutional Treaty: bringing Europe closer to its lawyers?,* ELR, 2003, p. 763 e ss; GIL CARLOS RODRÍGUEZ IGLESIAS, *La constitucionalización de la Unión europea,* Rev. Der. Com. Eur., 2003, p. 893 e ss; JULIANE KOKOTT / ALEXANDRA RÜTH, *The European Convention and its Draft Treaty establishing a Constitution for Europe: Appropriate Answers to the Laeken Questions?,* CMLR, 2003, p. 1315 e ss; JEAN-VICTOR LOUIS, *Le project de Constitution: continuité ou rupture?,* CDE, 2003, p. 215 e ss; JOSÉ MARTÍN Y PÉREZ DE NANCLARES, *El proyecto de Constitución europea: reflexiones sobre los trabajos de la Convención,* Rev. Der. Com. Eur., 2003, p. 527 e ss; JÜRGEN SCHWARZE, *The Convention's Draft Treaty establishing a Constitution for Europe,* CMLR, 2003, p. 1037 e ss; A. TIZZANO, *Prime note sul progetto di Costituzione europea,* Dir. Un. Eur., 2003, p. 249 e ss; C. LADENBURGER, *Towards a Post-national Constitution – Federal, Confederal or Genuinely sui generis? Introductory Remarks on the Convention Method, and Some Features of an Improved Constitutional Charter,* ERPL/REDP, 2003, p. 75 e ss; ANA MARIA GUERRA MARTINS, *Vers une Constitution post-nationale – fédérale, confédérale ou vraiment sui generis?,* ERPL/REDP, 2003, p. 39 e ss; LOÏC GRARD, *«Traité constitutionnel», une réalité juridique,* RDP, 2003, p. 1259 e ss; THOMAS SCHMITZ, *Le peuple européen et son rôle lors d'un acte constituant dans l'Union européenne,* RDP, 2003, p. 1079 e ss; BRUNO DE WITTE, *The European*

142 Curso de Direito Constitucional da União Europeia

Constitutional Treaty: Towards an Exit Strategy for Recalcitrant Member States?, MJ, 2003, p. 3 e ss; JAN WOUTERS, *Exit the Convention, Come the ICG. Some Reflections on the Convention as a Method for Constitutional Change in the EU*, MJ, 2003, p. 225 e ss; BRUNO DE WITTE (Ed.), *Ten Reflections on the Constitutional Treaty for Europe*, E. book, Robert Schuman Centre for Advanced Studies and European University Institut, San Domenico di Fiesole, 2003; GUY SCOFFONI, *Convention pour l'avenir de l'Europe et Convention de Philadelphia: la question du mode de production d'une constitution*, RAE, 2001-2002, p. 683 e ss; JOSEPH PINI, *Qu'est-ce qu'une constitution?* RAE, 2001-2002, p. 655 e ss; LAURENCE BURGORGUE-LARSEN, *Pourquoi une constitution européenne?*, RAE, 2001-2002, p. 670 e ss.

III) **Sobre aspectos específicos do projecto de constituição europeia** – ver bibliografia indicada em cada capítulo.

11. Antecedentes

A ideia da aprovação formal de uma constituição transnacional para a Europa tem tido, ao longo dos anos, muitos defensores, mas nunca tinha conseguido, até há pouco tempo, verdadeiramente, vingar. Contudo, o novo fôlego, que foi dado pela proclamação da Carta dos Direitos Fundamentais da União Europeia, conduziu, após aturadas negociações, a vários níveis, à aprovação de um projecto de tratado que estabelece uma constituição para a Europa[1].

11.1. As propostas de uma constituição europeia em sentido formal

O Parlamento Europeu tem sido o principal impulsionador, sobretudo, após a década de 80, do movimento a favor da criação de uma constituição europeia.

O primeiro desses projectos foi o Tratado da União Europeia de 1984, que ficou conhecido como o Tratado Spinelli.

Um outro desses projectos data de 10 de Fevereiro de 1994 e ficou conhecido como o projecto Hermann[2]. O PE propunha-se elaborar o

---

[1] Este projecto de tratado encontra-se identificado na nota prévia. Por comodidade de exposição, utilizaremos as expressões abreviadas «projecto de constituição europeia», «projecto de constituição», «constituição europeia», ou até mesmo só «projecto» para o designar ao longo deste Curso.

[2] Este projecto foi aprovado pela resolução A3-0064/94 do PE.

Parte II – Cap. II – O projecto de constituição europeia:... 143

projecto definitivo da futura constituição, mas admitia, numa fase prévia, a realização de uma convenção europeia, composta por membros do Parlamento Europeu e dos parlamentos nacionais, que tinha em vista estabelecer as linhas de orientação para essa constituição.

A constituição entraria em vigor quando a maioria dos Estados--membros, que representassem quatro quintos da população, a tivesse ratificado. Os Estados que não ratificassem dentro do prazo previsto poderiam optar por permanecer na União alterada ou por a abandonar (art. 47.º do projecto).

Mais recentemente, já neste século, na sequência do célebre discurso do Ministro dos Negócios Estrangeiros alemão JOSCHKA FISCHER, na Universidade Humboldt, em Berlim, em 12 de Maio de 2000[3], a problemática da constituição europeia voltou à ordem do dia.

Foram vários, e dos mais diversos quadrantes, os discursos políticos e académicos, que defenderam a ideia de uma constituição europeia, embora por detrás desta designação se encontrem realidades muito distintas e até concepções antagónicas da Europa.

A título ilustrativo podemos mencionar, entre outros, o projecto publicado em *The Economist*, de 28 de Outubro de 2000, ou o projecto de ROBERT BADINTER – *Une Constitution européenne* –, publicado pela Fayard em 2002, ou ainda, o projecto apresentado por ELMAR BROK em nome do grupo PPE-ED do mesmo ano.

Um outro projecto de constituição da União Europeia que não pode deixar de se mencionar é o ante-projecto Penélope, apresentado à Convenção Europeia pela Comissão. Este projecto foi elaborado por R. PRODI, A. VITORINO e M. BARNIER[4].

11.2. A insuficiência do modelo internacional

A ideia de uma constituição formal para a União Europeia parece impor-se, essencialmente, por três razões:

– a necessidade de adequação de um quadro formal – que é internacional –, ao quadro material – que é constitucional;

---

[3] Tradução portuguesa no n.º 22 da Revista Política Internacional, p. 47 e ss.

[4] Sobre este projecto, ver A. MATTERA (dir.), *"Pénélope" – Projet de Constitution de l'Union Européenne*, Éditions Clément Juglar, 2003.

144   *Curso de Direito Constitucional da União Europeia*

– a exigência de limitação do Poder político da União com a consequente maior protecção dos cidadãos num quadro constitucional;
– a pré-falência do actual modelo internacional.

Na verdade, o actual modelo foi pensado para uma Europa composta por seis Estados membros, que se caracterizavam por uma certa homogeneidade, o que facilitava a obtenção de consensos em relação aos aspectos mais importantes.

O alargamento da Comunidade a outros Estados economicamente menos desenvolvidos[5], com preocupações muito diversas[6], levou à desestabilização desse modelo. A instabilidade aumentou com o aprofundamento da integração europeia trazido pelo tratado de Maastricht, que introduziu definitivamente a componente política no processo[7], e continuará a crescer com o actual alargamento aos países da Europa Central e de Leste.

Daí que as revisões do Tratado após 1990 tenham passado a ser «anunciadas» – o tratado de Maastricht, ao entrar em vigor, em 1 de Novembro de 1993, previu a convocação de uma CIG para 1996. Conferência essa que veio dar lugar ao tratado de Amesterdão, que, entrou em vigor, em 1 de Maio de 1999, e também previu a convocação de uma outra CIG para 2000. Esta CIG aprovou o tratado de Nice que, para não fugir à regra, anunciou também a última CIG.

Esta permanente revisão em que o TUE se encontra, há mais de uma década, não parece contribuir para gerar nos cidadãos a necessária confiança nas instituições e na própria União, sendo, aliás, contrária às mais elementares exigências do Direito, quais sejam a estabilidade, a segurança e a certeza jurídicas.

---

[5] Os desníveis económicos dos Estados vão ditar divergências, por exemplo, ao nível da abertura de mercados e da coesão económica e social, pois enquanto a primeira interessa, sobretudo, aos Estados produtores, a segunda é vista como uma questão fulcral pelos Estados mais pobres.

[6] A heterogeneidade dos Estados membros da União Europeia vai muito para além da economia. Assim, as preocupações ambientais ou de defesa dos consumidores são encaradas de modo completamente diferente na Europa do Norte e Central e no Sul da Europa.

O modo como os Estados encaram a defesa e a segurança externa apresenta também divergências consideráveis. A par de Estados membros permanentes do Conselho de Segurança e de potências nucleares, temos Estados que assumem um estatuto de quase neutralidade, o que, obviamente, não facilita a obtenção de consensos.

[7] Com o tratado de Maastricht dá-se o culminar do processo económico de integração com a previsão da união económica e monetária, bem como o início de um processo de integração política, que ainda está em curso.

Além disso, o aprofundamento da integração europeia tem conduzido à necessidade de obter consensos sobre questões que se situam, cada vez mais, no cerne da soberania dos Estados, como é o caso da matéria relativa à reforma institucional da União, em que o que se discute é, fundamentalmente, a distribuição de Poder dentro da União. Esses consensos são tanto mais difíceis de obter quanto maior é o número de Estados, pelo que os sucessivos alargamentos só têm contribuído para os dificultar.

11.3. A Carta dos Direitos Fundamentais da União Europeia

Para além da evolução que os próprios tratados institutivos das Comunidades sofreram no sentido da sua transmutação numa constituição em sentido material, que estudámos no capítulo anterior, a Carta dos Direitos Fundamentais da União Europeia aprovada em Nice, em 7 de Dezembro de 2000, como já se sublinhou deu um grande impulso ao processo de constitucionalização da União Europeia. Além disso, contribuiu para a consolidação de um movimento, já há muito iniciado, de implicação dos indivíduos, isto é, dos seres humanos enquanto tais, no processo de integração europeia.

Efectivamente, de acordo com as modernas correntes constitucionalistas, a protecção dos direitos fundamentais é *conditio sine qua non* da existência de qualquer constituição.

O preâmbulo da Carta corrobora este entendimento em vários considerandos:

- a referência, no 1.º considerando, aos povos da Europa, e não às Altas Partes contratantes, como é usual nos preâmbulos dos Tratados, aponta no sentido de um maior envolvimento dos cidadãos no processo de elaboração da Carta;
- a afirmação de que a União coloca o ser humano no cerne da sua acção;
- a precisão de que as pessoas individualmente consideradas, assim como a comunidade humana e as gerações futuras adquirem responsabilidades e deveres, por força do gozo dos direitos enunciados na Carta.

A Carta deve, portanto, ser avaliada como mais um passo no caminho da constitucionalização, que teve o seu início na década de 50, com a criação das Comunidades Europeias, e não como um elemento de ruptura com o passado.

A) Os objectivos da Carta

Segundo o mandato do Conselho Europeu de Colónia, de 3 e 4 de Junho de 1999, a Carta não tem em vista criar direitos novos, mas sim tornar visíveis os direitos que já existem e que fazem parte do património comum dos europeus. Assim, um dos principais objectivos da Carta é a segurança jurídica e a consequente protecção dos cidadãos.

B) As fontes de inspiração da Carta são:

- a Convenção Europeia dos Direitos do Homem, no que diz respeito aos direitos civis e políticos;
- o próprio Tratado, na matéria dos direitos do cidadão;
- a Carta Comunitária de Direitos Sociais Fundamentais dos Trabalhadores de 1989 e a Carta Social Europeia de 1961, em relação aos direitos sociais.

C) A força jurídica das fontes inspiradoras da Carta é, portanto, muito diversa:

- Os direitos civis e políticos inspiram-se numa convenção internacional a que todos os Estados membros da União Europeia estão vinculados, embora alguns deles tenham aposto reservas a certas regras. É certo que essa convenção tem sofrido modificações ao longo dos tempos, no sentido do aumento dos direitos protegidos e da melhoria do sistema de garantia das normas, como o demonstra o protocolo n.º 11, relativo à reestruturação do mecanismo de controlo estabelecido na Convenção.
- Os direitos do cidadão têm a sua fonte inspiradora no Tratado da União Europeia, que é a primeira fonte do direito da União Europeia, o que lhe confere desde logo um carácter proeminente.
- Os direitos sociais inspiram-se numa fonte que não tem valor vinculativo – a Carta Comunitária dos Direitos Sociais Fundamentais dos Trabalhadores – e numa convenção do Conselho da Europa – a Carta Social Europeia –, que é objecto de uma aplicação assimétrica pelos vários Estados partes.

A diferente natureza das fontes de onde emanam os direitos consagrados na Carta não pode deixar de ter consequências no resultado final que se vai conseguir com a Carta. Os direitos sociais constituem o «parente pobre» da Carta.

Parte II – Cap. II – O projecto de constituição europeia:... 147

D) O conteúdo da Carta

A Carta inicia-se com um preâmbulo, que é seguido por sete capítulos.

O Capítulo I intitula-se dignidade. Parte da inviolabilidade da dignidade do ser humano (art. 1.º) e nele se consagram os direitos à vida (art. 2.º), à integridade física (art. 3.º), a proibição da tortura e dos tratos ou penas desumanos ou degradantes (art. 4.º) e a proibição da escravatura e do trabalho forçado (art. 5.º). Trata-se de direitos reconhecidos na CEDH e em outros instrumentos internacionais de que os Estados são partes, como, por exemplo, no Pacto de Direitos Civis e Políticos das Nações Unidas. Verifica-se em relação a estes direitos um amplo consenso.

O Capítulo II refere-se às liberdades, estando nele incluídos direitos tão díspares, como o direito à liberdade e à segurança (art. 6.º), o respeito da vida privada e familiar (art. 7.º), a protecção de dados pessoais (art. 8.º), o direito de contrair casamento e de constituir família (art. 9.º), a liberdade de pensamento, de consciência e religião (art. 10.º), a liberdade de expressão e de informação (art. 11.º), a liberdade de reunião e de associação (art. 12.º), a liberdade das artes e das ciências (art. 13.º), o direito à educação (art. 14.º), a liberdade profissional e o direito ao trabalho (art. 15.º), a liberdade de empresa (art. 16.º), o direito de propriedade (art. 17.º), o direito de asilo (art. 18.º) e a protecção em caso de afastamento, expulsão ou extradição (art. 19.º).

O Capítulo III diz respeito à igualdade e consagra o princípio da igualdade perante a lei (art. 20.º), o princípio da não discriminação (art. 21.º), o respeito da diversidade cultural, religiosa e linguística (art. 22.º), a igualdade entre homens e mulheres (art. 23.º), os direitos das crianças (art. 24.º), os direitos das pessoas idosas (art. 25.º) e a integração das pessoas com deficiências (art. 26.º).

O Capítulo IV tem por título solidariedade e inclui o direito à informação e à consulta dos trabalhadores na empresa (art. 27.º), o direito de negociação e de acção colectiva (art. 28.º), o direito de acesso aos serviços de emprego (art. 29.º), a protecção em caso de despedimento sem justa causa (art. 30.º), as condições de trabalho justas e equitativas (art. 31.º), a proibição do trabalho infantil e protecção dos jovens no trabalho (art. 32.º), a protecção da vida familiar e vida profissional (art. 33.º), o direito à segurança social e à assistência social (art. 34.º), a protecção da saúde (art. 35.º), o acesso a serviços de interesse económico geral (art. 36.º), a protecção do ambiente (art. 37.º) e a defesa do consumidor (art. 38.º). É neste capítulo que está consagrada a maior parte dos direitos sociais,

148 *Curso de Direito Constitucional da União Europeia*

embora também se consagrem alguns dos chamados direitos de terceira geração, como é o caso do direito ao ambiente ou da protecção dos consumidores.

O Capítulo V respeita à cidadania e abrange o direito de eleger e ser eleito nas eleições para o Parlamento Europeu (art. 39.°) e nas eleições municipais (art. 40.°), o direito a uma boa administração (art. 41.°), o direito de acesso aos documentos (art. 42.°), o direito de petição ao Provedor de Justiça (art. 43.°) e ao Parlamento Europeu (art. 44.°), a liberdade de circulação e de permanência (art. 45.°) e a protecção diplomática e consular (art. 46.°).

O Capítulo VI relaciona-se com a justiça e inclui o direito a acção judicial efectiva e a julgamento imparcial (art. 47.°), a presunção da inocência e os direitos de defesa do arguido (art. 48.°), os princípios da legalidade e da proporcionalidade dos delitos e das penas (art. 49.°) e o direito a não ser julgado ou punido penalmente mais do que uma vez pelo mesmo delito (art. 50.°).

O Capítulo VII estabelece as disposições gerais relativas ao âmbito de aplicação (art. 51.°), ao âmbito e à interpretação dos direitos e dos princípios (art. 52.°), ao nível de protecção (art. 53.°) e à proibição do abuso de direito (art. 54.°).

A Carta não deve ser vista como um standard máximo, mas antes como um mínimo, pois ela fixa apenas os direitos mais fundamentais. Porém, a Carta consagra um elenco bastante amplo de direitos, que vão desde os direitos civis e políticos aos direitos sociais.

Como veremos adiante[8], a Convenção sobre o futuro da Europa vai introduzir algumas modificações no texto da Carta aprovado em Nice, em especial no preâmbulo e nas disposições gerais.

11.4. A declaração n.° 23 do tratado de Nice

A insatisfação generalizada provocada pelo tratado de Nice teve como consequência a inclusão no próprio Tratado de uma declaração – a declaração n.° 23 –, respeitante ao futuro da União, que foi adoptada pela Conferência.

Essa declaração prevê a convocação de uma Conferência Intergovernamental para 2004, com o objectivo de se debruçar, entre outras, sobre as seguintes questões:

---

[8] Ver *infra* n.ᵒˢ 13 e 22.8.1..

Parte II – Cap. II – O projecto de constituição europeia:... 149

- o estabelecimento e a manutenção de uma delimitação mais precisa das competências entre a União Europeia e os Estados membros, que respeite o princípio da subsidiariedade;
- o estatuto da Carta dos Direitos Fundamentais da União Europeia proclamada em Nice, de acordo com as conclusões do Conselho Europeu de Colónia;
- a simplificação dos Tratados a fim de os tornar mais claros e mais compreensíveis, sem alterar o seu significado;
- o papel dos parlamentos nacionais na arquitectura europeia.

A enumeração destas questões não é taxativa, como decorre claramente da expressão *entre outras*.

11.5. O Conselho Europeu de Laeken

Na sequência desta declaração, o Conselho Europeu de Laeken, de 15 de Dezembro de 2001, decidiu convocar uma convenção para assegurar uma preparação tão ampla e transparente quanto possível da próxima conferência intergovernamental, tendo nomeado como seu Presidente VALÉRY GISCARD D'ESTAING e como Vice-Presidentes GIULIANO AMATO e JEAN-LUC DEHAENE[9].

A Convenção sobre o futuro da Europa foi encarregue, pelo Conselho Europeu de Laeken, de formular propostas sobre três matérias:

- a aproximação dos cidadãos do projecto europeu e das instituições europeias;
- a estruturação da vida política e do espaço político europeu numa União alargada;
- a consagração da União num factor de estabilização e numa referência na nova ordem mundial.

De acordo com o mandato do Conselho Europeu, que consta do anexo I das Conclusões da Presidência, sob o título Declaração de Laeken sobre o futuro da União Europeia, a Convenção tem por missão examinar as questões essenciais que se colocam ao desenvolvimento futuro da União e procurar as diferentes respostas possíveis, para o que estabelecerá um documento final que poderá compreender tanto diferentes opções,

---

[9] Ver conclusões da Presidência no servidor Europa da Internet http://europa-eu.int.

precisando o apoio que cada uma delas recolheu, como recomendações em caso de consenso.

O Conselho Europeu de Laeken não conferiu, portanto, qualquer mandato expresso à Convenção para elaborar uma constituição para a Europa. O anexo I das Conclusões já referido, apenas menciona o termo «texto constitucional» e «constituição» a propósito da simplificação e da reorganização dos Tratados, mas sempre ao lado do termo «tratado», sem nunca manifestar preferência por um ou por outro. Além disso, as referências aos termos «tratado constitucional» e «constituição» aparecem sempre em jeito de interrogação, nunca de afirmação.

Como veremos, a Convenção inclinou-se, desde muito cedo, no sentido da adopção de um projecto de constituição europeia ou de tratado constitucional, pois gerou-se um certo consenso no sentido da inclusão da Carta dos Direitos Fundamentais no texto do projecto. Ora, essa inclusão teve como consequência a natureza constitucional do texto que saiu dessa convenção.

Deve sublinhar-se, no entanto, que as alterações a introduzir no Tratado da União Europeia – profundas ou não – tiveram de ser aprovadas pela Conferência Intergovernamental.

12. *O método da Convenção*

Antes de avançar, convém esclarecer o que se entende por convenção no âmbito da União Europeia.

As negociações da Carta foram efectuadas no seio de uma convenção, na qual estiveram representados os parlamentos nacionais, o Parlamento Europeu, os Governos dos Estados membros, bem como a Comissão, tendo participado como observadores permanentes, o Conselho da Europa e o Tribunal de Justiça, com direito a usar da palavra. Além disso, verificou-se uma grande abertura à sociedade civil.

Este método foi considerado bastante original, dado que se afastou da prática seguida até então em matéria de trabalhos preparatórios do direito constitucional ou originário da União Europeia, qual fosse a da nomeação de um grupo de peritos pelos Estados membros ou pelo Conselho, com a incumbência de apresentar as suas conclusões e/ou propostas ao Conselho ou ao Conselho Europeu.

Em comparação com os grupos de peritos, a convenção tem a vantagem de estar mais próxima dos cidadãos da União.

Em relação ao processo de revisão, previsto no art. 48.º TUE, que

Parte II – Cap. II – O projecto de constituição europeia:... 151

estudaremos mais à frente[10], o método da convenção apresenta vantagens, pois enquanto na revisão os parlamentos nacionais só participam numa fase em que o texto aprovado pela conferência intergovernamental já se não pode alterar e o Parlamento Europeu tem uma competência, meramente, consultiva, na convenção estes órgãos participam numa fase preliminar, podendo influenciar, efectivamente, a decisão final.

Do ponto de vista da legitimidade democrática, o método da convenção pretende, portanto, ultrapassar o défice democrático do processo de revisão.

12.1. A Convenção da Carta dos Direitos Fundamentais da União Europeia

A convocação da convenção para a elaboração da Carta dos Direitos Fundamentais da União Europeia surge na sequência de uma decisão do Conselho Europeu de Colónia, de 3 e 4 de Junho de 1999. Alguns meses mais tarde, o Conselho Europeu de Tampere, de 15 e 16 de Outubro de 1999[11], optou por criar um grupo, com representação das várias bases de legitimidade política, que deveria apresentar as suas conclusões ao Conselho Europeu. Grupo esse que acabou por se autodenominar Convenção, fazendo lembrar a Convenção de Filadélfia que elaborou a Constituição norte-americana. Todavia, não se trata de uma assembleia constituinte, pois falta-lhe, desde logo, a legitimidade democrática: nem os membros do Parlamento Europeu nem os membros dos parlamentos nacionais, que são eleitos por sufrágio directo e universal, se encontravam mandatados pelos seus eleitores para criarem uma carta de direitos fundamentais que se destinasse a servir de base a uma constituição europeia.

Desta primeira convenção saiu um texto denominado Carta dos Direitos Fundamentais da União Europeia, que já estudámos.

Deve sublinhar-se que a missão confiada a esta primeira convenção, se comparada com a missão da convenção que se lhe seguiu – a Convenção sobre o futuro da Europa –, era relativamente simples, uma vez que, como estudaremos melhor mais à frente[12], existe, desde a década de 70,

---

[10] Ver *infra* n.° 34.3.

[11] As conclusões do Conselho Europeu de Tempere estão publicadas no Boletim da União Europeia n.° 10/1999.

[12] Ver *infra* n.° 22.4.

152 Curso de Direito Constitucional da União Europeia

uma jurisprudência constante, tanto nacional como comunitária, em matéria de protecção de direitos fundamentais na União Europeia, que possibilitou os consensos necessários.

Mesmo assim, as dificuldades foram inúmeras, pois a forma de encarar a protecção dos direitos fundamentais no seio da União nem sempre é coincidente e as tradições constitucionais dos diferentes Estados membros em matéria de direitos fundamentais também são bastante divergentes.

Se, ao nível dos direitos civis e políticos, as principais discussões no seio da convenção se situaram ao nível da redacção dos preceitos, já ao nível dos direitos sociais, as divergências se afiguraram mais profundas, estendendo-se à própria consagração destes direitos na Carta.

As maiores dificuldades de obter um consenso sobre os direitos sociais prenderam-se com os seguintes aspectos:

a) as fontes de inspiração dos direitos sociais são menos sólidas do que as fontes inspiradoras dos direitos civis e políticos e dos direitos do cidadão – a Carta Comunitária de Direitos Fundamentais Sociais dos Trabalhadores de 1989 não é vinculativa e a Carta Social Europeia de 1961 tem sido aplicada em obediência ao princípio da geometria variável;

b) as divergências nacionais, quanto aos direitos sociais, são muito acentuadas – existem sistemas constitucionais, que se podem designar como minimalistas, como sejam o do Reino Unido, da Irlanda, da Áustria, da Alemanha e da Dinamarca, enquanto outros se podem considerar maximalistas, como o da França, da Espanha ou de Portugal. Numa zona intermédia situam-se a Bélgica, o Luxemburgo, a Grécia, a Suécia e a Finlândia. Além disso, deve ainda acrescentar-se que os Estados membros também não comungam dos mesmos princípios em matéria de política social;

c) as atribuições da União Europeia em matéria de política social são, de um modo geral, complementares ou subsidiárias em relação às dos Estados – a Europa comunitária nasce sob o signo do mercado, o que implica, designadamente, a liberdade de circulação de pessoas e a livre concorrência. Daqui decorre que foi deixada uma grande margem de manobra aos Estados membros no domínio da protecção dos direitos sociais, contando que respeitem a liberdade de circulação de pessoas e a livre concorrência.

Parte II – Cap. II – O projecto de constituição europeia:... 153

O sucesso alcançado por esta convenção não lhe permitiu, contudo, atingir um dos seus principais objectivos, que era, sem dúvida, a inserção da Carta no Tratado da União Europeia, com carácter vinculativo.

A Carta acabou por constituir uma proclamação de direitos por parte dos três órgãos da União: Parlamento Europeu, Conselho e Comissão.

12.2. A Convenção sobre o futuro da Europa

A aplicação do método da convenção à revisão geral do TUE foi, como se disse, decidida pelo Conselho Europeu de Laeken, que considerou que a eventual existência de um consenso prévio, quanto a um leque, mais ou menos, alargado de modificações a introduzir no TUE, facilitaria os trabalhos da CIG.

As dificuldades com que se deparou esta segunda convenção foram, no entanto, enormes, por força da multiplicidade de matérias envolvidas e da necessidade de tomar opções políticas de fundo.

A Convenção sobre o Futuro da Europa iniciou os seus trabalhos em Março de 2002 e funcionou em três fases distintas, de acordo com a agenda que ela própria estabeleceu. É certo que essas fases não se podem demarcar no tempo de uma forma absolutamente nítida, nem rígida, uma vez que, em certos casos, coexistiram, mas podem-se distinguir do seguinte modo:

– a fase das audições;
– a fase do exame;
– a fase das propostas.

A *fase das audições* decorreu, principalmente, entre Março e Junho de 2002 e desenvolveu os seus trabalhos no plenário. Segundo o *Presidium*, o debate a travar sobre a União Europeia e o seu futuro deveria ser aberto e nele poderiam participar não só os membros da convenção, como a sociedade civil em geral (organizações não governamentais, associações, universidades, sindicatos, colectividades locais e territoriais), através do envio de textos, designadamente, pela Internet[13].

---

[13] O Grupo de Direito Público Europeu, ao qual pertencemos, efectuou várias reuniões subordinadas ao tema a constituição europeia, tendo enviado as suas propostas à Convenção. AAVV, *European Group of Public Law – Proposal on the Debate on the European Constitution,* Londres, 2003.

154   *Curso de Direito Constitucional da União Europeia*

A *fase do exame* iniciou-se, em Junho de 2002 e caracterizou-se pelo trabalho em grupo e em círculos de discussão. Tendo em conta as dificuldades de funcionamento em plenário, devido ao elevado número dos seus membros, a convenção, por iniciativa do seu Presidente, optou por constituir grupos de trabalho sectoriais[14], que apresentaram os respectivos relatórios finais[15], tendo em vista facilitar a prossecução dos trabalhos. Alguns desses grupos exerceram uma profunda influência no texto final do projecto de constituição, como foi o caso dos Grupos I, II, VII, IX e X.

A *fase das propostas* decorreu durante toda a primeira metade do ano de 2003, no plenário, tendo-se então discutido os projectos concretos de revisão dos Tratados, na base de um primeiro anteprojecto do *Presidium* apresentado, em 29 de Outubro de 2002[16].

Em seguida, foram submetidas emendas a esse anteprojecto por parte dos convencionais em diferentes períodos, seguidas de diversos debates em plenário.

Este procedimento foi seguido, essencialmente, para a Parte I, excluindo os preceitos relativos aos órgãos[17], para a Parte IV e para os artigos da Parte III, respeitantes à acção externa da União e ao espaço de liberdade, segurança e justiça. Já o mesmo não se verificou em relação aos artigos da Parte III sobre as políticas, que foram redigidos por um grupo de peritos dos três órgãos comunitários, que comunicou os seus trabalhos à convenção, em 27 de Maio de 2003. A utilização deste método deveu-se ao facto de se ter considerado que se tratava de meras adaptações impostas pelas decisões tomadas quanto à Parte I, que, por isso, não

---

[14] Grupo I – Subsidiariedade; Grupo II – Carta; Grupo III – Personalidade jurídica; Grupo IV – Parlamentos nacionais; Grupo V – Competências complementares; Grupo VI – Governação económica; Grupo VII – Acção Externa; Grupo VIII – Defesa; Grupo IX – Simplificação; Grupo X – Liberdade, Segurança e Justiça. Os primeiros seis operaram entre Junho e Outubro de 2002 e os restantes seis entre Outubro e Dezembro do mesmo ano. Entre Dezembro de 2002 e Janeiro de 2003 foi criado um último grupo sobre a Europa Social por pressão do plenário.

[15] Os relatórios estão disponíveis em http://europa.eu.int/futurum/index.

[16] CONV 369/02.

[17] A primeira leitura destes preceitos deu-se em 15 e 16 de Maio e ficou imediatamente clara a falta de consenso neste domínio. Assim, não houve segunda leitura em plenário, mas sim um dia de consultas com os quatro componentes, isto é, os representantes dos Governos, os parlamentares nacionais, os membros do PE e os dois comissários, com o objectivo de conseguir um compromisso que pudesse ser aceite globalmente no plenário.

Parte II – Cap. II – O projecto de constituição europeia:...

necessitavam de tanta discussão no plenário. Todavia, assim não sucedeu, tendo o plenário introduzido inúmeras emendas, nomeadamente, no que diz respeito à qualificação das bases jurídicas como legislativas ou executivas e em relação à votação por maioria qualificada.

O projecto de Tratado que estabelece uma constituição para a Europa[18] acabou por ser adoptado por consenso[19], isto é, não foi votado na convenção[20].

Antes de avançarmos, convém averiguar qual a natureza jurídica desta convenção.

Em primeiro lugar, deve sublinhar-se o Conselho Europeu de Laeken não conferiu, expressamente, à convenção qualquer mandato para a elaboração de um projecto de constituição para a Europa.

Em segundo lugar, deve referir-se que a convenção apenas se limitou a aprovar um projecto, que, em seguida, foi submetido à conferência intergovernamental, à qual incumbe, segundo o art. 48.º do TUE, confirmado na Declaração de Laeken, a competência para tomar as decisões definitivas em matéria de modificações a introduzir no TUE.

Do ponto de vista formal, a Convenção parece ter sido concebida como uma fase anterior e exterior, mas adicional e em estreita relação com o processo de revisão previsto no art. 48.º do TUE.

Só assim não seria se o projecto de constituição para a Europa não devesse ser enquadrado no âmbito da revisão dos Tratados, mas antes no âmbito de uma manifestação de um efectivo poder constituinte originário da União Europeia.

Em nosso entender, a convenção não deve ser encarada como o exercício autónomo de um poder constituinte da União, pois para além

---

[18] O texto a que nos referimos é designado como CONV 850/03 e está publicado pelo serviço de publicações da União Europeia, podendo ser consultado no servidor Europa na Internet – http://european-convention.eu.int/docsTreaty/cv00850.pt03.pdf. Ao longo deste Curso só, excepcionalmente, lhe faremos alusão, pois o texto aprovado na CIG 2003/2004 difere dele em alguns aspectos.

[19] A decisão, por consenso, é comum nas negociações internacionais, nas quais há interesses muito divergentes em confronto e não é desejável colocar certos Estados na situação de vencidos, enquanto outros vão ficar na situação de vencedores. Este modo de decisão está normalmente associado à negociação em sistema de *package deal*, ou seja, negociação por conjuntos de normas.

[20] Ao contrário do que alguns defendem, a ausência de votação final não significa que a Convenção tenha sido dirigida segundo métodos autoritários, pois para se chegar a uma solução consensual foram introduzidas tantas alterações quanto as necessárias.

156 Curso de Direito Constitucional da União Europeia

de não ter sido convocada com esse objectivo[21], também não procedeu à aprovação de qualquer texto constitucional definitivo, mas antes de um projecto que se destinou a ser discutido na CIG. Projecto esse que foi objecto de modificações, mais ou menos substanciais, na CIG 2003/2004. O que vai ser ratificado pelos Estados membros é o texto que saiu da CIG 2003/2004 e não o que saiu da convenção.

Assim sendo, mesmo para quem, como nós, aceite que uma entidade como a União Europeia é susceptível de ser titular de poder constituinte, ainda que se trate de um poder constituinte diferente do estadual, não se pode aceitar que a convenção, por si só, exerceu um efectivo poder constituinte originário.

A convenção poderá, quando muito, participar de um poder constituinte mais vasto, que abrange vários elementos, entre os quais se incluem também elementos intergovernamentais[22].

A convenção tem uma natureza consultiva, e não constituinte, devendo ser entendida como uma entidade preparatória de um projecto, que servirá de base a um futuro exercício de um poder constituinte diferente do poder constituinte estadual.

Convém, todavia, sublinhar que, do ponto de vista substancial, o projecto saído da convenção está muito próximo de uma revisão total do TUE, o que torna muito difícil a posterior qualificação do texto final saído da CIG 2003/2004, porque os contornos e os limites da revisão total, quer ao nível das constituições quer ao nível dos tratados, sempre foram muito difíceis de traçar. Trata-se de uma zona cinzenta em que a fronteira entre o poder de revisão e o poder de criação originário se encontra bastante esbatida.

Além disso, uma coisa é certa: a utilização do termo constituição visa deslocar definitivamente o debate do plano internacional para o quadro constitucional.

Constatam-se, portanto, duas tendências aparentemente contraditórias. Por um lado, a óptica formal aponta no sentido da revisão, por outro lado, a óptica substancial, como veremos, indica uma tendência constituinte,

---

[21] Isso não seria um obstáculo intransponível, pois a Convenção de Filadélfia foi convocada com o objectivo de rever os Artigos da Confederação e acabou por aprovar a Constituição dos Estados Unidos da América, que ainda hoje está em vigor.

[22] A justificação desenvolvida da possibilidade de existência de poder constituinte na União Europeia pode ver-se na nossa tese de doutoramento, ANA MARIA GUERRA MARTINS, *A natureza...*, p. 317 e ss.

Parte II – Cap. II – O projecto de constituição europeia:...   157

quando propõe alterações ao núcleo duro, ao cerne do TUE, afigurando-
-se difícil precisar qual das duas tendências prepondera.

De qualquer modo, deve realçar-se que não se verifica uma ruptura
constitucional, dado que o próprio projecto afirma a continuidade jurídica
em relação à Comunidade e à União (art. IV-3.°).

13. *O projecto de constituição europeia*

O estudo do projecto de constituição europeia poderia ser efectuado
neste Curso de duas formas completamente distintas: ou se estudava *ex
professo* o próprio projecto de constituição como mais um capítulo do
programa ou, se indicava a propósito de cada tema, a solução vigente no
projecto.

Resolvemos optar por esta segunda via por duas razões:

a) tudo indica que o projecto de constituição irá entrar em vigor
dentro de um prazo relativamente curto (dois ou três anos);

b) a sua entrada em vigor acarretará modificações profundas, que
já se podem antever com um grau de probabilidade muito elevado,
importando que aqueles que estudam estas matérias tenham delas
a correspondente inserção sistemática.

Assim, neste capítulo, vamos limitar-nos a uma breve apresentação
formal do projecto, bem como à discussão da sua natureza jurídica,
remetendo para os respectivos capítulos o tratamento dos diversos temas
conexos com o programa de uma disciplina de direito da União Europeia.

13.1. Breve apresentação formal do projecto

O projecto de constituição para a Europa, que vamos estudar neste
Curso, é, fundamentalmente, o resultado de um compromisso que tem
por base dois contributos distintos: por um lado, o texto aprovado pela
convenção europeia em 13 de Junho e 10 de Julho de 2003, entregue ao
presidente do Conselho Europeu, em Roma, em 18 de Julho de 2003, e,
por outro lado, as alterações introduzidas por parte CIG 2003/2004. No
momento em que concluímos este livro ainda não existe um texto definitivo, pelo que corremos o risco de alguma coisa do que escrevermos
não se confirmar na versão final. Como já dissemos, pensamos que se
trata de um mal menor quando comparado com a desactualização precoce.

158   *Curso de Direito Constitucional da União Europeia*

Efectivamente, o texto aprovado pela CIG, tal como a maior parte da doutrina antevia, respeita, na sua essência, o projecto aprovado pela convenção. Contudo, também se introduziram alterações em relação a aspectos em que os Estados não estavam de acordo, como, por exemplo, a composição da Comissão, a ponderação de votos no seio do Conselho e as formações do Conselho.

O projecto de constituição europeia aprovado pela CIG 2003/2004 mantém a estrutura quadripartida, que vinha da Convenção, mas na versão definitiva os artigos serão numerados, de modo contínuo, em números árabes, pelo que desaparecerão os números romanos e árabes introduzidos pela convenção e mantidos na versão consolidada provisória. com base na qual trabalhamos neste Curso.

A Parte I contém as normas e os princípios que estruturam a União e que, portanto, têm um conteúdo intrinsecamente constitucional. Estabelecem-se os parâmetros e os quadros gerais que, posteriormente, vão ser objecto de desenvolvimento nas outras partes do projecto. Trata-se, portanto, de normas básicas e fundamentais.

A Parte I divide-se em nove títulos, a saber:

– Título I – Definição e objectivos da União;
– Título II – Direitos Fundamentais e Cidadania da União;
– Título III – Competências da União;
– Título IV – Instituições da União;
– Título V – Exercício das competências da União;
– Título VI – Vida democrática da União;
– Título VII – Finanças da União;
– Título VIII – A União e os Estados vizinhos;
– Título IX – Qualidade de membro da União.

A Parte II, por remissão do art. 7.º, n.º 1, da Parte I, incorpora a Carta dos Direitos Fundamentais da União Europeia no projecto de constituição para a Europa, embora com algumas alterações em relação ao texto aprovado pela Convenção da Carta, adoptado em Nice, em 7 de Dezembro de 2000.

A Parte III contém as regras técnicas sobre políticas e o funcionamento da União, que densificam e desenvolvem a Parte I. A Parte III dispõe dos seguintes títulos:

– Título I – Cláusulas de aplicação geral;
– Título II – Não discriminação e cidadania;
– Título III – Políticas e acções internas;

Parte II – Cap. II – O projecto de constituição europeia:... 159

– Título IV – Associação dos Países e territórios ultramarinos;
– Título V – Acção externa da União;
– Título VI – Funcionamento da União;
– Título VII – Disposições comuns.

A Parte IV contém as disposições gerais e finais e inclui regras relativas à abrogação dos tratados anteriores (art. IV-2.º), à sucessão e continuidade jurídica em relação à Comunidade e à União (art. IV-3.º), ao âmbito de aplicação territorial (art. IV-4.º), às uniões regionais (art. IV-5.º), aos protocolos (art. IV-6.º), aos processos de revisão tanto ordinário (art. IV-7.º) como simplificado (art. IV-7.ºbis) ou simplificado relativo às políticas internas da União (art. IV-7.ºter), ao período de vigência (art. IV-7.ºquater), à adopção, ratificação e entrada em vigor do Tratado que estabelece a constituição (art. IV-8.º), e aos textos autênticos (art. IV--10.º).

Tal como acontece, actualmente, haverá matérias cujo desenvolvimento constará de protocolo, embora, neste momento, não se afigure possível indicar com precisão os protocolos que virão a fazer parte da constituição europeia. Do projecto da Convenção constavam cinco protocolos que diziam respeito aos seguintes temas:

(i) o papel dos parlamentos nacionais na União Europeia;
(ii) a aplicação dos princípios da subsidiariedade e da proporcionalidade;
(iii) a representação dos cidadãos no Parlamento Europeu e à ponderação de votos no Conselho Europeu e no Conselho de Ministros;
(iv) o Eurogrupo;
(v) as alterações ao Tratado Euratom.

13.2. A natureza jurídica do projecto de constituição europeia

O projecto de tratado que estabelece uma constituição para a Europa, ao incluir na sua designação as expressões *tratado* e *constituição,* contribui para alimentar uma querela muito cara à doutrina, qual seja a da sua verdadeira natureza.

Assim, há quem defenda que se trata de um tratado internacional, enquanto outros sustentam a tese da constituição. Na tentativa de conciliação destas duas correntes, surgiu uma terceira via que considera tratar--se de um tratado constitucional.

160   *Curso de Direito Constitucional da União Europeia*

Esta questão está longe de ter uma resposta inequívoca, porque, por um lado, não existe consenso quanto à definição nem de tratado nem de constituição e, por outro lado, a distinção entre as duas figuras é dos temas mais difíceis da teoria do direito público. Basta lembrar que há casos de constituições aprovadas por tratado e de tratados que criam Estados. O exemplo mais citado – principalmente na doutrina alemã – é o da constituição do Império alemão de 1871. Os tratados foram ratificados pelas partes contratantes (os princípes e as cidades livres) e, por fim, codificados no acto de constituição do Império Alemão, de 16 de Abril de 1871. Mais recentemente, pode referir-se o caso dos acordos de Dayton, que aprovaram a constituição da Bósnia-Herzegovina, em 1995.

Não vamos no âmbito deste Curso desenvolver muito esta querela, pois, para quem, como nós, parte de uma perspectiva, relativamente, minimalista do termo constituição, não tem dificuldade em aceitar o carácter constitucional à escala transnacional europeia deste projecto, quer se pense numa óptica material, quer numa óptica formal.

Na verdade, das três matérias que apontámos como fazendo parte da constituição material – a organização do poder político, a protecção dos direitos fundamentais e a organização do poder económico – todas elas se encontram tratadas no projecto de constituição europeia de um modo mais próximo de um modelo constitucional do que o que se verifica com o actual TUE.

Quanto à organização do poder político, o projecto de constituição estabelece regras mais claras de repartição de atribuições entre a União e os Estados membros, bem como uma estrutura orgânica mais respeitadora dos princípios da democracia, da separação de poderes e do Estado de Direito. Como estudaremos no capítulo I da parte IV[23], o projecto distingue, pela primeira vez, as categorias de competências (art. I-11.º), assim como as matérias que se inserem em cada uma delas (arts. I-12.º e ss).

Além disso, o projecto de constituição europeia prevê as regras institucionais, nos arts. 18.º a 31.º da Parte I e nos arts. 232.º e seguintes da Parte III, definindo, pela primeira vez, as funções do PE (art. I-19.º), como sendo a função legislativa e orçamental e as funções de controlo político e consultivas. Procede, do mesmo modo, relativamente ao Conselho (art. I-22.º, n.º 1), que também possui as funções legislativa e orçamental, a par da função de definição de políticas e de coordenação.

---

[23] Ver *infra* n.º 24.2.

Aproxima, portanto, o quadro institucional da União de um modelo de separação de poderes, mais próximo do dos seus Estados membros, tornando a problemática das funções dos órgãos menos complexa, e, portanto, mais facilmente perceptível pelos cidadãos[24].

O projecto estabelece também uma nova tipologia de normas e de actos de direito subordinado ou derivado, nos arts. I-32.º e seguintes, que distingue entre actos legislativos e actos não legislativos, procurando uma melhor adequação das funções dos órgãos, dos procedimentos de decisão e dos actos da União[25].

Um outro domínio que contribui para a caracterização constitucional do projecto consiste, precisamente, na inclusão de um catálogo de direitos fundamentais – a Carta dos Direitos Fundamentais da União Europeia – no seu texto. Aliás, foi o consenso, que se gerou em torno dessa inclusão, que acabou por constituir o ponto de viragem quanto à sua denominação como tratado que estabelece uma constituição e não apenas tratado.

A organização económica prevista no projecto de constituição não sofre modificações muito relevantes.

Do ponto de vista formal, o projecto, para além de mencionar, expressamente, a palavra constituição, esclarece a questão da superioridade hierárquica da ordem jurídica da União sobre as ordens jurídicas nacionais no art. I-5.ºbis e prevê um procedimento de revisão ordinário (art. IV-7.º) a par de outros procedimentos de revisão simplificada (arts. IV-7.º bis e IV-7.º ter). No caso do procedimento ordinário verifica-se uma maior participação dos cidadãos, pois o Parlamento Europeu passa a ter competência para apresentar projectos de revisão, mantendo a sua competência consultiva quanto à convocação da CIG e os projectos de revisão devem ser notificados aos parlamentos nacionais dos Estados membros. Além disso, o Presidente do Conselho Europeu tem poderes para convocar uma convenção europeia, nos moldes da convenção sobre o futuro da Europa, nos casos em que o alcance das modificações a introduzir o justifique. Contudo, a convocação formal da conferência intergovernamental continua a ser da competência do Presidente do Conselho de Ministros e as alterações ao Tratado continuam a ser aprovadas pela conferência intergovernamental e só entram em vigor depois de ratificadas por todos os Estados membros, o que significa que o poder constituinte da União continua a basear-se em larga medida nos Estados.

---

[24] Ver *infra* n.º 32.
[25] Ver *infra* n.º 39.2.

162   *Curso de Direito Constitucional da União Europeia*

Em nosso entender, se o projecto de constituição europeia vier a entrar em vigor, reforça-se-á o carácter constitucional do instrumento constitutivo da União Europeia.

Mas tal como já tivemos oportunidade de sublinhar em relação ao TUE, o carácter constitucional do projecto de constituição europeia não tem como pano de fundo as constituições estaduais e, como tal, também apresenta algumas particularidades.

Em primeiro lugar, deve referir-se que não se trata de uma constituição estadual, pois a União continuará a não se poder configurar como um Estado, mas antes como uma união de Estados e de cidadãos.

Em segundo lugar, o projecto continuará a ser uma constituição pactícia, cuja intervenção da convenção contribuiu para o alargamento das vontades que se conjugam em torno da sua feitura, uma vez que nela participam representantes do Parlamento Europeu, dos parlamentos nacionais e dos Governos dos Estados membros e dos Estados em vias de adesão. É certo que a decisão final compete aos Estados membros, mas não se pode minimizar a influência que os trabalhos da convenção vão ter nessa decisão.

O projecto de constituição europeia representará, pois, mais um passo na constituição em formação, de que atrás falámos[26], procurando clarificar um sem número de aspectos, como, por exemplo, a definição da base de legitimidade dual da União, a enunciação dos valores, a repartição de atribuições entre a União e os Estados, a tipologia dos actos jurídicos os instrumentos, a consagração de um catálogo de direitos fundamentais, etc.

O projecto de constituição europeia será também uma constituição complementar, dado que, como ele próprio se auto-impõe, deve respeitar a identidade nacional dos seus Estados membros ao nível político e constitucional, nomeadamente, no que se refere à autonomia regional e local, assim como as funções essenciais do Estado, no que diz respeito à integridade territorial, à manutenção da ordem pública e à salvaguarda da segurança interna (art. I-5.º, n.º 1, do projecto). Além disso, o art. II-53.º do projecto refere que nenhuma disposição da Carta pode ser interpretada no sentido de restringir ou lesar direitos do Homem ou liberdades fundamentais reconhecidos nas Constituições dos Estados membros.

---

[26] Ver *supra* n.º 10.2.

Parte II – Cap. II – O projecto de constituição europeia:... 163

Para finalizar, importa referir que o projecto de constituição europeia, ora em análise, abandona a fórmula – aliás, muito criticada – «união cada vez mais estreita entre os povos europeus», que conferia uma certa indeterminação aos fins da União para se concentrar mais na ideia da União de Estados e de cidadãos.

14. *Perspectivas de evolução*

Não é demais repetir que, no momento em que terminamos este Curso ainda não existe uma versão final do projecto de constituição, mas apenas uma versão consolidada provisória. Este texto será trabalhado até finais de Outubro de 2004 por um grupo de juristas-linguistas do Conselho, que o traduzirá nas 20 línguas oficiais da União.

Em seguida, o texto será assinado pelos representantes dos vinte e cinco Estados membros. As eventuais dificuldades de afirmação deste projecto de constituição europeia não terminarão, todavia, com a assinatura pelos Chefes de Estado e de Governo. O projecto, para entrar em vigor, necessita de ser ratificado em todos os Estados membros, de acordo com as regras constitucionais de cada um deles.

Essa ratificação vai depender, em certos Estados, por imposição constitucional, de processos de referendo a nível interno e noutros Estados, por decisão política, vai optar-se pelo referendo, embora não seja constitucionalmente obrigatório, como forma de conferir maior legitimação democrática ao texto.

Nos Estados em que se realizarem referendos corre-se o sério risco de o seu resultado ser negativo, o que inviabilizará, de acordo com o direito constitucional de muitos, a ratificação do Tratado por parte desse Estado.

A situação não será inédita, pois já se verificou com outras revisões anteriores, como foi o caso do tratado de Maastricht, que quase foi inviabilizado pelo referendo negativo dinamarquês ou, mais recentemente, o tratado de Nice, que se arriscou a não entrar em vigor, devido ao referendo negativo irlandês.

Pergunta-se: perante este risco – que não é ficção – valerá a pena submeter o projecto de constituição europeia a referendo nos Estados em que essa exigência não está consagrada na Constituição, como é o caso de Portugal?

Em nosso entender, a resposta a esta pergunta só pode ser positiva pelas seguintes razões:

164 *Curso de Direito Constitucional da União Europeia*

- A União Europeia, como o projecto de constituição afirma no art. I-1.º, inspira-se na vontade dos cidadãos e dos Estados, ou seja, possui uma base de legitimidade dual. Ora, essa base de legitimidade dual deve aplicar-se, não só após a entrada em vigor da constituição, mas também à própria elaboração da mesma.
- Daqui decorre que, não só os Estados, mas também os cidadãos devem poder expressar a sua vontade relativamente às decisões a tomar em matéria de destino comum europeu.
- O projecto de constituição implica alterações, que se aplicam directamente aos cidadãos da União, pelo que vão ter repercussões na sua vida diária. Em democracia essas alterações devem ser por eles aceites e legitimadas.
- Essa legitimação democrática pode ser efectuada quer de forma directa ou imediata, através do referendo, quer de forma indirecta e mediata, através das decisões tomadas nos *fora* adequados pelos seus representantes eleitos. Deve, todavia, ter-se presente que, em democracia, quanto mais próxima a decisão estiver dos cidadãos, maior é a sua base de legitimidade. Ora, o referendo permite essa expressão de vontade dos cidadãos, de modo directo ou imediato e, portanto, mais próximo dos cidadãos.

Um outro factor que pode causar dificuldades de ratificação em alguns Estados membros é a eventual incompatibilidade do projecto de constituição europeia com algumas normas constitucionais nacionais.

Caso se verifique alguma dúvida, neste domínio, os Estados, para evitarem situações de conflitos de normas, podem proceder à revisão das suas constituições num momento anterior à ratificação, eliminando por essa via qualquer possibilidade de surgimento de futuros conflitos. Não se tratará, aliás, de uma situação nova, dado que, tanto o tratado de Maastricht como o tratado de Amesterdão implicaram revisões constitucionais em alguns Estados membros.

Se essa situação vier a ocorrer em alguns Estados, naturalmente que o processo de ratificação será aí mais demorado.

Em suma, estamos ainda muito longe de poder afirmar com um elevado grau de certeza que o projecto de constituição europeia vai entrar em vigor na data que ele próprio consagra para esse efeito – 1 de Novembro de 2006 (art. IV-8.º, n.º 2) – pois não sabemos se, como ele próprio exige, estarão, nessa altura, depositados os instrumentos de ratificação de todos os Estados membros.

PARTE III

A UNIÃO EUROPEIA: UMA NOVA FORMA DE AGREGAÇÃO DO PODER POLÍTICO

Capítulo I

A União Europeia

Bibliografia específica

I) **Sobre a União Europeia:** WERNER SCHROEDER, *European Union and European Communities,* Jean Monnet Working Paper 9/03; RAMSES A. WESSEL, *The Constitutional Relationship between the European Union and the European Community: Consequences for the Relationship with the Member States,* Jean Monnet Working Paper 9/03; PHILIP ALLOT, *The concept of European Union,* Cambridge Yearbook of European Legal Studies, vol. 2, 1999, p. 31 e ss; CHRISTIAN FRANCK, *La CIG 96 et l'Union Politique, in* YVES LEJEUNE, Le Traité d'Amsterdam. Espoirs et déceptions, Bruxelas, 1998, p. 13; BRUNO DE WITTE, *The Pillar Structure and the Nature of the European Union: Greek Temple or French Gothic Cathedral? in* TON HEUKELS e. a., The European Union after Amsterdam – a Legal Analysis, Haia, 1998, p. 51 e ss; FAUSTO DE QUADROS / FERNANDO BASTOS, *União Europeia,* DJAP, vol. VII, Lisboa, 1996, p. 543 e ss; GEORG RESS, *Ist die Europäische Union eine juristische Person?,* EuR, 2/1995, p. 27 e ss; TON HEUKELS e. a., *The Configuration of the European Union: Community Dimensions of Institutional Interaction, in* DEIRDRE CURTIN e. a. (ed.), Institutional Dynamics of European Integration – Essays in honour of HENRY G. SCHERMERS, vol. 2, Dordrecht, 1994, p. 195 e ss; PAUL DEMARET, *The Treaty Framework, in* David O' Keeffe e. a., Legal Issues of the Maastricht Treaty, Londres, 1994, p. 3 e ss; FERNANDO LOUREIRO BASTOS, *A União Europeia – Fins, objectivos e estrutura orgânica,* Lisboa, 1993, p. 19 e ss; J. CLOOS / D. VIGNES / J. WEYLAND / G. REINESCH, *Le traité de Maastricht – genèse, analyse, commentaires,* Bruxelas, 1993, p. 114 e ss; VLAD CONSTANTINESCO, *La structure du Traité instituant l'Union Européenne – les dispositions communes et finales; les nouvelles compétences,* CDE, 1993, p. 251 e ss; DEIRDRE CURTIN, *The Constitutional Structure of the Union: A Europe of Bits and Pieces,* CMLR, 1993, p. 17 e ss; ANA MARIA GUERRA MARTINS, *O Tratado da União Europeia – contributo para a sua compreensão,* Lisboa, 1993, p. 20 e ss; JOSEPH H. H. WEILER, *Neither Unity Nor Three Pillars – The Trinity Structure of the Treaty on European Union, in* J. MONAR e. a., The Maastricht Treaty on European Union, Bruxelas, 1993, p. 49 e ss; C. ALIBERT, *Union Européenne, in* AMI BARAV / CHRISTIAN PHILIP, Dictionnaire juridique des Communautés Européennes, Paris, 1993, p. 1136 e ss; ARACELI MANGAS MARTIN, *El Tratado de Unión Europea: análisis de su estructura,*

168   *Curso de Direito Constitucional da União Europeia*

GJ, 1992, p. 19 e ss; CLAIRE-FRANÇOISE DURAND, *Le Traité de l'Union Européenne (Maastricht, 7 février 1992)* – *quelques réflexions, in* Commentaire MEGRET. Le droit de la CEE, vol. 1, 2.ª ed., Bruxelas, 1992, p. 360 e ss; ULRICH EVERLING, *Reflections on the Structure of the European Union,* CMLR, 1992, p. 1056 e ss.

II) **Sobre os pilares intergovernamentais:** ver bibliografia indicada nos números 7, 8 e 9 do capítulo II da Parte I.

III) **Sobre a cidadania da União:** MARIE JOSÉ GAROT, *La citoyenneté de l'Union européenne,* Paris, 1999; M.ª DOLORES BLAZQUEZ PEINADO, *Los derechos de la ciudadania y otros derechos reconocidos a los ciudadanos de la Union: de Maastricht a Amsterdam,* Rev. Der. Com. Eur., 1998, p. 261 e ss; MEINHARD HILF, *Die Union und die Bürger: Nicht viel Neues, aber immerhin,* Int. 4/1997, p. 247 e ss; WALDEMAR HUMMER, *Der Schutz der Grund- und Menschenrechte in der Europäischen Union, in* WALDEMAR HUMMER (Dir.), Die Europäischen Union nach dem Vertrag von Amsterdam, Viena, 1998, p. 71 e ss; JO SHAW, *The Many Pasts and Futures of Citizenship in the European Union,* ELR, 1997, p. 554 e ss; SIOFRA O'LEARY, *The Evolving Concept of Community Citizenship – From the Free Movement of Persons to Union Citizenship,* a Haia, 1996; *Idem, European Union Citizenship – Options for Reform,* Londres, 1996; JEAN-DENIS MOUTON, *La citoyenneté de l'Union: passé, présent et avenir,* Saarbrücken, 1996; STEPHEN HALL, *Loss of Union Citizenship in Breach of Fundamental Rights,* ELR, 1996, p. 132 e ss; MARIA LUISA DUARTE, *A liberdade de circulação de pessoas e o estatuto de cidadania previsto no Tratado da União Europeia, in* AAVV, A União Europeia na encruzilhada, Coimbra, 1996, p. 167 e ss; ULRICH K. PREUSS, *Two Challenges to European Citizenship, in* RICHARD BELLAMY e. a., Constitutionalism in Transformation, European and Theoretical Perspectives, Oxford, 1996, p. 122 e ss; SIOFRA O'LEARY, *The Relationship Between Community Citizenship and the Protection of Fundamental Rights in Community Law,* CMLR, 1995, p. 519 e ss; MICHELLE C. EVERSON e. a., *Concepts, Foundations, and Limits of European Citizenship,* Bremen, 1995; MAXIMO LA TORRE, *Citizenship: a European Challenge, in* ESA PAASIVIRTA e. a., Principles of Justice and the Law of the European Union – Proceedings of the COST A 7 Seminar, Helsínquia, 1995, p. 125 e ss; YVES GAUTIER, *Art 8 a 8E, in* VLAD CONSTANTINESCO e. a., Traité sur l'Union Européenne, Paris, 1995, p. 129 e ss; RUI MANUEL MOURA RAMOS, *Les nouveaux aspects de la libre circulation des personnes. Vers une citoyenneté européenne, in* Das Comunidades à União Europeia. Estudos de Direito Comunitário, Coimbra, 1994, p. 249 e ss; *Idem, Maastricht e os Direitos do Cidadão Europeu, in* AAVV, A União Europeia, Coimbra, 1994, p. 93 e ss; DAVID O'KEEFFE, *Union Citizenship, in* DAVID O'KEEFFE e. a., Legal Issues..., p. 87 e ss; CARLOS CLOSA, *Citizenship of the Union and Nationality of Member States, in* DAVID O'KEEFFE e. a., Legal..., p. 109 e ss; ROBERT KOVAR / DENYS SIMON, *La citoyenneté européenne,* CDE, 1993, p. 285 e ss; HANS ULRICH JESSURUN D'OLIVEIRA, *European Citizenship: Its Meanings, its Potential, in* J. MONAR e. a., The Maastricht..., p. 81 e ss; HANS CLAUDIUS TASCHNER, *The Rights of the European Citizen Under the Maastricht Treaty: Achievements and Open Questions, in* J. MONAR e. a., The Maastricht..., p. 107 e ss; J. LIÑAN NOGUERAS, *De la ciudadania europea a la ciudadania de la Union,* GJ, 1992, p. 65 e ss.

IV) **Sobre a natureza jurídica da União Europeia e das Comunidades Europeias:** GIACINTO DE LA CANANEA, *Neither a Federation, nor a «Sui Generis» Organisation:*

the European Union as a Mixed Polity, Jurist EU, Paper 11/2003, in http://www.fd.unl.pt; MARTIN NETTESHEIM, *Die Konsoziative Föderation von EU and Mitglidstaaten,* ZeuS, 2002, p. 507 e ss; CHARLES LEBEN, *Fédération d'États-nations ou Etat fédéral ?, in* Jean Monnet Working Papers, *in* http://www.jeanmonnetprogram.org/papers/00/00f0301.html; TANJA A. BOERZEL / THOMAS RISSE, *Who is Afraid of a European Federation ? How to Constitutionalise a Multi-Level Governance System, in* Jean Monnet Working Papers, *in* http://www.jeanmonnetprogram.org/papers/00/00f0301.html; J. H. H. WEILER, *Federalism and Constitutionalism: Europe's* Sonderweg, Working Paper, 2000, in http//www.jeanmonnetprogram.org/papers; MARIO P. CHITI, *La meta della integrazione europea: Stato, Unione Internazionale o «monstro simile»,* Riv. Ital. Dir. Pub. Com., 1996, p. 592 e ss; OLIVER DÖRR, *Zur Rechtsnatur der Europäischen Union,* EuR, 1995, p. 334 e ss; HELMUT LECHELER, *Der Rechtscharakter der »Europäischen Union«, in* JÖRN IPSEN e. a., Verfassungsrecht im Wandel, Colónia, 1995, p. 383 e ss; JOSEF ISENSEE, *Integrationsziel Europastaat?, in* OLE DUE (Dir.), Festschrift EVERLING, vol. I, Baden-Baden, 1995, p. 567 e ss; STEPHAN BREITENMOSER, *Die Europäische Union zwischen Völkerrecht und Staatsrecht,* ZaöRV, 1995, p. 951 e ss; HEINRICH SCHNEIDER, *Die Europäischen Union als Staatenverbund oder als Multinationale "Civitas Europea"?, in* ALBRECHT RANDELSHOFER (Dir.), Gedächtnisschrift für E. GRABITZ, Munique, 1995, p. 677 e ss; WERNER MAIHOFER, *Föderativverfassung und Kompetenzverteilung einer Europäischen Union, in* WERNER WEIDENFELD, Reform der Europäischen Union: Materialen zur Revision des Maastrichter Vertrags 1996, 1995, p. 61 e ss; MEINHARD HILF, *Die Europäische Union und die Eigenstaatlichkeit ihrer Mitgliedstaaten, in* PETER HOMMELHOFF e. a., Der Staatenverbund der Europäischen Union, Heidelberga, 1994, p. 75 e ss; THOMAS OPPERMANN, *Zur Eigenart der Europäischen Union, in* PETER HOMMELHOFF e. a., Der Staatenverbund..., p. 87 e ss; PETER M. HUBER, *Der Staatenverbund der Europäischen Union, in* JÖRN IPSEN e. a. (Org.), Verfassungsrecht im Wandel, Colónia, 1995, p. 349 e ss.; TILMANN EVERS, *Supranationale Staalichkeit am Beispiel der Europäischen Union: Civitas civitum oder Monstrum?,* Leviathan, 1994, p. 115 e ss; PETER FISCHER, *Is the European Community an International Organization?, in* KONRAD GINTHER e. a. (org.), Völkerrecht zwischen normativem Anspruch und politischer Realität – Festschrift fuer KARL ZEMANEK, Berlin, 1994, p. 181 e ss; ASTÉRIS D. PLIAKOS, *La nature juridique de l'Union européenne,* RTDE, 1993, p. 187 e ss; ARMIN VON BOGDANDY, *Supranationale Union als neuer Herrschaftstypus: Entstaatlichung und Vergemeinschaftung in staatstheoretischer Perspektive,* Int., 1993, p. 210 e ss; HERMANN-JOSEF BLANKE, *Die Unionsvertrag von Maastricht – Ein Schritt auf dem Weg zu einem europäischen Bundesstaat?,* DöV, 1993, p. 412 e ss; JENNY P. SIOURTHAS, *Supranational Federations: The European Community as a Model,* Mon. L. R., 1993, 273 e ss; PHILIPPE SCHMITTER, *A Comunidade Europeia: uma forma nova de dominação política,* An. Soc., 1992, p. 739 e ss; CHARLES LEBEN, *À propos de la nature juridique des Communautés européennes,* Dr., 1991, p. 61 e ss; ULRICH EVERLING, *Zur föderalen Struktur der Europäischen Gemeinschaft, in* KAY HAILBRONNER e. a., Staat und Völkerrechtsordnung – Festschrift fuer KARL DOEHRING, 1989, p. 179 e ss; CHRISTOPHER BREWIN, *The European Community: a Union of States without a Unity of Government,* JCMS, 1987, p. 1 e ss; A. A. PREECE, *The European Economic Community: an Organization International or a*

170   *Curso de Direito Constitucional da União Europeia*

Federal State, UQLJ, 1985, p. 78 e ss; MARK L. JONES, *The Legal Nature of the European Community: A Jurisprudential Analysis Using H.L.A. Hart Model of Law and a Legal System*, Cornell Int'L. R., 1984, p. 1 e ss; FAUSTO DE QUADROS, *Direito das Comunidades Europeias e Direito Internacional Público – Contributo para o estudo da natureza jurídica do Direito Comunitário Europeu*, Lisboa, 1984; JOSEPH WEILER, *The Community System: the Dual Character of Supranationalism*, YEL, 1981, p. 267 e ss; VLAD CONSTANTINESCO, *Compétences et pouvoirs dans les Communautés européennes*, Paris, 1974; GIUSEPPE SPERDUTI, *La comunità sopranazionali*, Riv. Dir. Eur., 1970, p. 3 e ss; ANGELO A. M. VALENTI, *Note sulla natura delle Comunità europee*, Riv. Dir. Eur., 1968, p. 121 e ss; LEONTIN CONSTANTINESCO, *La spécificité du droit communautaire*, RTDE, 1966, p. 1 e ss; GILLES GOZARD, *La supranationalité de la C.E.E.*, RDP, 1966, p. 916 e ss; MICHAEL WAELBROECK, *Contribution à l'étude de la nature juridique des Communautés européennes, in* Mélanges offerts à HENRI ROLIN, Paris, 1964, p. 507 e ss; GUY HÉRAUD, *Observations sur la nature juridique de la Communauté Economique Européenne*, RGDIP, 1958, p. 26 ss.

V) **Sobre a União Europeia no projecto de constituição europeia:** ver bibliografia indicada no cap. II da Parte II sobre o projecto de constituição europeia em geral e ainda DANIEL THYM, *Reforming Europe's Common Foreign and Security Policy*, ELJ, 2004, p. 5 e ss; MARISE CREMONA, *The Draft Constitutional Treaty: External Relations and External Actions*, CMLR, 2003, p. 1347 e ss; FEDERICO SORRENTINO, *Brevi reflessione sui valori e sui fini dell'Unione Europea nel progetto di costituzione europea*, Dir. Pub., 2003, p. 809 e ss.

15. *A composição da União Europeia*

A expressão "União Europeia" não é nova no léxico comunitário. Aparecia, por exemplo, nos planos Fouchet, no Relatório Tindemans[1], no projecto Genscher-Colombo e no projecto de Tratado de União Europeia do Parlamento Europeu. Mas foi no tratado de Maastricht que, pela primeira vez, ganhou relevo no direito originário.

A União Europeia, tal como a define o Tratado, funda-se nas Comunidades Europeias, completadas pelas políticas e formas de cooperação por ele instituídas. Essas políticas e formas de cooperação são a Política Externa e de Segurança Comum (PESC) e a Cooperação Judiciária e em Assuntos Internos (CJAI) – art. A TUE (actual art. 1.º TUE) – que hoje se encontra limitada à Cooperação Policial e em matéria Judiciária Penal (CPJP).

---

[1] Publicado no Suplemento n.º 1/76 do Bul. CE's

Parte III – Cap. I – A União Europeia

A União tem, portanto, uma estrutura tripartida, que assenta, em primeiro lugar, nas Comunidades Europeias e, em segundo lugar, nos dois pilares intergovernamentais.

O tratado de Amesterdão vai manter essa estrutura, mas, ao mesmo tempo, inicia um processo de autonomização da União, que começa a adquirir uma existência própria.

Assiste-se a uma tentativa – na generalidade bem conseguida – de aproximação dos pilares intergovernamentais ao pilar comunitário, no que diz respeito ao sistema de fontes[2], aos poderes dos órgãos[3] e ao sistema de fiscalização judicial[4]. Pode dizer-se que se verifica nos pilares intergovernamentais uma tendência de "fuga para as Comunidades".

Essa tentativa de unidade e coerência vai também ter repercussões no plano externo, nomeadamente, através da criação do "Senhor ou Senhora PESC" (art. 26.º TUE) e da consagração da possibilidade de o Conselho celebrar acordos internacionais em matéria de PESC e da CPJP (art. 24.º TUE).

A partir da revisão de Amesterdão deixa de fazer sentido estudar a União, de um modo tripartido, em que, de um lado, estão as Comunidades e, do outro lado, se encontram os pilares intergovernamentais. Pelo contrário, a União caminha no sentido da unidade e da uniformização dos processos, dos mecanismos e das instituições.

Assim, a União deve ser abordada de um modo uniforme, sendo certo que as Comunidades ocupam nela uma posição preponderante. Além disso, como as Comunidades fazem parte integrante da União, as características destas também se transmitem à União.

O tratado de Nice continua esta tendência, sem proceder a alterações substanciais da estrutura da União.

16. *Os objectivos da União Europeia*

Os objectivos da União Europeia constam, actualmente, do art. 2.º TUE, que mantém, na sua essência, a redacção do antigo art. B TUE introduzido pelo tratado de Maastricht.

---

[2] As decisões-quadro, previstas no art. 34.º, n.º 2, al. b), são decalcadas das directivas.

[3] O PE passa a ser obrigatoriamente consultado e a Comissão passa a dispor de um direito de iniciativa que partilha com os Estados membros.

[4] O Tribunal passa a ter competência nas matérias relativas ao terceiro pilar nas condições previstas no art. 35.º do TUE.

172 *Curso de Direito Constitucional da União Europeia*

Os objectivos da União são, essencialmente, os seguintes:

– Económicos;
– Sociais;
– Políticos.

Os *objectivos económicos e sociais* são a promoção de um progresso económico e social e de um elevado nível de emprego e a realização de um desenvolvimento equilibrado e sustentável, através da criação de um espaço sem fronteiras internas, o reforço da coesão económica e social e do estabelecimento de uma união económica e monetária, que incluirá a prazo a criação de uma moeda única.

Os *objectivos políticos* são a afirmação da identidade da União na cena internacional, o reforço da protecção dos direitos e interesses dos nacionais dos Estados membros, através da criação da cidadania da União, o desenvolvimento de uma cooperação estreita no domínio da justiça e dos assuntos internos e a manutenção integral do acervo comunitário e o seu desenvolvimento.

17. *Os pilares intergovernamentais da União Europeia*

Os pilares intergovernamentais – a PESC e a CJAI, hoje CPJP, – foram originariamente criados pelo tratado de Maastricht, tendo sofrido, entretanto, sucessivas alterações.

Com o intuito de realçar a evolução, vamos estudá-los primeiro no âmbito do tratado de Maastricht e só depois chamaremos a atenção para as reformas.

17.1. A Política Externa e de Segurança Comum (PESC)

A) O Tratado de Maastricht

A PESC abrange o conjunto das questões relativas à segurança da União Europeia, incluindo a definição a termo de uma política de defesa que poderá conduzir, no futuro, a uma defesa comum (arts. B, 2.º trav., e J.4, n.º 1, TUE).

No âmbito do tratado de Maastricht *a PESC é tarefa da União e dos seus Estados membros* (art. J.1, n.º 1, TUE). Isto é, os Estados não transferiram, mesmo temporariamente, as suas atribuições para a União em matéria de defesa e mantêm o controlo das acções em matéria de segurança

Parte III – Cap. I – A União Europeia

e de relações externas com ela relacionadas. Na verdade, a PESC representa um avanço muito tímido em relação à Cooperação Política Europeia que tinha sido formalizada no art. 30.º do AUE.

Os objectivos da PESC são:
- a salvaguarda de valores comuns, de interesses fundamentais e de independência da União;
- o reforço da segurança da União e dos seus Estados membros em todas as formas;
- a manutenção da paz e o reforço da segurança internacional, de acordo com os princípios da Carta das Nações Unidas, assim como da Acta de Helsínquia e os princípios da Carta de Paris;
- a promoção da cooperação internacional;
- o desenvolvimento e reforço da democracia e do Estado de direito, assim como o respeito dos direitos do homem e das liberdades fundamentais (art J.1., n.º 2, TUE).

Os instrumentos de actuação da PESC são:
- a cooperação sistemática entre os Estados membros, no que diz respeito à condução da sua política (art. J.1, n.º 3, 1.º trav., TUE);
- as posições comuns (art. J.2, n.º 2, TUE);
- as acções comuns nos domínios em que os Estados tenham interesses importantes em comum (art. J.1, n.º 3, 2.º trav., TUE).

Os órgãos da PESC são os seguintes:
- o Conselho é o motor da PESC, pois é ele que a vai pôr em marcha, e é ele quem através da sua Presidência representa a União no exterior;
- a Comissão é associada aos trabalhos, mas o Tratado não define em que consiste essa associação (art. J.9 TUE). Além disso, este órgão detém um direito de iniciativa que partilha com os Estados membros (art. J.8, n.º 3, TUE);
- o Parlamento Europeu é consultado, informado e tem o direito de dirigir questões ao Conselho e formular recomendações.

A regra de votação no seio do Conselho é a unanimidade (art. J.8, n.º 2, TUE), excepto em matéria de acções comuns, nas quais pode decidir por maioria qualificada (art. J.3, n.º 2, TUE).

O Tratado prevê a possibilidade de financiamento de algumas acções pelo orçamento comunitário (art. J.11, n.º 2, TUE) e ainda a aplicação de algumas disposições do Tratado CE ao pilar PESC (art J.11, n.º 1, TUE).

174 *Curso de Direito Constitucional da União Europeia*

B) O Tratado de Amesterdão

As normas adoptadas em Maastricht mostraram-se bastante inadequadas para atingir o objectivo principal nelas visado, qual seja o da afirmação da União na cena internacional. Daí que um dos grandes objectivos da CIG 96 tenha sido o reforço da capacidade de acção externa da União e da sua identidade, o que implicou a revisão global das normas do segundo pilar.

As principais alterações introduzidas ocorreram nos seguintes aspectos:

- a supressão da referência aos Estados membros no antigo art. J.1 TUE (actual art. 11.° TUE), passando a PESC a constituir tarefa apenas da União;
- a melhoria dos instrumentos necessários à realização dos objectivos enunciados no art. 11.° do TUE, tornando-os mais eficazes;
- a alteração da regra de votação no seio do Conselho;
- a criação de uma função PESC que é atribuída ao Secretário-Geral do Conselho;
- a possibilidade de a União celebrar acordos internacionais no domínio da PESC.

a) *Os instrumentos jurídicos da PESC* passaram a ser:

- as acções comuns – têm um carácter específico (art. 14.°, n.° 1, TUE);
- as posições comuns – destinam-se a definir a abordagem comum de uma questão específica de natureza geográfica ou temática da União (art. 15.° TUE);
- as estratégias comuns – surgem nos domínios em que os Estados tenham importantes interesses em comum (art. 13.°, n.° 2, TUE).

b) *A alteração das regras de votação no seio do Conselho* – segundo o art. 23.°, n.° 1, TUE, este órgão decide por unanimidade, mas as abstenções dos membros presentes ou representados não impedem a adopção da decisão. Consagrou-se o princípio da chamada "abstenção construtiva". O Estado que se abstenha pode ainda fazer uma declaração formal de não aplicação da decisão, mas deve reconhecer que ela vincula a União. Além disso, no n.° 2 do mesmo preceito prevê-se a possibilidade de adopção da decisão por maioria qualificada, a menos que um membro do

Parte III – Cap. I – A União Europeia 175

Conselho declare que, por importantes e expressas razões de política nacional, tenciona opor-se à adopção da decisão a tomar por maioria qualificada. Nesse caso, não se procederá à votação e o Conselho pode solicitar que a questão seja submetida ao Conselho Europeu. Estas regras demonstram a preocupação com o aumento da eficácia da PESC.

c) *A criação da função PESC* – o sistema de presidência rotativa da União não é favorável ao reconhecimento externo da mesma nem à negociação com terceiros Estados. Ora, sendo a afirmação da União, na cena internacional, um dos objectivos principais da PESC facilmente se compreenderá o carácter vital da existência da função PESC. A impossibilidade de os Estados chegarem a acordo quanto à personalidade a quem devia ser atribuída esta função levou a que ela tenha sido entregue ao Secretário-Geral do Conselho (art. 18.º, n.º 3, TUE). Este tem por missão assistir o Conselho nas questões do âmbito da PESC, como sejam a adopção e execução das decisões políticas, bem como assegurar a representação externa da União, actuando em nome do Conselho, quando a Presidência assim o solicitar (art. 26.º TUE).

d) *A possibilidade de o Conselho, por unanimidade, autorizar a Presidência a encetar negociações para celebrar acordos com Estados terceiros ou organizações internacionais* (art. 24.º TUE) – estes acordos são celebrados pelo Conselho, por unanimidade, sob recomendação da Presidência. Todavia, a vinculação dos Estados a esses acordos está dependente do respeito das suas normas constitucionais, pois o representante de qualquer Estado no Conselho pode fazer uma declaração nesse sentido. Esta disposição aplica-se também ao terceiro pilar (art. 24.º, 2.º par., TUE).

Aspectos criticáveis que subsistem:

– a falta de unidade da política externa da União – apesar de o Tratado exigir, no art. 3.º, par. 2.º, TUE, a coerência do conjunto da acção externa da União, no âmbito das políticas que adoptar em matéria de relações externas, de segurança, de economia e de desenvolvimento, continua a subsistir uma dualidade entre as matérias previstas no TCE – objecto de um tratamento supra-nacional – e as matérias relativas à PESC, tratadas no quadro intergovernamental;

- o Parlamento continua completamente arredado do processo de decisão, o que põe em causa o princípio do quadro institucional único. Além disso, os actos adoptados com base no título referente à PESC continuam a estar excluídos da jurisdição do TJ, o que impede o pleno surgimento de uma União de direito;
- ao contrário do que acontece nos outros dois pilares não se previu qualquer mecanismo de cooperação reforçada em sede de PESC, o que poderia ter sido ensaiado em matéria de defesa;
- a inclusão da defesa no segundo pilar mantém alguma ambiguidade, sendo a criação de uma política comum, nesse domínio, mais uma vez adiada;
- as relações entre a UE, a UEO e a NATO continuam a não ser muito claras, embora tenham melhorado, na medida em que o Tratado afirma explicitamente que a UE recorrerá à UEO para a preparação e execução das decisões em matéria de defesa (art. 17.º, n.º 3, TUE). Além disso, afirma-se, expressamente, que as chamadas missões de S. Petersberg, ou seja, as missões humanitárias e de evacuação, as missões de manutenção da paz e as missões de forças de combate para a gestão de crises, incluindo as missões de restabelecimento da paz se incluem nas acções que a União pode empreender. Todos os Estados, incluindo os que detêm um estatuto de neutralidade, se obrigam a manter um sistema internacional de segurança;
- não se procedeu à criação de uma política comum de defesa. Aliás, a solução contrária está bem patente no n.º 1 do art. 17.º TUE, que prevê que o Conselho Europeu pode decidir a criação de uma defesa comum, competindo aos Estados a sua adopção, nos termos das respectivas normas constitucionais. O tratado de Amesterdão previu a possibilidade da sua revisão simplificada, com o objectivo de introduzir uma política de defesa comum. Além disso, o n.º 5 do mesmo artigo prevê a revisão, de acordo com o processo geral previsto no art. 48.º TUE. O art. 6.º do protocolo relativo à posição da Dinamarca afirma expressamente que esta não participará na elaboração nem na execução de decisões e acções da União com implicações em matéria de defesa, mas não levanta obstáculos ao desenvolvimento de uma cooperação reforçada entre Estados membros nesse domínio.

C) O Tratado de Nice

O tratado de Nice tentou ultrapassar estas críticas, mas nem sempre com sucesso.

O tratado de Nice procedeu à autonomização da defesa europeia, tendo a UEO deixado de ser o braço armado da União (art. 17.º TUE). No que diz respeito aos acordos internacionais no domínio da PESC, a regra de votação deixa de ser a unanimidade, podendo o Conselho, em certas circunstâncias claramente delimitadas, decidir, por maioria qualificada (n.ºs 2 e 3 do art. 24.º TUE). O Comité Político e de Segurança obteve uma a referência expressa no Tratado (art. 25.º TUE). As cooperações reforçadas passaram a ser admitidas no âmbito da PESC (arts. 27.ºA a 27.ºE TUE).

Deve, contudo, sublinhar-se que as principais inovações relativas à PESC nem sequer constam do tratado de Nice, tendo ocorrido à margem dele. Na verdade, o Conselho Europeu de Nice aprovou a criação de estruturas operacionais para gestão de crise – o Comité Político e de Segurança, o Comité Militar e o Estado-Maior, os quais, na prática, funcionam desde 2000.

17.2. A Cooperação Judiciária e em matéria de Assuntos Internos (CJAI)

O objectivo de construção de um mercado sem fronteiras internas, previsto no AUE, no qual as mercadorias, as pessoas, os serviços e os capitais circulam livremente, tornou clara a necessidade de regras comuns em matéria de asilo, de imigração, de controlo de fronteiras externas, de luta contra a criminalidade internacional, de cooperação judicial em matéria penal e civil e de polícia. Algumas destas matérias já eram objecto de uma regulamentação comum dos Estados membros, mas à margem do quadro comunitário[5]. Daí que o tratado de Maastricht tenha incluído a CJAI na União Europeia.

---

[5] As acções levadas a cabo nestes domínios realizaram-se à margem do quadro comunitário. As referências no direito originário reduziam-se a duas declarações no AUE – uma da Conferência e outra dos governos dos Estados membros, em que se reconhecia a necessidade de cooperação em matéria de controlo de imigração de terceiros Estados, de luta contra o terrorismo, de criminalidade, de tráfico de drogas e de tráfico de obras de arte e antiguidades.

178   *Curso de Direito Constitucional da União Europeia*

Segundo este Tratado, o objectivo da CJAI é o desenvolvimento de uma cooperação estreita no domínio da justiça e dos assuntos internos. Desloca-se, assim, para o plano do direito originário a regulamentação destas matérias.

Tal como fizemos em relação ao segundo pilar, vamos proceder a um estudo diacrónico desta matéria, começando pelas normas do tratado de Maastricht.

A) O Tratado de Maastricht

As matérias consideradas de interesse comum (art. K.1 TUE) são as seguintes:

- a política de asilo (n.º 1);
- os controlos de fronteiras externas (n.º 2);
- a política de imigração (n.º 3);
- a luta contra a toxicodependência (n.º 4);
- a luta contra a fraude de dimensão internacional (n.º 5);
- a cooperação judiciária em matéria civil (n.º 6) e em matéria penal (n.º 7);
- a cooperação aduaneira (n.º 8);
- a cooperação policial com vista à prevenção e luta contra o terrorismo, o tráfico ilícito de droga e outras formas graves de criminalidade internacional (n.º 9)[6].

O regime jurídico previsto no Tratado para as matérias referidas no art. K.1, n.ºs 1 a 6, TUE, difere do estipulado para as matérias previstas no n.ºs 7 a 9, sendo de salientar a possibilidade de comunitarização das primeiras, sem recurso às normas de revisão. O art. K.9 TUE permite tornar aplicável o art. 100.ºC TCE a acções que se inscrevem nos domínios previstos nos n.ºs 1 a 6 do art. K.1 TUE, mediante decisão do Conselho por unanimidade, por iniciativa da Comissão ou de qualquer Estado membro.

A participação dos Estados membros:

- os Estados têm uma obrigação geral de informação e de consulta mútua com o objectivo de coordenar a sua acção (art. K.3 TUE)

---

[6] A génese deste preceito está no Documento de Palma, aprovado no Conselho Europeu de Madrid de 1989, que fixa as condições a preencher para a realização efectiva da livre circulação de pessoas. O documento identifica nove capítulos de acções que constituem a inspiração do art K.1.

Parte III – Cap. I – A União Europeia   179

- são os Estados membros – e não a União – que devem exprimir as posições comuns nas organizações internacionais e nas conferências internacionais em que participam (art. K.5 TUE);
- os Estados podem instituir e desenvolver formas de cooperação mais estreitas, desde que tal não viole nem entrave a que está prevista no Tratado (art. K.7 TUE).

Os órgãos da CJAI são:

- O Conselho – detém os principais poderes de decisão nesta matéria, votando na maior parte dos casos por unanimidade (art. K.4, n.º 3, TUE) e só, em casos excepcionais, por maioria qualificada (art. K.3., n.º 2, al. b), TUE);
- A Comissão – dispõe de um direito de iniciativa em concorrência com os Estados nas matérias a que faz referência o art. K.1, 1) a 6), TUE, não possuindo qualquer competência de iniciativa nas restantes. Nestes casos, a iniciativa cabe, em exclusivo, aos Estados. Além disso, a Comissão deve ser plenamente associada aos trabalhos (art. K.4, n.º 2, TUE);
- O Parlamento Europeu – não dispõe de qualquer poder de decisão. O PE é informado pela Presidência e pela Comissão, é consultado e pode dirigir questões ou formular recomendações ao Conselho (art. K.6 TUE). Como o terceiro pilar incide sobre matérias que afectam a esfera jurídica das pessoas, individualmente consideradas, o órgão representativo por excelência dos povos europeus deveria ter uma maior participação no processo;
- O Comité de Coordenação – é o órgão próprio da CJAI (art. K.4 TUE), composto por altos funcionários e tem por missão formular pareceres e contribuir para a preparação dos trabalhos do Conselho nas matérias do art. K.1 TUE e nos domínios abrangidos pelo art. 100.ºC TCE.

Os instrumentos jurídicos da CJAI são:

- as posições comuns (art. K.3, n.º 2, al. a), TUE);
- as acções comuns (art. K.3, n.º 2, al. b), TUE);
- as convenções internacionais (art K.3, n.º 2, al. c), TUE).

As relações entre o pilar comunitário e o pilar justiça e assuntos internos incluem:

- a possibilidade de tornar aplicável o art. 100.ºC às matérias constantes dos n.ºs 1 a 6 do art. K.1 TUE;

180   *Curso de Direito Constitucional da União Europeia*

- o "Comité K.4" dispõe de competências, tanto no domínio do terceiro pilar, como no do art. 100.ºC TCE;
- a preocupação de salvaguardar o adquirido comunitário, na medida em que a CJAI não deve prejudicar as atribuições da Comunidade (art. K.1 TUE)[7];
- a existência de pontes entre os dois pilares – os arts. 137.º, 138.º, 139.º a 142.º, 146.º, 147.º, 150.º a 153.º, 157.º a 163.º e 217.º TCE são aplicáveis à CJAI (art. K.8, n.º 1)

As despesas administrativas estão a cargo do orçamento comunitário (art. K.8, n.º 2, TUE).

Estas normas revelaram-se insuficientes e desadequadas para responder a certos desafios, tais como a segurança dos cidadãos, o combate eficaz por parte dos governos contra o crime internacional organizado e as questões ligadas à circulação das pessoas e aos controlos de fronteiras, que os futuros alargamentos tendem a agravar.

B) O Tratado de Amesterdão

Efectivamente, no domínio da justiça e dos assuntos internos, a necessidade de revisão era consensual.

A ideia-base, que presidiu às alterações introduzidas no terceiro pilar foi a da criação de um espaço de liberdade, de segurança e de justiça, onde o cidadão ocupa o lugar central.

Em consequência, o tratado de Amesterdão procedeu às seguintes modificações de fundo:

    I) a comunitarização de alguns aspectos do terceiro pilar;
    II) a melhoria do terceiro pilar.

I) *A comunitarização de alguns aspectos do terceiro pilar*

De acordo com o art. 61.º TCE, o pilar comunitário passa a abranger:

- a adopção de medidas, por parte do Conselho, no âmbito da livre circulação de pessoas, bem como medidas de acompanhamento com ela directamente relacionadas, em matéria de controlo de fronteiras externas, asilo e imigração (al.a));

---

[7] A livre circulação de pessoas é um objectivo simultaneamente da União e da Comunidade.

Parte III – Cap. I – A União Europeia 181

- outras medidas em matéria de asilo, imigração e protecção dos direitos dos nacionais de países terceiros (al. b));
- medidas no domínio da cooperação judiciária em matéria civil (al. c));
- medidas de incentivo e reforço da cooperação administrativa (al. d)).

A ligação entre o terceiro pilar e as normas do Título IV do TCE é muito estreita:

- existe uma coincidência de objectivos – a criação de um espaço de liberdade, segurança e justiça;
- existem referências e remissões de um pilar para outro – é o caso da parte final da al. a) e da al. e) do art. 61.º TCE, que remetem expressamente para o TUE, no que diz respeito às medidas destinadas a prevenir e combater a criminalidade e à cooperação policial e judiciária em matéria penal. Mantém-se o chamado sistema de ponte ou *passarelle*, pelo qual, obedecendo às condições previstas no art. 42.º TUE, se podem tornar aplicáveis as normas do título IV do TCE a acções nos domínios do terceiro pilar.

Porém, a aprovação das normas relativas aos vistos, asilo, imigração e outras políticas relacionadas com a livre circulação de pessoas fez-se em obediência ao princípio da progressividade, ou seja, o espaço de liberdade, segurança e justiça será construído progressivamente.

Assim, o Tratado prevê um prazo de cinco anos, a contar da data da sua entrada em vigor, para o Conselho adoptar as medidas adequadas – arts 61.º, al. a), 62.º, 63.º TCE. Durante esses primeiros cinco anos o processo de decisão obedece às regras do art. 67.º TCE, ou seja, o Conselho delibera por unanimidade, sob proposta da Comissão ou por iniciativa de um Estado membro e após consulta do Parlamento Europeu. Decorrido esse período transitório só a Comissão tem o direito de iniciativa, embora deva instruir qualquer pedido formulado por um Estado-membro, destinado a constituir uma proposta ao Conselho. Este pode decidir, por unanimidade, após consulta do PE, tornar aplicável o processo de co-decisão a todos ou a parte destes domínios.

A partir da data da entrada em vigor do tratado de Amesterdão, as regras em matéria de vistos para as estadias para um período máximo de três meses, incluindo a lista dos países terceiros cujos nacionais devem ser detentores de visto na passagem das fronteiras externas e daqueles

182 *Curso de Direito Constitucional da União Europeia*

cujos nacionais estão isentos dessa obrigação, bem como a adopção de um modelo-tipo de visto passaram a ser adoptadas pelo Conselho, deliberando por maioria qualificada, sob proposta da Comissão e após consulta do Parlamento Europeu. Os processos e condições de emissão de vistos pelos Estados-membros e as regras em matéria de visto uniforme passaram a ser adoptadas pelo Conselho, em obediência ao art. 251.º TCE.

As disposições do Título IV prevêem a adopção de medidas em matéria de controlos de fronteiras (art. 62.º TCE), a saber:

- os controlos de pessoas nas fronteiras internas;
- a passagem nas fronteiras externas dos Estados membros;
- as condições de livre circulação de nacionais de países terceiros no território dos Estados membros durante um período não superior a três meses.

O art. 63.º TCE enuncia as medidas a adoptar em matéria de asilo (n.º 1), as relativas aos refugiados e às pessoas deslocadas (n.º 2), as relativas à política de imigração (n.º 3) e as que definem os direitos e as condições em que os nacionais de países terceiros que residam legalmente num Estado-membro podem residir noutros Estados-membros.

A comunitarização destas matérias tem como consequência a sua submissão ao sistema de fontes, previsto no Tratado, bem como à jurisdição do TJ, com as especificidades consagradas no art. 68.º TCE, que estudaremos mais à frente[8].

II) *A melhoria do terceiro pilar*

A comunitarização da maior parte das matérias, que anteriormente faziam parte do terceiro pilar, implicou a redução do âmbito material do mesmo.

As normas do tratado de Amesterdão são muito mais pormenorizadas e contêm mecanismos de aplicação muito mais eficazes. O terceiro pilar ficou limitado à cooperação policial e judiciária em matéria penal.

O objectivo central do terceiro pilar é facultar aos cidadãos um elevado nível de protecção num espaço de liberdade, segurança e justiça, mediante a instituição de acções em comum entre os Estados membros no domínio da cooperação policial e judiciária em matéria penal e a prevenção e combate do racismo e da xenofobia (art. 29.º TUE).

---

[8] Ver *infra* n.º 51.2.1.

Parte III – Cap. I – A União Europeia 183

Os meios para a realização dos objectivos são o combate à criminalidade, organizada ou não, em especial o terrorismo, o tráfico de seres humanos e os crimes contra as crianças, o tráfico ilícito de droga e o tráfico ilícito de armas, a corrupção e a fraude, através da cooperação policial, da cooperação judicial e da aproximação, quando necessária, do direito penal.

As acções a empreender em comum para atingir estes objectivos estão previstas nos arts. 30.º a 32.º TUE.

A cooperação policial abrange:

- a cooperação operacional entre as várias autoridades competentes no âmbito da prevenção e da detecção de infracções penais e das investigações nesta matéria;
- a recolha, armazenamento, tratamento, análise e intercâmbio de informações;
- a cooperação e as iniciativas conjuntas em matéria de formação, intercâmbio de agentes de ligação, destacamentos, utilização de equipamento e investigação forense;
- a avaliação em comum de técnicas de investigação específicas relacionadas com a detecção de formas graves de criminalidade organizada;
- A cooperação policial será também realizada através da Europol.

A cooperação judiciária em matéria penal pretende, nomeadamente:

- facilitar e acelerar a cooperação entre os ministérios e as autoridades judiciárias ou outras equivalentes dos Estados-membros, no que respeita à tramitação de processos e à execução das decisões;
- facilitar a extradição entre os Estados membros;
- assegurar a compatibilidade das normas aplicáveis nos Estados-membros;
- prevenir os conflitos de jurisdição entre os Estados membros;
- adoptar gradualmente medidas que prevejam regras mínimas quanto aos elementos constitutivos das infracções penais e às sanções aplicáveis nos domínios da criminalidade organizada, do terrorismo e do tráfico ilícito de droga.

O sistema de fontes também melhorou através da criação de dois novos actos:
- as decisões-quadro – são actos do Conselho que se dirigem aos Estados membros e são obrigatórias quanto aos fins, deixando às

184   Curso de Direito Constitucional da União Europeia

instâncias nacionais a competência quanto aos meios e à forma. A sua função é a aproximação de disposições legislativas e regulamentares dos Estados membros. Trata-se, portanto, de actos cuja função e definição se assemelham às directivas, mas com uma excepção: não possuem efeito directo (art 34.º, n.º 2, al. b), TUE)[9].

* as decisões – são actos vinculativos e também não possuem efeito directo (art. 34.º, n.º 2, al. c), TUE).

Os órgãos também vêem os seus poderes modificados.

O PE reforçou os seus poderes neste domínio, pois ele é agora obrigatoriamente consultado pelo Conselho antes da adopção das decisões-quadro, das decisões e das convenções internacionais (art. 39.º, n.º 1, TUE). É certo que não se encontra numa posição de paridade com o Conselho, mas passou da ausência de participação a uma situação em que, pelo menos, é consultado. Além disso, o PE é informado sobre os trabalhos realizados no âmbito do terceiro pilar (art. 39.º, n.º 2, TUE) e dispõe já de um mínimo de controlo político sobre o Conselho, na medida em que lhe pode dirigir perguntas ou apresentar recomendações (art. 39.º, n.º 3, TUE).

A Comissão, no âmbito do terceiro pilar, passa a dispor de um direito de iniciativa que partilha com os Estados membros[10].

Em conclusão, o tratado de Amesterdão opera uma aproximação do sistema de fontes do terceiro pilar ao pilar comunitário, assim como da estrutura orgânico-funcional, que vai contribuir, sem dúvida, para a maior coerência, consolidação e uniformização do direito da União. Neste contexto, deve referir-se também a consagração da competência do Tribunal de Justiça no âmbito do terceiro pilar (art. 35.º TUE).

III) *A situação particular do Reino Unido, Irlanda e Dinamarca*

Deve sublinhar-se que os avanços conseguidos pelo tratado de Amesterdão no domínio do espaço de liberdade, segurança e justiça só

---

[9] A exclusão do efeito directo não afecta a jurisprudência do TJ em matéria de directivas, nem parece excluir a aplicação da jurisprudência sobre responsabilidade do Estado por violação do direito comunitário, bem como sobre o primado da norma comunitária sobre a norma nacional em relação às decisões quadro.

[10] Na vigência do tratado de Maastricht, a Comissão não dispunha do direito de iniciativa no âmbito da cooperação judiciária em matéria penal, da cooperação aduaneira e da cooperação policial (art K.3., n.º 2, TUE), que são as matérias que hoje fazem parte do terceiro pilar.

foram possíveis, devido à contrapartida da concessão de um regime especial em favor do Reino Unido, Irlanda e Dinamarca. Esse regime consta de dois protocolos anexos ao Tratado.

- O protocolo relativo à posição do Reino Unido e da Irlanda – permite a estes dois Estados derrogações às normas relativas ao Título IV do Tratado CE, adaptando as normas de tomada de decisão a esta situação (art. 1.º). A situação de excepção não é definitiva, podendo estes Estados participar na adopção e na aplicação de uma medida, desde que notifiquem, por escrito, o Presidente do Conselho (art. 3.º, n.º 1), bem como aceitar determinada medida, notificando a Comissão e o Conselho (art. 4.º). O protocolo dispõe mesmo de uma disposição especial para a Irlanda, a qual lhe permite, mediante notificação por escrito ao Presidente do Conselho, deixar de ser abrangida pelo protocolo, passando a ser-lhe aplicável o regime normal do Tratado (art. 8.º). Não existe uma disposição paralela para o Reino Unido.
- O protocolo relativo à Dinamarca – durante as negociações do Tratado de Amesterdão, a Dinamarca mostrou-se sempre contrária à comunitarização destas matérias, admitindo, contudo, a mera cooperação.
O art. 1.º do protocolo exclui a aplicação do Título IV do Tratado CE à Dinamarca, procedendo à reorganização das regras de votação no seio do Conselho. As disposições, medidas adoptadas ou acordos internacionais celebrados pela Comunidade com base no Título IV, bem como as decisões do TJ que interpretem essas normas não são aplicáveis à Dinamarca e não se incluirão no acervo comunitário, ao qual a Dinamarca está obrigada (art. 2.º do protocolo).
Não estão abrangidas por este protocolo as medidas que determinem quais os países terceiros cujos nacionais devem ser detentores de visto para transporem as fronteiras externas dos Estados membros, nem as medidas relativas à criação de um modelo-tipo de visto (art. 4.º).
O art. 5.º do protocolo refere-se ao acervo de Schengen e já foi estudado no n.º 7.2.3.2. do capítulo II da Parte I, relativo ao tratado de Amesterdão.
A Dinamarca pode prescindir, no todo ou em parte, das excepções constantes do protocolo. Nesse caso, passará a aplicar todas as medidas em vigor (art. 7.º).

C) O Tratado de Nice

O tratado de Nice não trouxe inovações muito relevantes em matéria de cooperação policial e judiciária em matéria penal.

Na verdade, as principais modificações foram introduzidas pelos arts. 29.º e 31 TUE e relacionam-se com a constitucionalização da Eurojust, ou seja, da unidade de juízes europeus com competência para investigar a grande criminalidade.

18. *A personalidade jurídica da União Europeia*

A personalidade jurídica internacional é a susceptibilidade de ser titular de direitos e de estar adstrito a obrigações directamente provenientes do direito internacional.

A problemática da personalidade jurídica da União Europeia foi objecto de uma notável evolução desde o tratado de Maastricht até ao tratado de Nice, apesar de não se ter verificado a consagração expressa dessa personalidade no direito originário vigente até ao momento.

A) A personalidade da UE e o tratado de Maastricht

O tratado de Maastricht não se pronunciou, directamente, sobre a personalidade internacional da União, mas ao prever os objectivos e o quadro institucional da União levou a doutrina a colocar a questão da sua consagração implícita.

Contudo, a existência ou não de personalidade jurídica da União depende da resposta que se der às seguintes questões: (a) é a União, ou são as Comunidades e/ou os Estados membros que vão realizar os objectivos? (b) o quadro institucional da União é independente em relação às Comunidades e aos Estados membros ou não?

Como já mencionámos, na redacção do tratado de Maastricht, a realização dos objectivos é em grande medida da competência das Comunidades ou dos Estados membros e a independência institucional não existe.

Em matéria de capacidade internacional, a União apenas pode celebrar acordos de adesão com os novos Estados membros (art. O TUE), sendo que em todas as outras matérias, a sua representação é assegurada ou pelas Comunidades, nas matérias relativas ao pilar comunitário, ou pelos Estados membros, nos assuntos relativos aos pilares intergovernamentais.

Parte III – Cap. I – A União Europeia

Trata-se, pois, de uma situação anómala, em que a entidade dispõe de objectivos e de órgãos, mas não dispõe da capacidade internacional correspondente.

As futuras revisões vão alterar este quadro.

B) A personalidade da União e o Tratado de Amesterdão

O art. 24.º TUE, introduzido em Amesterdão, permite ao Conselho celebrar acordos internacionais nos domínios dos pilares intergovernamentais, pelo que legitima a questão de saber se, implicitamente, se consagrou a personalidade internacional da União.

A resposta a esta pergunta passa, por um lado, por averiguar se o Conselho age em nome da União ou em nome dos Estados membros e, por outro lado, se os Estados ficam obrigados por esses acordos.

Quanto à primeira questão: a declaração n.º 4 adoptada pela conferência especifica que os acordos decorrentes destes preceitos não implicam qualquer transferência de competência para a União Europeia, o que parece apontar no sentido de que continuam a ser os Estados e não a União que detêm a competência externa nas matérias dos pilares intergovernamentais. O Conselho agiria em nome dos Estados e não em seu nome próprio. É claro que se poderá discutir qual o valor e a natureza jurídica destas declarações e é defensável o seu carácter não vinculativo, mas mesmo assim, sempre serão um elemento interpretativo a ter em conta.

Relativamente à segunda questão: nenhum Estado ficará vinculado por um acordo se declarar que esse acordo deve obedecer às suas normas constitucionais, o que parece implicar que, se nenhum Estado fizer essa declaração, o acordo, concluído pelo Conselho, é obrigatório para todos os Estados membros. Mas há aqui uma diferença substancial em relação aos acordos celebrados, no domínio comunitário, os quais, de acordo com o art. 300.º, n.º 7, TCE vinculam os Estados e os órgãos comunitários.

Em suma, o tratado de Amesterdão deu alguns passos no sentido da atribuição de personalidade jurídica à UE, mas o passo definitivo ficou por dar.

C) A personalidade da UE e o Tratado de Nice

Como já vimos, o tratado de Nice altera o art. 24.º TUE, no sentido de permitir a aprovação de certos acordos por maioria qualificada (n.os 3 e 4), bem como de afirmar claramente a vinculação das instituições da União aos acordos celebrados com fundamento nele. Mas também não

188 *Curso de Direito Constitucional da União Europeia*

resolve, de uma vez por todas, o problema da personalidade e capacidade jurídicas da União, pois não a estabelece expressamente. Ou seja, após Nice continuam a subsistir dúvidas acerca da existência da personalidade da União Europeia.

Este problema só será definitivamente solucionado quando o projecto de constituição europeia entrar em vigor, uma vez que, como veremos[11], nele se consagra expressamente a personalidade jurídica da União.

19. *A cidadania da União*

Como já se disse, as normas relativas à cidadania da União foram introduzidas pelo tratado de Maastricht (arts. 8.º a 8.ºE). O tratado de Amesterdão renumerou-as e modificou-as.

A) A qualidade de cidadão da União – é cidadão da União todo aquele que tiver nacionalidade de um Estado membro (art. 17.º, n.º 1, TCE). A cidadania da União é complementar da cidadania nacional e não a substitui.

A atribuição da nacionalidade a uma determinada pessoa continua a competir, em exclusividade, aos Estados membros. A cidadania da União é, portanto, reflexa, dependendo da atribuição da nacionalidade ao indivíduo por parte de um Estado membro. Se a pessoa perder a nacionalidade do Estado membro, perde automaticamente a cidadania da União.

B) O estatuto material de cidadão da União inclui os seguintes direitos:

- o direito de livre circulação e residência no território dos Estados membros (art.18.º TCE);
- o direito eleitoral activo e passivo nas eleições para o Parlamento Europeu no Estado Membro da residência (art. 19.º, n.º 1, TCE)[12];

---

[11] Ver *infra* n.º 21.3.

[12] A Directiva 93/109/CE do Conselho, publicada no JOCE n.º L 329/34, de 30/12/93, fixa as modalidades do exercício do direito eleitoral activo e passivo nas eleições para o Parlamento Europeu para os cidadãos da União que residam num Estado de que não são nacionais.

Parte III – Cap. I – A União Europeia 189

- o direito eleitoral activo e passivo nas eleições municipais no Estado membro da residência (art. 19.º, n.º 2, TCE)[13];
- o direito à protecção diplomática e consular por parte das autoridades diplomáticas e consulares de qualquer Estado Membro (art. 20.º TCE);
- o direito de petição para o Parlamento Europeu (art. 21.º, par. 1.º, TCE);
- o direito de queixa perante o Provedor de Justiça (art. 21.º, par. 2.º, TCE);
- o direito de se dirigir às instituições e aos órgãos numa das línguas oficiais da União e de obter uma resposta nessa mesma língua (art. 21.º, par. 3.º, TCE).

A consagração da cidadania da União representa uma alteração da concepção do estatuto da pessoa humana no ordenamento jurídico comunitário, que deixa de ser encarada como um mero agente económico ou como beneficiária da integração europeia para passar a constituir um elemento essencial da construção europeia. Além disso, contribui para a criação de uma identidade europeia.

O estatuto de cidadão europeu pode evoluir sem necessidade de revisão formal do Tratado, pois prevê-se, um procedimento especial, no art. 22.º TCE, que permite o aprofundamento dos direitos do cidadão.

20. *A natureza jurídica da União Europeia*

A natureza jurídica da União Europeia é muito controversa, como antes o foi – e continua a ser – a natureza jurídica das Comunidades Europeias, oscilando a doutrina, sobretudo, em torno de quatro teses:

a) a tese da organização internacional, *maxime* supranacional;
b) a tese confederal;
c) a tese federal;
d) a tese da entidade *sui generis*.

---

[13] A Directiva 94/80/CE do Conselho, publicada no JOCE n.º L 368/38 de 31.12.94, fixa as modalidades do exercício do direito de voto activo e passivo para as eleições municipais para os cidadãos da União que residam num Estado membro do qual não são nacionais.

20.1. A tese da organização internacional, *maxime* supranacional

A noção de organização internacional é das noções mais controversas em direito internacional público, daí que a maior parte da doutrina, em vez de tentar uma definição, prefere enunciar os elementos que dela fazem parte.

Mesmo a definição mais consensual, qual seja a de que a organização internacional é uma associação de Estados constituída por tratado, que prossegue fins comuns, através de órgãos próprios e com personalidade jurídica, não é suficientemente abrangente, pois é impossível nela subsumir todas as organizações internacionais existentes, dado que o termo é empregue para designar realidades muito distintas, quer em termos de estrutura, quer em termos de natureza.

Não cabe no âmbito deste Curso desenvolver esta questão, que, no plano de estudos das Faculdades de Direito das Universidades portuguesas, é tratada na disciplina de direito internacional, pelo que remetemos os estudantes para essa disciplina.

Mas uma coisa é certa: não existe no Mundo nenhuma organização internacional que apresente:

a) tão amplo leque de objectivos como a União Europeia e as Comunidades Europeias, que a compõem;

b) um quadro institucional tão independente como o da União Europeia, em que um dos seus órgãos (o Parlamento Europeu) é eleito por sufrágio directo e universal pelos cidadãos europeus;

c) um sistema de fontes tão original, em que muitas delas se aplicam directamente aos indivíduos, sem necessidade de transposição por parte dos Estados membros (os regulamentos) e outras podem ser invocadas pelos particulares mesmo antes de serem transpostas para os ordenamentos jurídicos internos (directivas);

d) um sistema de fiscalização judicial obrigatório e tão completo.

Mesmo para quem considere que se devem distinguir dois tipos de organizações internacionais distintas: as intergovernamentais e as supranacionais, considerando que as Comunidades e a União Europeia, ou só as Comunidades, se devem integrar nestas últimas, esbarra com dificuldades adicionais provenientes da delimitação da supranacionalidade. A doutrina nunca se entendeu quanto aos elementos que se devem incluir na definição de supranacionalidade, acabando, muitas vezes, por concluir que a classificação é meramente tendencial.

Perante tanta controvérsia e divergência não nos parece que faça muito sentido incluir a UE nesta categoria.

20.2. A tese confederal (*Staatenbund*)

A definição de confederação também não é pacífica na doutrina. Ao longo das História existiram várias confederações que nem sempre comungaram das mesmas características.

De qualquer modo, pode-se partir do princípio que a confederação é uma associação de Estados constituída por tratado, no qual se criam órgãos colectivos para exercerem determinadas atribuições. Essas atribuições incluem um exército, a direcção das relações internacionais, a condução da guerra e a solução de conflitos entre os Estados membros. O órgão colectivo é uma conferência de embaixadores e cada representante dispõe de um voto. A regra de votação é a maioria, embora se reserve a unanimidade para alguns assuntos mais importantes.

Um dos aspectos mais individualizadores da confederação é o direito de secessão por parte dos Estados.

A União Europeia tem algumas características que a podem aproximar de uma confederação:

– os seus membros são Estados;
– a UE foi constituída formalmente por um tratado – o TUE;
– o tratado institutivo criou órgãos comuns.

Mas a par destas semelhanças, existem diferenças que só podem conduzir a repudiar a tese confederal:

– as atribuições da União são, em certas matérias (económicas, por exemplo) muito mais vastas do que as das confederações, e em relação a outros aspectos muito mais restritas, pois não incluem a defesa nem uma grande parte das relações internacionais;
– a União possui uma estrutura orgânica muito mais desenvolvida do que a de qualquer confederação conhecida;
– o domínio dos Estados sobre a entidade comum é muito menor na União Europeia do que nas confederações;
– na União Europeia existe um sistema eficaz de controlo jurisdicional do Direito, o que nas confederações não se verifica.

As confederações são associações de Estados transitórias que, ou se destinam a desaparecer ou se destinam a serem transformadas em Estados federais, como aconteceu com a confederação americana ou com a confederação suíça, sob o regime do pacto de 1815.

Não parece, portanto, fazer qualquer sentido a aproximação da União Europeia a uma determinada categoria dogmática para depois concluir que a maior parte das características dessa categoria não se lhe aplicam.

192   *Curso de Direito Constitucional da União Europeia*

20.3. A tese federal (*Bundesstaat*)

Definir federalismo, federação e Estado federal não é tarefa fácil, pois, de uma banda, não existem duas federações iguais e, de outra banda, encontram-se várias concepções de federalismo, de federação e de Estado federal.

Para alguns autores, o federalismo refere-se à estrutura de um Estado-nação, no qual uma autoridade central eleita detém o poder e determina a política económica e monetária, representa e defende a federação ao nível internacional. A implementação e execução da política está na disposição da autoridade central, que tem poderes para criar impostos e o sistema político opera em todo o território. Existe também um sistema coerente de tribunais federais. As entidades componentes constituem núcleos de soberania em aspectos específicos que relevam do domínio regional.

No plano oposto encontramos aqueles que sustentam que a ideia federal é suficientemente ampla para poder ser reduzida ao Estado-nação. O federalismo como modo de estruturar a relação entre autoridades interdependentes pode existir dentro e fora do quadro estadual, devendo distinguir-se o federalismo de integração do federalismo de devolução.

O primeiro – o federalismo de integração – refere-se à ordem constitucional que governa a criação de um novo núcleo de soberania pelas entidades componentes previamente independentes. Essas entidades detêm, contudo, uma parte da soberania. O segundo – o federalismo de devolução – reflecte o movimento oposto, ou seja, a autoridade unitária é prévia e distribui os seus poderes pelas entidades componentes, que são criadas, artificial ou naturalmente, com base em razões geográficas, económicas ou sociológicas.

Por muito interessante que seja a afirmação do federalismo fora do quadro estadual, ela em nada contribui para esclarecer o nosso problema, pois todos os exemplos históricos de federalismo de integração se reconduzem ao quadro estadual. A eventual e única excepção seria a União Europeia, o que põe em dúvida o bem fundado da solução.

Em nosso entender, apesar das diferenças entre as várias federações, há alguns traços comuns a todas elas, que são os seguintes:

– o Estado federal, ao contrário da confederação, é um Estado composto por Estados anteriormente soberanos e independentes entre si que, a dado momento, decidem unir-se sob uma constituição comum;

Parte III – Cap. I – A União Europeia   193

– essa constituição cria órgãos comuns, que se destinam a exercer as atribuições comuns, isto é, as atribuições do Estado federal, as quais abrangem, pelo menos, a defesa nacional, a representação externa do Estado, a moeda e as finanças públicas;
– a estrutura orgânica do Estado federal tem de reflectir, por um lado, o seu carácter estadual e, por outro lado, tem de respeitar as entidades que o compõem, ou seja, os Estados federados. Assim, existem órgãos nos quais devem estar representados os cidadãos, a par de outros em que estão representados os Estados. O Parlamento é normalmente bicameral;
– os Estados federados podem possuir mais ou menos atribuições, consoante o que ficou estabelecido na constituição;
– a constituição do Estado federal pode ser revista, por maioria simples ou qualificada, e não existe o direito de secessão.

Neste sentido, a UE não é uma federação pelas seguintes razões:

– antes de tudo, a União Europeia não é um Estado;
– por isso, também não é um Estado federal;
– formalmente não foi criada por uma constituição, mas sim por um tratado;
– a União não dispõe de atribuições tão desenvolvidas como as do Estado federal;
– o TUE só, em casos muito reduzidos, pode ser revisto, por maioria ou por maioria qualificada.

20.4. A tese da entidade *sui generis*

Tendo em conta as dificuldades de enquadramento da União Europeia nas categorias dogmáticas conhecidas, uma parte significativa da doutrina optou por a considerar uma entidade *sui generis,* reconhecendo assim o seu carácter específico e, ao mesmo tempo, inovador no âmbito das relações internacionais.

Em nosso entender, esta tese não permite qualquer avanço na explicação da União Europeia, pois limita-se a verificar a incapacidade do jurista para resolver a questão.

20.5. Posição adoptada: a união de Estados e de povos

Partindo do princípio que as categorias dogmáticas tradicionais não constituem explicações satisfatórias para a UE, há que procurar uma nova categoria.

Ora, a União Europeia, na sua origem, é uma união de Estados, tendo vindo a integrar lentamente a componente dos povos, o que conduziu à sua transformação numa união de Estados e de povos.

A União Europeia fundamenta-se nas Comunidades Europeias, que são na sua origem, antes de mais, uma união de Estados, mas comportam, desde o início, certos meios necessários para a criação da união de povos. Que as Comunidades são compostas por Estados, dirigidas aos Estados (embora não exclusivamente) e, numa grande parte, dominadas pelos Estados – domínio esse de que é principal manifestação a regra da unanimidade na votação – está fora de dúvidas. O que levanta sérias reticências é que o que acaba de se dizer baste para explicar a realidade da integração europeia. A jurisprudência do TJ, a prática dos outros órgãos, a legislação comunitária e as sucessivas revisões dos tratados, sem terem apagado a união de Estados – e muito menos os Estados – têm vindo a acentuar uma outra componente da União – os povos.

A União Europeia é não só uma união de Estados, mas também uma união de povos, que, tal como as federações, põe em causa a noção de soberania como poder supremo e exclusivo dentro do Estado.

Os Estados abdicaram do exercício de determinados poderes primeiramente a favor das Comunidades e depois a favor da União. A totalidade do Poder político deixou de pertencer aos Estados, mas também não pertence, totalmente, à Comunidade ou à União. Pelo contrário, o Poder político encontra-se repartido entre a União e os Estados. Os Estados actuam em duas vertentes diferentes: enquanto Estados *tout court*, ou seja, isoladamente, e enquanto membros da União, isto é, como um elemento do conjunto.

A soberania deixou, assim, de estar ancorada, exclusivamente, nos Estados, para passar a estar repartida entre eles e a União. O Estado já não é a única entidade que detém a competência geral abrangente (*umfassende Allzuständigkeit*) nem a única que detém a *Kompetenz-Kompetenz,* uma vez que os Estados modernos são, pelo menos, do ponto de vista económico interdependentes. Assim, a União também dispõe de soberania, mas de uma soberania parcial.

A progressiva extensão das atribuições comunitárias implica que os cidadãos estão sujeitos ao Poder político da União. Ao longo da história da integração tem vindo a verificar-se uma maior «implicação» dos cidadãos no processo de integração.

Deve sublinhar-se que a expressão povos é aqui utilizada no sentido de conjunto de indivíduos, que, possuindo a cidadania da União, são directamente atingidos pelo processo de integração europeia e, por isso, devem ser ouvidos no desenrolar desse processo. Além disso, assiste-se a uma crescente tomada de consciência de que os cidadãos, além de pertencerem e deverem lealdade ao seu Estado de origem, também pertencem e devem lealdade à União Europeia. Ou seja: está a surgir uma lenta, mas consistente consciência europeia, que consubstancia a identidade europeia.

O cidadão europeu encontra-se, portanto, sob o domínio de dois «senhores» – o Estado do qual é nacional e a União Europeia.

Poderá objectar-se que a «implicação» dos povos na União não é suficiente e é muito menor do que a dos Estados. Até pode ser verdade. O que não se pode aceitar é a ignorância dos povos da Europa na conceptualização da União Europeia, como alguns pretendem.

De entre eles, pode-se destacar o BVerfG, que, no acórdão Maastricht, considerou a União como uma associação de Estados (*Staatenverbund*), constituída por tratado internacional, em que os Estados continuam a ser soberanos e que essa União retira a sua legitimidade dos parlamentos nacionais. Esta tese atenta apenas numa parte da realidade e, como tal, é uma meia verdade. O Tribunal Constitucional alemão continua a considerar o Estado como o único garante da protecção dos direitos fundamentais, da democracia e do Estado de direito.

Ora, esta tese é desmentida pela prática. A afirmação dos direitos dos indivíduos tem vindo a ser efectuada fora do plano estadual, nomeadamente, ao nível internacional. Além disso, o Direito produzido fora do quadro estadual atinge, crescentemente, a esfera jurídica dos indivíduos. A relevância dos povos europeus no processo de integração europeia não pode continuar, portanto, a passar despercebida.

A União Europeia é, pois, composta por três elementos:

a) a união;
b) os Estados;
c) os povos.

a) A caracterização da União Europeia como uma união tem em vista acentuar três aspectos: (i) os laços de solidariedade e de coesão entre os seus componentes são muito forte; (ii) as forças de agregação são superiores às forças de desagregação e (iii) existe uma certa irreversibilidade no processo.

b) A União Europeia é uma união de Estados – esta afirmação implica, por um lado, que os Estados são um dos fundamentos da União, fazendo dela parte integrante e, por outro lado, que os Estados, enquanto tal, continuam a existir, não tendo sido eliminados pela União, nem esse é um objectivo do processo de integração. Pelo contrário, a União apoia-se nos Estados para se desenvolver.

c) A União Europeia é uma união de povos – o terceiro elemento da UE são os povos da Europa, o que significa que a União foi criada não só pelos Estados e para os Estados, mas também para e pelos povos.

A expressão povos é, como já se disse, entendida no sentido de conjunto de cidadãos dos Estados membros da União que são afectados por um Direito criado para além das fronteiras do seu Estado e podem expressar a sua opinião em instâncias que ultrapassam também as fronteiras do seu Estado.

As Comunidades possuem, desde a sua origem, uma dimensão humana. A CECA surge como reacção às atrocidades cometidas aos direitos humanos durante as duas guerras mundiais e a CEE, para além de vastos objectivos económicos, possui objectivos sociais e políticos, que acentuam a sua dimensão humana. A criação do grande mercado comum era vista como uma forma de contribuir para o desenvolvimento económico e a melhoria da qualidade de vida das populações.

Os órgãos da União produzem Direito, que se aplica directamente aos cidadãos e estes têm acesso directo a alguns órgãos comunitários. Existe uma relação imediata entre a União e os cidadãos.

Os povos participam na tomada de decisão ao nível da União. Essa participação realiza-se numa relação imediata cidadão/órgão da União, como acontece no Parlamento Europeu, ou através da interposição dos Estados, como se verifica no Conselho.

O TUE cria, portanto, um novo ente político que é composto pelos Estados e pelos povos.

Os povos europeus devem ser vistos como um todo e não como um somatório de cada um dos povos dos Estados membros, porque esses povos estão unidos, como veremos, por determinados valores comuns, por determinados ideais e têm um destino comum. Há uma consciência colectiva europeia, que se consubstancia na identidade europeia. Esta

Parte III – Cap. I – A União Europeia   197

pressupõe a identificação dos cidadãos com um determinado modelo económico, social e político.

É certo que os cidadãos europeus fazem parte dos Estados, são um dos seus elementos, mas ao adquirirem direitos, que lhe advêm directamente da norma comunitária estabelecem uma relação directa com a União que extravasa dos Estados, ou seja, não necessita da mediação dos Estados. Daqui decorre que parece correcto autonomizá-los em relação aos seus Estados.

21. A União Europeia no projecto de constituição europeia

21.1. Estabelecimento da União

O projecto de constituição europeia altera, de modo substancial, a composição e os objectivos da União.

O art. I-1.º estabelece a União, com uma estrutura unitária e indica qual a sua base de legitimidade.

Segundo o n.º 1 do preceito, a União inspira-se na vontade dos cidadãos e dos Estados da Europa de construírem o seu futuro comum. Ou seja, a lei fundamental da União afirma, expressamente, pela primeira vez, a sua base de legitimidade dual e a importância do binómio cidadãos / Estados, o que vai ter repercussões a vários níveis, dos quais se destaca, de imediato, a composição dos órgãos, nos quais Estados e cidadãos devem estar representados.

O art. I-1.º, n.º 1, refere ainda que a União se fundamenta na constituição, que a estabelece, ou seja, a constituição assume um carácter constituinte da União. Todavia, esse carácter constituinte não é levado às últimas consequências, uma vez que a União não se auto-atribui qualquer competência. Pelo contrário, o projecto explicita que são os Estados membros que lhe atribuem as competências para atingirem os seus objectivos comuns. A União continua a não deter a competência das competências.

O projecto de constituição europeia procede à transformação da União numa entidade unitária, acabando com os pilares, o que leva ao desaparecimento das Comunidades Europeias e à sucessão da nova União nas suas atribuições e competências (art. IV-3.º).

Porém, a influência dos pilares intergovernamentais não desaparece totalmente, uma vez que as matérias, que, actualmente, deles fazem parte, nem sempre vão estar submetidas ao regime jurídico comum, nomeada-

198 *Curso de Direito Constitucional da União Europeia*

mente, no que concerne ao procedimento de decisão, à tipologia de actos jurídicos e à submissão à jurisdição do TJ.

A influência dos pilares está patente na Parte I do projecto de constituição nas disposições específicas a propósito da execução da Política Externa e de Segurança Comum (art. I-39.°), da Política de Segurança e Defesa Comum (art. I-40.°) e do espaço de liberdade, segurança e justiça (art. I-41.°):

No que diz respeito à Política Externa e de Segurança Comum cabe ao Conselho Europeu identificar os interesses estratégicos da União e definir os objectivos da PESC (art. I-39.°, n.° 2). O Conselho Europeu e o Conselho limitam-se adoptar as decisões europeias necessárias (art. I-39.°, n.° 3), estando excluídas as leis e as leis-quadro europeias (art. I-39.°, n.° 7). A execução da PESC compete ao MNE e aos Estados membros (art. I-39.°, n.° 4). A regra de decisão no seio do Conselho e do Conselho Europeu é a unanimidade (art. I-39.°, n.° 7), embora se admita que o Conselho Europeu pode decidir, por unanimidade, que o Conselho delibere por maioria qualificada (art. I-39.°, n.° 8);

A Política de Segurança e de Defesa Comum (PSDC) faz parte integrante da PESC e garante à União uma capacidade operacional apoiada em meios civis e militares (art. I-40.°, n.° 1). O instrumento jurídico da execução da PSDC é a decisão europeia adoptada pelo Conselho de Ministros, por unanimidade (art. I-40.°, n.° 4).

O espaço de liberdade, segurança e justiça implica não só a adopção de actos normativos, mas também de medidas operacionais. Assim, para além da lei e da lei-quadro europeia, fazem parte dos seus instrumentos de realização o reconhecimento mútuo das decisões judiciais e extra-judiciais e a cooperação operacional (art. I-41.°, n.° 1).

É também a reminiscência da estrutura tripartida em pilares que explica todas as especialidades relativas à Política Externa e de Segurança Comum e ao espaço de liberdade, segurança e justiça consagradas na parte III do projecto de constituição.

21.1.1. A PESC

Os arts. III-195.° a 209.° estabelecem, em linhas gerais, o seguinte regime jurídico:

- não se consagra uma verdadeira política externa comum – o projecto de constituição limita-se a exigir aos Estados que apoiem

Parte III – Cap. I – A União Europeia

activamente e sem reservas a PESC, num espírito de lealdade e de solidariedade mútua (art. III-195.º, n.º 2);

– o projecto confere amplas competências, em matéria de PESC, ao Ministro dos Negócios Estrangeiros, incluindo a de representação da União (art. III-197.º, n.º 2). Para o coadjuvar é criado um Serviço Europeu para a Acção Externa, que trabalha em colaboração com os serviços diplomáticos dos Estados membros (art. III- 197.º, n.º 3). Além disso, o Ministro dos Negócios Estrangeiros pode propor ao Conselho de Ministros a nomeação de um Representante Especial, a quem será confiado um mandato relativo a questões políticas específicas. Esse representante será nomeado pelo Conselho de Ministros, mas exercerá o seu mandato sob a autoridade do Ministro dos Negócios Estrangeiros (art. III-203.º);

– as regras de votação das decisões europeias no âmbito da PESC estão previstas no art. III-201.º e estabelecem que o Conselho de Ministros vota, em regra, por unanimidade, sendo que as abstenções não impedem a tomada de decisão (n.º 1). A excepção é a votação por maioria qualificada e os casos em que ela é permitida estão previstas no n.º 2 do preceito. Mantém-se a possibilidade de um Estado se opor à adopção de uma decisão, por maioria qualificada, com fundamento em razões vitais e expressas de política nacional (n.º 2, par. 2, do art. III-201.º);

– para além das decisões previstas no n.º 2 do art. III-201.º, outras poderão vir a ser aprovadas, por maioria qualificada, mas, para isso, será necessária uma decisão do Conselho Europeu, por unanimidade (n.º 3 do art. 201.º). Todavia, a maioria qualificada nunca será aplicável às decisões que tenham implicações militares ou de defesa (n.º 4 do mesmo preceito);

– a generalidade dos actos e normas adoptados com fundamento na Política Externa e de Segurança Comum encontram-se subtraídos à jurisdição do TJ, como o demonstra o art. III-282.º, par. 1. Admite-se, no entanto, o recurso de anulação das decisões europeias que prevejam medidas restritivas contra pessoas singulares ou colectivas.

A PESC continua, portanto, a ser dominada pelos Estados ou pelos órgãos que os representam. A prova disso está na fraca participação do Parlamento Europeu nesta matéria. Efectivamente, este órgão limita-se a ser consultado sobre os principais aspectos e as opções fundamentais e é regulamente informado pelo Ministro dos Negócios Estrangeiros sobre

200 Curso de Direito Constitucional da União Europeia

a evolução da PESC (art. III-205.°, n.° 1). Além disso, o PE pode dirigir perguntas ou apresentar recomendações ao Conselho de Ministros e ao Ministro dos Negócios Estrangeiros (n.° 2 do art. III-205).

Os arts. III-210.° a 214.° regulam a capacidade operacional e as missões da União no âmbito da Política Comum de Segurança e Defesa. O órgão responsável por essas missões é o Conselho de Ministros.

O art. III-212.° consagra os poderes da Agência Europeia de Armamento, Investigação e Capacidades Militares, sob autoridade do Conselho de Ministros.

A PESC é, em regra, financiada pelo orçamento da União, tanto no que diz respeito às despesas administrativas como às despesas operacionais (art. III-215.°, n.°s 1 e 2, 1.ª parte), com excepção das despesas decorrentes de operações que tenham implicações militares e nos casos em que o Conselho de Ministros decida diferentemente (art. III-215.°, n.° 2, 2.ª parte).

21.1.2. O espaço de liberdade, segurança e justiça

O desaparecimento da estrutura tripartida da União possibilita colocar num mesmo capitulo – o capítulo IV do Título III – as normas sobre as políticas relativas aos controlos nas fronteiras, ao asilo e à imigração, que, actualmente, fazem parte do pilar comunitário[14], ao lado das normas relativas à cooperação judiciária em matéria civil e em matéria penal e à cooperação policial[15] (art. III-158.° e seguintes).

Mas os mecanismos de decisão divergem, consoante a matéria que está em causa, pois enquanto a realização das políticas relativas aos controlos nas fronteiras, ao asilo e à imigração necessita de instrumentos jurídicos da União, como as leis e as leis-quadro (arts. III-166.° a 169.°) ou as convenções internacionais, a cooperação judiciária penal e policial necessitam, para além disso, de meios operacionais (art. III-171.° e seguintes).

A jurisdição do TJ, como resulta do art. III-283.°, não é extensiva à verificação da validade ou da proporcionalidade de operações efectuadas pelos serviços de polícia ou outros serviços de execução das leis nos Estados-membros, nem para decidir sobre o exercício das responsabilidades

---

[14] Arts. 61.° e seguintes do TCE.
[15] V. arts. 29.° e seguintes do TUE.

que incumbem aos Estados membros em matéria de manutenção da ordem pública e de garantia da segurança interna, desde que estes actos sejam regidos pelo Direito interno.

O projecto de constituição cria, assim, uma nova União, diferente da sua antecessora instituída pelo tratado de Maastricht, mas deve frisar-se que a transição se fará sem cortes abruptos nem radicais.

21.2. Os objectivos da União

O projecto de constituição dota a União de objectivos mais vastos do que o TUE e o TCE. É certo que a maior parte destes objectivos já constam de anteriores versões do Tratado da União Europeia, ou até mesmo da versão original do Tratado da Comunidade Económica Europeia, mas, ou não se encontravam agrupados num único preceito, como sucede com o actual art. I-3.º do projecto, ou nem sequer faziam parte de disposições verdadeiramente vinculativas. Alguns deles encontram-se no preâmbulo, cujo valor jurídico é muito discutido, ou estão incluídos em preceitos subtraídos à jurisdição do TJ.

O primeiro objectivo da União previsto no art. I-3.º, n.º 1, do projecto de constituição passa a ser um objectivo político, a saber, a promoção da paz, dos seus valores e do bem-estar dos povos. Trata-se de um objectivo que, em parte, já consta do preâmbulo do TUE, mas que não é retomado, expressamente, no articulado. A sua deslocação para o articulado do projecto de constituição confere-lhe um carácter vinculativo.

O segundo objectivo é social e económico, isto é, o espaço de liberdade, segurança e justiça sem fronteiras e um mercado único em que a concorrência é livre e não falseada (art. I-3.º, n.º 2). O objectivo do espaço de liberdade, segurança e justiça foi, como já se disse, introduzido pelo tratado de Amesterdão, não sendo, portanto, uma criação do projecto de constituição, e o objectivo do mercado único já vem da versão inicial do tratado da Comunidade Europeia, cujo principal fim era, precisamente, a construção do mercado comum ou mercado único. É interessante notar a junção no mesmo número destes dois objectivos, pois há muito que se reclama que à Europa económica se deve aditar a Europa social.

O terceiro objectivo é ambiental, ou seja, o desenvolvimento sustentável da Europa, que também já faz parte dos actuais objectivos da União. Foi introduzido no tratado de Amesterdão por influência do direito internacional do ambiente, designadamente, dos princípios saídos da Conferência do Rio de 1992.

202 *Curso de Direito Constitucional da União Europeia*

Para além dos objectivos políticos, económicos e ambientais, a União tem ainda objectivos sociais, como o combate à exclusão social e às discriminações, a promoção da justiça e da protecção social, a igualdade entre homens e mulheres, a solidariedade entre gerações, a protecção dos direitos das crianças, a promoção da coesão económica, social e territorial e a solidariedade entre os Estados membros (art. 3.º, n.º 3).

O respeito pela riqueza da sua diversidade cultural e linguística e a salvaguarda e desenvolvimento do património cultural e europeu são, pela primeira vez, afirmados como objectivo da União. Pretende-se, deste modo, sossegar todos aqueles que temem a diluição dos Estados no todo mais vasto, que é a União Europeia, e, sobretudo, a sua diluição cultural e linguística.

O n.º 4 do art. I-3.º estabelece que a União, nas suas relações com o resto do mundo, deve afirmar e promover os seus valores e interesses. O preceito define os princípios pelos quais as relações da União com o resto do Mundo se devem pautar, dos quais se destaca a observância e o desenvolvimento do direito internacional, em particular dos princípios da Carta das Nações Unidas.

21.3. A personalidade da União

O projecto de constituição consagra, expressamente, pela primeira vez, a personalidade jurídica da União, no art. I-6.º, na sequência do que tinha sido sustentado pelo grupo de trabalho III relativo à personalidade. Acaba-se, assim, com a discussão a este propósito.

A personalidade jurídica consagrada no art. I-6.º é, indubitavelmente, a personalidade internacional, como resulta da leitura conjugada deste preceito com o art. III-332.º, que se refere à personalidade jurídica a nível interno.

O projecto de constituição não se limita, contudo, a consagrar a personalidade jurídica da União. Pelo contrário, retira daí as consequências necessárias em termos de direitos e prerrogativas da União inerentes à subjectividade internacional. A União dispõe de direitos de participação na vida internacional, que vão desde o *jus tractum* e o *jus legationis* até à participação em organizações internacionais.

21.4. A cidadania da União

O projecto de constituição europeia não alterou, praticamente, nada em matéria de cidadania. O art. I-8.º consagra as soluções que se encontram

Parte III – Cap. I – A União Europeia

em vigor, tanto no que diz respeito à definição da cidadania da União, como no que toca aos direitos atribuídos aos cidadãos da União, pelo que se remete para o que já se disse sobre o assunto[16].

21.5. A natureza jurídica da União

Como vimos no número anterior, a natureza jurídica da União Europeia é muito controversa.

O projecto de constituição europeia não vai representar uma ruptura com a União actual. Pelo contrário, afirma a continuidade jurídica da nova União em relação às Comunidades e à antiga União.

Assim, a par de elementos que aproximam a União Europeia do modelo federal, encontramos outros que a afastam, irremediavelmente, desse modelo, ancorando-o num modelo internacional.

A) De entre os *elementos federais* são de destacar os seguintes:

– a modificação da designação do instrumento constitutivo da União – o projecto de tratado que estabelece uma *constituição* para a Europa – aponta no sentido federal, pois, como se viu, as entidades federais são criadas por uma constituição;

– a configuração da União como uma entidade unitária, com personalidade internacional;

– a consolidação da União como uma comunidade política composta por outras comunidades políticas – os Estados membros – exercendo ela própria Poder político sobre os cidadãos e sobre os Estados;

– a União, ao exercer o Poder político em face dos cidadãos deve respeitar os direitos fundamentais, que são, pela primeira vez, enunciados no projecto de constituição, através da inclusão da Carta dos Direitos Fundamentais da UE na Parte II;

– os princípios relativos à repartição e exercício de atribuições e competências da União aproximam-se do modelo federal, na medida em que o projecto de constituição distingue entre diversos tipos de atribuições (exclusivas, concorrentes, etc.), incluindo também uma cláusula residual de direito comum dos Estados membros;

---

[16] Ver *supra* n.º 19.

Curso de Direito Constitucional da União Europeia

– algumas alterações institucionais só adquirem verdadeiro sentido no quadro do funcionamento de um sistema institucional federal, a saber:

a. a definição das funções dos vários órgãos e, em especial, a referência à partilha da função legislativa entre o Conselho (órgão representante dos Estados) e o Parlamento (órgão representante dos cidadãos), aproximando o sistema da União de um sistema bicameral de tipo federal;

b. a previsão das reuniões públicas do Conselho quando delibera e vota sobre um acto legislativo[17];

c. o Presidente do Conselho Europeu passa a ser designado pelos seus pares, por maioria qualificada, a duração do seu mandato é alargada para dois anos e meio, renovável uma vez. Ele passa a ser o principal representante da União nas relações externas. Esta forma de conceber o Presidente está bastante mais próxima do modelo federal do que o anterior sistema de presidências rotativas;

d. a criação do Ministros dos Negócios Estrangeiros;

– a nova tipologia de actos da União, que distingue os actos legislativos, os não legislativos, os regulamentos delegados e os actos de execução reflecte a preocupação de estabelecer a correspondência entre a função legislativa e executiva, num sentido mais próximo dos sistemas federais. Além disso, os actos de execução devem, por regra, ser adoptados pelos Estados membros, o que se fundamenta no espírito de cooperação e descentralização típico dos Estados federais;

– a afirmação expressa do princípio do primado, segundo o qual o direito da União prevalece sobre os Direitos internos.

B) Como *elementos internacionais ou não federais* podem enunciar-se os seguintes:

– o direito de retirada dos Estados, previsto no art. I-59.º do projecto, afasta a União do federalismo, pois apesar de aí não se proibir totalmente o direito de secessão dos Estados, na prática acaba por ser inviável;

---

[17] O projecto aprovado pela convenção europeia ia mais longe, pois previa a criação do Conselho legislativo, procurando estabelecer uma divisão mais clara entre o poder legislativo e o poder executivo, com respeito do princípio da separação de poderes.

Parte III – Cap. I – A União Europeia 205

- a ausência de uma política de defesa comum, bem como a forma como está concebida a política externa e de segurança comum apontam no sentido internacional e não no sentido federal;
- a manutenção da regra da unanimidade em certas decisões do Conselho;
- as regras gerais de revisão do projecto de constituição continuam a exigir uma dupla unanimidade – de Estados ao nível da conferência intergovernamental e de ratificações, segundo o direito constitucional de cada Estados membro;
- a ausência de um sistema de tribunais da União, que disponham de competência para declarar nulos os actos dos Estados contrários ao Direito da União.

O projecto de constituição não parece, portanto, alterar a natureza jurídica da União Europeia, antes reforça a ideia de que a União Europeia deve ser encarada como uma União de Estados e de povos, ou melhor, de cidadãos e de cidadãs, pois como resulta do art. I-1.º, n.º 1, do projecto «a União inspira-se na vontade dos cidadãos e dos Estados da Europa».

Na senda da tradição humanista europeia, o projecto dá mais um passo no sentido da «humanização» da União, procurando colocar o ser humano no centro da União Europeia, com todas as consequências que isso implica.

A *União de cidadãos* influencia o projecto de constituição nos seguintes aspectos:

- consagra-se o carácter, não só vinculativo, como também constitucional, da Carta dos Direitos Fundamentais, e impõe-se a adesão da União à CEDH;
- consagram-se normas em matéria de cidadania europeia e flexibilizam-se as condições de acesso dos particulares aos tribunais da União, em sede de recurso de anulação;
- a União de cidadãos tem ainda repercussões, no que diz respeito à composição, ao funcionamento e às competências dos órgãos da União, bem como em relação aos princípios que devem guiar a vida democrática da União. Assim, o órgão, no qual estão representados os cidadãos é o PE, que vê os seus poderes, mais uma vez, reforçados. O Conselho de Ministros, apesar de nele estarem representados os Estados, também sofre a influência da União de cidadãos, na medida em que exerce funções legislativas. Nesse caso, as suas reuniões devem ser públicas. Além disso, a definição da votação por maioria qualificada obedece a um duplo

206 Curso de Direito Constitucional da União Europeia

critério que engloba a maioria dos Estados e uma maioria até muito alargada de cidadãos.

– é também a União de cidadãos que justifica as novas regras de participação dos parlamentos nacionais no processo, designadamente, na fiscalização do princípio da subsidiariedade.

– o espaço de liberdade, segurança e justiça, no qual o cidadão ocupa um lugar central, é objecto de modificações no projecto de constituição, que visam torná-lo mais adequado e mais eficaz.

A importância da União de cidadãos não deve descurar a relevância da *União de Estados* no projecto de constituição, pois ela fundamenta, entre outras, as seguintes soluções:

– os Estados não se destinam a desaparecer. Pelo contrário, eles estão representados nos órgãos da União, como, por exemplo, no Conselho e no Conselho Europeu, e estes órgãos continuam a deter competências muito importantes dentro da União;

– além disso, a União de Estados justifica que, no apuramento da maioria qualificada, um dos critérios seja a maioria dos Estados, em obediência ao princípio da igualdade dos Estados;

– é também a União de Estados que impõe a regra da unanimidade na decisão, quando estão em causa matérias que fazem parte do cerne da soberania dos Estados, como sejam a defesa e, em grande medida, a política externa e de segurança comum;

– os princípios relativos à repartição e ao exercício de atribuições entre a União e os Estados – o princípio de atribuição, o princípio da subsidiariedade e o princípio das competências residuais dos Estados –, bem como a clarificação das regras em matéria de repartição de poderes entre a União e os seus Estados membros contribuem para salvaguardar as atribuições dos Estados, impedindo a sua erosão, como se verificou no passado;

– porque a União Europeia é uma união de Estados, o projecto de constituição procura também salvaguardar a soberania dos Estados.

Capítulo II

Os valores e os princípios constitucionais da União Europeia

Bibliografia específica

I) **Sobre os valores da União em geral:** FAUSTO QUADROS, *Einige Gedanken zum Inhalt und zu den Werten der Europäischen Verfassung, in* MICHAEL BRENNER e. a., *Der Staat des Grundgesetzes* – Kontinuität und Wandel, Heidelberga, 2004, p. 1125 e ss; ROLAND BIEBER, *Ingérence ou manifestation d'une responsabilité commune à l'égard des Etats-membres, in* Institut Suisse de droit comparé (ed.), L'intégration européenne: historique et perspectives, Zurique, 2002, p. 95 e ss; ANA MARIA GUERRA MARTINS, *Les valeurs communes et la place de la Charte en Europe,* ERPL/REDP, 2002, p. 130 e ss; *Idem, A natureza jurídica da revisão do Tratado da União Europeia,* Lisboa, 2000, p. 349 e ss; FRANK SCHORKOPF, *Homogenität in der Europäischen Union – Ausgestaltung und Gewärhleistung durch Art. 6 Abs. 1 und Art. 7 EUV,* Berlim, 1999; CONSTANTIN A. STEPHANOU, *Réformes et mutations de l'Union européenne,* Bruxelas, 1997, p. 96 e ss; JEAN-PAUL JACQUÉ, *Charte constitutionnelle et structure institutionnelle de la Communauté, in* JEAN-DENIS MOUTON / TORSTEN STEIN (ed.), Vers une nouvelle Constitution pour l'Union européenne? La conférence intergouvernementale de 1996, Colónia, 1997, p. 73 e ss; *Idem, Cours général de droit communautaire,* RCADE, vol. I, livre I, 1990, 276 e ss; MARIA LUISA FERNANDEZ ESTEBAN, *Constitutional Values and Principles in the Community Legal Order,* MJ, 1995, p. 129 e ss; PETER HÄBERLE, *Europäische Rechtskultur, in* PETER HÄBERLE, Europäische Rechtskultur: Versuch einer Annäherung in zwölf Schritten, Baden-Baden, 1994, p. 7 e ss; PAUL THIBAUD, *L'Europe des nations (et reciproquement), in* JEAN-MARC FERRY e. a., Discussion sur l'Europe, Paris, 1992, p. 11 e ss.

II) **Sobre a protecção dos direitos fundamentais na UE:** MIGUEL GORJÃO-HENRIQUES, *A evolução da protecção dos direitos fundamentais no espaço comunitário, in* AAVV, Carta de Direitos Fundamentais da União Europeia, Coimbra, 2001, p. 17 e ss; MARIA LUISA DUARTE, *A União Europeia e os Direitos Fundamentais. Métodos de protecção, in* Estudos de Direito da União e das Comunidades Europeias, Coimbra, 2000, p. 11 e ss; ADRIANA APOSTOLI, *La «Carta dei diritti» dell'Unione Europea,* Brescia, 2000, p. 1 e ss; JOËL RIDEAU, *Le rôle de l'Union européenne en matière de protection des droits de l'homme,* RCADE, 1997, tomo 265, Haia, 1999, p. 29 ss; PHILIP ALSTON (ed.), *The EU and Human Rights,* Oxford, 1999;

HENRI LABAYLE, *Droits fondamentaux et droit européen*, AJDA, 1998, p. 75 ss; JEAN-FRANÇOIS AKANDJI-KOMBÉ, *Jurisprudence communautaire récente en matière de droits fondamentaux – 1er décembre 1996 – 30 novembre 1997*, CDE, 1998, p. 353 e ss; GIL CARLOS RODRIGUEZ IGLESIAS e. a., *El derecho comunitario y las relaciones entre el Tribunal de Justicia de las Comunidades Europeas, el Tribunal Europeo de Derechos Humanos y los Tribunales Constitucionales nacionales*, Rev. Der. Com. Eur., 1997, p. 329 e ss; J. H. H. WEILER e. a., *"Taking Rights Seriously" Seriously: The European Court and its Fondamental Rights Jurisprudence*, CMLR, 1995, p. 51 e ss e 579 e ss; NANETTE A. E. M. NEUWAHL, *Principles of Justice, Human Rights and Constitutional Principles within the European Union – a Framework for Analysis*, in ESA PAASIVIRTA e. a. (eds), Principles of Justice and the Law of the European Union – Proceedings of the COST A7 Seminar, Helsínquia, 1995, p. 64 e ss; JÜRGEN SCHWARZE, *Grundrechte der Person im Europäischen Gemeinschaftsrecht*, NJ, 1994, p. 53 e ss; CARL OTTO LENZ, *Der europäische Grundrechtesstandard in der Rechtsprechung des Europäischen Gerichtshofes*, EuGRZ, 1993, p. 585 e ss; JEAN VERGÈS, *Droits fondamentaux de la personne et principes généraux du droit communautaire*, in Mélanges JEAN BOULOUIS, p. 513 e ss; F. MANCINI e. a., *Le développement des droits fondamentaux en tant que partie du droit communautaire*, RCADE, vol. I, livro I, Dordrecht, 1990, p. 35 e ss; INGOLF PERNICE, *Gemeinschaftsverfassung und Grundrechtsschutz – Grundlagen, Bestand und Perspektiven*, NJW, 1990, p. 2409 e ss; HENRY G. SCHERMERS, *The European Communities Bound by Fundamental Human Rights*, CMLR, 1990, p. 249 e ss; J. H. H. WEILER, *The European Court at Crossroads: Community Human Rights and Member State Action*, in Liber Amicorum P. PESCATORE, 1987, p. 821 e ss; *Idem, Eurocracy and Distrut: Some Questions concerning the Role of the European Court of Justice in the Protection of Fundamental Human Rights within the Legal Order of the European Communities*, Wash. L. Rev., 1986, p. 1103 e ss; MANFRED A. DAUSES, *La protection des droits fondamentaux dans l'ordre juridique des Communautés Européennes, position du problème, état actuel et tendances*, RAE, 1992, p. 9 e ss; *Idem, La protection des droits fondamentaux dans l'ordre juridique communautaire*, RTDE, 1984, p. 401; G. COHEN JONATHAN, *La Cour des Communautés Européennes et les droits de l'Homme*, RMC, 1978, p. 74 e ss; ALBERT BLECKMANN, *Zur Entwicklung europäischer Grundrechte*, DVBl., 1978, p. 457 e ss.

III) **Sobre a democracia na UE:** JOCHEN A. FROWEIN, *Legitimation und Wirkung des Rechts der Europäischen Union/Gemeinschaft*, in MÜLLER-GRAFF (Org.), Perspektiven des Rechts in der Europäichen Union, Heidelberga, 1998, p. 105 e ss; JEAN-FRANÇOIS AKANDJI-KOMBÉ, *La question des rapports entre le principe de droit et démocratie dans le système communautaire*, in CONSTANCE GREWE (dir), Questions sur le droit européen, Caen, 1996, p. 51 e ss; NATACHA ODEKERKEN, *Quelle représentation pour l'Union Européenne?*, CONSTANCE GREWE (dir.), Questions sur le droit européen, Caen, 1996, p. 131 e ss; RUDOLF HRBEK, *Federal Balance and the Problem of Democratic Legitimacy in the European Union*, Aussenwirt., 1995, p. 43 e ss; SIEGFRIED MAGIERA, *Das Europäische Parlament als Garant demokratischer Legitimation in der Europäischen Union*, Festschrift EVERLING, vol. I, Baden-Baden, 1995, p. 789 e ss; P PETER M. SCHMIDHUBER, *Föderalistische und demokratische Grundlagen des Europäischen Unionsrechts*, Festschrift EVERLING, vol. I, Baden-

Parte III – Cap. II – Os valores e os princípios constitucionais da U.E. 209

Baden, 1995, p. 1265 e ss; ULRICH K. PREUSS, *Chancen und Grenzen einer Verfassungsgebung für Europa, in* ULRICH K. PREUSS e. a., Probleme einer Verfassung für Europa, Bremen, 1995, p. 41 e ss; CLAUS DIETER CLASSEN, *Europäische Integration und demokratische Legitimation,* AöR, 1994, p. 240 e ss; FEDERICO MANCINI e. a., *Democracy and the European Court of Justice,* MLR, 1994, p. 175 e ss; MANFRED ZULEEG, *Demokratie in der Europäischen Gemeinschaft,* JZ, 1993, p. 1069 e ss; PETER M. HUBER, *Die Rolle des Demokratieprinzips im europäischen Integrationsprozeß,* Staatswiss. u. Staatspr., 1992, p. 348 e ss; G. FEDERICO MANCINI, *Il contributo della Corte dei Giustizia allo sviluppo della Democrazia nella Comunità,* Riv. Dir. Eur., 1992, p. 713 e ss; ALBERT BLECKMANN, *Chancen und Gefahren der europäischen Integration – Zum Demokratieprinzip in der EG,* JZ, 1990, p. 301 e ss; PETER BADURA, *Bewahrung und Veränderung demokratischer und föderativer Verfasssungsprinzipien der in Europa verbundenen Staaten,* ZSR/ RDS, 1990, p. 121; ALBERT BLECKMANN, *Das Demokratieprinzip im Europäischen Gemeinschaftsrecht, in* ALBERT BLECKMANN, Studien zum europäischen Gemeinschaftsrecht, Colónia, 1986, p. 159 e ss; JOCHEN ABR. FROWEIN, *Die rechtliche Bedeutung des Verfassungsprinzips der parlamentarischen Demokratie für den europäischen Integrationsprozeß,* EuR, 1983, p. 301 e ss; MANFRED ZULEEG, *Demokratie und Wirtschaftsverfassung in der Rechtsprechung des Europäischen Gerichtshofs,* EuR, 1982, p. 21 e ss; PIERRE PESCATORE, *Les exigences de la democratie et la legitimité de la Communauté européenne,* CDE, 1974, p. 503 e ss.

IV) **Sobre a Comunidade e a União de direito:** MARIA LUISA FERNANDEZ ESTEBAN, *The Rule of Law in the European Constitution,* Haia, 1999; CARMENZA CHARRIER, *La communauté de droit, une étape sous-estimée de la construction européenne,* RMCUE, 1996, p. 521 e ss; JACQUES-YVAN MORIN, *L'État de droit: émergence d'un principe du droit international,* RCADI, 1995, t. 254, p. 235 e ss; MANFRED ZULEEG, *Die Europäische Gemeinschaft als Rechtsgemeinschaft,* NJW, 1994, p. 545 e ss; GERHARD BEBR, *Court of Justice: Judicial Protection and the Rule of Law, in* DEIRDRE CURTIN e. a. (ed.), Institutional Dynamics of European Integration, Essays in honour of HENRI G. SCHERMERS, vol. II, Dordrecht, 1994, p. 303 e ss; PAOLO MENGOZZI, *The rule of law e il diritto comunitario di formazione giurisprudenziale,* Riv. Dir. Eur., 1992, p. 511 e ss; RAINER ARNOLD, *Rechtsstaat und Normenkontrolle in Europa, in* JÜRGEN F. BAUR e. a., Festschrift für BODO BÖRNER, Colónia, 1992, p. 7 e ss; JOËL RIDEAU, *Communauté de droit et Etats de droit, in* Mélanges RENÉ--JEAN DUPUY, Paris, 1991, p. 249 e ss; HELMUT STEINBERGER, *Der Verfassungsstaat als Glied einer europäischen Gemeinschaft,* VVDStRL, 1991, p. 24 e ss; Lord MACKENZIE STUART, *The European Communities and the Rule of Law,* Londres, 1977.

V) **Sobre os valores e os princípios no projecto de constituição europeia:** FEDERICO SORRENTINO, *Brevi reflessione sui valori e sui fini dell'Unione Europea nel progetto di costituzione europea,* Dir. Pub., 2003, p. 809 e ss; ILENIA MASSA PINTO, *Il principio de sussidiarietà nel «Progetto di Trattato che istituisce una costituzione per l'Europa»,* Dir. Pubb. Comp. Eur., 2003, p. 1221 e ss; JAVIER ROLDÁN BARBERO, *La Carta de Derechos Fundamentales de la UE: su estatuto constitucional,* Rev. Der. Com. Eur., 2003, p. 943 e ss; FABIENNE TURPIN, *L'intégration de la Charte des droits fondamentaux dans la Constitution européenne,* RTDE, 2003, p. 615 e ss; S. KOUKOULIS-SPILIOTOPOULOS, *Which Charter of Fundamental Rights was*

210   *Curso de Direito Constitucional da União Europeia*

Incorporated in the Draft European Convention?, ERPL/REDP, 2003, p. 295 e ss; ANDREW WILLIAMS, *EU human rights policy and the Convention on the Future of Europe: a failure of design?*, ELR, 2003, p. 794 e ss; CESARE PINELLI, *Diritti fondamentali e riasseto istituzionale dell'Unione*, Dir. Pub., 2003, p. 817 e ss; FLORENCE CHALTIEL, *Constitution européenne et coopérations renforcées à propos des travaux de la Convention*, RMCUE, 2003, p. 290 e ss.

22. Os valores da União Europeia

Como já se mencionou[1], a União Europeia fundamenta-se axiologicamente, ou seja, tem por detrás um conjunto de valores.

O sistema de valores da União, que é comum aos seus Estados membros, está consagrado no art. 6.°, n.° 1, TUE, na medida em que este preceito consagra os princípios nos quais assenta a União. Ora, a cada um dos princípios aí enunciados corresponde um valor que lhe está subjacente.

Assim, ao princípio da liberdade subjaz o valor da liberdade, o princípio da democracia baseia-se no valor da democracia e assim sucessivamente.

Do art. 6.°, n.° 1, TUE infere-se, portanto, que os valores da União são a liberdade, a democracia, o respeito pelos direitos humanos e pelas liberdades fundamentais, bem como o Estado de direito. Trata-se de uma espécie de cláusula de homogeneidade semelhante à que existe no art. 28.° da *Grundgesetz* alemã[2].

Aos valores comuns, deduzidos dos princípios previstos no art. 6.°, n.° 1, TUE devem aditar-se outros, como, por exemplo, a justiça social, a solidariedade e o pluralismo cultural, que são próprios da União.

Assim, no direito positivo da União, podem distinguir-se duas categorias de valores: os que são comuns à União e aos Estados membros e os que são intrínsecos da União.

Além disso, deve ainda estabelecer-se uma outra distinção entre os valores individuais (a liberdade e o respeito dos direitos fundamentais) e os colectivos (a democracia, o Estado de direito, a justiça social e a solidariedade).

---

[1] Ver *supra* n.° 9.3.

[2] De acordo com este preceito da *Grundgesetz*, a ordem constitucional dos *Länder* deve respeitar os princípios republicano, democrático e do Estado social de direito.

Todos estes valores fazem parte de uma herança cultural comum europeia e de um *corpus juris* europeu.

A origem dos valores remonta ao período pré-revolução francesa e a sua fonte de inspiração são as teorias jusnaturalistas racionalistas, principalmente de HUGO GRÓCIO, THOMAS HOBBES, JOHN LOCKE e JEAN-JACQUES ROUSSEAU.

Trata-se de valores pré-positivos e, como tal, pré-estaduais, devendo, por isso, ser respeitados sempre que o Poder de alguns homens se exerce sobre outros homens. Estes valores são, portanto, exteriores e superiores a todo e qualquer Poder seja ele estadual ou não.

Uma última palavra para chamar a atenção para a dificuldade do estudo separado e estanque dos valores, por um lado, e dos princípios nos quais esses valores se vão concretizar, por outro lado. No fundo, o estudo dos valores da União implica, desde logo, um certo entendimento quanto aos princípios que os vão desenvolver. Daí que, para evitar duplicações, quando no capítulo seguinte, chegarmos aos princípios fundadores da União remeteremos para o que vamos dizer em seguida quanto aos valores.

22.1. A liberdade

A afirmação do valor da liberdade da pessoa humana no seio da sociedade é uma conquista da Modernidade e resulta das teorias jusnaturalistas racionalistas do séc. XVII. Estas teorias baseiam a explicação da sociedade na liberdade e na igualdade formal dos homens. Mas a ideia de liberdade não é um valor absoluto em si mesmo, tendo surgido associada à ideia de igualdade, que a limita, e vice-versa.

A ideia de liberdade adquire o seu apogeu com o liberalismo e envolve a liberdade política de votar e poder ser eleito para cargos públicos, a liberdade de expressão e de reunião, a liberdade de consciência e de pensamento, a liberdade pessoal com o direito de possuir propriedade e a liberdade contra toda a detenção e imputação arbitrárias.

O valor da liberdade implica:

– o respeito da liberdade física do indivíduo, que inclui a liberdade de movimentação, ou seja, a livre de circulação dentro de um determinado espaço territorial;

– o respeito de alguns direitos, como sejam a liberdade de expressão, de informação, de consciência, de religião e de culto, de associação e de criação cultural;

212   *Curso de Direito Constitucional da União Europeia*

- politicamente, o valor da liberdade aparece associado à ideia de democracia e impõe, portanto, uma relação democrática entre governantes e governados, o que implica o direito de votar e ser eleito para cargos públicos.

A expressão liberdade aparece no TUE a vários propósitos:

- na versão originária dos tratados institutivos das Comunidades Europeias a ideia de liberdade fundamentou um dos princípios económicos basilares do Tratado, qual seja o da livre circulação de mercadorias, pessoas, serviços e capitais, que resistiu a todas as revisões e até foi desenvolvido (arts. 23.º e seguintes TCE);
- o art. 2.º, 4.º trav., TUE considera como um dos objectivos da União a manutenção e o desenvolvimento enquanto espaço de liberdade, segurança e justiça, em que deve ser assegurada a livre circulação de pessoas, em conjugação com medidas adequadas em matéria de controlos na fronteira externa, asilo e imigração, bem como de prevenção e combate à criminalidade;
- o art. 6.º, n.º 1, TUE, como acabámos de ver, consagra o princípio da liberdade como um dos fundamentos em que assenta a União, ao lado dos direitos fundamentais, da democracia e do Estado de direito.

22.2. A democracia

O valor da democracia faz parte das tradições constitucionais dos Estados membros e foi afirmado pela Comunidade muito antes de constar do articulado do Tratado.

22.2.1. Os antecedentes e o fundamento

Os antecedentes da afirmação do valor da democracia são os seguintes:

- Documento sobre a identidade europeia adoptado, em Copenhaga, em 14 de Dezembro de 1973 – os Chefes de Estado e de Governo sublinham a sua vontade de salvaguardar os princípios da democracia representativa, do império da lei, da justiça social e do respeito dos direitos do homem, enquanto elementos da identidade europeia;

Parte III – Cap. II – Os valores e os princípios constitucionais da U.E. 213

– Preâmbulo do AUE – como vimos[3], refere que os Estados membros estão dispostos a promover em conjunto a democracia;
– A jurisprudência do TJ, relativa ao princípio democrático – no caso *Roquette Frères*[4], o TJ anulou um regulamento do Conselho, por falta de consulta do Parlamento Europeu, argumentando que a Comunidade respeita os princípios democráticos fundamentais em que o povo deve tomar parte no exercício do Poder por intermédio da sua assembleia representativa.

O fundamento do valor da democracia encontra-se:

– No tratado de Maastricht – a exigência de respeito do princípio da democracia passa a constar do articulado (art. F, n.º 2, TUE);
– No tratado de Amesterdão – reforça-se a exigência do respeito da democracia, na medida em que se prevê a suspensão (art. 7.º TUE) de um Estado membro que não observe esse valor (art. 6.º, n.º 1, TUE). Além disso, vai-se impor o respeito da democracia como condição de adesão à União (art. 49.º TUE);
– No tratado de Nice – altera-se o art. 7.º TUE relativo à suspensão no sentido de o Conselho poder verificar a existência de um risco manifesto de violação grave de algum dos princípios enunciados no art. 6.º, n.º 1, TUE, nos quais se incluem a democracia.

22.2.2. O conteúdo

A ideia de democracia implica que o poder provém do povo, é exercido pelo povo e para o povo. Por isso, os cidadãos devem eleger os órgãos de decisão política, devem poder participar na adopção das decisões políticas e devem dispor do poder de controlar os governantes.

As formas como a participação do povo se vai concretizar podem ser diversas, sem que o valor da democracia seja afectado. O povo tanto pode participar directamente, como através de instituições eleitas periodicamente, as quais devem agir em seu nome, observando os princípios, previamente, estabelecidos no pacto inicial. Neste último caso, poderá prever-se em certas situações que o povo seja directamente ouvido, nomeadamente, através de referendo.

---

[3] Ver *supra* n.º 4.2.
[4] Ac. de 15/10/80, proc.145/79, Rec. 1980, p. 3333.

22.2.3. A legitimidade democrática da União

O respeito do valor da democracia é, portanto, compatível com um leque muito vasto de concretizações. Apesar disso, tem existido alguma controvérsia a propósito da questão de saber se a forma como o Poder político está organizado dentro das Comunidades e da União Europeias respeita este valor.

22.2.3.1. Os argumentos a favor e contra o respeito do valor da democracia no seio da Comunidade e da União

I) *Os principais argumentos contra* são os seguintes:

a) as Comunidades na sua origem não respeitam o valor da democracia, pois os Tratados não foram adoptados por nenhuma assembleia eleita pelo povo, mas antes de acordo com os processos de vinculação internacional de cada um dos Estados membros. O mesmo se pode afirmar relativamente às sucessivas revisões;

b) a representação do povo em alguns órgãos comunitários é manifestamente desproporcional à população de cada um dos Estados membros, o que é contrário à observância do valor da democracia. Os grandes Estados estão sub-representados, para permitir uma maior participação dos pequenos. Tal verifica-se, por exemplo, quanto ao número de Deputados correspondentes a cada Estado, no Parlamento Europeu, ou no que diz respeito à ponderação de votos no seio do Conselho, quando estão em causa decisões por maioria qualificada. Ora, o valor da democracia está estritamente ligado ao princípio da igualdade, pelo que implica uma representação igual de cada cidadão. Como essa representação igual não se verifica na União Europeia, a democracia não seria respeitada;

c) a subsistência da regra da unanimidade na adopção de algumas decisões por parte do Conselho é contrária ao valor da democracia, uma vez que esta implica a decisão por maioria, submetendo-se a minoria porque aceitou o estatuto, no qual se fundamentam as competências dos órgãos.

II) *Os principais argumentos a favor* são os seguintes:

a) a União Europeia baseia-se nos Estados e nos povos europeus, pelo que, no estádio actual de evolução da integração europeia,

Parte III – Cap. II – Os valores e os princípios constitucionais da U.E. 215

o respeito deste valor por parte dos Estados, nos domínios em que eles participam nas decisões comunitárias, acaba por se transmitir à União. Daqui decorre que podem verificar-se algumas situações em que a observância do valor da democracia não se dá de modo imediato pela União, mas se realiza, em parte, por intermédio dos órgãos dos Estados, sendo que, quanto a estes, ninguém põe em dúvida a observância do valor da democracia. Assim, a questão da legitimidade da União tem de se procurar entender no estádio actual de evolução da integração europeia partindo dos três sujeitos de direito que actuam no seu âmbito – a União/a Comunidade, os Estados membros e os cidadãos;

b) a segunda objecção atrás formulada relativa à desigual representação dos povos europeus nos órgãos da União só fará sentido em relação aos órgãos que representem efectivamente os povos, como é o caso do Parlamento Europeu, não se afigurando correcta relativamente aos órgãos que representam os Estados ou a União, como é o caso do Conselho ou da Comissão, respectivamente. Mesmo em formas de agregação de Estados mais perfeitas, como são, por exemplo, as federações, existem órgãos que representam os Estados e que não obedecem ao princípio da representação proporcional, mas sim ao princípio federal. Basta para tanto referir o caso do Senado nos Estados Unidos da América, onde tanto Estados pequenos como grandes são representados por dois senadores. É certo que os Estados mais pequenos estão sobre--representados, enquanto o contrário sucede com os Estados maiores, mas isso é inerente ao princípio da manutenção dos Estados, enquanto sujeitos de direito diferentes do Estado federal. Torna-se, portanto, necessário procurar um equilíbrio entre o princípio da igualdade dos Estados e o princípio da representação dos povos. A sobre-representação dos Estados mais pequenos deve ser vista como uma manifestação do princípio da protecção das minorias, que é também uma manifestação do princípio democrático e um dos fundamentos da União;

c) a subsistência da regra da unanimidade não é contrária ao valor da democracia. Esta regra é o reflexo da dicotomia entre a representação dos Estados e dos povos nos órgãos da União. O modo de decisão no seio dos órgãos da União repercute o facto de determinados órgãos representarem os Estados, enquanto outros representam os povos ou os cidadãos europeus. A ligação intrínseca do princípio da maioria à democracia apenas faz sentido no

Estado. A decisão por maioria é aceite porque existe consciência da identidade colectiva, ou seja, a maioria corporiza um todo e representa também a minoria, o que não se verificaria na União. Como iremos estudar, no capítulo referente à estrutura orgânica da União[5], este princípio é respeitado por alguns órgãos – a Comissão e o Parlamento Europeu –, sendo-o apenas, em parte, pelo Conselho. Na verdade, subsistem ainda muitos casos de decisão unânime no seio do Conselho, o que significa, necessariamente, um desvio ao valor da democracia. De facto, a União Europeia não é produto de um pacto social inicial, pelo que o fundamento do princípio da maioria está aqui prejudicado. Por outro lado, o modo de negociação permanente no seio da União desvaloriza de certa forma a regra da unanimidade, pois o sistema de *package deal* em que a maior parte das decisões são adoptadas vai implicar mais a procura de um consenso (*Konkordanzprinzip*) do que propriamente a unanimidade. Além disso, a unanimidade é compatível com o valor da democracia, na medida em que protege as minorias. Se a protecção das minorias foi durante muito tempo minimizada em relação ao princípio da maioria, assiste-se hoje a uma preocupação cada vez maior com a defesa das minorias. O princípio da unanimidade deve ser visto como uma manifestação da protecção das minorias, nos domínios em que estão em causa os seus interesses fundamentais.

22.2.3.2. A necessidade de uma base de legitimidade democrática imediata na União

O facto de o Poder público da União produzir actos que impõem deveres e conferem direitos aos cidadãos implica que o valor da democracia tem de ser respeitado imediatamente pela União e não apenas através da mediação dos Estados, pois o seu Direito vincula directamente os cidadãos.

O primeiro problema que se coloca a este respeito é o de saber como é que o valor da democracia deve ser concretizado no seio da União, que é uma entidade na qual o processo de decisão opera a vários níveis com bases de legitimidade diversas. A União é uma entidade única e diferente de tudo o que se conhece no âmbito das relações internacionais,

---

[5] Ver *infra* n.º 25.

Parte III – Cap. II – Os valores e os princípios constitucionais da U.E.   217

pelo que não é possível proceder à importação de um qualquer modelo que já tenha provado noutras instâncias. Por outro lado, a coexistência dos povos e dos Estados implica a procura de um equilíbrio entre estas duas realidades.

Há que procurar as exigências mínimas da democracia numa união de Estados e de povos ou cidadãos, que, em nosso entender, são as seguintes:

1. a representação dos cidadãos europeus em, pelo menos, um dos órgãos que exerce Poder político;
2. a participação dos cidadãos europeus no exercício do Poder político;
3. a possibilidade de controlo político dos órgãos por parte cidadãos.

1. *A representação dos cidadãos europeus nos órgãos que exercem o Poder político dentro da União* – como estudaremos mais em pormenor[6], existe, pelo menos, um órgão que retira a sua base de legitimidade directamente dos povos europeus – o Parlamento Europeu –, uma vez que é eleito por sufrágio directo e universal, mas isso não é suficiente para afirmar que os cidadãos europeus exercem poder político dentro da União. Podem colocar-se dúvidas em relação a três aspectos:

a) Que povo está representado no PE? – de acordo com o art. 189.º TCE, o PE é composto pelos povos dos Estados, reunidos na Comunidade, pelo que esta formulação parece apontar no sentido de que são os povos dos Estados, que estão representados, e não um povo europeu ou um povo da União. Porém, os povos reúnem-se no seio da Comunidade, ou seja, o PE é o representante dos interesses da comunidade de povos e não apenas do interesse de cada povo estadual.

As normas do TUE, relativas à cooperação reforçada (arts. 27.ºC, 40.ºA; 44.º TUE e 11.º, n.º 2, TCE), corroboram esta tese, pois os membros do Conselho que não participam na acção em causa não podem intervir na adopção das decisões, enquanto os membros do PE não vêem o seu direito de voto suspenso pelo facto de o Estado de que são nacionais não tomar parte na acção em causa, dado que eles não são representantes dos povos de cada um dos Estados, mas sim de toda a União.

O Parlamento representa, portanto, os cidadãos europeus, que expressam a sua vontade em eleições, e, desse modo, exercem parcialmente o controlo político no seio da União.

---

[6] Ver *infra* n.º 25.1.2.1.

218 *Curso de Direito Constitucional da União Europeia*

b) <u>A ausência de um sistema eleitoral uniforme europeu</u> – existem tantos sistemas eleitorais quantos os Estados membros, sistemas esses que se caracterizam por possuírem grandes diferenças entre si.

Ora, o sistema eleitoral só será democrático se assegurar a igualdade de representação do eleitorado, pelo que o princípio da democracia se opõe a que dentro de um mesmo eleitorado existam vários sistemas eleitorais. Na verdade, os Estados membros da União Europeia ainda não conseguiram chegar a um entendimento quanto ao sistema eleitoral uniforme, dado que a UE também deve respeitar as identidades nacionais de que as tradições constitucionais dos Estados membros são o principal expoente. Daí que constatada esta dificuldade, o tratado de Amesterdão tenha acabado por acrescentar ao art. 190.º, n.º 4, TCE um excerto em que aceita que o sistema eleitoral se poderá basear também em princípios comuns a todos os Estados membros e não apenas num processo uniforme.

c) <u>A inexistência de um sistema de partidos políticos e de asso-</u> <u>ciações públicas à escala europeia e de uma opinião pública europeia</u> – é certo que não existem muitos partidos políticos à escala europeia, mas recentemente foi criado um partido verde europeu, podendo surgir novos partidos políticos europeus, dado que desde o tratado de Maastricht se previu que os partidos políticos ao nível europeu desempenham um importante papel como factor de integração na União, contribuindo para a formação de uma consciência europeia e para a expressão da vontade política dos cidadãos (art. 191.º TCE).

Além disso, a quase ausência de partidos políticos à escala europeia não inviabiliza a existência de uma série de grupos de pressão, sediados em Bruxelas, que procuram influenciar os órgãos da União na tomada de decisões. Os órgãos de comunicação social ocupam-se numa larga escala das questões europeias, contribuindo, desse modo, para a formação de uma opinião pública europeia. Na verdade, a opinião pública não manifesta um grande interesse pelas questões europeias, mas o mesmo se aplica ao nível nacional. Salvo em situações de crise, como seja, por exemplo, uma revolução, o cidadão comum interessa-se cada vez menos pelas questões políticas.

2. *A participação dos povos europeus no exercício do poder político* – a democracia não será respeitada se o Parlamento não dispuser de poderes com uma importância equivalente aos dos outros órgãos, em que a representação dos cidadãos europeus não é imediata. O Tribunal Europeu dos Direitos do Homem verbalizou esta ideia no acórdão *Matthews*[7]: «o

---

[7] Ac. de 18/2/99, *Matthews c. Reino Unido.*

Parlamento Europeu representa a principal forma de democracia e responsabilidade política no sistema da Comunidade. Aquele Tribunal (Tribunal de Justiça) considera que, apesar das suas limitações, o Parlamento Europeu, que dispõe de uma legitimidade democrática que lhe advém da sua eleição por sufrágio directo e universal, deve ser visto como a parte da estrutura da Comunidade Europeia que melhor reflecte o que diz respeito à "democracia política efectiva"» (par. 52).

a) Participação do Parlamento no Poder legislativo – como já mencionámos várias vezes neste Curso, o PE dispõe de Poder legislativo, que tem vindo a ser reforçado, desde o Acto Único Europeu, e em especial após Maastricht, com a introdução do procedimento de co-decidão. Nas revisões de Amesterdão e de Nice aumentou-se o número de casos em que a tomada de decisão depende daquele procedimento (art. 251.º do TCE) e alterou-se o próprio posicionamento do PE, colocando-o numa posição paritária com o Conselho, o que prova que o PE não é um órgão meramente emblemático, como já sucedeu no passado. Pelo contrário, o PE detém, em muitos casos, a "última palavra" no procedimento legislativo.

É certo que o Poder legislativo do PE é partilhado com o Conselho e que subsistem casos (cada vez menos) em que o Parlamento nem sequer participa. Mas isso é apenas o reflexo da dupla natureza da União Europeia como uma união de Estados e de povos ou de cidadãos e tenderá a correcção futura, como resulta do projecto de constituição europeia.

b) Poder de aprovação do orçamento – como veremos[8], o Parlamento dispõe também do poder de aprovar o orçamento da União, poder esse que tem vindo a ser objecto de sucessivas modificações no sentido de aumentar os seus poderes.

3. *O controlo político dos órgãos da União por parte dos povos da europeus* efectua-se nos seguintes termos:

a) o PE detém, desde a versão originária dos tratados, o poder de apresentar uma moção de censura à Comissão (art. 201.º TCE) e, nessa medida, pode exercer o controlo político deste órgão;

b) após o tratado de Amesterdão, o PE passou a deter um verdadeiro poder de investidura da Comissão, que saiu reforçado com o tratado de Nice (art. 214.º, n.º 2 TCE);

c) o PE não dispõe do mesmo poder em relação ao Conselho, o que poderá suscitar algumas dúvidas. Na verdade, o controlo

---

[8] Ver *infra* n.º 25.1.2.1.

220 *Curso de Direito Constitucional da União Europeia*

político que o Parlamento exerce em relação ao Conselho limita-
-se à colocação de questões escritas e orais. O controlo político
do Conselho, que é o representante dos Estados exerce-se antes
no seio dos Estados, uma vez que, em teoria, os povos da Europa
têm a possibilidade de destituir os seus Governos, de acordo
com os processos constitucionais internos, responsabilizando-
-os, desse modo, pela sua actuação no Conselho.

O valor da democracia é, portanto, afirmado na União de forma dual:

– os povos europeus estão directamente representados num órgão
que detém poderes efectivos – o Parlamento Europeu;
– a exigência de observância da democracia nos Estados membros
acaba por se transmitir à União, na medida em que estes são um
dos seus elementos integrantes.

22.3. A Comunidade de Direito e a União de Direito

22.3.1. Os antecedentes: o Estado de Direito

Directamente relacionado com o valor da democracia está o valor
da Comunidade de direito, cujo modelo inspirador é o do Estado de
direito. O exercício dos poderes públicos em nome do povo implica a
sujeição dos titulares dos órgãos a regras jurídicas previamente estabelecidas.

A noção de União de Direito assenta na ideia de Estado de direito,
que teve os seus principais teorizadores na Alemanha nos finais do século
XVIII, princípios do século XIX. Mas manifestações desta ideia surgiram
também em Inglaterra, através do chamado princípio da *rule of law*, nos
Estados Unidos com a ideia do Estado constitucional ou em França, onde
se desenvolveu o conceito de *règne de la loi*.

A ideia de Estado de direito visa conciliar a necessidade de realização
das tarefas públicas por parte dos órgãos do Estado com o respeito dos
direitos dos indivíduos. É esta dupla função do conceito de Estado de
direito que vai justificar o seu entendimento cada vez mais amplo.

O Estado de direito comporta uma dimensão formal e uma dimensão
material. Formalmente, o Estado de direito é um Estado onde a separação
de poderes, a independência dos tribunais, a legalidade da administração,
a protecção jurídica contra actos do poder público, bem como a indemnização pelos danos causados pela administração aos particulares é asse-

Parte III – Cap. II – Os valores e os princípios constitucionais da U.E. 221

gurada. Materialmente, o Estado de direito é um Estado onde é assegurada a execução destes princípios, principalmente através da vinculação constitucional do legislador e do respeito dos direitos fundamentais.

A ideia do Estado de direito tem também repercussões na actividade administrativa do Estado, sendo ela que justifica o princípio da legalidade da administração, pelo qual esta não deve actuar contra a lei nem sem fundamento legal, o princípio da prevalência da lei e da reserva de lei, o controlo judicial dos actos administrativos por tribunais independentes e a consagração da responsabilidade do Estado e dos funcionários por danos causados por factos ilícitos no cumprimento das suas tarefas.

A sujeição de todos os poderes públicos ao Direito vai condicionar toda a actividade legislativa e administrativa do Estado, entendendo-se aqui a expressão Direito num sentido amplo de ordem jurídica global.

A ideia do Estado de direito deve aplicar-se não só ao Estado, mas também a todas as entidades que exerçam poderes públicos, pois o que está em causa no princípio do Estado de direito é o respeito do Direito, o império do Direito, com o objectivo de defender os indivíduos dos abusos de poder. Daqui decorre que toda a entidade que seja susceptível de pôr em causa os direitos dos indivíduos deve considerar-se submetida ao princípio do Estado de direito.

As Comunidades ao exercerem poderes públicos, que antes competiam aos Estados, também devem ficar vinculadas pelo princípio do Estado de direito. Além disso, os poderes públicos da Comunidade afectam directamente tanto a esfera jurídica dos particulares como a dos Estados membros, pelo que só a observância estrita do Direito previamente estabelecido pode justificar tal afectação.

22.3.2. O fundamento da Comunidade de Direito

A ideia da Comunidade de direito parte do pressuposto que o exercício do poder público comunitário está vinculado ao direito comunitário, entendido no sentido mais amplo.

A base jurídica da Comunidade de direito encontra-se nos tratados constitutivos, que prevêem os objectivos a realizar pela Comunidade, um quadro institucional que obedece a um princípio de equilíbrio de poderes, um sistema de contencioso próprio, que assegura a protecção judicial, e um sistema de fontes, que pode afectar directamente os particulares. Os tratados não dispõem de um catálogo de direitos fundamentais, consa-

222 *Curso de Direito Constitucional da União Europeia*

grando, todavia, alguns direitos fundamentais, nem obedecem a um princípio da separação de poderes de tipo estadual clássico, o que por si só, não impede a afirmação da Comunidade de direito.

Os tratados consagram a ordem jurídica fundamental que vincula todos os poderes públicos. São dotados de supremacia, pelo que todos os actos dos poderes públicos comunitários se devem conformar formal, processual e materialmente com eles. Daí que a inobservância dessas regras possibilite a anulação dos actos de direito derivado. Os tratados dispõem de regras de revisão próprias que afastam a possibilidade de alterações fora dos casos nela previstos. A supremacia dos tratados manifesta-se também no facto de certas matérias deverem ser reguladas por eles e não pelo direito derivado. Essas matérias dizem respeito à transferência de poderes dos Estados para as Comunidades e à definição das competências dos órgãos comunitários.

22.3.3. As manifestações da Comunidade de Direito na jurisprudência do Tribunal de Justiça

São várias as manifestações da ideia de Comunidade de Direito na jurisprudência do Tribunal de Justiça, as quais vão permitir aos indivíduos beneficiarem de protecção judicial contra os abusos de poder por parte dos órgãos das Comunidades.

De entre essas manifestações cumpre destacar:

- A teoria do efeito directo[9], que permite aos particulares gozarem de uma protecção judicial suplementar, pois para além da protecção que gozam dentro da ordem jurídica comunitária, beneficiam indirectamente de protecção nas ordens jurídicas dos Estados membros por força da aplicação do direito comunitário;
- A protecção dos direitos fundamentais pela ordem jurídica da União, pois, como veremos em seguida, o Tribunal vai proceder à integração da lacuna do Tratado, respeitante à ausência de um catálogo de direitos fundamentais, recorrendo aos princípios gerais de direito. Os direitos fundamentais tornam-se, assim, aplicáveis na ordem jurídica da União e, desse modo, os cidadãos vêem a protecção jurídica que lhes é conferida pelo direito comunitário aumentada;

---

[9] Ver *infra* n.º 43.

- Os princípios gerais de direito são aceites como uma das principais bases jurídicas de reforço da protecção jurídica dos particulares. Com base neles, o Tribunal considerou aplicáveis à ordem jurídica comunitária os princípios da proporcionalidade[10], da segurança jurídica[11] e da confiança legítima[12], da legalidade da administração, da reserva de lei e os princípios relacionados com a garantia dos administrados no processo administrativo[13];
- A consagração do princípio da tutela judicial efectiva, segundo o qual a submissão dos poderes públicos a normas superiores implica a existência de um controlo jurisdicional para garantir o seu respeito. Para o TJ existe um sistema completo de vias de recurso e todos os actos susceptíveis de produzirem efeitos jurídicos são recorríveis. O Tribunal chegou ao ponto de interpretar extensivamente as suas próprias competências para garantir uma maior protecção jurisdicional aos indivíduos[14].

Apesar de o Tribunal ter desenvolvido, na sua jurisprudência, um conjunto de princípios, com vista à consolidação da ideia de Comunidade de direito, tanto na sua vertente constitucional como administrativa, este órgão jurisdicional vai usar esta expressão, pela primeira vez, em 1986. No acórdão *Os Verdes*[15], o Tribunal afirma que a Comunidade Económica Europeia é uma Comunidade de direito, na qual nem os seus Estados nem

---

[10] Ac. de 5/10/94, *Antonio Crispoltini*, procs. C-133, C-300, C-362/93, Col. 1994, p. I-4863 e ss; ac. de 5/10/94, *Alemanha c. Conselho*, proc. C-280/93, Col. 1994, p. I-4961 e ss; ac. de 13/11/90, *Fedesa*, proc. C-331/88, Col. 1990, p. I-4023; ac. de 29/2/84, *Rewe Zentrale*, proc. 37/83, Rec. 1984, p. 1229; ac. de 13/7/66, *Consten Grundig*, proc. 56, 58/64, Rec. 1966, p. 429.

[11] Ac. de 13/12/67, *Neumann*, proc. 17/67, Rec. 1967, p. 571.

[12] Ac. de 5/4/79, *Ratti*, proc. 148/78, Rec. 1979, p. 1629.

[13] Ac. de 10/3/70, *Comissão c. Itália*, proc. 7/69, Rec. 1970, p. 111.

[14] Veja-se a jurisprudência *Foto-frost* (ac. de 22/10/87, proc. 314/85, Col. 1987, p. 4225 e ss), em que o TJ estendeu a obrigatoriedade de suscitar a questão prejudicial a todos os tribunais nacionais, no que diz respeito à validade dos actos comunitários. Assim, mesmo os tribunais que não julgam em última instância, se tiverem dúvidas quanto à validade de um acto comunitário, devem suscitar a questão prejudicial ao TJ. Todavia, são competentes para considerarem o acto como válido e rejeitarem as causas de invalidade invocadas. Esta jurisprudência foi reafirmada no ac. de 21/2/91, *Zuckerfabrik*, proc. C-143/88 e C-92/89, p. I-534. Pode também referir-se a jurisprudência relativa ao reconhecimento da legitimidade activa e passiva do PE no recurso de anulação. Ver *infra* Cap. I da Parte V deste Curso.

[15] Ac. de 23/4/86, *Os Verdes c. PE*, proc. 294/83, Col. 1986, p. 1339 e ss.

224 *Curso de Direito Constitucional da União Europeia*

as instituições podem escapar ao controlo da conformidade dos seus actos com a carta constitucional de base que é o tratado.

A criação do TPI vai também contribuir para o reforço da protecção judicial dos particulares e, como tal, da Comunidade de direito, ao assegurar o duplo grau de jurisdição.

22.3.4. O TUE, a Comunidade de Direito e a União de Direito

I) A Comunidade de direito

A aprovação do TUE fez surgir algumas dúvidas relativamente ao respeito do valor da Comunidade de direito, dado que na versão de Maastricht a jurisdição do TJ (art. 46.º TUE – ex-art. L) não abrangia os pilares intergovernamentais. Ora, sendo a protecção judicial efectiva um dos elementos essenciais da Comunidade de direito, a exclusão da jurisdição do TJ de uma parte importante do Tratado não parece consentânea com o valor da Comunidade de direito. Na verdade, na versão de Maastricht, a competência do Tribunal de Justiça, nestes domínios, limitava-se a um controlo jurisdicional pela negativa dos actos adoptados com base nos pilares intergovernamentais, que consistia em apreciar se estes, porventura, seriam susceptíveis de ferir as competências das Comunidades.

O tratado de Amesterdão traz novos dados, ao estender a jurisdição do TJ a áreas que antes estavam completamente excluídas, como seja o caso do terceiro pilar (art. 35.º TUE), ainda que sem observância de todos os princípios que antes faziam parte do contencioso comunitário.

II) A União de direito

O TUE leva ainda a colocar a questão de saber se, para além da Comunidade de direito, existe também uma União de direito, querendo com isso significar que o exercício do poder público por parte da União também deve estar submetido ao direito da União.

O TUE, na versão de Maastricht, não permitia uma resposta cabal a esta questão. Com efeito, no quadro desse tratado, os contornos da União eram ainda muito fluídos, pelo que foi preciso esperar pelo tratado de Amesterdão para se poder afirmar que foram dados passos significativos no sentido da União de direito. Na verdade, este tratado contribuiu para a aproximação dos pilares intergovernamentais ao modelo comunitário em matéria de fontes e de estrutura orgânica.

Parte III – Cap. II – Os valores e os princípios constitucionais da U.E. 225

Ora, sendo a União constituída pelas Comunidades e pelos pilares intergovernamentais e dispondo ela de um quadro institucional único, pelo menos na parte referente às Comunidades Europeias, a União será detentora de poder público, podendo vir a afectar a esfera jurídica dos indivíduos. Em relação aos pilares intergovernamentais a questão é mais duvidosa, pois os actos aprovados com base neles não são susceptíveis de se aplicar directamente aos indivíduos e só muito restritamente podem ser por eles invocados em juízo. Os actos adoptados no âmbito do segundo pilar não se aplicam directamente aos indivíduos e as decisões-quadro e as decisões (art. 34.º, n.º 2, als. b) e c), TUE) adoptadas no âmbito do terceiro pilar não gozam de efeito directo. Mas o primado destes actos sobre o Direito nacional, a possibilidade de responsabilizar o Estado pelo seu incumprimento e a interpretação conforme do Direito nacional com estes actos não estão excluídos. Dito de outro modo: também se assiste, no âmbito dos pilares intergovernamentais, à emergência da União de direito.

Porém, no estádio actual de evolução da União Europeia (e Nice não alterou a situação neste domínio) o núcleo duro da União de direito continua a ser a Comunidade de direito, embora não se esgote nela. Como a União Europeia é constituída também pelas Comunidades Europeias, ela será uma União de direito na parte em que as Comunidades Europeias são uma Comunidade de direito. Nas outras matérias encontra--se num processo de aproximação progressiva a esta ideia.

22.4. A protecção dos direitos fundamentais

De acordo com a tradição política humanista ocidental, o respeito dos direitos humanos, ou seja, da pessoa humana enquanto tal, constitui um dos principais impulsos e um dos núcleos duros da ordem constitucional europeia. Para a cultura política ocidental não há constituição nem democracia sem o respeito dos direitos da pessoa humana enquanto tal.

O valor da protecção dos direitos fundamentais funciona também como um dos elementos essenciais da identidade europeia.

22.4.1. A génese da protecção dos direitos fundamentais no seio da União Europeia

22.4.1.1. A ausência de um catálogo de direitos fundamentais no TCE

A versão originária dos Tratados não continha, como ainda hoje não contém, um catálogo de direitos fundamentais, mas desde cedo se constatou que, apesar de as Comunidades terem um carácter eminentemente económico e de as suas atribuições serem funcionais, a importância dos poderes conferidos aos órgãos comunitários tornava possível uma violação dos direitos dos cidadãos, nomeadamente, dos direitos económicos e sociais e dos respeitantes à regularidade dos processos judiciais e administrativos pela própria Comunidade.

Assim sendo, os direitos fundamentais não podiam continuar a perspectivar-se apenas por referência aos Estados membros, mas tinham de se encarar também no seio dessa nova forma de agregação do poder político em emergência, que eram as Comunidades Europeias.

A preocupação do respeito dos direitos fundamentais por parte das Comunidades retira-se implicitamente, desde logo, da versão originária do TCE, quando no preâmbulo se afirmam os ideais de paz e de liberdade, bem como o objectivo de melhoria das condições de vida dos seus povos.

22.4.1.2. A tentativa de colmatar a lacuna através da jurisprudência do Tribunal de Justiça

O primeiro órgão comunitário a tomar consciência desta problemática, e a tentar solucioná-la, foi, sem dúvida, o TJ, que, através de uma jurisprudência elaborada ao longo de décadas, vai proceder ao enquadramento da protecção dos direitos fundamentais no âmbito do direito comunitário.

Depois de uma primeira fase em que o TJ se recusou a aceitar a relevância dos direitos fundamentais no âmbito do direito comunitário acabou, numa segunda fase, por os integrar pela via dos princípios gerais de direito.

Na jurisprudência do TJ relativa aos direitos fundamentais podem-se descortinar três fases distintas, a saber:

→ *A fase da recusa*: num primeiro momento, o TJ recusou aferir a validade do direito comunitário pelos direitos fundamentais, com

Parte III – Cap. II – Os valores e os princípios constitucionais da U.E. 227

base na ideia de que se o direito comunitário prevalecia sobre o Direito nacional, essa prevalência incidia também sobre as normas constitucionais, incluindo as relativas aos direitos fundamentais[16]. Contudo, a protecção dos direitos fundamentais impôs-se devido às tradições constitucionais nacionais, pois a transferência de soberania para as Comunidades não podia significar uma diminuição dos direitos dos indivíduos. Assim, nos domínios em que as Comunidades deveriam actuar afigurou-se necessário encontrar uma forma de protecção no seio da própria ordem jurídica comunitária.

O Tribunal viu-se aqui confrontado com vários aspectos que exigiam uma ponderação muito atenta e de cuja solução muito iria depender o futuro da integração europeia. Por um lado, a especificidade das Comunidades Europeias e a consequente autonomia da ordem jurídica comunitária não se compadeciam com a sua subjugação às normas constitucionais nacionais, ainda que relativas aos direitos fundamentais. Mas, por outro lado, as Comunidades Europeias são constituídas por Estados que comungam de certos valores, de entre os quais se destaca o respeito dos direitos fundamentais[17]. A "habilidade" do Tribunal consistiu em atribuir a este valor um cunho comunitário e não apenas estadual, pois as Comunidades não são apenas constituídas por Estados, mas também por cidadãos, no sentido de que o seu Direito se aplica não só aos Estados como também aos cidadãos.

É, pois, devido à ponderação dos vários interesses em presença, a saber, a especificidade da ordem jurídica comunitária, as tradições constitucionais dos Estados membros e a protecção dos direitos dos indivíduos, que o Tribunal vai atenuar a sua posição rígida inicial.

→ *A fase da aceitação*: num segundo momento, que se inicia com o caso *Stauder*[18], o TJ aceita a integração dos direitos fundamentais nos princípios gerais de direito, cujo respeito o Tribunal deve asse-

---

[16] Ac. de 4/2/59, *Stork*, proc. 1/58, Rec. 1958-59, p. 43 e ss e ac. de 15/7/60, *Comptoirs de Vente de la Rhur*, procs 36 a 38 e 40/59, Rec. 1960, p. 890.

[17] É de realçar que o conteúdo dos direitos fundamentais no direito comunitário pode não coincidir com o conteúdo que lhe é atribuído pelos direitos nacionais. Aliás, esse conteúdo também não coincide em todos os Estados membros. O Tribunal tem de proceder a uma ponderação, por vezes muito difícil, entre a relevância que deve ser dada aos direitos individuais e o interesse público comunitário.

[18] Ac. de 12/11/69, proc. 29/69, Rec. 1969, p. 419.

228 *Curso de Direito Constitucional da União Europeia*

gurar. Mas vai ser no caso *Internationale Handelsgesellschaft* que, após ter negado a possibilidade de o direito comunitário ser posto em causa pelo direito constitucional dos Estados, o TJ vai afirmar:

> «*convém, todavia, examinar se alguma garantia análoga inerente ao direito comunitário foi desconhecida: com efeito o respeito dos direitos fundamentais é parte integrante dos princípios gerais de direito de que o Tribunal assegura o respeito; que a salvaguarda destes direitos, inspirando-se nas tradições comuns aos Estados membros deve ser assegurada no quadro, na estrutura e nos objectivos da Comunidade*»[19].

Esta jurisprudência é particularmente interessante não apenas pelo facto de deslocar a protecção dos direitos fundamentais para o nível do direito comunitário, mas também pela concepção que lhe está subjacente de compatibilização entre os ordenamentos constitucionais nacionais e o ordenamento comunitário. Parece-nos que aquilo que é uma das características fundamentais da constituição europeia, qual seja a da influência mútua dos dois ordenamentos e a da existência de vasos comunicantes entre ambos[20], ancora nesta jurisprudência as suas raízes.

→ *A fase da "internacionalização"*: num terceiro momento, o Tribunal vai completar o quadro de protecção dos direitos fundamentais na Comunidade com a tomada em conta da Convenção Europeia dos Direitos do Homem (CEDH) e dos demais instrumentos de direito internacional, designadamente, o Pacto Internacional de Direitos Civis e Políticos.

No caso *Nold* o TJ defende que:

> «*os instrumentos internacionais que dizem respeito à protecção dos direitos do homem nos quais os Estados membros cooperaram ou aos quais aderiram podem igualmente fornecer indicações que convém ter em conta no quadro do direito comunitário*»[21].

A jurisprudência posterior vem confirmar que a CEDH é o quadro de referência, no que diz respeito à protecção dos direitos

---

[19] Ac. de 17/12/70, proc. 11/70, Rec. 1970, p. 1125.
[20] Ver *supra* n.º 10.4.
[21] Ac. de 14/5/74, proc. 4/73, Rec. 1974, p. 491.

fundamentais[22]. Mais recentemente, o Tribunal parece ir mais longe ao afirmar que não serão admitidas na Comunidade medidas incompatíveis com o respeito dos direitos humanos reconhecidos e garantidos pela Convenção[23].

As fontes de inspiração do TJ são de três tipos:

A) *As fontes jurídicas*:

- os princípios comunitários retirados do Direito escrito – a não discriminação, as liberdades instituídas pelos Tratados, a promoção dos direitos sindicais básicos (art. 137.º, n.º 1, TCE), a igualdade de remuneração entre homens e mulheres (art. 141.º TCE), a salvaguarda do segredo profissional (art. 287.º TCE), a tutela dos regimes de propriedade instituídos nos Estados membros (art. 295.º TCE);
- as tradições constitucionais comuns aos Estados membros – o Tribunal afirma que anulará ou declarará inválida qualquer disposição de direito derivado contrária aos direitos fundamentais, consagrados nas constituições dos Estados membros ou apenas numa delas[24];
- os instrumentos internacionais relativos aos direitos humanos que os Estados membros subscreveram[25].

B) *As fontes políticas*:

- Declaração comum do Parlamento Europeu, Conselho e Comissão de 5.4.77 relativa aos direitos fundamentais e à democracia[26].

O âmbito da competência do TJ, no que diz respeito aos direitos fundamentais abrange não só a legislação comunitária, como também a apreciação de medidas estaduais de execução de actos de direito derivado[27] e as medidas nacionais adoptadas em derrogação da proibição de restringir

---

[22] Ac. de 28/10/75, *Rutili*, proc. 36/75, Rec. 1975, p. 1219; ac. de 15/5/86, *Johnston*, proc. 222/84, Rec. 1986, p. 1651 e ss; ac. de 13/12/79, *Hauer*, proc. 44/79, Rec. 1979, p. 2727 e ss.

[23] Ac. de 29/5/97, *Kremzow*, proc. C-299/95, Rec. 1997, p. I-2629.

[24] Trata-se do princípio do standard máximo, ou seja, da aplicação ao nível comunitário da garantia nacional mais elevada.

[25] O Tribunal consagra o princípio do standard mínimo europeu.

[26] Publicada no JOCE C 103, de 27/4/77.

[27] Ac. de 25/11/86, *Klensch*, procs. 201 e 202/85, Rec. 1986, p. 3477 e ss e ac. de 13/7/89, *Wachauf*, proc. 5/88, Rec. 1989, p. 2609 e ss.

230 Curso de Direito Constitucional da União Europeia

as quatro liberdades, excluindo-se as medidas nacionais que não se situam dentro do âmbito do direito comunitário[28].

Da jurisprudência do TJ pode retirar-se o reconhecimento, entre outros, dos seguintes direitos:

- o princípio da igualdade de tratamento[29];
- o direito de propriedade[30];
- o livre exercício das actividades económicas e profissionais[31];
- o respeito da vida privada e familiar, do domicílio e da correspondência[32];
- a liberdade de associação[33];
- o respeito dos direitos de defesa[34];
- a liberdade religiosa[35];
- a liberdade de expressão[36];
- o princípio da não retroactividade das disposições penais[37];
- a proibição das discriminações fundadas no sexo[38];
- o direito ao recurso judicial efectivo[39].

---

[28] Ac. de 18/6/91, *ERT*, proc. C-260/89, Rec. 1991, p. I-2925.

[29] Ver, por exemplo, ac. de 19/10/77, *Ruckdeschel*, procs. 117/76 e 16/77, Rec. 1977, p. 1753; ac. de 5/10/94, *Alemanha c. Comissão*, proc. C-280/93, Rec. 1994, p. I-4701.

[30] Ver, por exemplo, caso *Hauer*, cit., p. 3727; ac. de 18/3/80, *Valsabbia*, proc. 154/78, Rec. 1980, p. 907; caso *Wachauf*, cit., p. 2609; ac. de 11/7/89, *Schräder*, proc. 265/87, Col. 1989, p. 2237.

[31] Ver, por exemplo, caso *Hauer*, cit., p. 3727 e ss; ac. de 8/10/86, *Keller*, proc. 234/85, Rec. 1986, p. 2897; ac. de 10/7/91, *Neu E. A.*, procs. C-90 e C-91/90, Rec. 1990, p. I-3617; ac. de 13/11/90, *Marshall*, proc. C-370/88, Rec. 1990, p. I-4087.

[32] Ver, por exemplo, ac. de 5/3/80, *Ferweda*, proc. 265/78, Rec. 1980, p. 617; ac. de 26/6/80, *National Panasonic*, proc. 136/79, Rec. 1980, p. 2033; ac. de 18/5/82, *AM et S*, proc. 155/79, Rec. 1982, p. 1575.

[33] Ver, por exemplo, ac. de 8/10/74, *Union Syndicale*, proc. 175/73, Rec. 1974, p. 917.

[34] Ver, por exemplo, ac. de 23/10/74, *Transocean Marine Paint*, proc. 17/74, Rec. 1974, p. 1080; ac. de 13/2/79, *Hoffmann-La Roche*, proc. 85/76, Rec. 1979, p. 461; ac. de 18/10/89, *Orkem-Solvay*, procs. 374/87 e 27/88, Rec. 1989, p. 3283; ac. de 21/9/89, *Hoechst*, procs. 43 e 63/89, Rec. 1989, p. 2930.

[35] Ver, por exemplo, ac. de 27/10/76, *Prais*, proc. 130/75, Rec. 1976, p. 1589.

[36] Ver, por exemplo, caso *ERT*, cit., p. I-2925; ac. de 5/10/94, *TV 10 SA*, proc. C-23/93, Rec. 1994, p. I-4795.

[37] Ver, por exemplo, ac. de 10/7/84, *Regina c. Kent Kirk*, proc. 63/83, Rec. 1984, p. 2689; ac. de 11/6/87, *Pretore de Salo*, proc. 14/86, Rec. 1987, p. 2545.

[38] Ver, por exemplo, ac. de 15/6/78, *Defrenne*, proc. 149/77, Rec. 1978, p. 1365.

[39] Ver, por exemplo, caso *Johnston*, proc. cit., p. 1651; ac. de 15/10/87, *Heylens*, proc. 222/86, Rec. 1987, p. 4112.

Parte III – Cap. II – Os valores e os princípios constitucionais da U.E.   231

A afirmação da protecção dos direitos fundamentais desloca para o quadro comunitário os direitos, as liberdades e as garantias, bem como os direitos económicos, sociais e culturais, que, à partida, se encontravam protegidos apenas ao nível do Direito interno ou no quadro do direito internacional clássico, o que contribui para uma certa «humanização» da Comunidade. Os indivíduos não são apenas tidos em conta na sua faceta de agentes económicos (trabalhadores, prestadores de serviços, receptores de serviços), mas também na sua faceta humana.

Mas deve realçar-se que a protecção dos direitos fundamentais no seio da Comunidade não se afigurava suficiente, nem poderia ser equiparada à que existia ao nível do direito interno dos Estados membros.

22.4.2. A consagração da protecção dos direitos fundamentais no TUE

I) O Tratado de Maastricht

À medida que os objectivos da Comunidade se vão alargando é cada vez mais nítido o carácter incompleto da solução em matéria de direitos fundamentais. Por isso, se consagrou, em Maastricht, no articulado do TUE o princípio do respeito dos direitos fundamentais. Os objectivos políticos da União assim o impuseram.

Como já se estudou[40], o TUE, na versão de Maastricht, refere-se à protecção dos direitos fundamentais a vários propósitos, a saber:

– nas disposições comuns da União (art. F, n.º 2, TUE, actual art. 6.º, n.º 2);
– nas normas respeitantes à Política Externa e de Segurança Comum (art. J.1, n.º 2, TUE, actual art. 11.º, n.º 1, 5.º trav.);
– no pilar da Justiça e Assuntos Internos (antigo art. K.2, n.º 1, TUE).

Estas normas consagram a jurisprudência constante do TJ no domínio da protecção dos direitos fundamentais, havendo até quem tenha visto nesta solução um retrocesso, pois o art. F, n.º 2, TUE (actual art. 6.º) encontrava-se, de acordo com o art. L (actual art. 46.º) TUE, subtraído à jurisdição do TJ, o que não impediu aquele órgão de continuar a apreciar

---

[40] Ver *supra* n.º 6.2.2.

232 Curso de Direito Constitucional da União Europeia

a violação dos direitos fundamentais, no quadro do TCE, considerando a exclusão de jurisdição do art. L (actual art. 46.º TUE) válida apenas para os pilares intergovernamentais.

Deve, no entanto, salientar-se que a protecção dos direitos fundamentais após Maastricht se aplica tanto em relação aos nacionais dos Estados membros da União como em relação aos nacionais de Estados terceiros, o que implica uma concepção mais abrangente do que a preconizada até aí. O direito da União Europeia passa a ser susceptível de afectar os nacionais de Estados terceiros que, enquanto seres humanos – e apenas por esse facto –, têm direito a ver os seus direitos fundamentais protegidos.

As implicações da referência expressa à protecção dos direitos fundamentais no articulado do TUE são, em nosso entender, as seguintes:

– Do ponto de vista jurídico – confere-se fundamento ao nível do direito constitucional ou originário às soluções adoptadas pelo TJ, afastando-se, deste modo, as dúvidas que a este respeito, eventualmente, pudessem subsistir. O Tratado encontra-se, incontestavelmente, no cume da hierarquia das fontes de direito comunitário, ou seja, numa posição superior à jurisprudência do TJ.

– Do ponto de vista político – implica uma opção de clarificação, de transparência e de «humanização» da Comunidade e da União. A passagem de uma Comunidade meramente económica a uma União política aumenta a necessidade de limitação dos poderes da autoridade pública em relação aos cidadãos como forma de garantir os valores da democracia e da comunidade de direito.

Todavia, deve sublinhar-se que a protecção dos direitos fundamentais ao nível da União não se tornou perfeita. Pelo contrário, algumas das críticas de que foi alvo até ao TUE mantêm actualidade.

II) O Tratado de Amesterdão

O Tratado de Amesterdão vai introduzir as seguintes inovações, que contribuem para uma maior protecção dos direitos fundamentais no seio da União:

– Apesar de a redacção do n.º 2 do art. F (actual art. 6.º) TUE se manter inalterada, o Tribunal passa a ter competência expressa para apreciar os actos das instituições (art. 46.º, al. d), ex-art. L TUE) com base em violação da protecção dos direitos fundamentais.

Parte III – Cap. II – Os valores e os princípios constitucionais da U.E. 233

- A declaração n.º 1 da conferência, relativa à abolição da pena de morte, deve ser lida em consonância com os arts. 6.º e 7.º TUE. A declaração invoca o protocolo n.º 6 da CEDH, que prevê a abolição da pena de morte, e assinala que esse protocolo foi assinado por uma maioria de Estados e que a pena de morte foi abolida na maioria dos Estados membros e não foi aplicada em nenhum deles. Desta declaração pode inferir-se que a reintrodução da pena de morte num Estado membro poderá ser motivo para a União decidir medidas de suspensão de um Estado membro, com base no art. 7.º TUE. Apesar de estas normas se dirigirem directamente aos Estados, elas têm, obviamente, implicações nos cidadãos, conferindo-lhes uma dupla protecção, no que diz respeito aos direitos humanos.
- O reforço dos direitos sociais – foi aditado um considerando ao preâmbulo do Tratado, no qual se afirma: «*confirmando o seu apego aos direitos sociais fundamentais, tal como definidos na Carta Social Europeia, assinada em Turim, em 18 de Outubro de 1961, e na Carta Comunitária dos Direitos Sociais Fundamentais dos Trabalhadores, de 1989*». No TCE foi introduzido um Título VIII, relativo ao emprego, no qual foi consagrado o direito ao emprego.
- O alargamento do âmbito de aplicação do princípio da não discriminação – multiplicam-se as afirmações de igualdade entre homens e mulheres e insere-se o art. 13.º no TCE, que dispõe que o Conselho, deliberando por unanimidade, sob proposta da Comissão e após consulta ao PE, pode tomar as medidas necessárias para combater a discriminação em razão do sexo, raça ou origem étnica, religião ou crença, deficiência, idade ou orientação sexual. Esta norma não tem efeito directo nem impõe ao Conselho uma obrigação de legislar, ao contrário do que sucede no art. 141.º (ex-art. 119.º) TCE, e essas parecem ser as razões que justificam a sua autonomização em relação ao princípio da não discriminação em razão do sexo e da nacionalidade. Deste modo, não se põe em causa o efeito directo já consolidado dessa norma nem a autoridade da jurisprudência que lhe está ligada.
- Os direitos dos administrados – o tratado de Amesterdão vem garantir a todo o cidadão e a toda a pessoa singular ou colectiva, que resida ou tenha a sua sede num Estado membro, o acesso aos documentos do PE, do Conselho e da Comissão (art. 255.º TCE). Além disso, o art. 286.º TCE estipula que a partir de 1 de Janeiro

234 *Curso de Direito Constitucional da União Europeia*

de 1999 os actos comunitários relativos à protecção de pessoas singulares em matéria de tratamento de dados de carácter pessoal e de livre circulação desses dados serão aplicáveis às instituições e aos órgãos instituídos pelo presente Tratado ou com base nele.
– As declarações n.ᵒˢ 11 e 22 – a primeira afirma o respeito do estatuto de que gozam, ao abrigo do direito nacional, as Igrejas e associações ou comunidades religiosas nos Estados membros, bem como as organizações filosóficas ou não confessionais; a segunda consagra a exigência de as instituições da Comunidade respeitarem os direitos das pessoas com deficiências, quando adoptam medidas de aplicação, ao abrigo do art. 95.º TCE (ex-art. 100.ºA).

O ponto da situação, em matéria de protecção dos direitos fundamentais, a partir do tratado de Amesterdão, é o seguinte:

– os direitos fundamentais constituem uma das bases axiológicas da União Europeia (arts. 6.º, n.º 1, e 7.º do TUE);
– continua a não existir um catálogo de direitos fundamentais próprio da União;
– nem a Comunidade nem a União têm competência para aderir à CEDH – na sequência do Parecer 2/94[41] do Tribunal de Justiça pensou-se que a CIG 96 iria resolver definitivamente esta questão, mas tal não aconteceu. Efectivamente, o Tribunal considerou neste Parecer que, no quadro jurídico então vigente, a Comunidade não tinha competência para aderir à CEDH.

III) O Tratado de Nice

Há muito que se tem plena consciência da insuficiência da protecção dos direitos fundamentais no seio da União, provocada pela inexistência de um catálogo de direitos fundamentais, que permita ao indivíduo saber *a priori*, ou seja, antes do recurso a um qualquer tribunal, quais os direitos de que dispõe, aliado à ampla margem de manobra de que o TJ goza por esse facto. A consagração do direito fundamental no direito da União acaba por depender mais de razões processuais, quais sejam a de que o processo chegue ao TJ, do que de razões substanciais.

O art. 6.º, n.º 2, TUE, ao remeter para as tradições constitucionais dos Estados membros, não resolve o problema da identificação do direito

---

[41] Parecer de 28/3/96, Col. 1996, p. I-1759 e ss.

Parte III – Cap. II – Os valores e os princípios constitucionais da U.E. 235

nem o do seu conteúdo, pois o mesmo direito pode ter um conteúdo diferente nos vários Estados membros, o que prejudica a vertente objectiva do direito, pois não é possível destacar quais os valores objectivos que lhe estão subjacentes e que vão orientar toda a actividade hermenêutica e a actividade legislativa.

Foi com base neste cenário que, no mesmo Conselho – o Conselho Europeu de Colónia, de 3 e 4 de Junho de 1999 – em que se lançou oficialmente a ideia de convocação de uma CIG – a CIG 2000 – para rever o TUE, que conduziu à aprovação do Tratado de Nice, se decidiu que era necessário elaborar uma Carta dos Direitos Fundamentais da União Europeia[42], com o objectivo de tornar mais visíveis os direitos que já existem e que fazem parte do património comum dos europeus.

Como já estudámos[43], ao contrário do que alguns supunham na época, a Carta não logrou consenso para a sua inclusão no tratado de Nice, nem obteve carácter juridicamente vinculativo, pelo que a protecção dos direitos fundamentais no seio da União se mantém, no essencial, nos moldes anteriormente analisados.

Também já vimos[44] que a Carta dispõe, do ponto de vista material, de um catálogo de direitos fundamentais da União, tendo sido incluída no projecto de constituição europeia como um dos seus principais elementos constitutivos.

22.5. A solidariedade e a justiça social

As predominantes preocupações económicas iniciais das Comunidades poderiam ter feito esquecer os valores sociais ligados à solidariedade e à justiça. Todavia, assim não aconteceu. Para tal contribuiu o facto de as Comunidades terem surgido apenas alguns anos depois da II Guerra Mundial, estando ainda muito presente no espírito das populações os atropelos infligidos aos seus mais elementares direitos.

A justiça social surge, por isso, como um dos valores inspiradores dos tratados institutivos das Comunidades Europeias, implicando a melhoria das condições de vida das populações, através da aproximação a padrões de vida mais elevados, assim como a redução das desigualdades entre as populações, através da redução do atraso das menos favorecidas.

---

[42] Conclusões publicadas no Boletim da União Europeia n.º 6/1999.
[43] Ver *supra* n.º 11.3.
[44] Ver *supra* n.º 13.1.

236 Curso de Direito Constitucional da União Europeia

Os valores da justiça social e da solidariedade inspiram o preâmbulo do TCE quando refere a melhoria das condições de vida e de emprego dos seus povos e a redução das diferenças entre regiões e do atraso das menos favorecidas. O articulado do Tratado é também tributário deste valor nos arts. 136.° e seguintes, referentes à política social. A justiça social não é apenas uma preocupação de cada Estado isolado, devendo ser alcançada também no quadro comunitário.

A concretização do valor da justiça social, na versão originária dos Tratados, aparece essencialmente relacionada com a livre circulação de trabalhadores.

As sucessivas revisões do Tratado separam, progressivamente, o valor da justiça social da liberdade de circulação de trabalhadores, erigindo-o a valor de aplicação universal e reforçam o valor da solidariedade.

O *AUE* introduz algumas modificações nos preceitos respeitantes à política social e – mais importante – consagra um novo título no Tratado CEE, referente à coesão económica e social (antigos arts. 130.°A a 130.°E), cujo objectivo é promover o desenvolvimento harmonioso do conjunto da Comunidade, reduzir a diferença entre as regiões e o atraso das regiões menos favorecidas, proporcionando às suas populações uma melhoria do seu nível de vida.

O *TUE* manifestou uma preocupação muito especial com a observância destes valores, pois a realização com sucesso das várias etapas económicas tornou ainda mais evidente o défice em matéria de justiça social e solidariedade. Assim:

– *O tratado de Maastricht* consagra os valores da justiça social e da solidariedade no preâmbulo, quando afirma o objectivo de promover o progresso económico e social dos povos da Europa e a execução de políticas que assegurem progressos paralelos na integração económica e nos outros domínios, abrangendo-se também o domínio social. Além disso, o Tratado eleva a objectivo da União a promoção do progresso social, através do reforço da coesão económica e social (art. B TUE) e a objectivo da Comunidade Europeia um elevado nível de emprego e de protecção social, o aumento do nível e da qualidade de vida e a coesão económica e social (art. 2.° TCE). Além disso, o Tratado vai alterar as normas relativas à coesão económica e social, criando a base jurídica (art. 161.°, par. 2.°, TCE) para o denominado Fundo de Coesão. O protocolo social é outra das manifestações do valor da justiça social no tratado de Maastricht.

Parte III – Cap. II – Os valores e os princípios constitucionais da U.E. 237

– *O tratado de Amesterdão* vai continuar este aprofundamento da concretização dos valores da justiça social e da solidariedade. A preocupação do Tratado com a construção de uma sociedade mais justa está patente nos objectivos da União, previstos no art. 2.º TUE. De entre eles deve realçar-se a promoção do progresso económico e social e de um elevado nível de emprego (1.º trav.) e a manutenção e o desenvolvimento da União enquanto espaço de liberdade, segurança e *justiça*, em que seja assegurada a livre circulação de pessoas, em conjugação com medidas adequadas em matéria de controlos na fronteira externa, asilo, imigração, bem como de prevenção e combate à criminalidade (4.º trav.). Ora, sendo actualmente os níveis de desemprego na Europa algo elevados e constituindo um dos factores que geram desigualdades, que, inevitavelmente, conduzem a injustiças sociais, compreende-se a preocupação manifestada pelo Tratado com a inserção de um novo título relativo à política de emprego (título VIII – arts. 125.º e seguintes TCE). Além disso, o progresso económico e social depende, não só mas também, de um elevado nível de emprego. Um outro factor indispensável à criação de uma sociedade mais justa é a existência de uma política social que permita combater as desigualdades e as exclusões e melhorar as condições de vida e de trabalho dos povos. Neste contexto, o tratado de Amesterdão substituiu o anterior acordo social por normas que sofreram uma revisão de fundo e que vinculam todos os Estados membros em matéria de política social (arts. 136.º e seguintes TCE). O 1.º trav. do art. 136.º TCE fala por si: «A Comunidade e os Estados membros, tendo presentes os <u>direitos sociais fundamentais</u>, tal como os enunciam a Carta Social Europeia (...) e a Carta Comunitária dos Direitos Sociais Fundamentais dos Trabalhadores, de 1989, terão por objectivos <u>a promoção do emprego, a melhoria das condições de vida e de trabalho</u>, de modo a permitir a sua harmonização, assegurando simultaneamente essa melhoria, uma protecção social adequada, o diálogo entre os parceiros sociais, o desenvolvimento dos recursos humanos, tendo em vista um nível de emprego elevado e duradouro, e <u>a luta contra as exclusões</u>» (sublinhados nossos). Alude-se, pela primeira vez, no articulado do Tratado aos direitos sociais fundamentais, bem como à luta contra as exclusões, o que demonstra bem que a União assumiu a justiça social como um valor a observar e a salvaguardar.

22.6. O pluralismo cultural

Os valores da União até agora mencionados são valores partilhados com os seus Estados membros, embora adquiram na União um significado próprio. Pelo contrário, o valor do pluralismo cultural deve ser configurado como um valor próprio da União.

Enquanto os valores da democracia, do Estado de direito e do respeito dos direitos fundamentais são afirmados na Comunidade, desde muito cedo, a tomada de consciência do valor do pluralismo cultural é mais tardia, o que não significa que não estivesse presente desde o início.

Numa primeira fase, a integração europeia não punha em causa os aspectos culturais. É certo que o objectivo de construção do mercado comum implicava a circulação de bens e pessoas provenientes de diferentes culturas e, como tal, a sua influência recíproca, mas ainda não apresentava o perigo da diluição das partes no todo.

A progressiva abertura de fronteiras e o alargamento das áreas de intervenção da Comunidade tem como consequência a crescente circulação de culturas e a penetração do direito comunitário nos direitos nacionais e, como tal, o risco de diluição das particularidades de cada povo no todo que é a União Europeia.

Porém, o objectivo da integração europeia não é – nem nunca foi – destruir os Estados e as suas diversidades culturais, mas sim aproveitar essa riqueza cultural para desenvolver a União.

O valor do pluralismo cultural está, portanto, presente desde a origem das Comunidades, mas a sua formalização no Tratado só se dá, verdadeiramente, quando os Estados se sentem ameaçados na sua identidade cultural. Essa ameaça começa-se a antever com o Acto Único Europeu, devido à previsão de criação do mercado interno, mas é com o TUE que ela se torna mais clara. Daí que se tenha consagrado, expressamente, neste Tratado o respeito das identidades nacionais, o que implica o respeito das diferentes culturas dos Estados membros, das diferentes línguas e das diferentes tradições jurídico-constitucionais. O tratado de Maastricht introduz mesmo um título no TCE cuja epígrafe é cultura, do qual faz parte apenas um artigo – o art. 128.º –, no qual se afirma que a Comunidade contribuirá para o desenvolvimento das culturas dos Estados membros, respeitando a sua diversidade nacional e regional e pondo, simultaneamente, em evidência o património cultural comum.

O tratado de Amesterdão introduz o princípio do respeito do pluralismo cultural em toda a acção da Comunidade, ao abrigo de outras disposições do Tratado (art. 151.º, n.º 4, TCE).

Parte III – Cap. II – Os valores e os princípios constitucionais da U.E.   239

O valor do pluralismo cultural actua, portanto, na interacção entre o respeito das identidades nacionais e o surgimento de uma identidade europeia. Este valor aponta, simultaneamente, para a identidade e para a diversidade que faz a riqueza cultural europeia e que o projecto de constituição erigiu em lema da União.

22.7. O desrespeito dos valores comuns por parte de um Estado membro

O respeito dos valores consagrados no art. 6.º, n.º 1, TUE é condição de participação plena dos Estados na União (art. 7.º TUE), bem como de adesão de um Estado à União (art. 49.º TUE). Estas exigências foram introduzidas pelo tratado de Amesterdão com o principal objectivo de impedir o desvirtuamento da União como espaço democrático e de economia liberal, por força do, à época, futuro alargamento aos PECO's.

Porém, como já mencionámos[45], a crise austríaca demonstrou que, pelo menos, em teoria, um Estado membro com tradições democráticas firmadas pode, igualmente, pôr em causa esses valores, pelo que, a par das medidas sancionatórias previstas no art. 7.º TUE, foram aditadas, em Nice, medidas preventivas para os Estados que ameacem violar o art. 6.º, n.º 1, TUE.

22.7.1. As medidas sancionatórias

O art. 7.º, n.º 1 (actual n.º 2), TUE, na versão de Amesterdão, prevê um processo de suspensão dos direitos dos Estados, que comporta duas fases:

- *1.ª fase* – tem por objectivo verificar a existência de uma «violação grave e persistente de algum dos princípios enunciados no n.º 1 do art 6.º». Esta fase começa com um convite do Conselho dirigido ao Estado prevaricador para apresentar as suas observações sobre a questão. Embora o preceito seja omisso, pressupõe-se que nesse convite deve ser fixado um prazo para o Estado responder. No caso de o Estado não responder ou responder de forma que o Conselho não considera satisfatória, então compete ao Conselho,

---

[45] Cfr. *supra* n.º 8.2.3.

240   *Curso de Direito Constitucional da União Europeia*

reunido ao mais alto nível – chefes de Estado e de Governo – decidir, por unanimidade, se essa violação existe. De acordo com o n.º 4 (actual n.º 5) do preceito, as abstenções dos membros presentes ou representados não impedem a formação da unanimidade. Consagrou-se aqui o chamado sistema da abstenção construtiva ou da unanimidade relativa. A Comissão tem a este propósito um direito de iniciativa que partilha com os Estados membros (um terço dos Estados membros). O Parlamento Europeu deve emitir um parecer favorável (n.º 1 (actual n.º 2) do art 7.º TUE).

• *2.ª fase* – uma vez verificada a violação pode passar-se à segunda fase, qual seja a da suspensão de alguns direitos do Estado, decorrentes do Tratado, incluindo o direito de voto do representante do governo desse Estado-membro no Conselho. Este órgão não está obrigado a desencadear esta segunda fase, pois pode considerar que o simples facto de ter decidido a existência da violação é um meio suficientemente dissuasor. Nesse caso, o Conselho delibera por maioria qualificada. O Estado prevaricador pode ver os seus direitos suspensos, mas continuará vinculado a todas as obrigações, ou seja, o Conselho não tem poder para excluir o Estado (art. 7.º, n.º 2, TUE – actual n.º 3).

A suspensão é, por natureza, uma situação temporária que o Conselho, por maioria qualificada, poderá fazer cessar, se se alterar a situação que motivou a imposição dessas medidas (n.º 3 do art. 7.º TUE, actual n.º 4).

As deliberações do Conselho não levam em linha de conta os votos do representante do Governo do Estado-membro prevaricador.

O Parlamento Europeu decide por maioria de dois terços dos votos expressos que represente a maioria dos membros que o compõem (art. 7.º, n.º 5, TUE, actual n.º 6).

O art. 309.º do TCE aplica a segunda fase do processo de suspensão no âmbito do TCE.

Apreciação crítica da solução consagrada no art. 7.º TUE:

– A constatação da violação é decidida pelo órgão mais intergovernamental previsto no Tratado – o Conselho, reunido ao nível dos chefes de Estado e de Governo, por unanimidade, com excepção das abstenções e do voto do Estado violador. Trata-se, portanto, de um julgamento *inter pares*.

Parte III – Cap. II – Os valores e os princípios constitucionais da U.E. 241

- Esta decisão é definitiva e não admite recurso para o Tribunal de Justiça, pois tanto o art. 6.º, n.º 1, TUE, como o art. 7.º TUE, excepto no que diz respeito às disposições processuais, estão excluídos da sua jurisdição. Mas como esta decisão produz efeitos, no âmbito da CE, por força do art. 309.º TCE, o Tribunal poderá adquirir competência por essa via, pois o art. 309.º TCE não está excluído da sua jurisdição.
- A competência do Tribunal está limitada ao TCE e às questões processuais, encontrando-se vedada a possibilidade de avaliar se houve ou não violação grave e persistente, bem como a adequação e a proporcionalidade das medidas adoptadas pelo Conselho.
- Ora, a exclusão da jurisdição do TJ só teria sentido se se tratasse de uma decisão meramente política, o que não se verifica, pois a constatação de que existe uma violação grave e persistente dos princípios enunciados no n.º 1 do art. 6.º TUE aproxima-se mais de uma decisão jurisdicional.
- Tratando-se de uma matéria em que estão profundamente em causa os direitos dos cidadãos, parece que se deveria ter previsto uma maior participação do PE. Na realidade, este apenas participa na primeira fase, ou seja, na constatação da violação, não sendo sequer ouvido, no que diz respeito aos direitos a suspender, nem exerce qualquer fiscalização sobre se estão a ser tidos em conta os direitos e as obrigações das pessoas singulares e colectivas.

22.7.2. As medidas preventivas

Como se disse, o tratado de Nice inseriu um n.º 1, no art. 7.º TUE, que introduz um procedimento prévio à constatação da violação grave do art. 6.º, n.º 1, TUE, e que obedece aos seguintes requisitos:

- Iniciativa – fundamentada de um terço dos Estados-Membros, do Parlamento Europeu ou da Comissão;
- Deliberação do Conselho, por maioria qualificada de quatro quintos dos seus membros, após parecer favorável do Parlamento Europeu;
- Antes da deliberação do Conselho, o Estado-Membro tem direito a ser ouvido;
- O Conselho deve ouvir e pode, deliberando segundo o mesmo processo, pedir a personalidades independentes que lhe apresentem

242   *Curso de Direito Constitucional da União Europeia*

num prazo razoável um relatório sobre a situação desse mesmo Estado-Membro;
– O Conselho pode verificar a existência de um risco manifesto de violação grave de algum dos princípios enumerados no n.º 1 do art. 6.º TUE por parte de um Estado-Membro e dirigir-lhe as recomendações apropriadas.

O Conselho verificará, regularmente, se continuam válidos os motivos que conduziram a essa constatação.

Este parágrafo acarretou a modificação da al. e) do art. 46.º TUE, referente à competência do TJ e ao exercício dessa competência, que passou a abranger as disposições processuais previstas no art. 7.º TUE, pronunciando-se o Tribunal de Justiça a pedido do Estado-Membro em questão no prazo de um mês a contar da data da constatação do Conselho a que se refere esse artigo.

22.8. Os valores da União no projecto de constituição europeia

A União, tal como a concebe o projecto de constituição europeia, é uma entidade axiologicamente fundamentada.

De acordo com o art. I-2.º do projecto, a União Europeia funda-se nos valores do respeito pela dignidade humana, da liberdade, da democracia, da igualdade, do Estado de direito, e do respeito pelos direitos humanos, neles se incluindo o respeito das minorias.

Como acabámos de ver, estes valores já consubstanciam a base axiológica da União, mas não se encontra uma base jurídica específica para o efeito, apenas se podendo inferir implicitamente do art. 6.º, n.º 1, do TUE relativo aos princípios fundamentadores da União. O projecto de constituição europeia, pelo contrário, explicita a base axiológica da União no seu articulado, daí retirando algumas consequências.

O respeito dos valores da União é uma das condições de adesão de um Estado à União (art. I-1.º, n.º 2, do projecto), bem como da manutenção da qualidade de membro, pois um dos fundamentos da suspensão de direitos de membro da União é o risco manifesto da sua violação grave (art. I-58.º do projecto).

Os valores da União vão fundamentar as soluções adoptadas, ao longo do projecto, a vários propósitos. Mencione-se a inclusão da Carta dos Direitos Fundamentais da União Europeia na Parte II do projecto, que se baseia, indubitavelmente, no respeito da dignidade humana e dos direitos humanos, ou refira-se o título VI da Parte I relativo à vida demo-

Parte III – Cap. II – Os valores e os princípios constitucionais da U.E.   243

crática da União, que tem como fundamento os valores da igualdade e da democracia.

22.8.1. A dignidade humana e o respeito dos direitos humanos

O art. I-7.º do projecto de constituição consagra no domínio da protecção dos direitos fundamentais, essencialmente, duas novidades:

A) a incorporação da Carta dos Direitos Fundamentais da União no projecto de constituição;
B) a base jurídica de adesão da União à Convenção Europeia de Direitos do Homem.

A) A Carta dos Direitos Fundamentais da União Europeia

Na Convenção sobre o futuro da Europa obteve-se um compromisso no sentido da incorporação da Carta no projecto de constituição. O art. I-7.º, n.º 1, afirma que a União reconhece os direitos, liberdades e princípios nela consagrados, que constitui a Parte II. A Carta passa a ter dignidade constitucional e carácter vinculativo.

Este compromisso é tanto mais importante, se pensarmos que a questão do catálogo de direitos fundamentais, ou melhor, da ausência dele, se arrastava há décadas.

A incorporação da Carta fez-se à custa de algumas concessões, uma vez que o seu texto sofreu modificações, aliás, recomendadas pelo Grupo de trabalho II, das quais se destacam as seguintes:

i) a menção, no preâmbulo, das actualizações efectuadas pelo *Presidium* da Convenção Europeia;

ii) a inclusão de uma declaração na Acta Final, segundo a qual a Conferência toma nota das anotações elaboradas sob a responsabilidade do *Presidium* da Convenção que redigiu a Carta e actualizadas sob a responsabilidade *Presidium* da Convenção Europeia;

iii) o aditamento de um n.º 7 ao art. II-52.º, que considera as anotações acabadas de mencionar como um guia para efeitos de interpretação por parte dos órgãos jurisdicionais da União e dos Estados membros;

iv) a distinção entre direitos e princípios constante do seu art. II-52.º, limitando-se a invocação jurisdicional destes últimos. Este parece ter sido o preço a pagar pela inclusão da Carta no projecto de constituição, pois havia Estados, como, por exemplo,

244 *Curso de Direito Constitucional da União Europeia*

o Reino Unido, que se opunham, em especial, ao inevitável carácter vinculativo dos direitos sociais, que acarretaria a inclusão da Carta na constituição. Ora, a distinção entre direitos e princípios parece permitir reservar estes últimos para os direitos sociais, embora nada se diga, expressamente, nem na Carta nem no projecto de constituição sobre esse assunto.

A inclusão da Carta no projecto de constituição deve ser encarada como um reforço da protecção dos direitos fundamentais na União, uma vez que o indivíduo passa a saber *a priori*, ou seja, antes do recurso a um qualquer tribunal, quais os direitos de que dispõe, diminuindo assim, a ampla margem de manobra de que o TJ dispunha neste domínio.

Além disso, aumentam a certeza e a segurança jurídicas, ao mesmo tempo que diminui o carácter fragmentário dos direitos fundamentais, que obtêm consagração no direito da União europeia. Os direitos estão identificados, bem como o seu conteúdo, pelo que é possível destacar os valores que objectivamente lhe estão subjacentes e que vão orientar, quer toda a actividade hermenêutica, quer toda a actividade legislativa.

B) A adesão à Convenção Europeia dos Direitos do Homem

O projecto de constituição europeia confere a base jurídica necessária, do ponto de vista da União, para a adesão da União à Convenção Europeia dos Direitos do Homem, ressalvando, no entanto, que a adesão a esta Convenção não significa alteração das competências da União. Aliás, a mesma preocupação no sentido de não alterar os princípios em matéria de atribuição de competências se verifica no art. II-51.º, n.ºs 1 e 2, da Carta, a propósito do seu âmbito de aplicação.

A adesão da União à Convenção Europeia dos Direitos do Homem não depende só dela. Pelo contrário, pressupõe também a modificação prévia da própria CEDH, que, neste momento, só está aberta aos Estados membros do Conselho da Europa (art. 59.º da CEDH). Daí que o art. I-7.º, n.º 2, do projecto aprovado pela Convenção Europeia utilizasse uma fórmula *soft*: «a União procurará aderir à Convenção...» e não uma fórmula mais imperativa, dado que juridicamente os compromissos vinculam apenas aqueles que neles tomaram parte e não terceiros.

Durante a CIG 2003/2004, a Presidência italiana propôs a substituição da expressão *procurará aderir* por *aderirá*[46], e o que acabou por constar

---

[46] Ver proposta da Presidência ao conclave ministerial de Nápoles (CIG 52/03 de 25 de Novembro de 2003), alteração ao art. I-7.º, n.º 2.

Parte III – Cap. II – Os valores e os princípios constitucionais da U.E. 245

da versão consolidada provisória, sobre a qual nos baseamos neste Curso, é «a União adere à CEDH».

O n.º 3 do art. I-7.º do projecto de constituição europeia mantém o disposto no actual art. 6.º, n.º 1, do TUE, segundo o qual os direitos fundamentais constantes da CEDH e das tradições constitucionais dos Estados membros fazem parte do Direito da União como princípios gerais. Afigurou-se, pois, necessário salvaguardar juridicamente a protecção dos direitos fundamentais, enquanto a União não aderir à Convenção.

22.8.2. A igualdade e a democracia

Os valores da igualdade e da democracia vão ser concretizados no Título VI da Parte I do projecto de constituição.

Assim, segundo o art. I-44.º do projecto, a União deve respeitar o princípio da igualdade dos seus cidadãos em todas as suas actividades. Daqui decorrem consequências, como sejam a proibição da discriminação em função da nacionalidade (art. I-4.º, n.º 2), que já faz parte do acervo comunitário desde a criação das Comunidades ou a igualdade perante a lei reconhecida no art. II-20.º da Carta. Além disso, o TCE permite, desde a revisão de Amesterdão, no art. 13.º TCE, ao Conselho, deliberando por unanimidade, sob proposta da Comissão e após consulta ao PE, tomar as medidas necessárias para combater a discriminação em razão do sexo, raça ou origem étnica, religião ou crença, deficiência, idade ou orientação sexual, preceito este que é retomado no art. II-21.º da Carta.

O princípio da democracia representativa, previsto no projecto de constituição, exige que os vários componentes da União estejam representados nos seus órgãos. Ora, segundo o art. I-45.º, n.º 2, os cidadãos da União estão representados no Parlamento, o que é corroborado também pelo art. I-19.º, n.º 2, relativo à composição deste órgão, e os Governos dos Estados estão representados no Conselho Europeu e no Conselho de Ministros (arts. I-20.º, n.º 2 e 22.º, n.º 2, respectivamente). Os Governos são responsáveis perante os parlamentos nacionais, eleitos pelos seus cidadãos (art. I-45.º, n.º 2).

Em democracia o Poder provém do povo, é exercido pelo povo e para o povo. Por isso, os cidadãos devem eleger os órgãos de decisão política, devem poder participar na adopção das decisões políticas e devem dispor do poder de controlar os governantes. A forma como a participação do povo se vai concretizar pode ser diversa, sem que o valor da democracia seja afectado. O povo tanto pode participar directamente, como através de instituições eleitas periodicamente, as quais devem agir em nome do

246 *Curso de Direito Constitucional da União Europeia*

povo, observando os princípios previamente estabelecidos. Neste último caso, é possível prever, em certas situações – mais ou menos frequentes – que o povo seja directamente ouvido, nomeadamente, através do referendo.

Na verdade, a afirmação do princípio da democracia representativa no ordenamento jurídico da União configura uma inovação mais formal do que substancial, dado que as alterações introduzidas no quadro institucional nas últimas revisões têm sido no sentido de o respeitar e aprofundar. Deve, contudo, frisar-se que a sua consagração expressa, bem como as consequências que daí se retiram, não são inocentes e vão ter sérias implicações na caracterização do sistema político da União previsto no projecto de constituição.

Um outro corolário do valor da democracia é o princípio da democracia participativa. Tendo em consideração que uma das principais críticas que se faz ao processo de integração europeia é o seu distanciamento em relação aos cidadãos e a da falta de participação da sociedade civil, o projecto de constituição europeia faz menção expressa do princípio da democracia participativa.

Este princípio está associado à ideia da mais ampla participação da sociedade civil e das organizações representativas na construção europeia (art. I-46.º). Admite-se mesmo o impulso legiferante por parte dos cidadãos da União, uma vez que o n.º 4 do art. I-46.º estabelece que, por iniciativa de, pelo menos, um milhão de cidadãos oriundos de um número significativo de Estados membros, a Comissão pode ser convidada a apresentar as propostas adequadas.

Além disso, o princípio da democracia participativa implica ainda o respeito dos princípios da participação na decisão (art. I-36.º, n.º 3), da abertura e da proximidade da decisão aos cidadãos (art. I-45.º, n.º 3) e da transparência (art. I-46.º, n.º 2 e 3, e 49.º)

O projecto de constituição reconhece os partidos políticos ao nível europeu, no art. I-45.º, n.º 4, como formas de manifestação da vontade dos cidadãos da União e de contribuírem para a formação de uma consciência política europeia, bem como estabelece que a União reconhece e promove o papel dos parceiros sociais a nível da União, tendo em conta a diversidade dos sistemas nacionais, facilitando o diálogo entre eles e respeitando a respectiva autonomia (art. I- 47.º).

Por fim, um dos principais órgãos ao serviço dos cidadãos e, portanto, também da democracia, é o Provedor de Justiça Europeu, que mantém as competências, que actualmente lhe estão atribuídas, a saber, receber as queixas relativas a casos de má administração na actuação das instituições,

Parte III – Cap. II – Os valores e os princípios constitucionais da U.E. 247

órgãos e agências da União, bem como proceder a inquéritos e apresentar relatórios sobre essas queixas (art. I-48.º).

Na sequência da declaração n.º 11 anexa ao tratado de Amesterdão, o art. I-51.º, n.º 1, do projecto de constituição prevê, explicitamente, que a União respeita e não afecta o estatuto de que gozam, ao abrigo do direito nacional, as igrejas e as associações ou comunidades religiosas nos Estados membros. A União respeita igualmente o estatuto das organizações filosóficas e não confessionais (art. I-51.º, n.º 2).

23. Os princípios constitucionais da União Europeia

Bibliografia específica

I) **Sobre os princípios constitucionais em geral:** KOEN LENAERTS, *«In the Union we trust».: trust-enhancing principles of Community Law*, CMLR, 2004, p. 317 e ss; ARMIN VON BOGDANDY, *Doctrine of principles*, Jean Monnet Working Paper 9/03, T. TRIDIMAS, *The General Principles of EC Law*, Oxford, 1999; JOHN A. USHER, *General Principles of EC Law*, Londres, 1998.

II) **Princípio da solidariedade:** KAMIEL MORTELMANS, *The Principle of Loyalty to the Community (Article 5 EC) and the Obligations of the Community Institutions*, MJ, 1998, p. 67 e ss; JOHN TEMPLE LANG, *The Duties of National Authorities Under Community Constitutional Law*, ELR, 1998, p. 109 e ss; MARC BLANQUET, *L'article 5 du Traité C.E.E. – Recherche sur les obligations de fidélité des États membres de la Communauté*, Paris, 1994; ARMIN VON BOGDANDY, *Rechtsfortbildung mit Artikel 5 EG-Vertrag – Zur Zulässigkeit gemeinschaftsrechtlicher Innovationen nach EG-Vertrag und Grundgesetz, in* ALBRECHT RANDELSHOFER (Dir.), Gedächtnisschrift für E. GRABITZ, Munique, 1995, p. 17 e ss; OLE DUE, *Article 5 du traité CEE. Une disposition de caractère féderal?*, RCADE, vol. II, livro 1, 1992, p. 15 e ss; MICHAEL LÜCK, *Die Gemeinschaftstreue als allgemeines Rechtsprinzip im Recht der Europäischen Gemeinschaft*, 1.ª ed., Baden-Baden, 1992; JOHN TEMPLE LANG, *Community Constitutional Law: Article 5 EEC Treaty*, CMLR, 1990, p. 645 e ss; HENRY G. SCHERMERS / PATRICK J. PEARSON, *Some Comments on Article 5 of the EEC Treaty, in* JÜRGEN F. BAUR (Dir.), FS f. ERNST STEINDORFF, Berlim, 1990, p. 1359 e ss; ALBERT BLECKMANN, *Die Bindungswirkung der Praxis der Organe und der Mitgliedstaaten der EG bei der Auslegung und Lückenfüllung des Europäischen Gemeinschaftsrecht: Die Rolle des Art 5 EWG-Vertrag, in* ROLAND BIEBER e. a., Die Dynamik des Europäischen Gemeinschaftsrecht, Baden-Baden, 1987, p. 161 e ss; MANFRED DAUSES, *Quelques réflexions sur la signification et la portée de l'article 5 du Traité CEE, in* ROLAND BIEBER e. a., Die Dynamik ..., p. 229 e ss; VLAD CONSTANTINESCO, *L'article 5 CEE, de la bonne foi à la loyauté communautaire, in* F. CAPOTORTI e. a., Du droit international au droit d'intégration – Liber amicorum PIERRE PESCATORE, Baden-Baden, 1987, p. 97 e ss; RENATE SÖLLNER, *Art 5 EWG--Vertrag in der Rechtsprechung des Europäischen Gerichtshofes*, Munique, 1985; ALBERT BLECKMANN, *Art 5 EWG-Vertrag und die Gemeinschaftstreue*, DVBl., 1976, p. 483 e ss.

III) **Princípio do acervo comunitário:** AAVV, *L'Acquis de l'Union européenne*, RAE, 2001-2002, p. 941 e ss; CARLO CURTI GIALDINO, *Some Reflections on the Acquis Communautaire*, CMLR, 1995, p. 1121 e ss; PIERRE PESCATORE, *Aspects judiciaires de l'«acquis communautaire»*, RTDE, 1981, p. 617 e ss.

IV) **Princípio do respeito das identidades nacionais:** KARL DOEHRING, *Die nationale «Identität» der Mitgliedstaaten der Europäischen Union*, Festschrift EVERLING, vol. I, Baden-Baden, 1995, p. 263 e ss; MEINHARD HILF, *Europäische Union and nationale Identität der Mitgliedstaaten*, Gedächtnisschrift für E. GRABITZ, Munique, 1995, p. 157 e ss; ANTHONY D. SMITH, *National Identity and the Idea of the European Unity*, Int. Aff., 1992, p. 55 e ss.

Parte III – Cap. II – Os valores e os princípios constitucionais da U.E. 249

V) **Princípio da subsidiariedade:** Maria Margarida Salema D'Oliveira Martins, *O princípio da subsidiariedade em perspectiva jurídico-política,* Coimbra, 2003, p. 91 e ss; Fausto de Quadros, *O princípio da subsidiariedade no Direito Comunitário após o Tratado da União Europeia,* Coimbra, 1995; Torsten Stein, *El principio de subsidiariedad en el derecho de la Union Europea,* Rev. Est. Pol., 1995, p. 69 e ss; Theodor Schilling, *A New Dimension of Subsidiarity: Subsidiarity as a Rule and a Principle,* YEL, 1994, p. 203 e ss; Girolamo Strozzi, *Le principe de subsidiarité dans la perspective de l'intégration européenne: une énigme et beaucoup d'attentes,* RTDE, 1994, p. 373 e ss; Angel Boixareu Carrera, *El principio di subsidiariedad,* Rev. Inst. Eur., 1994, p. 771 e ss; Paolo Caretti, *Il principio di sussidiarietà e i suoi riflessi sul piano dell'ordinamento comunitario e dell'ordinamento nazionale,* Quad. Cost., 1993, p. 7 e ss; Jo Steiner, *Subsidiarity under the Maastricht Treaty, in* David O'Keeffe e. a., Legal Issues..., p. 49 e ss; A. G. Toth, *A Legal Analysis of Subsidiarity, in* David O'Keeffe e. a., Legal Issues..., p. 37 e ss; Frans Pennings, *Is the Subsidiarity Principle Useful to Guide the European Integration Process?,* Tilburg Foreign L. Rev., 1993, p. 153 e ss; Marie Cornu, *Compétences culturelles en Europe et principe de subsidiarité,* Bruxelas, 1993; Nicholas Emiliou, *Subsidiarity: An Effective Barrier Against "the Entreprises of Ambition",* ELR, 1992, p. 313 e ss; Deborah Cass, *The Word that Saves Maastricht? The Principle of Subsidiarity and the Division of Powers within the European Community,* CMLR, 1992, p. 1107 e ss; Georges Vandersanden, *Considérations sur le principe de subsidiarité, in* Mélanges offerts à J. Velu, Présence du droit public et des droits de l'homme, Bruxelas, 1992, p. 193 e ss; Hervé Bribosia, *Subsidiarité et répartitions de compétences entre la Communauté et ses Etats membres,* RMUE, 1992, p. 166 e ss; Enzo Mattina, *Subsidiarité, démocratie et transparence,* RMUE, 1992, p. 204 e ss; E. Gazzo, *Lever le voile de la "subsidiarité" pour ne pas tomber dans les pièges qu'elle peut cacher,* RMUE, 1992, p. 221 e ss; Riccardo Perissich, *Le principe de subsidiarité, fil conducteur de la politique de la Communauté dans les années à venir,* RMUE, 1992, p. 7 e ss; Vlad Constantinesco, *Subsidiarité... vous avez dit subsidiarité?,* RMUE, 1992, p. 227 e ss; A. G. Toth, *The Principle of Subsidiarity in the Maastricht Treaty,* CMLR, 1992, p. 1079 e ss; J. Mertens de Wilmars, *Du bon usage de la subsidiarité,* RMUE, 1992, p. 193 e ss; Mark Wilke / Helen Wallace, *Subsidiarity: Approaches to Power-Sharing in the European Community,* RIIA Discussion Papers 27; Andrew Adonis / Jones Stuart, *Subsidiarity and the European Community Constitutional Future,* Staatswiss. u. Staatspr., 1991, p. 179 e ss; P. J. C. Kapteyn, *Community Law and the Principle of Subsidiarity,* RAE, 1991, p. 35 e ss; A. Mattera, *Subsidiarité, reconnaissance mutuelle et hiérarchie des normes européennes,* RMUE, 1991, p. 7 e ss; Vlad Constantinesco, *Le principe de subsidiarité: un passage obligé vers l'Union Européenne, in* Mélanges Jean Boulouis, p. 35 e ss; Francisco Lucas Pires, *A política social comunitária como exemplo do princípio de subsidiariedade,* RDES, 1991, p. 239 e ss; Kurt Schelter, *La subsidiarité: principe directeur de la future Europe,* RMC, 1991, p. 138 e ss.

VI) **Princípio da proporcionalidade:** Jürgen Schwarze, *The principle of proportionality and the principle of impartiality in European Administrative Law,* Riv. Trim. Dir. Pubb., 2003, p. 53 e ss; Evelyn Ellis (dir.), *The principle of proportionality in the laws of Europe,* Oxford, 1999; Nicholas Emiliou, *The Principle of Proportionality in European Law,* Londres, 1996.

250 *Curso de Direito Constitucional da União Europeia*

VII) Princípios relativos ao quadro institucional: Jean-Paul Jacqué, *The principle of institutional balance*, CMLR, 2004, p. 383 e ss; Miguel Moura e Silva, *O princípio do equilíbrio institucional na Comunidade Europeia. Conflito e cooperação interinstitucionais*, Lisboa, 1998; Enrique Gonzalez Sanchez, *La evolución institucional de la Union Europea: del sistema cuadripartito previsto en los tratados originarios a un sistema institucional tripartito en la perspectiva de realización de la unificacion europea*, Rev. Inst. Eur., 1994, p. 85 e ss; Koen Lenaerts, *Some Reflections on the Separations of Powers in the European Community*, CMLR, 1991, p. 11 e ss; Roland Bieber, *The Settlement of Institutional Conflicts on the Basis of Article 4 of the EEC Trearty*, CMLR, 1984, p. 505 e ss.

VIII) Princípios de índole económica: ver bibliografia citada na Parte VI deste Curso.

23.1. Os princípios fundamentantes – remissão

Como vimos, os princípios estruturantes da União Europeia estão previstos no art. 6.°, n.° 1, TUE e são o princípio da liberdade, o princípio democrático, o princípio da protecção dos direitos fundamentais e o princípio do Estado de direito.

Acabámos de os estudar como forma de concretização dos valores da União, pelo que para aí remetemos.

23.2. Os princípios relativos ao relacionamento entre os Estados e a União

23.2.1. O princípio da solidariedade

Desde o início do processo de integração que à divergência de interesses dos Estados, típica do direito internacional, se tem contraposto na Comunidade uma comunhão de interesses e um vínculo de solidariedade, que vai ter consequências, fundamentalmente, ao nível da repartição de atribuições entre as Comunidades e os Estados membros e ao nível da cooperação entre os Estados membros e as Comunidades na execução do direito comunitário.

Esse vínculo de solidariedade deve verificar-se entre os Estados membros entre si, assim como dos Estados para com a União e da União para com os Estados membros.

O princípio da solidariedade comunitária aparece referido no preâmbulo do Tratado (*«desejando aprofundar a solidariedade entre os seus povos»*), no art. 1.°, par. 2.°, TUE (*«a União tem por missão organizar de forma coerente e solidária as relações entre os Estados membros e entre os respectivos povos»*) e no art. 10.° do TCE.

Este princípio é a manifestação da coesão e da comunhão entre os Estados e os povos da Europa.

A) O conteúdo do princípio

Os Estados membros comprometem-se a adoptar todas as medidas necessárias ao cumprimento dos objectivos do Tratado e a não adoptar quaisquer medidas que ponham em causa esses objectivos.

B) O fundamento do princípio

O princípio da solidariedade deve ser entendido como uma manifestação de um princípio mais vasto – o princípio da boa fé – que fundamenta também o princípio da *Bundestreue* nos Direitos federais ou o princípio *pacta sunt servanda* no direito internacional.

Porém, o princípio da solidariedade deve distinguir-se do princípio *pacta sunt servanda,* dado que a União Europeia tem com os seus Estados membros elos muito mais estreitos do que os existentes ao nível do direito internacional. Isto porque as Comunidades só conseguirão exercer plenamente as suas tarefas se existir uma total colaboração, cooperação e fidelidade dos seus Estados membros.

O princípio da solidariedade tem assumido um papel fundamental na interpretação do Tratado por parte do Tribunal de Justiça. Como veremos[47], ele é uma das principais bases jurídicas, invocadas pelo TJ, para fundamentar alguns dos mais importantes princípios constitucionais como, por exemplo, o do primado, o da tutela judicial efectiva, o do efeito directo e o da responsabilidade do Estado por violação de normas e actos comunitários.

23.2.2. O princípio do acervo comunitário

Como vimos[48], na sequência dos alargamentos em razão do território, e para impedir a adulteração do carácter específico, inovador e autónomo das Comunidades e da União e do seu direito, foram introduzidos preceitos, em todos os tratados de adesão, que consagram o princípio do adquirido ou acervo comunitário.

---

[47] Ver *infra* todo o capítulo IV da Parte IV.
[48] Ver *supra* n.º 5.

252   *Curso de Direito Constitucional da União Europeia*

Além disso, após a entrada em vigor do tratado de Maastricht, o princípio do acervo comunitário aparece consagrado no art. 2.º, 5.º travessão, TUE, sendo que um dos objectivos da União é precisamente a manutenção da integralidade do acervo comunitário e o seu desenvolvimento.

A) O âmbito do princípio

Os Estados que aderem à União devem respeitar na íntegra todo o seu Direito, no estádio de desenvolvimento em que se encontra, bem como todas as decisões políticas tomadas até ao momento da sua adesão. O princípio tem, portanto, duas vertentes – a jurídica e a política.

Do ponto de vista jurídico, os novos Estados devem respeitar as disposições dos tratados originários e dos actos adoptados pelos órgãos da União e das Comunidades[49], ou seja, todo o direito originário, todo o direito derivado e ainda a jurisprudência dos Tribunais da União.

Além disso, obrigam-se a aderir às convenções internacionais, adoptadas com fundamento no art. 293.º TCE[50] e devem respeitar todos os acordos internacionais de que a União e a Comunidade fazem parte[51].

Do ponto de vista político, os novos Estados ficam vinculados pelas decisões e acordos adoptados pelos representantes dos governos reunidos no seio do Conselho[52] e por todas as declarações, resoluções ou outros actos adoptados pelos Estados membros, de comum acordo, em relação às Comunidades[53].

O princípio do acervo admite excepções e derrogações, das quais se destacam os períodos transitórios, mais ou menos longos, que têm sido concedidos aos novos Estados, consoante as suas dificuldades previsíveis de adaptação.

---

[49] Art 2.º do Tratado de adesão do Reino Unido, Dinamarca e Irlanda que depois é repetido na íntegra nos tratados de adesão da Grécia, de Portugal e Espanha e da Finlândia, Aústria e Suécia.

[50] Art 3.º, n.º 2, do Tratado de adesão do Reino Unido, Dinamarca e Irlanda; retomado em todos os tratados de adesão posteriores.

[51] Art 4.º do Tratado de adesão do Reino Unido, Dinamarca e Irlanda; retomado em todos os tratados de adesão posteriores.

[52] Art 3.º, n.º 1, do Tratado de adesão do Reino Unido, Dinamarca e Irlanda; retomado em todos os tratados de adesão posteriores.

[53] Art 3.º, n.º 3, do Tratado de adesão do Reino Unido, Dinamarca e Irlanda; retomado nos tratados de adesão posteriores.

Parte III – Cap. II – Os valores e os princípios constitucionais da U.E.   253

A consagração do princípio do acervo contribuiu para a consolidação da irreversibilidade do processo de integração europeia, na medida em que impõe aos Estados que aderem, num período mais ou menos curto, o respeito de todas as obrigações provenientes do Direito da União.

23.2.3. O princípio do respeito das identidades nacionais

A expressão identidade nacional pretende designar os fundamentos últimos que individualizam um Estado em relação aos outros e lhe conferem especificidade.

O Tratado contém várias disposições que pressupõem o respeito da identidade nacional do ponto de vista cultural, mas já não é tão líquido que contenha disposições que imponham o respeito da identidade jurídica.

A) Manifestações das identidades nacionais no TUE:

a) *a preservação da língua de cada um dos Estados membros –* enquanto a língua oficial do tratado CECA era apenas o francês, o tratado de Roma foi redigido nas línguas de todos os Estados membros, sendo cada uma delas língua oficial e língua de trabalho da União. Com os sucessivos alargamentos tem-se tornado cada vez mais difícil a manutenção do princípio do respeito de todas as línguas como línguas oficiais. O tratado de Amesterdão reforça os direitos dos cidadãos, neste domínio, na medida em que constitucionaliza o direito de se exprimir perante os órgãos comunitários numa das línguas oficiais referidas no art. 314.º TCE (ex-art. 248.º TCE) e de receber uma resposta nessa mesma língua;

b) *a diversidade cultural dos Estados membros –* o tratado de Maastricht até introduziu uma disposição sobre a cultura (art. 128.º TCE);

c) *o respeito das tradições constitucionais dos Estados membros –* embora não exista no Tratado qualquer referência expressa a este princípio, parece que se pode retirar do seu espírito, uma vez que existe uma referência às tradições constitucionais comuns aos Estados membros, no art. 6.º, n.º 2, TUE em matéria de respeito dos direitos fundamentais pela União. As tradições constitucionais vão, portanto, influenciar o direito da União. Porém, o princípio do respeito das tradições constitucionais comuns dos Estados membros deve ser definido com rigor, pois se se considerasse como tal todo o direito constitucional de cada um dos Estados correr-se-ia o risco de não conseguir chegar às soluções adequadas para resolver os problemas com que a União se confronta e, desse modo, poder-se-ia bloquear todo o seu sistema de produção jurídica. Na verdade, a União não pretende fazer desaparecer os Estados e, nessa medida, deverá respeitar o núcleo essencial das suas tradições constitucionais, mas apenas o seu núcleo essencial.

A par das identidades nacionais o TUE refere a identidade europeia, que a União também deve respeitar.

A União dispõe de uma autonomia e de uma especificidade em relação aos Estados que a compõem. Existe um espírito, uma consciência, uma identidade europeia, que é prévia à União e que ela deve aproveitar, aprofundar e desenvolver progressivamente.

A identidade europeia existe antes da União, mas a sua consciencialização vai passar em grande parte por ela. Além disso, a União funciona também como uma espécie de catalisador dessa identidade, pois as suas realizações vão contribuir para a sua construção, aprofundamento e desenvolvimento.

A identidade europeia define-se a partir da existência de determinadas semelhanças que aproximam mais os Estados e os povos da Europa uns dos outros do que de terceiros, o que conduz à criação de determinados laços de solidariedade que unem esses Estados e esses povos.

A identidade europeia pressupõe a identificação dos cidadãos com um determinado modelo económico, social e político protagonizado, por enquanto, pela União. A identidade europeia leva ainda a que os outros, os terceiros, os que não fazem parte da União a reconheçam como um todo.

B) As manifestações do respeito da identidade europeia no Tratado:

a) *a existência de um conjunto de valores comuns,* que adquirem relevo universal dentro da União, como sejam a liberdade, a democracia e o respeito dos direitos fundamentais afirmados no preâmbulo e depois retomados no art. 6.º, n.ᵒˢ 1 e 2, TUE;

b) *a existência de laços de solidariedade* está patente no preâmbulo, quando alude ao aprofundamento da solidariedade entre os povos da Europa e à criação de uma união cada vez mais

Parte III – Cap. II – Os valores e os princípios constitucionais da U.E. 255

estreita entre os povos da Europa e é depois retomada a vários propósitos[54];

c) *a criação da cidadania da União* pelo tratado de Maastricht (arts. 17.º a 22.º TCE), com a atribuição de determinados direitos aos nacionais dos Estados membros, contribui para a criação de uma consciência europeia que se afirma pela pertença a algo de que os outros estão excluídos – a União;

d) a *moeda única* – a moeda é um dos principais elementos de identificação de um povo, pelo que o aparecimento de uma moeda única europeia – o Euro –, que pode ser usada em qualquer Estado dentro da chamada zona Euro, contribui para a queda das fronteiras psicológicas na Europa que ainda teimam em persistir. É certo que a maior parte das fronteiras físicas já desapareceram ou estão em vias de desaparecer, o que reduz bastante a sensação de ser estrangeiro;

e) *a afirmação da União perante terceiros* tem-se feito, sobretudo, a partir da existência de uma política comercial comum e dos vários passos dados em matéria de política externa e de segurança comum. As normas do segundo pilar inseridas no tratado de Maastricht, reformuladas pelos tratados de Amesterdão e de Nice, repercutem esta tendência de necessidade de afirmação da Europa no Mundo e de reconhecimento da União como um todo por parte de terceiros.

23.3. Os princípios relacionados com a repartição de atribuições entre a União e os Estados membros e o seu exercício

23.3.1. O princípio da especialidade

No direito interno as pessoas colectivas vêem a sua capacidade limitada pelo princípio da especialidade. Como a personalidade colectiva é instrumental, ou seja, é atribuída em função de certos fins ou interesses

---

[54] Vejam-se, por exemplo, as seguintes referências: a União tem por missão organizar de forma coerente e *solidária* as relações entre os Estados membros e os respectivos povos (art. 1.º, § 3.º, TUE) e em matéria de cooperação reforçada, os Estados membros que não participam não dificultarão a acção dos Estados membros participantes (art. 43.º, n.º 2, TUE).

256 Curso de Direito Constitucional da União Europeia

colectivos que o Direito considera merecedores de tutela e de tratamento por recurso à técnica da personificação, só faz sentido que a pessoa colectiva possa praticar os actos necessários aos seus fins.

Este princípio aplica-se tanto às pessoas colectivas de direito privado como às de direito público, com excepção do Estado.

O princípio da especialidade implica, por um lado, a determinação precisa dos fins justificativos do reconhecimento da personalidade jurídica e, por outro lado, um ajustamento funcional do exercício da capacidade aos fins a atingir.

Este princípio não pode ser visto em moldes muito rígidos, pois, se é certo que o interesse colectivo é um elemento essencial na outorga da personalidade, pelo que não se deve permitir à pessoa colectiva que se desvie dos seus fins, não menos certo é que se pretende que a pessoa colectiva cumpra todos os fins a que está adstrita. Assim sendo, deve permitir-se-lhe a prática de todos os actos, mesmo os meramente instrumentais ou acessórios, necessários à prossecução dos fins, constantes do seu instrumento constitutivo, seja ele uma lei ou os estatutos de uma sociedade.

O princípio da especialidade aplica-se também à União Europeia e às Comunidades, encontrando-se consagrado nos arts. 2.º, parte final, e 6.º, n.º 4, TUE e no art. 5.º, par. 1.º, do TCE. Assim, a União tem apenas a capacidade para praticar os actos necessários à prossecução dos seus fins. Todavia, deve sublinhar-se que, na prática, se afigura muito difícil excluir determinadas tarefas dos fins da União, pois estes são muito vastos. É por esta razão que até hoje não foram anulados ou declarados nulos quaisquer actos ou normas com fundamento na violação do princípio da especialidade.

23.3.2. O princípio da subsidiariedade

Como já mencionámos[55], o princípio da subsidiariedade foi introduzido, no direito originário da União Europeia, pelo tratado de Maastricht.

A) As manifestações do princípio anteriores ao TUE:

– o relatório da Comissão sobre a UEM de 1975[56], preconizava que «só se deviam atribuir à União as tarefas que os Estados membros não pudessem desempenhar com eficácia»;

---

[55] Ver *supra* n.º 6.2.4.
[56] Publicado no Suplemento n.º 5/75 do Bul. CE.

Parte III – Cap. II – Os valores e os princípios constitucionais da U.E. 257

- o relatório TINDEMANS, apesar de não referir expressamente o princípio da subsidiariedade, acabava por o pressupor, pois considerava necessário transferir para as Comunidades certas atribuições que os Estados não eram capazes de desempenhar por si só;
- o projecto de Tratado da União Europeia, de 14 de Fevereiro de 1984, conhecido por Tratado SPINELLI, previa o princípio da subsidiariedade no parágrafo 9.º do preâmbulo[57] e em várias disposições, das quais se destaca o art. 12.º[58];
- o AUE consagrou o princípio da subsidiariedade em matéria de política do ambiente no art. 130.ºR, n.º 4, TCE.

B) <u>O Tratado de Maastricht</u> prevê o princípio da subsidiariedade no art. 5.º (antigo art. 3.ºB), n.º 2, TCE.

a) *O carácter neutro do princípio*:

Na verdade, o princípio da subsidiariedade foi incorporado no Tratado com intuito descentralizador, para compensar o alargamento de atribuições operado pelo TUE, o aumento dos casos de votação por maioria qualificada e o aumento dos poderes do Parlamento Europeu, que, por natureza, são centralizadores. Porém, em si mesmo, o princípio não aponta no sentido da descentralização nem no sentido da centralização, antes consubstancia uma manifestação do princípio democrático, pois visa aproximar a decisão o mais possível dos cidadãos. O princípio da subsidiariedade deve, portanto, ser enquadrado no movimento de maior participação dos cidadãos no processo de integração europeia.

b) *O âmbito de aplicação:*

O princípio pode aplicar-se sempre que se verifique uma situação em que duas entidades de níveis diferentes sejam potencialmente aptas

---

[57] O par. 9 do preâmbulo dispunha que os Estados decidiam confiar a órgãos comuns, de harmonia com o princípio da subsidiariedade, só os poderes necessários ao bom desempenho das tarefas que eles podem realizar de forma mais satisfatória do que os Estados membros considerados isoladamente.

[58] Este artigo estipulava que *«quando o Tratado atribui uma competência concorrente à União, a acção dos Estados membros exerce-se nas matérias em que a União ainda não interveio. A União só age para desempenhar as tarefas que podem ser realizadas em comum de forma mais eficaz do que pelos Estados membros agindo em separado, em particular aquelas cuja realização exige a acção da União porque as suas dimensões ou os seus efeitos ultrapassam as fronteiras nacionais».*

Curso de Direito Constitucional da União Europeia

para desempenhar uma mesma tarefa, ou seja, o princípio pode aplicar--se sempre que exista uma repartição horizontal ou vertical de competência. Assim sendo, o princípio tanto se pode aplicar nos Estados federais como nos Estados regionais e nos Estados unitários, embora não tenha aí tradição.

c) *O princípio da subsidiariedade como regulador do exercício de atribuições e competências:*

O princípio opera no âmbito do exercício da competência, devendo, por isso, ser previamente definida a repartição das atribuições entre a União e os Estados membros.

d) *O carácter jurídico e sindicável do princípio da subsidiariedade:*

Trata-se de um princípio jurídico, que pode ser invocado em tribunal, designadamente, no Tribunal de Justiça e no Tribunal de Primeira Instância, como de resto já aconteceu. Tanto o TJ[59] como o TPI[60] já tiveram oportunidade de apreciar a validade de actos comunitários por referência ao princípio da subsidiariedade.

Os eventuais conflitos podem ter por base o carácter exclusivo ou concorrente da competência, a falta de fundamentação adequada do acto e ainda a apreciação da suficiência da acção por parte dos Estados e da melhor actuação por parte da Comunidade.

A averiguação da suficiência da acção por parte dos Estados e da melhor actuação por parte da Comunidade depende de critérios políticos e discricionários que tornam muito mais difícil a actuação do Tribunal.

C) O Tratado de Amesterdão clarifica num protocolo alguns aspectos relacionados com a aplicação do princípio da subsidiariedade (e também com o princípio da proporcionalidade).

O protocolo constitucionaliza regras que já constavam de textos, sem força vinculativa, a saber:

– as conclusões do Conselho Europeu de Birmingham, de 16 de Outubro de 1992[61];

---

[59] Acórdão de 13/5/97, *RFA c. PE e Conselho*, proc. C-233/94, Col. 1997, p. I-2405, cons. 28.

[60] Acórdãos do TPI, de 21/2/95, *SPO*, proc. T-29/92, Col. 1995, p. II-289 e ss; de 24/1/95, *Tremblay*, proc. T-5/93, Col. 1995, p. II-185.

[61] Bul. CE's 10/92, p. 7 e ss.

Parte III – Cap. II – Os valores e os princípios constitucionais da U.E. 259

– a apreciação global do Conselho Europeu de Edimburgo, de 11 e 12 de Dezembro de 1992, sobre a aplicação do princípio da subsidiariedade[62];
– o acordo institucional entre o Parlamento Europeu, o Conselho e a Comissão, de 25 de Outubro de 1993, relativo aos processos de aplicação do princípio da subsidiariedade[63].

Além disso, o protocolo clarifica os seguintes aspectos:

– o princípio da subsidiariedade é um princípio relativo ao exercício das competências;
– o princípio tem carácter neutro, pois tanto «permite alargar a acção da Comunidade, dentro dos limites das suas competências, se as circunstâncias o exigirem e, inversamente, limitar ou pôr termo a essa acção quando esta deixe de se justificar» (n.º 3 do protocolo);
– o princípio pode ser invocado em Tribunal, pois o protocolo, de acordo com o art. 311.º, tem o mesmo valor que o Tratado.

D) O Tratado de Nice não introduziu alterações neste domínio.

23.3.3. O princípio da proporcionalidade

O princípio da proporcionalidade aparece consagrado no art. 5.º, par. 3.º, TCE, bem como no protocolo relativo aos princípios da subsidiariedade e da proporcionalidade acabado de mencionar. De acordo com este princípio, a acção da Comunidade não deve exceder o necessário para atingir os objectivos do Tratado.

Ao contrário do que sucede com o princípio da subsidiariedade, que se aplica apenas quando estão em causa atribuições concorrentes, o princípio da proporcionalidade aplica-se também às atribuições exclusivas. Não se trata, contudo, de um princípio relativo à repartição de atribuições, mas, tal como o princípio da subsidiariedade, diz respeito ao seu exercício.

Antes do tratado de Maastricht, o princípio não estava expressamente previsto no Tratado, mas já tinha sido utilizado pelo TJ para controlar o exercício de poderes tanto pelos Estados membros como pela Comuni-

---

[62] Bul. CE's 12/92, p. 7 e ss.
[63] Bul. CE's 10/93, p. 129 e ss.

260   *Curso de Direito Constitucional da União Europeia*

dade, pois visava regular os conflitos que, eventualmente, poderiam surgir no exercício de poderes entre, por um lado, a prossecução do objectivo numa determinada acção e, por outro, o atentado a outros objectivos cuja legitimidade era reconhecida pelo direito comunitário.

Ao nível do controlo do exercício de poderes pela Comunidade, o princípio foi utilizado para arbitrar os conflitos entre os diferentes objectivos que a Comunidade deve prosseguir. Uma acção adoptada com vista à prossecução de um determinado objectivo pode lesar outro objectivo ou outro valor legítimo do direito comunitário.

Segundo o Tribunal, todo o encargo imposto ao destinatário de regras comunitárias deve ser limitado à medida do estritamente necessário para atingir o objectivo a prosseguir e requer os menores sacrifícios possíveis da parte dos operadores sobre que incide[64].

O princípio foi aplicado, sobretudo, em matéria de política agrícola comum.

23.4. O princípio da flexibilidade e da diferenciação

Existem manifestações da flexibilidade e da diferenciação desde a versão originária dos tratados institutivos das Comunidades Europeias. Como já vimos[65], o tratado de Maastricht consagrou-a em relação a matérias bem determinadas, como é o caso da UEM, da política social e dos pilares intergovernamentais.

O tratado de Amesterdão transformou a cooperação reforçada em princípio geral do direito da União Europeia, admitindo que os Estados membros possam instituir entre si uma cooperação mais estreita e mais profunda, servindo-se das instituições, dos processos e dos mecanismos previstos no TUE e no TCE.

A verificação de todas as condições previstas no tratado de Amesterdão para a realização de uma cooperação reforçada revelou-se tão difícil, que impediu a sua aplicação prática. Por essa razão o Tratado de Nice procedeu à flexibilização das regras que fundamentam a cooperação reforçada. Além disso, possibilitou acções de cooperação reforçada no pilar PESC.

Assim, de acordo com as regras, actualmente, em vigor toda e qualquer acção de cooperação reforçada tem de respeitar as cláusulas

---

[64] Ac. de 5/7/77, *Bela Muhle*, proc. 14/76, Rec. 1977, p. 1211 e ss.
[65] Ver *supra* n.º 6.2.6.

Parte III – Cap. II – Os valores e os princípios constitucionais da U.E.   261

gerais previstas no TUE (arts. 43.º a 45.º), bem como as cláusulas específicas relativas a cada um dos pilares da União.

a) Segundo a *cláusula geral*, a cooperação reforçada deve:

- favorecer a realização dos objectivos da União e da Comunidade, preservar e servir os seus interesses e reforçar o processo de integração (art. 43.º, al. a) TUE);
- respeitar o TUE e o TCE, bem como o seu quadro institucional único (al. b) do mesmo preceito);
- não afectar o acervo comunitário, nem as medidas tomadas ao abrigo das demais disposições dos tratados (al c) do art. 43.º TUE);
- permanecer nos limites das atribuições da União e das Comunidades e não incidir nas atribuições exclusivas da Comunidade (al. d) do art. 43.º TUE);
- não prejudicar o mercado interno nem a coesão económica e social (al e) do art. 43.º TUE);
- não constituir uma restrição nem uma discriminação ao comércio entre os Estados membros e não provocar restrições de concorrência entre eles (art. 43.º, al. f) TUE);
- envolver, pelo menos, oito Estados membros (al. g) do art. 43.º TUE);
- não afectar as competências, os direitos e os deveres dos Estados membros que nela não participem (art. 43.º, al. h) TUE);
- não afectar o protocolo que integra o acervo Schengen no âmbito da UE (art. 43.º, al. i) TUE);
- estar aberta a todos os Estados e permitir que estes se associem em qualquer momento, desde que respeitem a decisão inicial e as decisões tomadas nesse âmbito (arts. 43.º, al. j), e 43.ºB TUE);
- ser utilizada como último recurso, quando não seja possível alcançar os objectivos dos Tratados, mediante os processos neles previstos (art. 43.ºA TUE).

Segundo o n.º 2 do art. 44.º TUE, os Estados membros que participam na cooperação reforçada devem adoptar todas as medidas necessárias à sua execução e os que não participam não devem dificultar a execução da cooperação reforçada por parte dos Estados que nela participam. Trata-se do princípio da lealdade entre os Estados membros.

Dado que nem todos os Estados membros participam nas acções de cooperação reforçada, estabeleceram-se regras específicas de tomada das

262 *Curso de Direito Constitucional da União Europeia*

decisões para estes casos, segundo as quais só os Estados participantes podem intervir na adopção das decisões, embora todos possam participar nas deliberações (art. 44.°, n.° 1, TUE).

b) Para além das condições gerais acabadas de enunciar, o Tratado exige *condições específicas para cada um dos pilares da União.*

i) No que diz respeito ao *pilar comunitário,* os arts. 11.° e 11.°A TCE estabelecem os requisitos processuais e formais para o exercício da cooperação reforçada, dado que as condições substanciais se encontram nas cláusulas genéricas acabadas de mencionar.

Assim, a decisão de autorizar os Estados membros a procederem à cooperação reforçada pertence ao Conselho, que decide por maioria qualificada. A iniciativa pertence em exclusivo à Comissão, podendo apenas os Estados solicitar à Comissão que apresente uma proposta ao Conselho, mas esta dispõe de um poder discricionário neste domínio, devendo informar os Estados dos fundamentos da sua decisão, no caso de esta ser negativa. O PE deve apenas ser consultado (art. 11.°, n.° 1, TCE).

Para compensar a votação por maioria qualificada no seio do Conselho admite-se que qualquer Estado possa pedir que o assunto seja levado ao Conselho Europeu (art. 11.°, n.° 2 TCE).

A cooperação reforçada no pilar comunitário está aberta aos Estados que, inicialmente, não participaram, o que é bastante importante e afasta os receios de marginalização destes Estados. O Estado deve notificar à Comissão e ao Conselho a sua intenção de vir a participar, mas a decisão, bem como as medidas que considere necessárias competem à Comissão (art 11.°A TUE).

ii) Como se disse, deve-se ao tratado de Nice a aplicação do princípio da flexibilidade ao *pilar PESC,* pois foi ele que introduziu os artigos 27.°A a 27.°E TUE, nos quais se prevêem condições específicas quer do ponto de vista substancial quer processual e formal para a realização de uma cooperação reforçada.

Substancialmente, as cooperações reforçadas no âmbito da PESC devem:

— salvaguardar os valores e servir os interesses da União no seu conjunto, afirmando a identidade na cena internacional (art. 27.°A, n.° 1, TUE);

— respeitar os princípios, os objectivos, as orientações gerais e a coerência da PESC, bem como as decisões tomadas no quadro dessa política (art. 27.°A, n.° 1, 1.° trav., TUE);

Parte III – Cap. II – Os valores e os princípios constitucionais da U.E.   263

- respeitar as atribuições da Comunidade (art. 27.ºA, n.º 1, 2.º trav., TUE);
- respeitar a coerência entre o conjunto das políticas da União e a sua acção externa (art. 27.ºA, n.º 1, 3.º trav., TUE);
- não incidir em questões que tenham repercussões militares ou nos domínios da defesa, mas apenas na execução de uma acção comum ou de uma posição comum (art. 27.ºB TUE).

As condições processuais e formais estão previstas nos arts. 27.ºC e 27.ºD TUE.

O art. 27.ºE estabelece o princípio da abertura aos Estados membros que inicialmente não participam.

iii) A cooperação reforçada no domínio do *pilar da cooperação policial e judiciária em matéria penal* está consagrada no TUE, nos arts. 40.º, 40.ºA e 40.ºB TUE.

A cooperação reforçada no quadro do terceiro pilar destina-se a permitir à União tornar-se mais rapidamente um espaço de liberdade, segurança e justiça, devendo respeitar as competências da Comunidade, bem como os objectivos fixados no TUE (art. 40.º, n.º 1, TUE).

As regras de tomada da decisão de autorização de cooperação reforçada estão previstas no art. 40.ºA TUE. A decisão de autorização compete ao Conselho, que delibera por maioria qualificada, sob proposta da Comissão ou de, pelo menos, oito Estados membros. O PE é consultado.

Os Estados que desejem participar, posteriormente, numa cooperação reforçada podem fazê-lo, desde que se cumpra o procedimento previsto no art. 40.ºB TUE.

23.5. Os princípios relativos aos órgãos

23.5.1. O princípio do quadro institucional único

O art. 3.º TUE consagra o princípio do quadro institucional único. Ou seja, a União dispõe do mesmo quadro institucional, quer esteja a actuar no domínio do pilar comunitário, quer seja no âmbito dos pilares intergovernamentais.

Segundo o art. 5.º TUE, esse quadro institucional é composto pelo Parlamento Europeu, pelo Conselho, pela Comissão, pelo Tribunal de Justiça e pelo Tribunal de Constas.

264   *Curso de Direito Constitucional da União Europeia*

Como veremos[66], os órgãos não possuem idêntica competência, quando actuam ao nível das Comunidades Europeias ou ao nível dos pilares intergovernamentais.

23.5.2. O princípio da coerência

O facto de as competências dos órgãos serem distintas, dependendo do pilar da União em que estão a actuar, levou à necessidade de consagração do princípio da coerência, de modo a que o exercício de certa competência não prejudique nem anule as outras.

Segundo este princípio, que também está consagrado no art. 3.º TUE, o quadro institucional único da União assegura a coerência e a continuidade das acções empreendidas para atingir os seus objectivos, respeitando e desenvolvendo simultaneamente o acervo comunitário.

O art. 3.º, par. 2.º, TUE estabelece que a União assegurará a coerência do conjunto da sua acção externa no âmbito das políticas que adoptar em matéria de relações externas, de segurança, de economia e de desenvolvimento. É ao Conselho e à Comissão que cabe assegurar essa coerência, cooperando para o efeito.

Efectivamente, existem matérias que se inserem no pilar comunitário e que, ao mesmo tempo, apresentam uma relação estreita com um outro dos pilares intergovernamentais, pelo que este princípio faz todo o sentido.

23.5.3. O princípio do equilíbrio institucional

O TUE contém regras relativas à distribuição de poderes entre os órgãos da União.

Essa distribuição de poderes não obedece ao princípio clássico da separação de poderes entre o legislativo, o executivo e o judicial, tal como foi preconizado por MONTESQUIEU, mas sim a um princípio de equilíbrio institucional, através do qual se procura atingir o mesmo objectivo de limitação do poder político.

Em consequência, distribuem-se os poderes pelos vários órgãos, de modo a que um único órgão – representante apenas de uma parte dos interesses em causa – não possa afastar os outros órgãos da tomada de decisão e, com isso, dominar totalmente o sistema.

---

[66] Ver *infra*, especialmente o cap. II da Parte IV.

Este objectivo é reforçado através da consagração do princípio das competências de atribuição, pelo qual cada órgão só pode agir nos limites das suas competências (art. 7.º – ex-art. 4.º do TCE).

Sem prejuízo de voltarmos a este assunto mais adiante[67], neste momento, diremos que, no pilar comunitário, o poder legislativo é exercido pelo Conselho, ou pelo Parlamento e pelo Conselho, dependendo do procedimento de decisão que for aplicável ao caso. O direito de iniciativa compete, em geral, à Comissão. No poder legislativo participam, portanto, o Conselho, que representa o interesse nacional, o Parlamento Europeu, que representa os interesses dos povos e a Comissão representante do interesse comunitário.

Este quadro altera-se nos pilares intergovernamentais, em que a participação do PE é bastante mais modesta, sendo apenas em alguns casos consultado e a Comissão só tem um direito de iniciativa parcial e partilhado com os Estados membros.

Não se devem, no entanto, subestimar os avanços neste domínio, pois o TUE permitiu o tratamento das matérias, que hoje fazem parte dos segundo e terceiro pilares, num quadro mais próximo de um modelo de limitação de poderes.

Se quisermos aplicar o esquema tripartido de separação de poderes aos órgãos da UE, esbarraremos com algumas dificuldades intransponíveis, pois o mesmo órgão detém poderes que pertencem a funções distintas.

Assim, não existe um só órgão detentor do poder executivo. Este é exercido pela Comissão e pelo Conselho, sendo que, na prática, este último reserva para si a execução dos actos legislativos apenas em casos excepcionais. É a Comissão que acaba por exercer o poder executivo na maior parte dos casos (art. 202.º, 3.º trav., TCE).

O Conselho, para além do poder executivo, é, também conjuntamente com o PE, um órgão legislativo.

Por seu turno, a Comissão, que é o órgão executivo por excelência, também possui poder legislativo, em casos muito limitados. Para além disso, a Comissão é o órgão que detém o poder de iniciativa legislativa. O Parlamento, neste domínio, detém apenas um poder de solicitar à Comissão que lhe apresente uma proposta (art. 192.º, par. 2.º, ex-138.ºB, par. 2.º, TCE).

O poder judicial compete aos tribunais comunitários – Tribunal de Justiça e TPI – e aos tribunais nacionais, pois, por força dos princípios

---

[67] Ver *infra* n.º 29.

266 *Curso de Direito Constitucional da União Europeia*

da aplicabilidade directa e do efeito directo, os cidadãos podem invocar as normas comunitárias ao nível nacional. A distribuição de poderes entre os órgãos da União, prevista no Tratado, procura antes atingir um determinado equilíbrio – *checks and balances* – que não deve ser posto em causa.

23.5.4. O princípio das competências de atribuição

O princípio das competências de atribuição, tal como o princípio da especialidade, encontra consagração no direito interno a nível das pessoas colectivas de direito privado e a nível das pessoas colectivas de direito público.

De acordo com este princípio, os órgãos só podem exercer a competência que lhes foi atribuída pelo acto constitutivo da pessoa colectiva (seja ele uma lei ou os estatutos de uma sociedade). Para a prossecução das suas atribuições a pessoa colectiva dispõe de órgãos que, por sua vez, dispõem de determinadas competências.

Assim sendo, as atribuições da pessoa colectiva estão distribuídas pelos seus vários órgãos, de modo que cada órgão deve exercer a sua competência na medida do que lhe foi conferido por lei, não podendo imiscuir-se na competência dos outros órgãos da mesma pessoa colectiva e, por maioria de razão, nas competências dos órgãos das outras pessoas colectivas. Pretende-se, assim, evitar que os órgãos da pessoa colectiva extravasem das suas competências, em violação do objectivo para que foram criados.

Este princípio fundamenta-se no facto de a personalidade colectiva só fazer sentido para a prossecução de determinados fins.

Por vezes a doutrina confunde no domínio da União Europeia – e já antes confundia no âmbito das Comunidades Europeias – o princípio da especialidade com o princípio das competências de atribuição, o que, em bom rigor, é mais reflexo da infixidez terminológica que grassa no direito da União Europeia do que de um diferente entendimento quanto à matéria.

Tendo em conta que já estudámos o princípio da especialidade, vejamos agora o que se entende por princípio das competências de atribuição. Segundo este princípio, os órgãos da União só devem dispor da competência que lhes foi atribuída pelos tratados institutivos, bem como pelos tratados que os alteraram ou completaram, não podendo invadir as competências uns dos outros.

O princípio das competências de atribuição encontra-se, expressamente, consagrado no art. 7.º, n.º 1, TCE, segundo o qual se instituem

Parte III – Cap. II – Os valores e os princípios constitucionais da U.E. 267

órgãos, que têm como função realizar as tarefas confiadas às Comunidades, devendo actuar dentro dos limites das competências que lhes são conferidas pelo Tratado. Mais adiante estudaremos qual a competência de cada órgão[68].

Os órgãos comunitários não dispõem, portanto, de uma competência genérica.

23.6. Os princípios de índole económica

23.6.1. O princípio da coesão económica e social

A ideia de coesão está presente no espírito da integração europeia, desde o seu início, encontrando-se ligada à ideia de solidariedade.

Todavia, o princípio da coesão económica e social só vai obter consagração escrita no AUE (arts. 130.ºA a 130.ºE TCE). Estes preceitos afirmam o desenvolvimento harmonioso do conjunto da Comunidade e a redução da diferença entre as diversas regiões e atraso das menos favorecidas como objectivos da Comunidade.

A coesão económica e social foi o preço que os Estados mais ricos tiveram de pagar pela liberalização dos mercados. Como são eles que mais contribuem para o orçamento comunitário, indirectamente acabam por financiar as acções comunitárias nos Estados menos favorecidos. Mas, por outro lado, são eles que maiores vantagens podem retirar do mercado interno, pois detêm infra-estruturas económicas melhor preparadas para tal. O art. 159.º TCE parece, de resto, confirmar esta tese ao afirmar que a formulação e a concretização das políticas económicas, bem como a realização do mercado interno, deverão ter em conta os objectivos enunciados no art. 158.º TCE e contribuirão para a respectiva realização.

O TUE erigiu a coesão económica e social em princípio constitucional, prevendo-o expressamente no art. 2.º, 1.º trav. TUE, bem como no arts. 2.º, 3.º, al. k), TCE. Trata-se, em boa parte, de uma consequência da realização da UEM, que pressupõe um nível aproximado de riqueza entre os Estados.

A coesão económica e social é um princípio que tanto se aplica à União Europeia como às Comunidades.

---

[68] Cfr. *infra* n.º 25.

23.6.2. O princípio da não discriminação

O princípio aparece consagrado na versão original no art. 7.° do TCEE. Actualmente, são os arts. 12.° e 13.° TCE que lhe fazem referência. Segundo o art. 12.° TCE, é proibida toda e qualquer discriminação em função da nacionalidade, podendo o Conselho, de acordo com o procedimento de co-decisão, aprovar normas que se destinem a proibir essa discriminação.

O art. 13.° TCE, introduzido pelo tratado de Amesterdão, permite ao Conselho, deliberando por unanimidade, sob proposta da Comissão e após consulta do PE, tomar todas as medidas necessárias para combater a discriminação em razão do sexo, raça ou origem étnica, religião ou crença, deficiência, idade ou orientação sexual.

Além destes preceitos, deve ainda mencionar-se o art. 141.° TCE, que, em sede de política social, estabelece um princípio de não discriminação em função do sexo.

Salvo discriminação objectivamente justificada, situações comparáveis não devem ser tratadas de maneira diferente.

23.6.3. O princípio da livre circulação

O objectivo da criação de um mercado comum (mercado interno, após o AUE) implica a consagração no Tratado de vários princípios, como, por exemplo, o princípio da liberdade de circulação, o princípio da economia de mercado e o princípio da liberdade de concorrência, os quais constituem o núcleo duro da constituição económica comunitária.

O princípio da livre circulação abrange a livre circulação de mercadorias, de pessoas e de capitais.

A livre circulação de mercadorias implica a existência de uma fronteira externa única, onde são controladas as mercadorias importadas e exportadas e percebidos os direitos aduaneiros, se devidos. Internamente, não existem direitos aduaneiros e taxas de efeito equivalente[69].

---

[69] O TJ afirmou, no acórdão de 20/4/78, *Societé des Commissaires Reunis,* proc. 80 e 81/77, Rec. 1978, p. 927 e ss, que a eliminação entre Estados membros de direitos aduaneiros e de taxas de efeito equivalente constitui um princípio fundamental do mercado comum, aplicável ao conjunto dos produtos e mercadorias, de modo que toda a excepção, assim como a interpretação restrita, deve estar claramente prevista. Todo o atentado ao *acquis communautaire* em matéria de unidade de mercado arriscar-se-ia a desencadear mecanismos de desintegração, em violação dos objectivos de aproximação progressiva de políticas económicas dos Estados membros, expressos no art. 2.° do Tratado.

Parte III – Cap. II – Os valores e os princípios constitucionais da U.E. 269

A livre circulação de pessoas abrange a liberdade de circulação de trabalhadores, de serviços e o direito de estabelecimento, com a consequente abolição das discriminações em função da nacionalidade, no que diz respeito ao emprego, à remuneração e às outras condições de trabalho, bem como a abolição das restrições à liberdade de estabelecimento e à prestação de serviços dos nacionais de um Estado membro no território de outro Estado membro (arts. 39.º e seguintes TCE – ex-art 48.º e seguintes).

A livre circulação de capitais inclui ainda a abolição das restrições ao movimento de capitais e aos pagamentos correntes (arts. 56.º e seguintes – ex-arts. 73.ºB e seguintes TCE).

A concretização do princípio da livre circulação revelou-se mais complicada do que inicialmente se pensava, pois a realização de algumas liberdades foi bastante difícil, v.g., a liberdade de circulação de capitais.

23.6.4. O princípio da "preferência comunitária"

Relacionado com o princípio da solidariedade, o princípio da "preferência comunitária" impõe aos Estados membros das Comunidades a obrigação de não darem a terceiros Estados maiores vantagens comerciais do que as que concedem aos seus parceiros comunitários.

23.6.5. O princípio da convergência das economias

O princípio da convergência das economias encontra-se ligado ao princípio da coesão económica e social.

O princípio foi introduzido pelo TUE, no art. 103.º (actual art. 99.º), n.º 3 e 4, TCE e visa assegurar a convergência dos desenvolvimentos económicos dos Estados membros e supervisionar a situação orçamental. Na verdade, para se alcançar e para se manter a UEM é necessário que as economias dos Estados apresentem um nível de desenvolvimento idêntico. Para tanto o Conselho, com base em relatórios apresentados pela Comissão, vigia a evolução económica de cada Estados, bem como a conformidade das respectivas políticas económicas com as orientações gerais das políticas económicas dos Estados membros e da Comunidade recomendadas pelo Conselho. Se este órgão considerar que as respectivas políticas económicas não se conformam com as grandes orientações de política económica ou podem comprometer o bom funcionamento da UEM, sob recomendação

270 *Curso de Direito Constitucional da União Europeia*

da Comissão, poderá, deliberando por maioria qualificada, dirigir ao Estado membro em causa as recomendações necessárias.

Além disso, os Estados membros acordaram, através do chamado Pacto de Estabilidade e Crescimento[70], manter, depois de formada a UEM, o mesmo rigor orçamental que constituiu uma das suas condições de acesso. Não vamos desenvolver este assunto, pois ele não cabe no âmbito deste Curso.

23.7. Os princípios constitucionais consagrados no projecto de constituição europeia

O projecto de constituição europeia consagra os princípios constitucionais acabados de estudar ao longo do seu texto, embora nem sempre com um conteúdo absolutamente coincidente com o actual.

Tal como fizemos para a versão actual do Tratado vamos deixar de lado os princípios fundamentantes da União, os quais já foram estudados no capítulo anterior a propósito dos valores da União.

23.7.1. Os princípios relativos ao relacionamento entre os Estados e a União

I) O princípio da solidariedade

Este princípio está consagrado, expressamente, no projecto de constituição europeia no art. I-5.º, n.º 2. De acordo com este preceito, a União e os Estados-Membros respeitam-se mutuamente no cumprimento das missões decorrentes da Constituição. Além disso, os Estados-Membros facilitam à União o cumprimento da sua missão e abstêm-se de qualquer medida susceptível de pôr em risco a realização dos objectivos da Constituição.

O princípio da solidariedade tem, portanto, um conteúdo positivo, no sentido de que os Estados devem tomar todas as medidas necessárias ao cumprimento da missão da União, a par de um conteúdo negativo,

---

[70] O Pacto de Estabilidade e Crescimento é constituído pela Resolução do Conselho Europeu sobre o Pacto de Estabilidade e Crescimento de Amesterdão, de 17 de Junho de 1997 (JO C 236, de 2/08/1997, p. 1 e ss), e por dois Regulamentos do Conselho: o Regulamento CE n.º 1466/97, de 7 de Julho de 1997, e o Regulamento CE n.º 1467/97, de 7 de Julho de 1997, ambos publicados no JO L 209, de 2/08/1997.

pois também se devem abster de praticar actos que ponham em perigo a aplicação da Constituição.

A ideia de solidariedade aparece em muitos outros preceitos da Constituição, designadamente, no arts. I-2.º, a propósito dos valores da União, no art. I-3.º, n.º 3, como objectivo da União e ainda no art. I-42.º sob a forma cláusula de solidariedade entre a União e os seus Estados. Segundo esta cláusula, a União compromete-se a mobilizar todos os instrumentos ao seu dispor, incluindo os meios disponibilizados pelos Estados membros, no caso de um deles ser alvo de um ataque terrorista ou de uma catástrofe de origem natural ou de origem humana. O art. III-231.º estabelece as regras relativas à execução da cláusula de solidariedade.

II) O princípio do acervo comunitário

Apesar de o princípio do acervo comunitário não encontrar expressa consagração no projecto de constituição, ele pode retirar-se do art. IV-3.º relativo à continuidade jurídica da nova União relativamente à Comunidade Europeia e à antiga União.

III) O princípio do respeito das identidades nacionais

O projecto de constituição afirma, no art. I-5.º, n.º 1, o respeito da identidade nacional dos seus Estados membros ao nível político e constitucional, nomeadamente, no que se refere à autonomia regional e local e afirma também respeitar as funções essenciais do Estado, no que diz respeito à integridade territorial, à manutenção da ordem pública e à salvaguarda da segurança interna.

Além disso, o art. I-3.º, n.º 3, impõe à União o respeito da riqueza da sua diversidade cultural e linguística, bem como a salvaguarda e o desenvolvimento do património cultural europeu.

23.7.2. Os princípios relativos à repartição de atribuições entre a União e os Estados membros e ao seu exercício

O projecto de constituição europeia consagra os princípios fundamentais relativos à delimitação de atribuições entre a União e os seus Estados membros, bem como os princípios relativos ao seu exercício no art. I-9.º.

I) O princípio da especialidade

O princípio da especialidade está previsto, desde logo, no art. I-3.º, n.º 5, que estabelece que os objectivos referidos no preceito são prosseguidos pelos meios adequados, em função das competências (leia-se: atribuições) atribuídas à União pela Constituição. Ou seja, a União continua a não deter competências próprias, mas apenas competências atribuídas, tal como até aqui. O projecto é até mais cauteloso do que a actual versão do Tratado, ao afirmar expressamente que as competências não atribuídas à União na constituição pertencem aos Estados membros. Trata-se de uma cláusula explícita da competência residual dos Estados membros.

O projecto de constituição menciona de novo o princípio da especialidade no art. I-9.º, n.º 1, a propósito da delimitação de competências da União, que se rege pelo princípio da atribuição. Segundo o n.º 2 do preceito, o princípio da atribuição significa que a União actua nos limites das competências que os Estados-Membros lhe tenham atribuído na Constituição a fim de alcançar os objectivos por esta fixados, acrescentando que as competências não atribuídas à União na Constituição pertencem aos Estados-Membros. Sem dúvida que se trata do princípio da especialidade, embora com uma denominação diversa.

II) Os princípios da subsidiariedade e da proporcionalidade

O exercício das atribuições da União pauta-se pelos princípios da subsidiariedade e da proporcionalidade (art. I-9.º, n.º 1, 2.ª parte), os quais não sofrem modificações substanciais.

O princípio da subsidiariedade aparece definido no n.º 3 do mencionado preceito em termos muito semelhantes aos do actual Tratado da União Europeia, tendo sido aditada uma referência aos vários níveis de poder dos Estados – o nível central, regional e local. Isto é: no domínio das competências não exclusivas, a União apenas poderá exercer a competência em questão, quando algum destes níveis não puder actuar adequadamente.

O princípio da proporcionalidade está previsto no n.º 4 do art. I-9.º, que impõe que o conteúdo e a forma da acção da União não devem exceder o necessário para atingir os objectivos da Constituição.

A densificação dos princípios da subsidiariedade e da proporcionalidade consta de um protocolo anexo à constituição, à semelhança do que sucede actualmente.

Parte III – Cap. II – Os valores e os princípios constitucionais da U.E. 273

A principal novidade desse protocolo consiste na introdução de um mecanismo de participação dos parlamentos nacionais no procedimento legislativo, designado por «alerta rápido», que foi aceite na sequência de uma recomendação do Grupo de trabalho IV relativo aos parlamentos nacionais.

Este mecanismo tem por objectivo permitir aos parlamentos nacionais avaliarem se o princípio da subsidiariedade está a ser correctamente aplicado e pode ir ao ponto da interposição de um recurso, com base no art. III-270, pelos Estados membros, mas a solicitação dos parlamentos nacionais.

23.7.3. O princípio da flexibilidade e da diferenciação

O projecto de constituição europeia consolida a tendência, iniciada em Amesterdão e prosseguida em Nice, de consagração dos princípios da flexibilidade e da diferenciação como princípios constitucionais da União.

O art. I-43.º estabelece as condições de exercício das cooperações reforçadas, que obedecem a duas preocupações essenciais. Por um lado, o aligeiramento da rigidez inicial das condições previstas para o seu exercício e, por outro lado, a extensão a todos os domínios de actuação da União, incluindo a PESC e a defesa.

Estas modificações devem ser enquadradas na conjuntura de alargamento, que actualmente se vive na União, procurando o projecto de constituição criar aos vários níveis os mecanismos necessários que permitam o funcionamento da União a vinte e cinco Estados membros. Um desses mecanismos é, sem dúvida, o das cooperações reforçadas, pois facilmente se pode supor que os avanços de todos, ao mesmo tempo, serão a vinte e cinco muito mais difíceis do que a quinze.

Assim, segundo o art. I-43.º citado, as cooperações reforçadas só podem actuar no âmbito de competências não exclusivas da União, com o objectivo de aprofundar a integração europeia e como último recurso. Além disso, estão abertas a todos os Estados aquando da sua instituição ou posteriormente.

O desenvolvimento destas normas, no projecto de constituição, é realizado nos arts. 322.º a 329.º da Parte III.

Em resumo, de acordo com estes preceitos, as cooperações reforçadas devem respeitar as seguintes condições:

a) observar a constituição e o direito da União;

274   *Curso de Direito Constitucional da União Europeia*

b) não prejudicar o mercado interno, nem a coesão económica, social e territorial;

c) não constituir uma restrição nem uma discriminação ao comércio entre os Estados membros;

d) não provocar distorções da concorrência;

e) respeitar as competências, direitos e deveres dos Estados membros não participantes, que, por sua vez, não podem dificultar a execução das cooperações reforçadas por parte dos Estados membros.

O projecto de constituição prevê o processo a seguir para instituir uma cooperação reforçada no art. III-325.º, existindo regras específicas, no caso de se tratar de matéria relacionada com a política externa e de segurança comum.

O art. III-326.º estabelece o processo de participação numa cooperação reforçada já instituída por parte dos Estados que nela não participam.

As despesas decorrentes da execução das cooperações reforçadas, que não sejam custos administrativos, ficam, em regra, a cargo dos Estados membros que nela participam, salvo deliberação, em sentido contrário, do Conselho, por unanimidade (art. III-327.º).

23.7.4. Os princípios relativos aos órgãos

I) O princípio do quadro institucional único

O projecto de constituição estabelece o quadro institucional da União, no art. I-18.º, n.º 1, sem referir o seu carácter único, pois o desaparecimento da estrutura tripartida da União tornou desnecessária essa referência. Porém, o quadro institucional da União é efectivamente único, daí que faça sentido afirmar que o princípio do quadro institucional único se mantém.

O quadro institucional da União visa prosseguir os objectivos da União, promover os valores da União e servir os interesses da União, dos seus cidadãos e dos seus Estados-Membros.

De acordo com o art. I-18.º, n.º 2, o quadro institucional mantém-se estável, sendo os órgãos principais o Parlamento Europeu, o Conselho Europeu, o Conselho de Ministros, a Comissão e o Tribunal de Justiça. O Banco Central Europeu (art. I-29.º) mantém o seu estatuto de órgão especializado para as questões monetárias. O Comité das Regiões e o Comité Económico e Social (art. I-31.º) são os órgãos consultivos da

Parte III – Cap. II – Os valores e os princípios constitucionais da U.E.   275

União e o Tribunal de Contas sofre uma certa despromoção, pois deixa de constar do elenco dos órgãos principais (art. I-30.º).

II) O princípio da coerência

O princípio da coerência está consagrado no art. I-18.º, n.º 1, último trav., que impõe ao quadro institucional a tarefa de assegurar a coerência, a eficácia e a continuidade das políticas e das acções conduzidas pela União para atingir os seus objectivos.

III) O princípio do equilíbrio institucional

Tal como a versão actual do TUE, o projecto de constituição europeia procura um certo equilíbrio entre os poderes dos diversos órgãos da União, como veremos adiante[71].

Assim, a título exemplificativo, sublinhe-se que a constituição refere expressamente que o poder legislativo se encontra repartido entre o Parlamento Europeu e o Conselho (v. arts. 19.º, n.º 1, e 22.º, n.º 1).

IV) O princípio das competências de atribuição

O projecto de constituição mantém o princípio da competência de atribuição e da cooperação leal entre os órgãos no art. I-18.º, n.º 3. Segundo este preceito, cada órgão actua nos limites das atribuições que lhe são conferidas pela constituição, em conformidade com os processos e nas condições que esta prevê, devendo os órgãos manter entre si uma cooperação leal.

23.7.5. Os princípios de índole económica

I) O princípio da coesão económica, social e territorial

O projecto de constituição consagra implicitamente o princípio da coesão económica, social e territorial em vários preceitos.

---

[71] Cfr. *infra* n.º 25.

276   *Curso de Direito Constitucional da União Europeia*

Assim, o art. I-3.º relativo aos objectivos da União considera como tal a promoção da coesão económica, social e territorial e a solidariedade entre os Estados membros, o que é retomado nos arts. 116.º e seguintes da Parte III da constituição.

Os principais problemas, que o princípio levanta, prendem-se com a efectividade da sua aplicação, uma vez que os recursos financeiros da União continuam a ser escassos.

II) O princípio da não discriminação

O projecto de constituição europeia contribui para o reforço do princípio da não discriminação, tanto através das múltiplas referências explícitas, como através das menções ao princípio da igualdade, na sua vertente de não discriminação.

O projecto de constituição proíbe toda e qualquer discriminação em função da nacionalidade (arts. I-4.º, n.º 2, e II-21.º, n.º 2).

O art. 21, n.º 1, da Carta proíbe a discriminação de um modo muito mais amplo, designadamente em razão do sexo, raça, cor ou origem étnica ou social, características genéticas, língua, religião ou convicções, opiniões políticas ou outras, pertença a uma minoria nacional, riqueza, nascimento, deficiência, idade ou orientação sexual.

O art. III-3.º estabelece que, na definição das políticas e acções previstas na Parte III da constituição relativa às políticas e funcionamento da União, esta tem por objectivo combater a discriminação em razão do sexo, raça ou origem étnica, religião ou crença, deficiência, idade ou orientação sexual.

O princípio da não discriminação é retomado nos arts. III-7.º e III--8.º do projecto de constituição.

O art. I-44.º do projecto consagra o princípio da igualdade democrática, segundo o qual a União deve respeitar o princípio da igualdade dos seus cidadãos em todas as suas actividades.

O capítulo III da Carta intitula-se igualdade e consagra o princípio da igualdade perante a lei (art. 20.º), o princípio da não discriminação (art. 21.º), o respeito da diversidade cultural, religiosa e linguística (art. 22.º), a igualdade entre homens e mulheres (art. 23.º), os direitos das crianças (art. 24.º), os direitos das pessoas idosas (art. 25.º) e a integração das pessoas com deficiências (art. 26.º).

O art. III-2.º estabelece implicitamente um princípio geral de igualdade, uma vez que afirma que a União tem por objectivo eliminar as

Parte III – Cap. II – Os valores e os princípios constitucionais da U.E.   277

desigualdades. Não se especifica que tipo de desigualdades estão abrangidas, pelo que aí se podem incluir as desigualdades económicas e sociais. Em seguida, o preceito refere, especificamente, a igualdade entre homens e mulheres, na sequência do art. II-23.º da Carta.

III) O princípio da livre circulação

O princípio da livre circulação continua a ser afirmado a vários propósitos no projecto de constituição e inspira muitas das disposições constitucionais. Assim, podem mencionar-se, por exemplo, o art. I-8.º, n.º 2, 1.º trav., em sede de cidadania, que considera como primeiro direito do cidadão da União, o direito de circular e permanecer livremente no território dos Estados membros.

Este princípio inspira também as disposições da Parte III referentes ao mercado interno (arts. 14.º e seguintes).

IV) O princípio da "preferência comunitária"

Apesar da crescente globalização e da internacionalização da economia, designadamente, no seio da OMC, bem como da aprovação, ao nível da União, de regras que procuram, cada vez mais, equiparar os cidadãos de países terceiros aos cidadãos da União, o projecto de constituição europeia continua a conferir mais direitos aos cidadãos nacionais dos Estados membros do que aos estrangeiros, daí que o princípio da "preferência" continua a fazer parte do núcleo duro de princípios económicos da União.

V) O princípio da convergência das economias

Antes de tudo, deve referir-se que o projecto de constituição europeia não introduz alterações de grande relevo em matéria de política económica e monetária. Aliás, esta é até uma das muitas críticas que lhe tem sido feita.

O princípio da convergência das economias está consagrado nos arts. III-71.º, n.º 1 e 76.º, com o conteúdo que actualmente se lhe conhece.

PARTE IV

A CONSTITUIÇÃO POLÍTICA DA UNIÃO EUROPEIA

Capítulo I

A repartição de atribuições entre a União
e os Estados membros e a estrutura orgânica
da União Europeia

Bibliografia específica

I) **Sobre a repartição de atribuições entre a União e os Estados membros e a cláusula de alargamento de competências do art. 308.º TCE:** ALAN DASHWOOD, *The Relationship between the Member States and the European Union / European Community,* CMLR, 2004, p. 355 e ss; ARMIN VON BOGDANDY / JÜRGEN BAST, *El orden competencial vertical de la Unión Europea: contenido y perspectivas de reforma,* in EDUARDO GARCÍA DE ENTERRIA / RICARDO ALONSO GARCÍA (org.), La encrucijada constitucional de la Unión Europea, 1.ª ed., Madrid, 2002, p. 19 e ss; MARIO P. CHITI, *Delimitación o reparto de competencias entre Unión Europea y Estados miembros?* in EDUARDO GARCÍA DE ENTERRIA / RICARDO ALONSO GARCÍA (org.), La encrucijada..., p. 69 e ss; UDO DI FABIO, *Some Remarks on the Allocation of Competences Between the European Union and its Member States,* CMLR, 2002, p. 1289 e ss; ALAN DASHWOOD, *The States in the European Union,* ELR, 1998, p. 201 e ss; J. MARTÍN Y PÉREZ DE NANCLARES, *El sistema de competencias de la Comunidad Europea,* Madrid, 1997; ALAN DASHWOOD, *The Limits of European Community Powers,* ELR, 1996, p. 113 e ss; DANIELA OBRADOVIC, *Repatriation of Powers in the European Community,* CMLR, 1997, p. 59 e ss; MARIA LUÍSA DUARTE, *A teoria dos poderes implícitos e a delimitação de competências entre a União Europeia e os Estados-membros,* Lisboa, 1997, p. 287 e ss; ANTÓNIO GOUCHA SOARES, *Repartição de competências e preempção no Direito Comunitário,* Lisboa, 1996, p. 125 e ss; ANA MARIA GUERRA MARTINS, *O art. 235.º do Tratado da Comunidade Europeia – cláusula de alargamento de competências dos órgãos comunitários,* Lisboa, Lex, 1995.

II) **Sobre a estrutura orgânica da União Europeia:** PIETER JAN KUIJPER, *The Evolution of the Third Pillar from Maastricht to the European Constitution: Institutional Aspects,* CMLR, 2004, p. 609 e ss; JEAN-VICTOR LOUIS, *The Economic and Monetary Union: Law and Institutions,* CMLR, 2004, p. 575 e ss; DAMIEN GERADIN / NICOLAS PETIT, *The Development of Agencies at EU and National Levels: Conceptual Analysis and Proposals for Reform,* Jean Monnet Working Paper 01/04; N. NUGENT, *The European Commission,* Nova Iorque, 2001; OLIVIER COSTA, *Le Parlément européen,*

282   *Curso de Direito Constitucional da União Europeia*

assemblée délibérante, Bruxelas, 2001; Edoardo Chiti, *The Emergence of a Community Administration: the case of European Agencies,* CMLR, 2000, p. 309 e ss; F. Jacobs / R. Corbett / M. Shackleton, *The European Parliament,* 4.ª ed., Londres, 2000; Sandro Gozi, *Il Governo dell'Europa.* Bolonha, 2000; Martin Westlake, *The Council of the European Union,* 2.ª ed., Londres, 1999; J. L. Burban, *Le Parlement européen et son élection,* Bruxelas, 1999; Philippe Moreau--Defarges, *Les institutions européennes,* Paris, 1999; R. Corbett, *The European Parliament's Role in Closer EU Integration,* Londres, 1998; Pierre-Alexis Feral, *Le Comité des Régions de l'Union Européenne: du Traité de Maastricht au Traité d'Amsterdam,* Dr. Pr., 1998, p. 77 e ss; Andreas Follesdal e. a., Democracy and the European Union, Berlim, 1998, p. 161 e ss; J. Bourrinet (ed.), *Le Comité des Régions de l'Union européenne,* Paris, 1997; G. Vandersanden (ed.), *L'Europe et les Régions – Aspects juridiques,* Bruxelas, 1997; G. Edwards / D. Spence (eds), *The European Commission,* 2.ª ed., Londres, 1997; C. Gutiérrez Espada, *El sistema institucional de la Unión Europea,* Madrid, 1997; F. Hayes-renshaw / H. Wallace, *The Council of Ministers,* Houndmills, 1997; J. L. Burban, *Le Parlement européen,* Paris, 1997; Jean-Victor Louis, *L'Union européenne et l'avenir de ses institutions,* Bruxelas, 1996; J. Gaffney (ed.), *Political Parties and the European Integration,* Londres, 1996; E. Smith, *National Parliaments as Cornerstones of European Integration,* Londres, 1996; Mario Telò (dir.), *Démocratie et construction européenne,* Bruxelas, 1995; Klaus Armingeon, *Comment: the Democratic Deficit of the European Union,* Aussenwirt., 1995, p. 67 e ss; Hans-Hugo Klein, *Die Europäische Union und ihr demokratisches Defizit, in* Jürgen Goydke e. a. (Org.), Festschrift für Walter Remmers, Colónia, 1995, p. 195 e ss; Michael Zürn, *Über den Staat und die Demokratie in der Europäichen Union, in* Probleme einer Verfassung für Europa, Bremen, 1995, p. 13 e ss; Karlheinz Neunreither, *The Democratic Deficit of the European Union: Towards Closer Cooperation between the European Parliament and the National Parliaments,* Gov. & Opp., 1994, p. 299 e ss; Philip Raworth, *A Timid Step Forwards: Maastricht and the Democratisation of the European Community,* ELR, 1994, p. 16 e ss; Georg Ress, *Democratic Decision-Making in the European Union and the Role of the European Parliament, in* Essays in Honour of Henry G. Schermers, p. 153 e ss; E. Marias (ed.), *The European Ombudsman,* Maastricht, 1994; C. Flintermann e. a., *The Evolving Role of Parliaments in Europe,* Antuérpia, 1994; Martin Westlake, *The Commission and the Parliament. Partners and Rivals in the European Policy-making Process,* Londres, 1994; Béatrice Taulègne, *Le conseil européen,* Paris, 1993; Koen Lenaerts, *Some Reflections on the Separation of Powers in the European Community,* CMLR, 1991, p. 11 e ss; Charles Reich, *Qu'est-ce que... le déficit démocratique?* RMCUE, 1991, p. 14 e ss; S. Bulmer / W. Wessels, *The European Council,* Londres, 1987; Jean-Paul Jacqué e. a., *Le Parlement européen,* Paris, 1984; Pierre Pescatore, *L'exécutif communautaire: justification du quadripartisme institué par les traités de Paris et de Rome,* CDE, 1978, p. 387 e ss; Vlad Constantinesco, *Compétences et pouvoirs dans les Communautés européennes,* Paris, 1974.

III) **Sobre as atribuições e competências da União no projecto de constituição europeia:** Dominik Hanf / Tristan Baumé, *Vers une clarification de la répartition des compétences entre l'Union et ses États membres? – Une analyse du projet d'articles du Présidium de la Convention,* CDE, 2003, p. 135 e ss; P. Craig,

Competence: Clarity, Containment and Consideration, ERPL/REDP, 2003, p. 143 e ss; CESÁREO GUTÍERREZ ESPADA, *La reforma de las instituciones en el proyecto de Tratado constitucional presentado por la Convención (2003)*, Rev. Der. Com. Eur., 2003, p. 897 e ss; CLAUDIA MORVIDUCCI, *Convenzione europea e ruolo dei parlamenti nazionali: le scelte definitive*, Riv. Ital. Dir. Pub. Com., 2003, p. 1061 e ss; JEAN TOUSCOZ, *Brèves remarques juridiques sur les institutions de l'Union européenne après le Conseil européen de Thessalonique*, RMCUE, 2003, p. 420 e ss; ADELE ANZON, *La delimitazione delle competenze dell'Unione Europea*, Dir. Pub., 2003, p. 787 e ss; ANNE PETERS, *European Democracy After the 2003 Convention*, CMLR, 2004, p. 37 e ss.

24. A repartição de atribuições entre a União Europeia e os Estados membros

Já estudámos os princípios relativos à repartição de atribuições entre a União e os Estados membros, bem como os princípios atinentes ao seu exercício[1], cumpre agora analisar as regras sobre a repartição de atribuições tanto no plano interno da União como no plano externo.

24.1. As atribuições da União e das Comunidades no TUE

24.1.1. As atribuições internas

Os Tratados das Comunidades Europeias não continham, como hoje o TUE não contém, à semelhança do que existe nas constituições federais, uma cláusula de repartição de atribuições entre, por um lado, os Estados membros e, por outro lado, a União e as Comunidades, na qual estejam, claramente, definidas as atribuições exclusivas da União e das Comunidades, as atribuições exclusivas dos Estados membros – que são, de um modo geral, residuais – e as atribuições concorrentes entre ambos.

Aqueles tratados baseiam-se, pelo contrário, no método da enumeração dos objectivos (art. 2.º TUE e art. 2.º TCE) e dos instrumentos necessários para os atingir (art. 3.º TCE), bem como na consagração das diversas bases jurídicas de implementação desses objectivos e desses instrumentos.

Do que acaba de se afirmar já se pode inferir a dificuldade da questão da repartição de atribuições entre, por um lado, a União Europeia/

---

[1] Cfr. *supra* n.os 23.3. e 23.5.

284 Curso de Direito Constitucional da União Europeia

/Comunidades Europeias e, por outro lado, os Estados membros. É, sem dúvida, uma das questões que maior complexidade apresenta no sistema jurídico da União Europeia, o que propiciou ao Tribunal um amplo terreno para o desenvolvimento de uma jurisprudência bastante rica e inovadora.

O Tribunal retirou dos objectivos, enunciados nos preâmbulos e nos primeiros artigos dos tratados, dos instrumentos de realização desses objectivos e do sistema geral dos tratados as regras e os princípios relativos à repartição de atribuições, tendo procedido à distinção entre os vários tipos de atribuições, a saber as exclusivas, as concorrentes e as partilhadas. Além disso, existem certas atribuições que se encontram reservadas aos Estados membros.

A atribuição exclusiva é uma figura de criação jurisprudencial, que só veio a ser positivada no tratado de Maastricht no preceito relativo ao princípio da subsidiariedade (art. 5.º, par. 2.º TCE). Nas matérias de atribuição exclusiva da Comunidade está vedada a actuação normativa dos Estados membros. Mas, de acordo com o Tratado, as atribuições exclusivas são muito poucas, encontrando-se qualificada expressamente como tal apenas a política monetária (art. 106.º, par. 1.º TCE).

O Tribunal vai, todavia, mais longe, tendo procedido a uma interpretação das atribuições comunitárias num sentido amplo, que o levou a considerar como exclusivas outras matérias, como, por exemplo, a política comercial comum (art. 133.º TCE) ou certos aspectos da política agrícola comum.

Esta actuação do Tribunal conduziu a uma certa erosão das atribuições estaduais e conferiu ao processo de integração europeia um dinamismo e um carácter evolutivo, completamente desconhecidos do direito internacional. O Tribunal afastou-se, totalmente, da regra vigente no direito internacional de que as limitações de soberania não se presumem, tendo procedido a uma interpretação teleológica do Tratado que, por vezes, chegou a levantar dúvidas sobre a observância do princípio da especialidade[2], embora nunca o tenha afrontado claramente.

O Tribunal interpretou as atribuições *pro Comunidade*, tanto nos casos em que procurou o sentido comunitário da norma como quando interpretou restritivamente as restrições às atribuições e competências comunitárias[3].

---

[2] Como já vimos, a maioria da doutrina aceita a aplicação do princípio da especialidade à União Europeia e às Comunidades Europeias. Cfr. *supra* n.º 23.3.1.

[3] Voltaremos a este tema na Parte VI deste Curso.

Parte IV – Cap. I – A repartição de atribuições e a estrut. orgânica da UE 285

O sentido comunitário atribuído pelo Tribunal aos conceitos de monopólio nacional de natureza comercial (antigo art. 37.º TCE, actual art. 31.º)[4], de organização nacional de mercado (antigo art. 45.º TCE, actualmente revogado)[5], de trabalhador (antigo art. 48.º TCE, actual art. 39.º)[6], de segurança social (antigo art. 51.º TCE, actual art. 42.º)[7], de imposições internas (antigo art. 95.º TCE, actual art. 90.º)[8], de serviço público[9], de órgão jurisdicional[10] e recurso judicial[11] (antigo art. 177.º TCE, actual art. 234.º) não só contribuiu para conferir à ordem jurídica comunitária um carácter uniforme e independente, como também ampliou as matérias sobre as quais a Comunidade passou a exercer os seus poderes legislativo e executivo.

Além disso, o modo como o TJ interpretou as normas restritivas das atribuições comunitárias, como, por exemplo, os antigos arts 36.º[12], 48.º, n.º 3[13] e 56.º, n.º 1, actuais arts. 30.º, 39.º, n.º 3, e 46.º, respectivamente, contribuiu para minimizar o impacto nacional nas atribuições comunitárias.

---

[4] Ac. de 15/7/64, *Costa Enel*, proc. 6/64, Rec. 1964, p. 1163; ac. de 30/4/74, *Sacchi*, proc. 153/73, Rec. 1974, p. 428 e 429; ac. de 3/2/76, *Mangera*, proc. 59/75, Rec. 1976, p. 100, 101.

[5] Ac. de 13/11/64, *Comissão c. Luxemburgo e Bélgica*, proc. 90 e 91/63, Rec. 1964, p. 1235 e 1236; ac. de 10/12/74, *Charmasson*, proc. 48/74, Rec. 1974, p. 1393,1395 e 1396.

[6] Ac. de 19/3/64, *Unger*, proc. 75/63, Rec. 1964, p. 362 e 363; ac. de 23/3/82, *Levin*, proc. 53/81, Rec. 1982, p. 1048 a 1050; ac. de 3/7/86, *Lawrie-Blum*, proc. 66/85, Rec. 1986, p. 2144; ac. de 3/6/86, *Kempf*, proc. 139/85, Rec. 1986, p. 1746.

[7] Ac. de 9/10/74, *Biaison*, proc. 24/74, Rec. 1974, p. 1007.

[8] Ac. de 4/4/68, *Gebruder Lück*, proc. 34/67, Rec. 1968, p. 359 e ss; ac. de 22/3/77, *Ianelli*, proc. 74/76, Rec. 1977, p. 557 e 558; ac. de 25/11/81, *Andresen*, proc. 4/81, Rec. 1981, p.2835.

[9] Ac. de 19/5/93, *Corbeau*, proc. C-320/91, Col. 1993, p. I-2533 e ss, ac. de 27/4/94, *Almelo*, proc. C-393/92, Col. 1994, p. I-1477 e ss e ac. de 18/6/98, *Corsica Ferries France*, proc. C-266/96, Col. 1998, p. I-3949, par. 60.

[10] Ac. de 5/2/63, *Van Gend & Loos*, proc. 26/62, Rec. 1963, p. 7; ac. de 6/10/81, *Broekmeulen*, proc. 246/80, Rec. 1981, p. 2311; ac. de 30/6/66, *Vaassen-Göbbels*, proc. 61/65, Rec. 1966, p. 395; ac. de 1/12/70, *Mutualités Socialistes la Marca*, proc. 32/70, Rec. 1970, p. 987; ac. de 7/7/76, *IRCA*, proc. 7/76, Rec. 1976, p. 1213; ac. de 29/9/76, *Brack*, proc. 17/76, Rec. 1976, p. 1429; ac. de 24/6/86, *Drake*, proc. 152/85, Rec. 1986, p. 1995; ac. de 5/3/86, *Regina Greis Unterweger*, proc. 318/85, Rec. 1986, p. 955; ac. de 30/3/93, *Corbiau*, proc. C-24/92, Rec. 1993, p. I-1277)

[11] Ac. de 24/5/77, *Hoffmann-La Roche*, proc. 107/76, Rec. 1977, p. 973.

[12] Ac. de 25/1/77, *Baudhuis*, proc. 46/76, Rec. 1977, p. 5 e ss.

[13] Ac. de 4/12/74, *Van Duyn*, proc. 41/74, Rec. 1974, p. 1337; ac. de 26/2/75, *Bonsignore*, proc. 67/74, Rec. 1975, p. 297 e ss; ac. de 27/10/77, *Bouchereau*, proc. 30/77, Rec. 1977, p. 1999; ac. de 5/3/80, *Pescastaing*, proc. 98/79, Rec. 1980, p. 691.

286 *Curso de Direito Constitucional da União Europeia*

Deve ainda acrescentar-se que o Tribunal *transmutou* algumas atribuições concorrentes, ou seja, atribuições que, segundo o Tratado tanto podiam ser exercidas pela Comunidade como pelos Estados membros, em atribuições exclusivas – através do chamado fenómeno da preempção – que ocorreu ao longo dos anos e a vários níveis[14], o que conduziu também à extensão das atribuições da Comunidade.

A entrada em vigor do TUE, embora tenha contribuído para refrear um pouco o Tribunal, uma vez que, como vimos[15], conferiu em relação a certas políticas a base jurídica própria e específica necessária à actuação da Comunidade, não alterou verdadeiramente esta situação. Na verdade, continua a não existir no Tratado uma enumeração clara das diferentes atribuições da União / Comunidade.

O panorama é ainda mais complicado em matéria de atribuições externas.

24.1.2. As atribuições externas

Na verdade, o tratado de Roma, na sua versão originária, apenas previa, explicitamente, a capacidade internacional da Comunidade em três preceitos, a saber, os arts. 113.º (actual 133.º TCE), 114.º e 228.º (actual 300.º TCE).

Mas o Tribunal, apesar de o Tratado não referir expressamente a personalidade internacional da Comunidade Económica Europeia e ser muito parcimonioso quanto à sua capacidade para celebrar tratados internacionais, encarregou-se de suprir essa lacuna, através da chamada *teoria do paralelismo de atribuições e competências externas e internas.*

Dos vários acórdãos e pareceres em que o TJ aplicou o *princípio do paralelismo das atribuições internas e externas,* cumpre destacar os seguintes:

A) Antes do TUE:

No acórdão *AETR*[16] o TJ afasta a teoria das atribuições e competências expressas em matéria de relações externas, fundada, sobretudo, no

---

[14] A preempção verificou-se, principalmente, no domínio das relações externas da Comunidade, da concorrência e da política agrícola comum.

[15] Ver *supra* n.º 6.2.3.

[16] Ac. de 31/3/71, proc. 22/70, Rec. 1971, p. 273 e ss.

Parte IV – Cap. I – A repartição de atribuições e a estrut. orgânica da UE 287

art. 228.º (actual art. 300.º) do Tratado que estipula no n.º 1 qual o processo a seguir "sempre que as disposições do presente tratado prevejam a conclusão de acordos...".

O TJ baseia-se no art. 210.º (actual art. 281.º) do Tratado, que prevê a personalidade jurídica da Comunidade, e daí deduz a capacidade da Comunidade para estabelecer laços contratuais com terceiros Estados em toda a extensão dos objectivos do tratado, previstos na primeira parte.

A capacidade da Comunidade para concluir acordos internacionais pode retirar-se também dos próprios objectivos previstos no tratado, bem como de outras disposições materiais do tratado e dos actos adoptados pelos órgãos comunitários.

Em matéria de políticas comuns previstas nos tratados, os Estados, desde que a Comunidade tenha adoptado disposições comuns, perdem a sua capacidade para celebrar acordos internacionais com terceiros Estados, seja isoladamente, seja em conjunto.

As atribuições da Comunidade são, segundo o TJ, exclusivas nestas matérias, pois só esta solução é compatível com a unidade do mercado comum e com a aplicação uniforme do direito comunitário.

No acórdão *Kramer*[17] o TJ, após chegar à conclusão que não existem disposições expressas que confiram à Comunidade atribuições em matéria de recursos biológicos do mar, reafirma que o art. 210.º (actual art. 281.º) do TCEE significa que, nas relações externas, a Comunidade tem capacidade para celebrar acordos internacionais em toda a extensão dos objectivos definidos na primeira parte do tratado. Esse poder de concluir acordos internacionais pode deduzir-se não só da atribuição expressa do tratado, como também de forma implícita de outras disposições do tratado, do acto de adesão e de actos adoptados pelos órgãos comunitários.

No *Parecer 1/76*[18] o TJ reafirma a jurisprudência *AETR* e *Kramer*, retirando as atribuições externas das atribuições internas, desde que a participação da Comunidade seja necessária para a prossecução de um dos objectivos comunitários (considerando 3).

O Tribunal não se queda, no entanto, pela reafirmação das suas posições anteriores. Pelo contrário, defende que as atribuições externas não estão limitadas aos casos em que a atribuição interna já foi exercida, pelo que as medidas internas comunitárias podem ser adoptadas no momento da conclusão e da implementação do acordo internacional

---

[17] Ac. de 14/7/76, proc. 3, 4 e 6/76, Rec. 1976, p. 1309.
[18] Parecer de 26/4/77, Rec. 1977, p. 741 e ss.

288 *Curso de Direito Constitucional da União Europeia*

(considerando 4). O TJ aceita, portanto, a atribuição externa da Comunidade mesmo nos casos em que a atribuição interna comunitária ainda é apenas virtual.

A jurisprudência comunitária em matéria de relações externas evoluiu de forma bastante acentuada, sobretudo, de 1970 (acórdão *AETR*) a 1977 (Parecer 1/76). Enquanto no acórdão *AETR* o Tribunal exigia como fundamento da atribuição externa a adopção prévia de actos a nível interno, ou seja, o exercício prévio da competência dos órgãos comunitários, no parecer 1/76, pelo contrário, contenta-se com a existência virtual da atribuição. A alteração do entendimento jurisprudencial está bem patente no facto de no Parecer 1/76 o facto gerador da competência externa dos órgãos comunitários ser a noção de objectivo da Comunidade, que é muito mais lata do que a noção de política comum ou regras comuns defendida no acórdão *AETR*.

No *Parecer 2/91*[19] o Tribunal reafirma a sua jurisprudência anterior, explicitando que o art. 5.º (actual art. 10.º TCE) impõe que, em todos os domínios que correspondem aos objectivos do tratado, os Estados membros devem facilitar à Comunidade o cumprimento da sua missão e abster-se de todas as medidas que possam pôr em causa a realização dos fins. Segundo o Tribunal, a existência da atribuição comunitária ao nível interno, expressa ou implícita, exclui a competência dos Estados membros tanto na ordem interna como na ordem internacional. A competência comunitária não se restringe aos casos em que a Comunidade adoptou regras comuns no âmbito de uma política comum. No caso concreto, que dizia respeito à participação da Comunidade na Convenção n.º 170 da OIT sobre a segurança na utilização de produtos químicos no trabalho, o TJ considerou que estas condições não estavam preenchidas. O domínio da Convenção n.º 170 da OIT releva da competência comunitária em matéria de política social, que não é uma competência exclusiva da Comunidade, por isso a conclusão da Convenção deve ser efectuada em conjunto pelos Estados membros e pela Comunidade.

No *Parecer 1/92*[20] o Tribunal afirma que a Comunidade tem competência, em virtude das regras de concorrência do Tratado CEE e dos actos adoptados para a sua aplicação para concluir acordos internacionais nesse domínio.

---

[19] Parecer de 19/3/93, Col. 1993, p. I-1061 e ss.
[20] Parecer de 10/4/92, Col. 1992, p. I-2821 e ss.

B) Depois do TUE:

A evolução da jurisprudência do TJ, relativa ao paralelismo de atribuições e competências, não vai, em nosso entender, ser, substancialmente, afectada com a entrada em vigor do TUE.

É certo que o tratado de Maastricht aumentou o número de casos, previstos expressamente, em que a Comunidade pode celebrar acordos internacionais. A Comunidade passou a ter competência expressa para celebrar acordos internacionais em matéria de livre circulação de capitais e pagamentos (art. 60.º, n.º 1, TCE (ex-art. 73.ºG, n.º 1), no domínio monetário (art. 111.º, n.º 1, TCE (ex-art. 109.º, n.º 1), no âmbito da investigação e do desenvolvimento tecnológico (art. 170.º TCE (ex-art.130.ºM), em matéria de ambiente (art. 174.º, n.º 4, TCE (ex-art. 130.ºR, n.º 5), de cooperação para o desenvolvimento (art. 181.º TCE (ex-art. 130.ºY), mantendo a sua competência, no que diz respeito aos acordos comerciais (art. 133.º, n.º 3, TCE (ex-art. 113.º, n.º 3), o que, naturalmente, reduz a necessidade de recorrer à teoria do paralelismo de atribuições e competências.

Tal não significa, no entanto, que esta teoria não tenha continuado a ser aplicada pelo Tribunal. A título exemplificativo refira-se o *parecer 2/92*[21], relativo à competência da Comunidade ou de um dos seus órgãos para participarem na terceira decisão revista do Conselho da OCDE em relação ao tratamento nacional, no qual o Tribunal rejeitou a competência exclusiva da Comunidade para participar no acordo, devido à ausência de uma competência exclusiva comunitária em todos os domínios sobre os quais o acordo incide. O mesmo sucedeu no *parecer 1/94*[22], referente à competência da Comunidade para concluir acordos em matéria de serviços e de protecção da propriedade intelectual.

No *parecer 2/94*[23], relativo à adesão da Comunidade à CEDH, o Tribunal rejeitou também a competência comunitária para aderir à CEDH, mas por a Comunidade não dispor de atribuições ao nível interno nem ao nível externo em matéria de direitos humanos. Isto é, não foi possível recorrer à teoria do paralelismo de atribuições e competências internas e externas. Ora, não sendo os direitos humanos um dos objectivos consagrados no TCE[24], também não se vê como poderia o antigo art. 235.º

---

[21] Parecer de 24/3/95, Col. 1992, p. I-525 e ss.

[22] Parecer de 15/4/94, Col. 1994, p. I-5276 e ss.

[23] Parecer de 28/3/96, Col. 1996, p. I-1759 e ss.

[24] De acordo com o Tratado de Maastricht o respeito dos direitos humanos era um objectivo da União Europeia e não das Comunidades Europeias.

290 *Curso de Direito Constitucional da União Europeia*

(actual art. 308.º TCE) fundamentar a celebração de tal acordo de adesão, pois um dos requisitos de aplicação desta base jurídica é precisamente o respeito dos objectivos do Tratado.

24.2. A repartição de atribuições entre a União e os Estados membros no projecto de constituição europeia

24.2.1. A enumeração das categorias de atribuições

Como já vimos[25], o projecto de constituição para a Europa inova pouco, no que toca aos princípios sobre delimitação e exercício de competências. O mesmo não sucede, no que diz respeito à enumeração das atribuições da União, pois aí introduz algumas inovações significativas, ao descrever, pela primeira vez, as categorias de atribuições (art. I-11.º), assim como as matérias que se inserem em cada uma delas (arts. I-12.º e segs.).

A convenção europeia procurou, desse modo, dar uma resposta satisfatória às críticas relacionadas com o carácter insuficiente das soluções consagradas no TCE e no TUE, no que foi corroborada pela CIG 2003/ 2004.

Assim, o projecto de constituição para a Europa prevê os seguintes tipos de atribuições:

a) exclusivas (art. I-12.º), em que só a União pode actuar através de actos legislativos e de actos juridicamente vinculativos;

b) partilhadas com os Estados membros (art. I-13), nas quais tanto os Estados como a União podem actuar;

c) a coordenação das políticas económicas e de emprego (art. I-14.º);

d) a política externa e de segurança comum (art. I-15.º);

e) os domínios de acção de apoio, de coordenação ou de complemento (art. I-16.º), em que a União pode desenvolver acções, sem substituir a competência dos Estados.

---

[25] Ver *supra* n.º 23.7.2.

24.2.2. A concretização das competências

A) <u>As competências exclusivas da União</u> – estão previstas no art. I-12.º e abrangem as regras de concorrência necessárias ao funcionamento do mercado interno, a política monetária para os Estados que tenham adoptado o euro, a política comercial comum, a união aduaneira e a conservação dos recursos biológicos do mar, no âmbito da política comum das pescas.

A enumeração das competências exclusivas no projecto de constituição é até relativamente modesta, pois deixa de fora matérias que actualmente se entende que fazem parte das competências exclusivas, como é o caso de muitos aspectos da política agrícola comum.

Daqui decorre que as transferências de poderes dos Estados membros para a União previstas, no projecto de constituição, são menores se comparadas com a situação presente, o que vai ter implicações em matéria de soberania dos Estados. Efectivamente, os Estados vêem a sua soberania melhor salvaguardada, no projecto de constituição, do que nos tratados actuais.

B) <u>As competências partilhadas da União com os Estados membros</u> – estão enunciadas no art. I-13.º e abarcam, principalmente, os domínios do mercado interno, do espaço de liberdade, de segurança e justiça, da agricultura e pescas, com excepção da conservação dos recursos biológicos, dos transportes e redes transeuropeias, da energia, da política social, da coesão económica, social e territorial, do ambiente, da defesa dos consumidores e dos problemas comuns de segurança em matéria de saúde pública.

C) <u>A coordenação das políticas económicas e de emprego</u> – o art. I-14.º prevê a competência da União para adoptar medidas com vista a garantir a coordenação de três tipos de políticas dos Estados membros: as políticas económicas (n.º 1), as políticas de emprego (n.º 2) e as políticas sociais (n.º 3). Além disso, deve sublinhar-se que o projecto de constituição afirma, expressamente, que serão aplicáveis disposições específicas aos Estados que tenham adoptado o euro (n.º 2).

D) <u>A Política Externa e de Segurança Comum</u> – é subtraída ao regime comum da repartição de competências, estabelecendo o art. I-15.º que a competência da União em matéria de PESC abrange todos os domínios da política externa, bem como todas as questões relativas à segurança da União, incluindo a definição gradual de uma política comum de defesa que poderá conduzir a uma defesa comum.

292   *Curso de Direito Constitucional da União Europeia*

E) <u>Os domínios de acção de apoio, de coordenação ou de complemento</u> – o art. I-16.º estabelece que a União pode desenvolver acções deste tipo no âmbito da indústria, da protecção e melhoria da saúde humana, da educação, formação profissional, juventude e desporto, cultura e protecção civil.

As diferentes categorias de atribuições enunciadas na Parte I vão ser objecto de desenvolvimento na Parte III. Todavia, a sistematização desta Parte não coincide totalmente com a enumeração da Parte I, a que acabámos de aludir.

25. A estrutura orgânica da União Europeia

25.1. Os órgãos comuns às Comunidades e aos pilares intergovernamentais

Segundo o art. 5.º do TUE, os órgãos comuns às Comunidades Europeias e aos pilares intergovernamentais, isto é, os órgãos da União, são o Parlamento Europeu, o Conselho, a Comissão, o Tribunal de Justiça e o Tribunal de Contas.

25.1.1. O órgão de direcção política: o Conselho Europeu

25.1.1.1. A génese do Conselho Europeu

A) <u>A origem remota</u> – o Conselho Europeu tem a sua origem nas Cimeiras de Chefes de Estado e Chefes de Governo, que ocorreram desde 1961. Tratava-se de conferências diplomáticas à margem do direito comunitário, nas quais se discutiam os assuntos relacionados com a cooperação política.

Após a Cimeira de Haia de 1969, estas conferências passaram a debruçar-se também sobre os assuntos comunitários.

B) <u>A origem próxima</u> – o Conselho Europeu nasceu na Cimeira de Paris, de 9 e 10 de Dezembro de 1974. Como disse Giscard d'Estaing, morreram nessa data as Cimeiras de Chefes de Estado e de Governo e nasceu o Conselho Europeu.

No Comunicado final daquela Cimeira pode ler-se que os Chefes de Governo, preocupados em globalizar as actividades comunitárias e as que relevam da cooperação política, decidiram reunir-se, acompanhados dos

Ministros dos Negócios Estrangeiros, três vezes por ano, e sempre que necessário, em Conselho das Comunidades e a título de cooperação política, acrescentando ainda que estas disposições não afectam de forma nenhuma as regras e os processos estabelecidos nos tratados, nem as dos acordos de Luxemburgo e de Copenhaga, no que diz respeito à cooperação política.

O Conselho Europeu tem, portanto, a sua origem imediata num acto informal dos Estados membros, ou seja, no comunicado final da Cimeira de Paris.

Segundo este comunicado, o Conselho Europeu deve desempenhar uma dupla função:

– detém competência relativamente a assuntos comunitários;
– é o órgão da cooperação política europeia.

Naquela época o Conselho Europeu poderia buscar a sua base legal nos tratados, pois o art. 2.º do tratado de fusão[26] estipulava que o Conselho era composto por representantes dos Estados membros e que cada Governo designaria um dos seus membros para nele participar. Ora, em última análise, a composição do Conselho Europeu, tal como foi preconizada na Cimeira de Paris, respeitava este preceito.

Após o AUE as dúvidas, eventualmente, existentes sobre a "constitucionalidade" daquele órgão dissiparam-se, dado que o art. 2.º do AUE previa, de modo expresso, a sua composição.

25.1.1.2. A composição e a competência do Conselho Europeu após o TUE

Com o tratado de Maastricht consagrou-se uma base jurídica específica para o Conselho Europeu – o art. 4.º TUE (antigo art. D) –, que o transformou em órgão da União Europeia.

A) A composição – segundo o art. 4.º, par. 2.º, TUE, o Conselho Europeu é composto pelo Chefe de Estado ou de Governo, bem como pelo Presidente da Comissão, assistidos pelos Ministros dos Negócios Estrangeiros dos Estados membros e por um membro da Comissão.

Este órgão reúne-se, pelo menos, duas vezes por ano, sob a presidência do Chefe de Estado ou de Governo do Estado-membro que exercer a presidência do Conselho.

---

[26] Este preceito encontra-se revogado pelo TUE (art 146.º do TCE).

294 *Curso de Direito Constitucional da União Europeia*

B) A competência – está definida no art. 4.º, par. 1.º, TUE como sendo a de dar à União os impulsos necessários ao seu desenvolvimento e definir as orientações políticas gerais. O TUE reconhece ao Conselho Europeu um papel de motor da integração na PESC e na UEM.

O Conselho Europeu, em obediência ao princípio do quadro institucional único (art. 3.º TUE), já estudado[27], actua como órgão das Comunidades num único caso – art. 99.º do TCE.

C) A distinção Conselho Europeu / Conselho de Ministros – o Conselho Europeu é um órgão distinto do Conselho de Ministros da UE, não devendo confundir-se com ele. O próprio texto do TUE faz uma distinção nítida entre os dois órgãos ao prever, em vários preceitos, a composição do Conselho das Comunidades ao nível de Chefes de Estado e de Governo (arts. 7.º, n.º 2, TUE; 112.º, n.º 2, 117.º, n.º 2 e 3; 121.º, n.º 3 TCE).

25.1.2. Os órgãos principais

Como já se mencionou neste Curso[28], as Comunidades Europeias começaram por ser três – a CECA[29], a CEE, hoje CE, e a CEEA –, tendo sido instituídas por tratados distintos – o tratado de Paris de 1951 e os tratados de Roma de 1957. Cada um destes tratados previa um quadro institucional próprio, embora a Assembleia e o Tribunal de Justiça tivessem sido unificados logo em 1957 pelo tratado relativo a certas instituições comuns assinado em Roma. Pelo contrário, o Conselho e a Comissão (designada como Alta Autoridade no tratado CECA) mantiveram o seu estatuto tripartido até ao tratado de Fusão de 1965.

Deve realçar-se que, apesar desta unidade em termos de estrutura formal, os órgãos dispõem de competências diversas, consoante estejam a actuar com base num ou noutro tratado.

25.1.2.1. O Parlamento Europeu

A) O modo de designação dos membros

Inicialmente o Parlamento era composto por representantes designados pelos parlamentos nacionais, segundo um processo nacional. No

---

[27] Ver *supra* n.º 23.5.1.
[28] Cfr. *supra* n.º 2.
[29] Como se viu, também na Parte I, a CECA já não existe.

Parte IV – Cap. I – A repartição de atribuições e a estrut. orgânica da UE 295

entanto, o tratado de Roma previa, desde a sua versão originária, a possibilidade de eleição do Parlamento Europeu por sufrágio directo e universal, o que se tornou possível a partir da decisão do Conselho relativa a essa eleição, de 20 de Setembro de 1976.

A partir de 1979 o Parlamento Europeu passou a ser eleito por sufrágio directo e universal, de acordo com os sistemas eleitorais de cada um dos Estados membros. Até à actualidade ainda não se conseguiu aprovar um sistema eleitoral uniforme.

O PE é composto por representantes dos povos dos Estados reunidos na Comunidade (art. 189.º, par. 1.º, TCE).

B) O estatuto dos membros do Parlamento

O mandato dos deputados é de 5 anos (art. 190.º, n.º 3, TCE). Os deputados beneficiam de imunidades, irresponsabilidade e inviolabilidade.

C) A composição

Até ao último alargamento, ou seja, o chamado alargamento aos PECO's, o PE era composto por 626 deputados, repartidos pelos diferentes Estados membros, de acordo com a tabela constante do art. 190.º, n.º 2, TCE.

Todavia, este número, bem como o número de deputados atribuído a cada Estado foram alterados pelo tratado de Nice, tendo em vista preparar a adesão dos novos Estados membros num duplo sentido. Por um lado, a redução do número de deputados dos Estados, que ao tempo integravam a União, prevista no n.º 1 do preceito, procurou libertar lugares para os novos Estados que, na época, já se encontravam em vias de aderir. Por outro lado, estabeleceram-se as regras que se destinam a ser aplicadas após a adesão (n.ᵒˢ 2, 3 e 4 do art. 190.º TCE).

Como já sabemos, do tratado de Nice faz parte um protocolo relativo ao alargamento que no seu art. 2.º altera o art. 190.º TCE. Além disso, o Tratado contém uma Declaração respeitante ao alargamento da União Europeia, a qual distribui os lugares do Parlamento, levando em linha de conta os Estados candidatos, cujas negociações estavam a decorrer, quando se negociou o tratado de Nice.

Segundo o art. 2.º do acima referido protocolo, a partir de 1 de Janeiro de 2004, e com efeitos a partir do início da legislatura de 2004--2009, deve reduzir-se o número de deputados de todos os Estados membros, que ao tempo faziam parte da União, com excepção da Alemanha

296   *Curso de Direito Constitucional da União Europeia*

e do Luxemburgo, sendo que, em relação a certos Estados, a redução é mais significativa do que relativamente a outros. A Bélgica, a Dinamarca, a Grécia, a Irlanda, Portugal e a Finlândia vêem o seu número de deputados reduzido em três. Esta redução é ainda mais significativa nos Grandes: catorze no caso da Espanha, quinze no caso da França, Itália e Reino Unido. Por fim, os Países Baixos sofreram uma redução de apenas seis deputados e a Áustria e a Suécia de quatro.

Assim, a partir da legislatura de 2004-2009 – a actual legislatura –, os antigos quinze Estados membros da União passam a dispor de 535 deputados contra os 626 de que dispunham anteriormente.

O tratado de Amesterdão impunha, no art. 189.º, n.º 2, TUE um limite máximo de setecentos deputados ao Parlamento Europeu. Tratava-se de um limite material de revisão, que todos os trabalhos preparatórios da Conferência pareciam querer respeitar[30], mas em Nice decide-se alterar o número de deputados para setecentos e trinta e dois, sem qualquer ganho em termos de proporcionalidade na representação.

O n.º 4 do art. 190.º TCE chega mesmo a admitir que o número de deputados do Parlamento Europeu ultrapasse os setecentos e trinta e dois, no caso de se verificar a adesão de novos Estados após a aprovação da decisão do Conselho prevista no n.º 3 do mesmo preceito.

O número de deputados foi negociado e aceite pelos Estados, tendo em conta as contrapartidas que viessem a conseguir no respeitante à ponderação de votos no seio do Conselho, o que prova a crescente importância do Parlamento no espectro institucional da União Europeia. A repartição de lugares no Parlamento Europeu não obedeceu, portanto, a métodos aritméticos ou demográficos, mas sim a um puro compromisso político.

O n.º 2 do art. 190.º TCE vem afirmar que o número total de representantes ao Parlamento Europeu é igual ao constante do n.º 1 acrescido dos representantes dos novos Estados membros.

À data da conclusão do tratado de Nice ainda estavam a decorrer as negociações de adesão dos novos membros, não se podendo prever com segurança quantos Estados viriam a fazer parte da União em 1 de Janeiro de 2004, pelo que o n.º 3 do art. 190.º TCE admite a possibilidade de o número de deputados por Estados vir a ser corrigido proporcionalmente, por forma a aproximar-se dos setecentos e trinta e dois, bastando para tal uma decisão do Conselho.

---

[30] Ver, por exemplo, o parecer da Comissão.

Parte IV – Cap. I – A repartição de atribuições e a estrut. orgânica da UE 297

Coube ao tratado de adesão dos novos Estados membros, assinado em Atenas, em 16 de Abril de 2003[31], que entrou em vigor em 1 de Maio de 2004, clarificar esta questão.

Assim, o art. 11.º do tratado de adesão alterou o n.º 2 do art. 190.º TCE. A partir de 1 de Novembro de 2004, o número de deputados eleitos em cada Estado membro é fixado da seguinte forma:

- Bélgica, República Checa, Grécia, Hungria e Portugal – 24 cada;
- Alemanha – 99;
- Estónia, Chipre e Luxemburgo – 6 cada;
- Dinamarca, Eslováquia e Finlândia – 14 cada;
- Reino Unido, Itália e França – 78 cada;
- Espanha e Polónia – 54 cada;
- Irlanda e Lituânia – 13 cada;
- Malta – 5;
- Eslovénia – 7;
- Letónia – 9;
- Áustria – 18;
- Suécia – 19.

Entre 1 de Maio de 2004 e 31 de Outubro de 2004 o tratado de adesão contém disposições institucionais transitórias, as quais em relação ao Parlamento Europeu estabelecem uma derrogação ao art. 190.º, n.º 1 do TCE, que estipula que os representantes dos novos Estados são nomeados pelos parlamentos nacionais e não por sufrágio directo e universal (art. 25.º do tratado de adesão).

Esta derrogação cessa a 1 de Novembro de 2004, passando os novos Estados a obedecer às regras gerais.

D) O funcionamento

Os deputados repartem-se em famílias políticas, das quais cumpre destacar o Partido Popular Europeu e o Partido Socialista Europeu.

O tratado de Maastricht reconheceu o papel dos partidos políticos a nível europeu como factor de integração, dado que contribuem para a criação de uma consciência europeia e para a expressão da vontade política dos cidadãos da União (art. 191.º, par. 1.º, TCE).

O PE tem uma sessão anual (art. 196.º, n.º 1, TCE) e pode reunir--se em sessão extraordinária, a pedido da maioria dos seus membros, do

---

[31] Ete tratado está publicado, entre nós, no DR Série I-A, suplemento, de 15 de Janeiro de 2004.

298 *Curso de Direito Constitucional da União Europeia*

Conselho ou da Comissão (art. 196.º, n.º 2, TCE). Além disso, funciona em comissão. Dado o carácter parcimonioso das sessões plenárias, as comissões desempenham um papel muito importante.

A regra de votação no seio do Parlamento é a maioria simples, excepto nos casos em que se prevê outra regra expressamente no Tratado, como, por exemplo, para efeitos da aprovação de uma moção de censura (art. 201.º TCE).

O PE adopta o seu regulamento interno (art. 199.º, par. 2.º, TCE).

E) A competência

Na versão originária dos tratados, o PE dispunha de uma competência bastante diminuta, limitando-se a ser consultado no procedimento legislativo e a aprovar o orçamento.

Após a sua eleição por sufrágio directo e universal, em 1979, este órgão começou a reclamar cada vez mais poderes em consonância com a sua legitimidade democrática directa. Como já vimos, na Parte I deste Curso[32], o PE tem vindo a ganhar poderes, tanto ao nível orçamental, como de participação no procedimento legislativo e de fiscalização política, praticamente, em todas as revisões dos tratados.

O Parlamento detém poderes em quatro domínios:

– constituinte;
– legislativo;
– de fiscalização política;
– de designação de membros de outros órgãos.

I) *A participação do Parlamento Europeu no poder constituinte* está prevista em dois casos:

a) o PE deve ser consultado sobre a convocação da conferência de representantes dos Governos dos Estados membros no processo de revisão do Tratado, previsto no art. 48.º TUE;

b) o Parlamento Europeu deverá participar na regulamentação da sua própria eleição através da elaboração de projectos destinados a permitir a eleição por sufrágio universal e directo, segundo um processo uniforme em todos os Estados membros ou baseado em princípios comuns a todos os Estados membros (art. 190.º, n.º 4, TCE). A decisão deve ser adoptada pelo Conselho, por

---

[32] Ver n.ºˢ 6.2.5.; 7.2.2.3. e 8.2.1.

unanimidade, após parecer favorável do Parlamento Europeu, por maioria dos membros que o compõem.

II) *No que respeita ao poder legislativo*, a versão original do tratado de Roma já previa, em muitos casos, a consulta do PE por parte do Conselho antes da tomada de decisão. Mas, para além dos casos expressamente previstos, generalizou-se a prática de o Conselho consultar o PE em matéria legislativa.

Com o intuito de aumentar a participação do PE no poder legislativo, os órgãos comunitários, através da Declaração comum da Assembleia, do Conselho e da Comissão, de 4 de Março de 1975, concertaram-se no sentido da instituição de um novo procedimento à margem dos Tratados – *o procedimento de concertação*. Este procedimento aplicava-se aos actos comunitários de alcance geral que tivessem implicações financeiras notáveis, pretendendo-se chegar a um acordo entre o Conselho e o Parlamento Europeu. Este procedimento tinha em vista aproximar o poder orçamental do poder consultivo.

O Acto Único Europeu introduziu um *procedimento de cooperação*, que, como estudaremos no capítulo II desta Parte[33], também contribuiu para o aumento do poder de influência do Parlamento Europeu no procedimento legislativo.

O TUE reforçou os poderes do Parlamento Europeu, no domínio legislativo, através da inclusão do *procedimento de co-decisão,* ou decisão conjunta, do Parlamento Europeu e do Conselho (art. 251.º TCE), procedimento que estudaremos em pormenor no capítulo seguinte. Este procedimento foi inicialmente, incluído no TUE em Maastricht, tendo sofrido posteriormente algumas modificações na revisão de Amesterdão. O referido procedimento começou por se aplicar a um número reduzido de casos, mas viu o seu âmbito de aplicação alargado com as sucessivas revisões do TUE.

Deve sublinhar-se que o tratado de Nice procedeu também ao aumento do número de casos de aprovação de normas comunitárias, segundo o procedimento de co-decisão, o que implica uma maior participação do Parlamento Europeu no procedimento legislativo, mas manteve a ausência de correspondência entre a adopção da decisão através deste procedimento e o exercício do Poder legislativo. Além disso, também não se estabeleceu um total paralelismo entre o procedimento de co-decisão e a deliberação do Conselho por maioria qualificada.

---

[33] Ver n.º 29.1.2.

300 Curso de Direito Constitucional da União Europeia

III) *Em matéria de controlo político,* o PE detém alguns poderes desde a versão originária do Tratado, mas viu os seus poderes bastante aumentados, em especial, depois da aprovação do tratado de Maastricht.

Assim, o PE sempre teve competência para fiscalizar a Comissão e o Conselho, através das questões orais, com ou sem debate, que pode colocar a estes dois órgãos.

Além disso, o Parlamento também sempre teve competência para aprovar uma moção de censura à Comissão, por maioria de dois terços de votos expressos, que representem a maioria dos membros que o compõem (art. 201.º, para. 2.º). Se a moção de censura for aprovada, os membros da Comissão devem abandonar colectivamente as suas funções.

No entanto, deve referir-se que a dupla maioria exigida para a aprovação da moção de censura impediu que, até à actualidade, se tenha conseguido reunir o número de votos necessários para censurar a Comissão.

Deve ainda acrescentar-se que o PE também sempre teve competência para proceder a debates de política geral e para votar resoluções sobre questões de actualidade.

O TUE estendeu as competências de controlo político do PE, especialmente, nos seguintes domínios:

– possibilitou a constituição de comissões de inquérito (art. 193.º TCE) – o PE pode, a pedido de um quarto dos seus membros, constituir uma comissão de inquérito temporária para analisar alegações de infracção ou de má administração, excepto se os factos alegados estiverem a ser apreciados por uma jurisdição e enquanto o processo jurisdicional não se encontrar concluído;
– exigiu a apresentação de relatórios e informações ao Parlamento Europeu por parte de outros órgãos da União[34].

IV) *O PE participa na designação de membros de outros órgãos* nos seguintes casos:

---

[34] Ver os seguintes casos: relatório do Conselho Europeu após cada reunião (art. 4, par. 3.º, TUE); relatório anual do Conselho Europeu sobre os progressos da União (art. 4.º, par. 3.º, TUE); relatório da Comissão sobre a aplicação das disposições da cidadania da União (art. 22.º, par. 1.º, TCE); informação do Presidente do Conselho ao PE em matéria de política económica (art. 104.º, n.º 11, TCE); relatórios da Comissão e do Conselho ao PE em matéria de política económica (art. 99.º, n.ᵒˢ 2 , 3 e 4, par. 2.º, TCE); informação do Presidente do Conselho ao PE em matéria de política monetária (art. 114.º, n.º 3, TCE); relatório da Comissão ao PE sobre os progressos registados na realização da coesão económica e social (art. 159.º, par. 2.º, TCE); relatório da Comissão ao PE em matéria de investigação e desenvolvimento tecnológico (art. 173.º TCE).

Parte IV – Cap. I – A repartição de atribuições e a estrut. orgânica da UE 301

- O Presidente e outros membros da Comissão – a participação do PE está prevista no art. 214.º, n.º 2, TCE, que será estudado mais adiante[35], a propósito do modo de designação da Comissão;
- O Provedor de Justiça – de acordo com o art. 195.º, n.º 1, TCE, compete ao PE nomear o Provedor de Justiça, com poderes para receber queixas apresentadas por qualquer cidadão da União ou qualquer pessoa singular ou colectiva com residência ou sede estatutária num Estado membro. As queixas devem respeitar a casos de má administração na actuação dos órgãos comunitários, com excepção do TJ e do TPI no exercício das suas funções jurisdicionais. O Provedor de Justiça, por iniciativa própria ou com base em queixas, directamente ou por intermédio de um membro do PE, exercerá as suas funções mediante inquéritos aos órgãos que considere em situação de má administração.

V) *Outras competências:*

- O direito de iniciativa – o art. 192.º, par. 2.º, TCE prevê que o PE pode, por maioria dos seus membros, solicitar à Comissão que lhe submeta as propostas adequadas de actos comunitários que julgue necessários para o cumprimento das disposições do Tratado;
- O direito de petição – o art. 194.º TCE institucionaliza uma prática já existente, ou seja, qualquer cidadão da União, bem como qualquer pessoa singular ou colectiva com residência ou sede estatutária num Estado-membro pode apresentar, a título individual ou colectivo, petições ao PE sobre qualquer questão que se integre nos domínios de actividade da Comunidade e lhe diga directamente respeito.

25.1.2.2. O Conselho

A) A composição

Como se disse, após o tratado de Fusão de 1965, o Conselho passou a ser um órgão comum das três Comunidades. O art. 2.º desse tratado previa que «*o Conselho é composto por representantes dos Estados Membros. Cada Governo delega num dos seus membros*».

---

[35] Cfr. *infra* n.º 25.1.2.3.

302 Curso de Direito Constitucional da União Europeia

O Tratado da União Europeia modificou o antigo art. 146.º, actual art. 203.º TCE, passando o Conselho a ser composto por um representante de cada Estado membro a nível ministerial, que terá poderes para vincular o governo desse Estado Membro. Esta disposição foi incluída no Tratado por influência da Alemanha para permitir representações das colectividades infra-estaduais.

A prática comunitária institucionalizou o sistema da pluralidade de formações do Conselho, salvaguardando sempre uma certa proeminência do Conselho de Assuntos Gerais, que é composto pelos Ministros dos Negócios Estrangeiros.

O Conselho é, portanto, composto pelos ministros das pastas relativas aos vários assuntos que se vão discutir. Assim, destacamos o ECOFIN, que é composto pelos ministros dos assuntos económicos e financeiros; o Conselho Agricultura, que reúne os ministros da agricultura; o Conselho Justiça e Assuntos Internos e Protecção Civil.

Em certos casos o Tratado impõe que o Conselho se reuna ao mais alto nível, ou seja, ao nível de Chefes de Estado e de Governo. O tratado de Maastricht reservou esta formação do Conselho para duas situações relacionadas com a União Económica e Monetária (arts. 121.º, n.ºs 2 e 3 e 122.º, n.º 2, TCE). O tratado de Amesterdão estendeu-a a outras áreas, a saber, a autorização para a cooperação reforçada no domínio comunitário (art. 11.º, n.º 2, TCE) e a constatação da existência de uma violação grave e persistente, por parte de um Estado membro, de algum dos princípios enunciados no n.º 1 do art. 6.º TUE (art. 7.º, n.º 1, TUE). O tratado de Nice alargou-a à designação da personalidade que pretende nomear como Presidente (art. 214.º, n.º 2 TCE).

B) O funcionamento

A Presidência é exercida rotativamente por cada Estado membro por um período de 6 meses, segundo a ordem indicada no art. 203.º TCE.

Os órgãos de preparação da decisão são o COREPER, os grupos de peritos ou de trabalho e os vários comités.

O COREPER não é um órgão das Comunidades Europeias, mas sim um órgão auxiliar do Conselho, ao qual está subordinado. Não dispõe de competência de decisão própria, nem a pode receber por delegação. A sua função é a preparação dos trabalhos do Conselho e aí não pode menosprezar o direito de iniciativa reconhecido à Comissão.

O COREPER não pode decidir, mas se chegar a acordo, o Conselho pode, posteriormente, aprovar sem discussão, pois o assunto será inserido no ponto A da agenda do Conselho, que é o ponto em que se adopta o acto sem discussão.

A ordem do dia é, pois, preparada pelo COREPER e compreende uma parte A (votação sem debate) e uma parte B (debates seguidos ou não de votação). A Comissão participa nas deliberações do Conselho para defender as suas propostas.

C) O modo de votação

As regras de votação no seio do Conselho estão previstas no TCE e são as seguintes:

– <u>Votação por maioria simples</u> – de acordo com uma interpretação literal do Tratado, a regra geral de votação no seio do Conselho é a maioria simples, ou seja, após 1 de Maio de 2004, a decisão deve ser tomada com o voto favorável de treze dos vinte e cinco Estados Membros (art. 205.º, n.º 1, TCE). Este modo de decisão está expressamente previsto nos arts. 207.º, n.º 3, 209.º, 284.º, 300.º TCE e art. 48.º TUE. Na prática não é esta a regra geral de votação no Conselho.

– <u>Votação por maioria qualificada</u> – na prática, a regra geral de votação no seio do Conselho é a maioria qualificada no âmbito do pilar comunitário. Esta regra assenta na ponderação de votos estabelecida no art. 205.º, n.º 2, TCE.

É de referir que as regras relativas à ponderação de votos sofreram profundas alterações em Nice[36], que constam de um Protocolo relativo ao alargamento da União, que, no seu art. 1.º, revoga o Protocolo, com o mesmo nome, já mencionado, existente no tratado de Amesterdão[37]. Apesar de a maior parte destas regras já terem sido revogadas pelo tratado de

---

[36] Até ao tratado de Nice, e antes do alargamento aos PECO's, as deliberações eram tomadas se obtivessem 62 votos (sobre 87), sempre que, por força do Tratado devessem ser tomadas sob proposta da Comissão. No caso de não se seguir a proposta da Comissão esses 62 votos teriam de incluir, pelo menos, 10 Estados. Estas regras tinham em vista impedir o domínio dos Grandes sobre os Pequenos, assim como evitar os bloqueios.

[37] O tratado de Nice contém ainda duas Declarações anexas à Acta Final do Tratado sobre alargamento da União e o limiar da maioria qualificada e o número de votos da minoria de bloqueio numa União alargada. A Declaração n.º 20 estabelece o quadro de ponderação de votos no Conselho, incluindo os doze Estados candidatos à adesão, com os quais as negociações já tinham sido iniciadas e a Declaração n.º 21 fixa as regras de adaptação para o caso de, em 1 de Janeiro de 2005, ainda não terem aderido os doze candidatos actuais.

304 *Curso de Direito Constitucional da União Europeia*

adesão, de 16 de Abril 2003, que já mencionámos, pensamos que faz sentido fazer-lhe menção até com intuitos comparativos.

Assim, do Protocolo relativo ao alargamento da União podiam extrair--se as seguintes regras relativas à ponderação de votos no seio do Conselho:

1.ª) segundo o art. 3.º do Protocolo ao tratado de Nice, a alteração das normas relativas à ponderação de votos no seio do Conselho só se destinava a vigorar a partir de 1 de Janeiro de 2005, ou seja, protelava-se expressamente a sua entrada em vigor para um momento que, na época, se pensava ser muito posterior ao da entrada em vigor do tratado;

2.ª) alterava-se significativamente o equilíbrio entre, por um lado, os Estados grandes e os Estados médios e pequenos. A Alemanha, a França, a Itália e o Reino Unido passam a deter 29 votos contra os anteriores 10 (art. 205.º do Tratado CE), ou seja, quase o triplo; a Espanha passa a contar com 27 votos contra os 8 anteriores, isto é, mais do que o triplo; a Bélgica, Portugal e a Grécia passam de 5 para 12; a Dinamarca, a Irlanda e a Finlândia de 3 para 7, quer dizer, pouco mais do que o dobro; a Holanda de 5 para 13, tendo sido, pela primeira vez, destacada dos médios; a Áustria e a Suécia aumentam o seu número de votos de 4 para 10 e, por fim, o Luxemburgo alarga-o de 2 para 4.

3.ª) em consequência do aumento do número de votos de cada Estado, tiveram de se modificar também as exigências relativas às maiorias necessárias para aprovação das normas e dos actos comunitários. Assim, as deliberações por maioria qualificada seriam tomadas se obtivessem, no mínimo, 169 votos que exprimissem a votação favorável da maioria dos membros sempre que, por força do Tratado, devessem ser tomadas sob proposta da Comissão. Nos restantes casos, as deliberações seriam tomadas se obtivessem, no mínimo, 169 votos que exprimam a votação favorável de, pelo menos, dois terços dos membros.

4.ª) o tratado de Nice introduziu ainda um outro elemento relevante no domínio da tomada de decisões no seio do Conselho – a população de cada um dos Estados membros da União. Assim, a aprovação de decisões no seio do Conselho fica também dependente de uma percentagem da população da União – 62%. Como diz o n.º 4 do art. 3.º do Protocolo mencionado, sempre que o Conselho tome uma decisão, por maioria qualificada, qualquer membro do Conselho pode pedir que se verifique se os Estados

Parte IV – Cap. I – A repartição de atribuições e a estrut. orgânica da UE 305

membros que constituem essa maioria qualificada representam, pelo menos, 62% da população total da União, sendo que, se essa condição não for preenchida, a decisão não é adoptada.

A partir de Nice a aprovação das decisões no seio do Conselho depende de uma tripla maioria, que, por certo, em nada contribuirá para a simplificação ou para a maior eficiência do processo.

A nova ponderação de votos no seio do Conselho conferiu aos Grandes, e, sobretudo, a Espanha, um aumento de Poder, mesmo levando em linha de conta a especificidade da negociação comunitária. Esse Poder é ainda reforçado pela relevância que pode ser dada à população para o apuramento da maioria qualificada, o que aumenta, sem dúvida, a possibilidade de os Estados mais populosos, em especial a Alemanha, bloquearem as decisões do Conselho, com o apoio de muito poucos.

Estas regras foram, no entanto, ganhando corpo com base num princípio aparentemente incontestável: a maior legitimidade democrática da União. Porém, a realidade é bem outra: as novas regras de ponderação de votos no Conselho baseiam-se antes no receio de certos Estados de diluição do seu peso no seio da União e da consequente perda de Poder por parte dos Grandes na perspectiva do próximo alargamento a Leste. Ou seja: a questão que aqui está em causa é a de saber quem vai, na prática, dominar a União no futuro. Foram, portanto, os interesses egoístas dos Estados e o correlativo medo da perda de soberania que ditaram estas regras e não quaisquer ideais democráticos.

Aliás, o princípio da igualdade dos Estados é tão compatível com a democracia como o princípio da representação proporcional, como o demonstram os Estados federais, como, por exemplo, os Estados Unidos da América, onde existem órgãos – veja-se o caso do Senado – que se baseiam no princípio da igualdade dos Estados a par de outros que se fundamentam no princípio da representação proporcional.

Como se disse, o tratado de adesão, de 16 de Abril de 2003, adaptou estas regras à nova realidade, tendo procedido mesmo à revogação do art. 3.°, n.° 1 do mencionado protocolo. As novas regras relativas à ponderação de votos entram em vigor a partir de 1 de Novembro de 2004. Os novos Estados membros passarão a ter o seguinte número de votos: Polónia – 27; República Checa e Hungria – 12 cada; Eslováquia e Lituânia – 7 cada; Letónia, Eslovénia, Estónia e Chipre – 4 cada; Malta – 3 (v. art. 12.°, n.° 1, tratado de adesão). Os antigos Estados mantém o número que já constava do Protocolo. As deliberações passam a ser tomadas se obtiverem, no mínimo, duzentos e trinta e dois votos, que exprimam a votação

306   *Curso de Direito Constitucional da União Europeia*

favorável da maioria dos membros, quando existe proposta da Comissão. Nos restantes casos, para além do mesmo número de votos referido, é necessária a votação favorável de, pelo menos, dois terços dos membros. A possibilidade de verificação dos 62% da população mantém-se.

O art. 26.º do tratado de adesão prevê, até 31 de Outubro de 2004, disposições transitórias neste domínio, das quais a mais relevante é a fixação da maioria qualificada em 85 votos favoráveis, quando as deliberações sejam tomadas sob proposta da Comissão[38].

– <u>Unanimidade</u> – em certos casos o TCE exige que a deliberação seja tomada por unanimidade, como, por exemplo, em sede de cidadania (arts. 19.º, n.º 1, e 22.º TCE), de segurança social (arts. 42.º e 144.º TCE), de certas liberdades (arts. 47.º, n.º 2, e 57.º TCE), de transportes (art. 71, n.º 3, TCE), de ajudas de Estados (art. 88.º TCE), da harmonização das disposições fiscais (art. 93.º TCE), da UEM (arts. 100.º, 101.º, n.º 14, 105.º, n.º 6, 107.º, n.º 5, 111.º, n.º 1, 122.º, n.º 5, TCE), de certas políticas (arts. 151.º, 157.º, 175.º, n.º 2, TCE) e de alargamento de competências dos órgãos comunitários (art. 308.º TCE).

– <u>Casos específicos</u> – o tratado prevê ainda certos casos em que as regras de votação são diferentes das acabadas de analisar. A título de exemplo, refira-se o art. 104.º, n.º 13, TCE que exige a maioria de 2/3 do total de votos ponderados para a tomada de decisão.

– <u>Desvios</u> – a prática comunitária nem sempre coincidiu com as regras de votação consagradas no Tratado. Ao longo da história da integração, verificaram--se certos desvios, dos quais se devem destacar os seguintes:

    a)   *O compromisso de Luxemburgo de 30 de Janeiro de 1966* – na sequência da «crise da cadeira vazia», desencadeada pela França, os Estados chegaram a acordo no sentido de que quando estivessem em causa interesses vitais de um ou vários Estados, esse ou esses Estados se poderiam opor à adopção da decisão. O compromisso instituía, portanto, o direito de veto, embora na prática tenha vindo repor em vigor a regra da unanimidade. O compromisso de Luxemburgo foi observado desde a sua adopção em 1966 até à assinatura do Acto Único Europeu, que ao proceder ao alargamento dos casos de votação por maioria qualificada,

---

[38] Existe também uma ponderação de votos transitória que consta do art. 26.º do Tratado de adesão, a qual se limita a integrar os novos Estados na actual ponderação, ou seja, na ponderação anterior ao tratado de Nice.

Parte IV – Cap. I – A repartição de atribuições e a estrut. orgânica da UE 307

sobretudo, nas matérias atinentes ao mercado interno e à harmonização de legislações implicou o afastamento desses acordos. Foi com o Tratado da União Europeia que se operou a extensão da votação por maioria qualificada a quase todas as matérias. Os sucessivos alargamentos têm demonstrado as dificuldades de tomada de decisão provenientes da regra da unanimidade, o que não vai decerto ser facilitado com o actual alargamento aos PECO's.

b) *O compromisso de Joanina de 1994*[39] – aquando das negociações do quarto alargamento, a Espanha esforçou-se por fazer aprovar regras que lhe permitissem manter a garantia da minoria de bloqueio, desde que com ela votassem um outro Estado grande e um médio. Todavia, tal não foi possível. Apenas se conseguiu aprovar uma decisão atípica, da qual consta que se vários membros do Conselho, que reunam um total de 23 a 25 votos, manifestarem a sua intenção de se opor a uma decisão, o Conselho tratará de lograr o acordo com 65 votos (em vez dos 62 previstos no Tratado) num prazo razoável e com respeito dos prazos estabelecidos para cada decisão.

Ao contrário do que sucede ao nível da Comunidade Europeia, a regra geral de votação no seio do Conselho, no âmbito dos pilares intergovernamentais, é a unanimidade (arts. 23.º e 34.º TUE), sendo a maioria qualificada encarada como algo de excepcional.

D) A competência

Os poderes do Conselho são mais amplos na CE do que eram na CECA. Além disso, convém sublinhar que estes poderes também são diferentes, consoante este órgão esteja a actuar no pilar comunitário ou nos pilares intergovernamentais.

Assim, no âmbito da Comunidade, o Conselho dispõe dos seguintes poderes:

i) *Poder legislativo* – o Conselho tem competência para aprovar normas jurídicas (art. 202.º TCE). Como já vimos, o Conselho, em certos casos, exerce esse poder em conjunto com o Parlamento Europeu;

---

[39] Decisão do Conselho de 29/3/1994 sobre a adopção das decisões do Conselho por maioria qualificada, modificada pela Decisão de 1/1/1995.

308 Curso de Direito Constitucional da União Europeia

ii) *Poder de coordenação das políticas económicas dos Estados membros* (art. 202.º, 2.º trav. TCE);

iii) *Poder de alargamento das competências dos órgãos comunitários* (art. 308.º TCE);

iv) *Poder de aprovar decisões de natureza constitucional* – arts. 269.º, par. 2.º, TCE e 190.º, n.º 4, TCE, sob reserva de ratificação por parte dos Estados membros;

v) *Poder de decisão em matéria orçamental,* o qual partilha com o PE (art. 272.º TCE);

vi) *Poder de execução dos actos legislativos* que aprova, em casos específicos (art. 202.º, 3.º trav. TCE).

Alguns destes poderes serão objecto de um estudo mais aprofundado no capítulo seguinte.

No âmbito da PESC, o Conselho tomará as decisões necessárias para a sua definição e execução, com base nas orientações gerais definidas pelo Conselho Europeu (art. 13.º, n.º 3 TUE). Cabe-lhe adoptar as acções comuns (art. 14.º, n.º 1, TUE), as posições comuns (art. 15.º TUE) e recomendar ao Conselho Europeu as estratégias comuns (art. 13.º, n.º 3, TUE).

No domínio da cooperação judicial penal e policial, o Conselho detém as principais competências nesta matéria (arts. 29.º e seguintes).

25.1.2.3. A Comissão

A Comissão tem a sua origem na Alta Autoridade da CECA.

A) Composição

Até ao último alargamento, a Comissão era composta por vinte membros, sendo que esse número podia ser modificado pelo Conselho deliberando por unanimidade (art. 213.º, n.º 1, par. 2.º, TCE). Só os nacionais dos Estados membros podem ser comissários (art. 213.º, n.º 1, par. 3.º, TCE). Cada Estado deve ter no mínimo um comissário e no máximo dois (art. 213.º, n.º 1, par. 3.º, TCE).

Como já referimos, o tratado de Nice modificou as regras relativas à composição da Comissão.

O alargamento da União Europeia aos Estados da Europa Central e de Leste, bem como a Malta e Chipre impôs a revisão das regras relativas à composição da Comissão. Na verdade, a imposição de, pelo menos, um nacional de cada Estado membro, sendo que, na prática, os Grandes têm

Parte IV – Cap. I – A repartição de atribuições e a estrut. orgânica da UE   309

dois comissários[40], torna impraticável o funcionamento do colégio numa União a vinte e cinco Estados membros. A Comissão transformar-se-ia numa mini assembleia e ser-lhe-ia impossível continuar a exercer a competência de Executivo da União, que actualmente possui.

Como no tratado de Amesterdão não se tinha conseguido chegar a acordo sobre este assunto, coube à CIG 2000 procurar de novo uma solução.

A própria Comissão chamou a atenção para este problema no seu parecer de 26 de Janeiro de 2000[41], a que já aludimos.

O tratado de Nice, no art. 4.º, n.º 1, do protocolo relativo ao alargamento acima mencionado, reviu o art. 213.º nos seguintes termos:

1. a Comissão continua a ser composta por um nacional de cada Estado membro;
2. mas, o Conselho, deliberando por unanimidade, pode alterar o número de membros da Comissão;
3. todavia, estas regras só se podem aplicar a partir de 1 de Janeiro de 2005 e só podem produzir efeitos a partir da entrada em vigor da primeira comissão a seguir a essa data.

É possível a perda do segundo comissário dos Estados Grandes, sem que seja necessária uma revisão formal do Tratado, bastando para tanto uma decisão unânime do Conselho. A Conferência procurou, portanto, "desdramatizar" a situação e facilitar a perda do segundo comissário.

O art. 4.º, n.º 2, do Protocolo afirma que a partir da adesão do 27.º membro se abandona definitivamente o princípio de um comissário permanente por Estado, passando o número de comissários a ser inferior ao número de Estados.

A definição do número de comissários depende de uma decisão do Conselho, por unanimidade, indicando-se como critérios para a sua designação que os membros da Comissão são escolhidos com base numa rotação paritária, segundo modalidades a definir, por unanimidade, pelo Conselho.

As regras e os critérios a que devem obedecer as modalidades do Conselho são os seguintes:

– os Estados devem ser tratados «em rigoroso pé de igualdade», no que se refere à determinação da ordem de passagem e do tempo de presença de nacionais seus como membros da Comissão;

---

[40] A Comissão é composta por vinte membros.
[41] V. Cap. 1, n.º 4 do Parecer.

310 Curso de Direito Constitucional da União Europeia

- «*cada um dos colégios sucessivos deve ser constituído por forma a reflectir satisfatoriamente o leque demográfico e geográfico do conjunto dos Estados membros da União*».

Parece-nos, contudo, que estas regras são susceptíveis de algumas críticas, a saber:

- não se toma uma decisão definitiva sobre este assunto, pelo contrário, adia-se mais uma vez o problema;
- a decisão definitiva depende não de uma revisão formal do Tratado, de acordo com o art. 48.º TUE, mas antes de uma decisão do Conselho, por unanimidade, que, na prática, se afigura tão ou mais difícil de conseguir;
- as regras e os critérios a que as modalidades da definição do número de comissários devem obedecer revelam-se no mínimo contraditórios, pois não se vê como se podem respeitar simultaneamente o princípio da igualdade e os princípios demográfico e geográfico.

Ao contrário do que sucedeu com o Parlamento Europeu e com o Conselho, o tratado de adesão, de 16 de Abril de 2003, não procedeu a adaptações destas regras, pelo que se mantêm em vigor.

B) O modo de designação

O modo de designação dos membros da Comissão sofreu algumas modificações nos últimos anos.

O tratado de Maastricht previu um processo de designação que obedecia aos seguintes trâmites:

1. os Governos dos Estados membros após consulta do PE designam, de comum acordo, a personalidade que apresentam como presidente;
2. após consulta do presidente designam as outras personalidades chamadas a fazer parte da Comissão;
3. o conjunto é submetido à aprovação do PE;
4. os comissários são nomeados de comum acordo pelos Governos, pelo que o Comissário não provém de um Governo em particular, mas de todos os Governos, o que implica que dispõe de uma legitimidade comunitária.

Parte IV – Cap. I – A repartição de atribuições e a estrut. orgânica da UE 311

O tratado de Amesterdão introduziu algumas alterações no modo de designação dos comissários. Assim, de acordo com o art. 214.°, n.° 2, TCE, os governos dos Estados membros deveriam designar, de comum acordo, a personalidade que tencionavam nomear como Presidente da Comissão. Os comissários seriam depois designados, de comum acordo, pelos Governos dos Estados membros e pelo Presidente.

O tratado de Nice vem alterar a redacção do n.° 2 do art. 214.° a vários níveis:

- o Conselho reunido ao nível de Chefes de Estado e de Governo, deliberando por maioria qualificada, passa a designar a personalidade que pretende nomear como Presidente da Comissão. Essa designação continua a ser aprovada pelo Parlamento Europeu;
- o Conselho, deliberando por maioria qualificada e de comum acordo com o Presidente designado, aprova a lista das outras personalidades que tenciona nomear membros da Comissão, estabelecida em conformidade com as propostas apresentadas por cada Estado membro. Nesta segunda fase, o Conselho já não reúne ao mais alto nível, mas sim ao nível de Ministros dos Negócios Estrangeiros, continuando a decidir por maioria qualificada;
- o Presidente e os demais membros da Comissão continuam a estar sujeitos a um voto de aprovação do Parlamento Europeu, o que lhe assegura uma legitimidade democrática ao nível da União. De seguida, são nomeados pelo Conselho por maioria qualificada.

O novo modo de designação da Comissão, previsto no tratado de Nice, parece ter as seguintes as consequências:

a) uma maior independência dos comissários em relação aos governos nacionais, pois a sua nomeação deixou de estar sujeita ao comum acordo destes. As alterações no modo de designação dos comissários acabam por ter repercussões no cumprimento da obrigação imposta pelo art. 213.°, n.° 2, TCE, qual seja a de que os membros da Comissão exercerão as suas funções com total independência, no interesse geral. Parece que a partir da entrada em vigor do tratado de Nice essa tarefa estará mais facilitada;

b) uma maior dependência da Comissão em relação ao Conselho, pois a sua nomeação está dependente não de uma, mas de duas decisões deste órgão;

312 Curso de Direito Constitucional da União Europeia

c) um aumento de poderes do Presidente na nomeação do seu colégio, pois como deixou de ser necessário o comum acordo dos governos, ele passa a dispor de uma maior liberdade de escolha entre as personalidades que lhe são submetidas.

C) A independência

Os membros da Comissão são independentes em relação aos interesses privados, aos outros órgãos e aos Estados membros, não podendo receber instruções de qualquer Governo (art. 213.º, n.º 2, TCE). Não podem ser destituídos pelo Conselho, nem pelo conjunto dos Governos.

Os comissários têm de exercer as suas funções em exclusividade e, não podem exercer quaisquer outras tarefas remuneradas ou não.

D) O mandato e a responsabilidade

O mandato tem uma duração de 5 anos (art. 214.º, n.º 1, TCE), salvo demissão voluntária ou compulsiva. O tratado de Maastricht alinhou a duração do mandato da Comissão pela do mandato do PE. Antes do TUE o mandato dos comissários era de 4 anos.

Como já vimos, o PE pode votar uma moção de censura à Comissão, que, no caso de ser aprovada, obriga à demissão dos seus membros (art. 201.º TCE), o que até hoje nunca se verificou.

E) O funcionamento

A Comissão tem um Presidente, cujos poderes saem reforçados com o tratado de Nice, o que leva alguns a defenderem que o órgão passou a ter um carácter presidencialista, enquanto outros entendem que se caminhou no sentido da federalização da Comissão.

Segundo o art. 217.º TCE, o Presidente passou a dispor dos seguintes poderes:

- poder de orientação política da Comissão;
- poder de decisão da organização interna da Comissão, com o objectivo de assegurar a coerência, a eficácia e a colegialidade;
- poder de estruturar e de distribuir os pelouros entre os comissários e de alterar os mesmos durante o respectivo mandato;
- poder de nomeação de vice-presidentes;

Parte IV – Cap. I – A repartição de atribuições e a estrut. orgânica da UE 313

– poder de solicitar a demissão de um comissário, após a aprovação do colégio[42].

A Comissão constitui um colégio, pelo que todos os membros do colégio são colectivamente responsáveis, no plano político, pelo conjunto das decisões adoptadas.

Cada comissário detém pelouros.

F) A competência

A Comissão detém os seguintes poderes:

a) *poder de iniciativa legislativa* – poder de elaborar as propostas de normas e actos comunitários (arts. 211.º, 3.º trav., 250.º, n.º 1, 251.º, n.º 2, TCE). A Comissão exerce este poder por iniciativa própria ou a pedido do PE;

b) *poder de controlo do cumprimento do direito comunitário* (art. 211.º, 2.º trav.), que se desdobra do seguinte modo:

– poder de obter informações junto dos Estados e das empresas e de proceder a verificações no limite do respeito dos direitos de defesa para as empresas (art. 284.º TCE);

– poder de aplicação de sanções às empresas em caso de violação de certas disposições do direito comunitário, nomeadamente, de regras da concorrência (arts. 23.º e seguintes do Regulamento n.º 1/2003 do Conselho, de 16 de Dezembro de 2002, que revogou o Regulamento 17 de 6/2/1962);

– poder de desencadear o processo por incumprimento (art. 226.º TCE);

– poder de controlar a aplicação das cláusulas de salvaguarda (arts. 95.º, n.º 10, 134.º e 174.º, n.º 2 TCE);

c) *poder normativo,* que pode ser autónomo nas matérias limitadamente enumeradas no Tratado (arts. 39.º, n.º 3; 75.º, n.º 4; 76.º; 86.º, n.º 3; 88.º, n.º 2; 274.º TCE) ou subordinado nos casos em que o Conselho delega a execução das regras que adopta (art. 202.º, 3.º trav. e 211.º, 4.º trav. TCE);

---

[42] Deve frisar-se que algumas destas regras já constavam do regulamento interno da Comissão, aprovado em 18 de Setembro de 1999, modificado em 29 de Novembro de 2000.

314 Curso de Direito Constitucional da União Europeia

d) *poder de elaborar recomendações e pareceres* (art. 211.º, 2.º trav.);

e) *poder de negociação de acordos internacionais* (art. 300.º TCE);

f) *poder de gestão dos serviços da Comunidade e dos fundos comunitários.*

25.1.2.4. O Tribunal de Justiça

Os arts. 5.º do TUE e 7.º do TCE respeitante à estrutura orgânica da União e da Comunidade Europeia, respectivamente, fazem referência ao Tribunal de Justiça, mas, na verdade, este órgão alberga dois tribunais comunitários – o Tribunal de Justiça propriamente dito e o Tribunal de Primeira Instância.

Nas páginas que se seguem vamos estudar os aspectos relativos à composição, organização e funcionamentos destes dois tribunais, deixando de fora a matéria da sua competência, a qual será tratada, sumariamente, na Parte V deste Curso que se debruça sobre a garantia e o controlo da constitucionalidade e legalidade dos actos e normas da União Europeia.

25.1.2.4.1. O Tribunal de Justiça

A) A composição do TJ

As origens do TJ remontam ao tratado de Paris. Posteriormente, passou a constituir um órgão comum às três Comunidades (art. 3.º da Convenção relativa a certas instituições comuns às três Comunidades, de 25/3/57), o que lhe permitiu assegurar uma certa continuidade da sua jurisprudência.

Inicialmente, o TJ era composto por sete juizes e dois advogados-gerais.

Com as adesões de novos Estados o número de juizes foi aumentando, tendo atingido o número de quinze com a adesão da Áustria, da Suécia e da Finlândia. Naquela época, o número de advogados-gerais foi aumentado para oito (Decisão do Conselho 95/1/CE, Euratom, CECA, de 1 de Janeiro de 95).

Na CIG 2000, o futuro alargamento trouxe à ribalta a questão da composição do Tribunal de Justiça. As opiniões dividiam-se entre, por um lado, aqueles que consideravam que se deveria consagrar, defini-

Parte IV – Cap. I – A repartição de atribuições e a estrut. orgânica da UE 315

tivamente, o princípio, que tem sido aplicado na prática, de que a cada Estado corresponde um juiz, e, por outro lado, aqueles que entendiam que esse princípio não deveria ser formalmente adoptado. Os primeiros argumentavam, essencialmente, com a necessidade de representação de todos os sistemas jurídicos nacionais, por força das competências de cooperação do Tribunal de Justiça com os tribunais nacionais e das relações estreitas entre o direito da União Europeia e os direitos nacionais, assim como com o acréscimo de trabalho do Tribunal, devido aos alargamentos. Os segundos contrapunham o facto de que, numa União a vinte e cinco ou trinta, a manutenção desse princípio significar a impossibilidade de o Tribunal funcionar em pleno e a sua consequente inoperacionalidade.

O tratado de Nice acabou por optar pelo princípio de que a cada Estado deve corresponder um juiz, acolhendo-o, formalmente, no art. 221.º, par. 1, TCE. Assim, o eventual acréscimo de trabalho, devido aos alargamentos, tenderá a ser compensado pelo aumento do número de juízes. Além disso, a questão da composição do Tribunal deixa de ter de ser reequacionada em cada alargamento.

Em conclusão, o número de juizes depois do último alargamento é de vinte e cinco.

B) Os juízes

I) *O modo de designação, a duração e a renovação do mandato*

Os juizes são designados de comum acordo por um período de seis anos, pelos governos dos Estados membros (art. 223.º TCE).

Este sistema de designação torna o TJ autónomo em relação aos outros órgãos da União, especialmente em relação ao Conselho.

O mandato dos juizes é renovável.

O Tratado prevê a renovação parcial dos juizes de três em três anos, o que permite que a renovação não ponha em causa a linha jurisprudencial do TJ.

A designação dos juizes não está sujeita a qualquer condição de nacionalidade. Em teoria, poderá ser designado juiz um cidadão de um Estado terceiro. No entanto, na prática, tal não é viável. De facto, sucede com frequência que nos seus julgamentos o TJ necessita de ter um conhecimento aprofundado do direito nacional envolvido, pelo que a presença de um juiz de cada Estado membro é fundamental para o bom funcionamento do TJ.

II) *Os critérios de recrutamento*

Os juizes têm de ser escolhidos entre personalidades que ofereçam todas as garantias de independência e reunam as condições exigidas nos respectivos Estados para o exercício de funções jurisdicionais ou que sejam juristas de reconhecida competência.

A garantia da independência não se refere unicamente ao comportamento do juiz no exercício das suas funções, mas também à própria personalidade do juiz.

O Tratado não se limita a exigir a garantia de independência no momento da sua designação: contém uma série de disposições que pretendem assegurar a manutenção desta independência ao longo do exercício das suas funções.

III) *O estatuto dos juizes*

Os juizes comprometem-se, sob juramento, a exercer as suas funções em plena imparcialidade e consciência e a nada divulgar do segredo das deliberações. Estas obrigações mantêm-se após a cessação de funções (arts. 2.º do Estatuto[43] e 3.º, n.º 1, do Regulamento de Processo, a seguir RP[44]).

O estatuto de juiz implica algumas incompatibilidades. Os juizes não podem exercer qualquer actividade política ou administrativa (art. 4.º, par. 1, do Estatuto). Não podem exercer nenhuma outra actividade profissional, remunerada ou não, salvo autorização, a título excepcional, do Conselho (art. 4.º, par. 2, do Estatuto).

Como contrapartida destas obrigações os juizes gozam de certos direitos:

---

[43] O Estatuto do Tribunal consta de um Protocolo anexo ao Tratado de Nice, modificado por decisões do Conselho de 15 de Julho de 2003 (JO L 188, de 26/7/2003, p. 1), pelo art. 13.º, par. 2.º, do Acto relativo às condições de adesão, de 16 de Abril de 2003 (JO L 236, de 23 de Setembro de 2003, p. 37) e de 19 de Abril de 2004 (JO L 132, de 29/4/2004, p. 1 e 5).

[44] Regulamento de Processo de 19 de Junho de 1991 (JOCE L 176, de 4/7/91, p. 7), com a redacção que lhe foi dada em 28 de Novembro de 2000 (JOCE L 322, de 19/12/2000, p. 1) e as alterações introduzidas em 3 de Abril de 2001 (JOCE L 119, de 27/4/2001, p. 1), em 17 de Setembro de 2002 (JO L 272, de 10/10/2002, p. 24), em 8 de Abril de 2003 (JO L 147, de 14/6/2003, p. 17 e ss) e em 19 e 20 de Abril de 2004 (JO L 132, de 29/4/2004, p. 2 e JO L 127, de 29/4/2004, p. 107, respectivamente).

Parte IV – Cap. I – A repartição de atribuições e a estrut. orgânica da UE 317

a) a inamovibilidade durante a duração do mandato, só podendo ser removidos pelo próprio Tribunal por decisão unânime dos juizes e advogados-gerais (art. 6.º do Estatuto);

b) a imunidade de jurisdição para todos os actos que praticarem enquanto durar o seu mandato, quer tenham sido praticados no exercício da sua função ou não. Continuam a gozar da imunidade após a cessação de funções para todos os actos praticados no desempenho delas. A imunidade de jurisdição pode ser retirada pelo TJ por decisão tomada por maioria absoluta, sem a participação dos advogados-gerais (art. 3.º do Estatuto);

c) outros privilégios e imunidades previstos em favor dos funcionários e agentes da Comunidade (art. 3.º do Estatuto, que remete para o Protocolo relativo aos Privilégios e Imunidades das Comunidades Europeias).

Cada juiz dispõe de três assessores (os *referendaires*) que são juristas qualificados.

Os juizes têm obrigatoriamente residência no Luxemburgo (art. 14.º do Estatuto).

IV) *As causas de cessação de funções*

De acordo com o art. 5.º do Estatuto, as causas de cessação de funções dos juizes podem ser três:

– as substituições normais, que já mencionámos;
– o falecimento;
– a demissão.

C) Os advogados-gerais

I) *Número*

O TJ é assistido por oito advogados-gerais. Trata-se de uma figura com alguma semelhança com o *commissaire de gouvernment* junto do Conselho de Estado em França ou o *auditeur-général* no Conselho de Estado da Bélgica.

A instituição do advogado-geral pretendeu compensar a rejeição, na feitura do Tratado, de uma proposta da delegação holandesa no sentido de os juizes poderem emitir opiniões dissidentes. Permite-se por esta via a uma personalidade independente exprimir uma opinião que nem sempre é coincidente com a do Tribunal.

318   *Curso de Direito Constitucional da União Europeia*

O tratado de Nice, ao contrário do que se chegou a admitir, não aumentou o número de advogados-gerais, mas permite que esse número venha a ser aumentado a pedido do Tribunal e por decisão unânime do Conselho (art. 222.º, par. 1, TCE).

O Tratado introduziu, no entanto, algumas modificações, no que se refere à intervenção dos advogados-gerais nos processos. Ao contrário do que sucedia anteriormente, o par. 2 do art. 221.º TCE prevê a apresentação de conclusões dos advogados-gerais apenas em relação às causas que, nos termos do Estatuto, requeiram essa intervenção, sendo que o seu art. 20.º, par. 5.º, permite ao Tribunal, ouvido o advogado-geral, prescindir das conclusões, se considerar que não se suscitam novas questões de direito.

Procura-se, deste modo, evitar o acréscimo de trabalho dos advogados-gerais por força dos alargamentos. Porém, convém sublinhar que não se afigura seguro que esta disposição consiga na prática atingir este desiderato, pois a ambiguidade dos termos (*nova questão de direito*) deixa uma grande margem de manobra ao Tribunal na sua interpretação.

II) *O estatuto*

O estatuto dos advogados-gerais aproxima-se do estatuto dos juizes, no que diz respeito às qualificações exigidas, ao modo de designação, à duração do mandato e aos privilégios e imunidades (art. 8.º do Estatuto).

III) *As funções*

As funções dos advogados-gerais são as seguintes:

- a apresentação, com toda a imparcialidade e independência, de conclusões fundamentadas sobre as causas que lhes forem atribuídas (art. 222.º TCE);
- a função consultiva nas matérias previstas no art. 108.º, n.º 2, do RP;
- a participação nas deliberações relativas ao funcionamento do TJ, com direito a voto. É o caso da decisão de afastar um juiz das suas funções (art. 6.º do Estatuto) e de todas as decisões administrativas (art. 27.º, n.º 7, do RP).

D) O secretário

Segundo o art. 12.º do RP, o secretário é designado pelo TJ por um período de seis anos, renovável.

Parte IV – Cap. I – A repartição de atribuições e a estrut. orgânica da UE 319

O secretário dirige o serviço da Secretaria. Ele possui competência importante tanto na organização e na administração do TJ, como no desenrolar do processo. É responsável pela condução do processo (registo, intimação, notificações, comunicações várias, organização das audiências, arquivos, autenticação de documentos). Chefia os serviços do TJ, tendo a seu cargo a administração do pessoal e dos serviços e a preparação e a execução do orçamento. É também o responsável pela edição da colectânea de jurisprudência (art. 18.º do RP).

Os serviços do Tribunal estão a cargo do escrivão, sob a direcção do presidente (arts. 20.º a 23.º do RP).

E) A organização interna e o funcionamento do Tribunal de Justiça

A organização e funcionamento do Tribunal foram profundamente alteradas com o tratado de Nice, que procurou dar resposta à questão da operacionalidade do Tribunal. Na verdade, um tribunal composto por vinte e cinco juízes poderia estar mais próximo de uma assembleia do que de um órgão jurisdicional, a menos que o funcionamento em plenário fosse a excepção e não a regra[45].

É precisamente com o objectivo de impedir que o Tribunal de Justiça se transforme numa assembleia que o art. 221.º, par. 2 e 3, TCE prevê a reunião do Tribunal de Justiça a três níveis: em Secções, em Grande Secção e em Pleno.

De acordo com o art. 16.º do Estatuto, as Secções são compostas por três e cinco juízes, os quais, por sua vez, elegem os seus presidentes. No caso das secções de cinco juízes, estes são eleitos por três anos e podem ser reeleitos uma única vez.

A Grande Secção é composta por treze juízes e pelos presidentes das secções de cinco juízes, assim como pelos juízes designados nas

---

[45] Antes da entrada em vigor do tratado de Maastricht, o art. 165.º TCE (actual art. 221.º) previa a obrigação de o Tribunal funcionar em *sessão plenária* nos processos a pedido de um Estado membro ou de um órgão comunitário e nos processos das questões prejudiciais, na medida em que o RP não atribuísse competência às secções. Ora, o art. 95.º, n.º 1, do RP não permitia que os processos do art. 234.º TCE (ex-art. 177.º) e os recursos interpostos por particulares fossem enviados às secções. O tratado de Maastricht modificou o art. 165.º TCE (actual art. 221.º), restringindo a obrigação de julgar em sessão plenária aos casos em que um Estado membro ou um órgão comunitário que seja parte na instância o solicitar.

320   *Curso de Direito Constitucional da União Europeia*

condições estabelecidas no RP. A Grande Secção é presidida pelo Presidente do Tribunal. O quorum de deliberação é de nove juízes (art. 17.º do Estatuto). O Tribunal reúne em Grande Secção sempre que um Estado membro ou um órgão das Comunidades, que seja parte na instância, o solicitem (art. 16.º, par. 3 do Estatuto).

O Pleno é composto por todos os juízes do Tribunal de Justiça, presidido pelo Presidente do TJ. O seu quorum de deliberação é de quinze juízes. O Tribunal reúne em Pleno, nos casos previstos no par. 4.º do art. 16.º do Estatuto. Além disso, se o Tribunal considerar que a causa é de excepcional importância pode remetê-la para o Pleno, depois de ouvido o advogado-geral.

Do exposto resulta que a regra é a da apreciação do processo pelas Secções, sendo a formação em Grande Secção ou em Pleno a excepção, ao contrário do que sucedia anteriormente.

Em suma, o tratado de Nice pretendeu, por esta via, impedir a transformação do Tribunal numa assembleia, assim como contribuir para o seu descongestionamento, com a consequente maior celeridade das decisões.

O TJ tem um Presidente, que é eleito por três anos, em escrutínio secreto, por maioria absoluta (art. 7.º, n.ºˢ 1 e 3, do RP). O Presidente dirige os trabalhos e os serviços do TJ e preside às audiências (art. 8.º do RP). O Presidente tem um papel importante no desenrolar do processo, nomeadamente, na repartição dos processos pelas secções, fixando os prazos nos quais os actos do processo devem ser praticados, assim como a data do processo oral.

O quorum é hoje de treze juizes (metade mais um do número de juizes). Segundo o art. 17.º do Estatuto, o Tribunal só pode deliberar validamente com um número ímpar de juízes. Se por ausência ou impedimento de algum juiz, os juizes presentes forem em número par o menos antigo deles deve abster-se de votar (art. 26.º, n.º 1, do RP).

25.1.2.4.2. O Tribunal de Primeira Instância

A) A base legal e a competência

Ao contrário do TJ, o Tribunal de Primeira Instância não se encontrava previsto na versão inicial do tratado de Roma. Foi o Acto Único Europeu que previu a sua criação no antigo art. 168.ºA TCE, o qual foi entretanto, revogado e não tem, portanto, correspondência na versão actual

Parte IV – Cap. I – A repartição de atribuições e a estrut. orgânica da UE 321

do Tratado. Aquele preceito previa a possibilidade de o Conselho, por unanimidade, sob proposta do Tribunal de Justiça e após consulta da Comissão e do Parlamento Europeu, decidir a criação de um Tribunal de Primeira Instância. Trata-se de uma habilitação específica dada ao Conselho, habilitação de tipo constitucional, que não necessitou de ratificação por parte dos Estados membros.

O TPI veio a ser, efectivamente, criado através da Decisão 88/591/CECA,CEE,Euratom, de 24/10/88[46]. Inicialmente, o TPI podia julgar certas categorias de meios contenciosos propostos por pessoas singulares ou colectivas, mas não teria competência para proceder ao julgamento de processos apresentados por Estados membros ou por órgãos comunitários, nem de questões prejudiciais submetidas nos termos do art. 234.º TCE (ex-art. 177.º).

A Decisão de criação do TPI sofreu várias alterações, no sentido de um alargamento da competência do Tribunal[47], bem como da possibilidade de decidir em formação de juiz singular[48].

O tratado de Maastricht iniciou o processo de «constitucionalização» do TPI, o qual não figurava até então no direito originário. Este Tratado permitiu ainda a extensão da competência do Tribunal, só se encontrando verdadeiramente excluídas da sua jurisdição, de modo expresso, as questões prejudiciais (art. 234.º TCE). Esta exclusão fundava-se na necessidade de manter a unidade e a coerência do direito comunitário.

Todavia, o TPI continuava a ter, essencialmente, competência no âmbito do contencioso administrativo restrito – contencioso da função pública e recursos interpostos por pessoas singulares ou colectivas.

Das suas decisões cabe recurso para o Tribunal de Justiça restrito às questões de direito.

O tratado de Nice veio alterar, profundamente, o estatuto do Tribunal de Primeira Instância, que passou a estar regulado nos arts. 224.º e 225.º TCE, bem como nos arts. 47.º a 62.º do Estatuto.

A Decisão 88/591/CECA,CEE,Euratom de 24/10/88 foi revogada, uma vez que o TPI é mencionado ao lado do Tribunal de Justiça no art.

---

[46] Publicada no JOCE L 319, de 25/11/88, pg. 1.

[47] A Decisão 93/350/Euratom,CECA, CEE, de 8/6/93, publicada no JOCE L 144, de 16/6/93, g. 21, e a Decisão 94/149/CECA,CE de 7/3/94, publicada no JOCE L 66, de 10/3/94, p. 29.

[48] A Decisão 99/291/CE, CECA, Euratom do Conselho, publicada no JOCE L 114, de 1/5/99, p. 52.

322 Curso de Direito Constitucional da União Europeia

220.° TCE. Além disso, o TPI deixa de ser um tribunal de primeira instância, pois passa a ser um tribunal de recurso quanto às questões de direito das resoluções das câmaras jurisdicionais[49], que vierem a ser criadas.

O tratado de Nice alarga a competência do Tribunal de Primeira Instância a todas as acções e a todos os recursos, com excepção do processo por incumprimento, dos recursos de cassação ou, excepcionalmente, de apelação, contra resoluções das câmaras jurisdicionais que vierem a ser criadas, ficando assim reservado para o Tribunal de Justiça o «contencioso constitucional».

Deve, todavia, sublinhar-se que a extensão da competência do TPI é apenas aparente e virtual, uma vez que o art. 51.° do Estatuto continua a consagrar uma reserva de competência do Tribunal de Justiça, no que toca aos processos propostos pelos Estados membros, pelos órgãos comunitários e pelo BCE. O *status quo* actual mantém-se, portanto, inalterado.

Assiste-se à «constitucionalização» definitiva do TPI. Porém, não se retiram daí todas as consequências, dado que não se altera o art. 7.° do TCE, continuando o Tribunal de Justiça a ser o órgão de controlo jurisdicional da Comunidade.

O TPI passa até a ter competência para apreciar questões prejudiciais submetidas por força do art. 234.° TCE, em matérias específicas, determinadas pelo Estatuto.

A consagração desta competência deparou com a oposição de alguns, fundamentada no receio de que a passagem de uma parte deste contencioso para o Tribunal de Primeira Instância viesse pôr em causa a uniformidade de interpretação e aplicação do direito comunitário, escopo principal do art. 234.° TCE.

O tratado de Nice procurou ultrapassar estas reacções negativas através do art. 62.° do Estatuto, que prevê uma espécie de recurso no

---

[49] A possibilidade de criação de câmaras jurisdicionais para contenciosos específicos (art. 220.°, par. 2, que remete para o art. 225.°A TCE), como é o caso do contencioso da função pública ou do contencioso relativo à propriedade industrial e comercial foi introduzida pelo tratado de Nice. O carácter muito específico das matérias em causa, bem como a enorme quantidade de processos envolvidos – ou que se prevê que venham a surgir – impõem uma solução que não passe pelos tribunais comunitários já existentes.

A criação das câmaras jurisdicionais depende de uma decisão do Conselho, por unanimidade, sob proposta da Comissão e após consulta do Parlamento Europeu e do Tribunal de Justiça, ou a pedido do Tribunal de Justiça e após consulta ao Parlamento Europeu e à Comissão. Essa decisão deve fixar a composição e a competência da câmara.

Parte IV – Cap. I – A repartição de atribuições e a estrut. orgânica da UE 323

«interesse da lei» a dois níveis. Por um lado, se existir um risco grave de lesão da unidade ou da coerência do direito comunitário, o primeiro advogado-geral pode propor ao Tribunal de Justiça que reaprecie a decisão do TPI. Por outro lado, o próprio TPI tem competência, de acordo com o n.º 3, par. 2, do art. 225.º TCE, para remeter a causa ao TJ, para que esse delibere sobre ela, quando considerar que a mesma exige uma decisão de princípio susceptível de afectar a unidade e coerência do direito comunitário.

B) Os objectivos do TPI

Este Tribunal foi criado com o duplo objectivo de:

– descongestionar o TJ, que na época contava com 650 processos pendentes, permitindo dessa forma reduzir o prazo necessário para a resolução de um litígio, afim de preservar a qualidade, a eficiência e a credibilidade do contencioso da União Europeia;
– instaurar na ordem jurídica comunitária um duplo grau de jurisdição, com vista a melhorar a protecção jurisdicional dos particulares.

C) A composição, o modo de designação, a duração do mandato e o estatuto dos juizes do TPI

O tratado de Nice refere, no art. 224.º TCE, que o Tribunal de Primeira Instância contará com, pelo menos, um juiz por cada Estado membro. O art. 48.º do Estatuto prevê que o Tribunal contará com vinte e cinco juízes, o que significa que não se aproveitou a oportunidade para aumentar o número de juízes, na sequência do que tinha sido defendido pelo TJ.

Os juizes do TPI são indicados pelos Estados membros, de comum acordo, sem intervenção do PE nem do TJ. São nomeados por seis anos, sendo metade substituídos de três em três anos. Beneficiam dos privilégios e das imunidades idênticos aos juizes e advogados-gerais do TJ.

O TPI, ao contrário do TJ, não dispõe de advogados-gerais permanentes, embora os juízes possam, em certas circunstâncias, ser chamados a desempenhar funções de advogado-geral[50], possibilidade esta que, devido

---

[50] V. art.s 17.º a 19.º do Regulamento de Processo, de 2 de Maio de 1991 (JOCE L 136 de 30/5/1991, na última redacção, que lhe foi dada em 6/12/2000 (JOCE L 322 de 19/12/2000) e em 21.04.2004 (JO L 127, de 29.04.2004, p. 108).

324 *Curso de Direito Constitucional da União Europeia*

ao excesso de trabalho dos juízes, hodiernamente não tem tido aplicação prática.

O art. 224.° TCE mantém, contudo, a possibilidade de o TPI ser assistido por advogados-gerais e o art. 49.° do Estatuto continua a prever que os juízes podem ser chamados a exercer as funções de advogado--geral.

A sua sede é, tal como a do TJ, no Luxemburgo e a sua organização e o seu funcionamento são também decalcados deste Tribunal, com a particularidade de após 1 de Julho de 1999 ele poder decidir em formação de juiz singular[51].

D) A organização e o funcionamento

A organização e o funcionamento do TPI estão previstas no art. 50.° do Estatuto. Segundo este preceito, o Tribunal pode funcionar em secções de três ou cinco juízes, bem como em sessão plenária ou através de juiz singular. O Regulamento de Processo pode ainda prever a reunião em Grande Secção, nos casos e condições nele previstos.

As secções elegem os seus presidentes, sendo que o Estatuto estabelece expressamente que os presidentes das secções de cinco juízes são eleitos por três anos e só podem ser reeleitos uma vez.

25.1.2.5. O Tribunal de Contas

O Tribunal de Contas foi criado pelo tratado de Bruxelas de 1975 em matéria orçamental, tendo sido erigido a órgão principal das Comunidades Europeias pelo tratado de Maastricht (art. 5.° TUE). Este Tribunal tem por principal função a fiscalização das contas da União (art. 246.° TCE).

A) A composição, modo de designação e mandato

Segundo o art. 247.° TCE, n.° 1, TCE, o Tribunal de Contas é composto por vinte e cinco membros, que serão escolhidos de entre personalidades que pertençam ou tenham pertencido, nos respectivos países a

---

[51] Ver Decisão 1999/291/CE, CECA e Euratom do Conselho, de 26 de Abril de 1999, e Alterações ao Regulamento de Processo do TPI destinadas a permitir ao Tribunal decidir em formação de juiz singular, publicadas no JOCE L 135, de 29/5/99.

Parte IV – Cap. I – A repartição de atribuições e a estrut. orgânica da UE 325

instituições de fiscalização externa ou que possuam uma qualificação especial para essa função (n.º 2 do mesmo preceito).

O tratado de Nice, com o intuito de preparar o alargamento a Leste, passou a referir que o Tribunal de Contas é composto por um nacional de cada Estado-membro, dando assim a possibilidade a todos os Estados membros de terem um representante neste órgão (art. 247.º, n.º 1, TCE).

Até ao tratado de Amesterdão, os membros do Tribunal de Contas eram nomeados pelo Conselho, deliberando por unanimidade, após consulta do Parlamento Europeu. O tratado de Nice altera a regra de votação no seio do Conselho, que passa a ser a maioria qualificada.

O seu mandato é de seis anos, renovável (art. 247.º, n.º 3, TCE).

B) A independência

Os membros do Tribunal de Contas devem oferecer todas as garantias de independência (art. 247.º, n.º 2, TCE) e devem exercer as suas funções com total independência, no interesse geral da Comunidade.

Daí decorre que não solicitarão nem aceitarão instruções de nenhum governo ou qualquer entidade e abster-se-ão de praticar qualquer acto incompatível com a natureza das suas funções (art. 247.º, n.º 4, TCE). Enquanto durarem as suas funções, não podem exercer qualquer actividade remunerada ou não (art. 247.º, n.º 5, TCE).

As disposições do Protocolo relativo aos Privilégios e Imunidades das Comunidades Europeias, aplicáveis aos juízes do Tribunal de Justiça, são igualmente aplicáveis aos membros do Tribunal de Contas (art. 247.º, n.º 9, TCE).

C) A competência

O art. 248.º TCE estabelece a competência do Tribunal de Contas, cujo principal expoente é o exame das contas da totalidade das receitas e das despesas da Comunidade, bem como de qualquer outro organismo criado pela Comunidade, na medida em que o respectivo acto institutivo não exclua esse exame.

25.2. Os órgãos secundários e próprios das Comunidades Europeias

Para além dos órgãos principais, que são comuns aos três pilares da União, também existem órgãos secundários, que actuam apenas no âmbito do pilar comunitário.

Assim, de acordo com o art. 7.º, n.º 2, TCE, o Conselho e a Comissão são assistidos por um Comité Económico e Social e por um Comité das Regiões com funções consultivas.

25.2.1. O Comité Económico e Social

O Comité Económico e Social já se encontrava previsto na versão originária do tratado de Roma. Actualmente, este órgão aparece mencionado nos arts. 257.º e seguintes do tratado CE.

A) A composição, o modo de designação e o mandato

O Comité é composto por representantes dos diferentes sectores da vida económica e social, ou nas palavras do tratado de Nice, das diferentes componentes de carácter económico e social da sociedade civil organizada, designadamente, dos produtores, agricultores, transportadores, trabalhadores, comerciantes e artífices, das profissões liberais, dos consumidores e do interesse geral (art. 257.º TCE).

Segundo o art. 258.º, par. 1, TCE, na versão de Nice, o número de membros do Comité não será superior a trezentos e cinquenta.

O n.º 2 do preceito, na redacção que lhe foi dada pelo último tratado de adesão, distribui os membros por cada Estado.

Na versão de Amesterdão a nomeação dos membros do Comité era realizada com base numa deliberação do Conselho, por unanimidade, que passou a maioria qualificada na revisão de Nice.

O mandato dos membros do Comité é de quatro anos, renovável (art. 259.º, n.º 1, TCE).

B) A competência

A competência do Comité é meramente consultiva, sendo, em muitos casos, obrigatória (art. 262.º TCE).

25.2.2. O Comité das Regiões

Ao contrário do Comité Económico e Social, o Comité das Regiões foi instituído apenas pelo tratado de Maastricht, estando previsto nos arts. 263.º a 265.º TCE.

A) A composição, o modo de designação e o mandato

O art. 263.º TCE prevê que o Comité é composto por representantes das colectividades regionais e locais, tendo o tratado de Nice aditado o seguinte texto: «quer titulares de um mandato eleitoral a nível regional ou local, quer politicamente responsáveis perante uma assembleia eleita».

O número de membros do Comité atribuído a cada Estado está previsto no art. 263.º, par. 3.º, TCE, na redacção que lhe foi dada pelo último tratado de adesão.

Após o tratado de Nice a nomeação dos membros do Comité das Regiões faz-se, mediante uma deliberação do Conselho, por maioria qualificada, ao contrário do que sucedia com a versão anteriormente em vigor, que exigia a unanimidade.

O mandato dos membros do Comité é de quatro anos, renovável.

B) A competência

Tal como o Comité Económico e Social, o Comité das Regiões tem competência consultiva, a qual é, muitas vezes, obrigatória, podendo mesmo emitir parecer por iniciativa própria (art. 265.º TCE).

25.2.3. O Provedor de Justiça

A) O modo de designação, a duração do mandato e o estatuto

O Provedor de Justiça foi criado pelo tratado de Maastricht. Como já estudámos[52], o titular deste órgão é nomeado pelo Parlamento Europeu (art. 195.º, n.º 1, TCE) pelo período da legislatura, podendo ser reconduzido nas suas funções (art. 195.º, n.º 2, TCE).

O Provedor de Justiça exercerá as suas funções com total independência, não solicitará nem receberá instruções de qualquer organismo e não pode exercer qualquer outra actividade profissional, remunerada ou não (art. 195.º, n.º 3, TCE).

O estatuto do Provedor de Justiça é fixado pelo PE, após parecer da Comissão e com a aprovação do Conselho, deliberando por unanimidade (art. 195.º, n.º 4, TCE).

---

[52] Ver *supra* n.º 25.1.2.1.

328 *Curso de Direito Constitucional da União Europeia*

B) A competência

Segundo o art. 195.º, n.º 1, TCE, o Provedor de Justiça tem poderes para receber queixas apresentadas por qualquer cidadão da União ou qualquer pessoa singular ou colectiva com residência ou sede estatutária num Estado membro. As queixas devem respeitar a casos de má administração na actuação dos órgãos comunitários, com excepção do TJ e do TPI no exercício das suas funções jurisdicionais.

O Provedor de Justiça, por iniciativa própria ou com base em queixas, directamente ou por intermédio de um membro do PE, exercerá as suas funções mediante inquéritos aos órgãos, que considere em situação de má administração.

O Provedor enviará em seguida um relatório ao PE e ao órgão em falta. A pessoa que apresentou a queixa será informada do resultado dos inquéritos.

O Provedor de Justiça apresentará, anualmente, um relatório ao PE sobre os resultados dos inquéritos.

25.3. As agências independentes

Nos últimos anos tem-se assistido nas administrações públicas nacionais a um fenómeno de descentralização funcional caracterizado pela criação de entidades instrumentais à administração e com personalidade jurídica própria às quais se atribui a realização de funções específicas.

As agências independentes também são um fenómeno conhecido do direito da União Europeia. Consistem em entidades com personalidade jurídica e independência em relação aos órgãos da União em sentido próprio. Estas agências são dotadas de autonomia financeira e são-lhes atribuídos uma série de poderes.

Algumas delas encontram-se expressamente previstas no Tratado, enquanto outras foram criadas por acto normativo, designadamente, por regulamento. De entre as muitas agências que existem, cumpre destacar as seguintes:

- A Agência de Protecção de Dados (art. 286.º TCE);
- O Centro Europeu para o Desenvolvimento da Formação Profissional (regulamento (CEE) n.º 337/75 do Conselho, de 10 de Fevereiro[53]);

---

[53] JO L 39, de 13 de Fevereiro de 1975.

Parte IV – Cap. I – A repartição de atribuições e a estrut. orgânica da UE 329

- A Fundação Europeia para a Melhoria das Condições de Vida e de Trabalho (regulamento CEE n.º 1365/75 do Conselho, de 26 de Maio[54]);
- A Fundação Europeia para a Formação (regulamento n.º 1360/90, de 7 de Maio de 1990[55]);
- O Observatório da Droga e da Toxicodependência (Regulamento n.º 302/93 do Conselho, de 8 de Fevereiro de 1993[56], alterado pelo Regulamento n.º 3294/94 do Conselho, de 22 de Dezembro de 1994[57];
- A Agência Europeia para a Segurança e Saúde no Trabalho (regulamento n.º 2062/94 do Conselho, de 18 de Julho de 1994, com a nova redacção que lhe foi dada pelo Regulamento n.º 1643/95, de 29 de Junho de 1995);
- A Agência Europeia do Meio Ambiente (regulamento n.º 1210/90 do Conselho, de 7 de Maio de 1990[58], com a última redacção que lhe foi dada pelo Regulamento n.º 933/1999, de 29 de Abril de 1999[59]);
- O Centro de Tradução dos Organismos da União Europeia (regulamento 2965/94, de 28 de Novembro de 1994);
- A Agência Europeia de Segurança Marítima (regulamento n.º 1406//2002 do PE e do Conselho, de 5 de Agosto de 2002[60]);
- Agência Europeia para a Segurança da Aviação (regulamento n.º 1592/2002, de 15 de Julho de 2002)[61].

25.4. A estrutura orgânica da União no projecto de constituição europeia

25.4.1. As razões da reforma institucional

O quadro institucional acabado de estudar foi, inicialmente, concebido para seis Estados membros (três Grandes e três Médios e Pequenos), e

---

[54] JO L 139, de 30 de Maio de 1975.
[55] JO L 131, de 23 de Maio de 1990.
[56] JO n.º L 36, de 12/2/1993, p. 1 e ss.
[56] JO n.º L 341, de 30/12/1994, p. 7.
[57] JO L 120, de 11 de Maio de 1990.
[58] JO L 117, de 5 de Maio de 1999.
[60] JO L 208, de 5 de Agosto de 2002.
[61] JO L 240, de 7 de Setembro de 2002.

330   *Curso de Direito Constitucional da União Europeia*

continha um equilíbrio, que, com o decurso dos anos, se foi progressivamente perdendo.

À medida que a Comunidade se alargou, geograficamente, e aumentou substancialmente as suas atribuições, verificou-se um maior envolvimento dos cidadãos no processo de integração europeia, pelo que o quadro institucional da União se viu na contingência de ter de dar resposta a dois desafios – o do alargamento e o do aprofundamento –, para os quais não estava de todo preparado.

Os sucessivos alargamentos tornaram mais difícil a tomada de decisão, que se baseia, em muitos casos, na regra da unanimidade e a maior implicação dos cidadãos reforçou as exigências em matéria de democracia, de eficácia e de transparência.

Mas qualquer modificação do quadro institucional, no sentido de o tornar mais democrático, mais eficaz e mais transparente implica necessariamente uma alteração no equilíbrio de Poder estabelecido entre os Estados membros, com as consequentes resistências. Daí que há, pelo menos, 15 anos se vem tentando alterar o quadro institucional da União, sem grande sucesso.

Como vimos[62], têm-se introduzido modificações nas normas relativas aos órgãos da União, desde o AUE, mas sempre dentro do espírito do texto original.

O actual alargamento aos PECO's tornou a reforma institucional, não só desejável, como imperiosa. Como já estudámos[63], na sequência do protocolo relativo ao alargamento incluído no tratado de Amesterdão, a revisão do Tratado ocorrida em Nice teve como *leitmotiv* a reforma institucional, aliás, muito criticável.

Daí que, apesar de o tratado de Nice ainda nem sequer ter entrado em vigor à data em que se iniciaram os trabalhos da Convenção Europeia, o projecto de constituição europeia por ela aprovado prevê alterações profundas do quadro institucional da União.

Além disso, a atestar a importância que as disposições institucionais têm no contexto do projecto de constituição, refira-se que foram a causa da não aprovação do texto da constituição europeia em Dezembro de 2003 e também as que maiores alterações sofreram na CIG 2003/2004, de 18 de Junho de 2004.

---

[62] Ver *supra* n.ºˢ 4.2.; 6.2.5.; 7.2.2. e 8.2.1.
[63] Ver *supra* n.º 7.2.6.

25.4.2. As premissas da reforma institucional no projecto de constituição

As modificações institucionais previstas no projecto de constituição devem ser compreendidas, tendo em conta os seguintes aspectos:

1.º) <u>O quadro institucional de uma união de Estados e de cidadãos</u> – O projecto de constituição, ao assumir que a União Europeia tem uma natureza e uma legitimidade, baseadas nos Estados e nos cidadãos, vai ter de retirar daí as devidas consequências no domínio institucional. Os órgãos terão, obviamente, de respeitar essa dupla natureza e essa dupla base de legitimidade. Assim, os órgãos devem fundar-se, não só na igualdade dos Estados, como também na igualdade dos cidadãos, o que implica a observância dos princípios da democracia, da eficácia, da transparência, do equilíbrio institucional e da coerência;

2.º) <u>Um quadro institucional de um ente político</u> – as alterações institucionais não podem ser destacadas do âmbito mais vasto da modificação qualitativa da União, que caminha no sentido da criação de um verdadeiro ente político, dando mais um passo na aproximação a um modelo federal específico, mas não pré-estabelecido ou decalcado de outro qualquer.

25.4.3. O novo quadro institucional

O projecto de constituição europeia prevê os princípios fundamentais em matéria de reforma institucional da União nos arts. 18.º a 31.º da Parte I, procedendo ao seu desenvolvimento na Parte III, nos arts. 232.º e seguintes.

O novo quadro institucional da União comunga das seguintes características:

1.ª) *Ausência de ruptura profunda com o quadro institucional anterior*

– o art. I-18.º, n.º 1, prevê um quadro institucional único, uma vez que se dá o desaparecimento da estrutura tripartida da União;
– do ponto de vista formal, dá-se a separação definitiva do Conselho Europeu e do Conselho de Ministros, que passam a ser constitucionalmente dois órgãos distintos, o que já faz parte do acervo da União;

332 *Curso de Direito Constitucional da União Europeia*

– de acordo com o art. I-18.º, n.º 2, do projecto, o quadro institucional mantém-se estável, ou seja, os órgãos principais continuam a ser o Parlamento Europeu, o Conselho Europeu, o Conselho de Ministros, a Comissão e o Tribunal de Justiça. O Banco Central Europeu (art. I-29.º) mantém o seu estatuto de órgão especializado para as questões monetárias. O Comité das Regiões e o Comité Económico e Social (art. I-31.º) são os órgãos consultivos da União e o Tribunal de Contas sofre uma certa despromoção, pois deixa de constar do elenco dos órgãos principais (art. I-30.º);
– mantém-se o princípio da competência de atribuição e da cooperação leal entre os órgãos (art. I-18.º, n.º 3).

2.ª) *Clarificação de algumas questões institucionais*

– Definem-se expressamente, pela primeira vez, as funções do PE (art. I-19.º), como sendo a função legislativa e orçamental e as funções de controlo político e consultivas.
– Procede-se, do mesmo modo, relativamente ao Conselho (art. I-22.º, n.º 1), que também possui as funções legislativa e orçamental, a par da função de definição das políticas e de coordenação.
– Em relação ao Conselho Europeu, o art. I-20.º esclarece que este órgão não exerce competências legislativas (n.º 1) e decide por consenso, salvo nos casos em que a constituição dispõe de outro modo, que são muitos[64] (n.º 4).
– No que diz respeito à Comissão, as suas funções mantêm-se também, no essencial, estáveis, incluindo a função de guardiã da constituição (art. I-25.º).
– Quanto ao Tribunal de Justiça, o projecto de constituição considera que ele continua a ser o órgão de controlo jurisdicional da União. Segundo o art. I-28.º, n.º 1, do projecto de constituição, a estrutura do Tribunal de Justiça (TJ) é tripartida, abrangendo o Tribunal de Justiça Europeu (TJE)[65], o Tribunal de Grande Instância (TGI)[66]

---

[64] Ver, entre muitos outros exemplos, o art. I-21.º, n.º 1, que estabelece a eleição do Presidente por maioria qualificada.

[65] Em matéria de composição e modo de funcionamento do TJE não foram introduzidas inovações relevantes no projecto de constituição. O Tribunal de Justiça Europeu continua a ser composto por um juiz de cada Estado membro e assistido por advogados-gerais (art. I-28.º, n.º 2), cujo número, de acordo com o art. III-259.º, é de oito, podendo

Parte IV – Cap. I – A repartição de atribuições e a estrut. orgânica da UE 333

e os tribunais especializados[67]. O Tribunal de Justiça funciona, portanto, a três instâncias. A expressão «Tribunal de Primeira Instância» foi, portanto, substituída pela expressão «Tribunal de

---

ser aumentado, a pedido do próprio Tribunal, por uma decisão europeia do Conselho de Ministros, por unanimidade.

Os juízes e os advogados-gerais continuarão a ser escolhidos de entre personalidades que ofereçam todas as garantias de independência e reúnam as condições exigidas, nos respectivos países, para o exercício das mais altas funções jurisdicionais ou que sejam jurisconsultos de reconhecida competência (art. III-260.º, par. 1.º).

Os juízes e os advogados-gerais são nomeados, de comum acordo, pelos governos dos Estados-Membros, tal como sucede actualmente.

A novidade do projecto de constituição radica na criação de um comité composto por sete personalidades, cuja função é dar parecer sobre a adequação ao exercício das funções de juiz ou de advogado-geral do TJE e do TGI (art. III-262.º). Consequentemente, os Governos dos Estados-Membros antes de procederem à nomeação quer dos juízes quer dos advogados-gerais devem ouvir o referido comité.

Mantém-se também substituição parcial dos juízes e dos advogados gerais de três em três anos (art. III-260.º, par. 2.º).

Os juízes continuarão a eleger entre si, por um período de três anos, o seu Presidente, que pode ser reeleito (art. III-260.º, par. 3.º).

Em matéria de modo de funcionamento também não se verificam modificações dignas de assinalar. O TJE continuará a funcionar em secções, em grande secção e em tribunal pleno, em conformidade com o seu Estatuto (art. III-258.º).

[66] No que diz respeito à composição e ao modo de funcionamento do TGI, o projecto de constituição para a Europa também mantém, *grosso modo*, o que tinha sido aprovado em Nice.

O TGI é constituído, no mínimo, por um juiz de cada Estado-Membro, sendo o número de juízes fixado pelo Estatuto do TJ (art. I-28.º, n.º 2). O Estatuto pode prever que o TGI seja assistido por advogados-gerais.

O projecto prevê que a escolha dos juízes do TGI se fundamente em critérios idênticos aos da designação dos juízes do TJE (art. III-261.º, par. 1.º), bem como períodos similares para a substituição parcial dos juízes (art. III-261.º, par. 2.º). Além disso, também a designação do seu Presidente é efectuada do mesmo modo e pelo mesmo período (três anos), renovável (art. III-261.º, par. 4.º).

Deve ainda mencionar-se que o direito constitucional aplicável ao Tribunal de Justiça Europeu é direito subsidiário em relação ao Tribunal de Grande Instância (art. III-261.º, par. 6.º).

[67] Como se estudou, o tratado de Nice prevê a possibilidade de criação de câmaras jurisdicionais para contenciosos específicos (art. 220.º, par. 2, que remete para o artigo 225.ºA), como é o caso do contencioso da função pública ou do contencioso relativo à propriedade industrial e comercial, o projecto de constituição para a Europa vem alterar a sua denominação, afirmando que a lei europeia pode criar tribunais especializados, adstritos ao TGI, encarregados de conhecer em primeira instância de certas categorias de acções em matéria específica (o art. III-264.º, par. 1.º).

334   *Curso de Direito Constitucional da União Europeia*

Grande Instância», numa tentativa de harmonizar a denominação do Tribunal com as suas efectivas funções. Na verdade, a partir das modificações introduzidas em Nice, aquele Tribunal deixa de ser apenas um tribunal de primeira instância e passa a ser também um tribunal de recurso. Com efeito, as decisões das câmaras jurisdicionais a criar são, nos termos do artigo 225.°A, par. 3, TCE, recorríveis para o Tribunal de Primeira Instância (TPI), pelo que a designação deixou de fazer sentido.

3.ª) *As soluções inovadoras*

– O princípio da representação degressivamente proporcional no PE (art. I-19.°, n.° 2);
– A eleição da presidência do Conselho Europeu por maioria qualificada por um mandato de dois anos e meio, renovável uma vez (art. I-21.°, n.° 1);
– A criação do Ministro dos Negócios Estrangeiros (art. I-27.°), que é nomeado pelo Conselho Europeu, por maioria qualificada, com o acordo do Presidente da Comissão. O MNE conduz a PESC, contribui para a definição da política externa e executa-a na qualidade de mandatário do Conselho. Preside ao Conselho dos Negócios Estrangeiros (art. I-23.°, n.° 2) e partilha a representação externa da União com o Presidente do Conselho Europeu (art. I-21.°, n.° 2);
– As formações do Conselho – o n.° 1 do art. I-23.° admite que o Conselho pode ter várias formações. O n.° 2 refere o Conselho dos Assuntos Gerais e o n.° 3 menciona o Conselho dos Negócios Estrangeiros. A CIG 2004 não aceitou a referência expressa do

---

Essa lei europeia é adoptada, quer sob proposta da Comissão e após consulta ao Tribunal de Justiça, quer a pedido deste e após consulta à Comissão.

Ao contrário do que dispõe o tratado de Nice, não se exige a unanimidade no seio do Conselho para a criação dos tribunais especializados, o que, certamente, facilitará a tomada de decisão.

A criação dos tribunais especializados é imposta pelo carácter muito específico das matérias em causa, bem como pela enorme quantidade de processos, que se prevê que venham a surgir. Afigurou-se necessário encontrar uma solução que não passasse pelos tribunais da União já existentes.

As decisões destes tribunais especializados são susceptíveis de recurso para o TGI (art. III-264.°, n.° 3), o que, de resto, já está previsto também no tratado de Nice, no que diz respeito às câmaras jurisdicionais (art. 225.°A, par. 3).

Parte IV – Cap. I – A repartição de atribuições e a estrut. orgânica da UE 335

Conselho Legislativo prevista no projecto saído da Convenção Europeia, admitindo, no entanto, que sempre que o Conselho exerce funções legislativas, as suas reuniões devem ser públicas (art. I-49.º, n.º 2). Contudo, a formação do Conselho Legislativo não se encontra excluída, pois o n.º 4 do art. I-23.º prevê que o Conselho Europeu, por maioria qualificada, adopte uma decisão europeia que crie outras formações do Conselho;

– A Presidência das diversas formações do Conselho, com excepção do Conselho dos Negócios Estrangeiros, é assegurada por um sistema de rotatividade baseado na igualdade, nas condições a fixar por uma decisão europeia do Conselho Europeu, que decide por maioria qualificada (art. I-23.º, n.º 6). Esta norma deve-se à CIG 2003/2004, pois a versão saída da Convenção previa que a presidência fosse assegurada por um sistema de rotatividade por um mínimo de um ano.

– A modificação do apuramento da maioria qualificada no seio do Conselho – foi em relação a este assunto que se verificaram as maiores divergências no âmbito da CIG 2004. O projecto aprovado na convenção europeia previa que depois 1 de Novembro de 2009 (art. I-24.º, n.º 3), a decisão por maioria qualificada com base numa proposta da Comissão se tomasse por maioria dos Estados que represente no mínimo três quintos da população (art. I-24.º, n.º 1); se não houvesse proposta da Comissão seria necessária a maioria de dois terços dos Estados, que represente no mínimo três quintos da população[68]. O texto introduzido pela CIG 2004 impõe que, no caso de haver proposta da Comissão, a maioria qualificada implica no mínimo 55% dos membros do Conselho, que incluam pelo menos 15 Estados e que esses membros reunam pelo menos 65% da população da União (art. I-24.º, n.º 1). Além disso, a minoria de bloqueio deve incluir pelo menos quatro membros do Conselho. Se o Conselho não decidir com base numa proposta da Comissão ou do MNE, a maioria qualificada implica 72% dos membros do Conselho, que representem Estados membros que reúnem 62% da população (art. I-24, n.º 2). Deve ainda referir-se que, no âmbito da CIG, foi

---

[68] Até 1 de Novembro de 2009 vigorariam as regras adoptadas em Nice que constavam do protocolo relativo à ponderação de votos no Conselho Europeu e no Conselho de Ministros.

negociada uma proposta de decisão (v. Anexo III do documento CIG 85/04[69]) do Conselho relativa à implementação do art I-24.º, que estabelece regras transitórias quanto à votação por maioria qualificada no seio do Conselho. De acordo com essa proposta, se membros do Conselho que representem três quartos do nível da população ou três quartos do número de Estados declararem que tencionam opor-se a uma determinada proposta, o Conselho deve discutir o assunto (art. 1.º), devendo esforçar-se por chegar a uma solução (art. 2.º). Esta decisão só se aplicará a partir de 1 de Novembro de 2009 e deve vigorar, pelo menos, até 2014, o que significa que até 2009 devem vigorar as regras actualmente em vigor.

– A unanimidade pode ser afastada por uma decisão unânime do Conselho Europeu, através de um procedimento de revisão simplificada previsto no art. IV-7.ºbis, n.º 1.

– A composição da Comissão foi outro tema extremanente controverso. A convenção europeia tinha proposto, no art. I-25.º, n.º 3, que a Comissão deveria ser composta por um colégio que incluía o Presidente, o MNE, o Vice-Presidente e treze comissários europeus, escolhidos com base num sistema de rotação igualitária entre Estados Membros, sistema a estabelecer por uma decisão do Conselho Europeu. O Presidente nomearia ainda comissários sem direito de voto provenientes dos outros Estados membros. Estas regras só se destinavam a ser aplicadas a partir de 1 de Novembro de 2009[70]. A CIG afastou-se destas regras. Assim, a primeira Comissão nomeada em aplicação da Constituição mantém a regra de um comissário por Estado membro, e inclui o Presidente e o MNE, que é um dos seus Vice-Presidentes (art. I-25.º, n.º 5). A partir do fim do mandato desta primeira Comissão passará a ser composta por um número que corresponda a dois terços dos seus Estados membros, podendo o Conselho Europeu, por unanimidade, modificar este número (art. I-25.º, n.º 6). Os comissários serão seleccionados entre os nacionais dos Estados membros, mediante um sistema de rotação igual entre os Estados membros, sistema que será aprovado por uma decisão europeia do Conselho Europeu por unanimidade.

---

[69] Disponível no sítio da Europa http://www.europa-eu.int

[70] Até lá mantém-se a regra um Estado – um comissário constante do Protocolo aprovado em Nice.

25.4.4. A apreciação crítica do novo quadro institucional

Em primeiro lugar, deve sublinhar-se que muitas soluções apontadas pela CIG 2004 remetem para decisões posteriores a tomar por unanimidade, o que, sem querer antecipar dificuldades, deve ser valorado com alguma prudência.

Independentemente disso, a questão que se coloca é a de saber se o novo quadro institucional responde satisfatoriamente às exigências de democracia, respeitando a igualdade dos Estados e dos cidadãos e se estão asseguradas a transparência, a eficácia, a simplificação, a coerência, o equilíbrio e a unidade. Além disso, também se deve analisar se o novo quadro institucional será o mais adequado para a União Europeia – entidade de tipo político e de pendor federalizante –, que emerge do projecto de constituição.

A) O Conselho Europeu

Os problemas que se colocam a este nível não se prendem com o fim das presidências rotativas, que cada Estado passaria a ter de 12,5 em 12,5 anos numa União a 25 e de 15 em 15 anos numa União a 30 e que em nada contribuiriam para a representação externa da União nem para a afirmação da soberania dos Estados membros, mas sim com o modo como o seu Presidente passará a ser eleito, com a confusão de poderes entre ele e o Ministro dos Negócios Estrangeiros, com a ausência de controlo político ao nível da União e com o aumento da confusão em matéria de representação externa, dado que as competências externas passam a estar repartidas entre o Presidente do Conselho Europeu, o MNE e a Comissão (ver art. III-194.º, n.º 2).

Parece que as alterações propostas em matéria de Conselho Europeu e da sua Presidência não contribuem, por certo, para uma União mais democrática, mais equilibrada, mais coerente e mais eficaz.

B) O Ministro dos Negócios Estrangeiros

Como se viu, o MNE é nomeado pelo Conselho Europeu, que o pode destituir a qualquer momento, mas, ao mesmo tempo, é vice-presidente da Comissão e preside ao Conselho de Negócios Estrangeiros.

O MNE é, portanto, duplamente responsável – perante o Presidente do Conselho Europeu e perante o Presidente da Comissão –, sendo certo que o Conselho Europeu e a Comissão representam interesses totalmente

338 *Curso de Direito Constitucional da União Europeia*

distintos dentro da União, pelo que o exercício desta dupla «fidelidade» não se afigura fácil.

O MNE exerce funções ao nível da acção externa da União e ao nível da PESC, tal como o Presidente do Conselho Europeu e, em parte, a Comissão.

A figura do MNE, muito provavelmente, contribuirá para aumentar a confusão no exercício do Poder dentro da União e não para o tornar mais transparente, mais eficaz e mais coerente.

C) O Conselho de Ministros

No novo modelo bicameral, que o projecto de constituição parece pretender implementar, o Parlamento Europeu tem de ser encarado como uma câmara de cidadãos, enquanto o Conselho de Ministros deve ser equacionado como uma câmara dos Estados. Daqui devem decorrer, necessariamente, algumas consequências, ao nível das regras de apuramento da maioria qualificada no seu seio, dos seus poderes e do aumento dos casos de votação por maioria qualificada.

i) *O apuramento da maioria qualificada* – se o Conselho de Ministros é um órgão que representa os Estados, não se compreende, no plano dos princípios, o excessivo peso que alguns pretendem dar à população nesse apuramento.

Na verdade, o projecto apresentado pela Convenção Europeia previa uma dupla maioria de Estados e de três quintos (60%) da população, não tendo conseguido obter o necessário consenso na CIG 2003/2004, pois afigurava-se demasiado favorável aos Estados mais populosos. Para os Estados médios e pequenos a regra deveria ser alterada no sentido de substituir os três quintos por 50%, pois a regra dos 60% era-lhes desfavorável. Pelo contrário, para alguns Estados grandes, como é o caso da Espanha e da Polónia, essa percentagem deveria ser aumentada para não perderem a minoria de bloqueio.

A regra que acabou por ficar consagrada foi, como vimos, a dupla maioria de, pelo menos, 55% dos membros do Conselho, que deverão ser, pelo menos, quinze Estados e 65% da população. Regra esta que, à primeira vista, parece tão favorável aos Estados mais populosos como a anterior. Todavia, o excessivo peso da população acaba por ser temperado pela exigência de que a minoria de bloqueio inclua, pelo menos, quatro Estados.

Em nosso entender, a alteração da regra dos 60% para os 65%, não foi, particularmente, favorável aos Estados médios e pequenos, pois como defendemos em anteriores trabalhos, a proporcionalidade da população

Parte IV – Cap. I – A repartição de atribuições e a estrut. orgânica da UE 339

deve ser inspiradora da representação no Parlamento Europeu e não da representação no Conselho.

ii) *A competência do Conselho* – o facto de o Conselho ser uma câmara de Estados deve ter implicações ao nível da sua competência. A previsão expressa das funções legislativas do Conselho (art. I-19.º), bem como a afirmação do carácter público das suas reuniões, quando estiver em causa a aprovação de actos legislativos (art. I-49.º, n.º 2) contribuem para o reforço da transparência e da democracia na União.

iii) *A votação por maioria qualificada* – o alargamento da União a 25 Estados impõe, em nome da eficácia do Conselho, e, portanto, também da democracia, a adopção definitiva da decisão por maioria qualificada em relação a todos os aspectos que não tenham um carácter, eminentemente, constitucional. Este é, contudo, um dos pontos que mais controvérsia tem gerado, pois implica a perda do domínio unilateral da decisão comum. É certo que, de acordo com os mecanismos de funcionamento da União, os Estados raramente exercem o direito de veto, mas têm muita dificuldade em abdicar totalmente dele. Por esta razão, o projecto de constituição, aprovado pela convenção europeia, não procedeu a um alargamento significativo dos casos de votação por maioria qualificada, pelo que restam ainda largas franjas de votação por unanimidade, como, por exemplo, o domínio da fiscalidade. A CIG 2003/2004 não só aceitou a maior parte das propostas da convenção europeia, como ainda introduziu novos casos de votação por unanimidade.

iv) *A presidência do Conselho de Ministros* – enquanto a presidência do Conselho dos Negócios Estrangeiros é, como já vimos, assegurada pelo MNE, as presidências das outras formações do Conselho serão asseguradas por representantes dos Estados membros, segundo um sistema de rotação igual, nas condições fixadas por uma decisão europeia do Conselho Europeu a tomar por maioria qualificada.

Tal como já aconteceu no passado em relação a outros assuntos controversos, a CIG 2004 protelou a tomada de decisão para mais tarde.

O facto é que a CIG não aceitou o texto proposto pela convenção europeia, texto esse que também não era muito preciso, pois remetia para regras a estabelecer pelo Conselho Europeu. Todavia, esse texto definia que a rotação das presidências entre os Estados, se faria por períodos de um ano, de acordo com regras e modalidades a estabelecer pelo Conselho Europeu por unanimidade (art. III-245.º, n.º 2)[71]. Essas modalidades teriam

---

[71] A Presidência italiana apresentou ao Conclave de Nápoles uma proposta de decisão neste domínio, pela qual a presidência das várias formações do Conselho, com

340 *Curso de Direito Constitucional da União Europeia*

de respeitar o princípio da igualdade dos Estados na rotação, e, ao mesmo tempo, o equilíbrio geográfico, político e a diversidade dos Estados membros (art. I-23.º, n.º 4), o que, de resto, até parece um pouco contraditório.

Em suma, a CIG protelou, portanto, a decisão sobre a presidência do Conselho para um momento posterior e fê-la depender não da unanimidade, mas da maioria qualificada no seio do Conselho Europeu, pelo que não é possível, neste momento, avaliar se se conseguirão atingir os objectivos pretendidos. Uma coisa é certa: parece não se ganhar muito em termos de simplificação.

v) *A coordenação das várias formações do Conselho* – deve ainda sublinhar-se que foram feitos esforços sérios, no sentido de ultrapassar o défice de coordenação e de coerência ao nível das várias formações do Conselho. O projecto de constituição prevê a definição de directrizes políticas gerais e prioridades, bem como de objectivos estratégicos, que conferem um quadro geral de coerência e de orientação política (arts. I-20.º; I-23.º; III-194; III-196).

D) O Parlamento Europeu

O projecto de constituição esclarece, de uma vez por todas, a questão de saber quem está representado no Parlamento Europeu. O art. I-19.º, n.º 2, faz referência às cidadãs e aos cidadãos europeus, abandonando a fórmula mais ambígua dos povos dos Estados membros, até agora usada.

Em consequência, os poderes do PE são, consideravelmente, aumentados, no que diz respeito tanto aos assuntos legislativos como orçamentais. O processo legislativo ordinário (anteriormente denominado de co-decisão) passa a ser a regra para a adopção dos actos legislativos. Em matéria orçamental desaparece a distinção entre despesas obrigatórias e não obrigatórias, o que leva a que a decisão orçamental passe para o PE, com algumas excepções (v. g. art. III-310). O PE adquire, pois, o estatuto de órgão legislativo e orçamental equiparado ao Conselho.

Ora, sendo o Parlamento o único órgão da União que detém uma legitimidade democrática directa, pois é eleito por sufrágio directo e universal pelos cidadãos europeus, o reforço dos seus poderes contribui, sem dúvida, para tornar a União mais democrática e mais próxima dos cidadãos.

---

excepção dos Conselho de Assuntos Gerais e do Conselho de Negócios Estrangeiros, seria assegurada colectivamente por grupos pré-determinados de três Estados durante um período contínuo de 12 meses.

E) A Comissão

Como já se mencionou, a Comissão mantém, na generalidade, as funções que lhe são atribuídas, actualmente, pelo TUE e pelo TCE, incluindo a exclusividade do direito de iniciativa, excepto para a PESC, como se pode verificar pela leitura do art. I-25.º, n.º 2, do projecto de constituição conjugado com as normas relativas à PESC (v. g. art. I-39.º, n.º 7).

A função de execução das normas da União fica reservada aos Estados membros, salvo no que diz respeito às matérias de concorrência, de controlo das ajudas de Estado, ao estabelecimento e execução do orçamento e à gestão dos fundos estruturais, que compete à Comissão.

As regras mais polémicas relativas à Comissão prendem-se com a sua composição e com o modo de designação do seu Presidente.

Como já referimos, o projecto de constituição, apresentado pela convenção europeia, preconizava a redução do número de comissários, o que se configurou como um dos seus aspectos mais criticados, pois afectava a igualdade dos Estados, reduzindo, consideravelmente, o Poder dos Estados, que não dispusessem de comissário com direito de voto. Por isso, esta foi uma das questões que, como vimos, teve uma solução diferente na CIG[72], na tentativa de responder aos anseios de muitos Estados.

Quanto ao modo de designação do Presidente da Comissão, deve frisar-se que a eleição pelo PE (art. I-26.º, n.º 1) lhe confere uma maior legitimidade democrática, o que deve ser considerado como um ponto positivo deste projecto de constituição. Aliás, esta modificação vai ter repercussões na caracterização do sistema político da União.

Em conclusão, após a análise do quadro institucional previsto no projecto de constituição, parece-nos que, embora continue a ser tributário de algumas deficiências, no cômputo geral responde mais adequadamente às exigências de democracia, de eficácia e de simplificação do que o actualmente em vigor.

Alguns dos aspectos mais negativos e, consequentemente, dos mais criticados, foram objecto de modificação e aperfeiçoamento na CIG 2003/2004, no sentido de procurar satisfazer as reivindicações dos vários Estados membros.

---

[72] A Presidência italiana apresentou ao Conclave de Nápoles uma proposta no sentido de aos comissários «sem direito a voto» serem atribuídos *dossiers* importantes, que impliquem responsabilidades reais. V. CIG 52/03 – PRESID 10, p. 4.

342 Curso de Direito Constitucional da União Europeia

26. O alargamento de competências dos órgãos: restrito à Comunidade Europeia

26.1. O art. 308.º do Tratado CE

Como é óbvio, o tratado CE não previu todas as acções necessárias à realização dos objectivos nele previstos, comportando lacunas que se devem, entre outros, aos seguintes factores:

a. os tratados são por natureza situados no tempo, pelo que não puderam prever todas as situações que no futuro se deparariam às Comunidades;

b. os tratados têm por base negociações entre os Estados, o que significa que nem sempre se consegue chegar facilmente a acordo, pelo que as lacunas são muitas vezes deliberadas. Remete-se para a prática a solução de uma situação que no momento das negociações se afigura insolúvel ou de difícil solução;

c. os tratados institutivos da CEE (hoje CE) e da CEEA são tratados-quadro, ou seja, estabelecem os parâmetros gerais que necessitam de desenvolvimento no âmbito dos órgãos comunitários;

d. o processo de integração, sendo dinâmico e evolutivo, acaba por conduzir à existência de lacunas.

Ora, uma das formas encontradas pelo TCE para a integração dessas lacunas é o art. 308.º TCE, o qual deve ser qualificado como uma cláusula de alargamento de competências dos órgãos da Comunidade.

Para se poder invocar este preceito como base jurídica de um acto ou norma, devem estar preenchidos certos requisitos de natureza material e outros de natureza formal.

A) Requisitos materiais ou substanciais:

i) *de natureza positiva*

1. *a necessidade de uma acção da Comunidade* – a verificação da necessidade da acção depende, essencialmente, de critérios políticos e não jurídicos. A expressão «acção da Comunidade» pretende excluir a acção dos Estados membros, ou seja, verificada a necessidade de acção da Comunidade, os Estados devem abster-se de concluir acordos internacionais sobre essas matérias;

Parte IV – Cap. I – A repartição de atribuições e a estrut. orgânica da UE 343

2. *para atingir um dos objectivos da Comunidade* – os objectivos relevantes são apenas os que constam do articulado do Tratado CE, excluindo-se os objectivos constantes do preâmbulo e não desenvolvidos no articulado, bem como os objectivos provenientes das Cimeiras e do Conselho Europeu, que não sejam mero reafirmar de objectivos já expressos no Tratado;
3. *no curso do funcionamento do mercado comum* – visa situar a acção da Comunidade nos objectivos económicos do Tratado.

ii) *de natureza negativa*

4. *a ausência de poderes de acção necessários para o efeito* – não pode haver outras disposições que prevejam a competência do órgão para a prática do acto. A utilização do art. 308.º TCE quando existem outras disposições atributivas da competência ao órgão poderá ser fundamento de anulação do acto, com base no art. 230.º TCE. O Tribunal admitiu no entanto, que a insuficiência de poderes também justifica o recurso ao art. 308.º TCE.

B) Requisitos de natureza formal

1. a proposta da Comissão;
2. o parecer do Parlamento Europeu;
3. a decisão do Conselho, por unanimidade.

A verificação de todos estes requisitos é cumulativa.

O acto a adoptar pode ser qualquer um dos previstos no art. 249.º TCE – um regulamento, uma directiva ou uma decisão –, um acto atípico ou ainda um acordo internacional.

Ao longo da história da integração europeia, o art. 308.º TCE tem servido como fundamento de inúmeros actos e normas comunitários.

Até 1972 o preceito foi aplicado, sobretudo, aos sectores da agricultura e da união aduaneira. A partir da Cimeira de Paris de 1972, os Chefes de Estado e de Governo decidiram aplicar o preceito a outros sectores, nomeadamente à UEM. A disposição passa a ser aplicada em matéria de política económica e monetária, política regional, política social, política industrial, política energética, política de ambiente, política comercial, investigação e desenvolvimento tecnológico.

Como a partir do Acto Único Europeu se incluíram, no TCE, bases jurídicas específicas para a tomada de decisão nas matérias, em relação às quais era frequente recorrer ao art. 308.º TCE (antigo art. 235.º), uma boa parte da doutrina chegou a pensar que este preceito seria condenado

344   *Curso de Direito Constitucional da União Europeia*

ao esquecimento. A verdade é que tal não aconteceu. O preceito continua a constituir a base jurídica de inúmeros actos, por se considerar que as normas específicas são insuficientes.

26.2. A cláusula de flexibilidade no projecto de constituição europeia

O projecto de constituição mantém uma cláusula de alargamento de competências, inspirada no art. 308.º do TCE. Mas, ao contrário, do que sucede actualmente, o projecto de constituição não limita a sua aplicação em função dos pilares que, como já se sabe, desaparecem.

Além disso, o texto do art. 308.º TCE não se mantém inalterado.

Assim, a cláusula de flexibilidade está prevista no art. I-17.º. O n.º 1 dispõe que «se se afigurar necessária uma acção da União, no quadro das políticas definidas na Parte III, para atingir um dos objectivos estabelecidos pela constituição, não prevendo esta os poderes requeridos para o efeito, o Conselho de Ministros tomará as medidas adequadas, deliberando por unanimidade, sob proposta da Comissão e após aprovação do Parlamento Europeu».

Em termos substanciais, comparando este preceito com o art. 308.º TCE, verifica-se que o mesmo deixou de fazer referência ao funcionamento do mercado comum, o que está em consonância com a opinião maioritária da doutrina, que há muito vinha apontando o carácter obsoleto dessa remissão. Além disso, a ausência dessa referência implica também o alargamento do âmbito de aplicação do preceito, pois deixou de estar limitado às questões económicas.

Em termos formais, passa a ser necessária a aprovação do Parlamento Europeu, ao contrário da exigência actual de mera consulta deste órgão.

Deve ainda sublinhar-se que se mantém a exigência da unanimidade no seio do Conselho, numa clara cedência à soberania dos Estados. É também a preocupação de não afectar a soberania dos Estados que justifica o n.º 3 do art. I-17.º, que especifica que as disposições adoptadas ao abrigo da cláusula de flexibilidade não podem implicar a harmonização das disposições legislativas e regulamentares dos Estados membros, nos casos em que a constituição exclua tal harmonização.

O n.º 2 do art. I-17.º procura adaptar este preceito às modificações introduzidas noutros domínios. Assim, o mecanismo de controlo do princípio da subsidiariedade também deve ser aplicado às propostas baseadas no art. I-17.º.

Parte IV – Cap. I – A repartição de atribuições e a estrut. orgânica da UE   345

26.3. A teoria das competências implícitas

A teoria das competências implícitas é uma teoria de interpretação das competências dos órgãos, que permite retirar das competências, expressamente, afirmadas nas normas outras que estão «escondidas».

A) A origem

A teoria das competências implícitas tem a sua origem no direito constitucional norte-americano.

O Supremo Tribunal Federal defendeu no caso *McCullog* v. *Maryland* que o Congresso podia adoptar os actos necessários à prossecução dos fins da Federação.

Para tanto socorreu-se da *necessary and proper clause*, prevista na última alínea do art. 1.º da Constituição, a qual permite ao Congresso adoptar todas as leis que são necessárias e adequadas à execução dos poderes enumerados na Constituição.

B) A teoria das competências implícitas no direito internacional

Esta teoria foi importada para o direito internacional pelo Tribunal Permanente de Justiça Internacional e pelo TIJ.

O caso paradigmático de aplicação da teoria das competências implícitas a nível do direito internacional é o *caso dos prejuízos sofridos ao serviço das Nações Unidas*, no qual o TIJ admitiu que os órgãos das Nações Unidas dispunham de todos os poderes necessários à prossecução dos fins da Organização.

C) A teoria das competências implícitas no direito comunitário

O Tribunal de Justiça também aceitou a teoria das competências implícitas em dois domínios distintos:
- *ao nível interno* – o Tribunal aceitou a teoria das competências implícitas no âmbito da CECA em vários acórdãos[73], o mesmo tendo sucedido no domínio da então CEE, no acórdão política migratória[74, 75], em matéria de política social.

---

[73] Ac. de 29/11/56, *Fédéchar,* proc. 8/55 Rec. 1955-1956, p. 291; ac. de 15/6/60, *Itália contra a Alta Autoridade,* proc. 20/59, Rec. 1960, p. 663; ac. de 15/6/60, *Países Baixos contra Alta Autoridade,* proc. 25/59, Rec. 1960, p. 727; ac. de 4/4/60, *Mannesmann AG e outros contra Alta Autoridade,* procs. 4/59 a 13/59, Rec. 1960, p. 241; ac. de 12/7/62, *Países Baixos contra Alta Autoridade*, proc. 9/61, Rec. 1962, p. 415.

[74] Ac. de 9/7/87, procs 281, 283 a 285 e 287/85, Rec. 1987, p. 3203 e ss.

346   *Curso de Direito Constitucional da União Europeia*

– *ao nível das relações externas* – o TJ parece aceitar a teoria das competências implícitas, fundamentalmente, nos acórdãos *AETR*[76], *Kramer*[77] e nos *pareceres 1/76*[78], *2/91*[79] e *1/92*[80], que já estudámos neste Curso[81].

No domínio interno, o Tribunal defendeu uma concepção restrita da teoria das competências implícitas: se os órgãos detêm determinadas competências expressas, então também devem poder exercer as competências anexas, instrumentais ou acessórias necessárias à prossecução das competências expressas.

Em matéria de relações externas, o Tribunal sustenta uma concepção mais lata de competências implícitas, admitindo as competências externas até ao limite dos objectivos da Comunidade. Como vimos, esta teoria serviu de base à fundamentação do *princípio do paralelismo das atribuições internas e externas,* segundo o qual sempre que a Comunidade possa a nível interno exercer uma determinada atribuição deve considerar-se que detém paralelamente a mesma atribuição a nível externo. As atribuições internas projectam-se, portanto, a nível externo.

D) A distinção entre o art. 308.º TCE e a teoria das competências implícitas

A teoria das competências implícitas é uma teoria de interpretação do Direito, pelo que é necessário que exista uma regra, expressamente, prevista no Tratado para se poder inferir a regra implícita.

O art. 308.º TCE permite criar poderes novos para os órgãos comunitários, só podendo actuar quando a teoria das competências implícitas não for aplicável.

---

[75] O advogado-geral FEDERICO MANCINI entende que não é necessário recorrer à teoria das competências implícitas neste caso. Trata-se de uma aplicação do princípio da efectividade da interpretação e, consequentemente, de uma interpretação extensiva do art. 118.º do Tratado. Procs cit., p. 3241.

[76] Ac. de 31/3/71, proc. 22/70, Rec. 1971, p. 263.

[77] Ac. 14/7/76, procs 3, 4 e 6/76, Rec. 1976, p. 1279.

[78] Parecer de 26/4/77, Rec. 1977, p. 741.

[79] Parecer 2/91, de 19/3/93, Col. 1993, p. 1061 e ss.

[80] Parecer 1/92, de 10/4/92, Col. 1992, p. 2821 e ss.

[81] Ver *supra* n.º 24.1.2.

Parte IV – Cap. I – A repartição de atribuições e a estrut. orgânica da UE 347

27. O quadro institucional da união económica e monetária

27.1. O direito vigente

Para além dos órgãos comunitários tradicionais, o TCE prevê, no art. 8.º, a criação de um Sistema Europeu de Bancos Centrais e de um Banco Central Europeu, os quais têm as suas competências definidas no Tratado e nos Estatutos do SEBC e do BCE.

Não se trata de órgãos no sentido comunitário do termo, dado que a sua competência não se estende a todas as matérias do Tratado.

O SEBC é composto pelo BCE e pelos bancos centrais nacionais (art. 107.º TCE). O BCE tem personalidade jurídica (art. 107.º, n.º 2, TCE).

As atribuições do SEBC vêm previstas no art. 105.º do Tratado CE e incluem, fundamentalmente, a definição e execução da política monetária da Comunidade, a realização de operações cambiais compatíveis com o disposto no art. 111.º TCE, a detenção e a gestão das reservas cambiais oficiais dos Estados-membros, a promoção do bom funcionamento dos sistemas de pagamentos.

As atribuições do BCE estão previstas no art. 106.º TCE e a sua principal competência é o direito exclusivo de autorizar a emissão das notas de banco na Comunidade.

Os órgãos da UEM recebem competências semelhantes aos outros órgãos comunitários, embora restritas às matérias monetárias. Podem emitir regulamentos, tomar decisões e formular recomendações (art. 110.º TCE).

Estas disposições obrigaram à alteração de outros preceitos do Tratado como, por exemplo, os arts 230.º e 234.º, referentes ao recurso de anulação e às questões prejudiciais respectivamente.

É de notar, no entanto, que a redacção do art. 249.º, referente às categorias de fontes de direito comunitário derivado é alterada no sentido da inclusão dos actos adoptados pelo PE em conjunto com o Conselho, mas não refere os regulamentos, as decisões e recomendações do BCE, o que pode causar alguma perplexidade. Pensamos, no entanto, que esta ausência se pode compreender pelo facto de estas fontes terem um carácter específico, restrito à matéria monetária. Aplicam-se-lhe as regras gerais em matéria de fundamentação e publicidade dos arts 253.º, 254.º e 256.º TCE.

O BCE pode ainda aplicar multas ou sanções pecuniárias temporárias às empresas, em caso de incumprimento de obrigações decorrentes dos

348 *Curso de Direito Constitucional da União Europeia*

seus regulamentos e decisões, nos limites e condições fixados pelo Conselho, de acordo com o procedimento previsto no art 107.º, n.º 6, TCE.

O Comité Económico e Financeiro substituiu, no início da terceira fase da UEM (art. 114.º, n.º 2, TCE), o Comité Monetário, cujas funções eram meramente consultivas (art. 114.º, n.º 1, TCE).

27.2. O projecto de constituição europeia

O projecto de constituição europeia regula a política económica e monetária nos arts. 69.º e seguintes da Parte III, sem proceder a modificações de fundo em relação ao quadro jurídico actualmente em vigor.

Consequentemente, o quadro institucional da UEM mantém-se estável. Assim, segundo o art. I-29, o BCE e os bancos centrais nacionais constituem o SEBC, sendo eles que conduzem a política monetária na zona Euro.

Capítulo II

Os poderes, as funções e os procedimentos de decisão na União Europeia

Bibliografia específica

I) **Sobre a função legislativa:** JOHN PETERSON / ELISABETH BOMBERG, *Decision-making in the European Union,* Basingstone, 1999; P. CRAIG / C. HARLOW, *Lawmaking in the European Community,* Deventer, 1998; C. BLUMANN, *La fonction législative communautaire,* Paris, 1995; ALAN DASHWOOD, *Community Legislative Procedures in the Era of the Treaty on the European Union,* ELR, 1994, p. 343 e ss; A. PIQUERAS GARCIA, *La participación del Parlamento Europeo en la actividad legislative comunitaria,* Granada, 1993; WERNER UNGERER, *Institutional Consequences of Broadening and Deepening the Community: the Consequences for the Decision--Making Process,* CMLR, 1993, p. 71 e ss; P. RAWORTH, *The Legislative Procedure in the European Community,* Deventer, 1993; R. BIEBER, *Legislative Procedure for the Establishment of the Single Market,* CMLR, 1988, p. 711 e ss; JERZY KRANZ, *Le vote dans la pratique du Conseil des ministres des Communautés européennnes,* RTDE, 1982, p. 403 e ss.

II) **Sobre a função executiva:** PAULO OTERO, *Legalidade e Administração Pública – o sentido da vinculação administrativa à juridicidade,* Coimbra, 2003, p. 457 e ss; *Idem, A Administração Pública nacional como Administração comunitária: os efeitos da execução administrativa pelos Estados-membros do Direito Comunitário, in* AAVV, Estudos em homenagem à Professora Doutora Isabel de Magalhães Collaço, Coimbra, 2002, p. 817 e ss; AFONSO D'OLIVEIRA MARTINS, *Europeização do Direito Administrativo Português, in* Estudos em Homenagem a Cunha Rodrigues, vol. II, Coimbra, 2001, p. 999 e ss; MARIO CHITI, *Derecho Administrativo Europeo,* Madrid, 2002; JULIEN JORDA, *Le pouvoir exécutif de l'Union européenne,* Marselha, 2001; LUCIANO PAREJO ALFONSO e. a., *Manual de Derecho Administrativo Comunitario,* Madrid, 2000; A. MARCO, *Comunicazioni della Comissione Europea e atti amministrativi nazionali,* Milão, 2000; SANTIAGO G. V. IBAÑEZ, *El Derecho administrativo europeo,* Sevilla, 2000; T. CHRISTIANSEN / E. KIRCHNER, *Committee Governance in the European Union,* Manchester, 2000; K. LENAERTS / AMARYLLIS VERHOEVEN, *Towards a Legal Framework for Executive Rule-making in the EU? The Contribution of the New Comitology Decision,* CMLR, 2000, p. 645 e ss; FAUSTO DE QUADROS, *A nova dimensão do Direito Administrativo. O Direito*

350   *Curso de Direito Constitucional da União Europeia*

Administrativo português na perspectiva comunitária, Coimbra, 1999; J. L. SAURON, *Comitologie: comment sortir de la confusion?*, RMUE, 1999, p. 31 e ss; H. PETER NEHL, *Principles of Administrative Procedure in EC Law*, Oxford, 1999; KIERAN ST. C. BRADLEY, *La transparence de l'Union Européenne: une évidence ou une trompe l'œil*, CDE, 1999, p. 284 e ss; C. JOERGES / E. VOS (eds.), *EU Committees: Social Regulations Law and Politics*, Oxford, 1999; JOAN D. J. TORRENS, *Consideraciones en torno a los efectos de la codecisíon en el ámbito de la delegación de potestades de ejecución a la Comisión*, Rev. Der. Com. Eur., 1999, p. 141 e ss; XABIER ARZOZ SANTISTEBAN, *Concepto y régimen jurídico del acto administrativo comunitario*, Oñati, 1998; RENAUD DEHOUSSE, *Citizens Rights and the Reform of Comitology Procedures. The Case for a Pluralist Approach*, Florença, 1998; JACK BEATSON / TAKIS TRIDIMAS (eds.), *New Directions in European Public Law*, Oxford, 1998; DIMITRIS TRIANTAFYLOU, *Des compétences d'attribution au domaine de la loi. Étude sur les fondements juridiques de l'activité administrative communautaire*, Bruxelas, 1997; R. H. PEDLER / G. F. SHAEFER (Eds.), *Shaping European Law and Policy: the Role of Committees and Comitology in the Political Process*, Maastricht, 1996; JÜRGEN SCHWARZE, *Droit Administratif Européen*, 2 vols., Bruxelas, 1994; MARIO AIROLDI, *Lineamenti di Diritto Amministrativo Comunitario*, Milão, 1990.

III)   **Sobre a constituição europeia:** Ver bibliografia citada no capítulo anterior.

28. Considerações preliminares

Como já estudámos[1], o princípio da separação de poderes não se aplica na União Europeia em moldes semelhantes aos dos seus Estados membros, dado que na UE, muitas vezes, não se consegue determinar com exactidão quais as funções que os órgãos desempenham e, além disso, os mesmos órgãos podem exercer poderes legislativos a par de outros, que se devem considerar de natureza tipicamente administrativa ou de execução.

Mas uma coisa é certa: não há dúvida de que a União Europeia, por intermédio do seu pilar comunitário, tem o poder de estatuir normas jurídicas de carácter geral, abstracto e inovador, de que são exemplo alguns regulamentos. Logo, pelo menos a Comunidade dispõe de poder legislativo. Também existe consenso no sentido de que quando o Tribunal de Justiça decide, de forma imparcial e independente, as questões que lhe são submetidas, pelo que a UE também exerce a função jurisdicional.

Os principais problemas colocam-se quanto à função administrativa ou de execução e quanto à sua distinção em relação à função legislativa,

---

[1] Cfr. *supra* n.º 9.1.1.

Parte IV – Cap. II – Os poderes, as funções e os proced. de dec. na U.E.   351

pois tanto a Comissão como o Conselho desempenham funções, que se podem considerar como de legislação e como de administração.

Como já tivemos oportunidade estudar[2], o art. 202.º, 3.º trav., TCE estabelece que o Conselho atribui à Comissão, nos actos que adopta, as competências de execução das normas que estabelece, podendo reservar-se, em casos específicos, esse poder. O art. 202.º TCE dá-nos, pois, uma primeira indicação sobre quais são os órgãos que compõem a «administração pública comunitária», parecendo referir-se tanto à função de execução normativa como à de execução material, pois apenas menciona a palavra "execução", sem qualquer distinção.

A doutrina tende, porém, a identificar o preceito citado com a função normativa, uma vez que a execução material se exerce normalmente através das administrações nacionais, em virtude do princípio da administração indirecta. Todavia, o TJ, no acórdão *Comissão contra o Conselho*[3], considerou que o conceito de execução previsto no art. 145.º TCE (actual art. 202.º) tanto abrange a elaboração de normas de execução como a aplicação de normas a casos particulares mediante actos de alcance individual.

Para além da atribuição de competência de execução geral prevista no seu art. 202.º o TCE confere, adicionalmente, atribuições de carácter específico a favor do Conselho e da Comissão, que relevam tanto da função de execução material como da função de execução normativa.

Nos Estados membros distingue-se entre a função legislativa ou normativa primária, que se reconhece aos Parlamentos e a função de execução ou normativa secundária da competência dos Governos. A diferenciação articula-se em torno do conceito de lei formal.

O ordenamento da União Europeia não conhece esta distinção, confundindo as funções tanto ao nível orgânico, como competencial e formal.

Todavia, a distinção entre a função legislativa e a função executiva e entre a actividade legislativa e a actividade administrativa deve manter-se no ordenamento jurídico da União Europeia, uma vez que é uma exigência do princípio do Estado de direito, tão caro à União Europeia e importante para a eficiência do sistema jurídico da União.

O ordenamento jurídico da União também não diferencia, dentro da função normativa secundária, um poder regulamentar e um poder de execução singular. O Tratado reconhece indistintamente um poder de

---

[2] Cfr. *supra* n.º 25.1.2.2.
[3] Ac. de 24/10/89, proc. 16/88, Col. 1989, p. 3457 e ss.

352   *Curso de Direito Constitucional da União Europeia*

decisão, que atribui, expressamente, ao Conselho e à Comissão (arts. 202.º e 211.º TCE) e, implicitamente, também ao PE conjuntamente com o Conselho (art. 211.º TCE).

Deste poder de decisão resultam, como veremos[4], três tipos de actos – regulamentos, directivas e decisões – mas só há dois níveis de concretização das decisões jurídicas – o regulamento e a decisão – frente a três níveis nos Estados – a lei, o regulamento e o acto administrativo. O regulamento comunitário cumpre as funções da lei e do regulamento a nível interno.

No direito comunitário os actos e as normas não se podem distinguir em função do seu autor ou dos procedimentos específicos de adopção, pois o Tratado não prevê os procedimentos em função da natureza normativa ou executiva dos mesmos, mas sim tendo em atenção os poderes de participação reconhecidos aos vários órgãos.

Apesar de tudo, é possível constatar, no direito da União Europeia, diferenças entre o regime jurídico dos actos de alcance geral e o dos actos de alcance singular, similares às que existem no plano interno, centrando-se a principal diferença no regime jurídico do contencioso. No fundo, a distinção entre acto e norma representa um princípio básico de todo o ordenamento jurídico, que consiste na ordenação hierarquizada das decisões públicas, pelo que o ordenamento da União também não lhe pode fugir.

As normas operam como pressuposto de validade dos actos singulares. Existe um princípio da inderrogabilidade singular dos actos gerais, segundo o qual estes não podem derrogar o disposto nas normas, mesmo que provenham do mesmo autor.

29. *A função legislativa e os respectivos procedimentos*

29.1. As razões da complexidade da questão

Nas Comunidades Europeias, a função legislativa é exercida por diferentes órgãos, consoante o procedimento de tomada de decisão previsto no Tratado para cada caso concreto, o que torna esta matéria de uma enorme complexidade.

Assim, se o procedimento a utilizar for o de consulta ou de parecer favorável, a função legislativa será exercida pelo Conselho. No caso de

---

[4] Cfr. *infra* n.º 35.1.3.

Parte IV – Cap. II – Os poderes, as funções e os proced. de dec. na U.E.   353

o procedimento adequado ser o de co-decisão, então a função legislativa competirá não só ao Conselho, mas também ao Parlamento Europeu, que decidem conjuntamente. Em casos raros a Comissão, que normalmente desempenha outras funções, também pode exercer a função legislativa.

Como acabámos de verificar, não existe qualquer critério substancial que permita determinar qual o procedimento aplicável a cada domínio, pois a opção por um ou por outro depende dos consensos políticos que se geraram nos diferentes momentos em que se exerceu o poder constituinte nas Comunidades e na União Europeia.

Actualmente, o procedimento de co-decisão destaca-se dos outros, pois a maior parte da legislação comunitária é aprovada com base nele.

São quatro os procedimentos de decisão que permitem o exercício pelos diferentes órgãos da função legislativa, a saber:

a) O procedimento de consulta;
b) O procedimento de cooperação:
c) O procedimento de parecer favorável;
d) O procedimento de co-decisão.

Em seguida, vamos estudar sucintamente cada um deles.

29.2. Os procedimentos de decisão no âmbito da função legislativa

29.2.1. O procedimento de consulta

O procedimento de consulta foi o procedimento comum instituído pelo tratado de Roma. O poder legislativo encontra-se concentrado no Conselho, em articulação com a Comissão. Ao Parlamento é reservada uma participação muito diminuta, que se consubstancia na simples audição pelo órgão legislativo – o Conselho. Este não tem nenhuma obrigação nem qualquer ónus de seguir o parecer do PE, que não é vinculativo, embora seja em muitos casos obrigatório. A sua falta implica a violação de formalidades essenciais e a consequente susceptibilidade de interposição de um recurso de anulação por parte das entidades com legitimidade para tal, de acordo com o art. 230.º TCE.

O PE deve ser reconsultado quando a proposta se afasta sensivelmente da versão inicial[5].

---

[5] V., por exemplo, ac. de 5/7/95, *Parlamento Europeu c. Conselho*, proc. C-21/94, Col. 1995, p. I-1827 e ss.

354 *Curso de Direito Constitucional da União Europeia*

Este processo foi o grande responsável pelo denominado défice democrático das Comunidades, dado que o órgão eleito por sufrágio directo e universal, que deveria ser o órgão legislativo por excelência, apenas desempenha nele uma competência consultiva.

Daí que os órgãos comunitários que participam no procedimento legislativo – a Comissão, o Conselho e o PE – tenham chegado a acordos interinstitucionais no sentido de conferir uma maior participação ao PE, como é o caso do procedimento de concertação, a que já aludimos no capítulo anterior[6].

29.2.2. O procedimento de cooperação

O procedimento de cooperação foi criado pelo Acto Único Europeu, estando actualmente previsto no art. 252.º TCE.

O tratado de Maastricht alargou o seu âmbito de aplicação aos transportes (art. 75.º, n.º 1, TCE, actual art. 71.º), ao Fundo Social (art. 125.º TCE, actual art. 148.º), à educação (art. 127.º TCE, actual art.127.º), às redes transeuropeias (art. 129.ºD TCE, actual art. 156.º), aos programas de investigação e ambiente (arts. 130.ºO e 130.ºS TCE, actuais arts. 172.º e 175.º), à cooperação para o desenvolvimento (art. 130.ºW TCE, actual art. 179.º)). O tratado de Maastricht previu ainda a aplicação deste procedimento à tomada de decisão em matéria de UEM (arts 103.º, n.º 5; 104.ºA, n.º 2 e 105.ºA TCE, actuais arts. 99.º, n.º 5; 102.º, n.º 2; 106.º).

Pelo contrário, o tratado de Amesterdão procurou substituir o procedimento de cooperação pelo procedimento de co-decisão, com excepção dos casos relativos à UEM, o que implicou, na prática, a sua quase extinção.

O processo de cooperação estabelece, tal como o de consulta, que o Conselho para se afastar da proposta da Comissão se deve pronunciar por unanimidade.

Após a consulta do PE, o Conselho adopta uma posição comum por maioria qualificada, se seguir a proposta da Comissão ou por unanimidade, se se afastar dela.

O PE tem três meses para:

– aprovar expressa ou tacitamente a posição comum do Conselho;

---

[6] Ver *supra* n.º 25.1.2.1.

- rejeitar essa posição por maioria absoluta dos membros que o compõem. Neste caso, o Conselho deve adoptar o acto em segunda leitura por unanimidade;
- propor emendas à posição comum por maioria absoluta. Neste caso, a Comissão reexamina no prazo de um mês a sua proposta inicial e transmite ao Conselho uma nova proposta sobre as emendas parlamentares que adoptou, bem como sobre as que rejeitou. O Conselho pode então:

a) adoptar a proposta da Comissão por maioria qualificada;
b) modificar a proposta e retomar certas emendas não adoptadas pela Comissão por unanimidade.

Este mecanismo complexo aumenta o poder de influência do Parlamento e reforça a Comissão que fica em situação de árbitro dos dois parceiros institucionais.

29.2.3. O procedimento de parecer favorável

O procedimento de parecer favorável foi introduzido no direito comunitário pelo Acto Único Europeu em dois domínios: os acordos de adesão e os acordos de associação.

O tratado de Maastricht ampliou os casos em que figurava a necessidade de parecer favorável do PE (arts. 8.ºA TCE, relativo à cidadania; 105.º, n.º 6, TCE, referente às funções particulares de controlo do BCE; 106.º, n.º 5, TCE, relativo ao protocolo do SEBC; 130.ºD TCE, respeitante aos fundos estruturais e ao Fundo de Coesão; 138.º TCE, referente ao processo eleitoral uniforme do PE e 228.º, n.º 3, § 2.º, TCE, relativo a certos acordos internacionais de que a Comunidade é parte, actuais arts. 18.º, 105.º, 107.º, 161.º, 190.º, 300.º, respectivamente).

O tratado de Amesterdão, tal como sucedeu em relação ao procedimento de cooperação, deslocou algumas destas matérias para o procedimento de co-decisão.

Actualmente, o procedimento de parecer favorável está limitado ao seu campo de aplicação natural, isto é, a algumas questões constitucionais e internacionais.

29.2.4. O procedimento de co-decisão

A) O âmbito de aplicação do procedimento

Como já tivemos oportunidade de mencionar, o procedimento de co-decisão foi introduzido pelo tratado de Maastricht, no art. 251.º TCE, e pode considerar-se, hoje em dia, o procedimento regra para a aprovação dos actos e das normas comunitários.

Este procedimento começou por se aplicar apenas em catorze casos, divididos em dois grandes grupos, a saber:

- a realização do mercado interno (art. 49.º TCE (actual art. 40.º), relativo à livre circulação de trabalhadores; arts. 54.º, 56.º, 57.º e 66.º TCE, (actuais arts. 44.º, 46.º, 47.º e 55.º) respeitantes ao direito de estabelecimento; arts. 100.ºA (actual art. 95.º) e 100.ºB TCE (hoje revogado), referentes à harmonização das ordens jurídicas nacionais com a ordem jurídica comunitária);
- os novos domínios da integração (arts. 126.º TCE (actual 149.º), relativo à educação; 128.º (actual art. 151.º) TCE, respeitante à cultura; 129.º (actual art. 152.º) TCE, referente à saúde; 129.ºA (actual art. 153.º) TCE, relativo aos consumidores; 129.ºD (actual art. 156.º) TCE, respeitante às redes transeuropeias; 130.ºL (actual art. 169.º) TCE, referente à investigação e 130.ºS (actual art. 175.º) TCE relativo ao ambiente).

Posteriormente, o tratado de Amesterdão estendeu o procedimento de co-decisão a vinte e quatro novos casos, passando a estar previsto, em substituição do processo de cooperação, de consulta ou de parecer conforme, nos arts 12.º TCE (não discriminação); 18.º, n.º 2, TCE (cidadania); 42.º TCE (segurança social dos trabalhadores); 46.º, n.º 2, e 47.º, n.º 2, TCE (estabelecimento e serviços); 71.º, n.º 1, e 80.º TCE (transportes); 137.º, n.º 2, 148.º e 150.º, n.º 4, TCE (política social, FSE e formação profissional); 156.º TCE (redes transeuropeias); 162.º TCE (aplicação de decisões FEDER); 175.º TCE (ambiente); 179.º TCE (cooperação ao desenvolvimento).

Além disso, o tratado de Amesterdão consagrou o procedimento de co-decisão em relação a algumas novas matérias, como, por exemplo, os arts. 129.º TCE (emprego); 135.º TCE (cooperação aduaneira); 141.º, n.º 3, TCE (igualdade de oportunidades e tratamento entre homens e mulheres); 255.º, n.º 2, TCE (transparência); 280.º, n.º 4, TCE (luta contra

Parte IV – Cap. II – Os poderes, as funções e os proced. de dec. na U.E. 357

a fraude); 285.º, n.º 1, TCE (estatísticas); 286.º, n.º 2, TCE (órgão independente em matéria de protecção de dados).

Por último, o tratado de Nice também estendeu o procedimento de co-decisão a novas matérias[7]. Continua, porém, a não se verificar um total paralelismo entre as decisões do Conselho por maioria qualificada e a aplicação deste procedimento, em prejuízo do PE[8]. Também não se consagrou um outro reclamado paralelismo entre o exercício do poder legislativo e o procedimento de co-decisão. Daí resulta que o PE, nesses casos, não participa ao mesmo nível que o Conselho, em prejuízo da legitimidade democrática e da transparência no seio da União.

Deve ainda acrescentar-se que o tratado de Nice aumentou os casos de votação no Conselho, por maioria qualificada, em detrimento da regra da unanimidade, em 27 novas disposições[9]. Tal facto poderia ser encarado como uma alteração qualitativa importante na aprovação das regras comunitárias e da União. Todavia, assim não é. A maioria qualificada continua a não se aplicar às matérias mais sensíveis, relacionadas com a soberania nacional, como sejam as questões quase constitucionais (art. 308.º Tratado CE), a fiscalidade (arts. 93.º, 94.º TCE), algumas matérias de ambiente (art. 175.º TCE), a política social (arts. 42.º e 137.º TCE), embora, neste último caso, se tenha previsto um sistema de passarela, pelo qual após a entrada em vigor do Tratado, o Conselho poderá decidir, por unanimidade, a aplicação do procedimento de co-decisão às matérias de política social, com excepção da segurança social.

Cada Estado bloqueou a passagem da unanimidade à maioria qualificada nas matérias que mais lhe interessavam. Assim, os serviços culturais e audio-visuais, em sede de política comercial comum, não passaram para a maioria qualificada por oposição da França, as questões de imigração por influência da Alemanha e da França, as matérias fiscais e sociais tiveram a resistência da Grã-Bretanha e o domínio dos fundos estruturais e de coesão da Espanha.

Os interesses individuais de cada um dos Estados prevaleceram, mais uma vez, sobre as exigências da democracia, da transparência e da eficiência.

---

[7] Ver artigos 13.º, n.º 2; 62.º; 63.º; 65.º; 157.º, n.º 3; 159.º, n.º 3; 191.º, n.º 2, do TCE.

[8] Ver artigos 123.º, n.º 4; 133.º, n.º 5; 161.º e 279.º TCE.

[9] A título exemplificativo, ver artigos 63.º, par. 1, als. a) a d); 65.º, als. a) a c); 100.º, pars. 1 e 2; 111.º, par. 4; 135.º, pars. 5 a 7; 159.º, n.º 3; 190.º, par., 5; 207.º, par. 2; 214.º; 279.º, par. 1, todos do TCE e artigo 23.º, par. 2, do TUE.

358 *Curso de Direito Constitucional da União Europeia*

Deve, pois, reafirmar-se que o procedimento de co-decisão não é aplicado em domínios fundamentais, como, por exemplo, a política agrícola comum (art. 43.º TCE), a fiscalidade (art. 99.º TCE) ou os recursos próprios (art. 201.º TCE).

B) Os trâmites do procedimento

O procedimento de co-decisão não se manteve inalterado desde a sua introdução no tratado de Maastricht. Pelo contrário, sofreu modificações importantes em Amesterdão, no sentido de colocar o Conselho e o Parlamento Europeu em pé de igualdade, no que diz respeito à decisão final.

A Comissão detém a iniciativa legislativa, apresentando a proposta ao Parlamento Europeu e ao Conselho. O Conselho, deliberando por maioria qualificada, depois de obter o parecer do PE, pode aprovar o acto se concordar com as emendas propostas pelo PE ou se não tiver havido emendas.

Caso isso não aconteça, o Conselho deve adoptar uma posição comum que é transmitida ao PE. O Conselho deve informar o PE das razões que conduziram a adoptar a posição comum. A Comissão deve informar o PE da sua posição.

O PE, após a comunicação do Conselho, pode, no prazo de três meses, adoptar uma das seguintes atitudes: (1) aprovar a posição comum; (2) não se pronunciar. Nestes casos o acto é adoptado conforme a posição comum.

O PE também pode rejeitar, por maioria absoluta dos seus membros, a posição comum, o que significa que o acto não foi adoptado.

Por último, o PE pode propor emendas à posição comum, por maioria absoluta dos membros que o compõem, comunicando o facto à Comissão e ao Conselho, que devem emitir parecer sobre as emendas. Se, no prazo de três meses, o Conselho, por maioria qualificada aprovar todas as emendas do PE, considera-se que o acto foi adoptado na forma da posição comum do Conselho tal como emendada. Se o Conselho não aprovar todas as emendas então o Presidente do Conselho, de acordo com o Presidente do PE, deve convocar uma reunião do Comité de Conciliação dentro de seis semanas.

O Comité de Conciliação é composto por membros do Conselho ou seus representantes e por igual número de representantes do PE. Tem por objectivo chegar a acordo sobre um projecto comum, por maioria qualificada dos membros do Conselho ou dos seus representantes e por maioria dos representantes do PE. A participação da Comissão no Comité visa promover a aproximação das posições do PE e do Conselho para o que tem competência para adoptar todas as iniciativas necessárias.

Se no prazo de seis semanas o Comité de Conciliação aprovar um texto conjunto, então abre-se um novo período de seis semanas, no qual o PE, por maioria absoluta dos votos, e o Conselho, por maioria qualificada, pode adoptar o acto, de acordo com o texto conjunto. Caso algum dos órgãos não consiga aprovar o texto conjunto, então considera-se que o acto não foi adoptado.

Se o Comité de Conciliação não aprovar o projecto comum, considera-se que o acto proposto não foi adoptado.

Os prazos podem ser prorrogados de comum acordo entre o Conselho e o PE. Os prazos de três meses por um mês, os de seis semanas por mais duas. O prazo de três meses, a que se refere o n.º 2, será automaticamente prorrogado por mais dois, caso se aplique o disposto na al. c) do preceito.

É indubitável que o procedimento de co-decisão permite uma maior participação do PE no procedimento legislativo, mas não se pode afirmar que transforme o PE no órgão legislativo por excelência da Comunidade.

O procedimento de co-decisão foi gizado com base nos signos da maior legitimidade democrática e da maior eficácia dos órgãos comunitários, objectivos que melhor se atingiram após as alterações inseridas pelo tratado de Amesterdão.

30. A função administrativa ou de execução

30.1. A Comissão

A Comissão é, normalmente, designada como o «Executivo comunitário» ou «Executivo da União». Mas, como vimos[10], ela também detém poderes que, dificilmente, se podem enquadrar na competência de mera execução, mesmo normativa, pois o Tratado atribui à Comissão um poder de decisão próprio, sem especificar a natureza desse poder.

A Comissão, do ponto de vista funcional e institucional, tem uma dupla natureza: por um lado, é o órgão executivo da União, que é constituído pelo Presidente e pelos Comissários, por outro lado, também tem uma dimensão administrativa, que é constituída pelas Direcções Gerais e serviços similares e dentro destes por Direcções e unidades.

---

[10] Ver *supra* n.º 25.1.2.3.

360   *Curso de Direito Constitucional da União Europeia*

Enquanto o Executivo tem uma legitimidade de tipo político, a dimensão administrativa da Comissão tem uma dimensão de carácter técnico.

30.1.1. Os poderes de execução normativa da Comissão

O art. 202.º (ex-art. 145.º), 3.º trav., TCE, introduzido pelo AUE, atribui, a função executiva, com carácter geral, à Comissão. O preceito prevê que o Conselho pode submeter o exercício das competências de execução da Comissão a determinadas condições.

Essas condições começaram por estar previstas na Decisão do Conselho n.º 87/373/CEE, de 13 de Julho de 1987, que foi revogada pela Decisão 1999/468/CE, de 28 de Junho.

Segundo a mencionada Decisão, o Conselho submete as funções de execução da Comissão a três procedimentos ou comités: de consulta, de gestão ou de regulamentação, através dos quais vai controlar os poderes de execução da Comissão. O Conselho pode mesmo, com base em certos pressupostos e determinadas circunstâncias, substituir-se à Comissão e exercer ele próprio a função de execução do direito comunitário, incluindo nos casos em que, previamente, tenha habilitado a Comissão.

O TJ ainda não se pronunciou sobre a legalidade ou constitucionalidade da Decisão "comitologia", mas deve entender-se que confirmou, indirectamente, a sua conformidade com o Tratado, na medida em que a aplicou.

Para além da regra geral do art. 202.º, 3.º trav., TCE, existem regras específicas, que conferem poderes de execução normativa à Comissão.

O art. 38.º, par. 2.º, TCE confere uma reserva de poder de execução normativa a favor da Comissão, não podendo haver auto-habilitação do Conselho. O art. 39.º, n.º 3, al. d), TCE dispõe que a Comissão estabelecerá regulamentos de aplicação, nos quais fixará as condições de permanência dos trabalhadores de um Estado Membro noutro Estado Membro depois de ter tido neste um emprego. De acordo com o art. 86.º, n.º 3, TCE, a Comissão velará no âmbito dos monopólios estatais pela aplicação das disposições do presente artigo e se for necessário dirigirá aos Estados directivas ou decisões apropriadas. Não existe consenso sobre a natureza do poder que o Tratado atribui à Comissão. O Tribunal considerou que a Comissão tinha poder para ditar normas de carácter geral, independentemente da existência ou não de uma prévia regulamentação na matéria por parte do legislador comunitário, o que significa que a Comissão tem poder de execução material (decisões) e de execução normativa (directiva). O art. 218.º, par. 2.º, TCE confere competência à Comissão para elaborar o seu próprio regulamento interno. O art. 330.º, par. 4.º, TCE determina que o Conselho pode autorizar a Comissão a aprovar um «acordo administrativo», em virtude do qual o Conselho pode delegar na Comissão a faculdade de o desenvolver normativamente, mediante acordos internacionais que hajam sido firmados pelo Conselho no âmbito do art. 300.º TCE.

30.1.2. Os poderes de execução singular atribuídos à Comissão

O art. 202.º, 3.º trav., TCE abrange a execução normativa e a execução material, mas como, devido ao princípio da administração indirecta, e mais recentemente da subsidiariedade, são as administrações nacionais que executam materialmente o direito comunitário, este poder só existe quando o Tratado ou o direito subordinado ou derivado prevêem explicitamente algo diferente.

As regras específicas de atribuição de poderes de execução singular à Comissão previstas no TCE são os arts. 38.º, par. 2.º; 75.º, par. 4.º; 76.º, par. 2.º; 85.º, par. 2.º; 86.º, par. 3.º; 88.º, n.º 2; 88.º, n.º 3; 95.º, n.ºs 4, 5 e 6; 134.º; 144.º; 147.º; 274.º[11].

30.1.3. Os poderes de controlo ou supervisão atribuídos à Comissão

A Comissão tem uma competência genérica de controlo do cumprimento do direito da União, que consta dos arts. 211.º e 284.º TCE, por isso ela é designada como a guardiã dos tratados.

Os poderes de controlo ou de supervisão referem-se essencialmente às funções de inspecção que realiza às administrações, como sejam o registo, a recolha de dados, bem como a avaliação desses dados. Estas funções têm em vista identificar possíveis incumprimentos por parte dos Estados ou dos órgãos da União. Por isso, podem ser a base de acções por incumprimento, recursos de anulação ou acções por omissão.

---

[11] Este artigo atribui à Comissão o privilégio de execução prévia.

362   *Curso de Direito Constitucional da União Europeia*

Para além das regras gerais acabadas de mencionar, devem ainda referir-se as regras específicas neste domínio: os arts. 75.º, n.º 4; 76.º, n.º 2; 85.º; 86.º, n.º 3; 88.º, n.º 1; 88.º, n.º 3; 96.º; 104.º, n.º 2; 280.º, n.º 3, TCE.

30.2. O Conselho

O Conselho, que, como já mencionámos, desempenha, primordialmente, a função legislativa, também detém uma função estritamente administrativa na dupla vertente de execução normativa e de execução singular.

30.2.1. Os poderes de execução normativa a favor do Conselho

Em regra, não se pode falar de uma atribuição genérica de poderes de execução normativa ao Conselho, pois esta pertence à Comissão, mas existe um regime geral previsto no art. 202.º, 3.º trav., TCE – *«o Conselho poderá ainda assim reservar, em casos específicos, o exercício directo das competências de execução»*.

A regra é, portanto, a competência de execução normativa da Comissão, a excepção é a competência do Conselho.

A primeira questão que se coloca é a de saber em que condições pode o Conselho auto atribuir-se este poder. A resposta a esta questão encontra-se na *supra* citada Decisão "comitologia" e na jurisprudência do TJ.

A Decisão n.º 1999/468 (comitologia) estabelece o regime geral neste domínio, com base nos seguintes princípios:

- a auto-habilitação de poderes executivos a favor do Conselho tem um carácter excepcional;
- a auto-habilitação deve estar devidamente fundamentada – haverá que explicar de forma pormenorizada as razões que levam o Conselho a reservar-se as competências executivas.

A jurisprudência reitera os elementos de excepcionalidade e de fundamentação pormenorizada do direito derivado[12].

---

[12] V. ac. de 24/10/89, *Comissão contra o Conselho,* cit.

Parte IV – Cap. II – Os poderes, as funções e os proced. de dec. na U.E.   363

O segundo problema que a competência de execução do Conselho pode levantar é o de saber se, eventualmente, se verifica a violação do princípio do equilíbrio institucional, em virtude da auto-reserva, pois o Conselho actua sozinho, isto é, sem a Comissão nem o PE, podendo vir a adoptar decisões por esta via, que não poderia no quadro do procedimento legislativo. Além disso, as decisões assim adoptadas ficam fora de qualquer controlo político[13].

Em resposta a estes problemas – e para os tentar ultrapassar – o TJ criou o princípio da hierarquia entre o direito secundário e o direito terciário (sobre uma base não orgânica, mas sim material), em virtude do qual a decisão de direito terciário está subordinada à de direito secundário, que é o seu fundamento, e em virtude da qual o Conselho realiza a sua auto-habilitação[14]. Este princípio é completado pelo princípio da inderrogabilidade singular, já citado, em virtude do qual a aplicação concreta não pode derrogar as normas de direito comunitário em causa.

O Tratado não contém regras específicas de execução normativa a favor do Conselho, pois os casos, em que o Tratado possibilita a adopção de normas ao Conselho sem a participação do PE, fazem parte do poder legislativo e não do poder de execução.

30.2.2. Os poderes de execução singular atribuídos ao Conselho

A regra geral do art. 202.º, 3.º trav., TCE também fundamenta os poderes de execução singular do Conselho, uma vez que o preceito não distingue entre a função de execução normativa e a função de execução singular. Porém, os casos em que o Conselho reserva para si a função de execução singular são mais escassos do que aqueles em que se reserva a função de execução normativa, devido ao princípio da administração indirecta.

Para além da regra geral mencionada, podem encontrar-se, no TCE, algumas regras específicas habilitantes de poderes de execução singular ao Conselho (arts. 36.º, 60.º, 72.º, 88.º, n.º 2, 100.º, n.º 2, 104.º, n.º 11, 104.º, n.º 12, 119.º, n.ᵒˢ 2 e 3, 120.º, n.º 3, 122.º, n.º 1, 175.º, n.º 5, 300.º, n.º 4, TCE).

---

[13] Esta foi a posição que o PE defendeu para sustentar a incongruência e a ilegalidade do sistema.

[14] Ac. de 10/3/71, *Deutsche Tradax*, proc. 38/70, Rec. 1971, p. 145 e ss e ac. de 16/6/87, *Romkes,* proc. 46/86, Col. 1987, p. 2671 e ss.

364 *Curso de Direito Constitucional da União Europeia*

30.2.3. Os poderes de controlo e de supervisão atribuídos ao Conselho

Como vimos, é à Comissão que compete o controlo e a supervisão do direito comunitário. O Conselho só detém esse poder quando lhe é atribuído por regras específicas. Essas regras são os arts. 99.º, n.º 3, 121.º, n.º 2 e 276.º TCE.

30.3. A "comitologia"

A palavra "comitologia" emprega-se em três sentidos distintos:

a) em sentido restrito designa os comités criados pela Decisão n.º 87/373/CEE, de 13 de Julho de 1987;

b) em sentido amplo abrange todos os comités anteriores e posteriores à Decisão 87/373/CEE;

c) no sentido de grupos de trabalho criados pelo Conselho e pela Comissão em apoio dos comités.

30.3.1. A "comitologia" em sentido restrito

I) A primeira decisão "comitologia"

A primeira decisão "comitologia" aprovada com fundamento no antigo art. 145.º, 3.º trav. TCE (actual art. 202.º) veio sistematizar e codificar uma prática anterior iniciada na década de 60, em virtude da qual o Conselho atribuía, sobretudo no domínio da PAC poderes de execução normativa em favor da Comissão, estabelecendo ao mesmo tempo distintos comités, formados por representantes dos Estados Membros e presididos pela Comissão, com o objectivo de controlar o exercício das funções executivas por parte da Comissão.

A decisão "comitologia" foi objecto de críticas, desde o momento da sua aprovação, quer por parte da Comissão, quer por parte do PE.

As críticas da Comissão baseavam-se no receio de que essa decisão viesse a constituir uma forma de reduzir os seus poderes de execução. Posteriormente, tendo verificado que, na prática, isso não acontecia, deixou de a criticar.

O PE considerou que a decisão de "comitologia", mais do que um instrumento de controlo da função executiva da Comissão, era uma forma encoberta de o Conselho ludibriar os poderes de decisão, nomeadamente, os poderes legislativos do próprio PE.

Parte IV – Cap. II – Os poderes, as funções e os proced. de dec. na U.E. 365

O TJ considerou, indirectamente, que a decisão "comitologia" era válida, pois aplicou-a em vários acórdãos, admitindo apenas que se podia questionar a boa aplicação na prática dos procedimentos nela previstos.

O PE aumentou as suas críticas à medida que se assistia ao fenómeno de expansão dos comités, por força das medidas propostas pelo Livro Branco da Comissão para a realização do mercado interno, o que gerou uma situação de tensão institucional entre a Comissão e o Parlamento, que se utilizou do orçamento para fazer pressão sobre o assunto.

Para pôr fim a esta situação, o Conselho acedeu a concluir um *modus vivendi* com a Comissão e com o Parlamento sobre a "comitologia" – o acordo interinstitucional, de 20 de Dezembro de 1994 –, no qual se consagraram duas medidas importantes a favor do PE:

1.ª) a Comissão comprometia-se a enviar ao Parlamento as propostas de medidas de execução que enviava ao comité competente;
2.ª) o Conselho comprometia-se a consultar o Parlamento nos casos em que se obrigava a Comissão a enviar a proposta ao Conselho (comité de regulamentação).

Este *modus vivendi* funcionou de forma, mais ou menos satisfatória, mas o carácter duvidoso da sua juridicidade fez com que a CIG 96 introduzisse a declaração n.º 31 no tratado de Amesterdão, em que se afirma explicitamente a necessidade de alterar a decisão "comitologia".

II) A segunda decisão "comitologia"

Os objectivos desta segunda decisão são os seguintes:

a) Proporcionar critérios para a eleição do procedimento de "comitologia", que se vai aplicar ao caso concreto;
b) Simplificar os procedimentos dos comités e melhorar a participação do PE;
c) Melhorar a informação ao PE acerca do funcionamento do sistema de "comitologia";
d) Melhorar a informação ao público a respeito do funcionamento da "comitologia" e melhorar a transparência.

Dos procedimentos previstos pela decisão "comitologia", destacamos os seguintes:

a) *Procedimento de comité consultivo* (art. 3.º) – o comité é composto por representantes dos Estados Membros e por um representante da Comissão que preside. O representante da Comissão apresenta ao Comité o projecto de medidas. O comité emite um parecer. A Comissão tem em conta o mais possível o parecer, mas não está obrigada a segui-lo.

b) *Procedimento de comité de gestão* (art. 4.°) – o comité é composto por representantes dos Estados Membros e um representante da Comissão, que preside, sem voto. O representante da Comissão apresenta ao Comité um projecto de medidas; o comité emite um parecer por maioria qualificada e a Comissão adopta a decisão se for conforme com o parecer. Em caso de desconformidade entre o parecer e a proposta da Comissão, esta pode diferir a aplicação das medidas aprovadas, por um prazo a fixar em cada acto de base, mas nunca superior a três meses, período no qual o Conselho pode adoptar uma decisão diferente por maioria qualificada.

c) *Procedimento de comité de regulamentação* (art. 5.°) – o comité é composto por representantes dos EM e um representante da Comissão, que preside, sem voto. O representante da Comissão apresenta ao Comité um projecto de medidas; o comité emite um parecer, por maioria qualificada, e a Comissão adopta a decisão se for conforme com o parecer. No caso de desconformidade, ou na falta de parecer, a decisão do comité transmite--se ao Conselho que tem três meses para adoptar uma decisão por maioria qualificada. Nesse caso, a Comissão poderá reanalisar a proposta e pode apresentar ao Conselho uma proposta alterada, apresentar de novo a sua proposta inicial ou apresentar uma proposta legislativa, com base no Tratado. Se nos termos do prazo, o Conselho não adoptar nenhum acto nem se pronunciar contra a proposta da Comissão, esta pode adoptar a sua proposta.

30.3.2. A comitologia em sentido amplo

A "comitologia" em sentido amplo abrange todos os comités que existem no sistema institucional comunitário, sejam eles em matéria legislativa ou administrativa.

Estes comités a nível administrativo são, de um modo geral, consultivos, mas também podem ser desempenhar funções de controlo.

Estes comités são compostos por peritos em certo domínio técnico ou científico ou representam interesses económicos, públicos ou privados.

Ao contrário, dos comités em sentido restrito não são compostos por representantes das administrações nacionais dos Estados membros.

A origem destes comités em sentido amplo pode estar no Tratado ou no direito derivado.

30.3.3. Os grupos de apoio aos comités

A função dos grupos é de assessoria dos comités em matérias específicas. São criados pelos próprios comités.

31. *Outros procedimentos de decisão da União Europeia*

31.1. Os procedimentos internacionais

Em bom rigor, não se pode falar de um único procedimento internacional, mas sim em vários procedimentos internacionais. No âmbito deste Curso vamos apenas estudar o procedimento previsto no art. 300.º TCE.

A) O âmbito de aplicação – o procedimento internacional aplica-se aos casos em que o TCE prevê a celebração de acordos internacionais entre a Comunidade e um ou mais Estados ou organizações internacionais.

B) A competência da Comissão:

- apresenta recomendações ao Conselho para a autorizar a encetar as negociações;
- conduz as negociações, consultando os comités especiais designados pelo Conselho para a assistirem nessa tarefa e no âmbito das directrizes do Conselho;
- apresenta ao Conselho a proposta de celebração dos acordos, bem como da sua aplicação a título provisório.

C) A competência do Conselho:

- autoriza a Comissão a dar início às negociações;
- acompanha as negociações fornecendo directrizes à Comissão;
- decide da assinatura do acordo, bem como da celebração do mesmo;
- esta decisão é tomada por maioria qualificada, salvo quando se tratar de domínios materiais em que seja exigida a unanimidade a nível interno ou de acordos de associação.

D) A competência do PE:

– consultiva – em geral, o PE deve dar o seu parecer;
– o PE não é consultado, quando se tratar de um acordo comercial concluído ao abrigo do art. 133.º, n.º 3, TCE;
– o PE deve dar parecer favorável, quando se trate de um acordo de associação concluído ao abrigo do art. 310.º TCE, bem como dos demais acordos que criem um quadro institucional específico, mediante a organização de processos de cooperação, os acordos com consequências específicas para as Comunidades e os acordos que impliquem a alteração de acto adoptado, segundo o procedimento previsto no art. 251.º TCE.

31.2. Os procedimentos de decisão no domínio dos pilares intergovernamentais

Os procedimentos de decisão no âmbito dos pilares intergovernamentais são marcados pela sua natureza e carácter de cooperação.

31.2.1. No âmbito da PESC

A decisão de adoptar as orientações gerais e as estratégicas comuns, no âmbito da PESC, cabe ao Conselho Europeu, que decide por consenso (art. 13.º, n.ºs 1 e 2, TUE).

O Conselho, em regra, adopta as acções comuns, as posições comuns ou qualquer outra decisão baseada numa estratégia comum, por unanimidade (art. 23.º, n.º 1, TUE), sendo que as abstenções dos membros presentes ou representados não impedem a adopção da decisão. Se o membro, que se absteve, fizer acompanhar a sua abstenção de uma declaração formal, então não é obrigado a aplicar a decisão, mas deve reconhecer que ela vincula a União.

A regra de votação, por unanimidade, admite, todavia, excepções. O n.º 2 do art. 23.º TUE prevê os casos de votação por maioria qualificada, sendo certo que um membro do Conselho pode declarar que tenciona opor-se, por importantes e expressas razões de política nacional, à tomada de decisão por maioria qualificada. Situação em que não se procederá à votação.

31.2.2. No âmbito da Cooperação Policial e Judiciária Penal

O preceito fundamental em matéria de procedimento de decisão no pilar da cooperação policial e judiciária penal é o art. 34.º TUE.

Segundo o n.º 2 deste preceito a competência para aprovação das fontes de direito derivado, que, neste domínio, se designam como posições comuns (al. a), decisões-quadro (al. b) e decisões (al. c) é do Conselho, que decide por unanimidade. O poder de iniciativa pertence à Comissão ou a qualquer Estado membro.

O Conselho, antes de aprovar qualquer decisão, deve consultar, obrigatoriamente, o Parlamento Europeu, salvo no caso de pretender adoptar uma posição comum (art. 39.º, n.º 1, TUE).

O art. 34.º, n.º 2, al. d), TUE prevê um procedimento distinto para a aprovação de convenções internacionais sobre esta matéria.

32. *Os poderes, as funções e os procedimentos de decisão no projecto de constituição europeia*

Um dos aspectos que a Declaração n.º 23 anexa ao Tratado de Nice considerava que deveria constituir objecto de revisão na CIG 2004 era, precisamente, a simplificação do Tratado e dos procedimentos de decisão, pelo que a Convenção Europeia procurou dar resposta a essa preocupação há muito sentida nos meios comunitários.

O projecto de constituição consagra, no art. III-302.º, o procedimento legislativo ordinário, que se aplica às leis e às leis-quadro europeias. Este procedimento é decalcado do actual procedimento de co-decisão, pelo que não vamos aqui estudá-lo em pormenor, remetendo para o que já dissemos a propósito do procedimento de co-decisão actualmente em vigor.

Convém, no entanto, notar que se tenta reservar este procedimento para os casos de aprovação de actos legislativos, o que há muito é reclamado pela doutrina. Admitem-se, contudo, excepções, pois nem todas as leis e leis-quadro são aprovadas, de acordo com este procedimento. Efectivamente, há casos em que as leis e leis-quadro são aprovadas, após consulta do PE, apenas pelo Conselho, por unanimidade[15]. Ou seja, mantém-se o procedimento de consulta.

---

[15] Ver, por exemplo, art. III-104.º, par. 3.º, relativo à política social, ou art. III-157.º, par. 3.º, em matéria de energia.

370 *Curso de Direito Constitucional da União Europeia*

De qualquer modo, é realçar uma redução drástica dos procedimentos de decisão, com a consequente simplificação dos mesmos. A título exemplificativo, refira-se, por exemplo, que desaparece o procedimento de cooperação, que, como já mencionámos[16], se encontrava, desde Amesterdão, em vias de extinção.

Esta simplificação dos procedimentos de decisão é acompanhada de um esforço sério no sentido de aproximar o direito da União Europeia do princípio da separação através da clarificação das funções dos órgãos e da consequente correspondência na distinção entre actos legislativos e actos de execução.

Como já vimos[17], o projecto de constituição menciona, pela primeira vez, expressamente, as funções legislativas e orçamentais do Conselho e do Parlamento Europeu (arts. I-19.°, n.° 1). Este assunto só poderá, contudo, ser compreendido após o estudo do sistema de normas e actos previsto no projecto de constituição, que efectuaremos no capítulo seguinte, pelo que para aí remetemos.

---

[16] Ver *supra* n.° 29.2.2.
[17] Ver *supra* n.° 25.3.

Capítulo III

O sistema de normas e de actos jurídicos na União Europeia

Bibliografia específica

I) **Sobre as fontes de direito da UE em geral:** C. W. A. Timmermans, *How can one Improve the Quality of Community Legislation?*, CMLR, 1997, p. 1229 e ss; Roland Bieber / Isabelle Salomé, *Hierarchy of Norms in European Law*, CMLR, 1996, p. 907 e ss; J. Dutheil de la Rochère, *La hiérarchie des normes, in* Philippe Manin (Dir), La révision du Traité sur l'Union européenne. Perspectives et réalités (Rapport du groupe français d'étude pour la Conférence Intergouvernementale 1996), Paris, 1996, p. 41 e ss; Gerd Winter, *Sources and Categories of European Union Law*, Baden-Baden, 1996; Antonio Tizzano, *La hiérarchie des normes communautaires*, RMUE, 1995, p. 219 e ss; Eberhard Grabitz, *Les sources du droit communautaire: les actes des institutions communautaires, in* AAVV, Trente ans de droit communautaire, Luxembourg, 1982, p. 87 e ss; Pierre Pescatore, *L'ordre juridique des Communautés européennes. Étude des sources du droit communautaire*, Liège, 1975; C. A. Morand, *La législation dans les Communautés européennes*, Paris, 1968.

II) **Sobre a revisão do TUE:** AAVV, *Les procédures de révision des traités communautaires: du droit international au droit communautaire*, Bruxelas, 2001; Ana Maria Guerra Martins, *A natureza jurídica da revisão do Tratado da União Europeia*, Lisboa, 2000; Christian Koenig / Matthias Pechstein, *EU--Vertragsänderungen*, EuR, 1998, p. 144 e ss; Mar Campins Eritja, *La revisione del Tratado de la Union Europea*, GJ, 1995 (Oct.), p. 9 e ss; B. de Witte, *Rules of Change in International Law: How Special is the European Community?*, NYIL, 1994, p. 310 e ss; Roland Bieber, *Les limites matérielles et formelles à la révision des traités établissant la Communauté européenne*, RMCUE, 1993, p. 343 e ss; Araceli Mangas Martin, *La dinámica de las revisiones de los tratados y los déficits estructurales de la Unión Europea: reflexiones generales criticas, in* Estudios in homenaje al Professor M. Diez Velasco, Madrid, 1993, p. 1055 e ss; J. L. Cruz Vilaça / Nuno Piçarra, *Y a-t-il des limites materielles à la revision des traités instituant les CE?*, CDE, 1993, p. 3 e ss; Jean-Victor Louis, *La révision des traités et l'Union européenne, in* Hommage à Georges Goriely, Bruxelas, 1989, p. 193 e ss; Ulrich Everling, *Sind die Mitgliedstaaten der Europäischen Gemeinschaft* *noch Herren der Verträge?*, Festschrift für HERMANN MOSLER, Berlim, 1983, p. 173 e ss; MARGUERITE DELIEGE-SEQUARIS, *Révision des traités européens en dehors des procédures prévues*, CDE, 1980, p. 539 e ss; JEAN-VICTOR LOUIS, *Quelques considérations sur la revision des traités instituant les Communautés*, CDE, 1980, p. 553 e ss.

III) **Sobre o direito subordinado ou derivado:** KLAUS LACKHOFF / HAROLD NYSSENS, *Direct Effect of Directives in Triangular Situations*, ELR, 1998, p. 397 e ss; PAUL CRAIG, *Directives: Direct Effect, Indirect Effect and the Construction of National Legislation*, ELR, 1997, p. 519 e ss; HENRY G. SCHERMERS, *No Direct Effect for Directives*, EPL, 1997, p. 527 e ss; FRANK EMMERT / MONIQUE PEREIRA DE AZEVEDO, *L'effet horizontal des directives. La jurisprudence de la CJCE: un bateau ivre?*, RTDE, 1993, p. 503 e ss; R. KOVAR, *Observations sur l'intensité normative des directives*, *in* Liber Amicorum PIERRE PESCATORE, Baden-Baden, 1987, p. 359 e ss; A. R. LEITÃO, *L'effet direct des directives: une mythification?*, RTDE, 1981, p. 425 e ss; JEAN-VICTOR LOUIS, *Les réglements dans la CEE*, Bruxelas, 1969.

IV) **Em especial sobre o *soft law* e fontes atípicas:** FRANCIS SNYDER, *Interinstitutional Agreements: Forms and Constitutional Limitations*, *in* GERD WINTER, Sources and Categories of European Union Law, Baden-Baden, 1996, p. 453 e ss; JAN KLABBERS, *Informal Instruments before the European Court of Justice*, CMLR, 1994, p. 1023 e ss; FRANCIS SNYDER, *Soft Law and Institutional Practice*, *in* STEPHAN MARTIN (ed.), The Construction of Europe. Essays in honor of EMILE NOËL, Dordrecht, 1994, p. 197 e ss; JÖRG MONAR, *Interinstitutional Agreements: the Phenomenon and its Dynamics after Maastricht*, CMLR, 1994, p. 693 e ss; DANIEL THÜRER, *The Role of Soft Law in the Actual Process of European Integration*, *in* OLIVER JACOT--GUILLARMOD, L'avenir du libre échange en Europe: Vers un espace économique européen?, Zurique, 1990, p. 131 e ss; K. C. WELLENS e. a., *Soft Law in European Community Law*, ELR, 1989, p. 267 e ss; JEAN-LOUIS DEWOST, *Décisions des Institutions en vue du développement des Compétences et des Instruments juridiques*, *in* ROLAND BIEBER e. a. (Org.), Die Dynamik des Europäischen Gemeinschaftsrechts, Baden-Baden, 1987, p. 321 e ss.

V) **Sobre o direito internacional:** ASTRID EPINEY, *Zur Stellung des Völkerrechts in der EU*, EuZW, 1999, p. 5 e ss; JAN KLABBERS, *Case C-162/96, A. Racke, case note*, CMLR, 1999, p. 179 e ss; ROBERTO MASTROIANI, *La rilevanza delle norme consuetudinarie sulla sospensione dei tratati nell'ordinamento comunitario: la sentenzia* Racke, RDI, 1999, p. 86 e ss; FRANK HOFFMEISTER, *Die Bindung der Europäischen Gemeinschaft an das Völkergewohnheitsrecht der Verträge*, EWS, 1998, p. 365 e ss; P. J. KUIJPER, *The Court and the Tribunal of the EC and the Vienna Convention on the Law of Treaties 1969*, LIEI, 1998, p. 1 e ss; FERNANDO CASTILLO DE LA TORRE, *Derecho comunitario, derecho de los tratados y sanciones económicas (Comentario a la sentencia del TJCE de 16 de junio de 1998, Racke, C-162/98)*, Rev. Der. Com. Eur., 1998, p. 549 e ss; IRIS CANOR, *"Can Two Walk Together, Except when They Be Agreed? The Relationship Between International Law and European Law: the Incorporation of the United Nations Sanctions against Yugoslavia into European Community Law through the Perspective of the European Court of Justice*, CMLR, 1998, p. 137 e ss; J. ROLDAN BARBERO, *La costumbre internacional, la clausula rebus sic stantibus y el Derecho Comunitario (A proposito de la sentencia* Racke *ditada por el TJCE el 16 junio de 1998)*, REDI, 1998,

Parte IV – Cap. III – O sistema de normas e de actos jurídicos na U.E. 373

n.º 2, p. 9 e ss; Anne Peters, *The Position of International Law within the European Community Legal Order,* GYIL, 1997, p. 42 e ss.

VI) **Sobre a jurisprudência:** Takis Tridimas, *The Court of Justice and Judicial Activism,* ELR, 1996, p. 203 e ss; Joxerramon Bengoetxea, *The Legal Reasoning of the European Court – Towards a European Jurisprudence,* Oxford, 1993; J. Mertens de Wilmars, *La jurisprudence de la Cour de Justice comme instrument de l'intégration communautaire,* CDE, 1976, p. 135 e ss; Anna Bredimas, *Methods of Interpretation and Community Law, in* European Studies in Law, vol. 6, Amsterdão, 1978; Robert Lecourt, *L'Europe des juges,* Bruxelas, 1976.

VII) **Sobre o sistema de normas e de actos no projecto de constituição europeia:** Juan Santos Vara, *La simplificación normativa en el proyecto de Constitución europea: unificación del sistema de actos o mantenimiento de la diversidad ?,* GJ, Marzo//Abril 2004, p. 3 e ss; F. Jesús Carrera Hernández, *Simplificación de los instrumentos jurídicos en el Proyecto de Tratado constitucional,* Rev. Der. Com. Eur., 2003, p. 1041 e ss; G. Della Cananea, *Procedures in the New (Draft) Constitution of the European Union,* ERPL/REDP, 2003, p. 221 e ss; Sergio Bartole, *A proposito della revisione del trattato che istittuisce la costituzione dell' Unione Europea,* Dir. Pub., 2003, p. 771 e ss;

33. *Algumas considerações prévias*

Neste capítulo vamos debruçar-nos sobre as normas e os actos que constituem os instrumentos de regulação jurídica no sistema da União. Por outras palavras, vamos estudar o sistema de fontes de direito da União Europeia.

Antes, porém, convém sublinhar que este sistema se caracteriza pela sua singularidade, é dotado de uma enorme complexidade e tem sofrido uma permanente evolução, desde a criação das Comunidades Europeias.

A singularidade afere-se pelo facto de se tratar de um modelo que não encontra paralelo nem no direito internacional nem no direito interno dos Estados membros ou em qualquer outro. A complexidade – que já se verificava no início do processo de integração europeia – tem vindo a aumentar, em especial, após a entrada em vigor do tratado de Maastricht, que, ao introduzir os pilares intergovernamentais, desenvolveu, em consequência, o quadro normativo. A evolução do sistema de normas e de actos jurídicos da União é tributária do carácter dinâmico e evolutivo das próprias Comunidades Europeias e da União Europeia.

O sistema de fontes tem sido alvo de inúmeras críticas, que assentam, sobretudo, na ausência de uma hierarquia de normas e de actos da União prevista no TUE, bem como na falta de correspondência entre, por um lado, os diferentes actos e normas e, por outro lado, as diversas funções dos órgãos da União.

34. O direito constitucional ou direito originário

34.1. O conteúdo

A doutrina jus-comunitária tem designado como direito originário os tratados constitutivos, inicialmente, das Comunidades Europeias e, actualmente, da União Europeia, bem como todos aqueles que os modificaram, completaram ou adaptaram, cujo o último expoente é o tratado de Nice.

Para quem, como nós, defende a transmutação do TUE numa constituição material transnacional, não pode continuar a usar esta terminologia, dado que o direito originário corresponde ao direito constitucional da União Europeia, porquanto é o parâmetro de validade de todas as outras regras da União Europeia.

Mas o «bloco de constitucionalidade» da União ultrapassa os tratados institutivos, abrangendo também certas decisões que os completaram, de acordo com a sua própria previsão, como, por exemplo, a decisão Conselho relativa à eleição do PE por sufrágio directo e universal.

Assim, fazem (ou fizeram) parte do direito constitucional da União Europeia:

A) Os tratados constitutivos

- O tratado constitutivo da Comunidade Europeia do Carvão e do Aço assinado em 18 de Abril de 1951 (entrou em vigor em 25/7/52). Destinando-se a vigorar por 50 anos a partir da data da sua entrada em vigor, a sua validade expirou em 23 de Julho de 2002, ficando o carvão e o aço submetidos ao regime geral do TCE;
- O tratado constitutivo da Comunidade Económica Europeia assinado, em Roma, em 25 de Março de 1957 (que entrou em vigor em 1 de Janeiro de 1958);
- O tratado constitutivo da Comunidade Europeia de Energia Atómica assinado, em Roma, em 25 de Março de 1957 (que entrou em vigor em 1 de Janeiro de 1958).

B) Os tratados que modificaram os tratados constitutivos

- ao nível institucional: o tratado relativo a certas instituições comuns (Assembleia e Tribunal) assinado, em Roma, em 25 de Março de 1957 e o Tratado de Fusão de 1965 (Conselho e

Comissão), que, por sua vez, foram revogados pelo tratado de Amesterdão;
– em matéria orçamental: o tratado do Luxemburgo, de 22 de Abril 1970, o tratado de Bruxelas, de 22 de Julho 1975 e as decisões relativas aos recursos próprios.

C) Os tratados provenientes de revisões, operadas com base no procedimento previsto para o efeito

– O Acto Único Europeu de 1986 (entrou em vigor em 1/7/87);
– O tratado de Maastricht assinado em 7 de Fevereiro de 1992 (entrou em vigor em 1/11/1993);
– O tratado de Amesterdão assinado em 2 de Outubro de 1997 (entrou em vigor em 1/5/1999);
– O tratado de Nice assinado em 26 de Fevereiro de 2001 (entrou em vigor em 1/2/2003).

D) Os tratados de adesão de novos Estados membros:

– o tratado de adesão do Reino Unido, da Irlanda e da Dinamarca, de 3 de Janeiro de 1972 (entrou em vigor em 1/1/1973);
– o tratado de adesão da Grécia assinado em 29 de Maio de 1979, entrou em vigor em 1 de Janeiro de 1981;
– o tratado de adesão de Portugal e Espanha assinado, em 12 de Junho de 1985, entrou em vigor, em 1 de Janeiro de 1986;
– o tratado de adesão da Áustria, Finlândia e Suécia assinado, em 24 de Junho de 1994, entrou em vigor, em 1 de Janeiro de 1995;
– o tratado de adesão de Chipre, Estónia, Hungria, Letónia, Lituânia, Malta, Polónia, República Checa, Eslováquia e Eslovénia assinado, em 16 de Abril de 2003, em Atenas (entrou em vigor em 1 de Maio de 2004).

34.2. O regime jurídico

A) Autonomia e relação entre os diversos tratados constitutivos

Os tratados constitutivos das Comunidades, e hoje o Tratado da União Europeia, são independentes uns em relação aos outros (art. 305.º TCE). Só em caso de lacuna de um tratado se pode recorrer ao outro para

376   *Curso de Direito Constitucional da União Europeia*

a integrar. O TJ interpreta os tratados institutivos das Comunidades à luz uns dos outros numa tentativa de harmonização de interpretação[1].

B) O âmbito de aplicação dos tratados constitutivos

– *O âmbito de aplicação material* – o TUE é o fundamento, o critério e o limite das competências normativas da União Europeia. Como já se disse, existe um «bloco de constitucionalidade» – do qual faz parte o TUE, que não pode ser ultrapassado por qualquer outra regra aprovada pelos órgãos da União. Os tratados constitutivos, incluindo o TUE, situam-se, portanto, no topo da hierarquia de fontes do direito da União Europeia, prevalecendo sobre todos os actos e todas as normas de direito subordinado. Voltaremos a este assunto no próximo capítulo, quando estudarmos o princípio do primado[2]. Além disso, as normas do TUE podem gozar de efeito directo, que também será estudado nessa sede[3].

– *O âmbito de aplicação temporal* – o art. 51.º TUE estabelece que o Tratado se conclui por tempo ilimitado, ou seja, não existe qualquer limitação temporal, como sucedia com o Tratado CECA. Tal não significa que o TUE se destine a vigorar eternamente.

– *O âmbito de aplicação territorial* – o TUE não contém qualquer norma sobre esta matéria, pelo que o seu âmbito de aplicação territorial seria a totalidade do território dos Estados membros. Porém, existem regras específicas sobre este domínio no TCE – art. 299.º – bem como no TCEEA – art. 198.º. Além disso, ao longo dos tempos têm sido aprovadas normas de direito subordinado, que excluem a aplicação de determinadas regras a certos territórios.

34.3. A revisão do TUE

34.3.1. Noção

Por revisão do TUE entende-se toda e qualquer modificação que implique alteração expressa, parcial e abstracta, do texto das suas normas, de acordo com os procedimentos nele previstos.

---

[1] Ac. de 23/4/86, *Os verdes*, proc. 294/83, Rec. 1986, p. 1339; ac. de 2/5/96, *Hopkins*, proc. C-18/94, Col. 1996, p. I-2281.

[2] Ver *infra* n.º 41.

[3] Ver *infra* n.º 43.

Parte IV – Cap. III – O sistema de normas e de actos jurídicos na U.E.   377

Não se incluem, portanto, no conceito de revisão todas as modificações do tratado, mas apenas aquelas que incluem alterações que vão ser inseridas no texto das suas normas. A modificação é, portanto, um conceito mais lato que o da revisão, ou seja, o tratado pode modificar-se, sem que se produza qualquer alteração na letra das suas normas.

34.3.2. A distinção de figuras próximas

Da revisão devem distinguir-se, entre outras, as seguintes figuras:

a) os actos aprovados com fundamento no art. 308.º TCE;
b) os tratados de adesão.

a) <u>O alargamento da competência dos órgãos comunitários, com base no art. 308.º TCE</u> – como já estudámos, no capítulo anterior[4], a utilização deste preceito como base jurídica de um acto comunitário pressupõe o cumprimento das suas condições substanciais e formais de aplicação, nas quais se incluem o respeito dos objectivos do Tratado. Isto é: o art. 308.º TCE permite aumentar a competência dos órgãos, desde que se respeitem os limites últimos que são os objectivos do Tratado. Além disso, o art. 308.º TCE não se aplica aos pilares intergovernamentais. Assim, a revisão tem um âmbito de aplicação material muito mais abrangente do que a cláusula de alargamento do art. 308.º TCE[5].

É certo que na prática comunitária se verificaram certas situações em que o antigo art. 235.º, actual 308.º TCE, foi utilizado de modo tão amplo que alguns chegaram a falar de revisão do tratado, com base nele. Mas o certo é que o art. 308.º TCE nunca poderia ser a base jurídica adequada para a criação da união económica e monetária, tal como constava expressamente do AUE (art 102.ºA). Só a revisão do tratado permitiu a consagração de uma política monetária comum. O art. 308.º TCE também nunca poderá fundamentar uma política de defesa comum, pois, por um lado, o seu âmbito de aplicação restringe-se ao TCE e, por outro lado, o TUE afirma expressamente a necessidade de revisão do Tratado para esse efeito, tanto através de um processo simplificado – art. 17.º, n.º 1, TUE – como através do processo de revisão geral – art. 17.º,

---

[4] Ver *supra* n.º 26.
[5] Isso mesmo reconheceu o Tribunal de Justiça, no parecer 2/94 já citado, ao recusar o art. 235.º (actual art. 308.º TCE) como fundamento jurídico adequado para a adesão da União à Convenção Europeia dos Direitos do Homem.

n.º 5, TCE. Assim sendo, as alterações qualitativas da União necessitam de revisão das normas do Tratado, não se contentando com actos ou acordos baseados no art. 308.º TCE.

b) Os acordos de adesão de novos Estados membros – o TUE prevê as condições de adesão de novos Estados membros no art. 49.º.

O processo de adesão de um Estado à União Europeia inicia-se com o pedido de adesão que é dirigido ao Conselho, que decide por unanimidade, após haver consultado a Comissão. O Parlamento Europeu deve dar o seu parecer conforme por maioria absoluta dos membros que o compõem.

Apesar de tal não constar expressamente dos tratados sempre se considerou que um Estado que pretendia aderir às Comunidades deveria preencher determinadas condições, de entre as quais se destacam o respeito dos direitos fundamentais, o princípio democrático e o princípio do Estado de direito.

O tratado de Amesterdão constitucionalizou essa prática comunitária ao impor como condição da adesão o respeito dos princípios enunciados no art. 6.º, n.º 1, TUE, que, como já sabemos, são os princípios da liberdade, da democracia, do respeito pelos direitos humanos e das liberdades fundamentais, bem como do Estado de direito.

O tratado de adesão é concluído entre os Estados membros e o Estado que pretende aderir e dele devem constar as condições de adesão e as adaptações que esta adesão implica para os tratados sobre os quais se funda a União. O tratado de adesão é submetido à ratificação de todos os Estados contratantes, conforme às suas regras constitucionais respectivas.

Um tratado de adesão comporta alterações aos tratados institutivos existentes a vários níveis, dos quais se destaca o domínio institucional.

A questão que se coloca é a de saber se um tratado de adesão pode ser considerado também como uma revisão do tratado. Há quem entenda que estes tratados apenas implicam alterações de um ponto de vista técnico e não modificações de substância. Todavia, a fronteira entre a adaptação e a revisão nem sempre é clara.

Com efeito, os tratados de adesão podem introduzir elementos substanciais importantes. A título exemplificativo veja-se o caso do princípio do acervo comunitário – introduzido no tratado de adesão do Reino Unido, Irlanda e Dinamarca e, posteriormente, reiterado em todos os tratados de adesão, o qual somente veio a obter consagração no texto dos tratados institutivos com o tratado de Maastricht.

Parte IV – Cap. III – O sistema de normas e de actos jurídicos na U.E.   379

34.3.3. Os procedimentos de revisão

A) O procedimento geral de revisão

Actualmente, os trâmites gerais da revisão estão previstos no art. 48.º TUE.

O processo geral de revisão comporta três fases fundamentais, a saber:

a) a fase comunitária, na qual participam preponderantemente os órgãos comunitários;

b) a fase internacional, em que intervêm os Estados membros no seu conjunto;

c) a fase estadual, na qual cada Estado membro actua isolada e independentemente, de acordo com as suas regras constitucionais internas.

Todavia, estas três fases não se apresentam totalmente separadas, pois os Estados membros podem intervir na fase comunitária, através da apresentação de propostas de revisão e a prática comunitária, como se verá, tem acentuado a maior participação dos órgãos comunitários – sobretudo do PE – na fase internacional.

I) *A fase comunitária: a participação dos órgãos comunitários*

– A iniciativa da revisão é da competência da Comissão, que, como órgão independente dos Estados, tem o poder de influenciar, através das propostas que apresenta, o processo de revisão. A Comissão não detém, no entanto, um direito de iniciativa exclusivo, devendo partilhá-lo com os governos dos Estados membros. Efectivamente, a origem internacional do tratado implica que os Estados membros também possam apresentar propostas de revisão[6].

– O PE tem um poder consultivo sobre a convocatória da conferência intergovernamental – a letra do art. 48.º TUE exige apenas que o Conselho consulte o PE sobre a convocatória da conferência intergovernamental que vai rever o Tratado, ou seja, o PE tem

---

[6] Aliás, como já sabemos, após o TUE, a Comissão perdeu o direito de iniciativa exclusivo, pois há casos nos pilares intergovernamentais em que os Estados também podem apresentar propostas.

380 Curso de Direito Constitucional da União Europeia

apenas o direito de ser ouvido. Essa audição é obrigatória e consubstancia-se na emissão de um parecer não vinculativo, pelo que o carácter negativo do parecer do PE não impede a realização da CIG[7]. O PE no seu parecer sobre a convocatória da CIG estabelece aquilo que considera deverem ser as suas prioridades, apresentando verdadeiras propostas de revisão. Assiste-se, na prática, a uma maior preocupação de coordenar os trabalhos da CIG com as posições do PE, o que conduz a uma progressiva, mas muito lenta «parlamentarização» do processo de revisão.

– A Comissão também deve ser ouvida quanto à convocatória da Conferência. Todavia, da letra do art. 48.º TUE não resulta claro quais as circunstâncias em que deve ocorrer essa audição. O art. 48.º TUE prevê que se o Conselho, após haver consultado o PE e, *em caso disso*, a Comissão emitir um parecer favorável à reunião da CIG, esta será convocada pelo Presidente do Conselho. Uma vez que o processo de revisão é bastante complexo, existindo uma multiplicidade de propostas dos diferentes Estados membros e dos órgãos comunitários[8], a prática comunitária vai no sentido da solicitação do parecer da Comissão em qualquer caso.

– A participação do Conselho no processo de revisão opera a dois níveis:

  • após a consulta da Comissão e do PE, o Conselho pode emitir um parecer favorável à reunião da conferência intergovernamental;
  • a conferência será convocada pelo Presidente do Conselho.

– A participação do Conselho do Banco Central Europeu – o art. 48.º TUE prevê ainda a consulta do Conselho do Banco Central

---

[7] Aquando das negociações do AUE, o PE emitiu, inicialmente, um parecer favorável à convocatória da conferência intergovernamental (Resolução de 9 de Julho de 1985 - doc. A2-77/85, JOCE n.º C 229 de 9/9/85), mas posteriormente emitiu um parecer negativo «provisório» sobre os trabalhos da conferência (Resolução publicada no JOCE C 352 de 31/12/85, p. 60). O parecer definitivo do PE foi adoptado em 16 de Janeiro de 1986 (JOCE C 36 de 17/2/86, p. 144).

[8] Como já vimos, quando estudámos o tratado de Amesterdão (cfr. *supra* n.º 7) e o tratado de Nice (cfr. *supra* n.º 8), o Conselho, a Comissão, o PE, o Tribunal de Justiça, o Tribunal de Primeira Instância, o Comité Económico e Social e até o Comité das Regiões apresentaram os seus relatórios, dos quais, nalguns casos, constavam propostas concretas de revisão.

Parte IV – Cap. III – O sistema de normas e de actos jurídicos na U.E.   381

Europeu, no caso de modificações institucionais no domínio monetário.

– A participação do Conselho Europeu – apesar de o Tratado não referir qualquer participação do Conselho Europeu, enquanto tal, no processo de revisão, este órgão desempenhou um papel bastante importante nas três principais revisões de fundo até ao momento realizadas. Foi no âmbito do Conselho Europeu que se decidiu dar início ao processo de revisão e se fixaram os principais temas de negociação. Foi também no seio do Conselho Europeu que se encerraram as negociações e que, portanto, se chegou a um consenso político. Porém, toda a fase de negociação corre à margem do Conselho Europeu.

II) *A fase internacional: a participação dos Estados membros*

Uma vez convocada a conferência intergovernamental inicia-se a fase internacional, dominada, fundamentalmente, pelos Estados membros.

A conferência intergovernamental é composta pelos representantes dos Estados membros ao mais alto nível e é o *forum* no qual são negociadas, discutidas e aprovadas as alterações a introduzir na forma e no conteúdo do tratado.

O tempo de duração da conferência não está estipulado à partida, nem poderia estar, porque o processo negocial obedece, essencialmente, a critérios políticos e será, mais ou menos demorado, consoante as dificuldades que vierem a surgir de os intervenientes no processo chegarem a acordo sobre um determinado texto. Como todo o processo negocial que envolve várias partes, o resultado final da negociação será o produto de concessões mútuas.

Com o objectivo de facilitar as negociações durante a conferência verificou-se em todas as revisões, excepto na última, a prática de nomeação prévia de grupos de trabalho, compostos por representantes pessoais dos ministros. Estes grupos tiveram como tarefa primordial a elaboração de textos que, posteriormente, funcionavam como uma primeira base de trabalho da conferência. Tal sucedeu no AUE[9], no tratado de Maastricht[10]

---

[9] O Conselho Europeu de Fontainebleau de Junho de 84 anunciou a criação de dois comités compostos por representantes pessoais dos chefes de Estado e de Governo - um comité para a Europa dos Cidadãos, que ficou conhecido como o Comité Adonino e um Comité para as questões institucionais, que foi o Comité Dooge.

[10] A conferência sobre a UEM, ao contrário da conferência para a União Política, beneficiou bastante da preparação efectuada pelo Comité Delors. O grupo de representantes

382   *Curso de Direito Constitucional da União Europeia*

e no tratado de Amesterdão[11]. No tratado de Nice apenas se constituiu um grupo de trabalho para as questões jurisdicionais.

Como já estudámos, a Carta dos Direitos Fundamentais da União Europeia iniciou um novo método de preparação da conferência, que também se aplicou ao processo de revisão do tratado de Nice, ora em curso, qual seja o método da convocação de uma convenção de representantes dos governos, dos parlamentos nacionais e do Parlamento Europeu. Também já sabemos que se trata de um método que procura aproximar mais a União dos seus cidadãos e assim conferir maior legitimidade democrática ao processo de revisão.

O processo de negociação continua, no entanto, a ser dirigido pelos Estados, os quais definem as suas regras de forma bastante flexível, pois só assim é possível atingir o consenso, que é exigido pelo art. 48.º TUE.

O conteúdo da revisão também não está determinado à partida, embora por vezes se preveja a reanálise de algumas matérias. Como já vimos, o tratado de Maastricht previa-o, por exemplo, no art B, 5.º trav. O tratado de Amesterdão previu, no art 2.º do protocolo, relativo às instituições na perspectiva do alargamento da União, a convocatória de uma conferência intergovernamental o mais tardar um ano antes de a União passar a ser constituída por vinte Estados membros. A declaração n.º 23 do tratado de Nice estabelecia a convocação de uma conferência intergovernamental para 2004, onde previa revisão expressa de algumas matérias, o que veio efectivamente a ocorrer – a CIG 2003/2004.

---

pessoais desempenhou um papel fundamental no decurso das negociações e contribuiu bastante para o sucesso do tratado de Maastricht.

[11] Aquando da reunião do Conselho Europeu de Corfu, de 24 e 25 de Junho de 1994, foi decidido criar um grupo de reflexão, encarregado de preparar os trabalhos da conferência. Este grupo foi composto pelos representantes pessoais dos Ministros dos Negócios Estrangeiros dos Estados membros e pelo Presidente da Comissão e por dois representantes do PE. Portugal foi representado por ANDRÉ GONÇALVES PEREIRA. O Grupo foi presidido por Westendorp e os resultados dos seus trabalhos foram apresentados ao Conselho Europeu de Madrid, de 15 e 16 de Dezembro de 1995, e ficaram conhecidos como o relatório Westendorp. O grupo iniciou os seus trabalhos, em 2 de Junho de 95, em Messina, e reuniu quinze vezes, discutindo livre e informalmente, não só a modificação das disposições do Tratado, cuja revisão nele estava prevista, como também outras possíveis modificações a introduzir no TUE.

Parte IV – Cap. III – O sistema de normas e de actos jurídicos na U.E. 383

III) *A fase estadual: a ratificação de acordo com as regras constitucionais dos Estados membros*

As alterações ao tratado entrarão em vigor após ratificação, de acordo com as regras constitucionais dos Estados membros.

A revisão do Tratado tem, portanto, de passar pelo crivo do direito constitucional interno de cada um dos Estados membros.

Os processos internos de ratificação procuram cumprir, principalmente, três objectivos:

i) a compatibilidade do Tratado com os direitos constitucionais internos de todos os Estados membros;
ii) a legitimidade democrática do Tratado;
iii) a participação dos Estados, no que diz respeito às transferências de soberania a favor da União.

i) O processo interno de ratificação em cada um dos Estados membros assegura a compatibilidade do tratado com os direitos constitucionais de cada um dos Estados membros, evitando, assim, posteriores tensões que só dificultariam a vigência do direito da UE nas ordens jurídicas internas.

A compatibilização da constituição de um Estado com as normas do Tratado que, entretanto, pretendem entrar em vigor pode passar pela revisão de algumas normas constitucionais[12]. Essa revisão tanto pode surgir, espontaneamente, nos respectivos parlamentos, como ser imposta por um processo de fiscalização preventiva da constitucionalidade do tratado que, entretanto, o declarou inconstitucional[13].

Poderia pensar-se que se o tratado é aferido pelo parâmetro de referência que é a constituição estadual, então é porque ele se encontra numa posição hierárquica inferior à constituição. Mas na realidade não se pode retirar esta conclusão. Em primeiro lugar, o Tratado ainda não está em vigor e, como tal, não se verifica ainda um verdadeiro conflito de normas. Em segundo lugar, verifica-se aqui uma situação curiosa, qual seja a de que se se chegar à conclusão que o tratado não é compatível com a constituição é esta, ou seja, a pretensa norma de referência que se revê e não o Tratado.

---

[12] A título de exemplo, lembre-se o processo de revisão a que foram submetidas as constituições francesa, portuguesa, alemã, espanhola e irlandesa, com vista à sua compatibilidade com o tratado de Maastricht e as constituições francesa e austríaca no âmbito do tratado de Amesterdão.

[13] Foi o caso, por exemplo, da França, aquando da ratificação dos tratados de Maastricht e de Amesterdão.

384   *Curso de Direito Constitucional da União Europeia*

Como já tivemos oportunidade de estudar[14], uma das particularidades da constituição da União é o seu carácter complementar em relação às constituições estaduais e, em certos casos, mesmo concorrente, pois a União assume cada vez mais competências que fazem parte do núcleo duro da soberania dos Estados, daí que a revisão do Tratado da União Europeia possa ter como consequência alterações nas constituições estaduais.

O processo de integração europeia vai moldando os direitos constitucionais dos Estados membros e contribuindo para a criação de um direito constitucional comum europeu. É, portanto, nítida a influência do direito da União Europeia no direito constitucional dos Estados membros. Mas o contrário também é verdade, isto é, a influência do direito constitucional dos Estados membros no direito constitucional da União, o que legitima, por exemplo, a questão de saber se o núcleo duro das constituições estaduais, como seja o que consta dos limites materiais de revisão deve ser respeitado aquando da revisão do Tratado.

ii) O processo interno de ratificação nos Estados membros visa assegurar a legitimidade democrática do tratado.

De acordo com as teorias da soberania popular, a decisão da transferência de soberania do Estado para qualquer outra entidade terá de ser uma decisão do povo.

A participação do povo na revisão do tratado dá-se ao nível nacional, através da aprovação parlamentar em cada um dos Estados membros. Trata-se, pois, de uma legitimidade democrática mediata.

Além disso, importa ainda mencionar que em alguns Estados o tratado deve ser submetido a referendo nacional, como, por exemplo, na Dinamarca, e noutros, apesar de o referendo não ser obrigatório, ele é possível, como é o caso da Irlanda, da França ou de Portugal, o que lhe vai conferir uma maior legitimidade democrática.

iii) O processo interno de ratificação dos Estados membros visa assegurar a participação dos Estados, no que diz respeito às transferências de soberania a favor da União Europeia. Os Estados mantêm o seu carácter estadual (*die Staatlichkeit*), o que tem como consequência que lhes compete autorizar as transferências de poderes do âmbito interno para o âmbito comunitário.

---

[14] Ver *supra* n.º 10.4.

B) Os procedimentos especiais de revisão previstos no TUE

Estes procedimentos são de dois tipos:

a) *Os processos especiais exclusivamente comunitários* – estão previstos, desde a versão originária do tratado de Roma, para casos pontuais. Alguns desses preceitos já foram, entretanto, revogados, como é o caso do antigo art. 14.º, n.º 7, TCEE relativo à eliminação dos direitos aduaneiros e do antigo art. 33.º, n.º 8, TCEE sobre restrições quantitativas entre os Estados membros. O próprio art. 168.ºA TCEE, relativo à possibilidade de criação de um Tribunal de Primeira Instância introduzido pelo AUE também já foi objecto de revogação pelo tratado de Nice.
Assim, actualmente, o Tratado CE prevê processos, exclusivamente, comunitários de revisão em vários preceitos, de entre os quais cumpre referir o art. 104.º, n.º 14, TCE, relativo à substituição das disposições do Protocolo sobre défice excessivo, o art. 107.º, n.º 5, TCE, que permite a alteração de algumas disposições dos Estatutos do SEBC, o art. 213.º, n.º 1, TCE, relativo à composição da Comissão, pois o número de membros da Comissão pode ser modificado por uma decisão unânime do Conselho; o art. 221.º, par. 4.º, TCE, relativo à composição do Tribunal de Justiça; 222.º, par. 3.º, TCE, que diz respeito ao aumento do número de advogados-gerais. O tratado de Amesterdão introduziu outras normas, que prevêem processos exclusivamente comunitários de revisão, das quais se destacam o art. 67.º, n.º 2, TCE relativamente à alteração de algumas disposições do Título IV do TCE e o art. 133.º, n.º 5, TCE, que diz respeito à possibilidade de tornar extensivo o processo previsto nos n.os 1 a 4 do preceito aos acordos relativos aos sectores dos serviços e dos direitos de propriedade intelectual. Aliás, o tratado de Amesterdão parece institucionalizar a prática, que já vinha de Maastricht, de consagrar processos de revisão exclusivamente comunitários. Além disso, deve ainda aduzir-se o art. 245.º TCE, introduzido em Nice, sobre a modificação do Estatuto do TJ por uma decisão unânime do Conselho.

b) *Os processos especiais simplificados* – estão previstos nos artigos 190.º, par. 4.º, TCE, 103.º, par. 3.º TCEEA, relativamente ao processo eleitoral uniforme, nos arts. 269.º TCE e 173.º TCEEA, no que diz respeito ao processo orçamental, no art. 22.º TCE, em maté-ria de cidadania da União, no art 42.º TUE, em relação às normas do terceiro pilar e no art 17.º, n.º 1, TUE, no âmbito do segundo pilar.

34.3.4. Os limites do poder de revisão do TUE

A) Os limites formais de revisão do TUE

A questão dos limites formais do poder de revisão do Tratado da União Europeia prende-se com a questão de saber se os processos de revisão, previstos nos Tratados, são obrigatórios, ou se os Estados membros são livres de utilizar qualquer outro processo compatível com o direito internacional.

A jurisprudência do Tribunal de Justiça é constante no sentido da afirmação do carácter obrigatório das regras de revisão, previstas nos tratados institutivos das Comunidades Europeias (antigo art. 236.º TCE), não se tendo ainda pronunciado quanto ao art. 48.º do TUE.

Os limites formais do poder de revisão do TUE decorrem da ordem jurídica da União no seu conjunto. Na verdade, o amplo leque de objectivos da União e das Comunidades, que implicam limitações no cerne da soberania dos Estados, bem como os efeitos que as normas comunitárias produzem directamente nos cidadãos levam a que a participação no processo de revisão do órgão comunitário que os representa – o PE – não possa ser afastada.

Daqui decorre que a participação dos órgãos comunitários no processo de revisão não está na disponibilidade dos Estados. Estes não são os únicos intervenientes no processo de revisão, mas também não são os únicos afectados. Os cidadãos, através do órgão que os representa, devem também ser ouvidos, pois vão ser destinatários directos das normas.

A obrigatoriedade das normas de revisão comporta as seguintes consequências:

a) a CVDT não se aplica em matéria de revisão;
b) as normas consuetudinárias supervenientes não são adequadas para rever o TUE;
c) as práticas estaduais também não devem ser contrárias ao TUE;
d) os actos dos órgãos comunitários só podem rever o TUE, quando tal está expressamente previsto;
e) se as normas do TUE relativas à revisão são obrigatórias, então devem existir meios de tutela judicial para controlar o seu desres-

Parte IV – Cap. III – O sistema de normas e de actos jurídicos na U.E.   387

peito. Na realidade, esses meios existem, apesar de não se encontrar no TUE nenhum meio específico de controlo da constitucionalidade formal da revisão. É, todavia, concebível a instauração de um processo por incumprimento contra todos os Estados membros, com fundamento na violação das normas de revisão, assim como também é concebível que no decurso de um processo de questões prejudiciais de interpretação, o Tribunal declare que o procedimento de revisão violou o Tratado. Questionável é ainda se estes meios contenciosos são eficazes, pois não parece provável que venham a ser desencadeados na prática.

Questão diferente é a de saber se o eventual surgimento de um poder constituinte originário poderá prescindir das normas de revisão. Nesse caso, estar-se-à perante a emergência de um quadro jurídico novo que, por definição, não respeita o direito instituído, ou seja, pressupõe o afastamento das normas de revisão.

B) Os limites temporais de revisão do TUE

Os limites temporais são os condicionamentos de tempo ao exercício do poder de revisão. Contrariamente ao que acontece em algumas constituições, o TUE não prevê a revisão apenas em determinados períodos, considerando extraordinária a revisão fora desses períodos. Porém, o TUE tem vindo a prever alguns condicionantes temporais da sua revisão.

O tratado de Maastricht incluiu no art. N, n.º 2, TUE um limite temporal de revisão. De acordo com este preceito, deveria ser convocada uma conferência intergovernamental em 1996 para examinar, tendo em conta os objectivos enunciados nos arts. A e B TUE, as disposições para as quais estava prevista uma revisão, ou seja, a extensão do âmbito de aplicação do processo de co-decisão (art. 189.º, par. 8.º, TCE), a segurança e defesa (art. J.4, par. 6, TUE), o domínio da energia, turismo e protecção civil (declaração n.º 1) e a hierarquia dos actos comunitários (declaração n.º 16).

O art. N, n.º 2, TUE previa limites temporais de revisão, pelo que a convocatória da conferência intergovernamental não estava na disponibilidade das partes intervenientes no processo de revisão. O preceito cumpriu a sua missão e caducou.

O tratado de Amesterdão, no protocolo n.º 7, relativo às instituições na perspectiva do alargamento também consagrava limites temporais do poder de revisão, pois no seu art. 2.º previa que «*o mais tardar um ano antes da data em que a União Europeia passar a ser constituída por mais de vinte Estados membros, será convocada uma Conferência de representantes dos Governos dos Estados-membros, a fim de se proceder a uma revisão global das disposições dos Tratados relativas à composição e ao funcionamento das instituições».*

Essa conferência foi efectivamente convocada e deu lugar ao tratado de Nice, que, por sua vez, também prevê limites temporais de revisão na declaração n.º 23. De acordo com o n.º 7 desta declaração, a conferência seria convocada em 2004, o que, como já sabemos, veio a suceder.

C) Os limites materiais de revisão do TUE

Por limites materiais de revisão entende-se a exclusão do poder de revisão de determinadas matérias consideradas essenciais e conformadoras da ideia de direito subjacente ao texto que se pretende rever.

O TUE, ao contrário do que sucede em algumas constituições dos Estados membros, como é o caso da constituição portuguesa (art. 288.º), não contém nenhuma cláusula expressa em que se enumerem os limites materiais de revisão, mas daí não decorre que eles sejam inexistentes, pois podem resultar, expressa ou implicitamente, de diversas disposições. Assim, há que averiguar se existe um limiar substancial mínimo abaixo do qual não se pode descer em matéria de revisão, sob pena de conduzir à inviabilidade do processo de integração europeia e à consequente desagregação da União e das Comunidades.

O TUE tem subjacente uma ideia de direito, que diferencia a União e as Comunidades das outras entidades que actuam no plano internacional. Ora, a preservação dessa ideia de direito só pode ser alcançada se se respeitarem alguns princípios que são essenciais e existenciais à prossecução da integração europeia.

Esses princípios têm de fazer parte do acervo comunitário, entendido num sentido restrito, isto é, são os fundamentos últimos tanto da União Europeia como das Comunidades Europeias. Se estes princípios sofrerem uma modificação, a ideia de direito subjacente à União Europeia também se altera. Isto é: a subsistência da União depende do respeito de determinados princípios jurídico-políticos e jurídico-económicos.

Os princípios jurídico-políticos que se integram no cerne do acervo comunitário são, em nosso entender, a preservação da paz, da segurança e da liberdade, dos quais decorrem os princípios da democracia, do respeito dos direitos humanos e do Estado de direito.

Estes princípios fazem parte da *herança cultural comum europeia* e são comuns à União e aos seus Estados membros.

Mas a União e as Comunidades também possuem princípios próprios, principalmente económicos, dos quais se destacam os princípios da liberdade, designadamente, da liberdade de circulação de mercadorias, de pessoas, de serviços e de capitais e o princípio da economia de mercado, bem como os princípios relativos ao funcionamento da UEM.

Para além destes princípios fazem ainda parte do cerne do acervo, os princípios da autonomia, do primado, do efeito directo, da uniformidade e da responsabilidade dos Estados por violação de direito comunitário, pois são estes princípios que conferem identidade e individualidade à ordem jurídica comunitária.

O carácter intangível de todos ou de alguns destes princípios pode resultar directamente do próprio Tratado, mas também se podem retirar argumentos válidos da prática comunitária em matéria de revisão.

Começando por esta última: constata-se que todos os princípios, que fazem parte do cerne do acervo, não só foram respeitados nas várias revisões de que os tratados foram objecto até ao momento, como até foram desenvolvidos.

É certo que o respeito do cerne do acervo poderia dar-se por razões meramente políticas e não por uma imposição jurídica, mas não é o que se verifica.

Na verdade, a prática do respeito do cerne do acervo está ligada à convicção da obrigatoriedade dos vários intervenientes no processo, que se pode inferir do próprio preâmbulo do TUE, de várias declarações dos Chefes de Estado e de Governo, de actos de cada um dos órgãos da União e das várias declarações, projectos e outros documentos submetidos pelos Governos e pelos órgãos comunitários às conferências intergovernamentais de revisão.

Daqui decorre a existência de um costume comunitário no sentido do respeito do cerne do acervo comunitário na revisão do tratado. Esse costume é comunitário e não internacional, pois ele gera-se a partir dos intervenientes nos processos de revisão, isto é, os Estados membros e os órgãos da União, assim como vincula não só os Estados membros como também os órgãos da União.

Mas para além desse costume comunitário que abrange o respeito do cerne do acervo, as várias revisões, a que foram submetidos os tratados institutivos das Comunidades e o TUE, têm vindo a inserir progressivamente limites textuais no tratado, no âmbito dos quais se devem balizar as futuras revisões.

Os limites materiais textuais explícitos não existiam na versão originária dos tratados institutivos das Comunidades Europeias, o que não

390 Curso de Direito Constitucional da União Europeia

impediu que a questão dos limites materiais de revisão se tivesse colocado na sequência do *parecer 1/91*[15] do TJ.

Mas foi somente no tratado de Maastricht que se consagraram as primeiras normas expressas que apontavam no sentido da existência de limites materiais de revisão. O art. B (actual art. 2.º), 5.º trav., TUE refere-se à manutenção da integralidade do acervo comunitário em matéria de eficácia dos mecanismos e das instituições da Comunidade, no caso da revisão das normas referentes aos pilares intergovernamentais, o que parece apontar para uma certa irreversibilidade do processo de integração neste domínio. Os arts. 109.ºG, 109.ºL TCE (actuais arts. 118.º e 123.º TCE) e 52.º do protocolo relativo aos estatutos do SEBC e do BCE estipulam o carácter irrevogável da fixação da paridade das moedas nacionais com o Euro.

O tratado de Amesterdão continua este percurso, mantendo os limites anteriormente referidos, ao mesmo tempo que consagra novos limites materiais textuais no art. 6.º, n.º 1, TUE relativo aos princípios em que assenta a União. O art. 189.º TCE fixava o número máximo de deputados do Parlamento Europeu em 700 e o art. 190.º, n.º 2, TCE limitava as alterações do número de deputados do PE a um princípio de representação adequada dos povos da Europa. Além disso, o protocolo relativo às instituições na perspectiva do alargamento condiciona, como já referimos, a alteração da composição da Comissão à ponderação de votos no seio do Conselho.

De entre os limites materiais textuais há que distinguir os que são plenamente intangíveis dos que apenas devem ser considerados limites materiais, enquanto vigorarem as normas que os consagraram, sendo, porém, admissível a alteração dessas normas por um processo de dupla revisão, como sucedeu com o art. 189.º TCE relativamente ao número máximo de deputados do PE. Como já mencionámos, quando estudámos o tratado de Nice[16], esse número foi aumentado para 732.

Dos limites materiais intangíveis apenas fazem parte as matérias consagradas nos arts. 2.º, 5.º trav., TUE (ex-art B) e 6.º, n.º 1, do TUE e as normas atinentes à irrevogabilidade do valor do Euro.

Para além dos limites materiais expressos, ainda se devem levar em linha de conta os limites que resultam do sistema geral do tratado, ou seja, os limites materiais implícitos. Esses limites são, antes mais, de

---

[15] Parecer de 14/12/91, Rec. 1991, p. I-6079 e ss.
[16] Ver *supra* n.º 8.2.1.

Parte IV – Cap. III – O sistema de normas e de actos jurídicos na U.E.   391

cariz económico e decorrem do princípio do mercado comum, que abrange os princípios da liberdade de circulação de mercadorias, de pessoas, de serviços e de capitais e o princípio da livre concorrência, que estudaremos na Parte VI deste Curso. Após o tratado de Maastricht deve considerar--se também como limite material implícito o princípio da união monetária, do qual decorre a integração das políticas monetárias dos Estados membros, que fazem parte da zona Euro, e a criação e manutenção de uma moeda única.

Os princípios que se relacionam com a caracterização da ordem jurídica comunitária como autónoma e independente também vão limitar as futuras revisões. Assim, os princípios do primado e do efeito directo devem também ser respeitados, sob pena de transformar a natureza da União.

A aceitação da existência de limites materiais (explícitos e implícitos) de revisão do TUE coloca-nos perante a problemática da justificação da sua legitimidade.

Na verdade, ao contrário do que sucede na ordem constitucional interna, os limites materiais previstos no TUE não retiram a sua legitimidade de um poder constituinte originário autónomo, que provém directamente dos povos europeus. Porém, o progressivo envolvimento dos cidadãos e da sociedade civil no processo de integração europeia, cuja manifestação mais acabada, até ao momento, é a introdução do método da convenção no processo de revisão, leva ao surgimento de direitos na esfera jurídica dos cidadãos que têm de ser respeitados nas futuras revisões. Mas além disso, a auto-limitação do poder de revisão ao inserir progressivamente limites materiais de revisão explícitos e implícitos no tratado, que afectam esses mesmos direitos dos cidadãos, vai criar na sua esfera jurídica o direito de que esses limites sejam respeitados. A legitimidade dos limites materiais de revisão retira-se, portanto, principalmente da necessidade de preservar os direitos e expectativas dos cidadãos e das empresas, que foram criados pelos tratados.

Se os limites materiais de revisão existem para proteger os cidadãos europeus, tal implica que só podem ser ultrapassados, com o seu acordo. Ou seja: os limites materiais de revisão devem ser observados até que o poder constituinte originário proveniente dos povos europeus se actualize.

O poder de revisão não está apenas condicionado pelos limites intrínsecos à ordem jurídica comunitária, podendo ainda ser limitado por outras ordens jurídicas que com a ordem jurídica da União Europeia se relacionam. Dito de outro modo: para além dos limites intrínsecos existem

392   *Curso de Direito Constitucional da União Europeia*

também limites extrínsecos que se retiram da ordem jurídica internacional e das ordens jurídicas constitucionais dos Estados membros.

No que diz respeito ao direito internacional, as normas de *jus cogens* internacional impõem limitações ao direito de qualquer sujeito de direito internacional e, por isso, também ao direito da União Europeia. O *jus cogens* internacional condiciona materialmente o poder de revisão da UE na exacta medida em que condiciona o poder de revisão dentro dos próprios Estados. Não é, portanto, admissível a inserção de normas no TUE que contrariem normas de *jus cogens* internacional.

Por último, a subsistência dos Estados membros no seio da União Europeia implica a existência de limites provenientes dos direitos constitucionais dos Estados membros. Cumpre realçar que não devem ser encarados como limites materiais de revisão todos os princípios e normas constitucionais de cada um dos Estados membros, o que é corroborado pelas revisões constitucionais ocorridas em alguns Estados para tornar as respectivas constituições compatíveis com o TUE. Daqui decorre que se deve procurar um denominador comum nos direitos constitucionais dos Estados membros, que constituirá a base dos limites materiais de revisão do TUE.

Ora, os princípios constitucionais comuns a todos os Estados membros implicam a subsistência dos Estados, bem como o respeito da respectiva forma de Estado e do regime político. Além disso, incluem ainda o respeito dos direitos fundamentais. Este denominador comum deve ser respeitado pelo poder de revisão do tratado da União Europeia.

O poder de revisão do tratado da União deve ainda observar os limites materiais do poder constituinte originário. Ou seja: mesmo que venha a ocorrer uma ruptura com a ordem jurídica instituída, devem respeitar-se alguns valores que vigoram num determinado espaço geográfico e num determinado tempo e que condicionam toda e qualquer entidade que nesse espaço geográfico exerça poderes soberanos. Esses valores estão para além dos Estados e da União Europeia, fazendo parte da *herança cultural comum europeia* e são a paz, a protecção dos direitos fundamentais, a democracia e o Estado de direito. Esses valores asseguram a homogeneidade entre a União e seus Estados membros. Assim, os caminhos dos Estados e da União, que correm paralelamente, encontram--se finalmente na «*essência das essências*».

35. O direito subordinado ou direito derivado

35.1. O pilar comunitário

35.1.1. A noção e a base jurídica do direito subordinado ou derivado

Com fundamento no direito constitucional, os órgãos da União podem criar todo um conjunto de actos e de normas, que a doutrina tradicional designa como direito derivado. Nós preferimos designá-lo como direito subordinado com o intuito de realçar o carácter primordial do direito constitucional.

Como já estudámos no capítulo anterior, no direito da União Europeia, ao contrário do que sucede no direito de todos os seus Estados membros, não se verifica uma correspondência entre as funções, os actos e os órgãos.

A distinção entre as normas e os actos articula-se em torno de uma tipologia própria prevista nos tratados, que consagra denominações específicas para cada acto e define as respectivas características, não recorrendo aos conceitos clássicos neste domínio, como sejam o de acto legislativo, o de acto de execução e o de acto administrativo.

Assim, o elenco dos actos de direito subordinado ou derivado está previsto no art. 249.º TCE, mas esta sistematização não é exaustiva, uma vez que não compreende toda a actividade da Comunidade. Não estão aí previstos, por exemplo, os actos do BCE. Além disso, o art. 249.º TCE não reparte as competências dos órgãos em função dos actos, nem estabelece qualquer hierarquia entre as normas e os actos de direito subordinado ou derivado.

Os actos e as normas expressamente previstos no art. 249.º TCE são os regulamentos, as directivas, as decisões, os pareceres e as recomendações. Esta mesma tipologia está prevista no art. 161.º TCEEA. Pelo contrário, o Tratado CECA obedecia a uma tipologia distinta – as decisões gerais, as recomendações, as decisões individuais, e os pareceres – que não vamos aqui estudar, dado que o tratado CECA já não se encontra em vigor.

35.1.2. O regime comum a todos os actos e a todas as normas da Comunidade Europeia

Em primeiro lugar, deve sublinhar-se que a natureza de um acto não depende da sua qualificação, mas sim do seu conteúdo. O próprio TCE

394   *Curso de Direito Constitucional da União Europeia*

admite que uma decisão pode ter a forma de regulamento (art. 230.º, par. 4.º, TCE), por isso pode ser impugnado pelos particulares. Além disso, ao contrário do que estabelece a letra do art. 230.º, par. 1.º, TCE, o TJ admite recurso contra recomendações e pareceres, que se destinem a produzir efeitos jurídicos próprios e obrigatórios, ou seja, quando sob a capa de um acto facultativo se mascara um acto obrigatório[17].

Em segundo lugar, existe um princípio da presunção de legalidade[18] a favor das normas e dos actos comunitários. Contudo, os actos afectados por vícios particularmente graves e evidentes podem ser considerados pelo TJ como inexistentes[19]. Tratando-se de uma situação que põe, manifestamente, em causa o princípio da segurança jurídica, o Tribunal só a título excepcional tem recorrido a este expediente[20].

Em terceiro lugar, segundo o art. 253.º TCE, verifica-se um dever de fundamentação em relação a todos os actos e normas comunitários. A fundamentação deve incluir a menção expressa da base jurídica do acto, as propostas e os pareceres obrigatoriamente obtidos por força do Tratado e as razões que levaram à aprovação do acto dentro de uma certa margem de discricionariedade.

Em quarto lugar, segundo o art. 254.º TCE, a publicação e a notificação dos actos e normas são obrigatórias, dependendo do tipo de acto que se aprove. São obrigatoriamente publicados no JOUE os regulamentos, as directivas e as decisões adoptados, de acordo com o procedimento de co-decisão (art. 251.º TCE), os regulamentos do Conselho e da Comissão e as directivas destes mesmos órgãos dirigidas a todos os Estados membros. Pelo contrário, são notificadas aos seus destinatários as directivas que não sejam publicadas, bem como as decisões.

---

[17] O Tribunal admitiu a susceptibilidade de recurso de anulação contra um código de conduta adoptado pela Comissão, na medida em que impunha obrigações aos Estados membros – ac. de 13/11/91, *França c. Comissão (Código de Conduta)*, proc. C-303/90, Col. 1991, p. 5340. Do mesmo modo, admitiu recurso contra uma comunicação da Comissão que, teoricamente, visava precisar as modalidades de aplicação de uma directiva, mas na prática criava obrigações que não constavam da directiva – ac. de 16/6/93, *França c. Comissão (Comunicação transparência)*, proc. C-325/91, Col. 1993, p. 3303.

[18] V. ac. de 15/6/94, *Comissão c. BASF*, proc. C-137/92 P, Col. 1994, p. I-2555.

[19] Ac. de 26/2/87, *Consorcio cooperative d'Abruzzo*, proc. 15/85, Col. 1987, p. 1036; ac. 30/6/88, *Comissão c. Grécia*, proc. 226/87, Col. 1988, p. 3611.

[20] O TPI defendeu a teoria da inexistência no acórdão de 27/2/92, *BASF* (procs. T-79, 84-86, 94, 96, 98, 102, 104/89, Col. 1992, p. II-315 e ss). Porém, o Tribunal de Justiça, no caso *Comissão c. BASF, cit.,* não seguiu este entendimento, tendo optado por anular a decisão em causa.

Por último, a entrada em vigor do direito subordinado vinculativo está também prevista no art. 254.º TCE. Os actos e as normas publicados entram em vigor na data por eles fixada ou, na falta desta, no vigésimo dia subsequente ao da sua publicação. Os actos não publicados produzem efeitos mediante notificação.

Os arts. 253.º e 254.º TCE aplicam-se aos regulamentos do BCE.

35.1.3. Os actos previstos no art. 249.º TCE

35.1.3.1. O regulamento

Segundo o art. 249.º TCE, o regulamento tem carácter geral. É obrigatório em todos os seus elementos e directamente aplicável em todos os Estados membros.

É o instrumento normativo comunitário que mais se assemelha à lei a nível interno, por força da generalidade, da abstracção e da eficácia *erga omnes.*

O regulamento possui as seguintes características:

a) *A generalidade e a abstracção* – o regulamento é aplicável a uma generalidade de pessoas e a uma generalidade de casos, distinguindo-se, assim, dos actos de alcance individual, como as decisões. O regulamento não tem, portanto, destinatários designados ou identificáveis, mas sim categorias abstractamente consideradas e no seu conjunto. Porém, segundo o TJ, «a natureza de regulamento não é posta em causa pela possibilidade de se determinar com maior ou menor precisão, o número ou mesmo a identidade dos sujeitos de direito aos quais se aplica num dado momento, desde que tal aplicação se faça em razão de uma situação objectiva de direito ou de facto»[21].

b) *A obrigatoriedade em todos os seus elementos* – esta característica diferencia os regulamentos dos actos não vinculativos, como, por exemplo, as recomendações e os pareceres, e dos actos ou normas que são obrigatórios apenas quanto a alguns elementos, como, por exemplo, as directivas, que são apenas obrigatórias quanto aos fins. Esta noção de plenitude do efeito obrigatório tem várias consequências:

---

[21] Ac. de 11/7/68, *Zuckerfabrik*, proc. 6/68, Rec. 1968, p. 595.

396   *Curso de Direito Constitucional da União Europeia*

- os Estados não podem aplicar o regulamento selectivamente ou de forma incompleta;
- os Estados não podem invocar disposições do seu direito interno para não aplicarem o regulamento;
- os Estados não podem impedir a execução do regulamento com base no facto de terem expresso sérias reservas aquando da sua execução;
- os regulamentos podem necessitar de medidas de execução a tomar por qualquer entidade nacional ou comunitária. Deve distinguir-se entre os regulamentos de base que são actos legislativos por excelência e os regulamentos de execução que são actos normativos de execução.

c) *A aplicabilidade directa* – o regulamento é automaticamente aplicável na Comunidade, sem necessidade de interposição do poder normativo nacional e está apto a conferir direitos e impor obrigações aos Estados membros, aos seus órgãos, aos particulares, à semelhança da lei nacional. O TJ já condenou qualquer prática de reprodução das disposições dos regulamentos na legislação nacional[22].

35.1.3.2. A directiva

Em virtude do art. 249.º TCE, a directiva vincula o Estado destinatário quanto ao resultado a alcançar, deixando, no entanto, às instâncias nacionais a competência quanto à forma e aos meios.

A directiva, ao contrário do regulamento, em relação ao qual ainda se podem procurar similitudes nas leis nacionais, não tem correspondência nos direitos públicos estaduais nem no direito internacional.

A directiva possui as seguintes características:

a) *O alcance da directiva* – em princípio, não tem alcance geral, mas sempre que se dirige a todos os Estados membros e é objecto de implementação simultânea no conjunto da Comunidade – o que é bastante frequente –, apresenta-se como um processo de legislação indirecta e é um acto que tem um alcance geral.

b) *A obrigatoriedade quanto ao fim* – a directiva vincula apenas quanto ao resultado a alcançar, deixando aos Estados membros

---

[22] Ac. de 10/10/73, *Variola*, proc. 34/73, Rec. 1973, p. 981 e ss.

a competência quanto à forma e aos meios. Os órgãos comunitários têm tendência para redigir as directivas de modo cada vez mais preciso e para determinar cada vez mais pormenorizadamente as modalidades da matéria tratada. Nestes casos, a escolha dos meios acaba por não existir e apenas resta aos Estados Membros a transposição pura e simples desta regulamentação comunitária para o seu direito interno.

c) *Os Estados têm de proceder à transposição das directivas para o direito interno* – a escolha do tipo de acto destinado a implementar a directiva releva do sistema jurídico de cada Estado membro. Em Portugal, o art. 112.º, n.º 9, da CRP impõe que a transposição das directivas seja efectuada por lei ou por decreto-lei.

d) *Os destinatários das directivas* – só podem ser os Estados Membros.

e) *A ausência de aplicabilidade directa* – a directiva não é directamente aplicável, pois dirige-se apenas aos Estados membros. Para se aplicar aos particulares necessita de ser transposta para o direito interno. Será, portanto, a norma interna e não a norma comunitária que se vai aplicar aos particulares.

f) *O eventual efeito directo da directiva* – se os Estados não transpusessem a directiva nos prazos nela previstos, ou no caso de este não existir, em tempo útil, os particulares ficariam desprotegidos e em desigualdade de circunstâncias, por força de um incumprimento imputável ao Estado, com o qual têm alguma conexão (nacionalidade, residência, etc.), sem que nada pudessem fazer. Assim, para impedir esta situação, o TJ considerou que, verificados certos requisitos, que estudaremos adiante[23], a directiva pode produzir efeitos em relação aos particulares, mesmo antes da sua transposição. O efeito directo resulta, portanto, da necessidade de proteger os cidadãos contra a inércia do Estado.

35.1.3.3. A decisão

De acordo com o art. 249.º TCE, a decisão é obrigatória em todos os seus elementos para os destinatários que designar.

---

[23] Ver *infra* n.º 43.4.

Curso de Direito Constitucional da União Europeia

O carácter singular da decisão converte-a no instrumento mais adequado para a realização das funções executivas e administrativas da Comunidade.

Não tem alcance geral. É um acto individual dirigido aos Estados membros, às empresas ou aos indivíduos. É obrigatória em todos os seus elementos.

A decisão que se dirige aos particulares ou às empresas pode, naturalmente, ser invocada em tribunal directamente, pelo que nem é necessário recorrer à teoria do efeito directo.

A solução já é mais duvidosa quando a decisão se dirige aos Estados Membros, pois, nesse caso, poder-se-ia defender que só as medidas nacionais de aplicação seriam susceptíveis de modificar a situação jurídica dos particulares. Todavia, o Tribunal reconheceu globalmente o efeito directo da decisão no acórdão *Frantz Grad*[24].

35.1.3.4. Os pareceres e as recomendações

O art. 249.º TCE refere ainda os pareceres e as recomendações, que são actos não vinculativos.

Os tratados atribuíram, pois, aos órgãos comunitários uma função «orientadora», que se exerce através dos pareceres e das recomendações.

A recomendação sugere um determinado comportamento ao destinatário e adopta-se por iniciativa do órgão seu autor.

O parecer expressa uma opinião de um órgão com respeito a uma situação e emite-se por iniciativa de outro órgão ou sujeito de direito comunitário muitas vezes no âmbito de um processo de formação de um acto vinculativo ou como pressuposto processual.

Os destinatários dos pareceres e das recomendações podem ser os Estados Membros e os particulares determinados ou indeterminados.

Se a emissão de parecer ou recomendação for obrigatória, a sua ausência acarreta um vício – a violação de formalidades essenciais –, que é um dos fundamentos do recurso de anulação previsto no art. 230.º TCE.

35.1.4. Os actos não previstos no art. 249.º TCE

Para além dos regulamentos, das directivas, das decisões, dos pareceres e das recomendações, que estão previstos no art. 249.º TCE, os

---

[24] Ac. de 6/10/1970, proc. 9/70, Rec. 1970, p. 825.

Parte IV – Cap. III – O sistema de normas e de actos jurídicos na U.E. 399

órgãos das Comunidades podem ainda emanar outros actos e outras normas previstos em disposições avulsas do Tratado. Trata-se de actos típicos, mas que não estão elencados no art. 249.º TCE.

A prática comunitária tem ainda conduzido ao surgimento de actos e de normas, que não se encontram de todo previstos no Tratado.

A) Os actos típicos não previstos no art. 249.º TCE

De entre os actos e as normas típicos, não previstos no art. 249.º TCE, cumpre destacar os seguintes:

– Os regulamentos internos dos órgãos (v. g. art. 199.º TCE, que confere competência ao PE para elaborar o seu regulamento interno e art. 218.º, n.º 2, TCE, que atribui a mesma competência à Comissão);
– As decisões diferentes das previstas no art. 249.º TCE:
  • As decisões de cariz constitucional, que se destinam a completar o Tratado. Como exemplo ilustrativo destas, podem mencionar-se a Decisão do Conselho relativa à eleição do PE por sufrágio directo e universal e a Decisão de criação do Tribunal de Primeira Instância hoje revogada. Estas decisões situam-se no topo da hierarquia do direito comunitário.
  • As decisões com alcance normativo e com base habilitante incerta ou genérica (art. 308.º TCE);
  • As decisões com alcance meramente interno ou orgânico ou instruções internas.

B) Os actos atípicos

De entre os actos não previstos nos tratados contam-se os seguintes:

– As resoluções, as declarações políticas do Conselho – visam muitas vezes estabelecer os princípios gerais na base dos quais a Comunidade deve basear a sua actuação no futuro, fixando prazos. Como exemplo podemos referir as resoluções do Conselho em matéria de consumo, cuja primeira aprovou um primeiro programa de protecção dos consumidores em 1975[25];
– As comunicações da Comissão – são actos de alcance geral em domínios em que a Comissão apenas tem poderes de decisão a

---

[25] JOCE C 92, de 14/4/75, p. 1.

400   *Curso de Direito Constitucional da União Europeia*

exercer caso a caso. A título de exemplo podem mencionar-se as comunicações da Comissão em matéria de concorrência[26];
- As declarações comuns a vários órgãos[27] – contêm obrigações recíprocas para seguir um processo que eles determinam;
- Os acordos interinstitucionais[28] – os órgãos estabelecem entre eles uma cooperação, através de directivas, recomendações e pareceres que dirigem uns aos outros no quadro dos mecanismos de decisão das Comunidades ou através de acordos que estabelecem entre eles, sob formas muito diversas, que vão desde os códigos de conduta, à troca de cartas, chegando mesmo a denominar-se como acordos interinstitucionais. Inicialmente estes acordos não se encontravam previstos no Tratado, mas hoje em dia já se encontram, por vezes, referências à necessidade de conclusão de acordos para implementação de certas normas do tratado (v., por exemplo, declaração relativa à qualidade da legislação comunitária anexa ao tratado de Amesterdão). Estes actos apenas têm efeito jurídico no âmbito das relações interinstitucionais. Ao longo deste Curso já tivemos oportunidade de mencionar vários destes acordos. Lembremos o acordo interinstitucional relativo aos procedimentos a observar na aplicação do princípio da subsidiariedade ou o *modus vivendi* entre o Conselho, a Comissão e o Parlamento sobre a "comitologia". Os acordos interinstitucionais desempenham um papel muito importante na prática comunitária, como impulso à elaboração de direito vinculativo.

A doutrina tem defendido que os actos atípicos acabados de mencionar se incluem no chamado *soft law.*

---

[26] V., por exemplo, a comunicação interpretativa sobre concessões de serviços de utilidade pública, publicada no JOCE C 121, de 29/4/2000, p. 2 e ss.

[28] V. a declaração conjunta da Assembleia, do Conselho e da Comissão, de 4 de Março de 1975 (JOCE n.º C 89, de 22/3/75, p. 1); a declaração comum do Parlamento, do Conselho e da Comissão, de 5 de Abril de 77, sobre o respeito dos direitos fundamentais (JOCE n.º C 103 de 27/4/77); a declaração comum do Conselho, do Parlamento e da Comissão, de 30 de Junho de 1982, relativa às diferentes medidas com vista a melhorar o processo orçamental (JOCE n.º C 194 de 28/7/82); a declaração sobre o racismo e a xenofobia (JOCE n.º L 158 de 1986).

[28] V. o acordo sobre a disciplina orçamental e a melhoria do processo orçamental (JOCE n.º L 185, de 15/7/88, p. 33); o acordo interinstitucional, de 12/4/89 relativo ao direito de petição (JOCE n.º C 120, 1989, p. 90).

O *soft law* não é um fenómeno exclusivo do direito da União Europeia. Pelo contrário, ele perpassa todos os ramos do Direito.

Entende-se por *soft law* o conjunto das regras de conduta que, em princípio, não têm força vinculativa do ponto de vista jurídico, mas que, apesar disso, produzem efeitos jurídicos na prática. Ou seja, para além das regras jurídicas que produzem efeitos obrigatórios existe todo um conjunto de actos, provenientes tanto dos órgãos comunitários, como dos Estados membros, que não sendo obrigatórios produzem, no entanto, alguns efeitos práticos e, muitas vezes, preparam o terreno para actos posteriores obrigatórios. Trata-se de actos que influenciam o comportamento dos órgãos comunitários e dos Estados no seio da União. Assim, a criação de novas regras comunitárias é, muitas vezes, precedida de declarações políticas ou de declarações de princípios desprovidos de força jurídica obrigatória.

O *soft law*, uma vez elaborado, pode ser transformado em *hard law*. A transformação ocorre por força de decisões judiciais ou do exercício do poder legislativo.

35.2. Os pilares intergovernamentais

35.2.1. O direito subordinado na PESC

No âmbito da PESC, o TUE prevê a possibilidade de o Conselho Europeu e de o Conselho da União aprovarem actos, que têm determinadas consequências jurídicas.

Esses actos são as «estratégias comuns» do Conselho Europeu, as «posições comuns» e as «acções comuns» do Conselho previstos no art. 13.º TUE e os acordos com terceiros previstos no art. 24.º TUE.

O Conselho Europeu definirá os princípios e as orientações gerais da PESC.

a) As *estratégicas comuns* são o instrumento jurídico em que o Conselho Europeu identifica o âmbito material da PESC dentro das zonas em que os Estados membros têm importantes interesses em comum, definindo os objectivos, a duração, bem como os meios a facultar pela União e pelos Estados membros. As estratégicas comuns são, posteriormente, executadas através das acções comuns e das posições comuns adoptadas pelo Conselho (art. 13.º, n.º 3, TUE).

402   *Curso de Direito Constitucional da União Europeia*

b) As *acções comuns* estão definidas no art. 14.º, n.º 1, TUE nos seguintes termos:

«As acções comuns incidirão sobre situações específicas em que se considere necessária uma acção operacional por parte da União. As acções comuns definirão o respectivo objecto e âmbito, os meios a pôr à disposição da União e as condições de execução respectivas e, se necessário, a sua duração».
As acções comuns são vinculativas para os Estados membros (art. 14.º, n.º 3, TUE).

c) Nos termos do art. 15.º TUE, as *posições comuns* definirão a abordagem global de uma questão específica de natureza geográfica ou temática pela União. Os Estados membros zelarão pela coerência das suas políticas nacionais com as posições comuns.

Estes actos têm características distintas das que acabámos de estudar relativamente ao pilar comunitário, pois não se aplicam aos particulares e estão excluídos da jurisdição do TJ (art. 46.º TUE).

35.2.2. O direito subordinado na CPJP

Em virtude do art. 34.º, n.º 2, TUE, os actos de direito subordinado do terceiro pilar são os seguintes:

a) As *posições comuns* – definem a abordagem da União em relação a uma questão específica (al. a));

b) As *decisões-quadro* – têm por objectivo a aproximação das disposições legislativas e regulamentares dos Estados membros. As decisões-quadro vinculam os Estados membros quanto ao resultado a alcançar, deixando, no entanto, às instâncias nacionais a competência quanto à forma e aos meios. Não produzem efeito directo (al. b));

c) As *decisões* – não podem servir para a aproximação das disposições legislativas e regulamentares dos Estados membros. Têm carácter vinculativo e não produzem efeito directo (al. c));

d) As *convenções entre os Estados membros* – elaboradas pelo Conselho, que recomendará a sua adopção aos Estados membros, nos termos das respectivas normas constitucionais (al. d));

e) Os *acordos com terceiros*, previstos no art. 24.º TUE já mencionado.

Parte IV – Cap. III – O sistema de normas e de actos jurídicos na U.E.   403

36. *O direito internacional*

As relações entre o direito internacional e o direito da União Europeia são algo problemáticas. Isto porque o direito comunitário teve, desde o início, uma necessidade intrínseca de se autonomizar do direito internacional e de afirmar a sua especificidade.

Contudo, a União Europeia e as Comunidades Europeias não vivem isoladamente no Mundo. Pelo contrário, inserem-se no contexto mais vasto da comunidade internacional, onde actuam internacionalmente.

Daí que faça sentido averiguar se a União e/ou as Comunidades se encontram vinculadas pelo direito consuetudinário geral. Além disso, os próprios tratados conferem atribuições externas às Comunidades e à União, através das quais podem celebrar acordos internacionais isoladas ou em conjunto com os seus Estados membros.

Por último, também se deve estudar quais os efeitos que produzem as obrigações internacionalmente assumidas pelos Estados antes da sua adesão à União Europeia.

36.1. O costume geral

Tanto o Tribunal de Justiça como o Tribunal de Primeira Instância[29] se louvaram, com alguma frequência, nas normas das CVDT (de 1969 e de 1986[30]) para resolverem as questões relativas aos acordos internacionais de que a Comunidade é parte. Fizeram-no no que diz respeito à interpretação[31], à apreciação de validade[32] ou à suspensão e à cessação de

---

[29] O Tribunal de Primeira Instância, no ac. de 22/1/97, *Opel Austria c. Conselho*, proc. T-114/94, Col. 1997, p. II-39, chegou mesmo a anular um regulamento comunitário por violação do art 18.º da CVDT.

[30] A CVDT entre organizações internacionais e Estados e entre organizações internacionais foi citada, por exemplo, no ac. de 2/8/93, *Levy*, proc. C-158/91, Col. 1993, p. I-4287, cons 19; ac. de 9/8/94, *França c. Comissão*, proc. C-327/91, Col. 1994, p. I-3641, cons. 25.

[31] O art 31.º da CVDT de 1969, relativo à interpretação dos tratados foi levado em conta pelo Tribunal, em vários acórdãos, dos quais se destacam o parecer 1/91, cit., p. I-6079; ac. de 1/7/93, *Eurim-Pharm*, proc. C-207/91, Col. 1993, p. I-3723; ac. de 1/7/93, *Metalsa*, proc. C-312/91, Col. 1993, p. I-3751; ac. de de 5/7/94, *Anastasiou*, proc. C-432/92, Col. 1994, p. I-3087 e ss.

[32] O Tribunal considerou que a regra, prevista no art 46.º da CVDT de que uma parte não pode invocar o seu direito interno para se furtar ao cumprimento do direito

404 *Curso de Direito Constitucional da União Europeia*

vigência. Nem sempre resulta muito claro qual o fundamento de aplicação destas Convenções, pois a Comunidade não é parte em nenhuma delas, apenas podendo estar vinculada, por força do carácter consuetudinário geral das normas que dela constam.

Mais recentemente, o Tribunal justificou a aplicação da CVDT de 1969. Chamado a apreciar a validade de um regulamento comunitário, no caso *Racke*[33], o Tribunal considerou que o art. 62.º da CVDT, relativo à alteração fundamental das circunstâncias, faz parte das regras de direito internacional geral que vinculam a Comunidade.

Esta jurisprudência foi reafirmada no caso *Herbert Weber*[34].

36.2. O direito internacional convencional

Para além do direito internacional consuetudinário, a União e a Comunidade têm capacidade para celebrar acordos internacionais. Se, em relação à Comunidade, essa capacidade existe desde a origem do processo de integração, já o mesmo não se pode dizer quanto à União. Como já vimos[35], a situação é aqui mais controversa, embora se verifique actualmente uma certa inclinação da doutrina no sentido de aceitar a capacidade internacional da União, por força do art. 24.º TUE.

36.2.1. Os acordos comunitários

Como já estudámos[36], antes do TUE, os arts. 113.º (actual 133.º TCE), 114.º e 228.º (actual 300.º TCE) TCEE previam, expressamente, os casos em que a Comunidade podia celebrar acordos internacionais com terceiros Estados ou organizações internacionais.

Também já tivemos oportunidade de nos debruçar sobre a forma como o Tribunal estendeu a competência internacional da Comunidade, através da aplicação do princípio do paralelismo das atribuições e competências internas e externas.

---

internacional também é aplicável em direito comunitário. Ver acórdãos de 27/9/88, *Comissão c. Conselho*, proc. 165/87, Col. 1988, p. 5545; de 3/7/96, *Parlamento c. Conselho*, proc. C-360/93, Col. 1996, p. I-1195; de 10/3/98, *Alemanha c. Conselho*, proc. C-122/95, Col. 1998, p. I-973.

[33] Ac. de 16/6/98, proc. C-162/96, Col. 1998, p. I-3655 e ss.
[34] Ac. de 27/2/2002, proc. C-37/00, Col. 2002, p. I-2013 e ss.
[35] Ver *supra* n.º 18.
[36] Ver *supra* n.º 24.1.2.

Parte IV – Cap. III – O sistema de normas e de actos jurídicos na U.E.   405

Após a entrada em vigor do tratado de Maastricht, esta questão foi clarificada, dado que aquele tratado aumentou o número de casos em que a Comunidade pode celebrar, de modo expresso, acordos internacionais. Além disso, o alargamento das competências ao nível interno conduziu à correspondente extensão das competências ao nível internacional.

Por acordos comunitários entende-se os acordos celebrados entre a Comunidade e terceiros Estados ou organizações internacionais, os quais vinculam tanto a Comunidade como os Estados membros

O procedimento comum de conclusão destes acordos está previsto no art. 300.º TCE, que já estudámos[37].

36.2.2. Os acordos "mistos"

Ao contrário dos acordos comunitários, os acordos "mistos" são acordos concluídos entre, por um lado, as Comunidades e os Estados membros e, por outro lado, terceiros Estados ou outros sujeitos de direito internacional. As razões da sua existência prendem-se com o facto de as matérias neles envolvidas não fazerem parte das atribuições exclusivas da Comunidade – caso em que apenas a Comunidade poderia concluir o acordo – mas sim das atribuições concorrentes ou partilhadas das Comunidades e dos Estados membros.

A celebração destes acordos envolve dificuldades processuais enormes, que não vamos estudar no âmbito deste Curso.

36.3. Os acordos pré-comunitários

Os acordos pré-comunitários são acordos celebrados pelos Estados membros com terceiros Estados antes da criação das Comunidades ou da sua adesão à UE.

Segundo o art. 307.º, n.º 1, TCE (ex-art. 234.º, n.º 1), estes acordos mantêm-se em vigor, em obediência à regra *pacta sunt servanda* (art. 26.º CVDT) e ao princípio da relatividade dos tratados (art. 34.º CVDT).

Todavia, os Estados farão todos os esforços para eliminar as eventuais incompatibilidades existentes (n.º 2 do mesmo preceito).

Certos tratados celebrados pelos Estados membros com terceiros Estados acabam por vincular as Comunidades. Dá-se assim um efeito de

---

[37] Ver *supra* n.º 31.1.

406　　　*Curso de Direito Constitucional da União Europeia*

substituição ou sucessão nos casos em que houve transferência de atribuições dos Estados membros para as Comunidades. O exemplo mais ilustrativo desta situação foi o caso do GATT[38].

Esta substituição é casuística, não se tendo operado em relação a todos os tratados, como demonstra o caso da CEDH[39].

37. A jurisprudência do TJ e do TPI

37.1. A importância da jurisprudência como fonte do direito da União Europeia

A jurisprudência do Tribunal assume no direito da União Europeia um papel extremamente importante.

O carácter intencionalmente vago dos Tratados e a relativa rigidez das regras de revisão, ligados à natureza intrinsecamente evolutiva do processo de integração europeia, levaram o Tribunal a interpretar, desenvolver e aprofundar os Tratados e, desse modo, contribuir de forma decisiva para a elaboração e sedimentação progressivas da ordem jurídica comunitária. Bom exemplo disso é o facto de princípios fundamentais do direito da União Europeia serem de criação pretoriana. É o caso dos princípios do primado do direito da União Europeia sobre os direitos nacionais, do efeito directo do direito comunitário nas ordens jurídicas internas, do princípio da proporcionalidade, do princípio do paralelismo de atribuições e competências internas e externas das Comunidades, do princípio da responsabilidade civil extracontratual dos Estados por incumprimento do direito comunitário.

A grande panóplia de meios contenciosos, bem como a enorme diversidade das matérias sobre as quais aqueles meios contenciosos levam o Tribunal de Justiça a intervir – do direito administrativo ao direito civil, do direito constitucional ao direito penal, do direito do trabalho ao direito do ambiente – fazem dele porventura o Tribunal do Mundo com maior e mais variada competência. A paralisia dos órgãos de deliberação e de decisão, devido ao seu processo interno de funcionamento, paralisia essa

---

[38] V. ac. de 12.12.72, *International Fruit Company*, procs. 21 a 24/72, Rec. 1972, p. 1219 e ss.

[39] V. parecer 2/94 já citado.

Parte IV – Cap. III – O sistema de normas e de actos jurídicos na U.E.   407

que durou décadas e cujos vestígios ainda perduram, erigiu o Tribunal ao papel de verdadeiro motor da integração jurídica no âmbito da União Europeia.

37.2. As técnicas de interpretação utilizadas pelo Tribunal

Os tratados institutivos das Comunidades Europeias criaram uma ordem jurídica nova, autónoma e específica que se encontra em concorrência com as ordens jurídicas nacionais, o que obrigou o Tribunal a privilegiar alguns métodos de interpretação em detrimento de outros.

Em consequência, as técnicas que o TJ vem utilizando na interpretação do direito da União Europeia são diferentes das técnicas utilizadas pelos tribunais internacionais e pelos tribunais internos, reflexo da diferente natureza das Comunidades Europeias e da União Europeia.

O TJ parte do texto do tratado[40], aí se incluindo o elemento literal *stricto sensu,* o gramatical, o lógico e o sistemático[41]. Mas o TJ, ao procurar o sentido que se retira do texto, depara com algumas dificuldades, provenientes das especificidades do direito a interpretar.

As normas comunitárias são redigidas oficialmente em várias línguas (melhor dito: nas várias línguas nacionais, que actualmente são vinte), apresentando todas elas o mesmo valor interpretativo. O TJ, para atingir o sentido correcto de uma norma, socorre-se da comparação entre as várias versões linguísticas. Caso a divergência se apresente apenas em relação a uma das versões, tal será entendido como um argumento a favor de que a interpretação correcta da norma é a das outras versões. Se a divergência for insolúvel por este método, então o Tribunal socorre-se de outros métodos de interpretação, sobretudo, funcionais ou teleológicos[42].

O direito comunitário deve ser interpretado e aplicado uniformemente em todos os Estados membros, pelo que não se compadece com

---

[40] Ver, a título exemplificativo, ac. de 6/10/70, *Grad*, proc. 9/70, Rec. 1970, p. 841; ac. de 13/12/79, *Hauer*, proc. 44/79, Rec. 1979, p. 3743; ac. de 14/1/82, *Corman*, proc. 64/81, Rec. 1982, p. 23.

[41] A propósito da aplicação do elemento sistemático da interpretação ver, por exemplo, ac. de 14/12/62, *Pain d'épice*, procs. 2 e 3/62, Rec. 1962, p. 827; ac. de 30/4/74, *Sacchi*, proc. 153/73, Rec. 1974, p. 429; ac. de 28/2/80, *Fellinger*, proc. 67/79, Rec. 1980, p. 544; ac. de 23/3/82, *Levin*, proc. 53/81, Rec. 1982, p. 1048 a 1050.

[42] Ac. de 27/10/77, *Bouchereau*, proc. 30/77, Rec. 1977, p. 1999; ac. de 13/12/91, *Mario Nijs*, proc. 158/90, Col. 1991, p. 2035 e segs.

408   *Curso de Direito Constitucional da União Europeia*

interpretações divergentes nem «nacionalistas», o que levou o TJ a rejeitar a ideia do sentido comum atribuível aos termos, afirmada pelo Tribunal Internacional de Justiça, substituindo-a pela ideia do sentido comunitário dos termos. Assim, como já vimos[43], os conceitos de monopólio nacional de natureza comercial, de organização nacional de mercado, de trabalhador, de segurança social, de serviço público, de imposições internas, de órgão jurisdicional e de recurso judicial são conceitos comunitários e não nacionais.

O TJ utiliza com frequência o elemento sistemático da interpretação, apelando ao contexto em que as disposições se inserem, chegando a abranger o próprio sistema geral do Tratado.

O TJ, quando interpreta o tratado institutivo de uma Comunidade, recorre muitas vezes à comparação com as disposições de outros Tratados sobre a mesma matéria.

O carácter dinâmico, evolutivo e progressivo das Comunidades levou o TJ a dar uma especial relevância à interpretação teleológica e à regra do efeito útil[44].

Efectivamente, as disposições de direito comunitário são interpretadas com base nos primeiros artigos dos tratados, referentes aos objectivos das Comunidades, e nos preâmbulos dos tratados, o que confere a estes uma importância especial. Além disso, o método da interpretação teleológica é o mais apropriado para se completar as disposições de alcance genérico e as disposições incompletas e integrar as respectivas lacunas.

O TJ, para além da regra do efeito útil, com a qual pretende conferir o máximo de eficácia aos tratados comunitários, socorre-se ainda da regra do efeito necessário. Esta última tem sido utilizada, particularmente, em matéria de extensão das atribuições das Comunidades para concluírem acordos internacionais.

Como é sabido, os autores dos Tratados acordaram em não preservar os trabalhos preparatórios escritos dos Tratados. Da fase da preparação e da redacção dos Tratados pouco mais ficou, pois, do que um conjunto de depoimentos e de estudos dos fundadores das Comunidades. Ora, o TJ dá pouca relevância a esses trabalhos. O elemento histórico da interpretação e o método subjectivista da interpretação têm pouco peso na jurisprudência do Tribunal.

---

[43] Ver *supra* n.º 24.1.1.

[44] São inúmeros os acórdãos em que o TJ aplica estes métodos de interpretação. A título meramente exemplificativo, ver, ac. de 9/3/78, *Simmenthal*, proc. 106/77, Rec. 1978, p. 643 e ac. de 4/10/91, *Madeleine de Paep*, proc. 196/90, Col. 1991, p. 4838.

Parte IV – Cap. III – O sistema de normas e de actos jurídicos na U.E. 409

Ou seja, o TJ privilegia o método objectivista da interpretação e a interpretação extensiva, embora aceite que as excepções e derrogações às normas comunitárias devem ser interpretadas restritivamente[45].

38. Outras fontes

38.1. Os princípios gerais de direito

Os princípios gerais de direito desempenham um papel muito importante no âmbito de qualquer ordenamento jurídico, dado que tocam o âmago mais profundo da concepção jurídico-filosófica subjacente a esse ordenamento. Trata-se, pois, de uma matéria de uma enorme complexidade, que os estudantes só estarão verdadeiramente habilitados a compreender numa fase mais avançada do plano de estudos, designadamente na disciplina de filosofia do direito.

Por esta razão, não vamos aqui discutir as múltiplas questões que os princípios gerais de direito levantam. Diremos apenas que o Tribunal de Justiça e a própria doutrina têm distinguido várias categorias de princípios, consoante a sua origem e a função que desempenham no ordenamento jurídico da União.

Assim, *quanto à função*, existem certos princípios que se podem considerar constitucionais[46], pois são reconhecidos em normas constitutivas do direito da União, designadamente, no TUE. Trata-se de princípios conformadores do direito da União Europeia a todos os níveis, na medida em que têm uma vertente objectiva, que vai influenciar o direito a constituir. É o caso dos princípios da protecção dos direitos fundamentais, da democracia, do Estado de direito, da subsidiariedade, das competências de atribuição, do quadro institucional único, da não discriminação, etc.

Quanto à origem dos princípios, o Tribunal de Justiça inspirou-se no direito internacional público, no direito interno dos Estados membros ou no próprio sistema comunitário e nas suas exigências de aplicação.

Efectivamente, o direito internacional público serviu de fundamento, por exemplo, ao princípio do efeito útil[47].

---

[45] Caso *Pain d'épice*, cit., p. 827 e ac. de 28/10/75, *Rutili*, proc. 36/75, Rec. 1975, p. 1231.

[46] Já os estudámos neste Curso. Cfr. *supra* n.º 23.

[47] Ac. de 27/2/62, *Comissão contra a Itália*, proc. 10/61, Rec. 1961, p. 23.

410 *Curso de Direito Constitucional da União Europeia*

O direito interno dos Estados membros serviu de inspiração aos princípios gerais comuns aos direitos dos Estados membros referidos no art. 288.º TCE, em matéria de responsabilidade civil extracontratual. Segundo este preceito a obrigação de indemnização da Comunidade deve efectuar-se com base nos princípios gerais comuns aos Estados membros. Por isso, o TJ se inspira nos sistemas jurídicos nacionais e se esforça por encontrar os princípios que revelam o património comum europeu nesta matéria.

Foram também os princípios comuns aos direitos dos Estados membros que serviram de base à jurisprudência do TJ relativa à protecção dos direitos fundamentais na União Europeia, já estudada[48]. Recapitulando: o Tribunal aceita, desde os finais da década de 60, início da década de 70, que o respeito dos direitos fundamentais faz parte integrante dos princípios gerais de direito, que se baseiam tanto nas tradições constitucionais comuns dos Estados membros como nos instrumentos internacionais de que os Estados membros fazem parte.

Por fim, devem mencionar-se os princípios que se deduzem directamente do ordenamento jurídico da própria União, como, por exemplo, o princípio da preferência comunitária[49], o princípio da igualdade dos Estados membros[50], o princípio da uniformidade[51] ou o princípio do primado, o qual será estudado no capítulo seguinte.

38.2. O costume

Não é líquido que o costume seja fonte de direito da União Europeia. Na verdade, nunca obteve qualquer referência nos tratados institutivos das Comunidades Europeias, nem o Tratado da União Europeia o menciona actualmente, o que, por si só, não significa nada.

Já tivemos oportunidade de referir, a propósito da revisão dos tratados, que, em nosso entender, o respeito que se tem verificado dos limites materiais de revisão se baseia num costume comunitário.

Por vezes a doutrina também fundamenta no costume certas práticas dos órgãos não previstas nos tratados para lhes poder conferir valor jurídico.

---

[48] Ver *supra* n.º 22.4.
[49] Ac. de 27/10/71, *Rheinmühler*, proc. 6/71, Rec. 1971, p. 839.
[50] Ac. de 24/3/79, *Comissão c. Reino Unido*, proc. 231/78, Rec. 1979, p. 1447.
[51] Ac. de 14/11/85, *Neumann*, proc. 299/84, Rec. 1885, p. 3663.

De qualquer modo, a tónica dominante da doutrina, neste domínio, é o desacordo. O Tribunal não se pronunciou até ao momento sobre este assunto.

38.3. A doutrina

A doutrina é, como se sabe, constituída pelas opiniões dos jurisconsultos. Tal como em relação aos outros ramos do direito, a doutrina tem uma função crítica, influenciando, muitas vezes, as opções do legislador da União, quer seja constituinte, quer seja ordinário.

A doutrina em direito da União Europeia tem uma particularidade: prima pela abundância, ou talvez mesmo pelo excesso, o que nem sempre tem correspondência em termos de qualidade.

39. *O sistema de normas e de actos da União previsto no projecto de constituição*

O projecto de constituição europeia introduz modificações profundas no sistema de actos e de normas da União, com o objectivo de ultrapassar as críticas que têm vindo a ser aduzidas, ao longo dos tempos, pela doutrina.

As principais alterações ocorrerão no âmbito do direito subordinado, por força da unificação da estrutura da União, com o consequente desaparecimento dos pilares intergovernamentais, bem como da consagração de uma nova tipologia de normas e de actos.

Contudo, o projecto de constituição manterá a actual *summa divisio* entre, por um lado, o direito constitucional ou direito originário e, por outro lado, o direito subordinado ou direito derivado. Além disso, o direito internacional e a jurisprudência dos Tribunais da União continuarão a constituir fontes do direito da União. Fazem ainda parte do sistema de fontes de qualquer ordenamento jurídico, e, portanto, também do direito da União Europeia, os princípios gerais de direito, a doutrina e o costume.

Nas páginas que se seguem limitaremos o nosso estudo aos aspectos inovadores do sistema de normas e de actos da União introduzidos pelo projecto de constituição, sem retomar os temas que já tratámos e em relação aos quais não se verificam modificações de relevo a assinalar.

412   *Curso de Direito Constitucional da União Europeia*

39.1. O direito constitucional

A primeira fonte do direito da União Europeia após a entrada em vigor do projecto de constituição europeia será, sem dúvida, o Tratado que estabelece uma constituição para a Europa. Ele será o fundamento, o critério e o limite de todo o direito da União.

39.1.1. A ratificação e a entrada em vigor do Tratado que estabelece a constituição

Segundo o art. IV-8.º, n.º 1, a entrada em vigor do Tratado que estabelece a constituição depende da ratificação de todos os Estados membros, de acordo com as suas regras constitucionais. 1 de Novembro de 2006 é a data prevista para a sua entrada em vigor, desde que tenham sido depositados os instrumentos de ratificação de todos os Estados membros.

Além de se manter a regra da unanimidade para a adopção das modificações na conferência intergovernamental, também se mantém a necessidade de ratificação de todos os Estados para o tratado entrar em vigor. Daqui decorre que, tal como sempre aconteceu no direito das Comunidades e da União Europeia, um só Estado pode impedir a entrada em vigor de qualquer revisão, o que, aliás, como já sabemos, esteve em riscos de se verificar mais do que uma vez na história da integração europeia.

39.1.2. A revogação dos tratados anteriores e o problema da sucessão

O projecto de constituição europeia destina-se a substituir os tratados anteriores, ou seja, os tratados das Comunidades Europeias e o tratado da União Europeia, bem como todos os tratados que os completaram ou alteraram, pelo que, quando entrar em vigor estes tratados serão revogados (art. IV-2.º).

Naturalmente que a revogação dos tratados, com o consequente desaparecimento das Comunidades e da União Europeia, nos moldes em que estão concebidos no projecto de constituição europeia colocam problemas de sucessão, que são solucionados no art. IV-3.º.

A sucessão é um instituto jurídico bem conhecido do direito internacional, tendo sido, primeiramente, aplicado ao Estado, enquanto sujeito

Parte IV – Cap. III – O sistema de normas e de actos jurídicos na U.E.   413

de direito internacional, e, mais recentemente, estendeu-se às organizações internacionais. Efectivamente, a prática demonstra que nem o Estado nem as organizações internacionais se mantêm, ao longo da vida, totalmente estáveis. Pelo contrário, podem sofrer vicissitudes de vária ordem, de que são exemplos a secessão, a fusão ou o desaparecimento.

Essas vicissitudes colocam problemas jurídicos complexos de transmissão de direitos e deveres, que são resolvidos por acordos específicos entre os sucessores e os «sucedidos» ou através da aplicação de normas supletivas constantes de convenções internacionais universais aprovadas sob a égide das Nações Unidas[52].

Apesar de a União não ser um Estado nem uma organização internacional, o instituto da sucessão também se lhe aplica, como, claramente, resulta do art. IV-3.º.

Com efeito, o art. IV-3.º, n.º 1, do projecto de constituição prevê a sucessão da União Europeia em relação às Comunidades e à antiga União, que abrange os direitos e as obrigações, quer resultem de actos internos das Comunidades ou da União, quer de acordos internacionais. A União sucede em todos os direitos e em todas as obrigações, incluindo os créditos e as dívidas, assim como os arquivos.

Os actos de direito derivado aprovados pelas Comunidades e pela União, apesar de abrogados pelo art. IV-2.º, permanecem em vigor, enquanto não forem substituídos. O mesmo se aplica às convenções internacionais e a outros elementos do acervo comunitário, como, por exemplo, os acordos interinstitucionais (art. IV-3.º, n.º 3).

O projecto de constituição afirma, explicitamente, que a jurisprudência do Tribunal de Justiça não é posta em causa como fonte de interpretação do direito da União (art. IV-3.º, n.º 4).

Trata-se, pois, de uma solução de continuidade e não de ruptura constitucional.

Esta preocupação em evitar soluções de ruptura também se verifica ao nível dos órgãos, prevendo o art. IV-3.º, n.º 2, que as instituições, os órgãos e os organismos existentes à data da entrada em vigor da constituição exercem as atribuições nela previstas, excepto no que diz respeito a certos aspectos previstos no protocolo relativo às disposições transitórias. Aspectos esses que incluem a composição do PE, a definição da maioria

---

[52] V. Convenção de Viena sobre sucessão de Estados em matéria de tratados de 1978.

414 *Curso de Direito Constitucional da União Europeia*

qualificada no seio do Conselho e do Conselho Europeu, bem como a composição da Comissão, incluindo o MNE (art. IV-3.°bis).

39.1.3. O processo de revisão

Na sequência do que muitos têm vindo a defender, e ao contrário do que constava do projecto aprovado pela convenção europeia, que previa um processo único de revisão, a CIG 2003/2004 vem consagrar um procedimento de revisão ordinário (art. IV-7.°) e dois procedimentos de revisão simplificada (arts. IV-7.°bis e IV-7.°ter).

A) O procedimento de revisão ordinário

O projecto de constituição introduz algumas inovações em matéria de revisão, se compararmos o procedimento de revisão ordinário com o procedimento actualmente previsto no art. 48.° TUE.

Assim, o Parlamento Europeu passa a ter competência para apresentar projectos de revisão, mantendo a sua competência consultiva quanto à convocação da CIG. Os projectos de revisão devem ser notificados aos parlamentos nacionais dos Estados membros.

O Conselho Europeu tem poderes para tomar a decisão favorável à análise das propostas de revisão e o seu Presidente deve convocar uma convenção composta por representantes dos parlamentos nacionais dos Estados Membros, dos Chefes de Estados ou de Governo, do PE e da Comissão. A Convenção examina os projectos e adopta, por consenso, uma recomendação a apresentar à conferência intergovernamental. O Conselho Europeu pode prescindir da convocação da convenção europeia, nos casos em que o alcance das modificações a introduzir não o justifique.

A convocação formal da conferência intergovernamental continua, todavia, a ser da competência do Presidente do Conselho de Ministros. Além disso, compete à CIG aprovar, de comum acordo, as modificações do tratado que institui a constituição. Modificações essas que só entrarão em vigor mediante ratificação por todos os Estados membros, segundo as regras constitucionais de cada um.

O art. IV-7.°, n.° 4, acrescenta, no entanto, que, se decorridos dois anos a contar da data da assinatura do Tratado que altera o Tratado que institui a constituição, quatro quintos dos Estados membros o tiverem ratificado e um ou mais Estados tiverem deparado com dificuldades em proceder à ratificação, o Conselho Europeu analisará a questão. Trata-se de uma norma com alguma ambiguidade, pois não se esclarece qual é o objectivo da análise por parte do Conselho Europeu, nem se, eventualmente, as modificações poderão entrar em vigor sem o acordo de todos os Estados.

De qualquer forma, as modificações introduzidas no processo de revisão procuram dar resposta às críticas, que têm vindo a ser efectuadas ao actual processo de revisão. Uma dessas críticas incide, precisamente, sobre o seu défice democrático. Neste contexto, o projecto de constituição procura assegurar uma maior participação dos cidadãos, através da participação dos parlamentos nacionais e da convenção durante todo o processo e não apenas a fase final da ratificação.

B) <u>O procedimentos de revisão simplificado</u>

Os procedimentos de revisão simplificada visam facilitar a alteração de dois tipos de regras, a saber:

– as regras de procedimento de decisão;
– as regras relativas às políticas internas da União.

Assim, segundo o art. IV-7.ºbis, n.º 1, nos casos em que na Parte III o Conselho decide, por unanimidade, o Conselho Europeu pode adoptar uma decisão europeia que autorize o Conselho a decidir, por maioria qualificada, desde que não estejam em causa decisões com implicações militares ou no domínio da defesa.

Além disso, nos casos em que a Parte III prevê a aprovação de leis ou de leis-quadro por um procedimento legislativo especial, o Conselho Europeu pode adoptar uma decisão europeia com vista a permitir a aprovação dessas leis ou leis-quadro pelo procedimento legislativo ordinário (art. IV-7.ºbis, n.º 2).

Estas decisões europeias são aprovadas pelo Conselho Europeu, por unanimidade, após terem sido aprovadas pelo Parlamento Europeu, por maioria dos membros que o compõem (n.º 4 do preceito acima mencionado).

As propostas de decisão europeia *sub judice* são transmitidas aos parlamentos nacionais, que têm o direito de se opor à tomada de decisão num prazo de seis meses, impedindo, por essa via, a adopção da mesma.

O art. IV-7.ºter prevê o procedimento de revisão simplificado relativo às políticas internas da União. Segundo o n.º 1 do preceito, o Governo de qualquer Estado membro, o PE ou a Comissão podem submeter ao Conselho Europeu projectos de alteração das normas do título III referente às políticas internas da União.

416 *Curso de Direito Constitucional da União Europeia*

O Conselho Europeu pode adoptar uma decisão europeia, por unanimidade, e após consulta do PE e da Comissão, com as modificações a introduzir. Esta decisão tem de ser posteriormente aprovada pelos Estados membros, de acordo com as suas regras constitucionais.

Deve sublinhar-se que este procedimento não se pode aplicar nos casos em que se pretenda estender as atribuições da União, pois tal está-lhe expressamente vedado (art. IV-7.ºter, n.º 3).

39.1.4. Outras normas

As soluções consagradas quanto ao âmbito de aplicação territorial da constituição (art. IV-4.º), às uniões regionais (art. IV-5.º), aos efeitos dos protocolos (art. IV-6.º) e ao período de vigência (art. IV-9.º) são idênticas às adoptadas no Tratado da União Europeia, pelo que não nos vamos aqui debruçar especificamente sobre elas.

39.2. O direito subordinado: uma nova tipologia de instrumentos jurídicos da União

O projecto de constituição modifica a nomenclatura dos actos jurídicos nos arts. I-32.º e seguintes e procede a uma distinção entre actos legislativos e actos não legislativos.

Esta nova tipologia de instrumentos jurídicos, aliada às modificações introduzidas no âmbito das funções dos órgãos, já referidas[53], designadamente, a afirmação expressa das funções legislativas do Conselho e do Parlamento Europeu, com as necessárias consequências, parecem ter como pano de fundo a preocupação de adequar a União ao respeito do princípio da separação de poderes.

Deve, todavia, sublinhar-se, desde já, que a nova tipologia de instrumentos jurídicos não se estende a todos os domínios, como resulta do art. I-39.º, n.º 3, relativamente à PESC[54]. Isto porque, como já se disse, o desaparecimento da estrutura tripartida da União não implicou a total submissão das matérias anteriormente incluídas nos pilares intergovernamentais a todas as novas normas.

---

[53] Cfr. *supra* n.º 32.

[54] Segundo o art. I-39.º, o instrumento jurídico da PESC é a decisão europeia aprovada pelo Conselho ou pelo Conselho Europeu.

39.2.1. Os actos legislativos

Nos termos do art. I-32.° os actos legislativos são a lei europeia e a lei-quadro europeia.

A) *A lei europeia* é um acto legislativo de carácter geral, obrigatório em todos os seus elementos e directamente aplicável em todos os Estados membros (art. I-32.°, n.° 1, par. 2). Esta definição aproxima a lei europeia dos actuais regulamentos aprovados no exercício da função legislativa.

B) *A lei-quadro europeia* é um acto legislativo que vincula todos os Estados membros destinatários quanto ao resultado a alcançar, deixando, no entanto, às instâncias nacionais a competência quanto à forma e quanto aos meios (art. I-32.°, n.° 1, par. 3). Trata-se de um instrumento jurídico muito próximo da actual directiva.

O projecto de constituição procura estabelecer uma relação de causa e efeito entre o tipo de acto e o seu procedimento de aprovação. Por isso, estabelece, no art. I-33.°, n.° 1, que os actos legislativos são adoptados, segundo o procedimento legislativo ordinário previsto no art. III-302.°. Neste procedimento participam os órgãos com funções legislativas – o Conselho e o PE – e a regra de votação no seio do Conselho é a maioria qualificada e não a unanimidade.

O projecto de constituição procurou, portanto, tornar a União mais democrática, mais transparente, mais coerente e mais consentânea com os princípios que vigoram nos seus Estados membros em matéria de órgãos, de funções e de actos.

Não se pode, no entanto, esquecer que a regra afirmada no n.° 1 do art. I-33.° é desmentida logo no número seguinte, na medida em que admite a utilização de outros procedimentos legislativos especiais, que uma análise do projecto revela serem bastante mais frequentes do que o desejável.

39.2.2. Os actos não legislativos

Os actos não legislativos são o regulamento europeu, a decisão europeia e as recomendações e os pareceres.

A) *O regulamento europeu* fica reservado para os actos não legislativos de carácter geral destinados a dar execução aos actos legislativos e a algumas disposições da constituição, podendo ser obrigatório em todos os seus elementos e directamente aplicável em todos os Estados

418　　　*Curso de Direito Constitucional da União Europeia*

membros ou vincular os Estados membros quanto ao resultado a alcançar, deixando, no entanto, às instâncias nacionais a competência quanto à escolha dos meios e da forma (art. I-32.º, n.º 1, par. 4.º).

O regulamento europeu corresponde, parcialmente, ao actual regulamento de execução e destina-se a dar execução aos actos legislativos, a saber, a lei europeia e a lei-quadro europeia.

B) *A decisão europeia* é um acto não legislativo, obrigatório em todos os seus elementos, o qual quando designa destinatários, só para estes é obrigatório. Tem o seu correspondente na actual decisão.

C) *As recomendações e os pareceres* não têm efeito vinculativo.

Em regra, os actos não legislativos são adoptados pelo Conselho de Ministros e pela Comissão, mas, em casos, especificamente, previstos no projecto de constituição, o Conselho Europeu e o Banco Central Europeu também dispõem de competência nesta matéria (art. I-34.º, n.º 1).

39.2.3. Os regulamentos delegados

A Comissão adquire uma espécie de estatuto de "órgão delegatário oficial", pois as leis e as leis-quadro europeias podem delegar na Comissão o poder de adoptar regulamentos delegados, que completem ou alterem certos elementos não essenciais da lei ou da lei-quadro (art. I-35.º, n.º 1). Contudo, existem limites que devem ser explicitamente impostos pelo acto de delegação e que dizem respeito aos objectivos, ao conteúdo, ao âmbito de aplicação e ao período de vigência. Além disso, existe uma reserva de lei ou de lei-quadro quanto aos elementos essenciais de cada domínio. Os órgãos delegantes são, como é óbvio, os órgãos legislativos da União, ou seja, o Parlamento Europeu e o Conselho.

Os regulamentos delegados fazem lembrar as leis de autorização legislativa previstas no art. 165.º, n.º 2, da nossa Constituição.

39.2.4. Os actos de execução

Como já vimos[55], a União Europeia não dispõe propriamente de uma administração pública em sentido orgânico, repartindo-se as tarefas administrativas entre a Comissão e o Conselho. Isso não significa que

---

[55] Ver *supra*, n.º 28 e 30.

Parte IV – Cap. III – O sistema de normas e de actos jurídicos na U.E. 419

não exista uma administração pública em sentido funcional, pois a União dispõe de funções de execução normativa, de execução material e de controlo e supervisão.

A execução do direito da União Europeia tem estado, primordialmente, a cargo das administrações públicas nacionais por imperativos políticos da integração europeia e de limitação de recursos humanos e materiais da União.

O projecto de constituição vem precisamente consagrar esta solução, de forma expressa, no seu art. I-36.º, n.º 1, afirmando que os Estados membros adoptam todas as medidas de direito interno necessárias à execução dos actos jurídicos vinculativos da União.

Do ponto de vista orgânico, o projecto de constituição mantém a estrutura bicéfala da administração pública da União, uma vez que continuam a ser a Comissão e o Conselho os órgãos que devem aprovar os actos de execução (art. I-36.º, n.º 2). Deve realçar-se, no entanto, que, na sequência do que sucede actualmente, a competência genérica de execução pertence à Comissão. O Conselho detém competência administrativa apenas em casos específicos, devidamente justificados e ainda relativamente à PESC.

Os actos de execução assumem a forma de regulamentos europeus de execução ou de decisões europeias de execução (art. I-36.º, n.º 4).

Do exposto resulta que a nova tipologia dos actos jurídicos não é adequadamente acompanhada de modificações nas funções dos órgãos, que permitam acabar com confusão, a que já se aludiu, com especial destaque para o Conselho, que acumula a função de legislador com a de detentor da função normativa secundária e ainda da função administrativa, em concorrência com a Comissão.

Não se deve, no entanto, deixar de afirmar que muito, provavelmente, essa aparente confusão mais não é do que um novo modo de relacionamento entre funções, órgãos e actos, próprio de uma entidade como a União Europeia. Ou seja, poderá nunca vir a ser totalmente eliminada.

39.2.5. A hierarquia dos actos e das normas

Apesar de o projecto de constituição não conter qualquer regra explícita relativa ao problema da hierarquia, parece-nos que as normas, que acabámos de estudar, permitem inferir alguns princípios neste domínio.

Em primeiro lugar, deve sublinhar-se que a constituição deverá situar--se no topo da hierarquia interna da União, pois ela é o fundamento, o

420 *Curso de Direito Constitucional da União Europeia*

critério e o limite de todos os actos e todas as normas provenientes dos órgãos da União.

Em segundo lugar, dentro dos actos jurídicos da União, os actos legislativos – lei europeia e lei-quadro europeia – prevalecem sobre os restantes por três ordens de razões:

- os regulamentos europeus destinam-se a dar execução às leis e às leis-quadro europeias, que naturalmente devem respeitar;
- no caso dos regulamentos delegados são as leis e as leis-quadro que delimitam explicitamente os objectivos, o conteúdo, o âmbito de aplicação e o período de vigência da delegação;
- existe uma reserva de lei e lei-quadro, uma vez que os elementos essenciais de cada domínio lhe estão reservados, encontrando-se excluídos os regulamentos delegados.

Permanecem, todavia, alguns problemas por resolver.

Em primeiro lugar, dentro dos actos legislativos não se encontra, no projecto de constituição, qualquer critério seguro para decidir, em caso de conflito, qual deles deve prevalecer. Será a lei europeia ou a lei-quadro europeia?

Em segundo lugar, a posição hierárquica da decisão europeia também não resulta clara deste projecto de constituição. De qualquer modo, uma coisa é certa: sempre que a decisão europeia seja usada em matéria de PESC, em princípio, não conflituará com outros actos normativos ou não normativos, dado que eles não existem.

Em terceiro lugar, é de sublinhar que, tal como acontece, actualmente, com algumas decisões, também se encontra no projecto de constituição a figura das decisões europeias com uma natureza quase constitucional ou até mesmo constitucional (cfr. art. IV-7.°bis acabado de estudar), uma vez que podem ser adequadas para modificar a constituição ou, pelo menos, podem constituir uma *conditio sine qua non* dessa modificação (cfr. art. IV-7.°ter). Ora, neste caso a decisão europeia situa-se no topo da hierarquia das normas da União Europeia.

Em suma, resta ainda muito terreno por desbravar em matéria de hierarquia de normas, o que alimentará decerto a discussão.

39.2.6. As disposições específicas

Se tivermos em conta que o carácter unitário da União Europeia não implica a submissão de todas as matérias ao mesmo regime jurídico,

Parte IV – Cap. III – O sistema de normas e de actos jurídicos na U.E. 421

facilmente se explicam as disposições específicas do projecto de constituição a propósito da execução da Política Externa e de Segurança Comum (art. I-39.º), da Política de Segurança e Defesa Comum (art. I-40.º) e do espaço de liberdade, segurança e justiça (art. I-41.º).

Além disso, deve também relembrar-se que a Política Externa e de Segurança abrange todos os domínios da política externa, bem como todas as questões relacionadas com a segurança, incluindo a definição gradual de uma política comum de defesa, tendo, portanto, passado a integrar, expressamente, a Política de Segurança e de Defesa Comum.

Daí que o projecto de constituição tenha consagrado disposições específicas sobre os seguintes domínios:

i. *Política Externa e de Segurança Comum* – Cabe ao Conselho Europeu identificar os interesses estratégicos da União e definir os objectivos da PESC (art. I-39.º, n.º 2). O Conselho Europeu e o Conselho limitam-se adoptar as decisões europeias necessárias (art. I-39.º, n.º 3), estando excluídas as leis e as leis--quadro europeias (art. I-39.º, n.º 7). A execução da PESC compete ao MNE e aos Estados membros (art. I-39.º, n.º 4). A regra de decisão no seio do Conselho e do Conselho Europeu é a unanimidade (art. I-39.º, n.º 7), embora se admita que o Conselho Europeu pode decidir, por unanimidade, que o Conselho delibere por maioria qualificada (art. I-39.º, n.º 8).

ii. *Política de Segurança e de Defesa Comum* – faz parte integrante da PESC e garante à União uma capacidade operacional apoiada em meios civis e militares (art. I-40.º, n.º 1). O instrumento jurídico da execução da PSDC é a decisão europeia adoptada pelo Conselho de Ministros, por unanimidade.

iii. *O espaço de liberdade, segurança e justiça* – é certo que a implementação do espaço de liberdade, segurança e justiça implica a adopção de actos normativos, mas também de medidas operacionais. Assim, para além da lei e da lei-quadro europeia, fazem parte dos seus instrumentos de realização o reconhecimento mútuo das decisões judiciais e extra-judiciais e a cooperação operacional (art. I-41.º, n.º 1).

Capítulo IV

Os princípios de relacionamento entre o Direito da União Europeia e o Direito interno dos Estados membros

Bibliografia específica

I) **Sobre o princípio da autonomia:** THEODOR SCHILLING, *The Autonomy of the Community Legal Order: An Analysis of Possible Foundations*, Harv. Int'l L.J., 1996, p. 380 e ss; J. H. H. WEILER, *The Autonomy of the Community Legal Order – Through the Looking Glass*, Harv. Int'l L. J., 1996, p. 411 e ss F. E. DOWRICK, *A Model of the European Communities Legal System*, YEL, 1983, p. 169 e ss.

II) **Sobre o princípio do primado em geral:** GIANCITO BOSCO, *La primauté du droit communautaire dans les ordres juridiques des Etats membres de l'Union européenne*, in OLE DUE (Dir.), Festschrift EVERLING, vol. I, Baden-Baden, 1995, p. 149 e ss; GIL CARLOS RODRIGUEZ IGLESIAS, *Tribunales Constitucionales y Derecho Comunitario*, *in* AAVV, Hacia un nuevo orden internacional y europeo: estudios en homenaje al Professor DIEZ VELASCO, Madrid, 1993, p. 1175 e ss; ROBERT KOVAR, *La contribution de la Cour de justice à l'édification de l'ordre juridique communautaire*, RCADE, vol. IV, livro 1, 1993, p. 21 e ss; ROBERT LECOURT, *Quel eût été le droit des Communautés sans les arrêts de 1963 e 1964?*, in AAVV, L'Europe et le Droit: mélanges en hommage à JEAN BOULOUIS, Paris, 1991, p. 349 e ss; DENYS SIMON, *Les exigences de la primauté du droit communautaire: continuité ou métamorphoses?* in Mélanges JEAN BOULOUIS..., p. 481 e ss; CONSTANTINOS KAKOURIS, *La relation de l'ordre juridique communautaire avec les ordres juridiques des Etats membres (quelques réflexions parfois peu conformistes)*, in F. CAPOTORTI e. a., Du droit international au droit de l'intégration. Liber Amicorum PIERRE PESCATORE, Baden-Baden, 1987, p. 319 e ss; ROBERT KOVAR, *Rapports entre le droit communautaire et les droits nationaux,* in Trente ans..., p. 115 e ss; BRUNO DE WITTE, *Retour à «Costa» – La primauté du droit communautaire à la lumière du droit international*, RTDE, 1984, p. 425 e ss; VLAD CONSTANTINESCO, *La primauté du droit communautaire, mythe ou réalité?* in GERHARD LÜKE e. a. (Dir.) Gedächnisschrift für LEONTIN-JEAN CONSTANTINESCO, Colónia, 1983, p. 109 e ss; ADOLFO MIAJA DE LA MUELLA, *La primacia sobre los ordenamientos juridicos internos del Derecho Internacional y del Derecho Comunitario europeo*, Rev. Inst. Eur., 1974, p. 987 e ss.

424 Curso de Direito Constitucional da União Europeia

III) Sobre o primado do direito da União Europeia em Portugal: JORGE MIRANDA, *Curso de Direito Internacional Público*, 2.ª ed., Lisboa, 2004, p. 137 e ss; PAULO OTERO, *Legalidade e Administração Pública – o sentido da vinculação administrativa à juridicidade*, Coimbra, Almedina, 2003, p. 605 e ss; JORGE BACELAR GOUVEIA, *Manual de Direito Internacional*, Coimbra, 2003, p. 329 e ss; GOMES CANOTILHO, *Direito Constitucional e Teoria da Constituição*, 5.ª ed., Coimbra, 2002, p. 813 e ss; BLANCO DE MORAIS, *Justiça constitucional – I*, Coimbra, 2002, p. 39 e ss; ALEXANDRE SOUSA PINHEIRO / MÁRIO JOÃO DE BRITO FERNANDES, *Comentário à IV Revisão Constitucional*, Lisboa, 1999; FAUSTO DE QUADROS, *A protecção da propriedade privada pelo Direito Internacional Público*, Coimbra, 1998, p. 531 e ss; EDUARDO CORREIA BAPTISTA, *Direito Internacional Público – Conceito e fontes*, vol. I, Lisboa, 1998, p. 409 e ss; JORGE MIRANDA, *A integração comunitária e a presente revisão constitucional*, in AAVV, Em torno da revisão do Tratado da União Europeia, Coimbra, 1997, p. 145 e ss; EDUARDO PAZ FERREIRA, *A constituição económica e a união económica e monetária: da construção do socialismo ao credo monetarista*, in AAVV, Em torno da revisão..., p. 179 e ss; JOËL RIDEAU, *L'Europe dans les Constitutions des Etats membres de l'Union européenne*, in JORGE MIRANDA (org.), Perspectivas Constitucionais. Nos 20 anos da Constituição de 1976, vol. II, Coimbra, 1997, p. 717 e ss; JORGE MIRANDA, *O Tratado de Maastricht e a Constituição Portuguesa*, in AAVV, A União Europeia na encruzilhada, Coimbra, 1996, p. 45 e ss; MARIA LUISA DUARTE, *O Tratado da União Europeia e a garantia da Constituição (notas de uma reflexão crítica)*, in AAVV, Estudos em Homenagem ao Professor Doutor JOÃO DE CASTRO MENDES, Lisboa, 1995, p. 665 e ss; *Idem, Portugal*, in JEAN-CLAUDE MASCLET / DIDIER MAUS, Les Constitutions nationales à l'épreuve de l'Europe, Paris, 1993, p. 211 e ss; ANDRÉ GONÇALVES PEREIRA / FAUSTO DE QUADROS, *Manual de Direito Internacional Público*, 3.ª ed., Coimbra, 1993, p. 115 e ss; JOSÉ LUÍS CRUZ VILAÇA e. a., *Droit constitutionnel et droit communautaire – le cas portugais*, Riv. Dir. Eur., 1991, p. 301 e ss; JOÃO MOTA DE CAMPOS, *As Relações da Ordem jurídica Portuguesa com o Direito Internacional e o Direito Comunitário à Luz da Revisão de 1982*, Lisboa, 1985; ANTÓNIO VITORINO, *A adesão de Portugal às Comunidades Europeias*, in Estudos de Direito Público, n.º 3, 1984, p. 9 e ss; MARIA ISABEL JALLES, *Implications juridico-constitutionnelles de l'adhésion aux Communautés européennes – Le cas du Portugal*, Bruxelas, 1981; *Idem, Primado do Direito Comunitário sobre o Direito nacional dos Estados membros*, Documentação e Direito Comparado, separata, 1980.

IV) Sobre o princípio do efeito directo das directivas: CARLOS BLANCO DE MORAIS, *A forma jurídica do acto de transposição de directivas*, Legislação, 1998, p. 41 e ss; KLAUS LACKHOFF / HAROLD NYSSENS, *Direct Effect of Directives in Triangular Situations*, ELR, 1998, p. 397 e ss; PAUL CRAIG, *Directives: Direct Effect, Indirect Effect and the Construction of National Legislation*, ELR, 1997, p. 519 e ss; HENRY G. SCHERMERS, *No Direct Effet for Directives*, EPL, 1997, p. 527 e ss; FRANK EMMERT / MONIQUE PEREIRA DE AZEVEDO, *L'effet horizontal des directives. La jurisprudence de la CJCE: un bateau ivre?*, RTDE, 1993, p. 503 a 524; MARCELO REBELO DE SOUSA, *A transposição das directivas comunitárias para a ordem jurídica nacional*, Legislação, 1992, p. 69 e ss; CARLOS BOTELHO MONIZ / PAULO MOURA PINHEIRO, *As relações da ordem jurídica portuguesa com a ordem jurídica*

Parte IV – Cap. IV – Os princípios de relacio. entre o Direito da U.E.... 425

comunitária – algumas reflexões, Legislação, 1992, p. 121 e ss; JOSSE MERTENS DE WILMARS, *Réflexions sur le système d'articulation du droit communautaire et du droit des États membres,* in Mélanges JEAN BOULOUIS..., p. 391 e ss; PHILIPPE MANIN, *L'invocabilité des directives: quelques interrogations,* RTDE, 1990, p. 669 e ss; R. KOVAR, *Observations sur l'intensité normative des directives,* in Liber Amicorum PIERRE PESCATORE, p. 359 e ss; A. R. LEITÃO, *L'effet direct des directives: une mythification?,* RTDE, 1981, p. 425 e ss.

V) Sobre o princípio do efeito directo dos acordos internacionais de que a Comunidade é parte: ANNE PETERS, *The Position of International Law within the European Community Legal Order,* GYIL, 1997, p. 42 e ss; ANTONIO CAEIROS, *L'effet direct des accords internationaux conclus par la C.E.E.,* RMC, 1984, p. 526 e ss; HARRIS N. TAGARAS, *L'effet direct des accords internationaux de la Communauté,* CDE, 1984, p. 15 e ss.

VI) Sobre o princípio da tutela judicial efectiva: ASTERIS PLIAKOS, *Le principe général de la protection juridictionnelle efficace en droit communautaire,* Atenas, 1997; ERIKA SZYSZCZAK, *Making Europe More Relevant to Its Citizens: Effective Judicial Process,* ELR, 1996, p. 351 e ss; JOSE MA FERNANDEZ MARTIN, *El principio de tutela efectiva de los derechos subjectivos derivados del Derecho Comunitario. Evolucion y alcance,* Rev. Inst. Eur, 1994, p. 845 e ss; LOUIS DUBOIS, *A propos de deux principes généraux du droit communautaire,* RFDA, 1988, p. 691 e ss.

VII) Sobre a responsabilidade dos Estados membros por violação de direito comunitário: NADINE DANTONEL-COR, *La violation de la norme communautaire et la responsabilité extra-contratuelle de l'État,* RTDE, 1998, p. 75 e ss; JOSEPHINE STEINER, *The Limits of State Liability for Breach of European Commununity Law,* ELR, 1998, p. 69 e ss; LEON GOFFIN, *A propos des principes régissant la responsabilité non contractuelle des États membres en cas de violation du droit communautaire,* CDE, 1997, p. 531 e ss; MELCHIOR WATHELET / SEAN VAN RAEPENBUSCH, *La responsabilité des États membres en cas de violation du droit communautaire. Vers un alignement de la responsabilité de l'État sur celle de la Communauté ou l'inverse?,* CDE, 1997, p. 13 e ss; MATTHIAS RUFFERT, *Rights and Remedies in European Community Law: a Comparative View,* CMLR, 1997, p. 307 e ss; FRANCETTE FINES, *Quelle obligation de réparer pour la violation du droit communautaire? Nouveaux dévelopments jurisprudentiels sur la responsabilité de «l'État normateur»,* RTDE, 1997, p. 69 e ss; JANE CONVERY, *State Liability in the United Kingdom after Brasserie du Pêcheur,* CMLR, 1997, p. 603 e ss; ANDRÉS MARTIN-EHLERS, *Grundlagen einer gemeinschaftsrechtlich entwickelten Staatshaftung,* EuR, 1996, p. 376 e ss; MARIA LUÍSA DUARTE, *O artigo 22.º da Constituição Portuguesa e a necessária concretização dos pressupostos da responsabilidade extracontratual do legislador – ecos da jurisprudência comunitária recente,* Legislação, 1996, p. 5 e ss; *Idem, A responsabilidade dos Estados-membros por actos normativos e o dever de indemnizar os prejuízos resultantes da violação do Direito Comunitário – em especial o caso português,* in A cidadania da União e a responsabilidade dos Estados por violação do Direito Comunitário, Lisboa, 1994, p. 53 e ss; MANFRED ZULEEG, *Die Rolle der rechtsprechenden Gewalt in der europäischen Integration,* JZ, 1994, p. 1 e ss; CHRISTIAN TOMUSCHAT, *Das Francovich--Urteil des EuGH – Ein Lehrstück zum Europarecht,* FS EVERLING, vol. I, Baden--Baden, 1995, p. 1585 e ss; MALCOLM ROSS, *Beyond Francovich,* MLR, 1993,

p. 55 e ss; Jutta Geiger, *Die Entwicklung eines europäischen Staatshaftungsrechts – Das Francovich-Urteil des EuGH und seine Folgen, in* Thomas Von Danwitz e. a., *Auf dem Wege zu einer Europäischen Staatlichkeit*, Bona, 1993, p. 109 e ss; Josephine Steiner, *From Direct Effects to Francovich: Shifting Means of Enforcement of Community Law*, ELR, 1993, p. 3 e ss; Fernand Schockweiler, *La responsabilité de l'autorité nationale en cas de violation du droit communautaire*, RTDE, 1992, p. 27 e ss; Peter Oliver, *Le droit communautaire et les voies de recours nationales*, CDE, 1992, p. 348 e ss; Gerhard Bebr, *Joined Cases C-6/90 and C-9/90, Francovich v. Italy, Bonifaci v. Italy*, CMLR, 1992, p. 557 e ss.

40. *O princípio da autonomia do Direito da União Europeia*

O Tribunal afirmou, desde muito cedo, a autonomia da ordem jurídica comunitária tanto em relação ao direito internacional como em relação ao direito interno dos Estados membros. No acórdão *Costa Enel*[1] pode ler--se:

> «*tendo em conta que ao contrário dos tratados internacionais ordinários, o Tratado da CEE instituiu uma ordem jurídica própria integrada no sistema jurídico dos Estados membros aquando da entrada em vigor do Tratado e que se impõe às suas jurisdições; com efeito ao instituir uma Comunidade de duração ilimitada, dotada de órgãos próprios, de personalidade, de capacidade jurídica, de uma capacidade de representação internacional e mais particularmente de poderes reais saídos de uma limitação de competência ou de uma transferência de atribuições dos Estados à Comunidade; estes limitaram, ainda que em domínios restritos, os seus direitos soberanos e criaram assim um corpo de direito aplicável aos seus nacionais e a si próprios*».

O TJ considerou que o então tratado CEE, ao contrário de todos os outros tratados internacionais, criou o seu próprio sistema jurídico novo e autónomo, que se baseia:

a) num sistema de fontes próprio;
b) num quadro institucional independente;
c) num sistema de fiscalização judicial eficaz;
d) em princípios específicos;
e) na especificidade dos objectivos do Tratado.

---

[1] Ac. de 15/7/64, *Costa ENEL*, proc. 6/64, Rec. 1964, p. 1160.

Parte IV – Cap. IV – Os princípios de relacio. entre o Direito da U.E.... 427

É precisamente essa autonomia da ordem jurídica comunitária que vai justificar a desadequação dos quadros jurídicos tradicionais quer do direito internacional quer do direito interno e levar o Tribunal a procurar novos caminhos.

41. O princípio do primado do Direito da União sobre o Direito estadual

41.1. Posicionamento do problema

A existência no mesmo espaço jurídico de dois ordenamentos distintos potencialmente aplicáveis aos mesmos casos propicia o aparecimento de conflitos entre as normas provenientes de cada um deles, pelo que se afigura necessário definir, à partida, regras de hierarquia normativa.

Este problema tanto pode surgir dentro do fenómeno estadual como fora dele.

Assim, nos Estados federais podem verificar-se conflitos entre o direito federal e o direito dos Estados federados e nos Estados unitários regionais entre o direito nacional e o direito regional, sendo normalmente resolvidos, quer num caso quer noutro, a favor dos primeiros.

Fora do âmbito estadual, podem verificar-se – e verificam-se frequentemente – conflitos entre o direito internacional e os direitos internos, bem como entre o direito comunitário e os direitos dos Estados membros.

No caso do direito internacional, o princípio do primado da norma internacional sobre a norma nacional, que lhe é contrária, foi diversas vezes afirmado pelos tribunais internacionais[2] e é reconhecido no art. 27.º da CVDT de 1969, que dispõe que uma parte num tratado não pode invocar as disposições do seu direito interno para justificar a não execução de um tratado.

41.2. As especificidades do primado na União Europeia

Apesar de não existir nos Tratados qualquer cláusula expressa de supremacia do direito comunitário sobre os direitos nacionais, o Tribunal

---

[2] Ver Parecer sobre as comunidades greco-búlgaras, TPJI, série B, n.º 17, p. 32 e parecer sobre o tratamento dos nacionais polacos, TPJI, série A/B, n.º 44, p. 24.

428 Curso de Direito Constitucional da União Europeia

de Justiça, ao longo dos tempos, desenvolveu a sua jurisprudência no sentido da afirmação do princípio do primado do direito comunitário sobre os direitos nacionais.

Dos muitos acórdãos relevantes para este efeito, não podem deixar de se mencionar, pelo seu carácter inovador aquando da sua elaboração, os seguintes:

A) No *acórdão Costa Enel*, o Tribunal afirma que:

> «*(...) o direito nascido do tratado não poderia, portanto, em razão da sua natureza específica original, ver-se judiciariamente opor um texto interno qualquer que ele seja, sem perder o seu carácter comunitário e sem que seja posta em causa a base jurídica da própria Comunidade;*
> *que a transferência, operada pelos Estados, da sua ordem jurídica interna, a favor da ordem jurídica comunitária, dos direitos e obrigações correspondentes às disposições do tratado, implica uma transferência definitiva dos seus direitos soberanos contra a qual não se poderia prevalecer um acto unilateral ulterior incompatível com a noção de Comunidade.*» [3].

B) No *acórdão Internationale Handelsgesellschaft*, o TJ retoma a jurisprudência *Costa Enel*, acrescentando que a possível violação dos direitos fundamentais, tal como estão formulados na constituição de um Estado membro, bem como a violação dos princípios de uma estrutura constitucional nacional não afectarão a validade de um acto da Comunidade ou o seu efeito sobre o território desse Estado[4].

C) No *acórdão Simmenthal*, o Tribunal vai fechar o círculo ao concluir que:

> «*todo o juiz nacional, demandado no quadro da sua competência, tem a obrigação de aplicar integralmente o direito comunitário e de proteger os direitos que este confere aos particulares, deixando inaplicável toda a disposição eventualmente contrária da lei nacional, seja ela anterior ou posterior à regra comunitária*»[5].

---

[3] Proc. cit., p. 1160.
[4] Ac. de 17/12/70, proc. 11/70, Rec. 1970, p. 1135.
[5] Ac. de 9/3/78, *Simmenthal*, proc. 106/77, Rec. 1978, p. 629 e ss, p. 643 e 643.

Parte IV – Cap. IV – Os princípios de relacio. entre o Direito da U.E.... 429

O TJ irá sucessivamente reafirmar e desenvolver esta jurisprudência. Recentemente, porém, no caso *Ingogf*, reconheceu que:

> «*não pode deduzir-se que a incompatibilidade com o direito comunitário de uma norma de direito nacional posterior tenha como efeito determinar a inexistência desta*»[6].

O Tribunal interpretou, portanto, de modo restritivo, a jurisprudência *Simmenthal*, dando razão ao largo consenso doutrinário neste domínio.

Deve ainda referir-se que a jurisprudência do TJ relativa ao princípio do primado comporta um elemento substancialmente novo, se comparada com a jurisprudência dos tribunais internacionais, qual seja a exigência de que os tribunais nacionais devem assegurar a prevalência da norma comunitária. Compete, pois, à ordem jurídica nacional assegurar a aplicação plena da norma comunitária.

Embora se possa dizer que se trata de um pequeno passo – que até já estava implícito na jurisprudência dos tribunais internacionais – o certo é que tal nunca tinha, até então, sido claramente consagrado, por duas ordens de razões:

- faltou aos tribunais internacionais o meio contencioso adequado para cumprirem esse fim, isto é, o processo das questões prejudiciais (antigo art. 177.º, actual 234.º TCE), que será estudado adiante[7];
- o direito internacional admite o sistema dualista e de transformação, no que diz respeito à incorporação da norma internacional no ordenamento jurídico interno, pelo que, pelo menos, nos Estados em que este sistema vigora, a primazia do direito internacional não se consegue efectivar na prática. Isto porque a norma internacional, ao ser transformada em direito interno, adquire a força da norma que a transformou, ou seja, da norma interna e, como tal, sujeita-se às regras de hierarquia das fontes internas.

Assim, enquanto os tribunais internacionais afirmaram o primado da norma internacional no seio da ordem jurídica internacional, nunca se tendo pronunciado sobre a forma como os Estados o deveriam assegurar ao nível interno, o TJ vai mais longe e afirma que os Estados devem

---

[6] Ac. de 22/10/1998, *Ingogf*, procs. C-10/97 e C-22/97, Col. 1998, p. I-6307 e ss.
[7] Ver *infra* n.º 51.

430   *Curso de Direito Constitucional da União Europeia*

assegurar o primado ao nível interno, daí retirando toda uma série de consequências, que vamos estudar já de seguida.

A relação que se estabelece entre o direito comunitário e os direitos dos Estados membros revela-se, portanto, inovadora.

O Tribunal, apesar de ter declarado a autonomia da ordem jurídica comunitária, não a concebeu como uma ordem jurídica totalmente separada das ordens jurídicas nacionais. Antes pelo contrário: a ordem jurídica comunitária e as ordens jurídicas nacionais devem articular-se entre si, de modo a permitir a plena aplicação de ambas. O Tribunal concebeu, pois, um sistema específico de colaboração entre as duas ordens jurídicas que não é decalcado do direito internacional nem nos direitos federais.

41.3. O fundamento do primado

Na ausência de uma cláusula explícita de supremacia do direito comunitário sobre os direitos nacionais, o TJ teve de fundamentar o primado numa interpretação global do Tratado.

As principais regras de que o TJ se socorreu para esse efeito foram as seguintes:

- o actual art. 10.°, par. 2.°, TCE, relativo ao princípio da solidarie-dade, estabelece que os Estados se devem abster de tomar todas as medidas susceptíveis de pôr em perigo a realização dos objecti-vos do presente Tratado, pelo que não devem emanar actos legis-lativos, ou outros, contrários ao direito comunitário;
- o actual art. 12.° TCE sobre o princípio da não discriminação em razão da nacionalidade seria posto em causa se cada Estado pudesse afastar unilateralmente o direito comunitário;
- de acordo com o Tratado, os Estados só têm o direito de agir unilateralmente, em virtude de uma disposição expressa (arts. 88.°, n.° 3, e 296.° a 298.° TCE), sendo os pedidos de derrogação às disposições do Tratado submetidos a um processo de auto-rização (antigos arts. 8.°, n.° 4; 17.°, n.° 4; 25.°, 26.°, 73.° e 226.° TCE, actualmente revogados, e ainda o art. 88.°, n.° 2, TCE);
- as obrigações assumidas no Tratado que institui a Comunidade pelos Estados signatários são incondicionais, o que não aconteceria se pudessem ser afastadas por actos legislativos futuros desses mesmos Estados;
- o carácter obrigatório e directamente aplicável dos regulamentos, previsto no art. 249.° TCE, seria afastado se os Estados pudessem legislar em sentido contrário.

Parte IV – Cap. IV – Os princípios de relacio. entre o Direito da U.E.... 431

O Tribunal fundamenta, portanto, o princípio do primado no próprio direito comunitário, o que leva a concluir que nas Comunidades Europeias e também na União Europeia não é o direito interno (*maxime*, o direito constitucional) dos Estados que comanda a posição que o direito comunitário deve ocupar na hierarquia de fontes da ordem jurídica interna de cada Estado, mas é a própria natureza do direito comunitário, e mais tarde do direito da União Europeia, que impõem a sua supremacia.

41.4. O âmbito do primado

O princípio do primado abrange, não só os Tratados constitutivos, como todas as fontes de direito da União Europeia, incluindo o direito subordinado ou derivado e o direito internacional de que a Comunidade é parte.

Além disso, as normas comunitárias, quaisquer que elas sejam, prevalecem sobre todas as normas de direito interno, quaisquer que elas sejam também, incluindo o direito constitucional. Isto porque o primado é uma exigência existencial da União Europeia e do seu direito e só tem, verdadeiramente, sentido e eficácia se for absoluto.

Mas esta afirmação do primado, de modo tão amplo, só foi possível, devido a duas características do direito comunitário. Em primeiro lugar, o facto de a execução deste direito competir aos Estados membros permitiu a colaboração das autoridades nacionais (administrativas e judiciais). Em segundo lugar, o efeito directo, que estudaremos em seguida, isto é, a possibilidade de os particulares invocarem a norma comunitária perante as autoridades nacionais permitiu ao TJ impor certos deveres aos Estados membros no sentido de assegurarem o princípio do primado.

41.5. As consequências do primado

Vejamos então que consequências retirou o TJ do facto de os Estados membros devem assegurar a primazia do direito da União sobre os direitos nacionais:

A) A não aplicação do direito nacional incompatível – cabe tanto aos tribunais nacionais como às autoridades administrativas, incluindo a administração descentralizada do Estado[8], assegurar

---

[8] Ac. de 22/6/89, *Fratelli Costanzo*, proc. 103/88, Rec. 1989, p. 1861.

432 *Curso de Direito Constitucional da União Europeia*

a aplicação integral do primado e conferir protecção aos direitos que este atribui aos particulares, não aplicando toda e qualquer norma nacional contrária[9]. Esta regra aplica-se também às sanções penais. Ou seja: uma sanção, ainda que penal, pronunciada em virtude de uma disposição nacional contrária ao direito comunitário está privada de base legal[10]. Além disso, mais recentemente, o TJ admitiu, no caso *Factortame*[11], que o juiz nacional nas providências cautelares pode decretar a suspensão da aplicação da disposição nacional até ao momento em que a compatibilidade ou a incompatibilidade seja estabelecida. Esta jurisprudência foi depois desenvolvida, no caso *Zuckerfabrik*[12], no qual o TJ esclareceu que a regra estabelecida no acórdão anterior se aplica também no caso de a incompatibilidade dizer respeito ao direito derivado, sendo certo que apenas um processo de excepção de ilegalidade de um acto de direito derivado desencadeado perante o TJ pode justificar a suspensão da execução de um acto administrativo nacional perante o juiz nacional. As regras que regem este processo de suspensão são regras comunitárias, sendo necessário que a suspensão seja de natureza a evitar um prejuízo grave e irreparável ao que a suscita, antes que o Tribunal não se tenha podido pronunciar sobre a excepção;

B) A interpretação do direito nacional conforme ao direito comunitário – toda a autoridade nacional deve, em caso de dúvida, sobre o sentido de uma disposição nacional interpretá-la à luz do direito comunitário[13];

C) A supressão ou a reparação das consequências de um acto nacional contrário ao direito comunitário – as autoridades nacionais devem apagar as consequências financeiras eventuais de todo o acto nacional declarado contrário ao direito comunitário, ou seja, devem proceder à repetição do indevido. As autoridades nacionais têm a obrigação de reembolsar todas as somas que foram percebidas em aplicação de um texto reconhecido como

---

[9] Caso *Simmenthal*, cit., p. 643 e ss.

[10] Ac. de 16/2/78, *Schonenberg*, proc. 88/77, Rec. 1978, p. 473; ac. de 16/12/81, *Regina*, proc. 269/80, Rec. 1981, p. 3079.

[11] Ac. de 19/6/90, proc. C-213/89, Col. 1990, p. I-2433.

[12] Ac. de 21/2/91, proc. C-143/88 e C-92/89, Col. 1991, p. I-534 e ss.

[13] Ac. de 4/2/88, *Murphy*, proc. 157/86, Col. 1988, p. 673; ac. de 10/4/84, *Von Colson*, proc. 14/83, Rec. 1984, p. 1891 e ss.

Parte IV – Cap. IV – Os princípios de relacio. entre o Direito da U.E.... 433

não conforme ao direito comunitário[14]. Por outro lado, mais recentemente, no acórdão *Francovich*[15], bem como na jurisprudência que se seguiu sobre esta matéria[16], o TJ afirmou a responsabilidade da autoridade pública, considerando que: «*a plena eficácia das normas comunitárias seria posta em causa e a protecção dos direitos que elas reconhecem seria enfraquecida se os particulares não tiverem a possibilidade de obter a reparação quando os seus direitos são lesados por uma violação do direito comunitário imputável a um Estado membro. O direito à indemnização encontra directamente o seu fundamento no direito comunitário*»;

D) O controlo jurisdicional efectivo da aplicação do direito comunitário – os meios processuais destinados a assegurar a salvaguarda dos direitos de que os particulares gozam em virtude do direito comunitário não devem ser menos favoráveis do que os que dizem respeito a processos similares de natureza interna, nem devem ser orientados de forma a tornar na prática impossível o exercício dos direitos conferidos pela ordem jurídica comunitária[17];

E) A obrigação para os Estados membros de fazer respeitar as regras comunitárias pelos seus nacionais, decorrente do art. 10.º TCE – os Estados devem controlar a aplicação das regras comunitárias e sancionar o seu desrespeito com sanções efectivas, dissuasivas e proporcionais, comparáveis às que se aplicam às violações do direito nacional de natureza e de importância paralela[18].

---

[14] Ac. de 16/12/76, *Rewe Zentrale*, proc. 33/76, Rec. 1976, p. 1989; ac. de 16/12//76, *Comet*, proc. 45/76, Rec. 1976, p. 2043.

[15] Ac. de 19/11/91, *Francovich*, proc. C-6-9/90, Rec. 1991, p. I-5357.

[16] Ver, entre outros, os acórdãos de 5/3/96, *Brasserie du pêcheur*, proc. C-46/93 e C-48/93, Col. 1996, p. I-1029 e ss; de 7/3/96, *El Corte Inglés*, proc. C-192/94, Col. 1996, p. I-1281 e ss; de 26/3/96, *British Telecommunications*, proc. C-392/93, Col. 1996, p. I-1631 e ss; de 23/5/96, *Hedley*, proc. C-5/94, Col. 1996, p. I-2553 e ss; de 8/10/96, *Dillenkorf*, procs. C-178, 179, 188 a 190/94, Col. 1996, p. I-4845 e ss; de 17/10/96, *Denkavit*, proc. C-283, 291 e 292/94, Col. 1996, p. I-5063 e ss; de 14/1/97, *Comateb*, proc. C-192 a 218/95, Col. 1997, p. I-165 e ss; de 22/4/97, *Eunice Sutton*, proc. C-66/95, Col. 1997, p. I-2163 e ss; de 10/7/97, *Bonifaci*, procs. C-94/95 e C-95/95, Col. 1997, p. I-3969 e ss e de 10/7/97, *Palmisani*, proc. C-261/95, Col. 1997, p. I-4025 e ss.

[17] Ac. de 9/11/83, *San Giorgio*, proc. 199/82, Rec. 1983, p. 3595.

[18] Ac. de 2/2/77, *Amsterdam Bulb*, proc. 50/76, Rec. 1977, p. 137; ac. de 21/9/83, *Deutsche Milchkontor*, proc. 205 a 215/82, Rec. 1983, p. 2664; ac. de 21/9/89, *Comissão*

41.6. O primado sobre o direito constitucional dos Estados membros

Como se viu, uma das características da constituição da União Europeia é a sua complementaridade em relação às constituições nacionais. Verifica-se uma certa homogeneidade e um fenómeno de interacção constante entre, por um lado, a constituição da União Europeia e, por outro lado, as constituições nacionais, que impede o surgimento de conflitos frequentes entre as normas constitucionais nacionais e as normas da União Europeia, pois o âmbito de aplicação de umas e outras não são, de um modo geral, coincidentes.

Assim sendo, mais do que de conflito deve falar-se em harmonia entre a constituição material da União Europeia e as constituições nacionais. Existe uma espécie de princípio da amizade das constituições nacionais à constituição da União Europeia e ao direito da UE em geral.

A questão do primado do direito da União Europeia sobre o direito constitucional dos Estados membros é, portanto, mais teórica do que real.

Na verdade, a constituição estadual aplica-se, plenamente, a todas as matérias, que não foram transferidas para a União, sendo certo que é nela que reside o fundamento da adesão de um Estado à União Europeia. Neste contexto, o Estado deve adequar a sua constituição aos compromissos que assumiu tanto interna como externamente. Nos domínios que foram atribuídos à União, o Estado não deve poder invocar as suas normas constitucionais para se furtar ao cumprimento das normas da União válidas.

Como vimos, o Tribunal afirmou que o primado se impõe em relação a toda a norma nacional, mesmo que seja constitucional[19] e que o Estado não pode alegar dificuldades internas, mesmo de ordem constitucional, para não cumprir o direito comunitário[20].

Esta questão não é, contudo, pacífica nem na doutrina nem na jurisprudência nacionais. Na verdade, os tribunais constitucionais e os supremos tribunais nacionais têm tido alguma dificuldade em reconhecer o princípio da primazia do direito da União Europeia sobre as suas próprias constituições, pelo menos, nos casos em que possam estar em causa a

---

C. Grécia, proc. 68/88, Col. 1989, p. 2695; ac. de 10/7/90, Hansen, proc. 326/88, Col. 1990, p. 2911.

[19] V. acórdãos Costa c. ENEL e Internationale Handelsgesellschaft, procs. já citados.

[20] Ac. de 6/5/80, Comissão c. Bélgica, proc. 102/79, Rec. 1980, p. 1473.

Parte IV – Cap. IV – Os princípios de relacio. entre o Direito da U.E.... 435

violação das normas constitucionais nacionais relativas aos direitos fundamentais e das normas de competência.

Tanto o *Bundesverfassungsgericht*[21], na Alemanha, como a *Corte Costituzionale*[22], na Itália, começaram por ser muito restritivos quanto a este assunto, mas têm vindo a flexibilizar a sua posição, admitindo não fiscalizar a constitucionalidade das normas da União Europeia enquanto o Tribunal de Justiça assegurar o respeito dos direitos fundamentais e das competências. Ou seja, não reconhecem ao Tribunal de Justiça a qualidade de último garante da constitucionalidade, mas, na prática, não interferem.

Já a posição do Supremo Tribunal dinamarquês[23] se afigura um pouco diferente. Este tribunal pronunciou-se sobre a compatibilidade da lei de ratificação do tratado de Maastricht com a constituição dinamarquesa de 1953. Os fundamentos de incompatibilidade invocados pelos requerentes foram a falta de especificação dos poderes transferidos para a União, bem como a incompatibilidade com o princípio da democracia. O Supremo Tribunal rejeitou ambos os fundamentos, tendo considerado que o tratado de Maastricht não violava a constituição. Esta decisão é, porém, muito controversa, na medida em que o Tribunal afirmou a sua competência, bem como a dos outros tribunais dinamarqueses, para determinar a violação dos direitos fundamentais e de outras garantias constitucionais e ainda o âmbito das delegações de competência nos órgãos comunitários.

Muito mais recente é a decisão do Conselho Constitucional francês, de 10 de Junho de 2004, em que este órgão parece admitir, explicitamente, o primado do direito comunitário derivado – no caso uma directiva – sobre a própria constituição francesa ao considerar-se incompetente para fiscalizar a inconstitucionalidade de uma lei francesa, que se limita a transpor uma directiva comunitária para o direito interno. Segundo aquele Conselho Constitucional, essa competência pertence, em exclusivo, ao juiz comunitário.

Esta decisão é, extremamente, importante, dado que marca uma viragem na jurisprudência do Conselho Constitucional francês, o qual nunca se tinha mostrado aberto ao princípio do primado.

---

[21] Ver decisões *Solange* I, de 29 de Maio de 1974, e *Solange* II, de 22 de Outubro de 1986, e ainda a decisão Maastricht, de 12 de Outubro de 1993.

[22] Ver casos *Frontini*, de 1974, e *Fragd*, de 1990.

[23] Em 6 de Abril de 1998.

436 Curso de Direito Constitucional da União Europeia

41.7. O primado do direito da União sobre o direito português

Chegados a este ponto, cumpre analisar o problema do primado do direito da União Europeia na óptica do direito português, *maxime* na óptica do direito constitucional português.

A versão originária da Constituição portuguesa de 1976, saída da Assembleia Constituinte de 1975, não continha qualquer referência ao direito das Comunidades Europeias, o que é totalmente compreensível se se pensar que Portugal não era membro das Comunidades nem se encontrava em vias de aderir.

O art. 8.º da Constituição limitava-se a regular a recepção do direito internacional na ordem jurídica interna. Na sua versão inicial, o art. 8.º CRP apenas possuía dois números: o n.º 1, que consagrava a recepção automática do direito internacional geral ou comum, e o n.º 2, que previa a recepção plena do direito internacional convencional, o que, aliás, se mantém ainda hoje.

Na primeira revisão constitucional – a revisão de 1982 – e na perspectiva da adesão de Portugal às Comunidades Europeias, que, entretanto, tinha sido pedida (Março de 1977) pelo Governo português, foi aditado um n.º 3 ao preceito *supra* referido, que dispunha o seguinte:

> *«As normas emanadas dos órgãos competentes das organizações internacionais de que Portugal seja parte vigoram directamente na ordem interna, desde que tal se encontre expressamente estabelecido nos respectivos tratados constitutivos».*

É certo que não se mencionavam, expressamente, as Comunidades Europeias nem o seu direito. Pelo contrário, referiam-se de forma genérica as normas emanadas de organizações internacionais. Todavia, dos trabalhos preparatórios do preceito resulta claro que o seu principal objectivo foi o de possibilitar a vigência do direito comunitário derivado na ordem jurídica portuguesa.

Na segunda revisão constitucional – a revisão de 1987 – suprimiu--se do n.º 3 do art. 8.º o vocábulo «expressamente», de modo a tornar possível a invocação do efeito directo das directivas, que, como se verá[24], não se encontra prevista nos tratados de modo expresso.

---

[24] Ver *infra* n.º 43.4.

Parte IV – Cap. IV – Os princípios de relacio. entre o Direito da U.E....   437

As modificações substanciais introduzidas no direito das Comunidades Europeias pelo tratado de Maastricht implicaram, como já se mencionou, a revisão constitucional em alguns Estados membros, entre os quais Portugal. Daí que a Assembleia da República tenha assumido poderes de revisão extraordinária e tenha aprovado a terceira revisão constitucional em 1992.

Em matéria de integração europeia são de realçar, fundamentalmente, as seguintes modificações:

– a introdução de uma cláusula atinente ao exercício em comum dos poderes necessários à construção europeia (art. 7.°, n.° 6);
– a inclusão do n.° 5 no art. 15.°, com o objectivo de conferir aos cidadãos dos Estados membros da União Europeia residentes em Portugal o direito de votar e de ser eleito deputado ao Parlamento Europeu. Esta modificação foi imposta pelos direitos de cidadania previstos no tratado de Maastricht;
– o poder da Assembleia da República de acompanhamento e apreciação, nos termos da lei, da participação de Portugal no processo de construção europeia (art. 166.°, al. f), actual art. 163.°, al. f), assim como a obrigação de o Governo apresentar, em tempo útil, informação referente a processo de construção da união europeia (art. 200.°, al. i), actual art. 197.°, al. i))

Já a quarta revisão constitucional – a revisão de 1997 – não teve, directamente, a ver com a entrada em vigor do tratado de Amesterdão, o qual, em bom rigor, não bulia com as normas constitucionais. Contudo, foi incluído um n.° 9 no art. 112.°, relativo aos actos normativos, que estabelece que a transposição de directivas comunitárias para a ordem jurídica interna assume a forma de lei ou de decreto-lei, retirando o poder de transposição às regiões autónomas, através de decreto legislativo regional, o que foi objecto de muita controvérsia. Em compensação foi aditada a al. x) ao art. 227.°, que prevê a participação das regiões autónomas no processo de construção europeia. Além disso, foi aditada uma nova al. n) ao art. 161.°, que consagra o poder da Assembleia da República para se pronunciar, nos termos da lei, sobre as matérias pendentes de decisão em órgãos no âmbito da União Europeia que incidam na esfera da sua competência reservada.

Em 2001 realizou-se a quinta revisão constitucional, também extraordinária, que teve, essencialmente, dois objectivos: por um lado, permitir a ratificação da Convenção de Roma que estabelece o Estatuto do Tribunal

438   *Curso de Direito Constitucional da União Europeia*

Penal Internacional e, por outro lado, adaptar a Constituição às novas exigências em matéria de espaço de liberdade, segurança e justiça.

A alteração mais relevante no domínio da integração europeia diz respeito à nova redacção do n.º 6 do art. 7.º: *«Portugal pode, em condições de reciprocidade, com respeito pelo princípio da subsidiariedade e tendo em vista a realização da coesão económica e social e de um espaço de liberdade, segurança e justiça, convencionar o exercício em comum ou em cooperação dos poderes necessários à construção da União Europeia».*

Recentemente, realizou-se a sexta revisão constitucional[25], que, para além de modificações profundas, que extravasam do âmbito deste Curso, também vai ter implicações no que diz respeito às normas relativas à construção europeia.

Assim, o n.º 6 do art. 7.º passará a ter a seguinte redacção:

> *«Portugal pode, em condições de reciprocidade, com respeito pelos princípios fundamentais do Estado de direito democrático e pelo princípio da subsidiariedade e tendo em vista a realização da coesão económica, social e territorial, de um espaço de liberdade, segurança e justiça, e a definição e a execução de uma política externa, de segurança e de defesa comuns, convencionar o exercício em comum, em cooperação ou pelas instituições da União dos poderes necessários à construção e aprofundamento da União Europeia».*

A cláusula constitucional que permite o exercício em comum dos poderes necessários à construção da União Europeia vê o seu âmbito de aplicação alargado à mera cooperação e ao exercício exclusivo de poderes por parte das instituições da União. Trata-se, pois, de legitimar, do ponto de vista constitucional, todas as formas de repartição de atribuições entre a União e os Estados membros.

Além disso, é aditado um n.º 4 ao art. 8.º que diz o seguinte:

> *«As disposições dos tratados que regem a União Europeia e as normas emanadas das suas instituições, no exercício das respectivas competências, são aplicáveis na ordem interna, nos termos definidos pelo direito da União, com respeito pelos princípios fundamentais do Estado de direito democrático».*

---

[25] A publicação da Lei Constitucional n.º 1/2004 (DR n.º 173, série I – A, de 24 de Julho, p. 4642 e ss) ocorreu após a conclusão deste Curso.

Parte IV – Cap. IV – Os princípios de relacio. entre o Direito da U.E....   439

Estas alterações têm em vista preparar a ordem jurídica constitucional portuguesa para a entrada em vigor do projecto de constituição europeia aprovado pelos Chefes de Estado e de Governo na CIG 2003/2004.

Deve sublinhar-se que escrevemos num momento de viragem constitucional. O texto da sexta revisão ainda não entrou em vigor, mas já se antevê claramente o seu resultado, pelo que, não podemos deixar de o mencionar neste Curso. Assim, em primeiro lugar, vamos analisar as normas ainda em vigor, num segundo momento, tentaremos averiguar as eventuais repercussões da sexta revisão constitucional neste domínio.

Em resumo, a constituição portuguesa contém várias normas relativas ao processo de integração europeia, mas não trata autonomamente a questão do primado do direito da União Europeia sobre o direito nacional.

A constituição portuguesa, tal como as constituições de outros Estados membros, contém uma cláusula de autorização do exercício em comum de poderes soberanos (art. 7.º, n.º 6, CRP), que legitima as eventuais transferências de soberania para a União Europeia.

Em relação à problemática do primado rege o art. 8.º, que, para além de não conter nenhuma norma de aplicação expressa ao direito da União Europeia, está longe de ser claro.

O n.º 2 do referido preceito diz-nos que as normas constantes de convenções internacionais regularmente ratificadas ou aprovadas vigoram na ordem interna após a sua publicação oficial e enquanto vincularem internacionalmente o Estado português.

O preceito não distingue entre as convenções internacionais, ou melhor, os tratados, que fazem parte do direito constitucional ou originário da União Europeia e os que não fazem, pelo que se tem entendido que os tratados institutivos das Comunidades e da União, bem como todos aqueles que os modificaram ou completaram, vigoram na ordem interna portuguesa em termos similares.

O preceito não resolve, todavia, claramente a questão da posição hierárquica das convenções internacionais no ordenamento jurídico português.

Este problema já foi estudado na disciplina de direito internacional público, em relação às convenções internacionais em geral, pelo que não vamos aqui tratá-lo desenvolvidamente. Basta referir que para a maioria da doutrina, bem como, em grande parte, o Tribunal Constitucional português, se inclinam no sentido da superioridade das convenções internacionais sobre a legislação ordinária, mas não aceitam a supremacia perante a Constituição.

440   Curso de Direito Constitucional da União Europeia

A questão que se coloca é a de saber se estas regras se aplicam também aos tratados que fazem parte do direito constitucional ou originário da União Europeia. Já sabemos que, na óptica do direito da União Europeia, a resposta é negativa. Mas agora a óptica que nos norteia é a do direito constitucional português.

Não existindo uma regra específica de recepção do direito da União Europeia no direito português, terá de se aplicar a norma do n.º 2 do art. 8.º CRP, o que, para quem como nós, defende o carácter constitucional do TUE e afasta a sua natureza internacional não é muito curial. Por outro lado, nada na Constituição aponta no sentido da prevalência destes tratados sobre a constituição. Essa prevalência terá sempre de se ir buscar à ordem jurídica da União, na medida em que o Estado português quando ratificou o Tratado de adesão se comprometeu a cumprir o primado do direito comunitário, tal como ele tinha sido afirmado pelo Tribunal de Justiça, dado que aceitou todo o acervo comunitário, incluindo a jurisprudência (v. arts. 2.º a 4.º do tratado de adesão de Portugal e Espanha às Comunidades Europeias).

No que diz respeito ao direito comunitário subordinado ou derivado rege o art. 8.º, n.º 3, CRP. Ainda que este preceito se refira às normas emanadas de organizações internacionais tem-se considerado que abrange também as normas emanadas dos órgãos das Comunidades, vigorando estas normas directamente na ordem interna portuguesa, quando isso estiver estabelecido nos tratados constitutivos.

Mais uma vez não podemos concordar, sem discutir, a aplicação do art. 8.º, n.º 3, CRP, ao direito comunitário derivado, pois, como já vimos, a natureza de organização internacional das Comunidades e da União está longe de ser pacífica. Em nosso entender, tanto a União como as Comunidades já há muito ultrapassaram esse estádio.

De qualquer forma, seja qual for a posição que se tome a este propósito, uma coisa é certa: o art. 8.º, n.º 3, não resolve o problema da hierarquia das normas de direito comunitário derivado no ordenamento jurídico português. Antes se limita a consagrar o efeito directo e a aplicabilidade directa, nos casos em que as normas gozam dessas características no ordenamento comunitário.

Assim, é também à ordem jurídica comunitária que se tem de ir buscar a resposta a esta questão. Já sabemos que na óptica do direito da União, o direito derivado prevalece sobre o direito dos Estados membros nos mesmos termos em que tal se verifica em relação ao direito originário.

Antes de terminar, convém sublinhar que as críticas formuladas às actuais normas constitucionais em matéria de recepção do direito da

União Europeia no ordenamento jurídico português serão, em breve, ultrapassadas pelo n.º 4 aditado ao art. 8.º, pela sexta revisão constitucional, na medida em que este preceito autonomiza a recepção do direito da União Europeia em relação ao restante direito internacional. Do que dissemos atrás facilmente se pode inferir que concordamos com esta autonomização.

A vigência do direito constitucional e do direito subordinado da União Europeia na ordem jurídica portuguesa está, todavia, condicionada ao respeito por parte da União das suas competências, não se esclarecendo quem tem competência para aferir esse respeito. Trata-se do clássico problema de saber quem é o último árbitro da constitucionalidade da União – o Tribunal Constitucional português ou o Tribunal de Justiça?

A Constituição regula a hierarquia do direito constitucional e do direito subordinado da União por remissão para o direito da União, ou seja, este direito prevalecerá ou não sobre o direito nacional, incluindo o direito constitucional português, nos termos definidos pelo direito da União Europeia.

Esta é, aliás, em última análise, a solução que defendemos à luz da actual versão da constituição, pelo que a sua consagração expressa no texto constitucional contribui, em nosso entender, para uma maior clareza e representa um ganho em termos de transparência.

Deve referir-se ainda que a parte final do preceito condiciona a remissão para o direito da União Europeia ao respeito pelos princípios fundamentais do Estado de direito democrático. Na verdade, esta limitação é mais aparente do que real, dado que, como vimos, a União Europeia também se fundamenta nesses princípios. De qualquer forma, uma questão fica por responder: caso se verifique esse desrespeito, quem vai ser o árbitro desse eventual conflito.

42. O princípio da aplicabilidade directa do Direito da União

42.1. Noção e fundamento

A aplicabilidade directa é a susceptibilidade de aplicação de um acto ou de uma norma comunitária na ordem jurídica nacional, sem necessidade de mediação por parte do Estado. Daí não se deve inferir a desnecessidade de aprovação de medidas de execução da norma, que podem ser da competência do Estado membro ou dos órgãos comunitários, designadamente, da Comissão.

442 *Curso de Direito Constitucional da União Europeia*

A aplicabilidade directa fundamenta-se no art. 249.º TCE, quando estabelece que o regulamento é directamente aplicável.

42.2. O âmbito

De entre todas as fontes de direito da União Europeia, o tratado apenas se refere à aplicabilidade directa dos regulamentos.

Já em relação às decisões, apesar de não se verificar a menção da aplicabilidade directa no art. 249.º TCE, não se vê razões para a excluir quando se dirigem aos Estados membros.

42.3. A aplicabilidade directa do direito da União na ordem jurídica portuguesa

Como já anteriormente se adiantou, o art. 8.º, n.º 3, CRP, embora não se aplique, exclusivamente, ao direito da União Europeia, aceita na ordem jurídica constitucional portuguesa, os princípios da aplicabilidade directa e do efeito directo do direito derivado das Comunidades Europeias, nos casos em que essa aplicabilidade directa e esse efeito directo existem do ponto de vista do direito comunitário.

43. *O princípio do efeito directo do Direito das Comunidades Europeias*

43.1. A distinção entre o efeito directo e a aplicabilidade directa

A distinção entre o efeito directo e a aplicabilidade directa é tudo menos clara. Grande parte da doutrina refere os dois conceitos como equivalentes.

Porém, actualmente é o próprio TUE que assume a diferença, quando exclui o efeito directo das decisões e das decisões-quadro no âmbito do terceiro pilar, ao mesmo tempo que, no art. 249.º TCE, mantém a expressão «directamente aplicável em todos os Estados membros» para caracterizar os regulamentos.

Assim, enquanto a aplicabilidade directa é a susceptibilidade de aplicação de um acto ou norma comunitária, sem necessidade de transposição por parte do Estado, o efeito directo é a susceptibilidade de invocação de uma norma comunitária, por parte daquele a quem essa norma

Parte IV – Cap. IV – Os princípios de relacio. entre o Direito da U.E....   443

confere direitos ou obrigações, num tribunal nacional ou perante qualquer autoridade pública, quer essa norma tenha sido transposta, quer não, por parte do Estado.

A aplicabilidade directa opera, portanto, ao nível da aplicação da norma e é automática em relação às normas que a possuem, uma vez que se encontra, expressamente, prevista no TCE para certas fontes, como é o caso dos regulamentos. O efeito directo, pelo contrário, opera ao nível da invocabilidade da norma, não é automático, pois depende da verificação de determinadas condições.

O efeito directo é, antes de tudo, uma consequência da natureza de comunidade de Estados e de cidadãos da União Europeia.

43.2. O efeito directo vertical e o efeito directo horizontal

Fala-se em efeito directo vertical quando o particular invoca a norma comunitária nas relações que estabelece com o Estado ou com qualquer entidade pública, isto é, nas relações jurídico-públicas. Pelo contrário, diz-se que há efeito directo horizontal quando a norma comunitária é invocada nas relações jurídico-privadas, ou seja, entre particulares, por qualquer um deles.

Como estudaremos seguidamente, nem sempre o TJ reconhece a versão mais ampla do efeito directo, isto é, o efeito directo horizontal. Pelo contrário, por vezes, reconhece apenas o efeito directo vertical.

43.3. O fundamento do efeito directo

Na sua versão originária, o tratado de Roma não contém qualquer referência expressa ao princípio do efeito directo. O Tribunal retirou-o do seu espírito, da sua economia e dos seus termos, permitindo, assim, desde muito cedo, uma maior implicação das pessoas no processo de integração europeia.

Os considerandos do caso *Van Gend & Loos* são a este propósito, particularmente, elucidativos:

> «*considerando que o objectivo do TCEE é de instituir um mercado comum cujo funcionamento afecta os nacionais da Comunidade, implica que esse tratado constitui mais do que um acordo que cria obrigações mútuas entre Estados contratantes;*

444 *Curso de Direito Constitucional da União Europeia*

> *esta concepção encontra-se confirmada pelo preâmbulo do tratado, que para além dos governos, visa os povos, e de forma mais concreta pela criação de órgãos que institucionalizam direitos soberanos cujo exercício afecta tanto os Estados como os cidadãos;*
> *(...)*
> *que, partindo o direito comunitário, independente da legislação dos Estados membros, ao mesmo tempo que cria encargos para os particulares, também está destinado a criar direitos que entram no seu património jurídico;*
> *estes nascem não apenas quando uma atribuição específica é feita pelo Tratado, mas também em razão de obrigações que o tratado impõe de uma maneira definida tanto aos particulares como aos Estados membros ou aos órgãos comunitários»*[26].

O Tribunal concluiu, neste acórdão, pelo efeito directo do art. 12.º TCEE (actual art. 25.º TCE), ou seja, pela criação de direitos individuais que os tribunais internos devem salvaguardar, fazendo, no entanto, depender a invocação da norma comunitária de várias condições:

> *«considerando que o texto do artigo 12.º enuncia uma interdição clara e incondicional que não é de fazer, mas de não fazer;*
> *que esta obrigação não está sujeita a qualquer reserva dos Estados de subordinar a sua execução a um acto positivo de direito interno;*
> *que esta obrigação se presta perfeitamente pela sua própria natureza a produzir efeitos directos nas suas relações jurídicas entre os Estados membros e os seus nacionais;*
> *tendo em conta que a execução do art. 12.º não necessita de uma intervenção legislativa dos Estados»*[27].

Assim, numa primeira fase, o TJ exigiu como condições para se poder invocar a norma comunitária a clareza, a precisão, o carácter completo e juridicamente perfeito e a enunciação de uma obrigação incondicional. O efeito directo apareceu, portanto, ligado à ideia da ausência da necessidade de medidas nacionais ou comunitárias.

---

[26] Ac. de 5/2/63, *Van Gend & Loos*, proc. 26/62, Rec. 1963, p. 1 e ss, p. 13.
[27] Proc. cit., p. 12.

Parte IV – Cap. IV – Os princípios de relacio. entre o Direito da U.E.... 445

Posteriormente, o Tribunal abandonou esta exigência e admitiu que as disposições que implicavam certas obrigações de fazer podiam ter efeito directo se as entidades que deviam adoptar as medidas de aplicação não dispusessem de qualquer margem de apreciação, sendo apenas necessário que a norma fosse clara, precisa e incondicional[28].

O efeito directo, ao contrário do primado, não é absoluto.

43.4. O âmbito do efeito directo restrito ao Direito das Comunidades Europeias

Antes de mais, deve salientar-se que a teoria do efeito directo se aplica apenas ao direito das Comunidades Europeias e não a todo o direito da União Europeia. Na verdade, as als. a) e b) do n.º 2 do art. 34.º TUE excluem, expressamente, o efeito directo das decisões-quadro e das decisões do terceiro pilar. Também não faz sentido invocar o efeito directo no que toca às decisões adoptadas no âmbito da PESC.

O Tribunal de Justiça reconheceu, mediante certas condições, o efeito directo em relação às normas do direito constitucional ou originário, do direito subordinado ou derivado e do direito internacional que vincula a Comunidade Europeia.

A) O direito constitucional ou originário

O Tribunal de Justiça reconheceu o efeito directo em relação às seguintes categorias de normas do tratado institutivo da Comunidade Europeia:

– as disposições em matéria de concorrência que se dirigem directamente a particulares (antigos arts. 85.º e 86.º, actuais arts. 81.º e 82.º TCE[29]);

– as disposições que contêm proibições ou impõem abstenções aos Estados membros (art. 7.º, n.º 1, TCEE, hoje revogado[30]; art. 12.º, actual art. 25.º TCE; arts. 31.º[31] e 32.º, par. 1.º TCEE, hoje revo-

---

[28] Esta tese começa por ser aflorada no ac. de 16/6/66, *Lütticke* (proc. 57/65, Rec. 1966, p. 293), mas é no ac. de 19/12/68, *Salgoil* (proc. 13/68, Rec. 1968, p. 661) que vem a ser consagrada. Mais tarde foi confirmada noutros acórdãos, como, por exemplo, no ac. de 21/6/74, *Reyners*, proc. 2/74, Rec. 1974, p. 631.

[29] Ac. de 10/7/80, *Marty/Lauder*, proc. 37/79, Rec. 1980, p. 2841 e ss.

[30] Ac. de 28/6/78, *Kenny/Insurance Officer*, proc. 1/78, Rec. 1978, p. 1489.

[31] Caso *Salgoil*, cit., p. 661.

446 *Curso de Direito Constitucional da União Europeia*

gados[32]; art. 37.º, actual art. 31.º TCE[33]; art. 53.º TCEE, hoje revogado[34]; art. 95.º, pars. 1.º[35] e 2.º, actual art. 90.º TCE[36]);
– as disposições que impõem obrigações de resultados precisos, nas quais se incluem as normas cuja execução possa ser concretizada num certo prazo, quer através de actos dos órgãos comunitários, quer através de medidas a tomar pelos Estados (arts. 13.º, n.º 2, TCEE, hoje revogado[37]; art. 37.º, actual art. 31.º TCE[38]; art. 48.º, actual art. 39.º TCE[39]; art. 59.º, par. 1.º, actual art. 49.º TCE[40]) e as disposições que impõem obrigações insusceptíveis de apreciação (art. 5.º, actual art. 10.º TCE; art. 32.º, par. 2.º, TCEE, hoje revogado; art. 90.º, par. 2.º, actual art. 86.º, par. 2.º TCE[41]; art. 97.º TCEE, hoje revogado; art. 102.º, actual art. 97.º TCE; art. 107.º, actual art. 108.º TCE).

B) O direito subordinado ou derivado

O Tribunal não se ficou pela aplicação do princípio do efeito directo ao direito constitucional. Pelo contrário, estendeu-o a outras fontes de direito comunitário, que vão desde o direito subordinado aos acordos internacionais concluídos pelas Comunidades, o que, em muito, contribuiu para o aprofundamento da «implicação» dos cidadãos no processo de integração europeia.

i) *O regulamento*

O regulamento, em razão da sua própria natureza, é invocável de pleno direito pelos particulares, pois é, para eles, uma fonte de direitos

---

[32] *Idem, ibidem.*
[33] Caso *Hansen,* proc. 91/78, cit, p. 935.
[34] Caso *Costa Enel,* cit., p. 1141.
[35] Caso *Lütticke,* cit., p. 294.
[36] Ac. de 14/4/68, *Fink Frucht,* proc. 27/67, Rec. 1968, p. 327.
[37] Ac. de 27/3/80, *Denkavit,* proc. 61/79, Rec. 1980, p. 1205.
[38] Caso *Hansen,* cit., p. 935.
[39] Caso *Van Duyn,* cit., p. 1348.
[40] Ac. de 3/12/74, *Van Binsbergen,* proc. 33/74, Rec. 1974, p. 1299.
[41] Ac. de 27/3/74, *BRT/Sabam,* proc. 127/73, Rec. 1974, p. 313; ac. de 11/4/89, *Ahmed Saeed,* proc. 66/86, Col. 1989, p. 803; ac. de 18/6/91, *ERT,* proc. C-260/89, Col. 1991, p. I-2925, I-2963.

Parte IV – Cap. IV – Os princípios de relacio. entre o Direito da U.E....   447

e obrigações[42]. O regulamento impõe obrigações aos Estados e aos particulares, pelo que, consequentemente, dispõe de um efeito directo vertical em relação às autoridades nacionais e de um efeito directo horizontal em relação aos particulares[43].

ii) A directiva

Mais tarde, o Tribunal reconheceu também o efeito directo das normas das directivas, embora de um modo muito mais restrito do que em relação a outras normas, designadamente, as normas dos tratados institutivos das Comunidades.

Esse reconhecimento está, antes de mais, associado ao facto de o Conselho ter adoptado directivas cada vez mais pormenorizadas, que acabavam por impor obrigações incondicionais, assemelhando-as aos regulamentos.

Foi no caso *Van Duyn* que o TJ, pela primeira vez, reconheceu efeito directo a uma directiva, embora em dois acórdãos anteriores[44] já tivesse aceite o efeito directo das directivas em ligação com outras fontes de direito comunitário.

No referido caso *Van Duyn,* o Tribunal fundamentou o efeito directo da directiva nos seguintes argumentos:

– *«seria incompatível com o efeito obrigatório que o art. 189.º[45] reconhece à directiva excluir, em princípio, que a obrigação que ela impõe possa ser invocada pelas pessoas afectadas;*
– *particularmente nos casos em que as autoridades comunitárias teriam, por directiva, obrigado os Estados a adoptar um determinado comportamento, o efeito útil de tal acto encontrar--se-ia enfraquecido se os particulares fossem impedidos de se prevalecer dele em justiça e os tribunais nacionais impedidos de o ter em conta enquanto elemento de Direito Comunitário;*

---

[42] Ac. de 14/12/71, *Politi*, proc. 43/71, Rec. 1971, p. 1039; ac. de 17/5/72, *Leonesio*, proc. 93/71, Rec. 1972, p. 287.

[43] Ac. de 10/10/73, *Variola*, proc. 34/73, Rec. 1973, p. 981.

[44] No caso *Grad* (proc. cit., p. 825), o Tribunal reconheceu o efeito directo de uma directiva em ligação com uma decisão e no caso *SPA S.A.C.E.* (ac. de 17/12/70, proc. 33/70, Rec. 1970, p. 1213) o TJ reconheceu o efeito directo da directiva em conjugação com uma norma do Tratado.

[45] Actual art. 249.º TCE.

448 *Curso de Direito Constitucional da União Europeia*

– *o art. 177.[046] que permite aos tribunais nacionais demandarem o Tribunal sobre a validade e a interpretação de todos os actos das instituições, sem distinção, implica que estes actos são susceptíveis de ser invocados pelos particulares sem distinção»*[47].

A invocação do efeito directo da directiva depende, todavia, de um exame casuístico da natureza, da economia e dos termos da disposição em causa e limita-se às relações entre os Estados e os particulares (cons. 16).

No caso *Ursula Becker*[48] o TJ admite que o facto de a directiva deixar uma certa margem de manobra aos Estados não exclui que certas disposições, tendo em conta o seu objecto próprio, se puderem ser destacadas do conjunto e aplicadas como tal, possam ser invocadas pelos particulares.

Deve ainda sublinhar-se que o efeito directo opera num sentido único – o sentido ascendente – do particular para o Estado e não no sentido contrário. Ou seja, não é possível ao Estado invocar a directiva contra o particular, o que se compreende se tivermos em conta, por um lado, que o cumprimento da directiva, por natureza, compete ao Estado e não aos particulares, e, por outro lado, que a invocação da norma da directiva só tem sentido quando o Estado não efectuou a transposição ou a efectuou de modo incorrecto, pelo que não pode beneficiar de uma actuação contrária ao Direito. Não existe, portanto, o efeito directo vertical invertido.

Problema diverso é o do efeito directo horizontal da directiva, isto é, a possibilidade de invocação perante particulares das normas da directiva.

O Tribunal tem sido, neste aspecto, bastante restritivo. Assim, no acórdão *Marshall*[49] recusou o efeito directo das normas da directiva, com fundamento no facto de que, de acordo com o art. 189.° (actual art. 249.° TCE), as directivas só serem obrigatórias para os Estados membros destinatários. Ora, se a directiva não pode criar obrigações para os particulares também não pode ser invocada contra particulares[50].

---

[46] Actual art. 234.° TCE.

[47] Caso cit., p. 1349.

[48] Ac. de 19/1/82, proc. 8/81, Rec. 1982, p. 53, *maxime* p. 71.

[49] Ac. de 26/2/86, proc. 152/84, Col. 1986, p. 749.

[50] Apesar de as conclusões dos advogados-gerais VAN GERVEN no sentido do reconhecimento do efeito directo horizontal nos casos *Barber* (ac. de 17/5/90, proc. C-262/88, Col. 1990, p. I-1889) e *Marshall* (ac. de 2/8/93, proc. C-271/91, Col. 1993, p. I-4367) e JACOBS no caso *Vaneetveld* (ac. de 3/3/94, proc. C-316/93, Col. 1994,

Parte IV – Cap. IV – Os princípios de relacio. entre o Direito da U.E....   449

Esta jurisprudência restritiva em matéria de efeito directo horizontal das directivas tende a ser compensada pela imposição da obrigação ao juiz nacional de interpretar as disposições do direito nacional, anteriores e posteriores à directiva, conforme ao texto e à finalidade da directiva[51] e ainda pela consagração de um conceito amplo de Estado que abrange a própria administração descentralizada estadual[52], ou seja, o Tribunal permite a invocação da directiva contra o Estado membro (desde que estejam preenchidos os outros requisitos), quer ele esteja a agir no uso do *jus imperii*[53], quer não. Esta dupla atenuação da recusa de efeito directo horizontal até já levou alguns autores a criarem um conceito novo – o conceito de efeito indirecto das directivas.

O Tribunal ultrapassou, portanto, as eventuais limitações da concepção restrita de efeito directo das directivas, mas continua a não aceitar o efeito directo horizontal das normas das directivas.

iii) *A decisão*

Como já se viu, quando se estudou a decisão como fonte de direito subordinado ou derivado[54], o Tribunal reconheceu o efeito directo da decisão que se dirige aos Estados. Se a decisão se dirige aos particulares e às empresas, estes podem invocá-las directamente, sem necessidade de recorrer à teoria do efeito directo.

A invocação das normas da decisão depende, todavia, do preenchimento de algumas condições, a saber, a clareza, a precisão e a incondicionalidade.

C) Os acordos internacionais de que a Comunidade é parte

O Tribunal admitiu ainda o efeito directo das disposições de um acordo internacional de que a Comunidade é parte.

O Tribunal aflorou esta questão, pela primeira vez, nos casos *International Fruit*[55] e *Schlüter*[56], tendo recusado a possibilidade de os

---

p. I-763), o TJ reafirmou, mais recentemente, a sua jurisprudência no caso *Faccini Dori*, (ac. de 14/7/94, proc. C-91/92, Col. 1994, p. 3347 e ss).

[51] Ac. de 13/11/90, *Marleasing*, proc. C-106/89, Col. 1990, p. I-4135.
[52] O TJ afirmou esta jurisprudência no caso *Fratelli Costanzo*, cit., p. 1871.
[53] Caso *Marshall*, cit., p. 749.
[54] Ver *supra* n.º 35.1.3.3.
[55] Ac. de 12/12/72, proc. 21-24/72, Rec. 1972, p. 1219.
[56] Ac. de 24/10/73, proc. 9/73, Rec. 1973, p. 1135.

450 *Curso de Direito Constitucional da União Europeia*

particulares invocarem as disposições do GATT. Mais tarde, nos casos *Bresciani*[57], *Pabst*[58] e *Kupferberg*[59], o Tribunal admitiu a invocabilidade das disposições dos acordos, com base no seu carácter claro, preciso e incondicional.

Mais recentemente, no caso *Demirel*[60], o Tribunal afirma:

> «*uma disposição de um acordo concluído pela Comunidade com países terceiros deve ser considerada como sendo de aplicação directa se, tendo em conta os seus termos assim como o objecto e a natureza do acordo, ela comporta uma obrigação clara, precisa, que não está subordinada na sua execução ou nos seus efeitos, à intervenção de nenhum acto posterior*».

43.5. O efeito directo do Direito comunitário na ordem interna portuguesa

Como já se estudou, o art. 8.º, n.º 3, da CRP foi modificado na revisão constitucional de 1997 com o intuito de abrir a ordem jurídica constitucional portuguesa ao princípio do efeito directo do direito comunitário.

44. *O princípio da tutela judicial efectiva*

44.1. As origens e os desenvolvimentos até à década de 90

De nada serviria impor obrigações aos Estados e conferir direitos directamente aos cidadãos, se estes não os pudessem accionar em juízo.

Ora, o sistema de fiscalização judicial da União Europeia padece de um notório défice, no que diz respeito à protecção dos cidadãos, pois raros são os casos em que estes têm acesso directo aos tribunais da União Europeia e, mesmo aí, estão sujeitos a condições bastante restritas[61].

---

[57] Ac. de 5/2/76, proc. 87/75, Rec. 1976, p. 129.

[58] Ac. de 29/4/82, proc. 17/81, Rec. 1982, p. 1331.

[59] Ac. de 26/10/82, proc. 104/81, Rec. 1982, p. 3641.

[60] Ac. de 30/9/87, proc. 12/86, Rec. 1987, p. 3747.

[61] Ver *infra* n.º 48.1.1.3. e 48.1.2.5. sobre a problemática do acesso directo dos particulares aos tribunais da União Europeia em sede de recurso de anulação e de acção de omissão.

Tal não significa, todavia, que os cidadãos não tivessem hipótese de accionar os seus direitos em juízo. Sempre o poderiam fazer perante os tribunais nacionais, que por força dos princípios do efeito directo, da aplicabilidade directa e do primado, que acabámos de estudar, participam na função judicial comunitária, aplicando o direito comunitário.

O Tribunal retirou desta petição de princípio todos os corolários necessários à afirmação de um princípio da tutela judicial efectiva que deve, antes de mais, ser entendido, por um lado, como uma forma de compensar o défice judiciário da União Europeia e, por outro lado, de contribuir para a construção de uma Comunidade e de uma União de direito e para o aumento da democraticidade da justiça.

As primeiras formulações do princípio remontam ao final da década de 60.

No caso *SPA Salgoil*[62] o Tribunal afirmou que os órgãos jurisdicionais nacionais deveriam assegurar os interesses das pessoas sujeitas à sua jurisdição, que poderiam ser afectados por qualquer possível violação do Tratado, mediante a garantia de uma tutela directa e imediata.

No caso *Rewe Zentrale*[63] o Tribunal baseou no art. 5.º TCEE (actual art. 10.º TCE relativo ao princípio da solidariedade) a obrigação de os órgãos jurisdicionais nacionais assegurarem o efeito directo das normas comunitárias e no caso *Comet*[64] retirou do antigo art. 7.º TCEE (actual art. 12.º TCE sobre o princípio da não discriminação) a obrigação de os Estados assegurarem a existência de normas processuais tão eficazes para tutelar os direitos conferidos pelas normas comunitárias como as que existem para direitos semelhantes conferidos pelas normas nacionais.

Mas é já na década de 80, no caso *Johnston*[65], que o Tribunal qualifica explicitamente o princípio da tutela judicial efectiva como um direito fundamental que se baseia nas tradições constitucionais dos Estados membros e na CEDH. Esta jurisprudência foi reafirmada em vários acórdãos, dos quais se destacam os casos *Heylens*[66], *Bozetti*[67], *Comissão C. Grécia*[68] e *Hansen*[69].

---

[62] Proc. cit., p. 463.
[63] Proc. cit, p. 1989 e ss.
[64] Proc. cit., p. 2043 e ss.
[65] Proc. cit., p. 1682.
[66] Proc. cit., p. 4117.
[67] Ac. de 9/7/85, proc. 179/84, Rec. 1985, p. 2317.
[68] Proc. cit., p. 2984.
[69] Proc. C-326/89, cit., p. 2911 e ss.

452   *Curso de Direito Constitucional da União Europeia*

Mas os maiores avanços, neste domínio, datam da década de 90 e dizem respeito à consagração do princípio da tutela cautelar perante os tribunais nacionais e do princípio da responsabilidade do Estado por violação do direito comunitário.

44.2. Os desenvolvimentos mais recentes

44.2.1. O princípio da tutela cautelar perante os tribunais nacionais

No caso *Factortame*[70] o Tribunal afirma que o juiz nacional deve excluir a aplicação de uma norma de direito nacional que o impeça de decretar providências cautelares quando a sua não concessão possa produzir danos irreparáveis no património jurídico comunitário, ou seja, ainda que uma norma de direito nacional proíba o juiz nacional de decretar providências cautelares num caso concreto, este deve afastar essa norma assegurando assim a aplicação do direito comunitário. O princípio da tutela judicial efectiva pode exigir a aplicação de providências cautelares que no direito nacional não estão previstas ou até são proibidas.

Esta jurisprudência foi confirmada e reforçada nos casos *Zuckerfabrik*[71] e *Atlanta*[72].

É também para assegurar a tutela judicial efectiva que o Tribunal constrói a sua jurisprudência relativa à responsabilidade dos Estados por violação de actos comunitários.

44.2.2. O princípio da responsabilidade dos Estados por violação do direito comunitário

Como já mencionámos, no caso *Francovich*[73], afirma-se a obrigação de o Estado indemnizar os particulares afectados pela não transposição ou transposição incorrecta para o direito nacional de uma directiva, desde que se verifiquem três requisitos: a) a directiva deve implicar a atribuição de direitos a favor dos particulares; b) o conteúdo desses direitos deve

---

[70] Proc. cit., p. I-2466 e ss.
[71] Proc. cit. p. I-415 e ss.
[72] Ac. de 9/11/95, proc C-465/93, Col. 1995, p. I-3761 e ss.
[73] Proc. cit., p. I-5403 e ss.

Parte IV – Cap. IV – Os princípios de relacio. entre o Direito da U.E.... 453

poder ser identificado com base nas normas da directiva em causa; c) deve existir um nexo de causalidade entre o incumprimento da obrigação que incumbe ao Estado e o dano sofrido pelas pessoas afectadas. Este direito à indemnização dos particulares deriva directamente do direito comunitário – do art. 5.º TCEE (actual art. 10.º TCE) – e é condição inerente do sistema jurídico comunitário, mas compete aos ordenamentos jurídicos dos Estados designar os órgãos jurisdicionais competentes e regular as modalidades processuais dos meios judiciais destinados a garantir a plena protecção dos direitos conferidos aos indivíduos pelo direito comunitário.

O caso *Francovich* suscitou muitas dúvidas tanto na doutrina como nos tribunais nacionais, que suscitaram inúmeras questões prejudiciais, em que o TJ vai esclarecer e desenvolver a sua jurisprudência inicial[74]. O fundamento da responsabilidade do legislador por violação do direito comunitário é o princípio da tutela judicial efectiva, ou seja, a plena eficácia das normas comunitárias e a protecção dos direitos que ela reconhece.

A mais recente jurisprudência do TJ sobre a responsabilidade do Estado por violação de actos comunitários vem conferir uma protecção complementar aos indivíduos. O direito dos Estados membros e os tribunais nacionais estão, assim, ao serviço da aplicação efectiva dos direitos que são conferidos pelo direito comunitário aos cidadãos da União.

A jurisprudência do TJ relativa ao princípio da tutela judicial efectiva deve ser entendida no âmbito mais vasto da caracterização da União Europeia como uma *União de direito* e das Comunidades como uma *Comunidade de direito democrática*, pois o respeito do Direito não se concebe sem a possibilidade de os cidadãos poderem accionar os seus direitos em juízo.

45. *Os princípios de relacionamento das ordens jurídicas da União e nacionais no projecto de constituição europeia*

Todos os princípios acabados de estudar obtêm consagração, mais ou menos explícita, no projecto de constituição europeia.

A) O princípio da autonomia sai reforçado, uma vez que o projecto de constituição europeia contribui para o aprofundamento da construção

---

[74] Ver acórdãos citados na nota 16.

454 *Curso de Direito Constitucional da União Europeia*

da ordem jurídica da União como uma ordem jurídica constitucional transnacional e, portanto, específica, afastando-as, cada vez mais da ordem jurídica internacional.

Com efeito a estrutura orgânica contém, como vimos, particularidades que não se compadecem com qualquer outra ordem jurídica conhecida nacional ou internacional, como, por exemplo, a designação do Presidente do Conselho Europeu pelos seus pares, por maioria qualificada e com um mandato de dois anos e meio, a figura do Ministro dos Negócios Estrangeiros ou ainda a existência de um Parlamento composto por representantes dos cidadãos europeus e eleito por sufrágio directo e universal.

O sistema de fontes procura conformar-se ao constitucionalismo, na medida em que distingue actos legislativos de actos de execução, bem como órgãos legislativos de órgãos de execução.

O controlo jurisdicional do direito da União sai reforçado, uma vez que se dá um alargamento da jurisdição do TJ pela inclusão dos actos do antigo terceiro pilar, embora com algumas limitações.

B) O princípio do primado foi o que mais polémica gerou, pelo menos em Portugal, devido, sobretudo, à sua consagração expressa, pela primeira vez, na história da integração europeia, no texto fundamental.

Na verdade, o texto aprovado pela convenção europeia contém uma norma – o art. I-10.º, n.º 1 – segundo a qual a constituição e o direito adoptado pelos órgãos da União no exercício das competências que lhe são atribuídas primam sobre o direito dos Estados membros. O n.º 2 do mesmo artigo prevê que os Estados membros devem tomar todas as medidas gerais ou específicas necessárias para garantir a execução das obrigações decorrentes da constituição ou resultantes dos actos das instituições da União.

Apesar da polémica, e de algumas dúvidas quanto à redacção do preceito, a CIG 2003/2004 acabou por incluir o princípio do primado no projecto de constituição, com adaptações formais. O n.º 2 do preceito foi deslocado para o art. I-5.º n.º 2, relativo às relações entre a União e os Estados membros. O que restou do antigo art. I-10 – o n.º 1 – passou para um novo preceito – o art. I-5.ºbis –, que é, portanto, bastante mais lacónico.

Assim, o projecto de constituição aprovado pela CIG consagra o princípio do primado do direito da União sobre os direitos dos Estados membros, mas deve sublinhar-se que da sua letra não resulta totalmente claro o seu âmbito de aplicação, podendo admitir-se interpretações mais amplas ou mais restritas.

Parte IV – Cap. IV – Os princípios de relacio. entre o Direito da U.E....   455

Assim, numa interpretação ampla a expressão «o direito adoptado pelos órgãos da União», abrangeria qualquer acto ou norma da União, quer fizesse parte de um acto legislativo, quer se inserisse num acto não legislativo. Todavia, uma interpretação restrita pode justificar a exclusão do primado, quando estão em causa actos não legislativos.

A expressão «primam sobre o direito dos Estados membros» também é bastante ambígua e pode dar azo a muita discussão. Numa interpretação ampla, o direito dos Estados membros, a que alude o art. I-5.ºbis, seria todo o direito, incluindo o próprio direito constitucional. Numa interpretação restrita, excepcionar-se-iam as constituições estaduais.

O art. I-5.ºbis só se pode compreender se tivermos em conta, para além do elemento literal, os elementos histórico, teleológico e sistemático da interpretação.

Do elemento literal resulta que o direito da União que prevalece sobre os direitos nacionais tem de respeitar as regras de repartição de atribuições entre os Estados e a União. Ou seja, como as atribuições da União lhe são previamente conferidas pelos Estados membros, são estes que, em última análise, decidem se em determinada área as suas normas devem ou não ceder perante as normas da União.

Se analisarmos os trabalhos preparatórios do projecto de constituição, designadamente, os trabalhos da convenção europeia, assim como os da CIG 2003/2004, podemos facilmente chegar à conclusão que o objectivo do preceito é conferir dignidade constitucional à jurisprudência comunitária relativa ao princípio do primado. Daí que a cláusula do primado do art. I-5.ºbis do projecto de constituição não possa ser interpretada num sentido tão restrito que acabe por conduzir a um retrocesso em relação ao acervo jurisprudencial, mas também não deve permitir avanços significativos.

Além disso, os fundamentos últimos do princípio do primado são as ideias de solidariedade, de comunhão de interesses e de comunhão de valores entre os Estados membros, ideias que saem reforçadas no projecto de constituição. O primado tem também como objectivo assegurar a aplicação uniforme do direito da União em todos os Estados membros, pretendendo-se, por essa via, impedir que os Estados, através dos seus direitos internos, ainda que de cariz constitucional, se possam imiscuir às suas obrigações dentro da União. Ora, à medida que a União vai avançando para formas de integração de carácter político mais profundas, cada vez faz menos sentido admitir que os Estados possam, unilateralmente, produzir direito contrário a esse direito comum. O princípio do primado faz parte da essência do direito da União, ou seja, é uma sua exigência existencial.

456 *Curso de Direito Constitucional da União Europeia*

Por último, deve acrescentar-se que a consagração de uma cláusula de supremacia do direito da União não pode ser encarada como a aceitação de um princípio federal típico, a saber, *Bundesrecht bricht Ländesrecht*, dado que vários são os argumentos que apontam no sentido inverso.

Em primeiro lugar, assiste-se a um aumento das referências às constituições estaduais e às tradições constitucionais dos Estados. Assim, o art. I-5.º, n.º 1, afirma que a União respeita a identidade nacional dos Estados, reflectida nas estruturas políticas e constitucionais de cada um deles e o art. II-53.º refere que nenhuma disposição da Carta pode ser interpretada no sentido de restringir ou lesar os direitos humanos ou as liberdades fundamentais reconhecidos nas Constituições dos Estados membros.

Além disso, a cláusula do primado ínsita no projecto de constituição só poderia ser considerada tipicamente federal se se aceitasse a competência do Tribunal de Justiça para anular o direito nacional contrário ao direito da União, o que não se verifica. Logo, de um ponto de vista substancial, a cláusula do art. I-5.ºbis do projecto de constituição limita-se a consagrar a jurisprudência do TJ firmada sobre este assunto. Ou seja, o projecto de constituição não admite o primado nos termos mais amplos.

Em conclusão, a cláusula do art. I-5.ºbis limita-se a consagrar o primado nos estritos termos em que ele já faz parte do acervo da União[75].

C) O princípio da aplicabilidade directa pode inferir-se da definição de lei europeia ínsita no art. I-32.º, n.º 1, do projecto, que reza o seguinte: «a lei europeia é directamente aplicável em todo o Estado membro». Por outras palavras: a lei europeia, tal como actualmente o regulamento, não necessita de qualquer acto de transposição por parte do Estado, o que significa que goza de aplicabilidade directa.

D) O princípio do efeito directo não encontra qualquer aceitação expressa no projecto de constituição europeia. Mas deve entender-se que continuará a vigorar na ordem jurídica da União pela via jurisprudencial. Com efeito, o art. IV-3.º, n.º 4, do projecto, no domínio da sucessão das normas, estabelece que a jurisprudência do TJ e do TPI anterior à entrada

---

[75] Esta era também a posição da Presidência italiana, que, na proposta apresentada ao Conclave de Nápoles sugeria a inserção de uma declaração na acta final nos seguintes termos: «a Conferência constata que o disposto no n.º 1 art. I-10.º reflecte a jurisprudência existente do Tribunal de Justiça».

em vigor da constituição é fonte de interpretação do direito da União, o que significa que o princípio do efeito directo continuará a poder ser invocado, pelo menos, em relação às normas constantes da constituição, das leis-quadro e das convenções internacionais nas mesmas condições em que hoje pode ser invocado em relação às normas do TUE, das directivas e das convenções.

E) <u>O princípio da tutela judicial efectiva</u> sai reforçado do projecto de constituição europeia, desde logo porque o art. II-47.º da Carta consagra expressamente o direito a acção judicial efectiva. Além disso, como veremos melhor, no capítulo seguinte, o projecto de constituição europeia flexibilizou as condições de acesso dos particulares ao recurso de anulação (art. III-270.º, n.º 4) e admite o recurso de anulação das medidas restritivas contra pessoas singulares ou colectivas adoptadas com fundamento no art. III-209.º (art. III-282, par. 2.º).

Em conclusão, os princípios de relacionamento do direito da União com os direitos dos Estados membros não foram substancialmente alterados. Pelo contrário, o projecto de constituição europeia limita-se a reiterar as soluções actualmente em vigor, embora no caso do princípio do primado se assista a uma moderada evolução, na medida em que se optou pela sua consagração expressa, eliminando, assim, eventuais dúvidas que pudessem vir a existir.

PARTE V

A GARANTIA E O CONTROLO DA CONSTITUCIONALIDADE E DA LEGALIDADE DAS NORMAS E DOS ACTOS DA UNIÃO EUROPEIA

Capítulo I

O controlo da constitucionalidade e da legalidade pelos tribunais da UE

Bibliografia específica

I) **Sobre o contencioso da União Europeia em geral**: MARIA LUÍSA DUARTE, *Contencioso Comunitário*, Cascais, 2003; FAUSTO DE QUADROS / ANA MARIA GUERRA MARTINS, *Contencioso comunitário*, Coimbra, 2002; CHRISTIAN KOENIG / MATTHIAS PECHSTEIN / CLAUDE SANDER, *EU-/EG-Prozeβrecht: mit Aufbaumustern und Prüfungsübersichten*, 2.ª ed., Tübingen, 2002; JEAN BOULOUIS / MARCO DARMON / / JEAN-GUY HUGLO, *Contentieux communautaire*, 2.ª ed., Paris, 2001; LIONEL NEVILLE BROWN / TOM KENNEDY, *The Court of Justice of the European Communities*, 5.ª ed., Londres, 2000; PAOLO BIAVATI / FEDERICO CARPI, *Diritto Processuale Comunitario*, Milão, 2.ª ed., 2000; JOSÉ PALACIO GONZÁLEZ, *Derecho Procesal y del Contencioso Comunitario*, Navarra, 2000; MAURICE-CHRISTIAN BERGERÈS, *Contentieux communautaire*, Paris, 1998; HJALTE RASMUSSEN, *European Court of Justice*, 1.ª ed., Copenhaga, 1998; K. P. E. LASOK, *The European Court of Justice: Practice and Procedure*, 2.ª ed., Londres, 1994; HANS-WERNER RENGELING / ANDREAS MIDDEKE / / MARTIN GELLERMANN, *Rechtsschutz in der Europäischen Union*, Munique, 1994; HENRY G. SCHERMERS / DENIS WAELBROECK, *Judicial Protection in the European Communities*, 5.ª ed., Deventer, 1992; GERHARD BEBR, *Development of Judicial Control of the European Communities*, Haia, 1981; G. VANDERSANDEN / A. BARAV, *Contentieux communautaire*, Bruxelas, 1977.

II) **Sobre o recurso de anulação:** ANTHONY ARNULL, *Private Applicants and the Action for Annulment Since* Codorniu, CMLR, 2001, p. 7 e ss; MARGUERITE CANEDO, *L'intérêt à agir dans le recours en annulation du droit communautaire*, RTDE, 2000, p. 451 e ss; BEGOÑA VIDAL FERNÁNDEZ, *El Proceso de Anulación Comunitario – Control Jurisdiccional de la Legalidad de las Actuaciones de las Instituciones Comunitarias*, Barcelona, 1999; BRUNO NASCIMBENE / LUIGI DANIELE (dir.), *Il ricorso di annullamento nel Trattato istitutivo della Comunità Europea*, Milão, 1998; ANTONIO SAGGIO, *Appunti sulla ricevibilità dei ricorsi d'annullamento proposti da persona fisiche o giuridiche in base all'art. 173, quarto comma, del Trattato CE*, Riv. Dir. Eur., 1997, p. 401 e ss; NANETTE A. E. M. NEUWAHL, *Article 173 Paragraph 4 EC: Past, Present and Possible Future*, ELR, 1996, p. 17 e ss; JOHN D. COOKE, *Conflict of Principle and Pragmatism Locus Standi Under Article 173 (4) ECT*, Saarbrücken,

462   *Curso de Direito Constitucional da União Europeia*

1996; MARTIN HEDEMANN-ROBINSON, *Article 173 EC, General Community Measures and Locus Standi for Private Persons: Still Cause for Individual Concern?*, EPL, 1996, p. 127 e ss; ANTHONY ARNULL, *Private Applicants and the Action for Annulment under Article 173 of the EC Treaty*, CMLR, 1995, p. 7 e ss; D. WAELBROECK / A.-M. VERHEYDEN, *Les conditions de recevabilité des recours en annulation des particuliers contre les actes normatifs communautaires*, CDE, 1995, p. 399 e ss; G. VANDERSANDEN, *Pour un élargissement du droit des particuliers d'agir en annulation contre des actes autres que les décisions qui leur sont adressées*, CDE, 1995, p. 535 e ss; PETER DUFFY, *Quelles réformes pour le recours en annulation?*, CDE, 1995, p. 553 e ss; JOSÉ CARLOS MOITINHO DE ALMEIDA, *Le recours en annulation des particuliers (article 173, deuxième alinèa, du traité CE): nouvelles réflexions sur l'expression "la concernent... individuellement"*, Festschrift EVERLING, vol. I, Baden-Baden, 1995, p. 849 e ss; PAUL NIHOUL, *La recevabilité des recours en annulation introduits par un particulier à l'encontre d'un acte communautaire générale*, RTDE, 1994, p. 171 e ss; JOSÉ CARLOS MOITINHO DE ALMEIDA, *Evolución jurisprudencial en materia de acceso de los particulares a la jurisdicción comunitaria*, Granada, 1991; HANS-WOLFRAM DAIG, *Nichtigkeits- und Untätigkeitsklagen im Recht der Europäischen Gemeinschaften*, Baden-Baden, 1985, p. 1-217.

III) **Sobre a acção de omissão:** MARIANNE DONY / THIERRY RONSE, *Réflexions sur la specificité du recours en carence*, CDE, 2000, p 595 e ss; ALISTAIR MCDONAGH, *Pour un élargissement des conditions de recevabilité des recours en contrôle de la légalité par des personnes privées en droit communautaire: le cas de l'article 175 du traité CE*, CDE, 1994, p. 607 e ss; CONCEPCIÓN ESCOBAR HERNÁNDEZ, *El recurso por omisión ante el Tribunal de Justicia de las Comunidades Europeas*, Madrid, 1993; J. RIDEAU, *Artigo 175 – Comentário*, in VLAD CONSTANTINESCO e. a., Traité instituant la CEE – commentaire article par article, Paris, 1992, p. 1059 e ss; A. BARAV, *Recours en carence*, in Dictionnaire Juridique des Communautés Européennes, p. 157 e ss; HANS-WOLFRAM DAIG, *Nichtigkeits – und Untätigkeitsklagen im Recht der Europäischen Gemeinschaften*, Baden-Baden, 1985, p. 221 e ss.

IV) **Sobre o processo por incumprimento:** FAUSTO DE QUADROS, *Introdução*, in FAUSTO DE QUADROS (Coord), Responsabilidade civil extracontratual da Administração Pública, 2.ª ed., Coimbra, 2004, p. 7 e ss; ERCÜMENT TEZCAN, *Les sanctions prévues par l'article 171, alinea 2 du Traité CE en cas de non-execution d'un arrêt de la Cour de Justice par un Etat membre et les devéloppements récents à ce propos*, ERPL/REDP, 1998, p. 40 e ss; ANNE BONNIE, *Commission Discretion under Article 171(2) EC*, ELR, 1998, p. 537 e ss; JOHN P. GAFFNEY, *The Enforcement Procedure Under Article 169 EC and the Duty of Member States to Supply Information Requested by the Commission: is there a Regulatory Gap?*, LIEI, 1998, p. 117 e ss; JOSÉ CANDELLA CASTILLO / BERNARD MONGIN, *La loi européenne, désormais mieux protegée*, RMUE, 1997, p. 9 e ss; MARIA JOSÉ RANGEL DE MESQUITA, *Efeitos dos acórdãos do Tribunal de Justiça das Comunidades Europeias proferidos no âmbito de uma acção por incumprimento*, Coimbra, 1997; FAUSTO DE QUADROS, *La responsabilidad patrimonial de los poderes públicos*, in III Coloquio Hispano--Luso de Derecho Administrativo, Valladolid, 1997, p. 137 e ss; PAOLA MORI, *Le sanzioni previste dall'art. 171 del Trattato CE: i primi criteri applicativi*, Dir. Un. Eur., 1996, p. 1015 e ss; A. MATTERA, *La procédure en manquement et la protection*

Parte V – Cap. I – O controlo da constituc. e da legal. pelos trib. da UE 463

des droits des citoyens et des opérateurs lésés, RMUE, 1995, p. 123 e ss; Dominique Ritleng, *Comentário ao artigo 171..º*, in Vlad Constantinesco e outros, Traité sur l'Union européenne – Commentaire article par article, Paris, 1995, p. 571 e ss; Javier Diez-Hochleitner, *Le Traité de Maastricht et l'inexécution des arrêts de la Cour de Justice par les Etats membres*, RMUE, 1994, p. 111 e ss (versão espanhola na Revista de Instituciones Europeas, 1993, p. 837 e ss); Fausto de Quadros, *Incumprimento (em Direito Comunitário), in DJAP*, vol. V, Lisboa, 1993, p. 204 e ss; A. Barav, *Manquement (Recours en constatation de -), in* Ami Barav / Christian Philip, Dictionnaire Juridique des Communautés Européennes, Paris, 1993, p. 639 e ss; D. Simon, *Comentário aos artigos 169.º a 171.º, in* vlad Constantinesco e. a., Traité instituant la CEE – commentaire article par article, Paris, 1992, p. 1007 e ss; Fausto de Quadros, *O princípio da exaustão dos meios internos na Convenção Europeia dos Direitos do Homem e a Ordem Jurídica portuguesa*, ROA, 1990, p. 119 e ss; Alan Dashwood, *Enforcement Actions under Articles 169 and 170 EEC*, ELR, 1989, p. 388 e ss; Beate Christina Ortlepp, *Das Vertragsverletzungsverfahren als Instrument zur Sicherung der Legalität im Europäischen Gemeinschaftsrecht*, Baden-Baden, 1987.

V) **Sobre as inovações introduzidas pelo projecto de constituição em matéria jurisdcional:** José Luís da Cruz Vilaça, *Il controllo giurisdizionale di costituzionalità: alcune riflessioni, in* Lucia Serena Rossi, Il progetto di Trattato-costituzione, Milão, 2004, p. 205 e ss; José Manuel Sobrino Heredia, *El sistema jurisdiccional el el proyecto de Tratado constitucional de la Unión Europea*, Rev. Der. Com. Eur., 2003, p. 993 e ss; A. Tizzano, *La "Costituzione europea" e il sistema giurisdizionale comunitario*, Dir. Un. Eur., 2003, p. 455 e ss.

46. *Nota justificativa*

A matéria sobre a qual nos vamos debruçar na Parte V deste Curso corresponde àquilo que, tradicionalmente, se designa por contencioso comunitário, ou melhor dito, contencioso da União Europeia.

Como co-autora de um livro sobre esta temática[1], cuja publicação é relativamente recente, poderia o leitor esperar uma simples remissão para essa sede. Todavia, optámos por incluir neste Curso uma parte autónoma sobre a garantia e o controlo da constitucionalidade e da legalidade dos actos e das normas da UE por três razões:

a) em primeiro lugar, a perspectiva constitucionalista que adoptamos neste Curso repercute-se também sobre esta matéria, o que não pode deixar de ser assinalado;

---

[1] Fausto de Quadros / Ana Maria Guerra Martins, *Contencioso Comunitário*, Coimbra, 2002.

464 *Curso de Direito Constitucional da União Europeia*

b) em segundo lugar, o manual de *Contencioso Comunitário* foi pensado, essencialmente, para estudantes do último ano do curso de direito e para licenciados que frequentam a pós-licenciatura em estudos europeus, enquanto o actual Curso de direito constitucional da UE se dirige a estudantes da disciplina de direito comunitário I, disciplina essa que é leccionada nos primeiros anos e em que não é possível aprofundar a matéria do contencioso com o mesmo grau de desenvolvimento que se efectua numa disciplina autónoma. Pensamos, pois, que a remissão pura e simples para o *Contencioso Comunitário* provocaria alguma dispersão, pelo que pretendemos aqui fornecer aos alunos uma visão mais sucinta e mais adequada às suas necessidades;

c) Em terceiro lugar, o *Contencioso Comunitário* já não se encontra totalmente actualizado, pois já lhe sobrevieram, por um lado, o tratado de Nice, e, por outro lado, o projecto de constituição europeia que trazem algumas novidades neste domínio.

Do que acaba de se afirmar não se deve, contudo, inferir um eventual afastamento substancial em relação ao manual de contencioso comunitário de que somos co-autora. Pelo contrário, em termos de conteúdo, como se poderá, facilmente, verificar, seguimo-lo de muito perto, já o mesmo não sucede em relação à estrutura, pois é aí que a nossa perspectiva constitucionalista tem maiores implicações.

47. *Os tribunais nacionais como tribunais comuns da União Europeia*

Como já mencionámos, a ordem jurídica da União Europeia não seria verdadeiramente eficaz se as suas normas não beneficiassem de uma sólida garantia jurisdicional. Quer dizer: todos os seus destinatários (União Europeia, Comunidades Europeias, órgãos comunitários, Estados e particulares) devem respeitar as normas da União.

Esta garantia foi deixada a cargo, sobretudo, dos tribunais da União – TJ e TPI – e dos tribunais nacionais em geral.

Os tribunais comuns da ordem jurídica da União são os tribunais nacionais, porque, como já estudámos, um número considerável de normas e de actos comunitários é constituído por disposições directamente aplicáveis ou com efeito directo, cabendo aos tribunais nacionais aplicá-las nos litígios que ocorram nas relações entre particulares (indivíduos ou empresas) ou entre particulares e os Estados membros.

Parte V – Cap. I – O controlo da constituc. e da legal. pelos trib. da UE   465

Por outro lado, quer o regime do processo das questões prejudiciais, tal como ele se encontra regulado no art. 234.º TCE, que estudaremos no capítulo II desta parte, quer o princípio da aplicação descentralizada do direito comunitário pelos tribunais nacionais que a jurisprudência do TJ tem vindo a aprofundar particularmente a partir da década de 90 e, de modo especial, no que respeita ao julgamento da responsabilidade extracontratual dos Estados membros por incumprimento do direito comunitário e à competência dos tribunais nacionais para decretarem providências cautelares, fundadas no direito comunitário, para proteger direitos subjectivos conferidos ao indivíduo pela ordem jurídica comunitária, mesmo contra disposições internas de sentido contrário, mais tem alargado o âmbito da jurisdição dos tribunais estaduais como tribunais comuns do contencioso da União Europeia. São, portanto, os tribunais nacionais que, em primeira linha, zelam pela aplicação do direito da União Europeia na ordem interna dos Estados membros.

48. *Os tribunais da União Europeia: o Tribunal de Justiça e o Tribunal de Primeira Instância*

O Tribunal de Justiça detém uma ampla competência, que lhe advém da enorme panóplia de meios contenciosos e da amplitude das matérias sobre as quais se pode debruçar, que vão desde o direito constitucional ao direito civil, do direito administrativo ao direito penal, do direito do trabalho ao direito do ambiente.

Como já mencionámos, não cabe no âmbito deste Curso, o estudo desenvolvido do contencioso da União Europeia. Pelo contrário, apenas importa sublinhar que os Tribunais da União Europeia podem fiscalizar a constitucionalidade e a legalidade dos actos e das normas da União.

Assim, esquematicamente, esse controlo pode ser:

a) A título preventivo:

– O processo consultivo do art. 300.º TCE.

b) A título sucessivo:

– Dos actos dos órgãos da União Europeia

   i. O recurso de anulação
   ii. A acção de omissão
   iii. A excepção de ilegalidade
   iv. A acção de indemnização

466 *Curso de Direito Constitucional da União Europeia*

– Dos actos dos Estados membros

i. O processo por incumprimento

De todos estes meios, na disciplina de direito comunitário I, vamos estudar, de modo sucinto, somente o recurso de anulação, a acção de omissão e o processo por incumprimento, deixando o seu desenvolvimento, bem o estudo de todos os outros meios contenciosos para a disciplina de direito comunitário II, quando esse for o entendimento do regente.

48.1. O controlo sucessivo dos actos dos órgãos da União Europeia

48.1.1. O recurso de anulação

O recurso de anulação está previsto nos arts. 230.º e 231.º TCE.

48.1.1.1. O objecto do recurso

O art. 230.º TCE admite recurso de anulação de actos unilaterais dos órgãos comunitários que não sejam recomendações ou pareceres.

De acordo com este preceito, em regra, apenas são impugnáveis actos que tenham a sua base jurídica no TCE, ou seja, excluem-se os actos aprovados com fundamento nas disposições do TUE relativas aos pilares intergovernamentais. Porém, o Tribunal considera-se competente para apreciar se a base jurídica definida pelos órgãos comunitários é correcta, o que o pode levar a apreciar a legalidade de certos actos praticados com base nos pilares intergovernamentais. Foi o que aconteceu, por exemplo, no caso *Comissão c. Conselho*, em que o Tribunal apreciou se a acção comum aprovada pelo Conselho, com base no art. K.3, n.º 2, al. b) (actual art. 31.º do TUE), relevava do art. 100.ºC, como defendia a Comissão[2].

A noção ampla de acto impugnável, seguida pela jurisprudência do Tribunal, leva a que o recurso de anulação não se restrinja aos actos previstos no art. 249.º TCE – regulamentos, directivas e decisões, mas,

---

[2] V. ac. de 12/5/98, proc. C-170/96, Col. 1998, p. I-2763 e ss.

Parte V – Cap. I – O controlo da constituc. e da legal. pelos trib. da UE   467

pelo contrário, abarque todo e qualquer acto que se destine a produzir efeitos jurídicos[3].

Segundo o Tribunal «*é possível interpor recurso de anulação de todas as disposições adoptadas pelas instituições, quaisquer que sejam a sua natureza e forma, que visem produzir efeitos jurídicos*»[4].

Muito recentemente, o Tribunal considerou-se inclusivamente competente para apreciar as "conclusões do Conselho", de 25 de Novembro de 2003, aprovadas em relação à República Francesa e à República Federal da Alemanha, que contêm uma decisão de suspender o procedimento relativo aos défices excessivos e uma decisão que altera as recomendações anteriormente aprovadas pelo Conselho ao abrigo do n.º 7 do art. 104.º TCE, tendo procedido à sua anulação[5].

Estabelece-se, pois, um contencioso não só de actos individuais mas também de normas. Os actos abrangidos pelo art. 230.º TCE têm, portanto, natureza e conteúdo legislativo, regulamentar e administrativo.

Assim, o recurso de anulação mais do que um recurso de contencioso administrativo, é também um instrumento de um verdadeiro contencioso constitucional de actos legislativos da Comunidade.

Deve sublinhar-se que quando estão em causa actos legislativos da Comunidade, o recurso de anulação aproxima-se muito da fiscalização da constitucionalidade sucessiva abstracta prevista na nossa Constituição no art. 280.º.

48.1.1.2. A legitimidade passiva: entidades donde emanam os actos

O art. 230.º TCE, na sua versão original, permitia impugnar somente os actos do Conselho e os da Comissão, pois eram esses os órgãos que detinham o poder legislativo.

O tratado de Maastricht, ao introduzir o procedimento de co-decisão, impôs o alargamento do âmbito da legitimidade passiva. Hoje é possível impugnar, sem quaisquer restrições, os actos obrigatórios aprovados

---

[3] Uma deliberação do Conselho que fixa uma linha de conduta obrigatória para os órgãos comunitários e para os Estados membros constitui um acto impugnável – ac. de 31/3/71, *AETR*, proc. 22/70, Rec. 1971, p. 263, 277.

[4] Ac. de 29/6/95, *Espanha c. Comissão*, proc. C-135/93, Col. 1995, p. 1651 e ss.

[5] Ver ac. de 13/7/2004, proc. C-27/04, não publicado.

conjuntamente pelo Parlamento Europeu e pelo Conselho, pelo Conselho, pela Comissão e pelo Banco Central Europeu.

O tratado de Maastricht, apesar de ter elevado o Tribunal de Contas a órgão principal da Comunidade, não consagrou a sua legitimidade passiva em matéria de recurso de anulação, o que parece explicar-se pelo facto de este órgão ter, sobretudo, competência consultiva. Porém, o Tribunal de Justiça admitiu um recurso de anulação contra actos do Tribunal de Contas, mesmo antes do tratado de Maastricht[6].

O TCE, na sua versão originária, não conferia ao PE legitimidade passiva em matéria de recurso de anulação, o que se justificava pelo facto de, inicialmente, ele não ter competência legislativa.

Todavia, já antes da entrada em vigor do tratado de Maastricht se tinha colocado a questão da legitimidade passiva do PE, tendo o TJ começado por rejeitar a possibilidade de o PE interpor o recurso previsto no art. 230.º TCE. Numa segunda fase, o TJ admitiu a legitimidade passiva do Parlamento, com fundamento no paralelismo entre o tratado CECA e o tratado CEE. No caso *Luxemburgo contra o Parlamento Europeu*[7] o Tribunal aceitou a impugnação de uma resolução do Parlamento, relativa à sua sede, por considerar que o acto dizia respeito de uma forma simultânea e indivisível às três Comunidades. Ora, sendo o Parlamento um órgão comum às três Comunidades, os meios contenciosos, previstos no preceito do TCECA, seriam também aplicáveis no quadro do tratado CE.

Finalmente, o TJ admitiu, no caso *Os Verdes*[8], a recorribilidade dos actos aprovados pelo PE no quadro estrito do TCE. Disse o Tribunal: *«A Comunidade Europeia é uma comunidade de direito, em que nem os Estados membros nem os órgãos escapam ao controlo de conformidade dos seus actos com a carta constitucional que é o Tratado. O Tratado estabelece um sistema completo de vias de recurso e de processos destinado a confiar ao TJ o controlo da legalidade dos actos».*

---

[6] Ac. de 11/5/89, *Maurissen c. Tribunal de Contas*, proc. 193 e 194/87, Col. 1989, p. 1045 e ss.

[7] Ac. de 10/2/83, proc. 230/81, Rec. 1983, p. 255, 282.

[8] Ac. de 23/4/86, proc. 294/83, Col. 1986, p. 1339, 1364.

48.1.1.3. A legitimidade activa: quem pode recorrer

O art. 173.º TCEE (actual art. 230.º TCE), na sua redacção inicial, apresenta, em matéria de legitimidade activa, uma distinção fundamental entre:

a) recorrentes privilegiados;
b) recorrentes não privilegiados.

O tratado de Maastricht veio acrescentar uma terceira categoria – a dos recorrentes semi-privilegiados – ou seja, aqueles que têm legitimidade activa com o objectivo de salvaguardar as suas prerrogativas.

a) *Os recorrentes privilegiados* são aqueles que têm legitimidade, sem ter de provar o seu interesse em agir. São os Estados membros e os órgãos comunitários, mas enquanto a Comissão e o Conselho beneficiam, desde a versão originária do tratado, de uma posição privilegiada, porque sempre se pode impugnar qualquer acto comunitário obrigatório, adoptado pelo Conselho ou pela Comissão, com fundamento em qualquer dos vícios enunciados no art. 230.º TCE, quer os seus interesses tivessem sido ou não afectados por esse acto, o Parlamento Europeu só veio a adquirir, verdadeiramente, esse estatuto com o tratado de Nice.

Na verdade, na versão originária do tratado, o Parlamento Europeu não figurava entre os órgãos que tinham legitimidade activa em matéria de recurso de anulação.

Contudo, a partir do momento em que o Tribunal admitiu a possibilidade de recurso contra actos obrigatórios do PE, levantou-se o problema da legitimidade do PE para interpor recurso de anulação contra actos do Conselho ou da Comissão.

A preocupação de manter a igualdade entre os órgãos e o paralelismo entre o recurso de anulação e a acção por omissão foram os principais argumentos aduzidos a favor desta tese. Todavia, num primeiro momento, o TJ não os aceitou[9].

---

[9] No caso *Comitologia (PE/Conselho* – ac. de 27/9/88, proc. 302/87, Col. 1988, p. 5615*)*, o PE viu o seu recurso rejeitado, pois o Tribunal julgou que, de acordo com o art. 155.º TCEE (actual art. 211.º TCE), competiria à Comissão a responsabilidade de assegurar o respeito das prerrogativas do PE e, como tal, caberia a ela interpor os recursos de anulação necessários. Deste modo, o PE não se encontrava privado dos meios de defesa das suas prerrogativas.

470   Curso de Direito Constitucional da União Europeia

Em 1990 o TJ viu-se obrigado a rever a sua posição, pois o PE requereu a anulação de um regulamento do Conselho, que fixava os níveis máximos de radioactividade admitidos para os alimentos. Aquando da consulta, o PE tinha expresso o seu desacordo quanto à base jurídica definida pela Comissão na sua proposta e tinha proposto como base legal o art. 100.ºA (actual art. 95.º), o que a Comissão havia rejeitado. Como resultava do caso vertente, era possível a Comissão e o PE apresentarem posições divergentes, pelo que a primeira não poderia defender as prerrogativas do segundo. O TJ admitiu, por isso, que o PE tinha legitimidade activa, desde que o recurso apenas pretendesse salvaguardar os seus direitos e se baseasse na violação desses direitos. Ora, um dos direitos do PE é, sem dúvida, a sua participação no processo legislativo[10].

Esta questão está hoje definitivamente resolvida, dado que o tratado de Maastricht consagrou a legitimidade activa do PE em sede de recurso de anulação.

b) Os *recorrentes não privilegiados* têm de fazer prova do seu interesse em agir.

Para além dos Estados membros e dos órgãos comunitários também os particulares podem interpor um recurso de anulação.

O art. 230.º, par. 4, do TCE permite a qualquer pessoa singular ou colectiva interpor recurso de anulação, desde que respeite as condições aí previstas.

Os particulares devem interpor o recurso de anulação no Tribunal de Primeira Instância, cabendo recurso jurisdicional do acórdão deste Tribunal para o Tribunal de Justiça[11].

Enquanto os Estados membros e os órgãos comunitários não têm que justificar o seu interesse em agir, os particulares, pelo contrário, estão sujeitos a condições imperativas muito restritas, que variam em função da natureza do acto que pretendem impugnar.

Os particulares só podem interpor recurso das decisões de que sejam destinatários, de decisões que sejam tomadas sob a forma de regulamento, ou de uma decisão dirigida a outra pessoa que lhes diga directa e individualmente respeito.

---

[10] Ac. de 22/5/90, *PE c. Conselho (Tchernobyl)*, proc. 70/88, Col. 1990, p. I-2041, 2069. No mesmo sentido, ac. de 16/7/92, *PE c. Conselho (transportadores não residentes)*, proc. C-65/90, Col. 1992, p. I-4593.

[11] Ver arts. 225.º, n.º 1, TCE, 51.º do Estatuto do Tribunal *a contrario* e 110.º e seguintes do Regulamento de Processo.

Os actos recorríveis pelos particulares são, em primeiro lugar, as decisões de que são destinatários. Neste caso, o particular terá interesse em agir, desde que a decisão lhe seja desfavorável.

O particular pode ainda impugnar as decisões que tenham sido aprovadas sob a forma de regulamento ou as decisões dirigidas a outrem que lhe digam directa e individualmente respeito (as chamadas «decisões por ricochete»).

c) *Os recorrentes semi-privilegiados* só têm legitimidade activa «*com o objectivo de salvaguardar as respectivas prerrogativas*». O tratado de Maastricht conferiu essa legitimidade ao BCE e o tratado de Amesterdão veio estendê-la também ao Tribunal de Contas. O Parlamento Europeu começou por ser recorrente semi-privilegiado, mas, como vimos, o tratado de Nice erigiu-o a recorrente privilegiado (art. 230.º, par. 2, TCE).

48.1.1.4. Os fundamentos do recurso

Segundo o art. 230.º, par. 2, TCE os vícios do acto são a incompetência, a violação de formalidades essenciais, a violação do Tratado ou de qualquer norma que o aplique e o desvio de poder.

A incompetência e a violação de formalidades essenciais afectam a legalidade externa do acto e, por isso, podem ser conhecidas *ex officio,* enquanto que a violação do Tratado ou de qualquer norma que o aplique e o desvio de poder afectam a legalidade interna do acto e têm de ser invocados pelo recorrente.

48.1.1.5. O prazo da interposição do recurso

Por razões de segurança jurídica, o recurso de anulação só pode ser interposto num determinado prazo, que é de dois meses. O recurso deve dar entrada no Tribunal antes do prazo ter expirado.

O momento a partir do qual se conta o prazo é diferente, consoante o acto é publicado no Jornal Oficial da União Europeia ou é notificado ou não ao recorrente.

No caso dos actos notificados ao recorrente o prazo começa a contar-se, segundo o art. 80.º, n.º 1, al. a), do RP, no dia seguinte à recepção da notificação.

Se, depois de ter sido notificado, o acto for publicado no JOUE esta publicação não prorroga o prazo do recurso.

472 *Curso de Direito Constitucional da União Europeia*

Se o acto tiver sido publicado no JOUE, o prazo começa a contar--se no décimo quinto dia a seguir à publicação no JOUE.

É a data da publicação que faz correr o prazo do recurso, pelo que a data da tomada de conhecimento do acto tem um carácter subsidiário relativamente às datas da publicação ou da notificação[12].

Existe uma presunção ilidível de que a data da publicação é a que figura no número do JOUE em que o acto está publicado[13].

No caso de actos não publicados nem notificados ao recorrente, porque o recorrente não foi o destinatário do acto, o prazo começa a contar-se a partir do momento em que o interessado dele tomou conhecimento. Contudo, o princípio da segurança jurídica impõe que os terceiros que pretendem impugnar o acto o façam o mais brevemente possível[14].

48.1.1.6. Os efeitos da interposição do recurso

Segundo o art. 242.º TCE, o recurso não tem efeito suspensivo. Todavia, o Tribunal pode ordenar a suspensão da eficácia do acto impugnado, se considerar que as circunstâncias o exigem.

Para o Tribunal declarar a suspensão da eficácia é necessário que estejam preenchidos três requisitos:

– o acto deve ter sido objecto de recurso de anulação;
– a invocação das circunstâncias de urgência;
– o risco de prejuízo irreparável do acto, em caso de execução imediata.

Esta possibilidade de suspensão da eficácia reveste-se de grande importância particularmente no domínio do direito da concorrência.

48.1.1.7. A competência do Tribunal

De acordo com o art. 230.º TCE, o Tribunal de Justiça[15] limita-se a exercer um controlo da constitucionalidade ou da legalidade, ou seja,

---

[12] Ac. *Alemanha/Conselho*, proc. C-122/95, cit, p. 1009 e 1010.
[13] Ac. de 25/1/79, *Racke*, proc. 89/78, Rec.1979, p. 69, 84.
[14] Ac. de 19/2/98, *Comissão/Conselho*, proc. C-309/95, Col. 1998, p. I-677.
[15] O mesmo se aplica ao Tribunal de Primeira Instância.

Parte V – Cap. I – O controlo da constituc. e da legal. pelos trib. da UE   473

apenas pode anular, ou declarar a nulidade ou a inexistência do acto ferido de um dos vícios enunciados, quando não indeferir liminarmente o recurso.

48.1.1.8. Os efeitos do acórdão

No que diz respeito aos efeitos do acórdão, há que destrinçar os efeitos temporais dos efeitos materiais.

A) Os efeitos temporais do acórdão vêm previstos no art. 231.º, n.º 1, TCE. O acórdão produz efeitos retroactivos, ou seja, tudo se passa como se o acto anulado nunca tivesse existido. O princípio da retroactividade é inerente à noção de anulação. A sua aplicação revela-se, contudo, por vezes, difícil.

Esta retroactividade dá-se a partir do dia em que o acórdão foi proferido, excepto no caso dos acórdãos do Tribunal de Primeira Instância, que anulam um acto de alcance geral, que só começam a produzir efeitos a partir da expiração do prazo de recurso desta decisão, e, no caso de ter havido recurso de um acórdão do Tribunal de Primeira Instância, a partir da rejeição deste por parte do Tribunal de Justiça.

Os actos praticados com base no acto anulado, embora não desapareçam automaticamente da ordem jurídica comunitária, perdem a sua força jurídica.

A anulação pode ser total ou parcial. O Tribunal pode proceder apenas à anulação parcial do acto, até porque se pode interpor recurso apenas contra algumas disposições do acto. Neste caso, torna-se, no entanto, necessário que essas disposições sejam separáveis. Se assim não for, o TJ deve rejeitar o recurso. Nas mesmas condições, e se o acto for divisível, também se pode anular parte do acto, mesmo que os recorrentes tenham requerido a anulação de todo o acto.

No caso dos regulamentos, há certos efeitos que podem ser ressalvados. O art. 231.º, n.º 2, TCE permite ao TJ definir quais os efeitos que considera como definitivos. O Tribunal já utilizou várias vezes esta prerrogativa[16]. Este preceito até já serviu ao TJ para salvaguardar certos efeitos do regulamento por um período posterior ao acórdão de anulação[17].

---

[16] Ver ac. de 5/7/73, *Comissão c. Conselho*, proc. 81/72, Rec. 1973, p. 575-588; ac. de 20/3/85, *Timex*, proc. 254/82, Rec. 1985, p. 870; ac. 26/3/87, *Comissão c. Conselho*, proc. 45/86, de Col. 1987, p. 1522.

[17] Ac. *Comissão c. Conselho*, proc. 81/72, cit., p. 575, 587.

474 *Curso de Direito Constitucional da União Europeia*

Esta disposição aplica-se por analogia à anulação das directivas[18].

B) <u>Os efeitos materiais acórdão</u> diferem consoante se trate de acórdão que anule um determinado acto ou de acórdão que negue provimento ao recurso.

No primeiro caso, o acórdão tem efeito de caso julgado e produz efeitos *erga omnes*. O acórdão é constitutivo de uma situação jurídica nova. Se houver um recurso sobre um acto já anulado, o Tribunal deve rejeitar liminarmente o recurso[19]. A jurisprudência do Tribunal nem sempre foi constante sobre esta questão.

No segundo caso, o acórdão também tem uma autoridade absoluta, na medida em que nem o recorrente, nem terceiros, podem voltar a interpor recurso de anulação, invocando os mesmos vícios. Mas o acto pode voltar a ser objecto de um recurso de anulação se se invocarem vícios diferentes dos que foram analisados pelo TJ ou pelo TPI.

48.1.1.9. A execução do acórdão

A execução do acórdão cabe ao órgão de que emanou o acto (art. 233.º TCE – ex-art. 176.º). É a este que cabe extrair todas as consequências do acórdão do Tribunal.

48.1.10. O recurso de anulação no terceiro pilar

O tratado de Amesterdão introduziu uma nova modalidade de recurso de anulação em sede de terceiro pilar.

O art. 35.º, n.º 6, do TUE prevê que o Tribunal de Justiça é competente para fiscalizar a legalidade das decisões-quadro e das decisões, com base nos vícios de incompetência, violação de formalidades essenciais, violação do Tratado ou de qualquer norma que o aplique e desvio de poder.

A legitimidade para recorrer, ou seja, a legitimidade activa pertence à Comissão e aos Estados membros.

O prazo do recurso é de dois meses.

---

[18] Ac. de 7/7/92, *PE c. Conselho (direito de residência dos estudantes)*, proc. C-295/90, Col. 1992, p. I-4193.

[19] Ac. de 21/12/54, *Itália c. Alta Autoridade*, proc. 2/54, Rec. 1954, p. 7, 34.

Parte V – Cap. I – O controlo da constituc. e da legal. pelos trib. da UE   475

Trata-se de um recurso de anulação, sem dúvida, influenciado pelo art. 230.º TCE, mas mais restrito. Neste caso, apenas a Comissão e os Estados membros podem interpor o recurso, ficando excluídos todos os outros órgãos comunitários, entre os quais o Parlamento Europeu. Os particulares também não têm legitimidade activa neste caso.

Deve, contudo, realçar-se que foi esta a primeira vez em que se estendeu a competência do Tribunal à anulação de actos adoptados com base no terceiro pilar. E neste caso, ao contrário do que acontece no domínio do processo das questões prejudiciais, previsto nos n.ᵒˢ 1 a 3 do art. 35.º, TUE a competência do Tribunal é obrigatória. Ou seja: não é necessária qualquer declaração de aceitação da jurisdição do TJ por parte dos Estados membros.

48.1.2. A acção de omissão

48.1.2.1. O fundamento

A acção de omissão, prevista nos art. 232.º TCE é um meio contencioso que permite reagir contra a inércia dos órgãos comunitários, ou seja, contra a ausência de manifestação de vontade por parte desses órgãos, quando estão obrigados a manifestá-la.

Este meio contencioso insere-se, tal como o recurso de anulação, no âmbito do controlo de constitucionalidade e de legalidade que o TJ exerce sobre a actuação, por acção ou por omissão, dos outros órgãos comunitários.

Efectivamente, um sistema coerente e completo de controlo da constitucionalidade e da legalidade não pode abranger unicamente os actos positivos, tem de poder censurar também os casos em que há abstenção de adoptar um acto quando a isso se está obrigado.

Se quisermos estabelecer um paralelismo com o contencioso constitucional português, diremos que quando se trata de omissões de actos legislativos a acção por omissão aproxima-se da inconstitucionalidade por omissão prevista no art. 283.º da nossa constituição.

48.1.2.2. A natureza

De acordo com o art. 232.º TCE, o Tribunal é competente para constatar que a abstenção do órgão recorrido constitui uma violação do Tratado. Parece, portanto, que a acção de omissão, tal como está concebida

476 *Curso de Direito Constitucional da União Europeia*

no TCE, não é um caso de aplicação do recurso de anulação, mas sim uma acção autónoma, de natureza declarativa, cujo objecto é fazer declarar o carácter contrário ao tratado da abstenção do órgão recorrido.

48.1.2.3. A noção de omissão

A omissão é a abstenção por parte de um órgão comunitário da prática de um acto que está obrigado a adoptar.

Assim, pode ser constitutiva de omissão a abstenção da prática de qualquer acto, seja qual for a sua natureza ou designação.

Não há dúvida de que se incluem aqui os regulamentos, directivas e decisões, previstos no art. 249.º TCE, bem como todos os outros actos obrigatórios, mesmo que não estejam previstos nesse preceito.

Pode também ser constitutiva de omissão a abstenção de praticar um acto que, não produzindo em si mesmo efeitos jurídicos obrigatórios e definitivos, constitui um acto prévio, obrigatório para a adopção de um acto que produz tais efeitos. Uma tal abstenção acaba por produzir efeitos jurídicos definitivos e obrigatórios, pois ela impede a adopção da decisão ulterior.

Exemplo desta situação é a omissão da Comissão de submeter uma proposta ao Conselho, de acordo com o art. 208.º TCE. Na ausência desta, o Conselho fica impedido de se pronunciar.

A abstenção da Comissão de desencadear um processo por incumprimento de um Estado, de acordo com o art. 226.º TCE, não é susceptível de fundamentar uma acção de omissão, pois a Comissão não está obrigada a desencadear o processo por incumprimento. Pelo contrário, dispõe de um poder de apreciação discricionário[20], que exclui o direito de os particulares exigirem da Comissão que adopte uma posição num determinado sentido.

48.1.2.4. A legitimidade passiva

Na versão originária do tratado de Roma só podiam ser fundamento de uma acção as omissões do Conselho ou da Comissão. Discutia-se, no

---

[20] Ac. de 1/3/66, *Lütticke*, proc. 48/65, Rec. 1966, p. 27 e 28; ac. de 14/2/89, *Star Fruit Company*, proc. 247/87, Col. 1989, p. 291.

Parte V – Cap. I – O controlo da constituc. e da legal. pelos trib. da UE 477

entanto, se, por equiparação com o recurso de anulação, as abstenções do Parlamento Europeu não poderiam fundamentar a acção de omissão. A maioria da doutrina inclinava-se no sentido afirmativo.

O TUE resolveu definitivamente este problema ao alargar a legitimidade passiva ao Parlamento Europeu e ao Banco Central Europeu.

48.1.2.5. A legitimidade activa

O art. 232.º TCE, tal como o art. 230.º TCE, também distingue entre os seguintes tipos de autores, consoante têm ou não de demonstrar o seu interesse em agir:

a) privilegiados;
b) não privilegiados;
c) semi-privilegiados

a) *Autores privilegiados*, segundo o art. 232.º TCE, são os Estados membros e os órgãos comunitários.

O TJ admitiu, claramente, no acórdão *Parlamento Europeu c. Conselho (política de transportes)*[21], a possibilidade de o Parlamento Europeu propor uma acção de omissão.

b) *Autores não privilegiados* são os particulares – pessoas singulares e colectivas, públicas ou privadas.

Os particulares devem propor a acção de omissão no Tribunal de Primeira Instância[22], cabendo recurso do acórdão deste Tribunal para o Tribunal de Justiça.

A possibilidade de propositura da acção por parte dos particulares está sujeita a restrições bastante acentuadas quanto à natureza do acto omitido e à eficácia do mesmo.

Os particulares apenas podem propor a acção nos casos em que o órgão comunitário *não lhes tenha dirigido um acto*, que não seja recomendação ou parecer.

48.1.2.6. O processo

O processo comporta duas fases distintas:

---

[21] Ac. de 22/5/85, proc. 13/83, Rec. 1985, p. 1515, 1588.

Curso de Direito Constitucional da União Europeia

- uma fase procedimental ou pré-contenciosa, que tem como objectivo estabelecer a omissão;
- uma fase contenciosa, que visa a impugnação da omissão perante o Tribunal.

A) A fase procedimental ou administrativa

A admissibilidade da acção de omissão está dependente de uma fase procedimental ou administrativa, na qual o órgão comunitário deve ser convidado a agir.

Esta fase tem por objectivo:

- permitir ao órgão cumprir as suas obrigações e evitar dessa forma um processo contencioso;
- fazer com que a omissão se constitua, ou seja, permite qualificar a inércia do órgão;
- determinar o momento a partir do qual começa a correr o prazo.

O convite para agir deve obedecer às seguintes características:

- ser explícito, fundamentado e indicar qual o objecto do pedido[23];
- obrigar o órgão comunitário a praticar um acto dirigido ao autor do pedido[24];
- deixar claro que, na falta de acção, o órgão comunitário poderá ser demandado em juízo, com base no art. 232.º TCE[25];
- indicar claramente qual o acto que o órgão comunitário tem de praticar[26].

Uma simples carta, que se destina a chamar a atenção do órgão comunitário para um dado facto, não pode ser considerada como um convite para agir, a partir do qual começa a correr o prazo da decisão implícita de recusa[27].

---

[22] Ver arts. 225.º, n.º 1, TCE, 51.º do Estatuto do Tribunal a contrario e 110.º e seguintes do Regulamento de Processo.

[23] Ac. de 6/5/86, Nuovo Campsider, proc. 25/85, Rec. 1986, p. 1539.

[24] Ac. de 11/7/79, Producteurs de vins de table, Despacho n.º 59/79, Rec. 1979, p. 2433.

[25] Ac. de 10/6/86, Usinor, procs. 81 e 119/85, Col. 1986, p. 1796.

[26] Ac. Nuovo Campsider, cit., p. 1539.

[27] Ac. de 4/4/73, Domenico Angelini, proc. 31/72, Rec. 1973, p. 403 a 411.

O convite para agir delimita o âmbito do pedido na posterior acção de omissão, caso o órgão comunitário se abstenha de tomar posição dentro do prazo.

O pedido, no quadro da acção de omissão, só pode incidir sobre os aspectos sobre os quais o órgão comunitário foi convidado previamente a agir. Não será admissível se incidiu sobre um acto que não foi objecto de convite para agir ao órgão em causa[28] ou se se trata de um pedido novo ou se se fundamenta numa causa jurídica diferente[29].

A acção de omissão deve ser proposta pela mesma pessoa que apresentou o convite para agir.

O convite para agir deve ser peremptório e cominatório. É a partir dele que se começam a contar os prazos, previstos no art. 232.º TCE.

Não foi ainda definido pelos Tribunais da União se, no convite para agir, é necessária a referência expressa ao art. 232.º TCE.

Os tratados não fixam o prazo no qual o autor deve convidar o órgão comunitário a agir. O TJ tem entendido, no entanto, que o princípio da segurança jurídica e da continuidade comunitária impõem que tal seja feito num prazo razoável, pois só assim se compreendem os outros prazos curtos, previstos no art. 232.º TCE[30].

B) A fase contenciosa

A passagem da fase pré-contenciosa à fase contenciosa da acção de omissão depende do facto de o órgão comunitário não ter tomado qualquer posição, no prazo de dois meses.

Assim, a noção de «tomada de posição» assume uma grande importância.

Considera-se que o órgão comunitário toma posição nos seguintes casos:

- quando adopta o acto que lhe foi solicitado – é evidente que se o órgão pratica o acto não há lugar a acção de omissão;
- quando rejeita expressamente praticar o acto que lhe foi pedido – a omissão é, por definição, a abstenção de qualquer manifestação de vontade, não se devendo confundir com a manifestação expressa de vontade negativa. A decisão expressa de rejeição é em si

---

[28] Ac. de 15/7/60, *Ch. Synd. Sidèrugie de l'Est de France*, procs. 24 e 34/58, Rec. 1960, p. 609.

[29] Ac. de 16/12/60, *Hamborner Bergbau*, procs. 41 e 50/59, Rec. 1960, p. 1016; ac. de 8/7/70, *Hake*, proc. 75/69, Rec. 1970, p. 535, 541, 543.

[30] Ac. de 6/7/71, *Países Baixos c. Comissão*, proc. 59/70, Rec. 1971, p. 653, 659.

480 *Curso de Direito Constitucional da União Europeia*

própria uma tomada de posição que interrompe a omissão. Esta decisão pode ser impugnada, com base em recurso de anulação, respeitando-se os requisitos previstos para ele[31]. O TJ aceitou, em vários acórdãos[32], o carácter de tomada de posição da decisão expressa de rejeição;

– quando adopta um acto diferente do que lhe foi solicitado – embora uma parte da doutrina tenha defendido que para cessar a omissão era necessário que o objecto da tomada de posição coincidisse com o objecto do convite para agir, o TJ afastou-se dessa tese. Da jurisprudência do TJ resulta claro que há tomada de posição quando o órgão comunitário pratica um qualquer acto relativo ao objecto do pedido, mesmo que seja diferente do que lhe foi solicitado. Ao adoptar o acto em causa o órgão comunitário rejeita implicitamente praticar o acto que lhe foi solicitado, pelo que há uma tomada de posição[33].

Nestes três casos não há, pois, lugar à fase contenciosa da acção de omissão.

Apenas se pode passar à fase contenciosa da acção de omissão se o órgão comunitário não tiver tomado posição dentro do prazo.

Considera-se que não há tomada de posição:

– se o órgão comunitário se mantém em silêncio, ou seja, se não dá qualquer resposta;
– se o órgão comunitário dá uma resposta dilatória ou de espera[34];
– se o órgão reproduz ou explica uma posição jurídica pré-existente[35];
– se dá uma resposta que não produz efeitos jurídicos.

Se o órgão comunitário toma uma posição negativa depois de expirado o prazo, a tomada de posição tardia não preclude a acção, pois

---

[31] Ac. de 15/12/88, *Irish Cement Ltd*, procs. 166 e 220/86, Col. 1988, p. 6473.

[32] Ac. de 1/3/66, *Lütticke*, proc. 48/65, Rec. 1966, p. 39; ac. de 8/3/72, *Nordgetreide*, proc. 42/71, Rec. 1972, p. 110; ac. de 18/10/79, *Gema*, proc. 125/78, Rec. 1979, p. 3190.

[33] Ac. de 14/12/62, *San Michele*, procs. 5 a 11 e 13 a 15/62, Rec. 1962, p. 859--887; ac. de 13/7/71, *Deutscher Komponistenverband*, proc. 8/71, Rec. 1971, p. 710.

[34] Ac. de 17/7/59, *Safe*, proc. 42/58, Rec. 1959, p. 381; ac. de 15/7/70, *Borromeo*, proc. 6/70, Rec. 1970, p. 822.

[35] Ac. de 6/4/62, *Meroni*, procs. 21 a 26/61, Rec. 1962, p. 145, 154.

sempre se entendeu que a acção de omissão continua a ser possível[36]. Todavia, o TJ, no acórdão *Echebastar*[37], parece ter inflectido a sua jurisprudência anterior, ao julgar que se o órgão toma uma posição, após a expiração do primeiro prazo de dois meses e antes da propositura da acção, só há lugar a recurso de anulação.

Por outro lado, se o órgão comunitário adopta o acto que o autor pretendia, após a propositura da acção, esta perderá o seu objecto[38].

48.1.2.7. Os prazos

Os prazos só começam a correr a partir do momento em que o órgão é convidado a agir.

A partir do convite para agir o órgão comunitário tem dois meses para tomar posição.

Se o órgão comunitário não tomar qualquer posição nesse prazo abre-se um novo prazo de dois meses, no qual o autor pode propor a acção de omissão.

48.1.2.8. A competência do Tribunal

No âmbito desta acção o TJ e o TPI têm apenas competência para verificar que a abstenção de agir por parte de um órgão comunitário constitui uma violação do tratado ou do direito derivado.

48.1.2.9. O conteúdo do acórdão

O conteúdo do acórdão varia consoante a natureza da competência que o órgão comunitário se absteve de exercer. Mas, quer se trate de uma competência vinculada, quer de uma competência discricionária, o órgão

---

[36] Ac. de 23/4/56, *Groupement des industries sidérurgiques luxembourgeoises*, procs. 7 e 9/54, Rec. 1956, p. 53, 89.

[37] Ac. de 1/4/93, proc. C-25/91, Col. 1993, p. 1758 (par. 11).

[38] Ac. *Groupement des industries sidérurgiques luxembourgeoises*, cit. p. 88, 89; ac. *PE c. Conselho (orçamento)*, proc. 377/87, Col. 1988, p. 4017, 4048; ac. de 12/7/88, *Comissão c. Conselho*, proc. 383/87, de 12/7/88, Col. 1988, p. 4051, 4064; ac. de 24/11/92, *Buckl*, procs. C-15/91 e 108/91, Col. 1992, p. I-6061, 6097.

482 *Curso de Direito Constitucional da União Europeia*

comunitário será obrigado a adoptar uma medida que produza efeitos jurídicos definitivos.

No caso de competência discricionária, o TJ não pode precisar o sentido e o conteúdo da medida a adoptar, embora muitas vezes dê indicações nesse sentido. No caso de se tratar de uma competência vinculada, da leitura do acórdão resulta qual a medida que o órgão deve tomar.

Podem-se descortinar três hipóteses diferentes:

– o órgão tem liberdade quanto à adopção do acto e quanto ao conteúdo;
– o órgão tem obrigação de praticar um acto cujo conteúdo não está pré-determinado;
– o órgão tem obrigação de adoptar um acto cujo conteúdo está pré-determinado.

48.1.2.10. Os efeitos do acórdão

De acordo com o art. 233.º TCE, compete ao órgão, cuja abstenção foi declarada contrária ao tratado, tomar as medidas necessárias à execução do acórdão. O acórdão tem, portanto, efeitos meramente declarativos.

48.2. O controlo sucessivo dos actos dos Estados membros: o processo por incumprimento

O processo por incumprimento está previsto nos arts. 226.º a 228.º do tratado CE, permitindo a instauração de uma acção contra um Estado membro que se considere que não cumpriu alguma das obrigações previstas no direito da União Europeia.

Como a aplicação do tratado CE está, na maior parte dos casos, a cargo dos Estados membros foi necessário criar um meio contencioso para controlar a conformidade da actuação dos Estados membros com o direito comunitário e, desse modo, dirimir os conflitos que pudessem vir a surgir a esse respeito.

48.2.1. A noção de incumprimento

O art. 226.º TCE confere competência à Comissão para iniciar a fase pré-contenciosa do processo por incumprimento se considerar que

Parte V – Cap. I – O controlo da constituc. e da legal. pelos trib. da UE   483

um Estado membro não cumpriu uma «*obrigação que lhe incumbe por força do presente Tratado*».

A noção de incumprimento não está, portanto, definida no tratado, pelo que competiu ao TJ concretizá-la. Trata-se de uma noção mais vasta do que a simples violação do Tratado, consistindo na violação por parte das autoridades estaduais de regras, normas e princípios obrigatórios do direito comunitário.

As fontes de direito comunitário cuja violação pode dar lugar a um processo por incumprimento são:

a) o direito comunitário constitucional ou originário, não estando abrangidas as regras excluídas da jurisdição do TJ pelo art. 46.º do TUE;

b) o direito comunitário subordinado ou derivado, ou seja, os actos obrigatórios dos órgãos comunitários[39]. A maior parte dos casos de incumprimento dizem respeito à não transposição de directivas por parte dos Estados membros;

c) o estatuto do Banco Europeu de Investimento;

d) os acordos internacionais concluídos pela Comunidade no âmbito da sua competência[40];

e) os princípios gerais de direito[41];

f) os acórdãos do Tribunal de Justiça são obrigatórios, embora na maior parte dos casos produzam efeitos apenas *inter partes*. Pelo contrário, os casos proferidos no âmbito de um processo por incumprimento, de acordo com o art. 228.º TCE, impõem ao Estado a obrigação de adoptar as medidas necessárias à sua execução, pelo que a sua violação pode fundamentar um outro processo por incumprimento[42];

g) os acordos concluídos pelos Estados membros, de acordo com o art. 293.º TCE, é controverso se têm como principal objectivo a realização dos fins do Tratado e se, como tal, se podem incluir

---

[39] Ac. de 8/3/60, *Alemanha c. Alta Autoridade*, proc. 3/59, Rec. 1960, p. 119, 133.

[40] Ac. de 26/10/82, *Kupferberg*, proc. 104/81, Rec. 1982, p. 3641, 3662.

[41] Como já vimos, os direitos fundamentais fazem parte integrante dos princípios gerais de direito, cujo respeito é assegurado pelo Tribunal, pelo que uma violação de tais princípios pode constituir um incumprimento no sentido do tratado.

[42] Ac. de 13/7/72, *Comissão c. Itália*, proc. 48/71, Rec. 1972, p. 529-536.

484 Curso de Direito Constitucional da União Europeia

nas fontes de direito comunitário, cuja violação pode dar lugar a um processo por incumprimento[43].

O carácter de contencioso constitucional do processo por incumprimento é claro quando o não cumprimento resulta da violação de uma norma de direito constitucional da UE.

O incumprimento tanto pode resultar de um comportamento positivo como de uma abstenção[44].

O comportamento positivo pode consistir num acto interno determinado – legislativo, regulamentar ou administrativo – incompatível com o direito comunitário existente ou num conjunto de vários actos internos.

Neste caso, o processo contra o Estado visa contestar a validade do direito interno. O Tribunal pode declarar o direito nacional contrário ao tratado, embora não tenha competência para proceder à declaração de nulidade ou de inexistência ou à anulação de qualquer norma ou acto de direito nacional.

A abstenção pode consistir na omissão da parte do Estado do seu dever de adoptar medidas de execução, previstas no direito comunitário, ou ainda no facto de ele não revogar uma lei ou um regulamento que, entretanto, se tornaram contrários ao direito comunitário.

O Tribunal, em matéria de processo por incumprimento, não está limitado à apreciação de determinados vícios especificamente previstos no tratado, como acontece, por exemplo, no âmbito do recurso de anulação.

48.2.2. O autor do incumprimento

O autor do incumprimento é o Estado no seu conjunto. O Estado é o responsável pelo incumprimento seja qual for a pessoa colectiva pública ou o órgão cuja acção ou omissão esteja na origem do incumprimento. O Tribunal considera que ainda que se trate de um *«órgão constitucionalmente independente»*[45] pode instaurar-se um processo por incumprimento.

---

[43] Para uma parte da doutrina estes acordos estão abrangidos pelos arts. 226.º e 227.º TCE, enquanto que para outros é necessário distinguir-se entre a obrigação de concluir os acordos, que se fundamenta no Tratado, e as obrigações, propriamente ditas, decorrentes dos acordos, que se baseiam num acto de direito internacional.

[44] Ac. de 17/2/70, *Restituições à exportação*, proc. 31/69, Rec. 1970, p. 25, 33.

[45] Ac. de 5/5/70, *Comissão c. Bélgica*, proc. 77/69, Rec. 1970, p. 237, 244; ac. de 18/11/70, *Comissão c. Itália*, proc. 8/70, Rec. 1970, p. 966.

Parte V – Cap. I – O controlo da constituc. e da legal. pelos trib. da UE 485

Esta expressão «*órgão constitucionalmente independente*» é muito vasta, tendo-se colocado a questão de saber se nela se incluem também as autoridades judiciárias dos Estados membros. Trata-se de um problema muito delicado, pois a resposta afirmativa acabaria por pôr em causa a independência do poder judicial nos Estados membros.

Neste contexto, as hipóteses de incumprimento que se poderiam configurar seriam, por um lado, o não respeito pelo primado ou a aplicação errada do direito comunitário por parte dos tribunais nacionais e, por outro lado, a recusa por parte de um juiz nacional em suscitar uma questão prejudicial ao TJ, de acordo com o art. 234.º TCE, quando a isso está obrigado. Como veremos[46], não foram até ao presente desencadeados processos por incumprimento com este fundamento. A Comissão tem preferido utilizar formas de persuasão informais.

As violações de direito comunitário, ou seja, os incumprimentos levados a cabo por entidades infra-estaduais, como sejam as autoridades regionais ou locais, são também imputáveis ao Estado[47].

48.2.3. A tramitação processual

Os trâmites do processo por incumprimento são diferentes consoante se trate de um processo da Comissão contra o Estado (art. 226.º TCE) ou de um processo de um Estado membro contra outro (art. 227.º TCE). Quer dizer: os trâmites do processo variam consoante a entidade que nele goza de legitimidade activa seja a Comissão ou um Estado membro. No entanto, em ambos os casos existe uma fase pré-contenciosa ou administrativa e uma fase contenciosa.

Há também casos, expressamente previstos no Tratado, em que o incumprimento de certas normas comunitárias não segue os trâmites previstos nestes preceitos. Assim, por exemplo, em matéria de controlo das ajudas de Estado (art. 88.º, par. 2, TCE) e de harmonização de legislações (95.º, par. 4, TCE) o Tratado estipula regras especiais, em derrogação dos arts. 226.º e 227.º TCE. Por outro lado, o tratado pode excluir a possibilidade de processo por incumprimento em determinadas situações. O TUE utilizou este expediente no art. 104.º, n.º 10, TCE a

---

[46] Ver *infra* n.º 51.1.4.2.
[47] Ac. de 2/12/86, *Comissão c. Bélgica*, proc. 239/85, Col. 1986, p. 3660; ac. de 14/1/88, *Comissão c. Bélgica*, procs. 227 a 230/85, Col. 1988, p. 1.

486   *Curso de Direito Constitucional da União Europeia*

propósito do défice público excessivo do Estado, tendo atribuído competência ao Conselho para sancionar estas situações.

48.2.3.1. O processo da Comissão contra o Estado membro

A) A fase pré-contenciosa ou administrativa

O processo do art. 226.º TCE inicia-se com um procedimento administrativo prévio, que é composto por duas formalidades:

- a carta de notificação;
- o parecer fundamentado.

I) A *carta de notificação* – na prática, a Comissão antes de iniciar a fase pré-contenciosa do processo por incumprimento, ou seja, antes de enviar a notificação ao Estado, procede à troca de correspondência e à discussão com esse Estado, com vista a uma solução amigável do problema.

O objectivo da fase pré-contenciosa é, portanto, o de dar a um Estado membro a oportunidade de justificar a sua posição ou, se for caso disso, o de permitir-lhe voluntariamente repor a legalidade infringida. No caso de esta tentativa de solução não ter êxito, o Estado membro é convidado a cumprir as suas obrigações, especificadas no parecer fundamentado, no prazo fixado por este[48].

A Comissão ao tomar conhecimento, por sua iniciativa ou através de queixa, de que aparentemente um Estado desrespeitou determinada obrigação, imposta pelo direito comunitário, deve começar por lhe dirigir uma carta de notificação, isto é, um pedido de esclarecimento.

Esta formalidade tem um duplo objectivo:

- permite ao Estado faltoso justificar-se perante a Comissão e, deste modo, tentar convencê-la de que não há qualquer violação do Tratado;
- dá ao Estado uma última hipótese de cumprir as suas obrigações e repor a legalidade, antes de ser proposta uma acção em Tribunal.

---

[48] Neste sentido, ver, entre outros, acórdãos de 31/1/84, *Comissão c. Irlanda*, proc. 74/82, Rec. 1984, p 317 e ss; de 18/3/86, *Comissão c. Bélgica*, proc. 85/85, Col. 1986, p. 1149 e ss; de 19/5/98, *Comissão c. Países Baixos*, proc. C-3/96, Col. 1998, p. 3031 e ss.

A carta de notificação deve identificar a violação, ou seja, a acção ou omissão de que o Estado é acusado e a norma ou normas comunitárias violadas. Deve ainda fixar um prazo para a resposta. Para atingir o seu objectivo deve circunscrever o objecto do litígio e precisar claramente as obrigações que foram desrespeitadas. A carta de notificação deve indicar ao Estado todos os elementos de que ele necessita para preparar a sua defesa[49].

Não implica uma justificação jurídica pormenorizada nem definitiva. A Comissão pode desenvolver, posteriormente, a carta de notificação no parecer fundamentado[50].

A carta de notificação constitui uma condição substancial da regularidade do processo, pois só a partir dela é que o Estado pode apresentar as suas observações escritas[51]. As observações do Estado podem infirmar a opinião da Comissão ou confirmá-la ou ainda levá-la a alterar a sua posição inicial.

Os Estados devem facultar à Comissão todas as informações necessárias ao desempenho das suas funções, desde a fase das negociações informais até ao final do processo por incumprimento[52], de acordo com o art. 10.º TCE.

A Comissão dispõe de um poder discricionário quanto à decisão de desencadear o processo por incumprimento e quanto à escolha do momento. O TJ admitiu uma acção da Comissão contra a Itália[53] nas vésperas da dissolução do parlamento italiano, por considerar que a escolha do momento da propositura da acção era da competência discricionária da Comissão.

II) O *parecer fundamentado* tem um duplo objectivo:

– a exposição das razões de direito e de facto que a Comissão considera como tendo constituido o incumprimento;
– a comunicação ao Governo do Estado das medidas que a Comissão considera necessárias para pôr fim ao incumprimento[54].

---

[49] Ac. de 15/12/82, *Comissão c. Dinamarca*, proc. 211/81, Rec. 1982, p. 4557.

[50] Ac. de 28/5/85, *Comissão c. Itália*, proc. 274/83, Rec. 1985, p. 1090.

[51] Ac. *Restituições à exportação*, cit., p. 34; ac. *Comissão c. Dinamarca*, cit., p. 4557, 4558.

[52] Ac. de 25/5/82, *Comissão c. Holanda*, proc. 97/81, Rec.1982, p. 1803; ac. de 11/12/85, *Comissão c. Grécia*, proc. 192/84, Rec. 1985, p. 3979; ac. de 24/3/88, *Comissão c. Grécia*, proc. C-240/86, Col. 1988, p. 1858.

[53] Ac. de 10/12/68, *Comissão c. Itália*, proc. 7/68, Rec. 1968, p. 428.

[54] Ac. *Aides à la reconversion des régions minières*, cit., p. 828-829.

488   *Curso de Direito Constitucional da União Europeia*

Se o Estado mantiver a situação de incumprimento poder-se-á passar à segunda parte da fase pré-contenciosa. A Comissão emite um parecer fundamentado, no qual é delimitado o objecto do litígio[55] e fixado um prazo para o Estado pôr termo ao incumprimento.

A existência de um incumprimento deve ser apreciada em função da situação do Estado membro tal como se apresentava no termo do prazo fixado no parecer fundamentado, não sendo tomadas em consideração pelo Tribunal as alterações posteriormente ocorridas[56].

O parecer é suficientemente fundamentado se contém uma exposição coerente e detalhada das razões que levaram a Comissão a considerar que o Estado faltou à ou às obrigações que lhe incumbem por força do direito comunitário[57].

O prazo deve ser razoável, tendo em conta a natureza da violação e a acção necessária para lhe pôr fim[58]. O TJ considera que, se o prazo imposto pela Comissão foi de tal maneira curto que o Estado não teve possibilidade de lhe responder, a acção deve ser rejeitada liminarmente[59].

O parecer deve estabelecer quais as medidas que a Comissão considera necessárias para pôr fim ao incumprimento[60].

O parecer fundamentado deve basear-se em motivos idênticos aos da carta de notificação dirigida pela Comissão ao Estado. Do mesmo modo, o parecer e a acção da Comissão devem ter por base as mesmas acusações. A Comissão não pode, portanto, alterar os fundamentos no decurso do processo[61]. Mas nada impede a Comissão de pormenorizar, no

---

[55] Ac. de 27/5/81, *Essevi*, proc. 142 e 143/80, Rec. 1981, p. 1413, 1433; ac. de 19/3/91, *Comissão c. Bélgica*, proc. C-249/88, Col. 1991, p. I-1275.

[56] Ac. de 2/5/96, *Comissão c. Bélgica*, proc. C-133/94, Col. 1996, p. I-2323 e ss; ac. de 17/9/96, *Comissão c. Itália*, proc. C-289/94, Col. 1996, p. I-4405 e ss.

[57] Ac. de 19/12/61, *Comissão c. Itália*, proc. 7/61, Rec. 1961, p. 654; ac. de 14/2/84, *Comissão c. Alemanha*, proc. 325/82, Rec. 1984, p. 777; ac. de 11/7/91, *Comissão c. Portugal*, proc. C-247/89, Col. 1991, p. I-3659 e ss; ac. de 16/9/97, *Comissão c. Itália*, proc. C-279/94, Col. 1997, p. I-4743 e ss; ac. de 20/3/97, *Comissão c. Alemanha*, proc. C-96/95, Col. 1997, p. 1653 e ss.

[58] Ac. de 31/1/84, *Comissão c. Irlanda*, proc. 74/82, Rec. 1984, p. 338.

[59] Ac. de 2/2/88, *Comissão c. Bélgica*, proc. 293/85, Col. 1988, p. 353.

[60] A competência da Comissão para indicar as medidas que o Estado deve adoptar foi inicialmente contestada por alguns Estados membros. O Tribunal acabou por a aceitar no ac. de 12/7/73, *Comissão c. Alemanha*, proc. 70/72, Rec. 1973, p. 828.

[61] Ac. de 9/12/81, *Comissão c. Itália*, proc. 193/80, Rec. 1981, p. 3032.

Parte V – Cap. I – O controlo da constituc. e da legal. pelos trib. da UE   489

parecer fundamentado, as acusações que já alegou de forma mais geral na notificação de incumprimento[62].

A Comissão não está obrigada a emitir o parecer fundamentado. O TJ rejeitou, desde muito cedo, toda e qualquer possibilidade de os Estados ou os particulares impugnarem a legalidade do parecer fundamentado, por não se tratar de um acto obrigatório[63].

Além disso, também não se pode obrigar a Comissão a desencadear o processo por incumprimento.

Todavia, o Estado pode ter interesse numa decisão judicial que declare que não houve incumprimento nos casos em que a Comissão decide não propor a acção no Tribunal. O parecer fundamentado pode ter criado uma situação de suspeição e incerteza na opinião pública que o Estado pretende ver esclarecida.

O parecer fundamentado é um pressuposto processual do qual depende a propositura da acção em Tribunal[64], pois o objecto do litígio está circunscrito pelo parecer fundamentado, dado que a acção judicial se deve basear nos mesmos argumentos e fundamentos deste[65].

B) A fase contenciosa: a acção por incumprimento

No caso de o Estado não actuar em conformidade com o parecer fundamentado e persistir no incumprimento, a Comissão poderá propor no TJ uma acção por incumprimento.

Por outras palavras, se o Estado cumprir as obrigações que lhe são impostas pelo tratado durante o período da discussão informal, após a carta de notificação ou durante o período de tempo que lhe foi fixado no parecer fundamentado, não é possível propor a acção por incumprimento[66].

Mas o certo é que o Estado violou o direito comunitário durante um determinado período de tempo, mais ou menos longo, consoante a rapidez de actuação da Comissão, e, com isso, pode ter causado prejuízos a terceiros.

---

[62] Ver ac. de 16/9/97, *Comissão c. Itália*, proc. C-279/94, Col. 1997, p. I-4743 e ss; ac. de 29/9/98, *Comissão c. Alemanha*, proc. C-191/95, Col. 1998, p. 5449 e ss.

[63] Ac. *Lütticke I*, cit., p. 39.

[64] Ac. de 17/5/90, *Sonito*, proc. C-87/89, Col. 1990, p. I-1981; ac. de 14/2/89, *Star fruit*, proc. 247/87, Col. 1989, p. 301.

[65] Acórdãos de 7/2/84, *Comissão c. Itália*, proc. 166/82, Rec. 1984, p. 459 e ss; de 1/12/93, *Comissão c. Dinamarca*, proc. C-234/91, Col. 1993, p. I-6273 e ss; de 12/1/94, *Comissão c. Itália*, proc. C-296/92, Col. 1994, p. I-1 e ss; de 18/6/98, *Comissão c. Itália*, proc. C-35/96, Col. 1998, p. I-3851 e ss.

[66] Ac. de 24/3/88, *Comissão c. Grécia*, proc. 240/86, Col. 1988, p. 1855.

490 Curso de Direito Constitucional da União Europeia

O tratado não prevê expressamente, no quadro do processo por incumprimento, a responsabilidade do Estado membro.

A Comissão tem adoptado alguns procedimentos com vista a ultrapassar esta situação. É exemplo disso a fixação no parecer fundamentado, não só das medidas requeridas para pôr fim ao incumprimento, mas também, quando a Comissão vê necessidade disso, da indemnização para compensar os prejuízos sofridos em virtude do incumprimento.

O próprio tratado permite à Comissão requerer, em caso de urgência, para evitar riscos graves e irreparáveis, a adopção de providências cautelares, de acordo com o art. 243.º, par. 2, TCE[67].

O art. 226.º TCE não impõe qualquer prazo para a propositura da acção, pelo que a Comissão dispõe de um poder discricionário quanto ao momento da propositura da mesma, sem prejuízo dos casos em que uma duração excessiva do procedimento pré-contencioso seja susceptível de aumentar, para o Estado em causa, a dificuldade de refutar os argumentos da Comissão e de violar assim os seus direitos de defesa[68].

No entanto, o Tribunal considera que o facto de a Comissão só propor a acção após um período prolongado não tem por efeito regularizar o incumprimento[69].

Por fim, importa averiguar se a Comissão está obrigada a propor a acção no caso de o Estado membro não actuar em conformidade com o parecer fundamentado.

O Tribunal entende que a Comissão tem a faculdade e não o dever de intentar a acção por incumprimento[70].

48.2.3.2. O processo de Estado contra Estado

Este processo também se desenrola em duas fases.

---

[67] Ac. de 21/3/77, *Comissão c. Reino Unido*, procs. 51 e 53/77, Rec. 1977, p. 921.

[68] Ver acórdãos de 16/5/91, *Comissão c. Países Baixos*, proc. C-96/89, Col. 1991, p. I-2461 e ss; de 21/1/99, *Comissão c. Bélgica*, proc. C-207/97, Col. 1999, p. I-275 e ss.

[69] Ac. de 14/12/71, *Comissão c. França*, proc. 7/71, Rec. 1971, p. 1017; ac. de 10/4/84, *Comissão c. Bélgica*, proc. 324/82, Rec. 1984, p. 1861.

[70] Neste sentido, ver ac. de 14/2/89, *Star Fruit/Comissão,* proc. 247/87, Col. 1989, p. 291 e ss; ac. *Comissão c. Alemanha,* proc. C-191/95, cit, p. 5449 e ss.

A) A fase pré-contenciosa ou administrativa

Ao abrigo do art. 227.°, par. 2, TCE o Estado deve começar por se queixar à Comissão, indicando as disposições que considera violadas e deixando clara a sua intenção de propor a acção no Tribunal caso a Comissão não actue.

A fase pré-contenciosa permite à Comissão, se o considerar oportuno, propor ela própria a acção no Tribunal.

Esta fase existe para possibilitar aos Estados interessados a apresentação, de acordo com o princípio do contraditório, das suas observações escritas e orais.

Em seguida, a Comissão deve emitir um parecer fundamentado. Ao contrário do que acontece pelo art. 226.° TCE, neste caso o parecer pode ser negativo.

B) A fase contenciosa: a acção por incumprimento

Se a Comissão emitir um parecer negativo, ou não emitir parecer no prazo de três meses, a contar da data da queixa do Estado, este pode propor a acção no TJ, não necessitando de provar qualquer interesse em agir.

Se o parecer for positivo coloca-se a questão de saber se a propositura da acção por parte do Estado pode ser imediata ou se ele tem de esperar que decorra o prazo que a Comissão fixou ao Estado faltoso no parecer fundamentado para cumprir.

Parece que, neste caso, a Comissão não deve fixar prazo ao Estado para cumprir. De acordo com o art. 227.° TCE, o Estado que se queixou à Comissão pode propor a acção no Tribunal após a emissão do parecer ou no caso de a Comissão não ter emitido o parecer fundamentado três meses depois da queixa.

As irregularidades do processo que tem lugar perante a Comissão não afectam a admissibilidade da acção em Tribunal, pois não faria sentido que o Estado tivesse o direito de propor a acção no caso de não ter havido parecer da Comissão e ficasse impedido de o fazer, devido às irregularidades deste.

A Comissão também pode propor a acção, de acordo com o processo previsto no art. 226.° TCE, se, entretanto, tiver respeitado todas as formalidades exigidas por este preceito. Neste caso, o Estado queixoso não fica privado de recorrer ele próprio ao Tribunal.

492 *Curso de Direito Constitucional da União Europeia*

48.2.4. Os meios de defesa invocados pelos Estados

Uma vez acusados de incumprimento, os Estados têm vindo a reagir de modo muito diverso. Nuns casos aceitam que o seu comportamento constitui uma violação e, como tal, invocam um conjunto de meios de defesa para se justificarem, baseando-se quer em argumentos de ordem formal, quer em argumentos de ordem substancial; noutros casos rejeitam a ideia de que o comportamento alegado pela Comissão constitua uma violação do Tratado.

48.2.5. O conteúdo e a execução do acórdão

A acção por incumprimento termina com um acórdão do Tribunal de Justiça, no qual este órgão declara que determinado Estado infringiu ou não determinada obrigação que lhe incumbe por força do direito comunitário e, portanto, afirma se existe ou não uma situação de incumprimento.

48.2.6. Os efeitos do acórdão e os poderes do Tribunal

Se o incumprimento consistir num acto positivo do Estado, esse acto não pode ser formalmente anulado pelo Tribunal. Trata-se de uma consequência do modo como se encontram separadas a ordem jurídica da União Europeia e os direitos estaduais. De acordo com os princípios de repartição de poderes entre os tribunais nacionais e o TJ, a anulação da disposição nacional compete aos tribunais nacionais. No entanto, o efeito prático da declaração de incumprimento é semelhante ao da anulação das disposições nacionais, pois estas deixam de poder ser aplicadas pelas autoridades nacionais.

No caso de o incumprimento consistir numa omissão por parte do Estado, é essa omissão que é declarada contrária ao tratado e a obrigação do Estado de adoptar as medidas necessárias à execução do acórdão é semelhante à obrigação dos órgãos comunitários no caso da acção de omissão.

O TJ não deve indicar no acórdão as medidas específicas que o Estado deve adoptar para pôr fim ao incumprimento nem tão pouco pode condenar o Estado ao pagamento de uma indemnização.

À face da letra do tratado estamos, pois, perante um acórdão meramente declarativo e não condenatório, fruto do facto de a acção por

Parte V – Cap. I – O controlo da constituc. e da legal. pelos trib. da UE   493

incumprimento consistir numa acção declarativa e não numa acção de condenação.

Todavia, a doutrina interpreta alguns arestos do Tribunal proferidos sobre a matéria como indo para além da mera constatação ou declaração do incumprimento e estando já a estipular as medidas concretas que o Estado em falta deve adoptar para repor a legalidade, o que, na prática, confere ao acórdão eficácia mais do que meramente declarativa do incumprimento[71].

De acordo com o disposto no art. 228.º TCE, «*se o Tribunal de Justiça declarar verificado que um Estado membro não cumpriu qualquer das obrigações que lhe incumbem por força do presente Tratado, esse Estado deve tomar as medidas necessárias à execução do acórdão*». Tal significa, pois, que o Estado deve pôr termo ao incumprimento e ao comportamento material que o consubstancia. Em face do acórdão do TJ duas hipóteses se podem verificar do ponto de vista do comportamento a adoptar por parte do Estado membro faltoso: a execução voluntária do acórdão, quer imediata, quer tardia, e a inexecução voluntária do mesmo.

O art. 228.º TCE não prevê qualquer prazo para a execução do acórdão que declara o incumprimento, pelo que poderia pensar-se que esta poderia demorar mais ou menos tempo. Porém, o Tribunal considera que o interesse da aplicação imediata e uniforme do direito comunitário impõe que essa execução seja iniciada imediatamente e concluída no mais breve prazo[72].

O acórdão do Tribunal confirma que o tratado foi violado. Não tem natureza constitutiva do incumprimento, limitando-se a declará-lo, pelo que o acórdão tem efeito retroactivo à data em que a violação do direito comunitário foi cometida.

48.2.7. A inexecução do acórdão

No caso de inexecução voluntária do acórdão, isto é, de incumprimento reiterado, a ordem jurídica comunitária desenvolveu mecanismos

---

[71] Ac. de 16/12/60, *Humblet*, proc. 6/60, Rec. 1960, p. 1146; ac. de 13/7/72, *Comissão c. Itália*, proc. 48/71, Rec. 1972, p. 529; ac. de 12/7/73, *Comissão c. RFA*, proc. 70/72, Rec. 1973, p. 813; ac. de 7/2/73, *Comissão c. Itália*, proc. 39/72, Rec. 1973, p. 101; ac. de 28/3/80, *Comissão c. França*, procs. 24 e 97/80, Rec. 1980, p. 1319.

[72] Ac. de 13/7/88, *Comissão c. França*, proc. 169/87, Col. 1988, p. 4093 e ss; ac. de 7/3/96, *Comissão c. França*, proc. C-344/94, Col. 1996, p. 1307 e ss.

494   *Curso de Direito Constitucional da União Europeia*

de defesa com vista a garantir a reposição da legalidade e a plena execução do acórdão do Tribunal de Justiça.

Os tratados de Roma, na sua versão inicial, não previram qualquer solução para este problema.

Todavia, o problema do incumprimento reiterado foi, desde cedo, inventariado na Comunidade e o mesmo se diga da solução por ela adoptada: a segunda acção por incumprimento, que a jurisprudência viria a consagrar no célebre caso das *Obras de arte*, em que estava envolvido o Estado italiano[73].

É de salientar ainda uma outra via possível para obstar aos casos de incumprimento reiterado, que é a efectivação da responsabilidade do Estado membro infractor com base no acórdão proferido numa acção por incumprimento. Em jurisprudência reiterada o Tribunal foi admitindo a possibilidade de o acórdão proferido numa acção por incumprimento poder servir de fundamento para se apurar da responsabilidade do Estado infractor[74], em consequência do incumprimento que lhe é imputável, relativamente aos outros Estados membros, à Comunidade ou a particulares[75].

No início da década de 90, o Tribunal, num acórdão, já várias vezes mencionado neste Curso, proferido, ao abrigo do art. 234.º TCE – o caso *Francovich* – invocou um princípio de responsabilidade do Estado numa dimensão comunitária, afirmando que «*o direito comunitário impõe o*

---

[73] Ac. de 13/7/72, proc. 48/71, Rec. 1972, p. 529. A título meramente exemplificativo vejam-se, mais recentemente, os acórdãos de 14/6/88, *Comissão c. Bélgica*, procs. 227 a 230/85, Col. 1988, p. 11; de 4/2/88, proc. 391/85, Col. 1988, p. 579; ac. de 12/2/87, *Comissão c. Itália*, proc. 69/86, Col. 1987, p. 773; de 27/4/88, proc. 225/86, Col. 1988, p. 2271; de 13/7/88, *Comissão c. França*, proc. 169/87, Col. 1988, p. 4093.

[74] A primeira vez que se discutiu no direito comunitário a questão da reparação pelos Estados membros de uma situação resultante de incumprimento do direito comunitário foi no ac. *Humblet* (proc. cit., p. 1125 e ss). Aí o TJ entendeu que os Estados membros tinham o dever de reparar os prejuízos causados por actos do legislador ou da Administração Pública que fossem contrários ao direito comunitário. Mais tarde, em 1973, no ac. *Comissão c. Itália* (proc. cit.), o Tribunal defendeu a tese de que a sentença declarativa de incumprimento, que ele proferira, podia servir de título jurídico para que o lesado instaurasse nos seus tribunais nacionais, de harmonia com o respectivo direito interno, uma acção de responsabilidade extracontratual contra o Estado cujo incumprimento fora declarado pelo TJ.

[75] Ac. de 7/2/73, *Comissão c. Itália*, proc. 39/72, Rec. 1973, p. 112. Veja-se no mesmo sentido, ainda que sem referência expressa ao caso anterior, ac. de 18/1/90, *Comissão c. Grécia*, proc. C-287/87, Col. 1990, p. 125 e ac. de 12/12/90, *Comissão c. França*, proc. 263/88, Col. 1990, p. I-4611.

Parte V – Cap. I – O controlo da constituc. e da legal. pelos trib. da UE 495

princípio segundo o qual os Estados membros são obrigados a reparar os danos causados aos particulares pelas violações do direito comunitário que lhe são imputáveis»[76]. Mas o Tribunal acrescentava que, em face da inexistência de regulamentação comunitária, *«é no âmbito do direito nacional da responsabilidade que incumbe ao Estado reparar as consequências do prejuízo causado»* e *«é à ordem jurídica interna de cada Estado membro que cabe designar os órgãos jurisdicionais competentes e regular as modalidades processuais de acções judiciais destinadas a assegurar a protecção plena dos direitos que os particulares retiram do Direito Comunitário»*[77].

A jurisprudência *Francovich* foi objecto de inúmeros desenvolvimentos que já foram mencionados em sede própria[78].

O TUE, na versão que lhe foi dada em Maastricht, introduziu modificações na disciplina do processo por incumprimento, prevista no tratado de Roma. Tais modificações incidiram no art. 228.º TCE e no art. 143.º do TCEEA.

Ao art. 228.º TCE foi acrescentado um n.º 2, que versa, por um lado, sobre o incumprimento da obrigação de executar o acórdão que declara o incumprimento e, por outro lado, sobre a articulação entre o disposto nesse número e no art. 227.º TCE.

As novidades introduzidas pelo TUE são basicamente duas:

a) a nova redacção parece admitir – ainda que não expressamente – a figura da segunda acção por incumprimento ou acção por incumprimento de uma obrigação muito específica: a não execução de um acórdão do TJ proferido numa acção por incumprimento;

b) é admitida, à semelhança do que acontece com o TCECA, a possibilidade de aplicação de sanções ao Estado membro infractor. Estas sanções, que têm carácter pecuniário, podem revestir a forma de quantia fixa ou progressiva, a indicar pela Comissão quando instaura no TJ a segunda acção por incumprimento, e a aplicar pelo Tribunal quando este declarar verificado por acórdão que um Estado efectivamente não executou um seu acórdão anterior proferido numa acção por incumprimento.

---

[76] Ac. de 19/11/91, *Francovich e Bonifaci*, proc. C-6/90 e C-9/90, Col. 1991, p. I-5403.

[77] Caso citado na nota anterior.

[78] Ver nota 16 do capítulo IV da Parte IV.

496   *Curso de Direito Constitucional da União Europeia*

Este segundo processo é, no que respeita aos seus trâmites, muito semelhante ao primeiro processo que culminou na declaração de incumprimento do Estado. A iniciativa desta segunda acção está a cargo da Comissão ou de qualquer Estado membro. A Comissão envia uma carta de notificação ao Estado na qual o convida a apresentar as suas observações num determinado prazo. Se o Estado não se conformar com esta carta e a Comissão continuar convencida de que o Estado não executou o acórdão anterior, então pode emitir um parecer fundamentado. O art. 228.º, par. 2, TCE não refere o momento a partir do qual a Comissão pode desencadear o segundo processo por incumprimento, pelo que ela dispõe de um poder discricionário a este propósito, bem como em relação à propositura da acção no Tribunal.

A Comissão deve indicar no requerimento da acção no Tribunal o montante das sanções pecuniárias que considera adaptadas às circunstâncias[79].

É o Tribunal que tem competência para aplicar as sanções no acórdão que constata a inexecução de um acórdão de incumprimento anterior.

O novo art. 228.º TCE modifica a natureza do processo por incumprimento. Este deixou de fazer parte do contencioso de declaração restrito para passar a fazer parte do contencioso de plena jurisdição. A atribuição ao TJ de poderes coercivos em relação aos Estados aproxima este Tribunal de um tribunal federal.

Em 4 de Julho de 2000[80], o Tribunal condenou, pela primeira vez, um Estado membro – a Grécia – a pagar uma sanção pecuniária compulsória às Comunidades Europeias, por não ter tomado as medidas necessárias para cumprimento do acórdão do Tribunal de Justiça de 7 de Abril de 1992, que opôs a Comissão à Grécia[81].

Muito recentemente o Tribunal procedeu à segunda condenação, agora contra a Espanha, com base no art. 228.º, n.º 2, TCE[82].

---

[79] A Comissão fixou, pela primeira vez, o método de cálculo da sanção pecuniária compulsória, prevista no art. 171.º (actual art. 228.º) do Tratado CE, numa comunicação publicada no JOCE 97/C63, p. 2 e ss.

[80] V. *Comissão c. Grécia*, proc. C-387/97, Col. 2000, p. I-5047 e ss.

[81] V. proc. C-45/91, Col. 1992, p. I-2509.

[82] Ver ac. de 25/11/2003, proc. C-278/01, não publicado.

49. *O controlo sucessivo dos actos e das normas da União Europeia no projecto de constituição europeia*

49.1. Questão prévia: a competência dos tribunais da União Europeia

Já sabemos que as normas relativas ao Tribunal de Justiça da União se encontram previstas no art. I-28.º e nos arts. III-258 e seguintes do projecto de constituição europeia, pois já estudámos os aspectos relativos à composição e modo de funcionamento deste Tribunal[83]. Também já salientámos que, ao contrário do que sucede com os outros órgãos principais da União, o Tribunal de Justiça não foi objecto de alterações substanciais, o que se explica pelo facto de o tratado de Nice ter introduzido profundas alterações no sistema jurisdicional, que ainda não foi possível testar[84].

Antes de avançar, há que definir, em termos genéricos, a competência do Tribunal de Justiça na sua tripartida vertente.

A) A competência do Tribunal de Justiça

A competência do TJ vem definida, em termos genéricos, no art. I-28.º do projecto.

Segundo o n.º 1, o Tribunal de Justiça é o garante do respeito pela lei na interpretação e na aplicação da Constituição e o n.º 3 dispõe que o Tribunal tem competência para decidir:

a) sobre as acções interpostas por um Estado-Membro, por um órgão ou por pessoas singulares ou colectivas nos termos do disposto na Parte III da Constituição;

b) a título prejudicial, a pedido dos órgãos jurisdicionais nacionais, sobre a interpretação do direito da União ou sobre a validade dos actos adoptados pelos órgãos;

c) em todos os demais casos previstos na Constituição.

Esta aparente extensão da competência do Tribunal de Justiça comporta:

---

[83] Ver *supra* n.º 25.3.3.
[84] Relembre-se que o tratado de Nice entrou em vigor em 1 de Fevereiro de 2003.

498 *Curso de Direito Constitucional da União Europeia*

a) *Casos de exclusão ou de limitação da competência* – segundo o art. III-282.º, par. 1.º, a competência do TJ encontra-se excluída, no que diz respeito à política externa e de segurança comum e à política comum de segurança e defesa (arts. I-39.º e I-40.º e arts. III-195.º a 215.º), com excepção das acções relativas ao controlo da legalidade das medidas restritivas contra pessoas singulares ou colectivas adoptadas pelo Conselho com base no art. III-193.º.

b) *Casos de limitação da jurisdição do TJ* – de acordo com o art. III-283.º, a jurisdição do TJ encontra-se limitada, no âmbito do espaço de liberdade, segurança e justiça. Efectivamente, o Tribunal não pode verificar a validade ou a proporcionalidade de operações efectuadas pelos serviços de polícia ou outros serviços de execução das leis dos Estados-Membros, nem pode decidir sobre o exercício das responsabilidades que incumbem aos Estados-Membros em matéria de manutenção da ordem pública e de garantia da segurança interna, desde que estes sejam regidos pelo direito interno.

A exclusão e a limitação da jurisdição do Tribunal são, sem dúvida, uma reminiscência da solução, que vem sendo adoptada desde o tratado de Maastricht[85], em relação aos dois pilares intergovernamentais.

Deve, contudo, salientar-se que o projecto de constituição europeia dá mais um passo no sentido da construção progressiva da União de direito.

A vinculação da União Europeia ao direito pressupõe que o exercício de todo o poder público dentro da União deve estar submetido ao Direito, pois não faria sentido que a União exigisse aos seus Estados-Membros o respeito do princípio do Estado de direito (arts. I-57.º, n.º 1 e 58.º, n.º 1) e ela própria não o observasse.

O projecto de constituição consagra, portanto, a ordem jurídica fundamental que vincula todos os poderes públicos. Por isso, a constituição prevalece sobre qualquer outro acto do poder público da União, o qual se deve conformar formal, processual e materialmente com a constituição. Daí que a inobservância dessas regras possibilite a anulação dos instrumentos jurídicos, quer sejam actos legislativos ou não (art. III-270.º). Ou seja, o respeito do princípio da tutela judicial efectiva é uma das condições de efectivação da União de direito, pois a submissão dos poderes públicos a normas superiores implica a existência de um controlo jurisdicional para garantir o seu respeito. Ora, esse controlo jurisdicional está previsto no projecto de constituição nos arts. III-263.º e seguintes.

---

[85] Ver art. L do tratado de Maastricht.

Parte V – Cap. I – O controlo da constituc. e da legal. pelos trib. da UE 499

A União de direito manifesta-se ainda no facto de a constituição dispor de regras de revisão próprias (arts. IV-7.º, IV-7.ºbis e IV-7.ºter), que afastam a possibilidade de alterações fora dos casos nelas previstos. Além disso, existem matérias que devem ser reguladas pela constituição e não por instrumentos jurídicos emanados dos órgãos da União. De entre essas matérias devem destacar-se, pela sua importância, a repartição de atribuições entre os Estados e a União e a definição das competências dos órgãos.

Neste contexto, o projecto de constituição, ao submeter à jurisdição do TJ um leque mais amplo de matérias e ao reforçar as garantias dos particulares, contribui para a aproximação da UE ao modelo da União de direito.

B) A competência do Tribunal de Justiça Europeu

Quanto à competência do TJE, importa referir que aquele tribunal detém competência relativamente a todas as matérias, que não se encontrem reservadas ao TGI ou aos tribunais especializados. Trata-se, portanto, de uma competência residual, que só será clarificada após a enumeração da competência dos outros tribunais da União.

C) A competência do Tribunal de Grande Instância

A competência do TGI abrange:

– em primeira instância, os recursos de anulação, as acções por omissão, a acção de responsabilidade extracontratual, o contencioso de funcionários e as acções provenientes de cláusula compromissória (art. III-263.º, n.º 1), com excepção dos processos atribuídos a um tribunal especializado e dos recursos e acções reservados ao TJE pelo Estatuto;

– os recursos interpostos das decisões dos tribunais especializados (art. III-263.º, n.º 2);

– questões prejudiciais, nas condições a fixar pelo Estatuto do TJ (art. III-263.º, n.º 3).

No fundo, o único processo que fica reservado ao Tribunal de Justiça Europeu é o processo por incumprimento (arts. III-265.º a 267.º).

Porém, esta erosão da competência do TJE, com a consequente extensão da competência do TGI, pode ser mais aparente do que real, tal

500   *Curso de Direito Constitucional da União Europeia*

como já aconteceu com o tratado de Nice. Basta para tanto que o actual artigo 51.º do Estatuto[86] se mantenha, consagrando uma reserva de competência do Tribunal de Justiça, no que toca aos processos propostos pelos Estados membros, pelos órgãos comunitários e pelo BCE.

D) A competência dos tribunais especializados

O projecto de constituição para a Europa permite que a lei europeia crie tribunais especializados, adstritos ao TGI, encarregados de conhecer em primeira instância de certas categorias de acções em matéria específica (art. III-264.º, par. 1.º).

Essa lei europeia é adoptada, quer sob proposta da Comissão e após consulta ao Tribunal de Justiça, quer a pedido deste e após consulta à Comissão.

As decisões destes tribunais especializados são susceptíveis de recurso para o TGI (art. III-264.º, n.º 3), o que, de resto, já estava previsto no tratado de Nice, no que diz respeito às câmaras jurisdicionais (art. 225.ºA, par. 3).

49.2. O contencioso da União, em especial, o recurso de anulação, a acção de omissão e o processo por incumprimento

A matéria do contencioso da União Europeia é das matérias em que o projecto de constituição europeia menos inova.

Nesta medida, a maior parte das modificações introduzidas pelo projecto de constituição oscilam, neste domínio, entre, por um lado, as que dizem respeito a questões de pormenor e, por outro lado, as que visam adaptar as disposições jurisdicionais ao restante articulado, salvo raras excepções, que assinalaremos de seguida.

Neste momento, cumpre, pois, analisar o modo como está previsto o controlo sucessivo da constitucionalidade e da legalidade das normas e dos actos da União.

Dos meios contenciosos que estudámos neste capítulo – o recurso de anulação, a acção de omissão e o processo por incumprimento – aquele que sofre maiores alterações é, sem dúvida, o primeiro. Na sequência do que tem vindo a ser reclamado pela doutrina, assiste-se a um reforço das garantias dos particulares, uma vez que se flexibilizaram

---

[86] Publicado no JOCE n.º 325, de 24/12/2002, p. 167 e ss.

Parte V – Cap. I – O controlo da constituc. e da legal. pelos trib. da UE 501

as suas condições de acesso ao *recurso de anulação* (art. III-270.º, n.º 4). As pessoas singulares ou colectivas passam a poder recorrer, não só contra actos de que sejam destinatárias ou que lhe digam directa e individualmente respeito, como sucede actualmente, mas também contra os actos regulamentares que lhe digam directamente respeito e que não incluam medidas de execução. Além disso, admite-se o recurso de anulação das medidas restritivas contra pessoas singulares ou colectivas adoptadas com base no art. III-209.º (art. III-282.º).

Deve ainda acrescentar-se que os actos que criem órgãos e agências da União podem prever condições e modalidades específicas relativas às acções propostas por pessoas singulares e colectivas contra actos desses órgãos ou agências destinados a produzir efeitos jurídicos (art. III-270.º, n.º 5). Ou seja, esses actos podem flexibilizar ainda mais as condições de recurso de anulação dos particulares.

Esta abertura do recurso de anulação aos particulares vai ter repercussões no domínio da acção por omissão (art. III-272.º, par. 3.º), dado que as condições de acesso dos particulares nesta acção têm sido decalcadas do recurso de anulação.

No que toca aos recorrentes privilegiados (art. III-270.º, n.º 2) não se verificam alterações, mas já quanto aos recorrentes semi-privilegiados optou-se pela elevação do Comité das Regiões a essa categoria em sede de recurso de anulação (art. III-270.º, n.º 3).

Além disso, verificam-se adaptações destes meios contenciosos ao restante articulado do projecto de constituição.

Assim, os actos impugnáveis em sede de recurso de anulação passam a ser todos os actos de direito subordinado ou derivado dos órgãos da União, previstos na própria constituição, bem como todos os actos que se destinem a produzir efeitos jurídicos em relação a terceiros dos órgãos da União em sentido amplo. Excluem-se, portanto, apenas as recomendações e os pareceres (art. III-270.º, n.º 1).

No que diz respeito à *acção de omissão*, a abstenção de praticar o acto passa a ser aferida por referência à constituição, entenda-se constituição europeia, e não como actualmente por referência ao tratado (art. III-272.º, par. 1.º), assim como o incumprimento do Estado membro passará a ser avaliado em relação às obrigações que lhe incumbem por força da constituição (art. III-265.º, n.º 1).

No que toca ao *processo por incumprimento*, previsto nos arts. III-265.º a III-267.º do projecto de constituição, deve ainda mencionar-se que, apesar de não se constatarem modificações de relevo em relação ao articulado actual (arts. 226.º a 228.º TCE), existe uma excepção. Referimo-

-nos ao art. III-267, n.º 3, que permite, logo na primeira acção por incumprimento, a indicação, por parte da Comissão, do montante da sanção pecuniária, quando se tratar de um incumprimento da obrigação de comunicar as medidas de transposição de uma lei-quadro. O Tribunal pode declarar o incumprimento e condenar o Estado a pagar a sanção pecuniária nos limites do montante fixado pela Comissão.

Capítulo II

A relação entre o Tribunal de Justiça e os tribunais nacionais

Bibliografia específica

Jacques Pertek, *La pratique du renvoi préjudiciel en droit communautaire – Coopération entre CJCE et juges nationaux,* Paris, 2001; Peter Oliver, *La recevabilité des questions préjudicielles: la jurisprudence des années 1990,* CDE, 2001, p. 15 e ss; José Carlos Moitinho De Almeida, *La notion de juridiction d'un Etat membre (article 177),* in Mélanges en hommage à Fernand Schockweiler, Baden-Baden, 1999, p. 463 e ss; David O'Keeffe, *Is the Spirit of Article 177 under Attack? Preliminary References and Admissibility,* ELR, 1998, p. 509 e ss; Catherine Barnard / Eleanor Sharpson, *The Changing Face of Article 177 References,* CMLR, 1997, p. 1113 e ss; Bernhard Schima, *Das Vorabentscheidungsverfahren vor dem EuGH: unter besonderer Berücksichtigung der Rechtslage in Österreich,* Viena, 1997; David W. K. Anderson, *References to the European Court,* Londres, 1995; Carlo Nizzo, *La notion de juridiction au sens de l'article 177: la portée de l'arrêt JOB CENTRE,* Riv. Dir. Eur., 1995, p. 335 e ss; Willy Alexander, *La recevabilité des renvois préjudiciels dans la perspective de la réforme institutionnelle de 1996,* CDE, 1995, p. 561 e ss; Marco Darmon, *Réflexions sur le recours préjudiciel,* CDE, 1995, p. 577 e ss; Vassili Christianos (dir.), *Evolution récente du droit judiciaire communautaire,* Maastricht, 1994, p. 73 e ss; Rui Manuel Moura Ramos, *Reenvio prejudicial e relacionamento entre as ordens jurídicas na construção comunitária,* in Das Comunidades à União Europeia. Estudos de Direito Comunitário, Coimbra, 1994, p. 213 e ss; Luigi Fumagalli, *Competenza della Corte di Giustizia e ricevibilità della domanda nella procedura prègiudiziale,* DCDSI, 1993, p. 311 e ss; A. Barav, *Renvoi préjudiciel,* in A. Barav e. a., Dictionnaire juridique des Communautés européennes, Paris, 1993, p. 926 e ss; José Carlos Moitinho de Almeida, *O reenvio prejudicial perante o Tribunal de Justiça das Comunidades Europeias,* Coimbra, 1992; Roberta Grappiolo, *La giurisprudenza della Corte de Giustizia sul rinvio pregiudiziale ai sensi dell'art. 177 del Trattato CEE,* DCDSI, 1992, p. 63 e ss; P. Pescatore, *Art 177.º,* in Vlad Contantinesco e. a., Traité instituant la CEE – Commentaire article par article, Paris, 1992, p. 1073 e ss; Nuno Piçarra, *O Tribunal de Justiça das Comunidades Europeias como juiz legal e o processo do artigo 177.º do Tratado CEE,* Lisboa,

504 Curso de Direito Constitucional da União Europeia

1991; Jose Luis Dominguez Garrido, *Juez nacional y juez comunitario, un analisis del articulo 177 del Tratado CEE*, Rev. Trab., 1989, p. 63 e ss; Ana Maria Guerra Martins, *Os efeitos dos acórdãos prejudiciais do art 177.º do TR(CEE)*, Lisboa, 1988; Ulrich Everling, *Das Vorabentscheidungsverfahren vor dem Gerichtshof der Europäischen Gemeinschaften – Praxis und Rechtsprechung*, Baden-Baden, 1986.

50. O princípio da cooperação entre o Tribunal de Justiça e os tribunais estaduais

A estrutura das relações que se estabelecem entre o TJ e os tribunais nacionais não foi pensada de modo idêntico à estrutura das relações que ligam entre si os tribunais que compõem o sistema judiciário de um Estado federal, porque à integração jurisdicional, que imporia a hierarquia vertical entre o TJ e os tribunais estaduais, os tratados preferiram o princípio da cooperação ou colaboração horizontal.

O Tribunal não é um tribunal federal, pois não tem competência para anular ou declarar a nulidade ou a inexistência de uma norma estadual que contrarie uma norma da União Europeia e também não é um tribunal hierarquicamente superior aos tribunais estaduais, pois, não é um tribunal de revista de sentenças de tribunais dos Estados membros.

Todavia, o tratado contém já alguns laivos de federalismo judiciário. É o caso do n.º 2 do art. 228.º TCE, aditado pelo tratado de Maastricht, em matéria de efeitos dos acórdãos proferidos num processo por incumprimento, que estudámos no capítulo anterior.

51. O processo das questões prejudiciais

Antes de mais cumpre-nos fazer uma prevenção terminológica, no que diz respeito ao processo previsto no art. 234.º TCE.

Por influência da doutrina estrangeira têm-se generalizado em Portugal expressões como «reenvio prejudicial», «recurso prejudicial» e «acção prejudicial» para se designar este meio processual. Porém, o que temos aqui são questões prejudiciais, que são suscitadas por órgãos jurisdicionais nacionais perante o TJ, pelo que, tal como sempre temos feito, usaremos a expressão processo das questões prejudiciais.

51.1. O processo geral – o art. 234.º TCE

51.1.1. Explicação sumária do processo das questões prejudiciais

O juiz nacional, juiz comum do direito comunitário, ao resolver um caso concreto pode ver-se confrontado com a necessidade de aplicar uma norma comunitária, pois o direito comunitário goza, em muitos casos, de aplicabilidade directa ou de efeito directo, pelo que pode ser invocado pelas partes nos órgãos jurisdicionais nacionais. Além disso, compete, em primeira linha, ao juiz nacional assegurar o primado, ou seja, dar prevalência ao direito comunitário sobre o direito nacional.

O juiz nacional pode, entretanto, ter dúvidas sobre a interpretação ou a validade da concreta norma ou do acto de direito comunitário. Se lhe fosse permitido resolvê-las sozinho e livremente, isso implicaria, a prazo, um fraccionamento do direito comunitário, quebrando-se, desse modo, a uniformidade que se pretende atingir na ordem jurídica comunitária. Assim, foi necessário criar um mecanismo que evitasse divergências de jurisprudência nos vários Estados membros.

O art. 234.º TCE prevê esse mecanismo: todo e qualquer tribunal nacional pode submeter ao TJ questões de interpretação ou de validade do direito comunitário que sejam relevantes para a boa decisão da causa.

Além disso, há casos em que o tribunal nacional está *obrigado* a submeter a questão ao TJ: quando julga em última instância. Se este mecanismo funcionar correctamente toda a parte num litígio que suscite uma questão de interpretação ou de aplicação do direito comunitário tem a garantia de poder vir a obter uma decisão do TJ sobre a interpretação ou sobre a validade da disposição em causa.

O TJ afirmou, desde cedo, que o então art. 177.º TCE (hoje art. 234.º) é essencial à preservação do carácter comunitário instituído pelo Tratado e tem por efeito assegurar que em todas as circunstâncias este direito se aplica da mesma forma em todos os Estados membros[1]. Foi precisamente o objectivo de assegurar a interpretação e a aplicação uniformes do direito comunitário que, até ao tratado de Nice, fundamentou a exclusão deste processo da competência do Tribunal de Primeira Instância, pois considerava-se que a uniformidade só se conseguiria atingir se apenas um tribunal tiver competência para fixar a interpretação do direito comunitário.

---

[1] Ac. de 16/1/74, *Rheinmühlen*, proc. 166/73, Rec. 1974, p. 38.

506   *Curso de Direito Constitucional da União Europeia*

O art. 234.º TCE visa, portanto, assegurar a aplicação correcta do direito comunitário, colocando ao dispor do juiz nacional um meio de eliminar as dificuldades que poderiam advir da necessidade de dar ao direito comunitário o seu pleno efeito nos vários sistemas jurisdicionais dos Estados membros.

Toda e qualquer lacuna no sistema poria em causa a eficácia das disposições do tratado e do direito derivado.

Convém sublinhar que o art. 234.º TCE constitui uma das manifestações mais claras da especificidade da ordem jurídica comunitária.

51.1.2. As razões da existência do art. 234.º TCE

As razões que justificam a existência do art. 234.º TCE são, fundamentalmente, cinco, a saber:

a) a aplicação descentralizada do direito comunitário como premissa do processo – o juiz nacional é o juiz comum do direito comunitário;

b) assegurar a uniformidade de interpretação e aplicação do direito comunitário[2] – o objectivo fundamental do art. 234.º TCE é assegurar a uniformidade na interpretação e na aplicação do direito comunitário pelos tribunais nacionais;

c) assegurar a estabilidade do direito derivado – a apreciação de validade constitui uma garantia e também deve impedir a desnaturação do direito comunitário por parte dos tribunais nacionais;

d) favorecer o desenvolvimento do direito comunitário – o art. 234.º TCE desempenhou um papel fundamental no desenvolvimento do direito comunitário, contribuindo para a sua evolução. A maior parte das grandes inovações jurisprudenciais aconteceram em processos baseados no art. 234.º TCE;

e) a protecção jurídica dos particulares – o processo do art. 234.º TCE é a «última esperança» de aplicação correcta do direito comunitário para os particulares.

---

[2] Ac. de 1/12/65, *Schwarze*, proc. 16/65, Rec. 1965, p. 1094 e 1095.

51.1.3. O âmbito das questões prejudiciais

Segundo o art. 234.º TCE, o TJ tem competência para apreciar questões prejudiciais sobre:

a) a interpretação do presente tratado;
b) a interpretação e a validade dos actos aprovados pelos órgãos comunitários e pelo BCE;
c) a interpretação dos estatutos dos organismos criados por um acto do Conselho, desde que estes o prevejam.

A questão prejudicial pode, portanto, incidir sobre a interpretação de normas e actos comunitários e sobre a sua validade.

51.1.3.1. As questões prejudiciais de interpretação

I) <u>O sentido da expressão «interpretar»</u> – para o efeito da aplicação do art. 234.º TCE interpretar significa não só esclarecer o sentido material das disposições do direito comunitário em causa, mas também determinar o seu alcance e definir os seus efeitos.

II) <u>Âmbito material das questões prejudiciais de interpretação:</u>

a) O *«presente tratado»* – esta expressão abrange não só o tratado institutivo da Comunidade Europeia, como também todas as disposições que têm o mesmo valor jurídico, ou seja, todo o direito constitucional relativo à Comunidade Europeia. O Tribunal não tem, contudo, competência para interpretar disposições do Tratado da União Europeia que não estejam incluídas na sua jurisdição pelo art. 46.º TUE[3].

b) *«Os actos adoptados pelos órgãos comunitários»* – o TJ tem também competência para interpretar todos os actos adoptados pelo Conselho, pela Comissão e pelo Parlamento Europeu[4]. O

---

[3] O Tribunal, no ac. de 7/4/95, *Grau Gomis* (proc. C-167/94, Col. 1995, p. I-1025 e ss), considerou-se manifestamente incompetente para interpretar o artigo B do TUE no âmbito do processo das questões prejudiciais.

[4] Sobre a interpretação de actos do PE, ver ac. *Lord Bruce*, cit., p. 2205 e ac. de 10/7/86, *Wybot, Faure e a.*, proc. 149/85, Col. 1986, p. 2391.

508   *Curso de Direito Constitucional da União Europeia*

TUE alargou o âmbito material das questões prejudiciais aos actos do BCE[5] e do Tribunal de Contas.

O TJ entende que a sua competência de interpretação se estende a todos os actos de direito subordinado ou derivado, sem excepções[6], incluindo uma recomendação[7].

O TJ aceita também questões prejudiciais de interpretação de actos atípicos, tais como as resoluções do Conselho, que considera como actos que exprimem a vontade política do seu autor[8].

O tribunal nacional pode ainda obter esclarecimentos sobre o alcance de um acórdão anterior, o que, em última análise, implica que é possível suscitar questões prejudiciais de interpretação sobre um acto jurisdicional[9].

Assim, o acto pode ser normativo ou individual; típico ou atípico; directamente aplicável ou não[10]; com ou sem efeito directo; obrigatório ou não.

O tribunal nacional pode até suscitar questões prejudiciais sobre direito não escrito, como, por exemplo, os princípios gerais de direito, pois o TJ considera a ordem jurídica comunitária como um conjunto complexo, no qual se encontram em interacção os textos escritos e os princípios que não estão formulados por escrito. O caso paradigmático do que acaba de ser afirmado é o sistema de protecção de direitos fundamentais, construído pelo TJ, principalmente, em processos que tinham por base o art. 234.º TCE.

---

[5] O BCE, para o desempenho das atribuições que lhe são conferidas pelo Tratado, pode aprovar regulamentos, tomar decisões, formular recomendações e emitir pareceres, segundo o artigo 110.º TCE.

[6] Ac. de 13/12/89, *Grimaldi*, proc. C-322/88, Col. 1989, p. 4407, 4419.

[7] Ac. de 18/6/76, *Giordano Fracasseti*, proc. 113/75, Rec. 1976, p. 983; ac. de 21/1/93, *Deutsche Shell*, proc. C-188/91, Col. 1993, p. I-363, 388.

[8] Ac. de 24/10/73, *Carl Schlüter*, proc. 9/73, Rec. 1973, p. 1135, 1161; ac. *Manghera*, proc. 59/75, de 3/2/76, Rec. 1976, p. 91, 102.

[9] Ac. de 3/4/68, *Molkerei Zentrale*, proc. 28/67, Rec. 1968, p. 211; ac. de 16/6/66, *Lütticke*, proc. 57/65, Rec. 1966, p. 293.

[10] Embora inicialmente o TJ se tenha inclinado para a rejeição da possibilidade de suscitar questões prejudiciais sobre actos não directamente aplicáveis (ac. de 6/10/70, *Franz Grad*, proc. 9/70, Rec. 1970, p. 839) acabou por aceitá-las (ac. de 20/5/76, *Quirino*, proc. 111/75, Rec. 1976, p. 657, 665; ac. de 10/4/84, *Von Colson*, proc. 14/83, Rec. 1984, p. 1909).

Parte V – Cap. II – A relaç. entre o Tribunal de Justiça e os trib. nacionais 509

c) *Os acordos internacionais em que a Comunidade é parte* – o Tribunal considera-se ainda competente para interpretar, a título prejudicial, os acordos internacionais concluídos pela Comunidade quer sejam da competência exclusiva da Comunidade[11], quer se trate de acordos mistos[12]. A competência de interpretação de acordos internacionais, no âmbito do art. 234.º TCE estende-se ainda aos acordos concluídos pelos Estados membros, em que a Comunidade lhes sucedeu[13].
A competência de interpretação do TJ estende-se também às decisões tomadas pelos órgãos instituídos por um acordo internacional, concluído pela Comunidade[14], e aos actos não obrigatórios concluídos por esses órgãos[15].

d) Os *«estatutos de organismos criados por acto do Conselho, desde que estes o prevejam»* – o TJ tem ainda competência para interpretar estes estatutos, mas o Conselho não parece até hoje ter feito uso desta competência.

51.1.3.2. As questões prejudiciais de apreciação de validade

Para além da competência de interpretação, o TJ tem também competência para apreciar a validade dos actos aprovados pelos órgãos comunitários. A validade do Tratado não pode ser posta em causa, o que se compreende se pensarmos que o TJ é um órgão jurisdicional por ele criado.

---

[11] No caso *Haegeman* (ac. de 30/4/74, proc. 181/73, Rec. 1974, p. 449, 459), a propósito do acordo de associação CEE-Grécia, concluído pelo Conselho, o TJ defendeu que este acordo, no que diz respeito à Comunidade, é um acto adoptado por um órgão comunitário e, como tal, o juiz nacional pode suscitar questões prejudiciais sobre as suas cláusulas. Quando o Tribunal se pronuncia sobre a interpretação de um acordo internacional que obriga a Comunidade está a interpretar o acto interno comunitário de conclusão do acordo e o art. 300.º TCE (ex-art. 228.º). Todavia, a interpretação dada pelo TJ é uma interpretação unilateral, válida apenas para a Comunidade, não oponível ao Estado terceiro com quem a Comunidade contratou.

[12] Em matéria de acordos mistos a Comunidade tem competência para interpretar as cláusulas que relevam das atribuições comunitárias – ac. de 24/11/77, *Razanatsimba*, proc. 65/77, Rec. 1977, p. 2229; ac. de 30/9/87, *Demirel*, proc. 12/86, Col. 1987, p. 3719, 3751.

[13] Ac. de 12/12/72, *International Fruit*, proc. 21 a 24/72, Rec. 1972, p. 1219.

[14] Ac. de 20/9/90, *Sevince*, proc. C-192/89, Col. 1990, p. I-3461.

[15] Ac. *Deutsche Shell*, proc. cit., p. I-363.

510 Curso de Direito Constitucional da União Europeia

I) A noção de validade – é idêntica à noção de legalidade, utilizada no art. 230.º TCE, ou seja, abrange tanto a legalidade interna como a legalidade externa. O TJ sustentou, em vários acórdãos, que o art. 234.º TCE tem por efeito compensar a limitação da protecção jurisdicional conferida pelo art. 230.º TCE, pelo que se deve adoptar uma noção ampla de validade[16].

II) As fontes sujeitas a apreciação de validade – a noção de acto comunitário relevante, para o efeito da apreciação de validade, é uma noção ampla, não sendo determinante a qualificação que o órgão comunitário dá ao acto. O que importa é o conteúdo do mesmo.

O TJ admite questões prejudiciais sobre a validade de actos não obrigatórios[17] e de actos individuais[18], mesmo quando se trata de decisões dirigidas aos Estados membros[19], pois o facto de as partes no litígio principal não terem legitimidade para impugnar directamente o acto em causa não impede o TJ de apreciar a validade do acto num processo prejudicial.

O TJ parece admitir também questões de apreciação de validade em matéria de acordos internacionais, mas é evidente que a declaração de invalidade só pode ter efeitos dentro da Comunidade[20].

O TJ, ao contrário do que acontece em sede de interpretação, não parece admitir questões prejudiciais de apreciação de validade dos seus próprios acórdãos[21].

51.1.3.3. Alguns casos excluídos da interpretação e da apreciação de validade

Escapam à competência prejudicial de interpretação e de apreciação de validade do TJ, entre outros, os seguintes casos:

---

[16] Ac. 18/2/64, *International Crediet*, proc. 73-74/63, Rec. 1964, p. 31; ac. de 20/2/79, *Buotini*, proc. 122/78, Rec. 1979, p. 677; ac. de 21/6/79, *Atalanta*, proc. 240/78, Rec. 1979, p. 2137.

[17] Ac. de 13/12/89, *Grimaldi*, proc. 322/88, Col. 1989, p. 4407, 4419.

[18] Ac. de 12/10/78, *Comissão c. Bélgica*, proc. 156/77, Rec. 1978, p. 1881; ac. de 21/5/87, *Rau c. Balm*, proc. 133 a 136/86, Col. 1987, p. 2344.

[19] Ac. de 10/1/73, *Getreidehandel*, proc. 55/72, Rec. 1973, p. 15.

[20] Ac. *International Fruit*, proc. cit., Rec. 1972, p. 1219; ac. de 5/5/81, *Dürbeck*, proc. 112/80, Rec. 1981, p. 1095.

[21] Ac. de 5/3/86, *Wünschel*, proc. 69/85, Col. 1986, p. 947.

Parte V – Cap. II – A relaç. entre o Tribunal de Justiça e os trib. nacionais 511

a) *a apreciação da conformidade do direito nacional com o direito comunitário* – o TJ não pode apreciar o direito nacional[22], mas pode fornecer ao juiz nacional todos os elementos que lhe permitam ele próprio fazer essa apreciação[23];
b) *as situações puramente internas* – as situações sem elementos de conexão com o direito comunitário estão excluídas do âmbito de interpretação do TJ, de acordo com o art. 234.º TCE[24];
c) *as disposições dos arts. 1.º a 7.º TUE, com excepção do art. 6.º, n.º 2*, estão excluídas da jurisdição do TJ pelo art. 46.º do Tratado da União Europeia.

51.1.4. As questões prejudiciais facultativas e obrigatórias

De acordo com a letra do art. 234.º TCE todos os órgãos jurisdicionais nacionais têm a faculdade de suscitar questões prejudiciais ao Tribunal de Justiça (par. 2). Os órgãos jurisdicionais nacionais, cujas decisões não sejam susceptíveis de recurso judicial, previsto no direito interno, têm a obrigação de o fazer (par. 3).

Daqui decorre que os órgãos jurisdicionais internacionais e os que, de algum modo, são estranhos à Comunidade não podem colocar questões prejudiciais ao TJ.

51.1.4.1. As questões prejudiciais facultativas

O Tribunal reconhece aos tribunais nacionais a mais ampla faculdade de as suscitar as questões prejudiciais facultativas [25]. Esta faculdade não

---

[22] Ac. de 17/12/75, *Adlerblum*, proc. 93/75, Rec. 1975, p. 2147; ac. de 12/10/78, *Eggers*, proc. 13/78, Rec. 1978, p. 1935; ac. *Grande Distelerie Peureux*, cit, p. 975; ac. de 16/4/91, *Eurim-pharm*, proc. C-347/89, Col. 1991, p. 1747; ac. de 13/11/90, *Bonfait*, proc. C-269/89, Col. 1990, p. I-4169; ac. de 6/7/95, *BP Soupergaz*, proc. C-62/93, Col. 1995, pgs I-1883 e ss.

[23] Ac. de 2/2/76, *Rewe Zentrale V*, proc. 45/75, Rec. 1976, p. 194; ac. de 17/1/80, *Kefer*, proc. 95 e 96/76, Rec. 1980, p. 112; ac. de 22/10/98, *IN. CO. GE.'90 E O.*, procs. C-10/97 a C-22/97, Col. 1998, p. I-6307 e ss; ac. de 30/4/98, *Sodiprem*, procs. C-37/96 e C-38/96, Col. 1998, p. I-2039 e ss, par. 22.

[24] Ac. de 28/3/79, *Adlerblum*, cit., p. 2147; ac. *Saunders*, proc. 175/78, Rec. 1979, p. 1129; ac. de 28/76/84, *Moser*, proc. 180/83, Rec. 1984, p. 2539; ac. de 9/6/85, *Bozzetti*, proc. 179/84, Rec. 1985, p. 2301; ac. de 23/1/86, *Iorio*, proc. 298/84, Col. 1986, p. 247.

[25] Ac. *Rheinmühlen*, cit., p. 33, 38, 39.

512   *Curso de Direito Constitucional da União Europeia*

pode ser restringida por convenções das partes[26], nem por regras de processo internas, dado que a repartição de competências, prevista no art. 234.º TCE, entre o juiz nacional e o juiz comunitário, é imperativa. Admitir o contrário levaria à violação do princípio do primado do direito comunitário sobre o direito nacional.

A questão prejudicial é suscitada pelo juiz nacional. Todavia, ela tanto pode ter sido levantada pelas partes no processo principal como pelo próprio juiz, ao contrário do que pode sugerir a letra do art. 234.º TCE[27].

O juiz nacional pode suscitar a questão, qualquer que seja a fase em que se encontra o processo principal. O TJ chegou a admitir questões prejudiciais quando os factos ainda não estavam definitivamente apurados[28].

Contudo, o TJ sempre estabeleceu como limite à faculdade de um juiz nacional suscitar as questões prejudiciais a existência de um processo pendente e a sua necessidade para a boa decisão da causa, competindo ao juiz nacional decidir se a questão era ou não necessária ao julgamento da causa.

51.1.4.2. As questões prejudiciais obrigatórias

O art. 234.º, par. 3, TCE prevê questões prejudiciais obrigatórias. Um tribunal nacional cujas decisões não sejam susceptíveis de recurso judicial, previsto no direito interno, é obrigado a suscitar a questão prejudicial, se tiver dúvidas sobre a interpretação ou sobre a validade de uma norma comunitária.

Esta obrigação tem em vista impedir a formação de jurisprudência nacional contrária ao direito comunitário[29].

Os principais problemas de interpretação do art. 234.º, par. 3, TCE prendem-se com os seguintes aspectos:

I. *O âmbito da obrigação de suscitar a questão de apreciação de validade* – segundo a letra do art. 234.º TCE, o carácter facul-

---

[26] Ac. de 22/11/78, *Mattheus*, proc. 93/78, Rec. 1978, p. 2203.

[27] Ac. de 16/6/81, *Salonia*, proc. 126/80, Rec. 1981, p. 1563; ac. de 6/10/82, *Cilfit*, proc. 283/81, Rec. 1982, p. 3415.

[28] Ac. de 14/12/71, *Politi*, proc. 43/71, Rec. 1971, p. 1039, 1048; ac. de 9/11/83, *San Giorgio*, proc. 199/82, Rec. 1983, p. 3595.

[29] Ac. de 24/5/77, *Hoffmann-La Roche*, proc. 107/76, Rec. 1977, p. 973.

tativo ou obrigatório da questão não difere consoante se trate de questões de interpretação ou de validade.

No entanto, o Tribunal, no caso *Foto-Frost*[30], estende a obrigatoriedade de suscitar a questão prejudicial a todos os tribunais nacionais, no que diz respeito à validade dos actos comunitários. Assim, mesmo os tribunais que não julgam em última instância, se tiverem dúvidas quanto à validade de um acto comunitário, devem suscitar a questão prejudicial ao TJ[31]. Todavia, são competentes para considerarem o acto como válido e rejeitarem as causas de invalidade invocadas.

Os argumentos aduzidos pelo TJ para chegar a esta interpretação *contra legem* do art. 234.º TCE são, fundamentalmente, os seguintes:

- a necessidade de aplicação uniforme do direito comunitário;
- a coesão do sistema de protecção jurisdicional da Comunidade
  – a apreciação de validade dos actos comunitários é uma modalidade de controlo da legalidade instituído pelo tratado, tal como o recurso de anulação ou a excepção de ilegalidade, e, como tal, deve ser da competência exclusiva do TJ;
- a natureza do processo e a sua aptidão para facilitar uma adequada apreciação de validade.

A posição do TJ nesta matéria contribui para uma maior segurança jurídica, para o reforço do princípio da legalidade e para uma mais sólida garantia dos direitos dos particulares.

O TJ reafirmou a jurisprudência *Foto-Frost*, nomeadamente, nos casos *Zuckerfabrik*[32] e *Bakers of nailsea*[33].

II. *Os tribunais obrigados a suscitar a questão prejudicial* – da letra do art. 234.º, par. 3, também não resulta claro quais são os tribunais que estão obrigados a suscitar a questão prejudicial, daí que a doutrina tenha defendido, fundamentalmente, duas posições:

  i) *a teoria orgânica*, de acordo com a qual só os tribunais colocados no topo da hierarquia judiciária, quer dizer, os

---

[30] Ac. de 22/10/87, *Foto-Frost*, proc. 314/85, Col. 1987, p. 4199, 4225.

[31] Ac. *Foto-Frost*, cit., p. 4199.

[32] Ac. de 21/2/91, procs. C-143/88 e C-92/89, Col. 1991, p. I-534.

[33] Ac. de 15/4/97, proc. C-27/95, Col. 1997, p. I-1847 e ss.

514   *Curso de Direito Constitucional da União Europeia*

supremos tribunais, estão obrigados a suscitar as questões prejudiciais;

ii) *a teoria do litígio concreto*, segundo a qual o tribunal cuja decisão não é susceptível de recurso judicial ordinário, previsto no Direito interno, está obrigado a suscitar a questão prejudicial, ou seja, não o supremo tribunal mas o tribunal supremo naquele litígio concreto.

A teoria orgânica visa impedir a sobrecarga do TJ com processos de menor importância e impedir a formação de jurisprudência divergente ao nível dos supremos tribunais, assegurando, deste modo, a uniformidade do direito comunitário, pois são os supremos tribunais que fixam a jurisprudência.

Todavia, o TJ adopta a teoria do litígio concreto[34]. De facto, só esta teoria se compatibiliza com a letra e o espírito do art. 234.º TCE, pois só ela assegura plenamente a uniformidade de aplicação do direito comunitário.

III. *A noção de recurso judicial de direito interno* – o art. 234.º, par. 3, TCE prevê que um tribunal cuja decisão não é susceptível de recurso judicial de Direito interno deve suscitar a questão prejudicial, pelo que importa definir a noção de recurso judicial de direito interno.

Trata-se de uma noção comunitária, que deve ser entendida como todo o recurso ordinário, ou seja, aberto a cada uma das partes no litígio, e só a elas, sem necessidade de justificação particular e em que é permitido o reexame da aplicação do direito.

Assim, se cada uma das partes no litígio tiver o direito de obter um reexame que incida sobre o fundo da causa por um tribunal diferente, de acordo com o art. 234.º TCE, existe recurso judicial, independentemente da qualificação que o direito interno dá a esse processo[35].

Estão excluídos os recursos extraordinários, como, por exemplo, os recursos para os Tribunais Constitucionais.

---

[34] Ac. de 15/7/64, *Costa c. ENEL*, proc. 6/64, Rec. 1964, p. 592 e 593; ac. *Hoffmann-La Roche*, cit., p. 973.

[35] O TJ defendeu, no ac. *Hoffmann-La Roche*, cit, p. 973, que um tribunal que está a julgar uma providência cautelar não está obrigado a suscitar a questão prejudicial.

IV. *Os limites à obrigação de suscitar a questão prejudicial* – a obrigação de suscitar a questão prejudicial por parte do juiz nacional não é, contudo, absoluta.

O TJ tem admitido casos em que esta obrigação comporta excepções, a saber:

a) se o TJ já se pronunciou sobre uma questão similar, mesmo que não absolutamente idêntica, no âmbito de um processo prejudicial ou não[36];

b) se a questão prejudicial suscitada não for pertinente e séria[37] – o tribunal nacional só deve suscitar a questão quando considerar que a decisão do TJ é necessária para a boa decisão da causa;

c) se a norma é de tal modo evidente, que não deixa lugar a qualquer dúvida razoável[38]. Neste caso, porém, o TJ exige ao tribunal nacional que, antes de concluir pela existência de tal clareza, se deve convencer de que a mesma evidência se impõe aos tribunais dos outros Estados membros e ao próprio TJ. Para tal, há que ter em conta que os textos comunitários são redigidos em várias línguas, todas fazendo fé, pelo que convém proceder à comparação das várias versões linguísticas da disposição em causa. Mesmo que todas as versões linguísticas coincidam, há que ter em conta que o direito comunitário tem a sua própria terminologia e as suas noções nem sempre coincidem com as do direito nacional. Por fim, cada disposição deve ser interpretada no seu contexto, à luz do conjunto das disposições do sistema jurídico comunitário, das suas finalidades e do estado da sua evolução à data em que se deve proceder à aplicação da disposição. O TJ aplica, neste caso, a teoria do «acto claro» ou do «sentido claro».

Contudo, os requisitos exigidos, no caso *Cilfit*, tornam muito difícil a aplicação da teoria do acto claro em direito comunitário. Por isso, o acórdão proferido naquele caso não se revela de

---

[36] Ac. de 27/3/63, *Da Costa*, procs. 28 a 30/62, Rec. 1963, p. 73 a 76; ac. *Cilfit*, cit., p. 3415.

[37] Ac. de 19/12/68, *Salgoil*, proc. 13/68, Rec.1968, p. 661.

[38] Ac. *Cilfit*, cit., p. 3430.

grande utilidade, na medida em que exige uma série de condições indeterminadas e dificilmente verificáveis. A melhor prova do que acaba de se afirmar está no facto de o Tribunal de Cassação italiano ter acabado por colocar a questão prejudicial propriamente dita ao TJ (caso *Cilfit II*[39]).

A aplicação da teoria do acto claro teve alguns adeptos, com base nos seguintes argumentos:

– o termo "questão" parece implicar uma dificuldade real de interpretação;
– permite preservar a faculdade de discernimento do juiz e evitar o recurso a manobras dilatórias.

Contra esta teoria há, no entanto, argumentos de maior peso:

– para se saber se o acto é claro tem de se interpretar previamente;
– é um meio de tornear a repartição de poderes entre o TJ e os tribunais nacionais;
– é um obstáculo à interpretação e aplicação uniformes do direito comunitário, que é o principal objectivo do art. 234.º TCE.

V. *A eventual sanção para o desrespeito da obrigação de suscitar a questão prejudicial* – em teoria podem descortinar-se dois tipos de sanções. Por um lado, as que prevê a ordem jurídica comunitária e, por outro lado, as que estão previstas no direito interno dos vários Estados membros.

Ao nível da ordem jurídica comunitária, o meio contencioso adequado para reagir contra a violação de uma obrigação imposta pelo direito comunitário por parte de um órgão de um Estado membro é o processo por incumprimento, previsto nos arts. 226.º a 228.º do TCE. De acordo com este processo, a Comissão ou qualquer outro Estado membro poderiam accionar o mecanismo previsto naqueles preceitos contra o Estado ao qual pertence o tribunal em causa.

Apesar de se terem verificado violações sistemáticas desta obrigação, a Comissão, como se viu, no capítulo anterior, nunca desencadeou um processo por incumprimento, com este funda-

---

[39] Ac. de 29/4/84, proc. 77/83, Rec. 1984, p. 1257.

Parte V – Cap. II – A relaç. entre o Tribunal de Justiça e os trib. nacionais 517

mento. E bem se compreende o porquê de tal atitude, se pensarmos que isso poria em causa o clima de confiança e cooperação mútua, necessário ao bom funcionamento do mecanismo do art. 234.º TCE. Além disso, devido ao princípio da separação de poderes vigente em todos os Estados membros, a declaração de incumprimento poderia ser totalmente ineficaz porque o poder executivo pode não estar em condições de efectivar internamente a responsabilidade do poder judicial, ou por força da independência deste, ou pelo facto de o respectivo direito interno não dispor de meios adequados à responsabilização do poder judicial. Ao nível do Direito interno de cada Estado membro poderão existir vias jurisdicionais aptas a sancionar a violação do dever de suscitar a questão prejudicial por parte do tribunal nacional. Parece, no entanto, que o único Estado que dispõe destas vias é a Alemanha. O direito alemão considera que o TJ é um «juiz legal» das partes para os efeitos da aplicação do art. 101.º da Lei Fundamental. Assim, se um órgão jurisdicional alemão não suscitar uma questão prejudicial quando a isso estiver obrigado ou se violar um acórdão anterior do TJ, o *Bundesverfassungsgericht* tem competência para revogar esse acórdão por violação da Constituição.

No direito português não existe qualquer sanção para a violação do dever de suscitar a questão prejudicial. A única situação em que se pode conceber recurso da decisão judicial que recusa suscitar a questão prejudicial ao TJ é se esta não for fundamentada ou se a fundamentação for manifestamente insuficiente (art. 158.º do CPC).

51.1.5. A competência do Tribunal de Justiça ao abrigo do art. 234.º TCE

51.1.5.1. A repartição de poderes entre os tribunais nacionais e o TJ no processo das questões prejudiciais

O processo das questões prejudiciais baseia-se numa repartição de poderes entre o TJ e os tribunais nacionais.

O TJ defende a cooperação entre os tribunais nacionais e ele próprio, na solução de problemas que são de interesse comum. Por essa razão vai abolir todo o rigor formalista, passando a entender que o tribunal nacional e o TJ são chamados a contribuir directa e reciprocamente para a elaboração de uma sentença ou de um acórdão, com vista à interpretação e aplicação uniformes do direito comunitário no conjunto dos Estados membros[40].

Esta cooperação e confiança recíprocas implicam que o juiz comunitário e o juiz nacional respeitem mutuamente os limites das suas funções.

O Tribunal tem vindo a modelar a repartição de competência entre ele próprio e os tribunais nacionais. Assim, apesar de continuar a afirmar que *«segundo um jurisprudência constante, é da competência dos órgãos jurisdicionais nacionais, a quem é submetido o litígio e que devem assumir a responsabilidade pela decisão judicial a proferir, apreciar, à luz das particularidades de cada caso, tanto a necessidade de uma decisão judicial para poderem proferir a sua decisão, como a pertinência das questões submetidas ao Tribunal»*[41], declara-se competente para *«proceder a quaisquer apreciações inerentes ao desempenho das suas próprias funções, designadamente para, sendo caso disso, e como compete a qualquer órgão jurisdicional, verificar a sua própria competência»*[42].

Nesta medida, o TJ recusa questões que não considera pertinentes e não responde nos casos em que lhe parece desnecessário suscitar as questões prejudiciais.

O Tribunal rejeita um pedido se for manifesto que a interpretação solicitada não tem qualquer relação com a realidade ou com o objecto do litígio no processo principal[43]. Mas o juiz nacional continua a deter a competência exclusiva quanto à formulação das questões[44], não podendo o TJ substituir-se-lhe neste domínio.

---

[40] Ac. de 1/12/65, *Schwarze*, proc. 16/65, Rec. 1965, p. 1195.

[41] Ac. de 18/10/90, *Dzodzi*, procs. C-297/88 e C-197/89, Col. 1990, p. I-3763 e ss; ac. de 8/11/90, *Gmurzynska*, proc. C-231/89, Col. 1990, p. I-4003 e ss; ac. de 9/2/95, *Leclerc/Siplec*, proc. 412/93, Col. 1995, p. I-215; ac. de 5/10/95, *Aprile*, proc. C-125/94, Col. 1995, p. I-2946; ac. de 17/7/97, *Leur-Bloem*, proc. C-28/95, Col. 1997, p. I-4161 e ss; ac. de 30/4/98, *Cabour*, proc. C-230/96, p. 2094.

[42] Ac. de 15/6/95, *Zabala Erasun*, procs. C-422/93, C-423/93 e C-424/93, Col. 1995, p. I- 1583.

[43] Ac. de 26/10/95, *Furlanis*, proc. C-143/95, Col. 1995, p. I-3633; ac. *Cabour*, cit., p. I-2094; ac. de 18/1/96, *Seim*, proc. C-446/93, Col. 1996, pgs I-73 e ss.

[44] Ac. de 12/12/96, *Kontogeorgas*, proc. C-104/95, Col. 1996, p. I-6643 e ss.

Além disso, o TJ não tem competência para averiguar se o órgão jurisdicional que suscitou a questão prejudicial é competente para conhecer do litígio[45], nem se tem competência para aplicar o tratado, tal como foi interpretado.

Mas já compete ao TJ extrair do conjunto dos elementos fornecidos pelo tribunal nacional os elementos de direito comunitário que necessitam de uma interpretação tendo em conta o objecto do litígio[46].

51.5.1.2. A reformulação das questões suscitadas pelos tribunais nacionais

O TJ reserva-se o direito de reformular as questões no quadro das coordenadas conceptuais do direito comunitário, reduzir as questões múltiplas[47], modificar a ordem das questões[48], completá-las[49], responder-lhes globalmente[50], subdividir a questão[51], delimitar a questão[52], determinar o seu verdadeiro objecto[53] e não responder a certas questões, que se tornaram irrelevantes pela resposta dada a outras[54].

Embora inicialmente o TJ respondesse a todas as questões que lhe eram suscitadas, actualmente é bastante mais exigente, recusando-se a responder a questões muito imprecisas, por considerar que não são úteis para a solução do litígio principal[55].

---

[45] Ac. de 19/12/68, *Cicco*, proc. 19/68, Rec. 1968, p. 689, 698; ac. de 5/6/97, *Celestini*, proc. C-105/94, Col. 1997, p. I-2971 e ss.

[46] Ac. de 29/11/78, *Pigs Marketing Board*, proc. 83/78, Rec.1978, p. 2347.

[47] Ac. de 18/5/82, *Adoui et Cornuaille*, proc. 115/81 e 116/81, Rec. 1982, p. 1665.

[48] Ac. de 2/5/90, *Hakvoort et St Bremen*, proc. C-348/88, Col. 1990, p. I-395; ac. de 4/7/90, *Roermond*, procs. 354/88 a 356/88, Col. 1990, p. I-2753; ac. de 19/3/92, *Batista Morais*, proc. C-60/91, Col. 1992, p. I-2085.

[49] Ac. de 18/2/64, *Internationale Crediet*, procs. 73 e 74/63, Rec. 1964, p. 3.

[50] Ac. de 27/6/90, *Berkenheide*, proc. C-67/89, Col. 1990, p. I-2615; ac. de 3/6/92, *Paletta*, proc. C-45/90, Col. 1992, p. I-3423.

[51] Ac. de 12/12/90, *Sarpp*, proc. C-241/89, Col. 1990, p. I-4695.

[52] Ac. de 10/5/81, *Irish creamery*, procs. 36/80 e 71/80, Rec. 1981, p. 752 (ponto 21).

[53] Ac. de 26/1/90, *Falcolia*, proc. C-286/88, Col. 1990, p. I-191.

[54] Ac. de 26/4/88, *Bond van adverteerders*, proc. 352/85, Col. 1988, p. 2085.

[55] Ac. de 3/2/77, *Benedetti*, proc. 52/76, Rec. 1977, p. 179 e 180; ac. de 28/3/79, *ICAP*, proc. 222/78, Rec. 1979, p. 1163, 1178; ac. de 21/9/83, *Deutsche Milchkontor*, procs. 205 a 215/82, Rec. 1983, p. 2633; ac. *Pretore di Saló*, cit., p. 2565; ac. de 16/9/82, *Vlaeminck*, proc. 132/81, Rec. 1982, p. 2963.

520   *Curso de Direito Constitucional da União Europeia*

O TJ recusa-se também a responder a questões puramente hipotéticas[56].

O TJ pode transformar uma questão de interpretação numa questão de apreciação de validade[57].

Apesar de competir ao tribunal nacional indicar quais os vícios do acto, o TJ pode também conhecê-los *ex officio*[58]. O TJ recusa-se, no entanto, a fazê-lo quando o vício é suscitado pelas partes e não o foi por iniciativa do próprio juiz nacional. Neste último caso, atém-se ao vício invocado pelo tribunal nacional, ainda que – repete-se – ele tenha sido invocado pelas partes[59].

O TJ reformula a questão quando o juiz nacional lhe solicita a interpretação de disposições de direito nacional ou a aplicação do direito comunitário ao caso concreto[60].

51.5.1.3. Os casos de rejeição do pedido de questões prejudiciais por parte do TJ

Os casos de rejeição do pedido de questões prejudiciais são cada vez mais frequentes. Porém, da análise de muitos acórdãos do Tribunal poderia inferir-se exactamente o contrário. Este continua a afirmar, por um lado, que é obrigado a decidir, desde que as questões prejudiciais suscitadas pelos órgãos jurisdicionais se refiram à interpretação de uma disposição de direito comunitário[61], e, por outro lado, que quem tem competência exclusiva para suscitar a questão é o juiz nacional.

---

[56] Ac. *Mattheus*, cit, p. 2203; ac. de 16/6/81, *Salonia*, proc. 126/80, Rec. 1981, p. 1563; ac. de 21/4/88, *Pardini*, proc. 338/85, Col. 1988, p. 2041.

[57] Ac. de 3/2/77, *Schwarze*, cit.; ac. *Strehl*, proc. 62/76, Rec. 1977, p. 211; ac. de 7/7/81, *Rewe*, proc. 158/80, Rec. 1981, p. 1805; ac. de 14/6/90, *Weiser*, proc. C-37/89, Col. 1990, p. I-2395.

[58] Ac. de 10/1/73, *Getreide Import*, proc. 41/72, Rec. 1973, p. 1 e ac. de 25/10/78, *Royal Scholten Honig*, proc. 103 e 145/77, Rec. 1978, p. 2037, 2079.

[59] Ac. *Internationale Crediet*, cit., p. 1, 28; ac. de 13/12/67, *Neumann*, proc. 17/67, Rec. 1967, p. 571, 587 a 593.

[60] Ac. de 8/12/70, *Witt*, proc. 28/70, Rec. 1970, p. 1021; ac. de 12/7/73, *Getreide Import*, proc. 11/73, Rec. 1973, p. 919; ac. de 23/10/75, *Matisa*, proc. 35/75, Rec. 1975, p. 1205; ac. de 20/6/91, *Newton*, proc. C-356/89, Col. 1991, p. I-3017; ac. de 8/6/92, *Knoch*, proc. C-102/91, Col. 1992, p. I-4341.

[61] Ac. *Leur-Bloem*, cit., p. 4200; ac. de 17/7/97, *Giloy*, proc. C-130/95, Col. 1997, p. 4302.

Parte V – Cap. II – A relaç. entre o Tribunal de Justiça e os trib. nacionais 521

Mas a verdade é que quem decide se a questão se refere ou não a disposições de direito comunitário é o Tribunal de Justiça, e a competência exclusiva do juiz nacional para suscitar a questão está sujeita à condição da aplicação do direito comunitário para resolver um litígio.

Assim, o juiz nacional não deve suscitar a questão nos seguintes casos:

a) *A ausência do litígio* – o TJ declarou-se incompetente para responder às questões suscitadas por um tribunal italiano, no caso *Foglia v. Novello*[62], com fundamento no carácter fictício do litígio. Perante a recusa do TJ de responder às questões, o tribunal italiano voltou a suscitar uma série de questões prejudiciais ao abrigo do art. 234.º TCE. O TJ reafirmou a sua incompetência para responder às questões colocadas no quadro de construções processuais criadas pelas partes para levar o TJ a tomar posição sobre certos problemas de direito comunitário que não correspondem a uma necessidade objectiva relativamente à solução de um caso concreto.

O tribunal nacional só pode suscitar questões prejudiciais no âmbito de um litígio real.

A jurisprudência *Foglia Novello* pareceu, durante algum tempo, bastante isolada, não tendo o TJ rejeitado pedidos de questões prejudiciais com este fundamento, limitando-se a breves referências em alguns acórdãos dos finais da década de 80[63].

Contudo, mais recentemente, o TJ parece ter retomado a jurisprudência *Foglia Novello* ao considerar que o processo das questões prejudiciais pressupõe que «*um litígio esteja efectivamente pendente nos órgãos jurisdicionais nacionais*» e a sua justificação é «*a necessidade inerente à efectiva solução de um contencioso*»[64]. Deve notar-se que a jurisprudência do Tribunal, neste domínio, está longe de ser constante, pois parece vacilar perante o interesse da matéria que lhe foi perguntada. Assim, o Tribunal, num caso relativo à exclusão da publicidade televisiva do sector económico da distribuição, parece arrepiar caminho, ao considerar que «*o*

---

[62] Ac. de 11/3/80, proc. 104/79, Rec. 1980, p. 745.

[63] Ac. de 21/9/88, *Van Eycke,* proc. 267/86, Col. 1988, p. 4769 e ac. de 23/11/89, *Eau de cologne*, proc. 150/88, Col. 1989, p. 3891..

[64] Ac. de 12/3/98, *Djabali,* proc. C-314/98, Col. 1998, p. I-1149 e ss.

522   *Curso de Direito Constitucional da União Europeia*

facto de as partes no processo principal estarem de acordo quanto ao resultado a obter em nada diminui a realidade do litígio», pelo que a questão submetida, *«na medida em que se prende com esse objecto, corresponde a uma realidade objectiva inerente à resolução do litígio principal»*[65].

b) *O direito comunitário não se aplica manifestamente ao caso concreto* – o juiz nacional deve abster-se de colocar questões prejudiciais, no caso de o direito comunitário não se aplicar manifestamente ao caso concreto[66], ou seja, se a situação não tiver qualquer conexão com o direito comunitário[67].

51.1.6. Os efeitos do acórdão proferido no âmbito de um processo do art. 234.º

51.1.6.1. Os efeitos materiais do acórdão prejudicial

A) Colocação do problema

A questão dos efeitos materiais do acórdão prejudicial resume-se a saber se este acórdão produz efeitos obrigatórios ou se, pelo contrário, tem apenas uma força moral. Se se optar pela tese dos efeitos obrigatórios, há que averiguar em relação a quem tais efeitos se produzem.

Várias podem ser as respostas a esta questão, a saber:

– o acórdão vincula apenas o juiz nacional que suscitou a questão prejudicial e, consequentemente, as partes no processo principal;

---

[65] Ac. de 9/2/95, *Leclerc/Siplec,* proc. C-412/93, Col. 1995, p. 214 e 215.

[66] Ac. de 16/6/81, *Salonia,* proc. 126/80, Rec. 1981, p. 1563; ac. de 16/9/82, *Vlaeminck,* proc. 132/81, Rec. 1982, p. 2953, 2963; ac. de 11/6/92, *Di Crescendo e Casagrande,* procs. C-90/91 e C-91/91, Col.1992, p. I-3851.

[67] O TJ, no caso *Ferrer Laderer* (ac. de 25/6/92, proc. C-147/91, Col.1992, p. I-4097), considerou-se incompetente para responder às questões suscitadas por um juiz penal espanhol, com fundamento no facto de que as disposições comunitárias sobre direito de estabelecimento não se aplicavam, uma vez que a senhora Laderer era de nacionalidade suíça.

O TJ reafirmou a sua posição nos casos *Lourenço Dias* (ac. de 16/7/92, proc. C-343/90, Col. 1992, p. I-4673), *Meilicke* (ac. de 16/7/92, proc. C-83/91, Col. 1992, p. I-4919) e *Telemarsicabruzzo* (ac. de 26/1/93, procs. C-320 a 322/90, Col. 1993, p. I-423).

Parte V – Cap. II – A relaç. entre o Tribunal de Justiça e os trib. nacionais 523

- ficam vinculados todos os tribunais que forem chamados a pronunciar-se sobre o processo principal, no caso de haver recurso da decisão;
- o acórdão vincula todos os tribunais nacionais, inferiores e superiores, do Estado que suscitou a questão ou de qualquer outro Estado membro da Comunidade;
- o próprio TJ fica vinculado pelo acórdão.

Questão diversa é a de saber se quem fica obrigado pelo acórdão pode posteriormente suscitar a interpretação ou a apreciação de validade de uma norma que já foi interpretada ou declarada inválida pelo TJ.

Os efeitos materiais do acórdão proferido pelo TJ, no âmbito de um processo das questões prejudiciais, podem diferir consoante se trate de acórdão interpretativo ou de declaração de invalidade ou de validade. Por isso, vamos analisá-los separadamente.

B) Os efeitos materiais do acórdão interpretativo

O acórdão interpretativo obriga o juiz nacional que suscitou a questão, pelo que este não se pode basear, na solução do litígio principal, numa interpretação diferente da que foi dada pelo TJ[68]. Esta obrigação de respeitar a interpretação dada pelo Tribunal incide não só sobre a decisão propriamente dita, mas também sobre a sua fundamentação[69].

Além disso, o acórdão interpretativo obriga todos os outros juízes nacionais. O TJ afirmou, no caso *Milch-, Fett-, und Eierkontor*[70], que a interpretação obriga todas as instâncias nacionais que se ocuparam do litígio, ou seja, mesmo que se trate de tribunais superiores estes devem considerar-se vinculados pelo acórdão proferido a pedido de um tribunal inferior.

O acórdão interpretativo, tendo em conta o objectivo do art. 234.º TCE – a uniformidade de interpretação do direito comunitário – tem um alcance geral. A interpretação incorpora-se na norma interpretada, pelo que os juízes nacionais que a quiserem aplicar têm a obrigação de o fazer com o sentido e o alcance que lhe foi dado pelo acórdão[71].

---

[68] Ac. de 3/2/77, *Benedetti*, proc. 52/76, Rec. 1977, p. 163.

[69] Ac. de 16/3/78, *Bosch*, proc. 135/77, Rec. 1978, p. 855.

[70] Ac. de 24/6/69, proc. 29/68, Rec. 1969, p. 165.

[71] Ac. de 27/3/63, *Da Costa*, procs. 28 e 30/62, Rec. 1963, p. 61; ac. *Milch-, Fett- und Eierkontor*, proc. cit., p. 165; ac. *Luigi Benedetti*, cit. p. 183; ac. *Cilfit*, cit, p. 3429.

524 *Curso de Direito Constitucional da União Europeia*

Daqui resulta que esta interpretação só pode ser posta em causa se posteriormente houver uma modificação da norma ou das normas que com ela se relacionam[72] e que só o próprio TJ pode alterar a sua interpretação anterior[73].

O TJ admite, no entanto, que um tribunal nacional lhe pode suscitar questões prejudiciais mesmo que o TJ já tenha respondido a questões idênticas, por considerar que não está ainda suficientemente esclarecido[74].

A posição que o TJ tem defendido, em sede de efeitos materiais dos acórdãos interpretativos, assemelha-se à tese do precedente anglo-saxónico, embora não se confunda com ela. Aquela tese fundamenta-se na hierarquia dos tribunais. O precedente forma-se das decisões dos tribunais superiores em relação aos inferiores e das decisões de cada tribunal em relação a si próprio, com excepção da *House of Lords*, que, colocada no topo da hierarquia, não está vinculada às decisões por ela própria proferidas, embora as suas decisões vinculem todos os outros tribunais.

O TJ não se situa no topo de uma hierarquia de tribunais comunitários, pelo que o fundamento do precedente, neste caso, tem de ser outro. Parece-nos que são os próprios princípios consagrados na ordem jurídica comunitária que impõem que assim seja. Em primeiro lugar, é o próprio carácter evolutivo da integração europeia e da sua ordem jurídica que exige que o TJ possa adaptar o seu juízo prejudicial às novas condições da integração. Isso ficaria prejudicado se o acórdão prejudicial do TJ fosse por ele definitivamente imodificável. Além disso, não faz sentido que o TJ, ao interpretar o direito comunitário, que, de acordo com o princípio do primado do direito comunitário sobre o direito nacional, prevalece sobre os Direitos nacionais, pudesse ver as suas decisões postas em causa pelos tribunais dos Estados membros.

C) Os efeitos materiais da declaração de validade

A declaração de validade não acrescenta nada ao acto. Um acto goza da presunção de legalidade até prova em contrário. O TJ limita-se a declarar que o exame das questões que lhe foram suscitadas não revela nenhum elemento de natureza a afectar a validade do acto. Posteriormente, o mesmo ou outros tribunais nacionais podem invocar novos fundamentos de invalidade.

---

[72] Ac. de 17/5/90, *Barber*, proc. C-262/88, Col. 1990, p. I-1889.
[73] Ac. de 17/10/90, *Hag II*, proc. C-10/89, Col. 1990, p. I-3711.
[74] Ac. *Da Costa*, cit., p. 55; ac. *Milch-*, cit., p. 163.

Parte V – Cap. II – A relaç. entre o Tribunal de Justiça e os trib. nacionais 525

Todavia, a declaração de validade produz efeitos obrigatórios e não apenas morais. O tribunal nacional que suscitou a questão prejudicial não pode recusar a aplicação do acto ao caso concreto, com fundamento em invalidade. O mesmo se verifica relativamente aos outros tribunais nacionais. Este raciocínio infere-se do caso *Foto-Frost*[75].

D) Os efeitos materiais da declaração de invalidade

A declaração de invalidade obriga o juiz que suscitou a questão prejudicial. Este não pode aplicar um acto comunitário declarado inválido pelo TJ, salvo se o acórdão dispuser em sentido contrário. Um acórdão que declara a invalidade de um acto comunitário constitui razão suficiente para qualquer outro juiz o considerar como não válido, quando o pretender aplicar a qualquer processo pendente. Assim, a declaração de invalidade obriga todo e qualquer tribunal nacional, pois um acto declarado inválido não deve ser aplicado[76].

Do que acaba de ser dito não se deve inferir que os tribunais nacionais ficam privados do direito de suscitar novamente questões prejudiciais sobre o acto declarado inválido. Tal pode justificar-se se subsistirem dúvidas relativas aos fundamentos, à extensão ou às consequências da invalidade precedentemente declarada[77].

A declaração de invalidade de um acto comunitário pode ter também implicações para os órgãos legislativos comunitários[78] e para os órgãos nacionais[79]. Foi assim que o TJ considerou, nos casos *Quellmehl*[80] e *Gritz maïs*[81], que declarar a invalidade das normas em causa não apagaria imediatamente a ilegalidade, pelo que competiria aos órgãos comunitários competentes adoptar as medidas necessárias para obviar à incompatibilidade dos preceitos com o princípio da igualdade. Esta solução inspira-se no art. 233.º TCE, relativo ao recurso de anulação.

---

[75] Ac. cit., p. 4199.

[76] Ac. de 13/5/81, *International Chemical Corporation (ICC)*, proc. 66/80, Rec. 1981, p. 1215.

[77] Ac. *ICC*, cit., p. 1215.

[78] Ac. de 19/10/77, «*Quellmehl*», procs. 117/76 e 16/77, Rec. 1977, p. 1753 e ss; ac. de 19/10/77, «*Gritz de maïs*», proc. 124/76, Rec. 1977, p. 1795; ac. de 29/6/88, *Luc van Landschoot*, proc. 300/86, Col. 1988, p. 3463.

[79] Ac. de 30/10/75, *Rey Soda*, proc. 23/75, Rec. 1975, p. 1307.

[80] Ac. cit. p. 1753.

[81] Ac. cit., p. 1795.

526 *Curso de Direito Constitucional da União Europeia*

Se o acto foi declarado inválido, a ilegalidade pode ser invocada pelo particular na excepção de ilegalidade e na acção de responsabilidade (art. 235.º e art. 288.º TCE), sem ter de ser reapreciada.

51.1.6.2. Os efeitos temporais do acórdão prejudicial

A) Colocação do problema

A problemática dos efeitos temporais do acórdão visa esclarecer se o acórdão prejudicial se aplica aos factos ou situações que ocorreram antes da data em que este foi proferido ou se, pelo contrário, se aplica apenas aos factos ou situações que ocorreram após essa data, ou seja, trata-se de saber se o acórdão produz ou não efeitos retroactivos.

Caso se chegue à conclusão de que o acórdão produz efeitos retroactivos, há que averiguar a partir de que momento se dá essa retroacção.

B) Os efeitos temporais do acórdão interpretativo

O acórdão interpretativo tem efeito retroactivo, ou seja, a interpretação dada pelo TJ aplica-se *ab initio*[82]. A regra, com a interpretação que lhe foi dada pelo TJ, pode e deve ser aplicada pelo juiz às relações jurídicas nascidas e constituídas antes do acórdão interpretativo, «*se estiverem reunidas as condições que permitem submeter aos órgãos jurisdicionais competentes um litígio relativo à aplicação da mesma regra*»[83].

Os principais fundamentos da retroactividade são os seguintes:

– a natureza declarativa do acórdão – quando o TJ interpreta uma regra comunitária limita-se a precisar o significado, o sentido e os limites da regra já existente, não está a criar uma nova regra, pelo que não há razões para restringir os efeitos do acórdão para o passado;

– a finalidade e a natureza do processo do art. 234.º TCE – a interpretação e aplicação uniformes do direito comunitário só poderá ser assegurada se o acórdão tiver efeitos retroactivos;

---

[82] Ac. de 27/3/80, *Salumi*, procs. 66, 127 e 128/79, Rec. 1980, p. 1237; ac. de 27//3/80, *Denkavit italiana*, proc. 61/79, Rec. 1980, p. 1205; ac. de 10/6/80, *Mireco*, proc. 826/79, Rec. 1980, p. 2559; ac. de 2/2/88, *Blaizot*, proc. 24/86, Col. 1988, p. 379; ac. de 11/8/95, *Roders,* procs. C-367/93 e C-377/93, Col. 1995, p. I-2264; ac. de 19/10/95, *Richardson,* proc. C-137/94, Col. 1995, p. I-3432.

[83] Ac. *Roders,* cit., p. I-2264.

Parte V – Cap. II – A relaç. entre o Tribunal de Justiça e os trib. nacionais 527

– o princípio da legalidade – implica uma interpretação correcta do direito comunitário. Atribuir à norma um sentido até um dado momento e outro a partir daí acarretaria o fraccionamento do sentido da norma que deve ser um só. Este princípio só deve ceder perante considerações de segurança jurídica, confiança legítima e estabilidade nas relações jurídicas em situações muito excepcionais.

Efectivamente, o TJ, no caso *Defrenne II*[84] limitou os efeitos retroactivos, por razões de estabilidade económica e segurança jurídica, tendo considerado que a interpretação que foi dada só é válida para o futuro[85]. Todavia, o TJ admite, nestes casos, que as pessoas que já interpuseram um recurso contencioso ou reclamaram, antes de o acórdão ter sido proferido, podem prevalecer-se da interpretação dada pelo TJ.

De acordo com a jurisprudência do TJ, a limitação no tempo dos efeitos do acórdão é da sua competência exclusiva. Trata-se de uma derrogação à regra de repartição de competências entre o juiz nacional e o juiz comunitário, pela qual é o juiz nacional que tem competência para aplicar a norma ao caso concreto e, como tal, é a ele que compete definir os efeitos do acórdão. Esta derrogação baseia-se no objectivo da interpretação e aplicação uniformes do direito comunitário, pois, se cada tribunal nacional pudesse fixar os efeitos no tempo dos acórdãos interpretativos, isso significaria que a norma poderia ser aplicada pelos vários tribunais nacionais de modo divergente, o que exactamente o processo das questões prejudiciais pretende evitar.

C) Os efeitos temporais da declaração de invalidade

A declaração de invalidade de um acto comunitário produz também efeitos retroactivos[86].

---

[84] Ac. de 8/4/76, *Defrenne II*, proc. 43/75, Rec. 1976, p. 455.

[85] Ac. *Defrenne II*, cit., p. 455; ac. *Barber*, cit., p. I-1899; ac. de 16/7/92, *Legros*, proc. C- 163/90, Col. 1992, p. I-4625; ac. de 31/3/92, *Dansk*, proc. 200/90, Col. 1992, p. I-2217.

[86] Ac. de 12/6/80, *Express dairy foods*, proc. 130/79, Rec. 1980, p. 1887; ac. de 15/10/80, *Roquette frères*, proc. 145/79, Rec. 1980, p. 2917; ac. de 15/10/80, *Société coopérative «Providence agricole de Champagne*, proc. 4/79, Rec. 1980, p. 2823; ac. de 15/10/80, *Maïseries de beauce*, proc. 109/79, Rec. 1980, p. 2883; ac. de 22/5/85, *SPA Fragd*, proc. 33/84, Rec. 1985, p. 1605; ac. de 27/2/85, *Société de produits de maïs*, proc. 112/83, Rec. 1985, p. 719 e ss.

528   *Curso de Direito Constitucional da União Europeia*

O TJ admitiu, no entanto, em vários acórdãos[87], a limitação no tempo dos efeitos da declaração de invalidade, com base na aplicação analógica do art. 231.º, par. 2.º, TCE. O recurso de anulação e a apreciação de validade fazem parte dos meios de fiscalização de legalidade, havendo até quem defenda que o art. 234.º TCE é a última via aberta para que, expirado o prazo de interposição do recurso de anulação, a legalidade possa ser reposta, se não levarmos em conta, obviamente, a excepção de ilegalidade. Daqui decorre que faz todo o sentido a aplicação do art. 231.º, par. 2.º, TCE ao processo das questões prejudiciais.

A faculdade de limitar no tempo os efeitos do acórdão fundamenta-se em razões de segurança jurídica e é da competência exclusiva do TJ.

51.2. Os processos especiais

O tratado de Amesterdão, sem introduzir qualquer alteração ao art. 234.º TCE, prevê a sua aplicação, com algumas restrições, à política de vistos, asilo, imigração e outras políticas relativas à livre circulação de pessoas, no art. 68.º, n.º 1, do TCE, e, consagra, no âmbito do terceiro pilar, relativo à cooperação policial e judiciária em matéria penal, um processo que em muito lembra o do preceito acabado de estudar. Estas inovações não podem deixar de ter repercussões no art. 234.º TCE.

51.2.1. No domínio dos vistos, asilo e imigração – o art. 68.º, n.ᵒˢ 1 e 2, TCE

O art. 68.º, n.º 1, TCE prevê a aplicação do art. 234.º TCE, ou seja, do processo das questões prejudiciais, em matéria de política de vistos, de asilo e de imigração e de outras matérias referentes à livre circulação de pessoas, bem como na parte comunitarizada do acervo proveniente dos acordos de Schengen, nas circunstâncias e condições nele previstas.

O n.º 1 do art. 68.º TCE dispõe que sempre que uma questão de interpretação do Título IV do TCE ou sobre interpretação e validade dos actos adoptados pelos órgãos comunitários, com base no mesmo Título,

---

[87] Ac. *Roquette frères*, cit., p. 2917; *Société coopérative «Providence agricole de Champagne*, cit., p. 2823, *Maïseries de beauce*, cit., p. 2883; ac. *SPA Fragd*, cit., p. 1605; *Société de produits de maïs*, cit., p. 719 e ss.

seja suscitada em processo pendente perante um órgão jurisdicional nacional, cujas decisões não sejam susceptíveis de recurso judicial, previsto no direito interno, esse órgão, se considerar que uma decisão sobre essa questão é necessária ao julgamento da causa, deve pedir ao Tribunal de Justiça que sobre ela se pronuncie.

Ora, se compararmos o art. 234.º TCE com o referido art. 68.º, n.º 1, TCE podemos verificar as seguintes diferenças:

1) O art. 234.º TCE prevê que todo e qualquer órgão jurisdicional nacional pode suscitar questões prejudiciais ao Tribunal de Justiça, esteja ou não a julgar em última instância. Pelo contrário, o art. 68.º TCE restringe a possibilidade – que não é só uma possibilidade, é uma obrigação (... *deve...*) – de suscitar questões prejudiciais aos tribunais cujas decisões não sejam susceptíveis de recurso.

   A razão de ser desta limitação prende-se com a necessidade de evitar ainda mais trabalho para o Tribunal, com a consequente dilação dos prazos da decisão e também o atraso dos processos ao nível nacional.

2) Uma outra diferença a assinalar reside na forma como se encontra redigida a imposição ao juiz de suscitar a questão prejudicial. A expressão «*se considerar que uma decisão é necessária ao bom julgamento da causa*» do art. 68.º, n.º 1, TCE levou alguma doutrina a equiparar este preceito com o par. 2 do art. 234.º TCE, que prevê as questões prejudiciais facultativas, e não com o par. 3, relativo às questões prejudiciais obrigatórias. Para outra parte da doutrina, a redacção do art. 68.º, n.º 1, TCE apenas aponta no sentido de que a questão prejudicial não tem carácter automático, na sequência da já citada jurisprudência *Cilfit*[88]. Todavia, a letra de algumas versões do tratado, como, por exemplo, a portuguesa, parece apontar no sentido da obrigatoriedade da questão prejudicial – «*deve pedir ao Tribunal que sobre ela se pronuncie*». O mesmo sentido se retira das versões francesa «*demande*», inglesa «*shall*» e espanhola «*pedirá*».

   Também a comparação da letra deste preceito com o seu correspondente do terceiro pilar aponta no sentido da obrigatoriedade da questão prejudicial. No art. 35.º, n.ºs 1 e 3, TUE afirma-se,

---

[88] Proc. cit, p. 3415.

530   *Curso de Direito Constitucional da União Europeia*

expressamente, o carácter facultativo da questão prejudicial e a declaração n.º 10 da Conferência remete para o direito dos Estados membros a possibilidade de conferir carácter obrigatório à questão prejudicial, provinda de órgãos jurisdicionais que julgam em última instância.

3) A restrição da legitimidade para suscitar questões prejudiciais aos juizes que julgam em última instância, prevista no art. 68.º, n.º 1, TCE coloca a questão de saber se um juiz nacional, que não está a julgar em última instância, pode deixar de aplicar um acto comunitário, adoptado com base no Título IV, por o considerar inválido. Como já se viu, o Tribunal entendeu, no acórdão *Foto-Frost*[89], que detinha uma competência exclusiva para declarar a invalidade de um acto comunitário de direito derivado, pelo que o juiz nacional, ainda que não estivesse a julgar em última instância, se pretendesse desaplicar um acto, deveria suscitar a questão prejudicial. Ora, o art. 68.º, n.º 1, parece impedir a aplicação desta jurisprudência do Tribunal. É claro que sempre se pode defender que da mesma forma que a jurisprudência consagrada no acórdão *Foto-Frost* não resultava – nem resulta – directamente da letra do Tratado, mas sim do sistema geral de protecção jurisdicional nele previsto, também pelos mesmos argumentos poderá ser aplicável aos actos adoptados, com base no Título IV. Mas parece que as dificuldades aqui são bastante maiores, pois não há qualquer base jurídica no Tratado para um órgão jurisdicional, que não está a julgar em última instância, suscitar a questão prejudicial.

4) Esta questão prende-se com uma outra mais vasta, qual seja a de saber se a jurisprudência do Tribunal relativa à interpretação do antigo art. 177.º (actual art. 234.º TCE) se deve aplicar ou não ao Título IV do Tratado CE. Em nosso entender, nada se opõe a uma resposta afirmativa, excepto se existir uma contradição com o expressamente previsto no art. 68.º TCE, pois este preceito deve ser visto como uma norma especial por confronto com a norma geral do art. 234.º TCE. Assim, a título de exemplo, refira-se que a já citada jurisprudência do Tribunal em matéria de extensão da sua competência interpretativa aos acordos internacionais em que a Comunidade é parte também é susceptível de aplicação nesta sede.

---

[89] Proc. cit., p. 4225.

Parte V – Cap. II – A relaç. entre o Tribunal de Justiça e os trib. nacionais 531

5) O n.º 2 do art. 68.º TCE consagra a exclusão da competência do Tribunal para conhecer das medidas adoptadas pelos Estados atinentes à ordem pública e à segurança interna, no que diz respeito às medidas destinadas a assegurar a ausência de controlos de pessoas, cidadãos da União ou terceiros, na passagem de fronteiras internas, tomadas com base no art. 62.º, ponto 1[90], o que também deve ser assinalado como um desvio ao regime do art. 234.º. O tratado da Comunidade Europeia previa, desde o início, em vários preceitos a possibilidade de os Estados invocarem as excepções de ordem pública, saúde pública e segurança pública, mas não excluía essas normas da competência do Tribunal.

É importante notar que a competência para definir o que se deve entender por «*medidas ou decisões tomadas em aplicação do ponto 1 do art. 62.º, relativas à manutenção da ordem pública ou da segurança interna*» só pode pertencer ao Tribunal. Quer dizer: perante uma medida concreta compete ao Tribunal avaliar se ela está ou não excluída da sua jurisdição, de acordo com o art. 68.º, n.º 2, TCE. Ora, nada parece opor-se a que o Tribunal venha a interpretar essa restrição restritivamente, como já o fez no passado em relação a outras restrições, previstas no Tratado.

51.2.2. No domínio do terceiro pilar – o art. 35.º, n.º 1 a 3, TCE

O art. 35.º, n.º 1, TUE prevê que o Tribunal de Justiça é competente para decidir a título prejudicial sobre a validade e a interpretação das decisões-quadro e das decisões, sobre a interpretação das convenções estabelecidas ao abrigo do terceiro pilar e sobre a validade e interpretação das respectivas medidas de aplicação.

Porém, o processo das questões prejudiciais consagrado no art. 35.º, n.ºs 1 a 3, TUE apresenta ainda maiores desvios em relação ao regime do art. 234.º TCE do que o previsto no art. 68.º TCE. Esses desvios são os seguintes:

---

[90] Medidas destinadas a assegurar, de acordo com o artigo 14.º, a ausência de controlos de pessoas, quer se trate de cidadãos da União, quer de nacionais de países terceiros, na passagem das fronteiras internas.

532   *Curso de Direito Constitucional da União Europeia*

- ao contrário do que sucede com o art. 234.º TCE, a competência prejudicial do TJ em sede de terceiro pilar é facultativa, pois necessita de ser aceite pelos Estados (art. 35.º, n.ᵒˢ 1 a 3, TUE completado pela declaração n.º 10 anexa ao tratado)[91];
- o âmbito das questões prejudiciais é mais restrito, pois a competência prejudicial do TJ apenas pode incidir sobre a validade e a interpretação dos actos de direito derivado – as decisões e as decisões-quadro –, sobre a interpretação das convenções internacionais e sobre a validade e interpretação das medidas de aplicação, mas já não sobre as normas do TUE referentes ao terceiro pilar;
- a aceitação da competência do TJ, nestes domínios, depende de uma declaração por parte dos Estados, feita no momento da assinatura do tratado ou posteriormente, que deve especificar as condições em que os órgãos jurisdicionais nacionais podem suscitar questões prejudiciais ao Tribunal de Justiça. Ou seja: são os Estados que definem se apenas os órgãos jurisdicionais que julgam em última instância podem suscitar as questões prejudiciais ou se qualquer tribunal o pode fazer (art. 35.º, n.º 3, TUE)[92].

---

[91] Este modelo já tinha sido consagrado em três convenções adoptadas com base no artigo K.3: a convenção relativa à luta contra os actos de corrupção em que estejam implicados funcionários das Comunidades ou dos Estados membros da União, de 26 de Maio de 1997 (JOCE n.º C 195, de 25/6/97, p. 1); a convenção relativa à assistência mútua e cooperação entre administrações aduaneiras, de 18 de Dezembro de 1997 (JOCE n.º C 24, de 23/1/98) e a convenção sobre as decisões de inibição do direito de conduzir de 17 de Junho de 1998 (JOCE n.º C 216, de 10/7/98).

[92] De acordo com uma comunicação do Tribunal de Justiça, o estado das declarações de aceitação da competência do Tribunal de Justiça é o seguinte: **a)** a Espanha aceitou a competência do Tribunal segundo as modalidades previstas no artigo 35.º, n.ºs 2 e 3, al. a); **b)** a Bélgica, a Alemanha, a Grécia, a Itália, o Luxemburgo, os Países Baixos, a Áustria, Portugal, a Finlândia e a Suécia aceitaram a competência do Tribunal segundo as modalidades previstas no artigo 35.º, n.ºs 2 e 3, al. b); **c)** a Bélgica, a Alemanha, a Espanha, a Itália, o Luxemburgo, os Países Baixos e a Áustria reservaram-se o direito de prever disposições no seu Direito nacional, no sentido de obrigar essa jurisdição a suscitar o processo perante o Tribunal de Justiça, quando uma questão sobre a validade ou a interpretação de um acto previsto no artigo 35.º, n.º 1, é suscitada num processo pendente perante um tribunal nacional cujas decisões não são susceptíveis de um recurso judicial de Direito interno. Esta comunicação está disponível no seguinte endereço electrónico: http://curia.eu.int/fr/act9912fr.htm.

Parte V – Cap. II – A relaç. entre o Tribunal de Justiça e os trib. nacionais 533

Deste modo, nem todos os nacionais dos diferentes Estados membros gozarão da mesma protecção jurisdicional nesta matéria, pois, teoricamente, é possível que venha a haver Estados que não aceitem de todo a jurisdição do TJ, neste domínio, a par de Estados que restrinjam a jurisdição do TJ aos órgãos jurisdicionais que julgam em última instância e de Estados que aceitem a sua jurisdição sem reservas.

Num cenário deste tipo o tratado considera que qualquer Estado tem o direito de apresentar alegações ou observações escritas (art. 35.º, n.º 4, TUE), mas nada diz sobre os efeitos das decisões prejudiciais que venham a ser proferidas pelo Tribunal. Em princípio, estas decisões apenas deveriam produzir efeitos em relação aos tribunais dos Estados que aceitaram a jurisdição do TJ. Mas será essa a solução que se vai impor na prática?

Em nosso entender, há que distinguir os acórdãos de interpretação e os acórdãos que declaram a invalidade de uma decisão ou de uma decisão-quadro ou das medidas de aplicação. No primeiro caso, a interpretação do Tribunal acabará por influenciar as decisões dos tribunais nacionais dos Estados membros que não aceitaram a jurisdição do TJ, embora juridicamente não estejam vinculados a ela. No segundo caso, a declaração de invalidade de uma decisão ou de uma decisão-quadro não pode deixar de produzir efeitos em relação aos Estados que não aceitaram a jurisdição do TJ, pois o mesmo acto não pode ser válido em parte do território da União e inválido noutra parte, ou seja, a decisão de invalidade produzirá efeitos *erga omnes;*

– a competência do TJ está, em qualquer caso, excluída quando se trate de fiscalizar a validade ou a proporcionalidade de operações efectuadas pelos serviços de polícia ou outros serviços responsáveis pela aplicação da lei num Estado membro ou o exercício das responsabilidades que incumbem aos Estados membros em matéria de manutenção da ordem pública e de garantia da segurança interna (art. 35.º, n.º 5, TUE), restrição que não se verifica no art. 234.º TCE.

51.3. O processo das questões prejudiciais no projecto de constituição europeia

O processo das questões prejudiciais está previsto no art. III-274.º do projecto de constituição. A redacção deste preceito coincide, no

534   Curso de Direito Constitucional da União Europeia

essencial, com a redacção do actual art. 234.º TCE, pelo que não vamos estudá-lo em pormenor.

Importa apenas reter que o projecto de constituição europeia confere competência ao TJ para interpretar a constituição europeia, bem como para apreciar a validade e interpretar todos os actos das instituições, dos órgãos e dos organismos da União.

O projecto mantém a distinção, que já conhecemos, entre questões prejudiciais obrigatórias e facultativas, nos moldes actuais, aditando, todavia, um parágrafo que impõe uma decisão mais célere do TJ quando estão em causa processos pendentes nos órgãos jurisdicionais nacionais relativos a pessoas detidas.

PARTE VI

A CONSTITUIÇÃO ECONÓMICA DA UNIÃO EUROPEIA

Capítulo I

A realização do mercado interno
e as quatro liberdades

Bibliografia específica

I) **Sobre o mercado interno e as liberdades de circulação em geral:** PETER OLIVER / WULF-HENNING ROTH, *The internal market and the four freedoms*, CMLR, 2004, p. 407 e ss; PAULO DE PITTA E CUNHA, *A integração europeia no dobrar do século*, Coimbra, 2003; LOUIS DUBOUIS / CLAUDE BLUMANN, *Droit matériel de l'Union européenne*, 2.ª ed., Paris, 2002; MANUEL CARLOS LOPES PORTO, *Teoria da integração e políticas comunitárias*, 3.ª ed. Coimbra, 2001; LUIGI DANIELE, *Il diritto materiale della Comunità europea*, 3.ª ed., Milão, 2000; VINENZO GUIZZI, *Manuale di Diritto e Politica dell' Unione europea*, 2.ª ed., Nápoles, 2000; PHILIPPE ICARD, *Droit matériel et politiques communautaires*, Paris, 1999; VASSILIS HATZOPOULOS, *Exigences essentielles, impératives ou impérieuses: une théorie, des théories ou pas de théorie du tout?*, RTDE, 1998, p. 191 e ss; D. MARTIN, *«Discriminations», «entraves» et «raisons impérieuses» dans le traité CE: trois concepts en quête d'identité*, CDE, 1998, p. 261 e ss e 561 e ss; MARC FALLON, *Droit matériel général des Communautés européennes*, Louvain-la-Neuve, 1997; DENNIS SWANN, *The Economics of the Common Market*, 7.ª ed., Londres, 1992.

II) **Sobre a livre circulação de mercadorias:** PETER OLIVER / MALCOLM JARVIS, *Frec Movement of Goods in the European Community: under Articles 28 to 30 of the EC Treaty*, 4.ª ed. Londres, 2003; PETER OLIVER, *Some Further Reflections on the Scope of Articles 28-30 (ex 30-36) EC*, CMLR, 1999, p. 783 e ss; STEPHAN WEATHERILL, *Recent Case Law Concerning the Free Movement of Goods: Mapping the Frontiers of Market Deregulation*, CMLR, 1999, p. 51 e ss; MIGUEL POIARES MADURO, *We the Court: the European Court of Justice and the European Economic Constitution*, Oxford, 1998; STEPHAN WEATHERILL, *After Keck: Some Thoughts on how to Clarify the Clarification*, CMLR, 1996, p. 885 e ss; NORBERT REICH, *The "November Revolution" of the European Court of Justice: Keck, Meng and Audi Revisited*, CMLR, 1994, p. 459 e ss.

III) **Sobre a livre circulação de pessoas:** A. P. VAN DER MEI, *Free Movements of Persons within the European Community – Cross-border Access to Public Benefits*, Oxford, 2003; FRIEDL WEISS e. a., *Free Movements of Persons within the European Community*, Haia, 2002; PATRICK DOLLAT, *Libre circulation des personnes et citoyenneté européenne: enjeux et perspectives*, Bruxelas, 1998; EBERHARD EICHENHOFER, *Libertà di circolazione e diritto europeo di promozione del lavoro*,

538 Curso de Direito Constitucional da União Europeia

Riv. Ital. Dir. Pub. Com., 1996, p. 283 e ss; AAVV, *Les aspects nouveaux de la libre circulation des personnes: vers une citoyenneté européenne*, (FIDE) Lisboa, 1992; MARIA LUÍSA DUARTE, *A liberdade de circulação de pessoas e ordem pública em direito comunitário*, Coimbra, 1992.

IV) **Sobre a livre prestação de services e o direito de estabelecimento:** RITA LEANDRO VASCONCELOS, *A livre circulação dos advogados na Comunidade Europeia*, RFDUL, 2001, p. 1207 e ss; VASSILIS HATZOPOULOS, *Recent Developments of the Case Law of the ECJ in the Field of Services*, CMLR, 2000, p. 43 e ss; JOSÉ LUÍS DA CRUZ VILAÇA, *An Exercise on the Application of Keck and Mithouard in the Field of Free Provisions of Services, in* Mélanges en Hommage à MICHEL WAELBROECK, Bruxelas, 1999, p. 797 e ss; JILL AUSSANT e. a., *Libre circulation des personnes, des services et de capitaux: transports*, Bruxelas, 1990.

V) **Sobre a livre circulação de capitais:** SIDEEK MOHMED, *European Community Law on Free Movement of Capital and the EMU*, Haia, 1999; PAOLO GRASSI, *Limiti ai nazionali sulla esportazioni di valuta*, DCDSI, 1995, p. 645 e ss; ANNA GRIFFO, *La libera circolazione dei capitali e le misure de salvaguarda*, DCDSI, 1992, p. 163 e ss; VASSILI LELAKIS, *La libération complète des mouvements de capitaux au sein de la Communauté*, RMC, 1988, p. 441 e ss.

52. Preliminares

Como já referimos várias vezes ao longo deste Curso, as Comunidades Europeias começaram por ter objectivos, essencialmente, económicos e só mais tarde assumiram os seus fins sociais e políticos. Além disso, também salientámos que a constituição material da União Europeia, ao contrário das constituições estaduais, partiu do económico para o político, ou seja, a constituição económica surgiu em primeiro lugar, tendo-se construído pouco a pouco a constituição política.

Assim sendo, e tendo em conta a importância que algumas matérias económicas tiveram, e têm, no contexto da integração europeia, um Curso de direito constitucional da União Europeia não pode deixar de se debruçar sobre algumas delas. Temos, todavia, consciência que a exiguidade de tempo lectivo disponível obrigará, na prática, a um tratamento muito selectivo das mesmas, uma vez que as questões institucionais – pressuposto de todas as outras – ocupam uma parte substancial do programa, deixando muito poucas aulas para a constituição económica. Daí que a Parte VI deste Curso seja, consideravelmente, mais curta do que as outras, pois vamos concentrar-nos nos aspectos essenciais.

Dos muitos temas relativos à constituição económica, optámos por estudar neste Curso alguns tópicos relativos, por um lado, ao mercado interno e às quatro liberdades, e, por outro lado, à concorrência, deixando,

Parte VI – Cap. I – A realiz. do mercado interno e as quatro liberdades 539

portanto, de fora as políticas, designadamente, a política monetária e a UEM, ou seja, a integração positiva. Isto porque a matéria da UEM é, em muitos casos, leccionada na disciplina de direito comunitário II[1].

53. Os modelos teórico-práticos de integração económica

O processo de integração económica é um processo gradual.

A doutrina não é unânime quanto ao número de fases do processo de integração económica, nem quanto à caracterização de cada uma delas. Sem querer entrar nessa querela, diremos apenas que muitos estão de acordo quanto às seguintes fases:

a) a zona de comércio livre;
b) a união aduaneira;
c) o mercado comum;
d) a união económica e monetária.

a) A *zona de comércio livre* constitui a primeira fase da integração económica e implica a abolição dos direitos aduaneiros e de outras regulamentações comerciais restritivas entre os Estados membros da zona relativamente aos produtos originários dela. Trata-se de uma fase da integração económica ainda muito incipiente, que deixa uma grande margem de manobra aos Estados. Exemplos de zonas de comércio livre são a EFTA e a NAFTA.

b) A *união aduaneira* pressupõe também a abolição dos direitos aduaneiros e de outras regulamentações comerciais restritivas entre os Estados que dela fazem parte, mas acresce-lhe uma pauta aduaneira comum, ou seja, do ponto de vista externo, em vez de vários territórios aduaneiros, passa a haver apenas um território aduaneiro. Os exemplos históricos de uniões aduaneiras são muitos. Refira-se apenas a *Zollverein* que existiu entre 1833 a 1871 entre dezoito Estados alemães e, actualmente, o MERCOSUL.

c) O *mercado comum* parte da união aduaneira, mas vai mais longe, abarcando a livre circulação dos factores de produção, dos serviços e algumas políticas. Ou seja, completa-se a integração negativa e abarcam-

---

[1] Ver o relatório para o concurso de professor associado de EDUARDO M. H. DA PAZ FERREIRA, *Direito Comunitário II (União Económica e Monetária). Relatório*, RFDUL (separata), 2001.

540 Curso de Direito Constitucional da União Europeia

-se já alguns elementos da integração positiva. A CEE é o exemplo paradigmático de mercado comum. Segundo o tratado de Roma, na sua versão inicial, a construção do mercado comum implica a liberdade de circulação de mercadorias (art. 3.°, als a) e b), TCEE), de trabalhadores, o direito de estabelecimento, a livre prestação de serviços e a livre circulação de capitais (art. 3.°, al. c), TCEE). Além disso, o mercado comum inclui duas políticas comuns: a política agrícola comum (art. 3.°, al. d)) e a política comercial comum (art. 3.°, al. b), bem como a protecção da livre concorrência (art. 3.°, al. f), TCEE), a harmonização das ordens jurídicas nacionais com a ordem jurídica comunitária (art. 3.°, al. h), TCEE) e a coordenação das políticas económicas dos Estados membros e dos desequilíbrios das suas balanças de pagamentos (art 3.°, al. g), TCEE).

Como vimos[2], o AUE vai erigir em objectivo comunitário a construção do mercado interno até 31 de Dezembro de 1992, que define como sendo «*um espaço sem fronteiras, no qual a livre circulação das mercadorias, das pessoas, dos serviços e dos capitais é assegurada, de acordo com as disposições do presente Tratado*». No fundo, não difere muito do mercado comum, mas funcionou como um impulso à UEM.

d) A *união económica e monetária* – deve distinguir-se entre a união monetária e a união económica, podendo existir uma sem a outra. De qualquer modo, a união monetária pressupõe a coordenação das políticas económicas dos Estados membros, a unificação das políticas monetárias e fiscais, a existência de um só banco central e uma moeda única. No âmbito da UE verifica-se uma UEM entre alguns Estados membros, os chamados Estados da zona Euro.

54. As quatro liberdades

Antes de avançar deve sublinhar-se que as normas do tratado, que estabelecem as quatro liberdades, utilizam muitos conceitos, que não definem, o que deu azo a uma rica jurisprudência do TJ e do TPI nestes domínios. Além disso, a maior parte daquelas regras não são exequíveis por si mesmas, o que levou à aprovação de uma desenvolvida legislação por parte dos outros órgãos comunitários.

---

[2] Ver *supra* n.° 4.2.

54.1. A liberdade de circulação de mercadorias

A liberdade de circulação de mercadorias é a primeira das quatro liberdades prevista no tratado de Roma. Como acabou de se referir, o fundamento da liberdade de circulação de mercadorias é a ideia de união aduaneira.

A liberdade de circulação de mercadorias está hoje prevista nos arts. 23.º a 31.º TCE.

Os antigos arts. 9.º a 37.º TCEE tinham uma redacção um pouco diferente dos actuais, na medida em que naqueles preceitos os Estados assumiam a obrigação de, durante o período de transição, procederem à eliminação progressiva das medidas nacionais que pudessem constituir obstáculo à livre circulação de mercadorias. Além disso, os Estados vincularam-se a uma obrigação clara, precisa e incondicional de *non facere,* isto é, de abstenção, comprometendo-se a não instituir nas suas relações comerciais mútuas quaisquer novos entraves. A liberdade de circulação de mercadorias deveria ter sido alcançada, segundo o tratado, até 1 de Janeiro de 1970, mas foi antecipada para 1 de Julho de 1968.

Actualmente, a liberdade de circulação de mercadorias assenta em três vectores:

- a proibição dos direitos aduaneiros à importação e à exportação e dos encargos de efeito equivalente, incluindo os direitos aduaneiros de natureza fiscal (art. 25.º TCE);
- a criação de uma pauta aduaneira comum (arts. 26.º e 27.º TCE);
- a proibição das restrições quantitativas e das medidas de efeito equivalente (arts. 28.º e seguintes TCE).

Estas normas gozam de efeito directo, ou seja, podem ser invocadas pelos particulares em tribunal.

54.1.1. O âmbito de aplicação da liberdade de circulação de mercadorias

A livre circulação de mercadorias abrange não só os produtos originários da Comunidade como também aqueles que se encontrem em livre prática (art. 24.º TCE). Existe, portanto, um princípio da equiparação.

São considerados produtos originários os que são totalmente produzidos, fabricados ou colhidos nos Estados membros da CE, enquanto os produtos em livre prática são originários de países terceiros, mas que já

542 *Curso de Direito Constitucional da União Europeia*

pagaram direitos aduaneiros e preencheram as formalidades aduaneiras aquando da entrada num Estado membro (art. 23.º, n.º 2 e 24.º TCE).

Deve realçar-se que a liberdade de circulação de mercadorias abrange não só os produtos industriais, como também os naturais da agricultura (art. 32.º TCE).

Como o Tratado não define o conceito de mercadoria, competiu ao Tribunal de Justiça fazê-lo. Segundo este órgão, deve considerar-se mercadoria qualquer produto apreciável em dinheiro e susceptível de ser objecto de transacções comerciais[3].

54.1.2. Os obstáculos à livre circulação de mercadorias

Como já se disse, os Estados membros podem colocar à livre circulação de mercadorias dois tipos de obstáculos:

- Os direitos aduaneiros e os encargos de efeito equivalente (arts. 25.º a 27.º TCE);
- As restrições quantitativas e as medidas de efeito equivalente (arts. 28.º e 29.º TCE).

A) Os direitos aduaneiros e os encargos de efeito equivalente

Os direitos aduaneiros são imposições pecuniárias que incidem sobre os produtos importados no momento da declaração apresentada pelo importador com a intenção de colocar os produtos em livre prática ou da sua comercialização noutro Estado membro.

Os direitos aduaneiros são os obstáculos clássicos ao comércio internacional. Os Estados realizam através deles, essencialmente, dois objectivos: a) a percepção de receitas; b) a protecção dos mercados nacionais.

A criação da união aduaneira implica, numa primeira fase, a abolição progressiva dos direitos aduaneiros e, numa segunda fase, a sua proibição.

Mas a construção da união aduaneira não se basta com a abolição dos direitos aduaneiros, é necessário suprimir também os encargos de efeito equivalente a direitos aduaneiros. A razão é óbvia: impedir medidas proteccionistas que, na prática, criam, ao comércio entre os Estados mem-

---

[3] Ac. de 10/12/68, *Comissão c. Itália (obras de arte)*, proc. 7/68, Rec. 1968, p. 617 e ss.

Parte VI – Cap. I – A realiz. do mercado interno e as quatro liberdades 543

bros, barreiras similares aos direitos aduaneiros. Por isso, não admira que o Tribunal tenha interpretado esta noção de modo extensivo.

Na verdade, a noção de encargos de efeito equivalente a direitos aduaneiros não consta do tratado, pelo que coube ao Tribunal estabelecer os seus contornos.

Assim o encargo de efeito equivalente é qualquer encargo pecuniário, mesmo mínimo, unilateralmente imposto, quaisquer que sejam a sua designação ou técnica, desde que incida sobre mercadorias, nacionais ou estrangeiras, comunitárias ou não, em razão do simples facto de transporem uma fronteira, qualquer que seja o momento da cobrança, mesmo que não reverta a benefício do Estado, não seja discriminatório ou protector quanto aos efeitos e mesmo que o produto sobre o qual é imposto não esteja em concorrência com qualquer produto nacional[4].

Assim, os encargos de efeito equivalente são taxas à importação ou à exportação quaisquer que sejam os fins ou as modalidades, tenham ou não um efeito discriminatório ou protector e uma incidência financeira ou administrativa sobre a livre circulação de mercadorias para além das fronteiras.

O Tribunal admite, todavia, as taxas que são contrapartida de um serviço prestado, individualmente, a um operador económico[5], bem como as taxas que se destinam a cobrir os custos de inspecções obrigatórias impostas pelo direito comunitário[6]. Já o mesmo não sucede quando o direito comunitário permite e não impõe as inspecções[7].

As taxas indevidamente percebidas pelo Estado são feridas de nulidade[8], e, por isso, devem ser restituídas a quem as pagou.

Dos encargos de efeito equivalente há que distinguir as imposições internas, previstas no arts. 90.º e seguintes do TCE.

Nos termos deste preceito, nenhum Estado fará incidir, directa ou indirectamente, sobre os produtos de outros Estados membros imposições internas, qualquer que seja a sua natureza, superiores às que incidam, directa ou indirectamente, sobre os produtos nacionais similares.

---

[4] Ac. de 1/7/69, *Comissão c. Itália*, proc. 24/68, Rec. 1969, p. 193 e ss; ac. de 1/7/69, *Diamantarbeiders*, procs. 2 e 3/69, Rec. 1969, p. 211 e ss.

[5] Ac. de 26/2/75, *Cadsky Spa*, proc. 63/74, Rec. 1975, p. 281 e ss; ac. de 5/2/76, *Bresciani*, proc. 87/75, Rec. 1976, p. 129 e ss.

[6] Ac. de 27/9/88, *Comissão c. Alemanha*, proc. 18/87, Col. 1987, p. 5427; ac. de 25/1/75, *Bauhuis*, proc. 46/76, Rec. 1976, p. 5 e ss.

[7] Ac. de 20/3/84, *Comissão c. Bélgica*, proc. 314/82, Rec. 1982, p. 1543.

[8] Ac. de 9/11/83, *San Giorgio*, proc. 199/82, Rec. 1983, p. 3595 e ss.

544 *Curso de Direito Constitucional da União Europeia*

Além disso, nenhum Estado fará incidir sobre os produtos dos outros Estados membros imposições internas, de modo a proteger indirectamente as suas produções[9].

O art. 90.º TCE tem, portanto, um carácter complementar em relação à proibição dos direitos aduaneiros e dos encargos de efeito equivalente, mas uma mesma situação não pode dar lugar à aplicação cumulativa dos dois grupos de normas (arts. 23.º a 25.º, por um lado, e 90.º por outro lado)[10].

O art. 90.º TCE consagra, pois, um princípio de neutralidade fiscal.

B) <u>As restrições quantitativas e as medidas de efeito equivalente</u>

A noção de restrição quantitativa não está definida no tratado e nem foi objecto de grande desenvolvimento jurisprudencial. Na verdade, a atenção do Tribunal centrou-se, essencialmente, no conceito de medida de efeito equivalente. Os poucos casos em que o Tribunal se debruçou sobre a noção de restrição quantitativa, entendeu-a, num sentido bastante lato, como qualquer medida que leve a uma restrição total ou parcial, conforme as circunstâncias, das importações, das exportações ou dos produtos em trânsito[11].

Assim, qualquer obstáculo que resulte da contingentação das mercadorias admitidas a entrar ou a sair de um Estado membro, quer essas mercadorias sejam produzidas num Estado membro, quer se encontrem em livre prática. Todas as mercadorias que são susceptíveis de «transacções comerciais lícitas» beneficiam destes princípios, mesmo que estejam excluídas do âmbito de aplicação do tratado (armas, munições, etc.) ou sejam objecto de políticas específicas (PAC) ou ainda quando sejam mercadorias em livre prática[12].

As medidas de efeito equivalente a restrições quantitativas são mais difíceis de definir, pois apresentam uma natureza muito diversa. Daí que tenham sido objecto de tratamento, em primeiro lugar, pela Comissão, na

---

[9] Ver ac. de 16/6/66, *Lütticke*, proc. 57/65, Rec. 1966, p. 293 e ss; ac. de 3/4/68, *Molkerei Zentrale,* proc. 28/67, Rec. 1968, p. 143 e ss; ac. de 22/3/77, *Ianelli*, proc. 74//76, Rec. 1977, p. 557 e ss.

[10] V. ac. de 8/7/65, *Deutschmann c. RFA*, proc. 10/65, Rec. 1965, p. 601; ac. de 25/5/77, *Interzuccheri*, proc. 105/76, Rec. 1997, p. 1029.

[11] Ac. de 11/7/73, *Geddo,* proc. 2/73, Rec. 1973, p. 865.

[12] Ac. de 15/12/76, *Donckerwolcke,* proc. 41/76, Rec. 1976, p. 781 e ss.

Parte VI – Cap. I – A realiz. do mercado interno e as quatro liberdades 545

directiva 70/50/CEE, de 22/12/1969, e depois pelo Tribunal em vários acórdãos proferidos, na maior parte dos casos, com base no art. 234.º TCE, já estudado.

Assim, em 1974, o Tribunal partiu de uma noção muito lata de medida de efeito equivalente, nela incluindo qualquer regulamentação nacional susceptível de entravar, de forma directa ou indirecta, efectiva ou potencialmente, o comércio intra-comunitário[13].

Mais tarde, em 1979[14], o Tribunal vem afirmar o princípio do reconhecimento mútuo das legislações nacionais, através do qual todo o produto legalmente fabricado e comercializado num Estado membro deve ser admitido à circulação e comercialização em qualquer outro Estado membro.

Todavia, consciente das implicações que esta sua jurisprudência iria ter para os agentes económicos que operam no mercado comum, o Tribunal admitiu que, na ausência de uma regulamentação comum da produção e comercialização do produto em causa, um Estado membro pode manter certos obstáculos à livre circulação intracomunitária, obstáculos esses que se podem consubstanciar numa regulamentação que conduz a medidas de efeito equivalente, desde que justificadas por certas exigências imperativas de interesse geral, como, por exemplo, as necessidades de controlo fiscal, protecção da saúde, lealdade de transacções e defesa dos consumidores.

A admissibilidade de tais medidas depende, contudo, do respeito de todas as condições enunciadas, acrescidas de mais duas, a saber:

– o respeito do princípio da não discriminação – a regulamentação em causa deve ser aplicável aos produtos nacionais e aos produtos importados;
– o respeito do princípio da proporcionalidade – a regulamentação deve ser adequada ao objectivo a prosseguir.

Como veremos mais adiante[15], o Tribunal vai alargar o conjunto das razões imperiosas de interesse geral, ao mesmo tempo que vai estender esta teoria às outras liberdades.

A flexibilidade do Tribunal é apenas aparente, pois a partir do final da década de 80 assiste-se a uma progressiva restrição do âmbito material

---

[13] Ac. de 11/7/74, *Dassonville*, proc. 8/74, Rec. 1974, p. 837 e ss.
[14] Ac. de 29/2/79, *Cassis de Dijon*, proc. 120/78, Rec. 1979, p. 649 e ss.
[15] Ver *infra* n.º 54.4.

546   *Curso de Direito Constitucional da União Europeia*

de aplicação do art. 28.º TCE, a qual tem o seu ponto alto, já na década de 90, no acórdão *Keck e Mithouard*[16].

Neste processo estava em causa uma questão prejudicial do tribunal francês sobre a legislação francesa que proibia a chamada revenda com prejuízo. Aquele órgão jurisdicional perguntava se a referida legislação podia colidir com o direito comunitário relativo à livre circulação de mercadorias.

Na resposta, o Tribunal de Justiça considerou necessário reexaminar a sua jurisprudência anterior sobre a matéria. Para tal, efectuou a distinção entre dois tipos de disposições nacionais. De uma banda, as que definem as condições em que os produtos provenientes ou produzidos noutros Estados, e aí legalmente comercializados, podem circular no Estado membro em causa. Mesmo que não sejam discriminatórias, tais normas nacionais são restritivas, salvo se justificadas por objectivos de interesse geral susceptíveis de primar sobre as exigências da livre circulação de mercadorias. De outra banda, o Tribunal considerou que, contrariamente ao que até então ele próprio sempre tinha decidido, as disposições nacionais que limitam ou proíbem certas modalidades de venda a produtos provenientes de outros Estados membros não são, pela sua natureza, susceptíveis de afectar o comércio intracomunitário, porque não têm por objecto regular o comércio de mercadorias entre os Estados membros. Não podem, no entanto, ser discriminatórias, devendo aplicar-se a todos os operadores interessados que exerçam a sua actividade no território nacional e afectem da mesma maneira produtos nacionais e produtos provenientes de outros Estados membros.

Nos termos do aresto *sub judice*, as disposições em causa nem sequer caem no âmbito de aplicação do art. 28.º TCE.

54.1.3. As excepções à livre circulação de mercadorias

O tratado CE prevê, no art. 30.º, derrogações à interdição das medidas de efeito equivalente, desde que não constituam um meio de discriminação arbitrária entre produtos importados e produtos nacionais ou uma restrição dissimulada ao comércio entre os Estados membros.

As razões que podem justificar as proibições ou restrições à importação, à exportação ou ao trânsito de mercadorias encontram-se enumeradas no art. 30.º TCE e são as seguintes:

---

[16] Ac. de 24/11/93, procs. C-267/91 e C-268/91, Col. 1993, p. I-6097 e ss.

Parte VI – Cap. I – A realiz. do mercado interno e as quatro liberdades   547

– a moralidade pública[17];
– a ordem pública[18] e a segurança pública[19];
– a protecção da saúde e da vida das pessoas e animais ou de preservação das plantas[20];
– a protecção do património nacional de valor artístico, histórico ou arqueológico;
– a protecção da propriedade industrial e comercial.

Na versão original do tratado de Roma, este previa ainda uma cláusula de salvaguarda (art. 226.º TCEE), segundo a qual, durante o período transitório, a Comissão podia autorizar um Estado, segundo um processo de urgência, a adoptar medidas de salvaguarda afim de proteger um sector ou uma região em dificuldade.

Além disso, o tratado previa ainda a possibilidade de recurso a medidas de salvaguarda independentemente do período transitório, nomeadamente, em caso de perturbação da balança de pagamentos.

Estas normas estão hoje revogadas.

Para terminar, deve ainda mencionar-se que a Comunidade Europeia constituiu com os Estados membros da EFTA uma zona de livre comércio desde 1 de Janeiro de 1984, que é o Espaço Económico Europeu – EEE.

54.2. A liberdade de circulação de pessoas

Como já sabemos, a construção comunitária não tem, desde os seus primórdios, fins meramente economicistas, o que justifica a preocupação com as pessoas. Porém, deve sublinhar-se que as pessoas só passaram a ser, efectivamente, encaradas para além da sua relevância económica após a entrada em vigor do tratado de Maastricht.

Na verdade, a criação da cidadania da União Europeia e do espaço de liberdade, segurança e justiça são a prova do que acaba de se afirmar.

Como já estudámos estas duas últimas matérias[21], vamos agora concentrar a nossa atenção na liberdade de circulação de pessoas enquanto componente necessária do mercado comum.

---

[17] V. ac. de 14/12/79, *Henn and Darby*, proc. 34/79, Rec. 1979, p. 3795 e ac. de 11/3/86, *Conegate*, proc. 121/85, Col. 1986, p. 1007 e ss.

[18] V. ac. de 29/1/85, *Centre Leclerc*, proc. 231/83, Rec. 1985, p. 305 e ss.

[19] V. ac. de 10/7/84, *Campus Oil*, proc. 72/83, Rec. 1984, p. 2727 e ss.

[20] V. ac. de 14/7/83, proc. 174/82, *Sandoz*, Rec. 1983, p. 2445 e ss.

[21] Ver *supra* n.os 6.2.2.; 7.2.2.2.; 7.2.3.1.; 17.2 e 19.

548 *Curso de Direito Constitucional da União Europeia*

O tratado CE prevê a liberdade de circulação de trabalhadores (arts. 39.º a 42.º TCE) e de prestadores e destinatários de serviços (arts. 43.º a 55.º TCE).

Além disso, o art. 12.º do TCE prevê o princípio geral da não discriminação em função da nacionalidade, o qual se aplica aos nacionais dos Estado membros que exerçam actividades económicas, a tempo inteiro ou parcial, assalariadas ou não, num outro Estado membro ou mesmo num Estado terceiro, mas com base numa ligação a uma empresa situada na Comunidade.

A liberdade de circulação implica o direito de deslocação e o direito de permanência.

54.2.1. A liberdade de circulação de trabalhadores

A) <u>O âmbito subjectivo de aplicação</u>

A liberdade de circulação de trabalhadores está prevista no art. 3.º, al. c), do tratado CE, enquanto elemento do mercado comum.

Esta norma é desenvolvida no art. 39.º TCE, o qual define quem pode circular e com que objectivos. Além disso, o Conselho, ao abrigo do art. 40.º TCE, aprovou direito derivado sobre esta matéria, a saber:

- a directiva 64/221/CEE do Conselho, de 25/2/64, para coordenação de medidas especiais relativas aos estrangeiros em matéria de deslocação e estada justificadas por razões de ordem pública, segurança pública e saúde pública;
- a directiva 68/360/CEE do Conselho, de 15/10/68, relativa à supressão das restrições às deslocações e permanência de trabalhadores dos Estados membros e suas famílias;
- o regulamento 1612/68/CEE do Conselho, de 15/10/68, relativo à livre circulação dos trabalhadores na Comunidade;
- o regulamento 1251/70/CEE do Conselho, de 29/6/70, relativo ao direito dos trabalhadores permanentes no território do Estado membro depois de nele terem exercido uma actividade laboral.

A directiva 2004/38 do Parlamento Europeu e do Conselho, de 29 de Abril de 2004, relativa ao direito de livre circulação e residência dos cidadãos da UE revogará as directivas 64/221/CEE e 68/360/CEE, assim como introduzirá modificações no regulamento 1612/68/CEE.

Parte VI – Cap. I – A realiz. do mercado interno e as quatro liberdades 549

A livre circulação de trabalhadores implica, antes de mais, a abolição de toda a discriminação em razão da nacionalidade, entre trabalhadores de Estados membros, no que diz respeito ao emprego, à remuneração e às outras condições de trabalho (arts. 39.º a 42.º TCE).

Esta liberdade aplica-se, pois, a assalariados e envolve uma política social e uma política de formação profissional (arts. 136.º e seguintes).

A liberdade de circulação de trabalhadores aplica-se apenas aos trabalhadores dos Estados membros (nacionais dos Estados membros ou cidadãos da União), como resulta do art. 39.º TCE, da Carta Social Europeia de 1961 e da Carta Comunitária dos Direitos Sociais Fundamentais dos Trabalhadores de 1989.

Mas deve realçar-se que as normas, que foram sendo adoptadas ao abrigo do art. 40.º TCE, acabaram por alargar o leque dos beneficiários da livre circulação.

Assim, o regulamento 1612/68, tornou extensível o direito de livre circulação à família do trabalhador, em apoio da ideia do reagrupamento familiar ao mesmo tempo que se assegura a igualdade de tratamento e a liberdade de circulação dos nacionais dos Estados membros, que de outro modo veriam a sua liberdade de circulação diminuída por não poderem levar consigo a sua família.

A liberdade de circulação de trabalhadores não deve ser apenas equacionada como um elemento do mercado comum. Segundo o Tribunal, o tratado reconhece a liberdade de circulação de trabalhadores como liberdade fundamental constituinte do mercado comum, atributiva de um verdadeiro «direito fundamental»[22].

Deve ainda referir-se que o Tribunal reconheceu efeito directo ao art. 39.º TCE quer vertical quer horizontal[23].

B) A noção de trabalhador

O conceito de trabalhador, como tantos outros, é comunitário e não nacional[24], dado que se um tal conceito pudesse ser fixado por cada Estado membro, isso poderia pôr em causa a efectividade do direito comunitário e a realização do princípio da não discriminação (art. 12.º TCE).

---

[22] V. ac. de 15/10/87, *Unectef c. Heylens*, proc. 222/86, Col. 1987, p. 4097 e ss.
[23] V. ac. de 12/12/74, *Walrave*, proc. 36/74, Rec. 1974, p. 1405 e ss; ac. de 15/12/95, *Bosman*, proc. 415/93, Col. 1995, p. I-4921 e ss e, especialmente, ac. de 6/6/2000, *Angonese*, proc. C-281/98, Col. 2000, p. I-4139 e ss.
[24] V. ac. de 19/3/64, *Unger*, proc. 75/63, Rec. 1964, p. 177 e ss.

550 *Curso de Direito Constitucional da União Europeia*

Para o TJ, trabalhador é um ser humano que exerceu, exerce ou pretende exercer uma actividade económica[25] e assalariada, visto que as normas, construídas a partir da situação de quem exerce uma actividade assalariada actual, abrangem igualmente quem está em condições de exercer uma tal actividade, tendo-a já exercido ou não.

A noção de trabalhador deve, portanto, interpretar-se de modo extensivo[26], tendo o Tribunal procurado critérios objectivos que caracterizam a relação de trabalho, como sejam os direitos e os deveres das pessoas envolvidas. Para o Tribunal a característica essencial da relação de trabalho é a circunstância de uma pessoa realizar, durante certo tempo, em benefício de outra e sob a sua direcção, as prestações em contrapartida das quais recebe uma remuneração[27].

O trabalho tem de ser real e efectivo, podendo ser a tempo parcial, mesmo que não permita obter rendimentos superiores ao salário mínimo[28].

C) O âmbito material de aplicação

A liberdade de circulação de trabalhadores abrange o direito de entrar e de permanecer no território de outro Estado membro, mesmo para aqueles que procuram emprego[29].

Além disso, com fundamento no princípio da não discriminação devem tratar-se os cidadãos nacionais de outros Estados membros do mesmo modo que se tratam os cidadãos nacionais.

O art. 39.º TCE abrange tanto as discriminações directas em função da nacionalidade como as indirectas, ou seja, aquelas que impõem condições de acesso a um direito ou benefício mais facilmente realizáveis pelos nacionais do que pelos não nacionais[30], como, por exemplo, os requisitos de língua ou de residência.

Este dever de tratamento nacional abrange também os familiares dos nacionais dos Estados membros.

---

[25] V. ac. de 12/12/74, *Walrave*, proc. 36/74, Rec. 1974, p. 1405 e ss.

[26] V. ac. de 23/3/82, *Levin,* proc. 53/81, Rec. 1982, p. 1035 e ss.

[27] V. ac. de 3/7/86, *Lawrie-Blum*, proc.66/85, Col. 1986, p. 2139 e ss.

[28] V. ac. de 23/3/82, *Levin,* proc. cit., p. 1035 e ss; ac. de 3/6/86, *Kempf,* proc. 139/85, Col. 1986, p. 1741 e ss.

[29] V. ac. de 26/2/91, *Antonissen*, proc. C-292/89, Col. 1991, p. I-745 e ss.

[30] V. ac. de 15/10/69, *Ugliola,* proc. 15/69, Rec. 1970, p. 363 e ss.

Parte VI – Cap. I – A realiz. do mercado interno e as quatro liberdades   551

D) Os limites à livre circulação de trabalhadores

O primeiro limite à livre circulação é o de que só beneficiam dela os trabalhadores que sejam nacionais de Estados membros da Comunidade. Os nacionais de Estados terceiros só em condições muito especiais estão abrangidos pelas normas de livre circulação de trabalhadores. Todavia, como vimos[31], após o tratado de Maastricht, e, sobretudo, após o tratado de Amesterdão foi incluído um título referente a vistos, asilo, imigração e livre circulação de pessoas no TCE, o que denota uma mais genuína preocupação da Comunidade com os nacionais de terceiros Estados, sem, contudo, proceder à equiparação entre nacionais de Estados membros e nacionais de Estados terceiros.

Em segundo lugar, não beneficiam das normas comunitárias os nacionais dos Estados membros, quando a sua situação de facto se deva considerar "puramente interna", ou seja, como só tendo conexão com o território de um Estado membro. O direito comunitário não se interessa por tais situações, as quais relevam do direito nacional. O direito comunitário não proíbe, portanto, a chamada discriminação inversa (*à rebours*)[32].

Em terceiro lugar, é legítimo que, quando a natureza do emprego a ocupar assim o determine, o Estado subordine a efectivação da liberdade de circulação de trabalhadores à posse de conhecimentos linguísticos suficientes da língua principal do país de acolhimento[33].

Para além destes limites, o tratado consagra, expressamente, algumas excepções à liberdade de circulação de trabalhadores, a saber:

a) Os empregos na Administração pública (art. 39.º, par. 4.º, TCE) – o Tribunal entende que se trata dos empregos que comportam uma participação, directa ou indirecta, no exercício de um poder de autoridade pública[34] ou em funções que tenham por objecto a salvaguarda dos interesses gerais do Estado ou das colectividades públicas[35].

---

[31] Ver *supra* n.º 7.2.3.

[32] V. ac. de 28/3/79, *Saunders*, proc. 175/78, Rec. 1979, p. 1129 e ss; ac. de 19/3/92, *Batista Morais,* proc. C-60/91, Col. 1992, p. I-2085.

[33] V. ac. de 28/11/89, *Groener,* proc. 379/87, Col. 1989, p. 3967 e ss.

[34] A noção de autoridade pública foi definida, pela primeira vez, pelo advogado-geral Mayras, no caso *Reyners* (ac. de 21/6/74, proc. 2/74, Rec. 1974, p. 631 e ss), nos seguintes termos: «*é a que resulta da soberania e autoridade do Estado; implica, para quem a exerce, a faculdade de utilizar prerrogativas alheias ao direito comum, privilégios de autoridade pública e poderes de coerção sobre os cidadãos*».

[35] V. ac. de 17/12/80, *Comissão c. Bélgica*, proc. 149/79, Rec. 1980, p. 3881 e ss.

552 *Curso de Direito Constitucional da União Europeia*

b) As razões de ordem pública, segurança pública e saúde pública (art. 39.°, par. 3, TCE) – são comuns aos vários componentes da liberdade de circulação de pessoas, pelo que lhe dedicaremos adiante um número autónomo[36].

Do exposto resulta que, se é certo que as normas do Tratado já conferiam direitos muito amplos aos nacionais dos Estados membros em matéria de livre circulação de trabalhadores, a interpretação que delas efectuou o TJ contribuiu ainda para ampliar esses direitos, na medida em que interpretou extensivamente certos conceitos, como, por exemplo, o de trabalhador, de modo a abarcar um maior número de situações, ao mesmo tempo que interpretou restritivamente as restrições e as excepções a essa liberdade. Além disso, o Tribunal ainda "avocou" para si o monopólio da interpretação das normas neste domínio[37].

54.2.2. A livre prestação de serviços e o direito de estabelecimento

O tratado de Roma previu, desde o início, a livre circulação dos não assalariados entre os Estados membros, quer se deslocassem a título temporário (livre prestação de serviços), quer se deslocassem a título permanente (direito de estabelecimento).

A livre prestação de serviços e o direito de estabelecimento foram concebidos, primeiramente, como componente essencial do mercado comum (art. 3.°, al. c), do Tratado) e, mais tarde, do mercado interno (art. 14.°, n.° 2, TCE), muito ligados ao princípio da não discriminação em razão da nacionalidade (art. 12.° TCE). Só mais recentemente se colocou o acento tónico na liberalização de certas actividades.

O Tratado impunha, desde a versão inicial do tratado, a supressão progressiva das restrições à livre prestação de serviços em relação aos nacionais dos Estados membros, assim como a abolição progressiva das restrições à liberdade de estabelecimento dos nacionais de outro Estado membro, bem como ao acesso às actividades não assalariadas e ao seu exercício. Além disso, o direito de estabelecimento abrange também, desde o início, a constituição de empresas e a gestão das mesmas, nomeadamente de sociedades.

---

[36] Ver *infra* n.° 54.2.3.
[37] V. ac. de 12/2/74, *Stogiu*, proc. 152/73, Rec. 1974, p. 153 e ss.

Parte VI – Cap. I – A realiz. do mercado interno e as quatro liberdades 553

A versão originária do tratado consagrava mesmo uma cláusula de *standstill*, segundo a qual se interditava a introdução de novas restrições tanto ao direito de estabelecimento (antigo art. 53.º TCEE, hoje revogado) como à livre prestação de serviços (antigo art. 62.º TCEE, hoje revogado). Tanto as normas que consagram o direito de estabelecimento (art. 43.º TCE) como as que se referem à livre prestação de serviços gozam de efeito directo vertical e horizontal[38], ou seja, podem ser invocadas pelos interessados na ausência da respectiva legislação de harmonização ou de coordenação das qualificações.

Deve sublinhar-se que a aplicação das regras de uma destas duas formas de prestação de serviços exclui, em princípio, a aplicação das normas referentes à outra, não se podendo cumular as duas formas de prestação de serviços.

Tal como já vimos suceder em relação à livre circulação de mercadorias e à livre circulação de trabalhadores, também aqui o carácter incompleto destas disposições conduziu ao surgimento de uma abundante e rica jurisprudência do TJ sobre os mais diversos aspectos. Além disso, a maioria destas disposições também foram implementadas pelo direito subordinado ou derivado, através da aprovação, sobretudo, de directivas por parte dos órgãos comunitários competentes.

54.2.2.1. O direito de estabelecimento

A) <u>O âmbito de aplicação</u>

O direito de estabelecimento está, actualmente, consagrado nos arts. 43.º a 48.º TCE.

Segundo o art. 43.º TCE são proibidas as restrições à liberdade de estabelecimento dos nacionais de um Estado membro no território de outro Estado Membro[39]. Esta proibição compreende tanto o acesso a actividades não assalariadas e o seu exercício como a constituição ou a gestão de empresas e, designadamente, de sociedades.

O direito de estabelecimento permite o exercício por parte de uma pessoa singular ou colectiva de actividades não assalariadas que apresentem as características de estabilidade e de permanência.

---

[38] Ac. de 20/2/75, *Walrave*, proc. 36/74, Rec. 1974, p. 1405 e ss; ac. de 19/2/2002, *Wouters*, proc. C-309/99, Col. 2002, p. I-1577 e ss.

[39] V. caso *Reyners*, cit.; ac. de 28/4/79, *Thieffry*, proc. 71/76, Rec. 1977, p. 765 e ss; ac. de 75/91, *Vlassopoulou*, proc. 340/89, Col. 1991, p. 2357 e ss.

554 *Curso de Direito Constitucional da União Europeia*

O direito de estabelecimento implica a instalação profissional durável num Estado membro afim de aí exercer uma actividade não assalariada, quer se trate de uma actividade independente (profissionais liberais), quer se trate da constituição e gestão de empresas (individuais ou sob a forma de sociedades). O estabelecimento pode ser, a título principal ou a título secundário, através da criação de uma filial ou de uma sucursal.

O direito de estabelecimento abrange o acesso e o exercício das actividades não assalariadas, com excepção das actividades abrangidas pelas disposições relativas à livre circulação de mercadorias, de capitais e de transportes.

Só nacionais de Estados membros podem usufruir da liberdade de estabelecimento, não regulando o tratado as situações puramente internas, pelo que, nesses casos, seria admissível a discriminação inversa, ou seja, a dos nacionais do Estado membro de acolhimento[40].

Embora tenha partido de uma visão muito restrita de «situação puramente interna», o Tribunal tem hoje uma perspectiva mais lata, considerando que os nacionais do Estado membro de acolhimento também estão abrangidos pelas normas do Tratado relativas ao direito de estabelecimento, quando se encontra presente algum elemento de direito comunitário, como, por exemplo, no caso de o certificado ou o estágio profissional que o nacional pretende ver reconhecido ter sido obtido noutro Estado e não naquele de que é nacional[41].

As sociedades, mesmo quando não são constituídas por nacionais de Estados membros, podem gozar de direito de estabelecimento, mas apenas se tiverem sido constituídas em conformidade com a legislação de um Estado membro e se tiverem a sua sede social, administração central ou estabelecimento principal na Comunidade (art. 48.º TCE)[42].

O conceito de sociedade é também de criação jurisprudencial e é muito amplo (art. 48.º TCE). De facto, só estão excluídas as pessoas colectivas que não prossigam fins lucrativos[43]. Contudo, é necessário que quando a sociedade tenha a sua sede social na Comunidade, a sua acti-

---

[40] Ver ac. de 7/2/79, *Knoors*, proc. 115/78, Rec. 1979, p. 399 e ss; ac. de 6/10/81, *Broekmeulen*, proc. 246/80, Rec. 1981, p. 2311 e ss; ac. de 7/2/79, *Auer*, proc. 136/78, Rec. 1979, p. 437 e ss; ac. de 3/10/90, *Bouchoucha*, proc. C-61/89, Col. 1990, p. I-3551 e ss.

[41] Ac. de 8/7/99, *Fernandez Bobadilla*, proc. C-234/97, Col. 1999, p. I-4773.

[42] V. ac. de 9/3/99, *Centros*, proc. C-212/97, Col. 1999, p. I-1459 e ss.

[43] V. ac. de 17/6/97, *Sodemare,* proc. C-70/95, Col. 1997, p. I-3395 e ss.

Parte VI – Cap. I – A realiz. do mercado interno e as quatro liberdades 555

vidade apresente alguma conexão efectiva e contínua com a economia de um dos Estados membros para evitar que a mera escolha de uma sede estatutária no interior da Comunidade seja suficiente para permitir a uma qualquer sociedade beneficiar do princípio da liberdade económica no espaço comunitário.

O direito de estabelecimento não foi automaticamente reconhecido na versão originária do tratado de Roma. Pelo contrário, aquele tratado previa que as restrições à liberdade de estabelecimento seriam progressivamente suprimidas durante o período transitório, prevendo também a adopção pelo Conselho de um programa geral que seria implementado através da adopção de directivas.

Esses programas e directivas deveriam cumprir duas missões essenciais:

a) eliminar os obstáculos à liberdade de estabelecimento;
b) facilitar o exercício efectivo da liberdade de estabelecimento.

As normas do tratado relativas à liberdade de estabelecimento foram profundamente reformuladas com os tratados de Maastricht e de Amesterdão, sobretudo, no que diz respeito ao mecanismo de decisão. O art. 44.º TCE passou a prever que a adopção de directivas se faz através do procedimento de co-decisão.

As directivas mencionadas nos arts 44.º e 47.º TCE visam facilitar o exercício do direito de estabelecimento através da consagração de regras harmonizadas em dois domínios:

– a coordenação das disposições nacionais relativas ao acesso ou exercício das actividades num Estado Membro (art. 47.º, n.º 2, TCE);
– o reconhecimento mútuo de diplomas, certificados e outros títulos (art. 47.º, n.º 1, TCE).

Com fundamento neste último preceito foram, ao longo dos anos, aprovadas directivas, de início, sectoriais e, posteriormente, genéricas.

As directivas sectoriais de harmonização e de reconhecimento mútuo cobriam certas actividades, como, por exemplo, os médicos, os enfermeiros, os farmacêuticos, os veterinários e os arquitectos. Estas directivas sectoriais encontram-se hoje revogadas pela directiva 99/42/CE do Parlamento Europeu e do Conselho, de 7 de Junho, que cria um mecanismo de reconhecimento de diplomas para actividades abrangidas pelas directivas de liberalização e de medidas transitórias completando o sistema geral de reconhecimento de diplomas.

Em matéria de directivas genéricas devem mencionar-se a directiva 89/48/CEE relativa ao reconhecimento de diplomas ditos de ensino superior (com formação igual ou superior a três anos) e a directiva 92/51/CEE referente aos diplomas com duração mínima de um ano. Estas directivas foram modificadas em 2001 pela directiva 2001/19/CE do Parlamento Europeu e do Conselho, de 14 de Maio, que altera as directivas 89/48 e 92/51 relativas ao sistema geral de reconhecimento das formações profissionais e as directivas 77/452, 77/453, 78/686, 78/687, 78/1026, 78/1027, 80/154, 80/155, 85/384, 85/432, 85/433 e 93/16 relativas às profissões de enfermeiro responsável pelos cuidados gerais, dentista, veterinário, parteira, arquitecto, farmacêutico e médico.

Estas directivas dizem respeito a profissões regulamentadas, ou seja, às profissões, cujo acesso os Estados membros regulam, ou cujo exercício os Estados fazem depender de uma determinada qualificação profissional atestada por um certificado, título ou diploma.

Trata-se de directivas de aplicação subsidiária, que só se aplicam quando a respectiva actividade não esteja abrangida por qualquer outra directiva específica.

O direito comunitário não estabelece um reconhecimento automático de diplomas, antes se baseia no princípio da confiança mútua, o qual permite que, no caso de existirem diferenças assinaláveis, os Estados as possam ultrapassar através de uma prova de aptidão ou da realização de um estágio de adaptação. Numa situação de excepção estão as profissões que exigem conhecimentos específicos de direito nacional, como é o caso dos advogados[44] ou juízes.

O direito de estabelecimento também visa assegurar o princípio da não discriminação em razão da nacionalidade.

B) Os limites ao direito de estabelecimento

Tal como já vimos suceder, no que se refere à liberdade de circulação de trabalhadores, também em matéria de direito de estabelecimento se admitem excepções a essa liberdade.

Os arts. 45.º e 46.º TCE consagram as seguintes excepções:

---

[44] Ver a directiva n.º 98/05, do PE e do Conselho, de 16/2/98 (JOCE L 77, de 14/3/98, p. 36 e ss), tendente a facilitar o exercício permanente da profissão de advogado num Estado membro diferente daquele em que foi adquirida a qualificação profissional.

Parte VI – Cap. I – A realiz. do mercado interno e as quatro liberdades 557

- as actividades que participam, mesmo a título excepcional, no exercício de autoridade pública, sendo que este limite só abrange as actividades que envolvam o exercício de prerrogativas de poder público[45];
- as razões de ordem pública, segurança pública e saúde pública, que estudaremos adiante[46].

54.2.2.2. A liberdade de prestação de serviços

A livre prestação de serviços está hoje prevista nos arts. 49.º a 55.º TCE.

A liberdade de prestação de serviços também começou por ser, essencialmente, uma componente fundamental do objectivo do mercado comum e, posteriormente, do mercado interno.

O art. 49.º do TCE proíbe as restrições à livre prestação de serviços na Comunidade em relação aos nacionais dos Estados membros estabelecidos num Estado da Comunidade que não seja o do Estado destinatário da prestação.

O Tribunal reconheceu também o efeito directo deste preceito[47].

A distinção entre a liberdade de prestação de serviços e o direito de estabelecimento assenta no carácter permanente ou transitório da actividade desenvolvida. Não é decisiva a instalação no território do Estado destinatário da prestação[48] nem a duração da actividade desenvolvida[49]. O que importa saber é se o centro de actividade do prestador se situa no Estado destinatário da prestação (Estado de acolhimento) ou se se mantém no seu Estado de estabelecimento.

A distinção da liberdade de prestação de serviços em relação à livre circulação de trabalhadores baseia-se no facto de o prestador actuar com independência e assumir o risco económico da sua actividade.

Na liberdade de prestação de serviços não há instalação, mas apenas o fornecimento de um serviço. O nacional do Estado membro deve estar estabelecido num país diferente daquele em que efectua a prestação.

---

[45] Ver caso *Reyners*, cit; ac. de 13/7/93, *Thyjssen*, proc. C-42/92, Col. 1992, p. I-4047 e ss.

[46] Ver *infra* n.º 54.2.3.

[47] V. ac. de 3/12/74, *Van Binsbergen*, proc. 33/74, Rec. 1974, p. 1299.

[48] V. ac. de 4/12/86, *Comissão c. Alemanha*, proc. 205/84, Col. 1986, p. 3755 e ss.

[49] V. ac. de 30/11/95, *Gebhard*, proc. C-55/94, Col. 1995, p. I-4165.

O art. 50.º, par. 1, TCE define serviços como as prestações realizadas normalmente mediante remuneração, na medida em que não sejam reguladas pelas disposições relativas às outras liberdades. Donde se retira que a liberdade de prestação de serviços é residual, supletiva ou subsidiária em relação às outras liberdades.

O par. 2 do mesmo preceito enumera algumas actividades que se enquadram nos serviços, a saber:

a) actividades de natureza industrial;
b) actividades de natureza comercial;
c) actividades artesanais;
d) actividades das profissões liberais.

O tratado exclui, expressamente, certos domínios, do âmbito das regras relativas à livre prestação de serviços, por serem objecto de disposições específicas: os transportes, os serviços bancários e os seguros (art. 51.º TCE).

O âmbito de aplicação da liberdade de prestação de serviços coincide com o do direito de estabelecimento, por remissão do art. 55.º TCE. Os beneficiários da livre prestação de serviços são também os nacionais dos Estados membros. O Tribunal de Justiça considerou no aresto *Luisi e Carbone*[50] que a liberdade de prestação de serviços também se aplica aos destinatários de uma prestação de serviços, como, por exemplo, os turistas. Ou seja, esta liberdade abrange não apenas os prestadores de serviços como também os destinatários de serviços.

Os limites à liberdade de prestação de serviços são também decalcados das regras de direito de estabelecimento, por remissão do art. 55.º TCE.

Tal como acontece no que diz respeito à liberdade de circulação de mercadorias, o Tribunal admite que, na ausência de regulamentação comunitária, os Estados membros podem efectuar certas exigências específicas, desde que justificadas pelo interesse geral, indistintamente aplicáveis, não seja exigida a submissão no país de origem a regras comparáveis e as medidas se justifiquem à luz do princípio da proporcionalidade.

As normas do tratado relativas à prestação de serviços, tal como sucede em relação ao direito de estabelecimento, necessitam de medidas de implementação, que aliás, são as mesmas.

---

[50] Ac. de 31/1/84, procs. 286/82 e 26/83, Rec. 1984, p. 377 e ss.

54.2.3. As restrições de ordem, de segurança e de saúde públicas

Em primeiro lugar, deve sublinhar-se que as restrições de ordem pública, segurança pública e saúde pública são comuns à liberdade de circulação de trabalhadores (art. 39.º, n.º 3, TCE), ao direito de estabelecimento (art. 46.º TCE) e à livre prestação de serviços (art. 55.º TCE). Mas ao contrário do que sucede com as derrogações dos empregos da administração pública ou das actividades que participam, ainda que a título excepcional, do exercício da autoridade pública, cujo objecto e fim foram determinados pelo Tribunal de Justiça, as restrições, que acabámos de mencionar, foram concretizadas antes de mais pelo direito subordinado ou derivado.

A directiva 64/221/CEE, de 25 de Fevereiro, relativa à coordenação das medidas nacionais em matéria de ordem pública, de segurança pública e de saúde pública, contém limitações substantivas que os Estados devem transpor para a sua legislação, assim como confere algumas garantias processuais aos interessados.

No que diz respeito à reserva da saúde pública, a directiva elenca um certo número de doenças que podem constituir obstáculo à livre circulação. Mas a doença ou afecção apenas releva se tiver sido adquirida antes da entrada do nacional de um Estado membro no território de outro Estado membro.

No que se refere às reservas de ordem pública e de segurança pública, a directiva prescreve que as medidas nacionais devem fundamentar-se, exclusivamente, no comportamento pessoal do indivíduo em causa (art. 3.º, n.º 1, da directiva), não constituindo fundamento de expulsão ou de recusa de entrada a simples existência de condenações penais.

Deve, todavia, sublinhar-se que a sanção cominada na directiva para comportamentos contrários à ordem pública, à saúde pública ou à segurança pública – a expulsão – vê hoje o seu exercício mais dificultado, devido à abolição dos controlos nas fronteiras internas da Comunidade.

Como já se mencionou, esta directiva será revogada pela directiva 2004/38 dentro de aproximadamente um ano e meio.

Segundo a jurisprudência do TJ, estas restrições devem ser interpretadas restritivamente.

Assim, o TJ afirmou que a noção de ordem pública no contexto comunitário e, nomeadamente, enquanto justificação de uma derrogação ao princípio fundamental da livre circulação de trabalhadores deve ser entendida restritivamente, de forma que o seu alcance não pode ser

560   *Curso de Direito Constitucional da União Europeia*

determinado unilateralmente por cada um dos Estados membros sem controlo dos órgãos comunitários[51]. Todavia, como não existe um «código uniforme de valores»[52] acabam por ser os Estados a determinar o que entendem por ordem pública e segurança pública, isto é, a sua margem de manobra permanece bastante ampla, embora dentro de certos limites.

Um desses limites diz, precisamente, respeito à necessidade de o Estado também tomar medidas repressivas genuínas e efectivas contra os seus nacionais, que levam a cabo as actividades consideradas contrárias à ordem pública e à segurança pública quando efectuadas por nacionais de outro Estado membro[53].

O TJ admitiu também que é necessária uma ameaça real e suficientemente grave que afecte um interesse fundamental da sociedade[54]. Além disso, um Estado pode adoptar uma medida restritiva da liberdade de circulação de um nacional de um Estado membro no seu território, nomeadamente a expulsão[55], mas a decisão deve ser fundamentada[56] e a medida deve basear-se exclusivamente no comportamento pessoal do indivíduo em causa, o que proíbe a adopção de medidas com um objectivo de prevenção geral[57].

54.3. A liberdade de circulação de capitais e de pagamentos

A liberdade de circulação de capitais encontrava-se, inicialmente, prevista nos arts. 67.º a 73.º do TCEE. Estas disposições eram bastante menos imperativas do que as suas congéneres relativas às outras liberdades, que já acabámos de estudar. A obrigação de eliminar progressivamente as restrições em matéria de movimentos de capitais e de pagamentos correntes apenas existia na exacta extensão da necessidade de assegurar o funcionamento adequado do mercado comum.

Deve sublinhar-se que, também por isso, esta liberdade deparou com muito mais dificuldades de implementação do que as outras. Na verdade, quando o Acto Único Europeu entrou em vigor quase tudo estava por fazer.

---

[51] Ac. de 4/12/74, *Van Duyn*, proc. 41/74, Rec. 1974, p. 1337.
[52] Ac. de 20/11/2001, *Jany*, proc. C-268/99, Col. 2001, p. I-8615.
[53] Ac. de 18/5/82, *Adoui et Cornuaille*, procs. 115 e 116/81, Rec. 1982, p. 1665.
[54] Ac. de 27/10/77, *Bouchereau*, proc. 30/77, Rec. 1977, p. 1999.
[55] Ac. de 28/10/75, *Rutili*, proc. cit., p. 1219.
[56] Ac. de 5/3/80, *Pescastaing*, proc. 98/79, Rec. 1980, p. 691)
[57] Ac. de de 26/2/75, *Bonsignore*, proc. 67/74, Rec. 1975, p. 297 e ss.

Parte VI – Cap. I – A realiz. do mercado interno e as quatro liberdades   561

Foi o tratado de Maastricht que deu um novo impulso à liberdade de circulação de capitais, tendo procedido à substituição das anteriores normas pelos actuais arts. 56.º a 60.º TCE, que começaram a produzir efeitos em 1 de Janeiro de 1994.

O art. 56.º TCE proíbe todas as restrições aos movimentos de capitais e aos pagamentos entre os Estados membros, bem como entre os Estados membros e terceiros Estados.

O âmbito material da livre circulação de capitais abarca os movimentos de capitais entre os Estados membros ou entre estes e países terceiros (art. 56.º, n.º 1), assim como as restrições aos pagamentos (56.º, n.º 2). Isto não significa que os movimentos de capitais dentro e fora da Comunidade sejam tratados da mesma maneira. Pelo contrário, o art. 57.º TCE permite restrições a estes últimos.

O Tribunal reconheceu efeito directo ao art. 56.º TCE[58].

As normas do tratado relativas à liberdade de circulação de capitais também necessitam de implementação, a qual começou por ser feita através da directiva 88/361/CEE, de 24/6/88, relativa à execução do art. 67.º do Tratado previa a completa liberalização dos capitais em 1 de Julho de 90, beneficiando Portugal, Espanha, Irlanda e Grécia de um prazo mais dilatado.

A liberdade de circulação de capitais, tal como as outras, também comporta excepções, que estão consagradas no art. 58.º TCE. Efectivamente, existem diversos domínios em que os Estados ou a própria Comunidade podem excluir, restringir ou obrigar ao cumprimento das suas obrigações. Essas medidas não podem, contudo, constituir uma discriminação arbitrária nem uma restrição dissimulada à livre circulação de capitais e de pagamentos.

A liberdade de circulação de capitais está intimamente relacionada com a união económica e monetária.

54.4. As razões imperiosas de interesse geral

Como vimos, para além das excepções expressamente previstas no tratado, o Tribunal admitiu algumas *razões imperiosas de interesse geral* invocadas pelos Estados para afastarem a aplicação das normas relativas às liberdades de circulação. O Tribunal começou por aceitar essas razões

---

[58] Ac. de 14/12/95, *Sanz de Lera*, procs. C-163, 165 e 250/94, Col. 1995, p. I-4821.

562 Curso de Direito Constitucional da União Europeia

em sede de liberdade de circulação de mercadorias, mas acabou por estender essa jurisprudência à livre prestação de serviços e à livre circulação de pessoas em geral.

O Tribunal tem-se mostrado até bastante flexível quanto aos motivos que aceita, parecendo por vezes contentar-se com a sua simples invocação por parte do Estado. Daí que a lista das *razões imperiosas de interesse geral* não tenha parado de aumentar, nela se incluindo fundamentos tão diversos como a protecção da reputação do sector financeiro nacional[59], a igualdade de oportunidades e o equilíbrio financeiro entre clubes desportivos[60], a segurança rodoviária[61], a protecção social dos trabalhadores da indústria de construção[62], o risco de afectar ou destruir o equilíbrio financeiro do sistema de segurança social num Estado-membro[63] e a protecção dos credores de uma sociedade contra o risco de falência[64].

Deve, todavia, frisar-se que a flexibilidade do Tribunal quanto aos motivos invocados pelos Estados para justificarem medidas restritivas, com fundamento nas *razões imperiosas de interesse geral*, vai ser compensada pela relativa rigidez quanto à apreciação da necessidade e da proporcionalidade da medida.

54.5. O mercado interno no projecto de constituição europeia

Como já mencionámos[65], a parte III do projecto de constituição europeia debruça-se sobre as políticas e o funcionamento da União.

O título III da parte III diz respeito às políticas e às acções internas, agrupando, no primeiro capítulo, as normas relativas ao mercado interno, nas quais se inclui a disciplina das quatro liberdades (arts. III-14.º e seguintes), que acabámos de estudar, e da concorrência (arts. III-50.º e seguintes), que estudaremos no capítulo seguinte.

Dado que se trata de normas que, de um modo geral, são decalcadas das normas, actualmente, em vigor sobre os mesmos temas, não se justifica um estudo autónomo das mesmas neste Curso.

---

[59] Ac. de 10/5/93, *Alpine Investments*, proc. C-384/93, Col. 1995, p. I-1141 e ss.
[60] Ac. de 15/12/95, *Bosman*, proc. 415/93, Col. 1995, p. I-4921 e ss.
[61] Ac. de 5/10/94, *Van Schaik*, proc. C-55/93, Col. 1994, p. I-4837.
[62] Ac. de 28/3/96, *Guiot*, proc. C-272/94, Col. 1996, p. I-1905.
[63] Ac. de 28/4/98, *Kohll*, proc. C-158/96, Col. 1998, p. I-1935.
[64] Ac. de 9/3/99, *Centros*, proc. C-212/97, Col. 1999, p. I-1484.
[65] Ver *supra* n.º 13.1.

Parte VI – Cap. I – A realiz. do mercado interno e as quatro liberdades   563

Contudo, a leitura dessas normas impõe, numa primeira análise, as seguintes notas:

– A maior parte das alterações observadas, no projecto de constituição europeia, no domínio do mercado interno, visam, essencialmente, a adequação ao restante articulado. É o que se verifica, por exemplo, com as referências às fontes de direito subordinado que os órgãos da União devem adoptar para implementar essas normas – leis, leis-quadro, etc.

– Ao contrário do que sucede actualmente, a liberdade de circulação de pessoas precede sistematicamente a liberdade de circulação de mercadorias, o que, em nosso entender, prova a crescente importância do ser humano *qua tale*, no âmbito do processo de integração europeia.

– A finalizar, refira-se ainda que o balanço, em termos de sistematização, é positivo, na medida em que o projecto de constituição europeia agrupa, no título III, apenas as normas que têm a ver com a vertente de integração negativa do mercado interno, ao contrário do que sucede na versão actual do tratado, em que se mistura a integração negativa e a integração positiva.

Capítulo II

O direito comunitário da concorrência

Bibliografia específica

I) **Sobre o direito da concorrência em geral:** PIET JAN SLOT, *A view from the mountain: 40 years of developments in EC Competition Law,* CMLR, 2004, p. 443 e ss; RICHARD WHISH, *Competition Law,* 5.ª ed., Londres, 2003; D.G. GOYDER, *EC Competition Law,* 4.ª ed., Oxford, 2003; VALENTINE KORAH, *Cases and Materials on EC Competition Law,* 2.ª ed., Oxford, 2002; VALENTINE KORAH, *An Introductory Guide to EC Competition Law and Practice,* 7.ª ed., Oxford, 2002; ANDRÉ DECOCQ, *Droit de la concurrence interne et communautaire,* Paris, 2002; JOSÉ LUÍS DA CRUZ VILAÇA, *A modernização da aplicação das regras comunitárias de concorrência segundo a Comissão Europeia,* BFDC, 2002, p. 1 e ss; ALISON JONES / BRENDA SUFRIN, *EC Competition Law: Text, Cases and Materials,* Oxford, 2001; CARLOS BAPTISTA LOBO, *Concorrência bancária?,* Coimbra, 2001; LENNART RITTER e. a., *EC Competition Law – a Practitioner's Guide,* 2.ª ed., Haia, 1999; JONATHAN FAULL e. a., *The EC Law of Competition,* 1999; FRANÇOIS SOUTY, *Le droit de concurrence de l'Union européenne,* 2.ª ed., Paris, 1999; PIERRE MERCIER e. a., *Grands principes du droit de la concurrence,* Basileia, 1999; MICHEL WAELBROECK e. a., *European Competition Law,* Ardsley, 1999; JOSÉ MANUEL CASEIRO ALVES, *Lições de direito comunitário da concorrência,* Coimbra, 1989.

II) **Sobre o art. 81.º TCE:** VALENTINE KORAH / DENIS O'SULLIVAN, *Distribution agreements under EC Competion Rules,* Oxford, 2002; CHARLES ÉTIENNE GUDIN, *Refléxions sur la définition et la preuve de l'entente en droit communautaire: jusqu'où peut-on faciliter la preuve de l'entente compte tenu de l'exigence de la sécurité juridique des entreprises?,* RAE, 1996, p. 117 e ss.

III) **Sobre o abuso de posição dominante e o controlo das concentrações de empresas:** SOFIA OLIVEIRA PAIS, *O controlo das concentrações de empresas no direito comunitário da concorrência,* Coimbra, 1996; MIGUEL MOURA E SILVA, *Controlo das concentrações na Comunidade Europeia,* Direito e Justiça, 1994, p. 133 e ss.

IV) **Sobre o serviço público:** FAUSTO DE QUADROS, *Serviço público e direito comunitário, in* Estudos em homenagem ao Professor Doutor MANUEL GOMES DA SILVA, Lisboa, 2001, p. 641 e ss; ANA MARIA GUERRA MARTINS, *A emergência de um novo direito comunitário da concorrência – as concessões de serviços públicos,* RFDUL, 2001, p. 77 e ss; MALCOLM ROSS, *Article 16 and Services of General Interest: from Derogation to Obligation?,* ELR, 2000, p. 22 e ss; GERARD MARCOU, *I servizi*

566   *Curso de Direito Constitucional da União Europeia*

pubblici tra regolazione e liberalizzazione: l'esperienza francese, inglese e tedesca, Riv. Ital. Dir. Pub. Com., 2000, p. 125 e ss; MARIA LUISA DUARTE, *A União Europeia e o financiamento do serviço público de televisão – enquadramento comunitário e competências dos Estados membros, in* Estudos de Direito da União e das Comunidades Europeias, Coimbra, 2000, p. 185 e ss; DIMITRIS TRIANTAFYLLOU, *L'encadrement communautaire du financement du service public,* RTDE, 1999, p. 26 e ss; LOÏC GRARD, *Les services d'intérêt économique général et le Traité d'Amsterdam,* RAE, 1999, p. 197 e ss; MAURIZIO MENSI, *Appalti, servizi pubblici e concessioni,* Milão, CEDAM, 1999, p. 365 e ss; STEPHANE RODRIGUES, *Les services publics et le Traité d'Amsterdam,* RMCUE, 1998, p. 37 e ss; DIMITRIS TRIANTAFYLLOU, *Évolutions de la notion de concession de service public sous l'influence du droit communautaire,* RMCUE, 1997, p. 558 e ss; ROBERT KOVAR, *Droit communautaire et service public: esprit d'orthodoxie ou pensée laïcisée,* RTDE, 1996, p. 215 e ss; ERIC DELACOUR, *Services publics et concurrence communautaire,* RMCUE, 1996, p. 501 e ss; CLAIRE-FRANÇOISE DURAND, *Service public européen et politique industrielle ou la promotion de l'intérêt général et du service aux citoyens,* RMCUE, 1996, p. 211 e ss; STEPHANE RODRIGUES, *Services publics et CIG 96,* RAE, 1996, p. 25 e ss; CLAUDE RAKOVSKY, *Services publics et concurrence,* RAE, 1994, p. 43 e ss; STEPHANE RODRIGUES, *Le marché intérieur, entre concurrence et utilité publique,* RAE, 1994, p. 65 e ss; FRANCIS MC GOWAN, *The Consequences of Competition for European Public Utilities,* RAE, 1994, p. 92 e ss.

V)   **Sobre a liberalização dos serviços públicos:** MARIO MONTI, *Libéralisation des services publics et croissance économique dans l'Union européenne,* RDUE, 2000, p. 245 e ss; DAMIEN GERADIN, *L'ouverture à la concurrence des entreprises de réseaux – analyse des principaux enjeux du processus de libéralisation,* CDE, 1999, p. 15 e ss; ROBERT KOVAR, *Droit communautaire et service public: esprit d'orthodoxie ou pensée laïcisée,* RTDE, 1996, p. 493 e ss; LUCIEN RAPP, *La politique de libéralisation des services en Europe, entre service public et service universel,* RAE, 1995, p. 352 e ss; VASSILIS HATZOPOLOUS, *L'«Open Network Provision» (ONP) moyen de dérégulation,* RTDE, 1994, p. 63 e ss; GERARD MOINE, *Service universel, service minimum et dynamique de la concurrence,* RAE, 1994, p. 32 e ss; PIERRE DRIOT, *Gaz de France: un acheteur unique pour un réseau unique,* RAE, 1994, p. 35 e ss; MICHEL BAZEX, *Le droit communautaire et l'accès des entreprises du secteur concurrentiel aux réseaux publics,* RAE, 1994, p. 103 e ss; CHRISTIAN STOFFAES, *La régulation des réseaux aux États-Unis – enseignements pour l'Europe,* RAE, 1994, p. 123 e ss.

VI)   **Sobre os auxílios de Estado:** JAN A. WINTER, *Re(de)fining the notion of State Aid in Article 87(1) of the EC Treaty,* CMLR, 2004, p. 475 e ss; MANUEL ANTÓNIO GOMES MARTINS, *Auxílios de Estado no direito comunitário,* 1.ª ed., S. João do Estoril, 2002; MALCOLM ROSS, *State Aids and National Courts: Definitions and Other Problems – a Case of Premature Emancipation?,* CMLR, 2000, p. 401 e ss; JAN WOUTERS e. a., *Les entreprises publiques et les règles européennes en matière d'aides d'État,* RMUE, 1999, p. 35 e ss; LEIGH HANCHER e. a., *Cross-subsidization and EC Law,* CMLR, 1998, p. 901 e ss; THOMAS DE LA MARE, *Recurring Themes in Recent State Aid Cases,* RAE, 1997, p. 135 e ss; CHRISTIAN GARBAR, *Aides d'état: pratique décisionnelle de la Commission de la Communauté européenne (1990-1994),* RMCUE, 1995, p. 36 e ss; LUIS MORAIS, *O mercado comum e os auxílios públicos – novas perspectivas,* Coimbra, 1993.

55. O princípio da livre concorrência

O princípio fundamental consagrado no tratado, em matéria de concorrência, é o princípio de que a concorrência não deve ser falseada no mercado interno (art. 3.º, al. g), TCE).

O princípio da livre concorrência é desenvolvido nos arts. 81.º e 82.º TCE, que consagram regras específicas, aplicáveis às empresas em geral, no art. 86.º TCE, que se aplica às empresas públicas e às empresas detentoras de direitos exclusivos ou especiais, e no art. 87.º TCE, que estabelece o regime jurídico dos auxílios de Estado.

As regras de concorrência aplicam-se, em princípio, do ponto de vista material, a todos os sectores da actividade económica, com as excepções, expressa ou implicitamente, previstas no tratado.

As empresas públicas e a intervenção estadual na economia não são proibidas. Pelo contrário, o art. 295.º TCE refere expressamente que o Tratado em nada prejudica o regime de propriedade nos Estados membros. Mas daí não decorre que os Estados fiquem subtraídos ao âmbito de aplicação das regras de concorrência.

A política de concorrência não constitui, contudo, um fim em si mesma, pelo que, por vezes, afigura-se necessário ter em conta outros objectivos de interesse geral.

56. O regime jurídico da concorrência no Tratado CE

56.1. Os acordos, as decisões de associação e as práticas concertadas entre empresas

56.1.1. O art. 81.º, n.º 1, TCE

O art. 81.º, n.º 1, TCE considera incompatíveis com o mercado comum e, como tal, proibidos todos os acordos entre empresas, todas as decisões de associações de empresas e todas as práticas concertadas que sejam susceptíveis de afectar o comércio entre os Estados membros e que tenham por objectivo ou por efeito impedir, restringir ou falsear a concorrência no mercado comum.

Como se pode facilmente verificar, o preceito contém conceitos indeterminados, que necessitam de concretização. Concretização essa que lhe foi dada, em primeiro lugar, pela Comissão, no exercício das suas

568   *Curso de Direito Constitucional da União Europeia*

funções de controlo do cumprimento do direito da União Europeia, e, em segundo lugar, pelo Tribunal de justiça, enquanto órgão jurisdicional de recurso das decisões da Comissão.

Passemos, pois, à análise de cada um destes conceitos.

A) A noção de empresa

Em primeiro lugar, o art. 81.º, n.º 1, TCE refere-se aos acordos entre empresas, mas não define a noção de empresa, pelo que essa tarefa coube à Comissão e ao TJ.

Segundo o Tribunal, a empresa compreende toda a entidade que exerce uma actividade económica, independentemente do seu estatuto e do seu modo de financiamento[1]. Aqui se incluem também as empresas públicas, excluindo-se, contudo, as entidades a quem o Estado conferiu tarefas de interesse público que fazem parte das funções essenciais do Estado, tais como a segurança e a justiça.

B) Os acordos, as decisões de associação e as práticas concertadas

Em segundo lugar, há que averiguar o que se entende por acordos, decisões de associação e práticas concertadas, pois não é indiferente a opção por uma interpretação mais lata ou mais restrita, na medida em que quanto mais lata for a concepção que se adoptar, maior será o número de práticas contrárias ao direito comunitário da concorrência. Partindo deste pressuposto, facilmente se compreendem as posições da Comissão e do Tribunal neste domínio, que têm por intuito abranger o maior número possível de práticas contrárias às normas de concorrência.

O caso mais ilustrativo da visão muito ampla do Tribunal, em matéria de acordos de empresas, é o do *cartel do quinino*, no qual aquele órgão jurisdicional qualificou como acordo dois documentos não assinados, intitulados *gentlemen's agreement* onde as partes estipulavam uma série de restrições anti-concorrenciais, que alegavam já terem terminado[2].

A decisão de associação de empresas é a manifestação de vontade colectiva das empresas agrupadas no seio da associação.

---

[1] Ac. de 19/1/94, *Eurocontrol*, proc. C-364/92, Col. 1994, p. I-43, cons. 18; ac. de 23/4/91, *Höfner*, proc. C-41/90, Col. 1991, p. I-1979, cons. 21; ac. de 17/2/93, *Poucet*, proc. C-159/91, Col. 1993, p. I-637, cons. 17; ac. de 10/12/91, *Porto di Genova*, proc. C-179/90, Col. 1991, p. I-5889.

[2] Ac. de 15/7/70, *Chemiefarma*, procs. 41, 44 e 45/69, Rec. 1970, p. 661 e ss.

Parte VI – Cap. II – O direito comunitário da concorrência   569

O conceito de prática concertada é talvez o mais difícil de definir, dado que, por um lado, pode não haver qualquer espécie de compromisso entre as partes, mas, por outro lado, também não se pode considerar como prática concertada o simples paralelismo de comportamentos entre empresas, num dado momento e num determinado espaço, pois poderá verificar-se esse paralelismo por outras razões e independentemente do objectivo de restrição da concorrência. É o que acontece, por exemplo, no caso dos mercados oligopolistas.

Para o Tribunal, a proibição da prática concertada impede os contactos, directos ou indirectos, entre empresas que tenham por finalidade ou por efeito, quer influenciar o comportamento no mercado de um concorrente actual ou potencial, quer revelar a esse concorrente o comportamento que se decidiu ou se pretende adoptar no mercado[3].

C) O objecto ou efeito preventivo, restritivo ou de distorção da concorrência

De acordo com a jurisprudência do TJ, a aplicação do art. 81.°, n.° 1, TCE depende da simples verificação de um objectivo anti-concorrencial. Não é necessário provar que o efeito restritivo, efectivamente, se produziu, nem esperar que tal efeito venha a ter lugar[4], ou seja, o Tribunal não procede a uma análise económica do mercado. Só em casos excepcionais, isto é, quando a natureza anti-concorrencial do objecto do acordo não é evidente se passa à avaliação dos efeitos que o acordo produz no mercado[5].

D) A afectação do comércio entre os Estados membros

O art. 81.°, n.° 1, TCE só é aplicável aos acordos, às decisões de associação e às práticas concertadas que tiverem algum efeito no comércio entre os Estados membros. Dito de outro modo, a Comunidade só tem competência para actuar se se verificar a afectação do comércio entre os Estados membros. Se isso não suceder, a competência pertence ao Estado membro relevante.

Se tivermos em conta que a competência do Tribunal depende, em grande parte, da interpretação deste requisito, é natural que o Tribunal

---

[3] Ac. de 16/12/75, *Indústria Europeia do Açúcar*, procs. 40-48, 50, 54-56, 111, 113 e 114/73, Rec. 1975, p. 1663 e ss.

[4] V. ac. de 30/6/66, *LTM/MBU*, proc. 56/65, Rec. 1966, p. 235 e ss; ac. de 13/7/66, *Grundig-Consten,* proc. 56 e 58/64, Rec. 1966, p. 299 e ss.

[5] Ac. de 28/2/91, *Delimitis*, proc. C-234/89, Col. 1991, p. I-935 e ss.

570 *Curso de Direito Constitucional da União Europeia*

tenha dele defendido uma concepção bastante ampla. Assim, o Tribunal considera-se competente se for possível prever com um suficiente grau de probabilidade com base num conjunto de factores objectivos, de direito ou de facto, que o acordo pode ter influência, directa ou indirecta, actual ou potencial no comércio entre os Estados[6]. Não é, portanto, necessário que o acordo tenha um impacto actual no comércio entre os Estados membros, basta que possa vir a ter esse efeito[7]. Além disso, o facto de todas as partes do acordo pertencerem a um Estado membro não exclui a aplicação do art. 81.º, n.º 1, TCE, pois isso contribuiria para a maior compartimentação do mercado e poderia implicar uma maior dificuldade para as empresas estrangeiras de penetração no mercado nacional[8].

E) A regra *de minimis*

O requisito da afectação do comércio entre os Estados membros tem como consequência que só são abrangidos pela proibição do art. 81.º, n.º 1, TCE os acordos, as decisões ou as práticas concertadas com um apreciável impacto na concorrência ou no comércio intraestadual. Excluem- -se, portanto, os chamados casos insignificantes ou bagatelas.

Ao longo dos anos, a Comissão tem publicado comunicações em que especifica o que entende por estes acordos de importância menor, com o objectivo de tornar claro para as empresas se estão ou não a infringir o art. 81.º, n.º 1, TCE. A última dessas comunicações data de 2001[9].

E) Alguns exemplos de restrição da concorrência

O art. 81.º, n.º 1, TCE enumera, nas als. a) a e), alguns casos de acordos, decisões e práticas concertadas entre empresas que considera contrários ao Tratado. Esses casos são os seguintes:

i) A fixação de forma directa ou indirecta, dos preços de compra ou de venda ou de quaisquer outras condições de transacção;
ii) A limitação ou controlo da produção, da distribuição, do desenvolvimento técnico e dos investimentos;

---

[6] V. ac. de 30/6/66, *STM*, proc. 56/65, Rec. 1966, p. 337 e ss.

[7] Ac. de 1/2/78, *Miller,* proc. 19/77, Rec. 1978, p. 131 e ss; ac. de 1/6/97, *Ferriere Nord*, proc. 219/95P, Col. 1997, p. I-4411.

[8] V. ac. de 17/10/72, *Vereeinigung van Cementhandelaren c. Comissão,* proc. 8/72, Rec. 1972, p. 977 e ss; ac. de 11/7/89, *Belasco,* proc. 246/86, Col. 1989, p. 2117.

[9] Ver JOCE C 368/07, de 22/12/2001.

Parte VI – Cap. II – O direito comunitário da concorrência 571

iii) A repartição dos mercados ou das fontes de abastecimento;
iv) A aplicação, relativamente a parceiros comerciais, de condições desiguais no caso de prestações equivalentes, colocando-os, por esse facto, em desvantagem concorrencial;
v) A subordinação da celebração de contratos à aceitação, por parte dos outros contraentes, de prestações suplementares, que, pela sua natureza ou de acordo com os usos comerciais, não têm ligação com o objecto desses contratos.

Deve sublinhar-se que esta enumeração é meramente exemplificativa.

56.1.2. O art. 81.º, n.º 2, TCE: a sanção

As práticas das empresas contrárias às regras enunciadas no n.º 1 do art. 81.º TCE são consideradas de tal modo graves pela ordem jurídica comunitária que são sancionadas com a nulidade.

Com efeito, o n.º 2 do art. 81.º TCE considera nulos os acordos, as decisões ou as práticas concertadas que violem o disposto no seu n.º 1.

Existem, todavia, casos que, apesar de se enquadrarem, à partida, na previsão do n.º 1 do preceito, estão excluídos da nulidade pelo n.º 3 do art. 81.º TCE. Trata-se das situações de isenção individual ou de isenção por categoria, que vamos estudar em seguida.

56.1.3. O art. 81.º, n.º 3, TCE: as isenções individuais e por categoria

Um acordo que cai no âmbito de aplicação do n.º 1 do art. 81.º TCE, e que, portanto, é nulo, pode ainda ser objecto de uma isenção, desde que satisfaça cumulativamente os seguintes requisitos:

a) contribua para melhorar a produção ou a distribuição dos produtos ou para promover o progresso técnico ou económico;
b) reserve uma parte equitativa do lucro dele resultante aos utilizadores;
c) não imponha às empresas em causa quaisquer limitações que não sejam indispensáveis à consecução dos objectivos;
d) não dê a essas empresas a possibilidade de eliminar a concorrência relativamente a uma parte substancial dos produtos em causa.

572 Curso de Direito Constitucional da União Europeia

Nos termos do art. 10.º do regulamento n.º 1/2003 do Conselho, de 16 de Dezembro de 2002, relativo à execução das regras de concorrência estabelecidas nos arts. 81.º e 82.º do Tratado, compete à Comissão conferir a isenção, podendo declarar a inaplicabilidade do n.º 1 do art. 81.º a título individual. Além disso, o Tratado permite-lhe ainda aprovar regulamentos de isenção por categoria, prerrogativa que a Comissão exerceu relativamente a muitos acordos, dos quais se destacam os seguintes:

- acordos de especialização[10];
- acordos de investigação e desenvolvimento[11];
- acordos verticais e práticas concertadas[12];
- acordos de franquia[13];
- acordos de transferência de tecnologia [14].

O caso que tem sido mais discutido na doutrina é o dos acordos verticais, dividindo-se as opiniões quanto a saber se eles podem ou não causar prejuízo à concorrência e em que circunstâncias. Além disso, a Comissão e o Tribunal também não têm falado neste domínio a uma só voz.

São exemplos de acordos verticais os acordos de distribuição exclusiva, os acordos de distribuição selectiva, os acordos de aprovisionamento exclusivo e até os acordos de franquia.

56.2. O abuso de posição dominante

O direito comunitário não proíbe à partida a existência de monopólios (ou posições dominantes), mas sim o abuso dessa posição dominante no mercado comum ou numa parte substancial dele (art. 82.º TCE).

Daqui resulta que a questão essencial é a de saber se determinada conduta de uma ou várias empresas implica um abuso de posição dominante, o que pressupõe, antes de mais, uma análise económica do mercado.

A aplicação do art. 82.º TCE está dependente da verificação cumulativa dos seguintes requisitos:

---

[10] Reg. 2658/2000 da Comissão, de 29 de Novembro de 2000.
[11] Reg. 2659/2000 da Comissão, de 29 de Novembro de 2000.
[12] Reg. 2790/99 da Comissão, de 22 de Dezembro de 1999.
[13] Reg. 4087/88 da Comissão, de 30 de Novembro de 1988.
[14] Reg. 240/96 da Comissão, de 31 de Janeiro de 1996.

Parte VI – Cap. II – O direito comunitário da concorrência　　573

a) uma ou mais empresas;
b) que tem ou têm uma posição dominante;
c) num determinado mercado geográfico ou num produto relevante;
d) dentro do mercado comum ou numa parte substancial dele;
e) cometem um abuso da posição dominante;
f) que afecta o comércio entre os Estados membros.

a) *A noção de empresa* – no contexto do direito comunitário da concorrência, a noção de empresa é una, pelo que remetemos para o que se escreveu a este respeito a propósito do art. 81.º TCE.

b) *A posição dominante* – deve ser avaliada em função de três factores: o mercado do produto, o mercado geográfico e o factor temporal[15].

Segundo a jurisprudência constante do Tribunal de Justiça, uma empresa que beneficia de um monopólio legal pode ser considerada como estando em posição dominante[16] e o território do Estado membro no qual o monopólio opera é susceptível de constituir uma parte substancial do mercado comum, o que não significa, porém, que haja violação do art. 82.º TCE, pois essa só se verificará se houver exploração abusiva da posição dominante[17].

c) *A análise do mercado do produto ou serviço em causa* – faz-se em função da susceptibilidade de substituição do produto ou do serviço em causa por outro ou outros. O Tribunal debruçou-se sobre esta problemática em vários acórdãos[18] e a Comissão aprovou mesmo uma comunicação sobre a definição do mercado relevante para os fins do direito comunitário da concorrência.

---

[15] Ac. de 14/2/78, *United Brands Company,* proc. 27/76, Rec. 1978, p. 207 e ss; ac. de 13/2/79, *Hoffmann-La Roche,* proc. 85/76, Rec. 1979, p. 461 e ss.

[16] V. ac. de 9/11/83, *Michelin,* proc. 322/81, Rec. 1983, p. 3461; ac. de 3/10/85, *CBEM,* proc. 311/84, Rec. 1985, p. 3261; *Höfner,* proc. cit., cons. 28; ac. de 18/6/91, *ERT,* proc. C-260/89, Col. 1991, p. I-2925, cons. 31; *Merci Convenzionali Porto di Genova,* proc. cit., cons. 14; caso *Corsica Ferries France,* cit.; ac. de 12/2/98, *Raso,* proc. C-163/96, Col. 1998, cons. 25.

[17] Neste sentido, *Höfner,* proc. cit., cons. 29; caso *ERT,* proc. cit., cons. 37; caso *Merci Convenzionali Porto di Genova,* proc. cit., cons. 17; ac. de de 5/10/94, *Centre d'insémination de la Crespelle,* proc. C-323/93, Col. 1994, p. I-5077, cons. 18; caso *Raso,* proc. cit., cons. 27.

[18] Ac. de 14/2/78, *United Brands Company,* proc. 27/76, Rec. 1978, p. 207 e ss; ac. de 31/3/79, *Hugin,* proc. 22/78, Rec. 1978, p. 1869; ac. de 9/11/83, *Michelin,* proc. 322/81, Rec. 1983, p. 3461 e ss.

574   *Curso de Direito Constitucional da União Europeia*

d) *Dentro do mercado comum ou numa parte substancial dele* – a jurisprudência do Tribunal tem-se mostrado muito flexível quanto à verificação deste requisito.

Para o Tribunal e para a Comissão podem ser encarados como uma parte substancial do mercado comum um território nacional, um porto importante[19], um aeroporto internacional[20] ou uma linha aérea[21].

Mais recentemente, o Tribunal tem vindo a desenvolver a chamada teoria da *facilidade essencial (essential facility)*, a qual considera contrária ao art. 82.º TCE a conduta de uma empresa que ocupa uma posição dominante no acesso a uma facilidade ou infra-estrutura essencial, que ela própria usa, se essa empresa recusa o acesso a essa facilidade a outras empresas, sem justificação objectiva ou garante o acesso aos concorrentes só em condições menos favoráveis que as que reserva aos seus próprios serviços.

Tanto o Tribunal como a Comissão consideraram aplicável a doutrina da «*facilidade essencial*» a vários sectores, incluindo as redes de telecomunicações, as redes de serviços postais, as redes eléctricas, os portos, os aeroportos e os sistemas de reserva por computador.

As condutas anti-concorrenciais, que não operem dentro do mercado comum ou numa parte substancial dele, não relevam ao nível do direito comunitário, mas sim ao nível do direito nacional.

e) *O abuso de posição dominante* – afigura-se, na maior parte dos casos, como o requisito determinante para a aplicação do art. 82.º TCE.

O art. 82.º, par. 2, TCE, tal como o art. 81.º TCE, também enumera, a título exemplificativo, algumas práticas consideradas abusivas, nelas se incluindo a prática de preços excessivos[22] ou discriminatórios[23], a recusa de fornecimento a determinados consumidores[24] e a criação de obstáculos à entrada de concorrentes no mercado.

---

[19] V. caso *Merci Convenzionali Porto Di Genova*, proc. cit., cons. 15; caso *Raso*, proc. cit, cons. 26.

[20] V. decisão da Comissão de 28/6/95, JOCE n.º L216 de 12/9/95, p. 8.

[21] V. ac. de 11/4/89, *Ahmed Saeed*, proc. 66/86, Col. 1989, p. 803, cons. 40.

[22] V. ac. de 31/7/91, *Akzo*, proc. C-62/86, Col. 1991, p. I-3359 e ss.

[23] *United Brands,* cit; *Hoffman-La Roche,* cit.

[24] V. ac. de 6/3/74, *Solvents*, procs. 6 e 7/73, Rec. 1974, p. 223 e ss; *United Brands,* cit., p. 207 e ss.

f) *A afectação do comércio entre os Estados membros*

O abuso de posição dominante só é relevante, para efeitos da aplicação do art. 82.º TCE, se afectar o comércio entre os Estados membros. Trata-se de uma exigência que já vimos constar também do art. 81.º, n.º 1, TCE, pelo que remetemos para o que então se disse. A Comissão aprovou, recentemente, uma comunicação destinada a conferir as orientações gerais em matéria de afectação do comércio entre os Estados membros para efeitos da aplicação dos arts. 81.º e 82.º TCE[25].

g) *O caso especial das concentrações de empresas*

As concentrações de empresas, pelo simples facto de existirem, não caem no âmbito do art. 82.º TCE nem tão pouco no do art. 81.º TCE. Todavia, desde muito cedo, se teve consciência do perigo que as concentrações podiam representar para a livre concorrência. Daí que tenham surgido várias tentativas de regulamentar a matéria ao nível comunitário, o que não se afigurou tarefa fácil. A prová-lo está que o primeiro regulamento, neste domínio, data de Dezembro de 1989 – o regulamento n.º 4068/89 – o qual foi, recentemente, substituído pelo regulamento n.º 139/2004 do Conselho, de 20 de Janeiro, relativo ao controlo das concentrações de empresas.

56.3. O Estado e o direito comunitário da concorrência

56.3.1. O art. 86.º TCE

Como já se disse, o tratado não proíbe a intervenção do Estado na economia, desde que se respeitem as regras comunitárias.

De acordo com o art. 86.º, n.º 1, TCE, no que respeita às empresas públicas e às empresas a que os Estados atribuem direitos exclusivos ou especiais, estes não tomarão nem manterão quaisquer medidas contrárias ao disposto no tratado, nomeadamente ao disposto nos arts. 12.º e 81.º a 89.º TCE.

O art. 86.º, n.º 2, TCE, embora prevendo que as empresas encarregadas da gestão de serviços de interesse geral ou que tenham a natureza de monopólio fiscal ficam sujeitas ao disposto no tratado, designa-

---

[25] Ver comunicação da Comissão, publicada no JOUE C 101, de 27/04/2004, p. 81 e ss.

576 Curso de Direito Constitucional da União Europeia

damente, às regras de concorrência, admite que poderão desviar-se daquelas regras se a aplicação das mesmas constituir obstáculo, de direito ou de facto, ao cumprimento da missão particular que lhes foi confiada[26].

O estudo deste preceito passa, em primeiro lugar, pela clarificação do que se entende por empresa pública. Em segundo lugar, há que esclarecer o que se entende por empresas a que os Estados atribuem direitos exclusivos ou especiais. Em terceiro, e último, lugar há que definir o conceito de gestão de serviços de interesse económico geral

A) A noção de empresa pública é, em direito comunitário, bastante ampla, abrangendo toda a *«empresa em relação à qual os poderes públicos (Estado ou colectividades locais) podem exercer, directa ou indirectamente, uma influência dominante em virtude da propriedade, da participação financeira ou das regras que lhe são aplicáveis».*

«A influência dominante presume-se se os poderes públicos detêm uma participação maioritária no capital subscrito da empresa, se dispõem da maioria dos votos correspondentes às acções emitidas pela empresa ou se têm a possibilidade de designar mais de metade dos membros dos órgãos de administração, de direcção ou de fiscalização da empresa»[27].

Para o direito comunitário é indiferente a natureza jurídica que as referidas empresas assumem no direito nacional. O que interessa é que as empresas em causa possuem capitais públicos. A noção comunitária de empresa pública pode não coincidir com a definição consagrada em cada um dos Estados membros, pelo que é irrelevante se o direito nacional considera ou não determinada empresa como pública ou como privada.

B) Os direitos exclusivos ou especiais – como já sabemos, o direito comunitário não proíbe à partida a existência de monopólios (ou posições dominantes), mas sim o abuso dessa posição dominante no mercado comum ou numa parte substancial dele (art. 82.º TCE).

Além disso, o art. 86.º, n.º 1, TCE admite que os Estados atribuam direitos exclusivos ou especiais a certas empresas, com a condição de os Estados membros não tomarem nem manterem quaisquer medidas contrárias ao disposto no tratado, nomeadamente ao disposto nos arts. 12.º e 81.º a 89.º TCE.

---

[26] Neste sentido, ver, por exemplo, caso *Corsica Ferries France*, cit., cons. 47.

[27] A jurisprudência comunitária debruçou-se sobre a noção de empresa pública em vários acórdãos, a saber, ac. de 6/7/82, *França, Itália e Reino Unido c. Comissão*, procs. 188 a 190/80, p. 2545; ac. de 16/6/87, *Comissão c. Itália*, proc. 118/85, Col. 1987, p. 2599; ac. de 27/10/93, *Decoster*, proc. C-69/91, Col. 1993, p. I-5335.

Parte VI – Cap. II – O direito comunitário da concorrência

Como diz o advogado-geral TESAURO, nas conclusões do caso *Corbeau*[28], é jurisprudência assente que «*o mero facto de criar uma posição dominante através da concessão de direitos exclusivos, na acepção do art. 90.º, n.º 1,* (actual art. 86.º, n.º 1) *do Tratado não é, por si só, incompatível com o art. 86.º* (actual art. 82.º).

Daqui resulta que a questão crucial não é a de saber se é possível a atribuição de direitos exclusivos ou especiais, mas sim a de saber se essa atribuição implica um abuso de posição dominante por parte das empresas em relação às quais esses direitos são concedidos, ou seja, se há violação do art. 82.º TCE.

Porém, ainda que se chegue à conclusão que esse abuso existe, tem de se levar em linha de conta o art. 86.º, n.º 2, TCE, pois tratando-se de uma empresa encarregada da gestão de serviços de interesse económico geral, os direitos exclusivos podem não ser contrários ao art. 82.º TCE, na medida em que o cumprimento da missão particular que lhe foi confiada só possa ser assegurada pela concessão desses direitos e desde que o desenvolvimento das trocas comerciais não seja afectado de maneira que contrarie os interesses da Comunidade.

Assim decidiu, recentemente, o Tribunal no caso *Stydhavens Sten & Grus*[29], ao contrário do que tinha sido proposto pelo seu advogado-geral[30].

Além disso, de acordo com a jurisprudência constante do Tribunal, o art. 82.º TCE só se pode aplicar às empresas a quem o Estado concede direitos especiais ou exclusivos ou às empresas encarregues de um serviço de interesse económico geral, que estudaremos em seguida, por força de comportamentos anti-concorrenciais que elas adoptem, por sua iniciativa, e não por imposição de medidas estaduais[31].

C) As noções de serviço público e de serviço de interesse económico geral – a compatibilização das regras de direito comunitário da concorrência com as hodiernas concepções ligadas à transformação da concepção de Estado Liberal em Estado Social, que implicam que determinadas tarefas devem ser cometidas ao Estado, através de serviços públicos, e com vista à prossecução do interesse público, nem sempre é fácil.

---

[28] Proc. C-320(91, de 19/5/93, Col. 1993, p. I-2551.

[29] Proc. C-209/98, de 23/5/2000, cons. 74.

[30] Conclusões de PHILIPPE LÈGER, de 21 de Outubro de 1999.

[31] V. ac. de 5/10/95, *Centro Servici Spediporto*, proc. C-96/94, Col. 1995, p. I-2883, cons. 20; caso *Corsica Ferries France*, cit., cons. 35.

578 *Curso de Direito Constitucional da União Europeia*

Na verdade, a coabitação entre a figura do serviço público e a prossecução do interesse público com os princípios e as regras comunitárias da concorrência têm-se revelado até muito difíceis.

Tendo em conta a repartição de atribuições entre a Comunidade e os Estados membros, operada pelo tratado, a competência para definir se uma actividade deve ser considerada como de interesse público, e se um determinado serviço deve ser considerado como serviço público, assim como a decisão de conceder direitos exclusivos a certas empresas para a prossecução de determinados fins, é dos Estados membros, em obediência ao princípio da subsidiariedade, previsto no artigo 5.º, par. 2.º, TCE.

De um modo geral, os Estados consideram como actividades de interesse público as que visam satisfazer necessidades básicas das populações.

Contudo, o facto de ser o Estado quem define os seus serviços públicos não significa que o direito comunitário se alheie deste problema.

A figura do serviço público é conhecida do direito comunitário originário. O tratado CE utiliza a expressão no art. 73.º TCE, em matéria de política de transportes, e o tratado de Amesterdão introduziu um protocolo relativo ao serviço público de radiodifusão nos Estados membros. Além disso, o tratado CE admite, no art. 86.º, n.º 1, a existência de empresas a quem o Estado concede direitos especiais ou exclusivos e, no art. 86.º, n.º 2, estabelece mesmo um princípio de limitação na aplicação das regras de concorrência às empresas que explorem *«serviços de interesse económico geral»*.

Se ainda subsistissem dúvidas quanto ao interesse do direito comunitário pelo serviço público, elas teriam sido dissipadas após a CIG 96, por força da discussão que então se gerou em torno desta figura.

Os resultados de toda essa polémica acabaram por ser vertidos no art. 16.º TCE, que dispõe o seguinte:

> *«Sem prejuízo do disposto nos arts. 73.º, 86.º e 87.º, e atendendo à posição que os serviços de interesse económico geral ocupam no conjunto dos valores comuns da União e ao papel que desempenham na promoção da coesão económica e territorial, a Comunidade e os seus Estados membros, dentro do limite das respectivas competências e dentro do âmbito de aplicação do Tratado, zelarão por que esses serviços funcionem com base em princípios e em condições que lhes permitam cumprir as suas missões».*

Parte VI – Cap. II – O direito comunitário da concorrência 579

Mais recentemente, a Carta dos Direitos Fundamentais da UE refere-se a estes serviços no seu art. 36.º.

O sentido de serviço público no direito comunitário pode não coincidir com o sentido nacional, pelo que é necessário apurar o sentido comunitário destes termos.

Os conceitos de serviço público e de serviços de interesse económico geral são conceitos indeterminados, pelo que necessitam de concretização. Essa tarefa tem sido realizada pelos órgãos comunitários aplicadores das regras de concorrência – o Tribunal de Justiça[32], o Tribunal de Primeira Instância e a Comissão.

O Tribunal de Justiça foi chamado, em várias ocasiões, a decidir se determinada actividade deveria ser considerada como gestão de um *serviço de interesse económico geral*, para efeitos da aplicação da cláusula de excepção, consagrada no art. 86.º, n.º 2, TCE[33].

Se, numa primeira fase, se mostrou, particularmente, preocupado em estabelecer os contornos da proibição[34], posteriormente, numa jurisprudência, que se iniciou com o acórdão *Corbeau*[35], o Tribunal vem esclarecer os Estados sobre o que lhes é permitido fazer. Segundo este acórdão, o art. 86.º, n.º 2, TCE permite aos Estados membros conferir a empresas, que encarreguem da gestão de serviços de interesse económico geral, direitos exclusivos que podem constituir um obstáculo à aplicação das regras do tratado relativas à concorrência, na medida em que as restrições à concorrência, e até mesmo uma exclusão de toda e qualquer concorrência, de outros operadores económicos, sejam necessárias para

---

[32] Para o Tribunal são características de um serviço público a universalidade, a continuidade, a satisfação de exigências de interesse público, a regulamentação e a vigilância pela autoridade pública. V. ac. de 18/6/98, *Corsica Ferries France*, proc. C-266/96, Col. 1998, p. I-3949, par. 60.

[33] Ver, entre outros, ac. de 13/12/91, *GB-INNO-BM*, proc. C-18/88, Col. 1991, p. I-5941; ac. de 19/5/93, *Corbeau*, proc. C-320/91, Col. 1993, p. I-2533; ac. de 27/4/94, *Almelo*, proc. C-393/92, Col. 1994, p. I-1477; ac. de 23/5/2000, *Stydhavens Sten & Grus*, proc. C-209/98, Col. 2000, p. I-3743 e ss, cons. 74 e ss.

[34] O Tribunal considerava que as empresas encarregadas da gestão de serviços de interesse económico geral ficavam submetidas às regras da concorrência, na medida em que não se demonstrasse que a aplicação destas regras era incompatível com o exercício da sua missão particular. Neste sentido, v. acórdãos de 18/6/91, *ERT*, proc. C-260/89, Col. 1991, p. I-2925 e ss, cons. 33; ac. de 23/4/91, *Höfner*, proc. C-41/90, Col. 1991, p. I-1979, cons. 24; ac. de 3/10/85, *CBEM*, proc. 311/84, Rec. 1985, p. 3261, cons. 17.

[35] Proc. cit., cons. 14 e 16.

580 *Curso de Direito Constitucional da União Europeia*

assegurar o cumprimento da missão particular que foi confiada às empresas titulares dos direitos exclusivos.

Como refere o advogado-geral DARMON, no caso *Almelo*[36], «*as regras de concorrência podem ser afastadas não apenas quando tornem impossível o cumprimento pela empresa da sua missão de serviço público, mas também quando ponham em perigo o seu equilíbrio financeiro*».

Para além do Tribunal, também a Comissão tentou precisar alguns conceitos e definir as regras e os princípios aplicáveis aos serviços públicos. Para tanto aprovou uma comunicação sobre serviços de interesse geral na Europa em 1996[37], que, na sequência do art. 16.º do TCE *supra* mencionado, substituiu por outra com a mesma designação em 2001[38].

O direito comunitário da concorrência não se opõe a que determinadas actividades sejam consideradas de interesse público e, por isso, sejam impostas obrigações de serviço público às entidades que efectuem a sua gestão e exploração.

Todavia, a partir dos anos 80 assistiu-se a um desenvolvimento do direito comunitário e do direito dos Estados membros no sentido da privatização, da liberalização e da desregulamentação, que não representando o fim do serviço público, obrigou a repensar o seu enquadramento jurídico.

Os sectores das telecomunicações, dos transportes ferroviários, do gás, da electricidade e da distribuição de água relevam das actividades ditas em rede, na medida em que os bens ou serviços oferecidos necessitam de uma infra-estrutura de rede que permita ligar de montante a jusante os produtores e os utilizadores finais.

Estas actividades eram, tradicionalmente, exercidas em regime de monopólio ou quase monopólio pelo Estado ou pelas colectividades territoriais, pois a exigência de avultados investimentos associada à necessidade de assegurar o abastecimento a todos em condições de igualdade a preços acessíveis, implicava a exclusão dos privados. Além disso, considerava-se que estas actividades desempenhavam uma função social, que deveria ser prosseguida pelo Estado. Essa função social traduz-se, precisamente, na acessibilidade de todos, na igualdade de tratamento e na sua função redistributiva.

---

[36] Proc. cit., p. I-1502.

[37] Comunicação da Comissão sobre os serviços de interesse geral na Europa de 26/9/96, publicada no JOCE C 281, de 26/9/96, p. 3 e ss.

[38] Ver comunicação da Comissão publicada no JOUE C 17, de 19/01/2001.

Parte VI – Cap. II – O direito comunitário da concorrência 581

Porém, este entendimento tradicional sofreu, na última década, uma evolução muito significativa, incentivada por Bruxelas, e que se deve, em larga medida, ao progresso tecnológico, que vai permitir, em alguns sectores, a concorrência na rede. Assistiu-se, pois, à separação entre a rede e os serviços, continuando a competir ao Estado o dever de assegurar a existência, a manutenção e a conservação das redes públicas, mas deixando de ter o dever de assegurar os serviços. Estes passaram a ser liberalizados, ou seja, estão abertos à iniciativa privada, o que tem como consequência a institucionalização do direito de livre acesso de terceiros às redes públicas. Estas passam a ser vistas como redes abertas a todos os prestadores de serviços (*Open Network Provision*).

Mas como se trata de actividades que satisfazem necessidades colectivas básicas, o Estado não pode alhear-se das suas responsabilidades e, por isso, impõe às empresas, que operam na rede, obrigações de serviço universal.

A evolução no sentido da liberalização tem ocorrido de forma gradual e não atinge ao mesmo tempo idêntico nível de desenvolvimento em todos os sectores, pois ela está intimamente dependente do progresso tecnológico. De sublinhar que antes da liberalização estes sectores eram considerados sectores específicos e, por isso, subtraídos, em muitos aspectos, à aplicação das regras de concorrência. Esta situação só, recentemente, se alterou.

Assim, foi com base na evolução científica e tecnológica que os órgãos comunitários aprovaram direito derivado, que não vamos estudar neste Curso, no sentido da liberalização nos sectores das telecomunicações, dos serviços postais, dos transportes, da electricidade, da rádio e televisão.

56.3.2. Os auxílios de Estado

A noção de auxílio de Estado tem sido entendida, tanto pela Comissão como pelo Tribunal, num sentido amplo. Assim, auxílio abrange toda e qualquer medida que permita a uma empresa obter uma vantagem económica ou financeira que não conseguiria obter em condições normais de mercado ou que lhe permita reduzir os custos que oneram normalmente o seu orçamento[39].

---

[39] Ver, entre outros, acórdãos de 15/3/94, *Banco Exterior de España*, proc. C-387/92, Col. 1994, p. I-877, cons. 13; de 11/7/96, *Syndicat français de l'express international*, proc. C-39/94, Col. 1996, p. I-3547, cons. 58; de 19/5/99, *Itália c. Comissão*, proc. C-6/97, Col. 1999, p. I-2981, cons. 15.

582   *Curso de Direito Constitucional da União Europeia*

Daqui decorre que a noção de auxílio não se restringe aos subsídios ou subvenções, abrangendo outras intervenções da mesma natureza ou que produzem os mesmos efeitos. A título meramente exemplificativo, refiram-se as vantagens fiscais, tais como isenções fiscais, redução da base de incidência de certos impostos ou facilidades no pagamento de impostos, os empréstimos sem juros e as garantias do Estado.

Segundo o art. 87.º, n.º 1, TCE «*salvo disposição em contrário do Tratado, são incompatíveis com o mercado comum, na medida em que afectem as trocas comerciais entre os Estados membros, os auxílios concedidos pelos Estados ou provenientes de recursos estaduais, independentemente da forma que assumam, que falseiem ou ameacem falsear a concorrência, favorecendo certas empresas ou certas produções*».

Assim, a regra geral, a menos que exista disposição em sentido contrário do direito comunitário, é a da proibição dos auxílios de Estado. Esta proibição está sujeita a duas excepções, previstas no referido art. 87.º TCE, a saber:

i) Os casos de compatibilidade automática previstos no n.º 2, dos quais se destacam os seguintes:
  – os auxílios de natureza social atribuídos a consumidores individuais com a condição de serem concedidos sem qualquer discriminação relacionada com a origem dos produtos;
  – os auxílios destinados a remediar os danos causados por calamidades naturais ou por outros acontecimentos extraordinários.

ii) Os casos, que podem ser considerados compatíveis com o mercado comum, são, segundo o n.º 3, os seguintes:
  – Os auxílios destinados a promover o desenvolvimento económico de regiões em que o nível de vida seja anormalmente baixo ou em que exista grave situação de subemprego;
  – Os auxílios destinados a fomentar a realização de um projecto importante de interesse europeu comum ou a sanar uma perturbação grave da economia de um Estado membro;
  – Os auxílios destinados a facilitar o desenvolvimento de certas actividades ou regiões económicas, quando não alterem as condições das trocas comerciais de maneira que contrariem o interesse público;
  – Os auxílios destinados a promover a cultura e a conservação do património, quando não alterem as condições das trocas comerciais e da concorrência na Comunidade num sentido contrário ao interesse comum;

Parte VI – Cap. II – O direito comunitário da concorrência   583

– As outras categorias de auxílios determinadas por decisão do Conselho, deliberando por maioria qualificada, sob proposta da Comissão.

Além disso, é de admitir que o n.º 2 do art. 86.º TCE justifique auxílios que visem compensar o excesso de custos ligados ao cumprimento da missão particular, de direito ou de facto, que incumbe a uma empresa encarregue da gestão de um serviço de interesse económico geral, desde que a atribuição do auxílio se afigure necessária para que a empresa possa assegurar as suas obrigações de serviço público em condições de equilíbrio económico.